Reading in the Brain

읽기의 과학과 진화

글 읽는 뇌

스타니슬라스 드앤 저 | 이광오·배성봉·이용주 공역

학지사

역자 서문

한글 읽기과학을 위하여

글 읽기는 쉽다. 낫 놓고 기역자 읽는다고 할 정도다. 교육 과잉의 대한민국에서는 기본 중 기본이다. 누구나 읽을 줄 알고, 숙달자에겐 너무나 쉽고 당연한 능력이다. 저자가 지적하는 서양 사정도 비슷한 것 같다.

그러나 잘 읽지 못하는 대중도 있다. 오래전부터 알려진 사실이고 '난독증'이라고 부르는 사람들이다. 저자는 영어와 프랑스어의 많은 예를 소개하고 있다. 중요한 건 학습 방법이나 지능의 문제가 아니라는 것. 읽기에는 뇌의 적응과 변화라는 어려운 문제가 잠재해 있기 때문이다.

정상인도 읽기를 쉽게 배우는 것은 아니다. 숙달된 읽기까지 꽤 오랜 시간과 많은 노력이 필요하다. 이 책은 읽기가 아주 단순한, 반사적 작업이 아니라는 걸 보여 준다. 읽기 위해서는 머릿속에서 정교한 작업을 해야 한다. 그래서 읽기는 오래전부터 심리학자의 중요한 연구 대상이었다. 과학적 심리학은 읽기 연구에서 시작하였다고 해도 과언이 아니다. 심리학자는 읽기를 통해 마음의 작용을 들여다보려고 한다. 종이 위의 잉크 자국이 하나의 의미로 의식되기까지 마음(=뇌)이 하는 일을 보면 경이로울 따름이다.

이 책은 읽기의 심리학/신경과학을 소개하는 것으로, 프랑스 출신 신경과학자 스타니슬라스 드앤의 연구와 주장을 중심으로 한다. '글 읽는 뇌'에 대한 그의 주장은 과감하다. 세상의 모든 문자는 외견상 서로 매우 다르지만 처리(=이해) 방식은 대동소이하다고 설파한다. 뇌에서 문자를 처리하는 영역은 좌반구 후두-측두부에 자리한, 이른바 '문자상자'라고 하는 곳이다. 문자상자는 알파벳이건 한글이건 카나건 한자건 모두 취급한다. 원래 패턴 인식—얼굴, 발자국 등—을 담당하던 부위가 문자 처리에 전용된 것이다. 드앤은 이런 방식의 신경재활용이 읽기뿐 아니라 종교, 수학 등 다른 문화 영역에도 적용된다고 강조한다. 문화는 전용 가능한 뇌 부위를 발견해야 하고 당연히 해당 부위의 위치와 특성에 따른 제한을 받게 된다. 드앤의 신경재활용 가설은 뇌, 인지, 문화의 관계에 대한 독창적 주장이다.

한글 읽기는 어떨까? 유감스럽게도 저자는 인류 역사상 가장 위대한(?) 발명품에 대해 거의 언급하지 않는다. 현존하는 모든 문자는 평등하다는 저자의 입장 때문이겠다. 그러나 한국인에게 한글—정확하게 말하면 한글을 이용한 한국어 표기체계—은 너무나 과학적이고 체계적인 문자이며, 세상에서 가장 배우기 쉽고 읽기 쉬운 문자라고 간주된다. 아무리 심각한 인지적 문제를 가진 사람도 읽을 수 있는 문자다. 그러나 최근의 한글 난독증 사례 발표나 초 · 중등 학습부진아에 대한 보고를 보면, 한글 읽기가 그렇게 쉬운 건 아닌 것 같다. 한국의 기능적 문맹률은 15%에 달하고(한국교육개발원, 1990), OECD 성인 문해력 검사에서 한국인은 최하위에 위치한다.

이 책은 한글과 한국어를 둘러싼 문제들에 대해 많은 시사를 한다. 이 책이 소개하는, 영어와 프랑스어의 읽기에 대한 과학적 연구—심리학, 신경과학—의 넓이와 깊이를 보면 한글과 한국어에 대해 우리가 알고 있는 것이 얼마나 미미한지 자괴감이 들 정도다. 우리는 세종대왕이 창제한, 세계 역사에 유례가 없는 문자를 가지고 있지만, 그에 대한 경험과학적 연구는 거의 없다. 맞춤법, 읽기 교육, 난독증 등의 현실적 문제는 과학적 증거를 토대로 접근되어야 한다. 예를 들어, 한글맞춤법은 국어학자들도 자인할 정도로 난해하다. 지금이라도 한글맞춤법의 여러 문제—사이시옷, 띄어쓰기, 두음법칙 등—를 언중의 정보처리라는 관점에서, 얼마나 배우기 쉽고 읽기 쉬운지의 관점에서, 그리고 이 책에서 보여 준 경험과학적 연구방법을 사용하여, 재검토할 것을 주장한다.

한글에 대한 과학적 이해가 부족하여 생기는 문제가 하나둘이 아니다. 한국인의 문해력이 세계 최고 수준이라고 믿는 사람이 적지 않다. 한글이 읽고 쓰기에 쉽다는 오해 때문이다. 한글 읽기, 쓰기는 절대로 쉽지 않다. 한글 24개 자모를 익힌다고 해서 읽기, 쓰기가 가능한 것은 아니다. 이 책에서 보여 준 바와 같이 읽기는 자모 이외에 음절, 형태소, 단어를 파악하는 과정이다. '문자상자'의 신경학적 특성이 그 과정에 영향을 준다. 문자상자의 특성에 적응한 문자들만 진화 과정에서 선택되었다. 과연 한글은 문자상자의 특성에 잘 적응하였는가? 한글은 다른 문자와 비교하여 최적화된 정보처리를 담보하고 있는가? 왜 어떤 사람은 한글 읽기를 잘하는데 어떤 사람들은 그렇지 못한가? 한글 읽기, 쓰기를 교육의 중심에 다시 놓아야 한다. 겨우 해독과 발음이 가능한 수준을 읽기 교육의 목표로 삼아서는 안 된다. 얼마나 신속 정확하게 단어의 의미를 파악하는가에 초점을 맞추어야 한다. 이를 위해서는 한글 읽기에 대한 과학적 연구가 필요하다. 이 책은 읽기에 대한 과학적 연구가 어떻게 이루어지는지 수많은 전범들을 소개한다. 그런 점에서 국어정책, 국어교육을 담당하는 분들에게 가장 먼저 추천하고 싶은 책이다.

이 책을 번역하는 과정에서 많은 사람에게 신세를 졌다. 시작은 2012년으로 거슬러 올라간다. 당시 영남대학교 대학원의 언어심리학 세미나에서 역자가 이 책을 소개하였다. 이 책의 정보성과 독창성에 세미나 참가자들은 깊은 인상을 받았으며, 한글과 한국어에 관심 있는 분들에게 큰 도움이 될 것으로 판단하여 번역을 추진하기로 하였다. 참가자들이 한 챕터씩 담당하여 번역하기로 하였으나 중간에 여러 사정으로 작업이 중단되었다. 작업이 재개된 것은 공역자인 배성봉이 참여한 덕분이다. 그는 번역 계획을 새로 짰을 뿐 아니라 번역의 일관성과 가독성을 위하여 모든 챕터를 세심하게 검토하고 교정하였다.

이 책이 번역되어 나오기까지 많은 도움을 주신 학지사의 여러분, 특히 김진환 사장님과 소민지 님, 백소현 차장에게 감사를 드린다. 이분들의 인내와 격려가 없었다면 이 책은 독자를 만나지 못했을 것이다.

2017년 6월
역자 대표
이광오

감사의 글

『글 읽는 뇌』를 위한 내 연구는 친구이며 공동연구자인 로랑 코엔과 긴밀한 협조를 통해 이루어졌다. 로랑 코엔은 살페트리에 병원의 신경학 교수이며 읽기 신경심리 분야의 중심인물이다. 그와의 격렬한 토론이 이 책에서 전개된 많은 아이디어를 만들어 냈다. 또한 모든 공동연구자에게 감사하고 싶다. 특히 라파엘 게일라르, 앙트와넷 조베르, 시드 코이더, 데니스 르 비한, 스테판 레헤리시, 장프랑소아 망긴, 니콜라스 몰코, 라이오넬 나카체, 장밥티스트 폴랭, 필립 피넬, 마리아노 시그만, 마르신 시웨드, 파비엔 빈키에 등에 감사하고 싶다.

나에게 독서와 읽기 장애에 관한 수많은 연구를 소개해 준 동료들을 모두 열거할 수 없다. 그들은 내 연구에 각자 서로 다른 방식으로 기여하였다. 어떤 이는 논문을 보내주었고, 내 논문을 비판하고 수정해 주었으며, 또 어떤 이는 이 책의 여러 장을 읽어 주었으며 자신의 연구에서 그림을 전재하는 것을 허락해 주었다. 모든 사람을 거명하는 것은 불가능하지만 특히 어빙 비더먼, 캐서린 빌라드, 브라이언 버터워스, 알폰소 카라마자, 장피에르 샹쥐, 로저 카르티에 조 데블린, 기네비에 뜬, 우타 프리스, 앨버트 갈라부르다, 조나산 그레인저, 에드 허버드, 알루미트 이샤이, 낸시 캔위셔, 레진느 콜린스키, 헤이키 리티넨, 크리스챤 마렌다즈, 브루스 맥캔들리스, 야스시 미야시타, 호세 모레, 존 모튼, 키미히로 나카무라, 타티아나 나지르, 에랄도 파울레수, 모니크 플라자, 마이클 포스너, 캐시 프라이스, 프랑크 라무스, 샐리 세이위츠, 베네트 세이위츠, 댄 스퍼버, 릴리언 스프렝어-샤롤, 샤오린 순, 오비드 쳉, 조 지글러 등을 빠트릴 수 없다.

나는 또한 집필 중 여러 곳을 방문하였으며 많은 사람에게 신세를 졌다. 시애틀의 앤

스트라이스거스와 댄 스트라이스거스, 보스턴의 엘리자베스 스펠키와 엘리오트 블라스, 드앤 가의 여름 별장 피리악, 니스 근교 토르뚜르의 트헤이으 재단, 프랑스 알프스의 라 플라뉴 스키 리조트, 내 고향 마을 팔레조, 그리고 샤끌레 CEA의 내 실험실 등에서 집필하였다.

이 책의 구성은 나의 프랑스어 편집인 오딜 자콥의 세심한 검토, 그리고 수재너 프랑크에 의한 여러 차례의 교정 등에 힘입은 바 크다.

이 책을 나의 아내, 기슬랭 드앤-람버츠에게 바친다. 그녀는 협력자이며, 여주인이며 격려와 긍정적 비판의 마르지 않는 원천이었다. 그녀의 도움과 지지가 없었다면 아무것도 가능하지 않았다.

차 례

역자 서문 _ 3
감사의 글 _ 7

서론 새로운 읽기 과학 17

뉴런에서 교육으로 _ 19
뉴런과 문화 _ 19
글 읽는 원숭이의 불가사의 _ 20
생물적 단일성 대 문화적 다양성 _ 22
독자를 위한 안내 _ 24

제1장 우리는 어떻게 글을 읽는가 27

눈: 조잡한 스캐너 _ 30
불변성의 추구 _ 35
차이의 증폭 _ 38
단어는 나무다 _ 39

묵 독 _ 43
소리의 한계 _ 48
철자법의 숨은 논리 _ 50
투명한 철자법은 불가능하다 _ 54
읽기의 두 가지 경로 _ 56
내 마음속의 사전: 심성어휘집 _ 60
악마들의 의사당 _ 61
병렬적 읽기 _ 65
능동적 글자 해독 _ 66
읽기에서 협력과 경쟁 _ 68
행동에서 뇌 메커니즘으로 _ 70

제2장 뇌 속의 문자상자 73

조셉 쥘 데저린의 발견 _ 75
순수실독증 _ 79
밝혀진 병변 _ 80
현대적 병변 분석 _ 82
글 읽는 뇌의 비밀 _ 87
읽기의 보편성 _ 91
시각적 선호의 피질 분포 _ 94
읽기 속도 _ 99
뇌 속의 전극 _ 102
위치 불변성 _ 105
역하 읽기 _ 110
문화는 어떻게 뇌를 만드는가 _ 115
중국어 독자의 뇌 _ 120
일본의 두 가지 문자 _ 121

문자상자를 넘어서 _ 123
발음과 의미 _ 127
철자에서 발음으로 _ 130
의미로 가는 길 _ 132
대뇌 속의 만조 _ 137
뇌는 문화적 다양성을 제한한다 _ 140
읽기의 진화 _ 143

제3장 글 읽는 원숭이 145

원숭이와 인간에 대하여 _ 148
대상을 인식하는 뉴런 _ 150
할머니 뉴런 _ 155
원숭이 뇌 속의 알파벳 _ 159
문자 원형 _ 162
모양 습득 _ 167
학습 본능 _ 168
신경 재활용 _ 170
문화의 탄생 _ 174
바이그램 뉴런 _ 180
신경 단어 나무 _ 186
얼마나 많은 뉴런이 필요할까 _ 188
읽기 피질의 시뮬레이션 _ 191
읽기와 피질 편향성 _ 192

제4장 문자의 발명 199

표기 체계의 보편적 특징 _ 202
표기 체계의 황금 분할 _ 206
인공적 기호와 자연적 형태 _ 207
선사시대의 문자 원형 _ 209
산수에서 문자로 _ 211
그림문자의 한계 _ 214
알파벳: 대약진 _ 220
모음: 읽기의 어머니 _ 223

제5장 읽기 학습 225

미래 독자의 탄생 _ 228
읽기의 세 단계 _ 230
음소 인식 _ 232
자소와 음소: 닭이 먼저냐 달걀이 먼저냐 _ 234
철자 단계 _ 236
어린 독자의 뇌 _ 237
문맹자의 뇌 _ 240
읽기의 반대 급부 _ 243
문자가 색깔을 가질 때 _ 248
신경과학에서 교육으로 _ 251
읽기 전쟁 _ 253
전체 단어 읽기의 신화 _ 256
전체 언어법의 비효율성 _ 259
교사를 위한 제안 _ 262

제6장 난독증의 뇌 269

난독증은 무엇인가 _ 272
음운적 문제 _ 273
난독증의 생물학적 단일성 _ 278
유력한 용의자: 좌반구 측두엽 _ 281
뉴런 이동 _ 284
난독증 생쥐 _ 286
난독증의 유전 _ 288
난독증의 극복 _ 291

제7장 읽기와 대칭성 297

동물의 좌우 혼동 _ 302
진화와 대칭 _ 304
대칭 지각과 뇌의 대칭성 _ 306
오턴 박사의 후계자들 _ 309
대칭적 뇌의 장단점 _ 311
단일 뉴런 대칭성 _ 313
대칭적 연결 _ 316
숨어 있는 대칭 표상 _ 320
거울 깨기 _ 324
깨어진 대칭성 … 또는 숨은 대칭성? _ 325
대칭성, 읽기, 뉴런 재활용 _ 330
거울 난독증의 놀라운 사례 _ 331

제8장 뉴런 문화를 향하여 337

읽기 패러독스의 해결 _ 340
문화적 형태의 보편성 _ 341
신경 재활용과 대뇌 모듈 _ 344
문화 보편적 특성들 _ 345
왜 인간은 문화를 가진 유일한 종인가 _ 350
인간 고유의 가소성? _ 352
마음 읽기 _ 353
전역적 신경 작업공간 _ 355

결론 읽기의 미래 363

미주 _ 367
참고문헌 _ 385
찾아보기 _ 423

뇌 부위 명칭

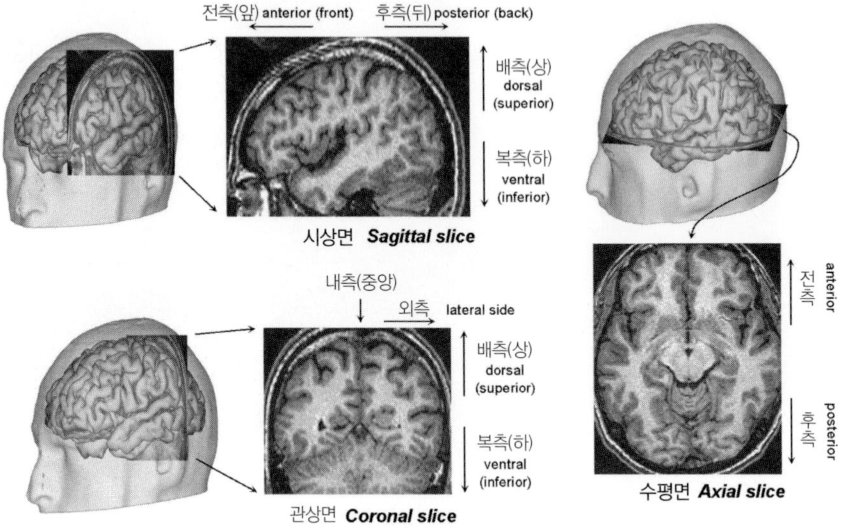

주요 엽들
The major lobes

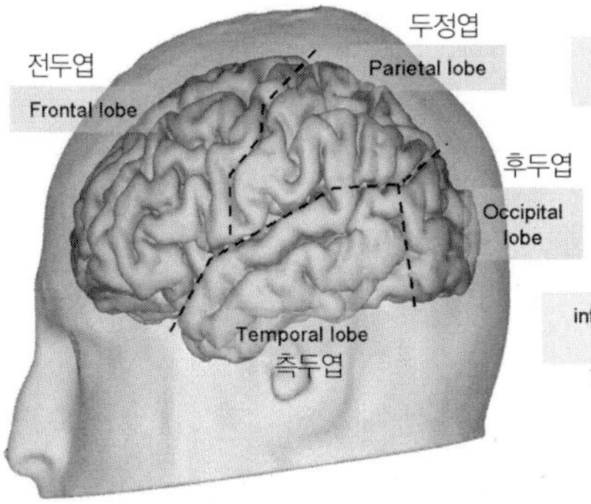

몇몇 읽기 영역들
Some reading areas

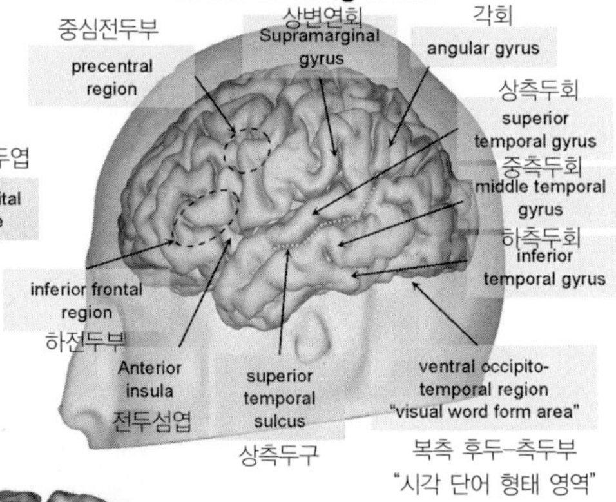

아래쪽에서 본 뇌
The brain seen from underneath

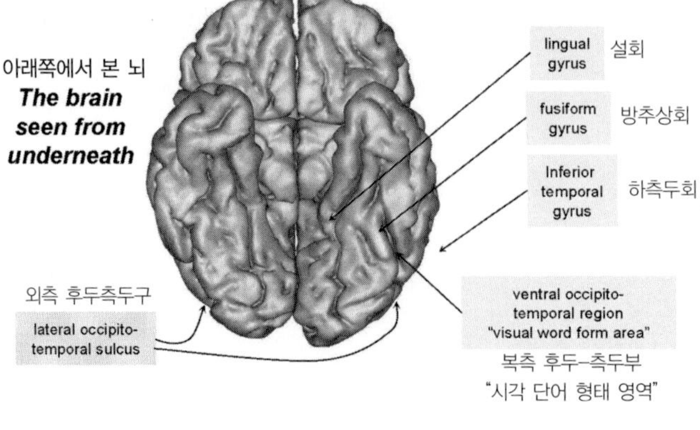

-서 론-
새로운 읽기 과학

사막의 평화 속으로 물러나서,
몇 권이지만 현명한 책들과 함께,
나는 눈으로, 죽은 자들과 대화하며 산다.
나는 눈으로, 죽은 자들의 말을 듣는다.
– 프란시스코 데 케베도

바로 지금 이 순간에도 당신의 뇌는 엄청난 기적—읽기—을 행한다. 당신의 눈은 페이지 위를 불규칙하게 점프한다. 시선은 1초에 너댓 번, 한두 개의 단어를 재인(=인식, recognition)하는 데 딱 적당한 만큼 멈춘다. 당신은 이런 독특한 방식의 정보 입력을 자각하지는 못한다. 오직 단어의 소리와 의미만 의식에 도달한다. 그렇다면 어떻게 해서 망막에 투사된, 흰 종이 위의 검은 자국이 당신에게 온 세상을 보여 줄 수 있는가? 마치 블라디미르 나보코프가 『롤리타』의 시작 부분에서 보여 주었던 것처럼 말이다.

"

롤리타, 내 삶의 빛, 내 몸의 불꽃, 나의 죄악, 나의 영혼. 롤-리-타. 혀끝이 입천장을 세 걸음 이동하다가 세 걸음째에 이빨을 건드린다. 롤-리-타.

"

글 읽는 사람의 뇌는 문자에 특화된 복잡한 메커니즘을 가지고 있다. 아주 오랫동안 이런 능력은 수수께끼였다. 오늘날, 뇌 속의 블랙박스가 열리기 시작했고, 진정한 '읽기' 과학이 시작되었다. 지난 20년간 심리학과 신경과학의 발전에 따라 뇌 속의 읽기 회로들이 발견되기 시작했다. 최근의 뇌 영상화 기법은 단어를 읽을 때 활성화되는 뇌의 부위들을 신속하게 보여 준다. 과학자들은 단어의 처리 단계를 망막에서부터 추적할 수 있게 되었으며, 다음과 같은 기본적 질문을 각 단계마다 던지고 있다. 이것은 문자에 대한 반응인가? 문자는 어떻게 보이는가? 그것은 단어인가? 그 소리는 어떻게 들리는가? 그것은 어떻게 발음되는가? 그것은 무슨 의미인가?

이런 경험적 연구 위에서 읽기에 대한 이론이 만들어졌다. 그 이론은 영장류의 진화에서 유래한 뇌 회로가 종이 위의 단어를 재인하는 데 이용된다고 가정한다. 다른 용도의 신경망이 읽기를 위해서 재활용된다는 것이다. 읽고 쓰는 능력이 뇌를 어떻게 변화시키는가에 대한 통찰은 학습 장애와 교육에 대한 견해를 크게 변화시키고 있다. 단어를 해독하는 데 심각한 어려움을 가진 장애는 난독증으로 알려져 있는데, 이를 치료하는 새로운 방법도 고안되고 있다.

이 책을 쓰는 목적은, '읽기 과학(science of reading)'에 있어서의 최근의 발전, 그러나 거의 알려지지 않은 지식을 공유하는 것이다. 21세기를 사는 보통 사람들은 자동차의 작동원리에 대해서는 잘 알고 있지만, 자신의 뇌가 어떻게 작동하는지에 대해서는 무지하다. 참으로 이상하고 충격적인 현실이다. 교육계의 정책 결정자들은 교육 혁신의 방향을 결정할 때마다 우왕좌왕 갈피를 못 잡는다. 그들은 뇌가 어떻게 읽기를 배우는지 전혀 알지 못한다. 부모, 교사, 정치가는 교육 프로그램과 신경과학의 최신 발견 사이에 괴리가 있음을 종종 인정한다. 그러나 신경과학이 교육 발전에 얼마나 기여할 수 있을지에 대한 그들의 생각은 활동 중 뇌의 컬러 사진 몇 장을 본 것에 근거하는 일이 너무나 흔하다. 유감스럽지만, 뇌 활동을 보여 주는 영상화 기술은 아직 애매한 부분도 있고 때로는 오해를 부추긴다. 새로운 '읽기 과학'은 아직 초기 단계이고 계속 발전하고 있으며, 과학계의 바깥에는 많이 알려져 있지 않다. 나의 목표는 이 흥미로운 분야를 알기 쉽게 소개하고, 글 읽는 뇌의 놀라운 능력에 대한 이해를 증가시키는 것이다.

뉴런에서 교육으로

읽기 능력의 습득은 아동 발달에서 중요한 단계다. 많은 아동이 처음에 고생을 한다. 조사에 의하면, 10명 중 1명의 성인은 초보적 수준의 읽기 이해에도 도달하지 못한다. 여러 해 동안의 고된 노력이 있어야만, '읽기'를 지원하기 위해 시계 태엽 장치 같은 뇌가 매끄럽게 작동할 수 있다.

왜 읽기는 그렇게 어려울까? 읽기 능력 습득에 동반하여 뇌의 회로에는 어떤 변화가 일어날까? 어떤 교육 방법이 아동의 뇌에 더 좋을까? '파닉스(phonics)'—문자와 발음의 대응을 체계적으로 가르치는 방법—가 '전체 단어 교육(whole-word teaching)'보다 더 낫다는 과학적 근거는 있을까? 있다면 무엇인가? 아직 더 많은 연구가 필요하지만, 새로운 읽기 과학은 이런 질문 전부에 대해서 점점 더 정확한 대답을 제공하고 있다. 예를 들면, 새로운 읽기 과학은 과거 연구들이 어떻게 하여 '전체 단어 교육'을 지지하는 오류를 범하였는지, 또 최근의 뇌과학 연구들은 어떻게 '전체 단어 교육'이 틀렸다는 것을 증명하였는지 보여 준다.

또한 '읽기'에 대한 과학적 이해는 읽기 장애도 밝혀 준다. 독서할 때의 뇌와 마음에 대한 탐구는, 뇌졸중 때문에 갑자기 읽기 능력을 상실한 사람들도 대상으로 한다. 나는 난독증의 원인에 대해서도 이야기할 것이다. 난독증의 대뇌 메커니즘이 점차 밝혀지고 있으며, 정상인의 뇌와 다르다는 것이 지금은 분명해졌다. 난독증과 관련된 몇 개의 유전자도 발견되었다. 그렇다고 낙담하거나 포기할 필요는 없다. 새로운 치료법이 개발되고 있다. 뇌의 언어 회로와 읽기 회로를 집중적으로 재훈련하면 난독 아동의 뇌에 개선이 일어날 수 있으며, 이런 변화는 뇌 영상을 통하여 확인 가능하다.

뉴런과 문화

인간의 읽기 능력은 인간 뇌의 독특성을 생각하게 한다. 왜 호모사피엔스는 자신을 교육하는 유일한 종이 되었는가? 정교한 문화를 전달하는 능력을 왜 그들만 가졌는가? 시냅스와 뉴런은 인류의 문화적 발명들과 어떻게 관련되는가? 읽기, 쓰기, 산수, 예술, 종교, 농업, 도시생활은 인간의 원시적 뇌가 가진 능력을 극적으로 향상시켰다. 인간 종만이 유일하게 생물학적 조건을 초월하여, 인공적 문화 환경을 창조하고, 새로운 기술들을 전수하였다. 읽기 기술도 그중 하나다. 이런 인간 능력은 수수께끼이고 이론적 설명을 필요로 한다.

신경생물학자들이 가진 기초적 기술 중 하나는 '뉴런(=신경세포)을 배양하는 것'—접시 속에서 뉴런이 자라게 하는 것—이다. 이 책에서 나는 다른 방식의 '뉴런 배양'을 주장한다. 그것은 인간의 문화 활동을 보는 새로운 방식이며, 문화 활동이 어떤 신경망과 어떤 관계를 가지는지에 대한 과학적 이해에 근거한다. 신경과학의 과제 중 하나는, 신경체계의 기본적 요소들이 어떻게 아동과 성인에서 관찰되는 행동 규칙들—고차적 인지 기술을 포함하여—을 이끌어 내는가 하는 것이다. '읽기'는 이런 '신경문화' 가설을 테스트하기 위한 최적의 조건을 제공한다. 우리는 중국어, 히브리어, 영어 등 서로 다른 표기 체계가 어떻게 두뇌 회로에 각인되는지에 대해서 점점 더 많이 알아 가고 있다. 읽기의 경우, 생득적 신경 메커니즘과 후천적 문화 능력을 쉽게 연결시킬 수 있다. 나의 희망은, 이런 신경과학적 접근방법이 다른 문화적 영역에도 적용될 수 있다는 것이다.

글 읽는 원숭이의 불가사의

뇌와 문화의 관계를 생각해 보면 하나의 패러독스가 있다. 나는 그것을 읽기 패러독스(reading paradox)라고 부른다. 인간의 뇌는 왜 읽는가? '읽기'는 불과 수천 년 전에 발명된 문화적 활동인데, 뇌는 어떻게 해서 읽기를 그렇게 잘하는가?

매우 단순한 이런 질문을 패러독스라고 부르는 이유가 있다. 지금까지의 연구들이 발견한 바에 의하면, 글을 읽을 줄 아는 사람의 뇌에는 단어의 '시각적 재인(visual recognition)'에만 특화된 정밀한 신경 메커니즘이 있다. 더욱 놀라운 것은, 동일한 메커니즘이 모든 인간의 동일한 대뇌 영역에 자리하고 있다는 것이다. 마치 '읽기'를 위한 대뇌 기관이 있는 것 같다.

그러나 '문자'는 불과 5,400년 전 중동 지방에서 탄생했다. 그리고 '알파벳'은 겨우 3,800년 전에 나타났다. 이 정도의 시간은 진화적 차원에서 보면 티끌보다 짧다. 분명히, 진화는 호모사피엔스의 뇌에 특별한 읽기 회로를 발전시킬 시간적 여유가 없었다. 인간의 뇌는 수렵채집자로서의 생존을 위한 유전적 설계도 위에 구성되었다. 아프리카 초원에서 생존하도록 설계된 뇌를 이용하여, 우리는 셰익스피어와 나보코프를 즐기고 있는 것이다. 인간의 진화에는 시각을 통한 언어 이해를 위해 준비된 것은 어떤 것도 없다. 그럼에도 불구하고 뇌 영상화 기술은 인간의 뇌에서 '읽기'에 특화된 정교한 회로들을 보여 준다.

'읽기 패러독스'는 신의 존재를 증명하기 위한 윌리엄 페일리(William Paley) 목사의 우화를 생각나게 한다. 그는 『자연신학』(1802)에서, 버려진 황무지의 흙바닥에서 발견된 시계를 상상해 보라고 한다. 그 시계는 아주 정교하며 정확하게 시간을 가리킨다. 그렇다면 이 시계의 존재는, 어떤 지적인 시계공이 있어서 그가 의도적으로 이 시계를 만들었음을 증명하는 것 아니겠는가? 그와 마찬가지라고 페일리는 주장한다. 살아 있는 유기체에서 발견되는 모든 정교한 장치들, 예를 들어 인간의 눈과 같은 놀랍도록 정밀한 기구들은 모든 자연이 어떤 신성한 시계공의 작품임을 증명한다.

진화론으로 유명한 찰스 다윈(Charles Darwin)은, 어떻게 눈먼 자연 선택이 고도로 구조화된 시스템을 산출할 수 있는지를 보여 줌으로써 페일리의 주장을 반박하였다. 어떤 생명체가 언뜻 보기에는 특별한 목적을 위해 디자인된 것 같아도, 자세히 들여다보면 전지전능한 설계자의 작품이라고 하기에는 부족한 부분들이 있다. 이런 모든 불완전성은 진화가 지적인 창조자에 의해 추진되는 것이 아니라, 생존을 위한 투쟁에서 무작위로 선택된 경로에 따른 것임을 시사한다. 인간 눈의 망막을 예로 들면, 광수용기 앞에 혈관과 신경다발이 위치하고 있는데, 입력되는 빛의 일부를 차단하고 또한 맹점을 만들어 낸다. 대단히 조잡한 설계라고 할 수 있다.

다윈의 뒤를 이어서, 스티븐 제이 굴드(Stephen Jay Gould)는 자연 선택이 만들어 낸 불완전한 결과들을 많이 보여 주었는데, 그중 하나가 판다의 엄지발가락이다.[1] 영국의 진화생물학자 리처드 도킨스(Richard Dawkins)도 눈이나 날개의 정교한 메커니즘이 자연 선택을 통하여 나타난 것이지, '눈먼 시계공(blind watchmaker)'의 작품이 아니라고 설명하였다.[2] 자연에 보이는 '디자인' 들의 유일한 근원은 아마 다윈의 진화론일 것이다.

하지만 '읽기'에 대한 설명이라면, 페일리의 비유는 조금 다른 방식으로 문제가 된다. 읽기를 가능하게 하는 뇌 메커니즘은, 복잡성에서, 또한 디자인의 순수성에서, 황무지에 버려진 시계에 비유할 만하다. 그것은 전적으로 페이지 위의 단어들을 가능한 한 빨리 또한 정확하게 해독하는 단 하나의 목적을 위해 존재한다. 그러나 지적인 창조자 가설도 자연 선택에 의한 장기 획득 가설도 '읽기'의 시작에 대해 만족할 만한 설명을 제시하지 못한다. 진화가 읽기 회로를 뇌 속에 만들기에는 시간이 너무 짧았다. 그렇다면 우리의 원시적 뇌는 어떻게 읽기를 획득했을까? 인간의 뇌 피질은 수백만 년 동안 '문자' 가 없는 세상에서 진화하였는데, 뇌는 어떻게 문자 단어 재인이 던지는 문제들을 해결할 수 있었을까?

생물적 단일성 대 문화적 다양성

사회과학의 영역에서, 문화적 기술의 획득—독서, 수학, 미술 등—은 생물학적 용어를 사용하여 언급하지 않는다. 최근까지 거의 대부분의 사회과학자는 뇌과학이나 진화 이론은 자신의 분야와 인연이 없다고 생각하였다. 심지어 오늘날에도 대다수의 사람은 뇌에 대한 소박한 이해를 가지고 있을 뿐이다. 뇌란 무궁무진하게 유연한 하나의 장치이고, 그것의 학습능력은 무한하여 인간의 활동에 아무런 제약을 가하지 못한다. 이런 생각은 새롭지 않다. 이미 영국의 경험주의 철학자들—존 로크(John Locke), 데이비드 흄(David Hume), 조지 버클리(George Berkeley) 등—이 그런 주장을 펼쳤다. 인간의 뇌는 '빈 서판(blank slate)'에 비유할 수 있으며, 다섯 가지 감각을 통하여 자연적 · 문화적 환경이 가하는 자극들을 흡수한다.

이런 인간관, 즉 인간 본성의 존재를 부정하는 인간관이 아무런 이의제기 없이 수용되어 왔다. 그것은 '사회과학의 표준 모델' 로서 많은 인류학자, 사회학자 그리고 일부 심리학자, 심지어는 몇몇 신경과학자에 의해서도 지지되었다.[3] 여기에 속하는 신경과학자들은, 대뇌 피질은 '영역에 관계없이 동일한 기능' 을 하며, 뇌에는 '영역 특정적 구조는 없다' 고 주장한다.[4] 인간의 본성은 점차적이고 유연한 방식으로 문화적 주입을 통하여 형성된다. 이런 견해에 따르면, 이누이트의 아이, 아마존 원시 부족의 아이, 뉴욕 상류층의 아이 사이에는 아무런 공통점이 없다. 심지어 색채지각, 음악감상, 도덕감각도 문화에 따라 다르다. 인간의 뇌에는 학습하는 능력 이외에는 어떤 고정된 구조도 없기 때문이다.

경험주의자들은 한발 더 나아가서, 인간의 뇌는 다른 동물종과 달리 생물학적 한계에 방해받지 않으며, 어떤 형태의 문화도 흡수할 수 있다고 주장한다. 이런 이론적 입장을 취하면, '읽기' 에 대해 대뇌를 운운하는 것은 대단히 맥락을 벗어난 일이다. 그것은 마치 셰익스피어의 연극을 양자물리학을 사용하여 분석하려는 것과 같다.

이 책에서 나는 이런 견해를 거부한다. 뇌는 문화에 대해 무한한 적응능력을 가지고 있지 않다. '읽기' 의 대뇌 회로에 대한 새로운 증거들은 뇌의 모든 영역이 동등하다는 가설이 틀렸음을 보여 준다. 물론 뇌가 학습할 수 없었다면 영어, 일본어, 아랍어 등을 표기하는 규칙에 적응할 수 없었을 것이다. 그러나 이런 학습은 대단히 제한되어 있으며, 그 메커니즘은 인간의 유전자에 의해서 엄밀하게 규정되어 있다. 뇌의 구조는 호모 사피엔스 족의 모든 구성원에서 유사하며, 다른 유인원과는 아주 조금 다를 뿐이다. 지구상 어디에서나 글자를 해독하기 위해 뇌의 동일한 영역이 사용된다. 프랑스어건 중국어건 '읽기' 학습은 반드시 유전적으로 규정된 회로를 통해서 이루어진다.

이런 증거들을 바탕으로 하여, 나는 신경-문화 상호작용에 대한 새로운 이론을 주장한다. 이것은 문화적 상대주의와 완전히 반대되며 '읽기 패러독스' 를 해결할 수 있다. 나는 이것을 '신경 재활용(neuronal recycling)' 가설이라고 부른다. 인간의 뇌구조는 강력한 유전적 제약을 따르지만, 어떤 회로는 약간의 융통성을 허용하는 방향으로 진화하였다고 나는 생각한다. 예를 들면, 인간의 시각시스템 중 일부는 환경 변화에 구속되지 않고 오히려 개방되어 있다. 약간의 불완전 구조를 가진 뇌와 거기에 기반한 시각적 가소성이 고대 필경사들에게 '읽기' 를 발명할 기회를 제공하였다.

일반적으로 뇌 회로는 유전자에 의해 구성되며 '사전 표상(pre-representation)' 들을 제공한다.[5] 사전 표상은 환경 속에서 개체가 앞으로 성장하는 방식에 관한 설계도이다. 뇌가 성장하는 중에 학습 메커니즘은 어떤 '사전 표상' 이 주어진 상황에 최적한 것인지 선택한다. 문화적 획득은 이런 뇌가소성 위에서 가능하다. 인간의 뇌는 환경에서 모든 것을 흡입하는 빈 서판이 결코 아니다. 인간의 뇌는 본래의 기능을 다른 용도로 활용하여 주어진 환경에 적응한다. 결코 백지 상태처럼 문화적 구성물들이 집합하는 장소가 아니고, 자신의 일부를 새로운 용도로 전환할 수 있는 정교한 구조물이다. 인간은 새로운 기술을 학습할 때 원시적 뇌를 재활용한다. 뇌 회로가 그러한 변화를 허용하는 한에서 말이다.

독자를 위한 안내

앞으로의 장들에서 나는 어떻게 '신경 재활용'이 문해력(literacy)을 설명하는지, 뇌 속의 문해 메커니즘과 문해 역사를 어떻게 설명하는지 이야기할 것이다. 처음의 세 장에서 나는 성인 숙달자의 읽기 과정을 분석할 것이다. 제1장은 출발점으로서 심리학적 관점에서 '읽기'를 바라볼 것이다. 인간은 얼마나 빨리 읽을 수 있는가? 읽기 행동의 주요 결정 요소는 무엇인가? 제2장에서 나는 글을 읽을 때 작업하는 뇌 영역들로 옮겨 갈 것이고, 이를 현대 뇌 영상화 기술을 사용하여 어떻게 시각화할 수 있는지에 대해 이야기할 것이다. 제3장에서는 단일 뉴런의 수준으로 내려가서, 문자와 단어를 재인하는 회로를 형성하기 위해서 단일 뉴런들이 어떻게 조직화되는지에 대해 이야기할 것이다.

나는 단호하게 기계적 방식으로 분석을 할 것이다. 나는 독자의 뇌 속에 있는 시계 태엽을 열어 보여 주려고 한다. 페일리 목사가 황무지에 버려진 시계를 분해하는 것과 동일한 방식으로 말이다. 그러나 독자의 뇌는 '신성한 시계공'이 디자인한 완벽한 시계장치가 아니다. 읽기 회로에는 적지 않은 불완전성이 있으며, 읽기를 위해 필요한 것과 이용 가능한 생물학적 메커니즘 사이의 타협을 보여 준다. 원시적 시각 체계의 특성들은 왜 읽기가 신속하고 효과적인 스캐너처럼 이루어지지 않는지를 설명해 준다. 눈이 페이지 위를 훑고 지나가는 동안, 각 단어는 천천히 망막의 중심부에 들어오고, 무수히 많은 조그만 단위들로 분해되었다가, 뇌에 의해 다시 조립된다. 이런 과정은 오랫동안의 연습 덕분에 자동화되고 무의식적이 되었기 때문에, 읽는 사람은 읽기가 단순하고 쉬운 일이라고 착각하게 된다.

'읽기 패러독스'가 드러내는 것은 유전자가 읽기를 위해 진화해 온 것이 아니라는 부정할 수 없는 사실이다. 이런 어려움에도 불구하고 나의 추론은 매우 단순하다. 만약 뇌가 읽기를 위해 진화해 온 것이 아니라면, 그 반대도 진실임에 틀림없다. 즉, 문자는 뇌의 제약 안에서 발전되어 온 것이 분명하다. 제4장은 이런 관점에서, 선사시대의 상징에서 시작하여 알파벳의 발명으로 끝나는, 문자의 역사를 재조명한다. 각 단계에는 항상 문화적 '땜질'에 대한 증거가 있다. 필경사들은 수천년에 걸쳐서, 원시적 뇌의 한계 안에 들어가는 단어, 기호, 자모를 디자인하기 위해 노력하였다. 오늘날 존재하는 세계의 표기체계들은 수많은 디자인 특성들을 공유하고 있는데, 그 이유를 찾아 올라가면 뇌 회로에 의해 규정된 제약들이 있다.

뇌는 읽기를 위해서 설계된 것이 아니지만, 기존의 뇌 회로 중 일부는 새로운 문화 활동을 위해서 재활용될 수 있다는 생각의 연장선에서, 제5장은 아동들이 어떻게 읽기를 배우는지 살펴본다. 심리학 연구들의 결론에 의하면, 영장류의 뇌를 숙달된 독서자의 뇌로 바꿀 수 있는 방법은 그다지 많지 않다. 제5장은 현존하는 유일한 발달 경로를 탐구한다. 학교는 이런 지식을 이용하여 읽기 교육을 최적화하고 문맹과 난독증의 악영향을 최소화할 수 있을 것이다.

나는 또한 신경과학이 어떻게 하여 읽기 습득의 불가사의한 특징들을 밝혀 줄 수 있는지 보여 줄 것이다. 한 예로, 왜 그렇게 많은 아동들이 처음에 단어를 오른쪽에서 왼쪽 방향으로 쓰는가? 일반적 생각과는 달리, 이런 '거울 반전 오류'는 난독증의 신호가 아니고, 시각과 관계된 뇌구조의 자연스러운 결과다. 다수의 아동에서 난독증은 말소리를 처리하는 데 있어서의 비정상과 관련이 있다. 난독증의 증상, 난독증의 대뇌 기제, 그리고 난독증의 원인에 대한 최근의 발견은 제6장에서 다루어질 것이다. 제7장은 '거울 오류'가 일반적인 시각적 재인에 대해 무엇을 말해 주는지에 대한 하나의 통찰을 제공할 것이다.

마지막 제8장에서 나는 인간종에게만 유일하게 읽기와 같은 정교한 문화적 발명이 가능하다는 놀라운 사실로 다시 돌아갈 것이다. 이것은 다른 영장류에서 유례를 찾을 수 없는 것이다. 사회과학의 표준 모델의 주장과 정반대로, '읽기'는 뇌와 문화가 떼려야

뗄 수 없는 방식으로 연결되어 있음을 보여 주는 예다. 길고 긴 문화의 역사에서, 인간은 점차 그들의 시각 체계를 언어 입력의 대안으로 활용할 수 있음을 발견하였고, 결국에는 문자에 도달하게 되었다. 나는 또한 다른 주요한 문화적 특성들도 이와 동일한 방식으로 분석될 수 있는지에 대해 논의할 것이다. 수학, 예술, 음악, 종교는 수세기에 걸친 문화적 진화에 의해 형성된 장치이며, 이런 장치들이 인간의 원시적 뇌를 점유하고 있다.

끝으로 남은 문제가 하나 있다. 학습이 모든 영장류에게 가능하다면, 어째서 호모사피엔스만이 정교한 문화를 가진 유일한 종인가? '문화' 라는 말이 때로는 침팬지에게도 사용되지만, 침팬지 문화는 겨우 견과류를 깨거나 고구마를 씻거나 막대기로 개미를 사냥하거나 하는 소수의 기발한 행동을 넘어서지 못한다. 이런 것들은 인류가 지금까지 창조해 온, 상호 연결된 관습과 상징으로 이루어진 체계— 언어, 종교, 예술, 스포츠, 수학, 의학 등— 에 비하면 아무것도 아니다. 인간 이외의 영장류는 문자와 숫자 같은 새로운 상징을 재인하는 것을 겨우 학습할 수 있지만, 그것들을 발명하는 것은 꿈도 꾸지 못한다. 나는 결론에서 인간 뇌의 독특성에 대한 몇 가지 잠정적 아이디어를 제시할 것이다. 인간의 독특성은 두 요인의 조합에서 유래한다. 하나는 '마음이론(theory of mind)'— 다른 사람의 마음을 상상하는 능력— 이고, 다른 하나는 '의식적 전역 작업공간(conscious global workplace)'— 무한히 다양한 아이디어들이 조합되는 내부 공간— 이다. 인간의 유전자에 각인되어 있는 두 메커니즘은 서로 공모하여 인간을 문화적 종으로 만들었다. '문화의 무한한 다양성' 이라는 생각은 착각일 뿐이다. 그런 생각은, 인간이 상상하는 모든 것이 뇌에서 만들어진 것이라고 믿는 인지적 악순환 때문이다. 최근의 발명인 '읽기' 는 뇌의 제한된 능력 아래 수천 년 동안 지속되었다. 문자 체계의 다양성 이면에는 보편적 뉴런 메커니즘이 존재하며, 이 메커니즘은 인간이 본래 가진 한계들을 보여 준다. 마치 빛에 비춰 보았을 때 보이는 워터마크처럼 말이다.

제1장

우리는 어떻게 글을 읽는가

● ● ●

읽기는 눈에서 시작한다. 눈의 안쪽 뒷면을 망막이라 하고, 망막 중앙부에 있는 좁은 영역을 중심와(fovea)라고 부르는데, 여기에만 작은 글자를 재인하는 데 충분한 변별력이 있다. 그래서 눈은 계속하여 페이지 위를 이동해야 한다. 눈이 정지한 동안에는 하나 또는 두 개의 단어가 파악된다. 단어는 망막의 뉴런에 의해 무수한 조각으로 분해되지만, 다시 조합되어야 하나의 단어로 재인될 수 있다. 시각 체계는 문자, 음절, 접두사, 접미사 그리고 어근을 순차적으로 추출한다. 두 개의 처리 경로가 병렬적으로 작동한다. 음운경로는 문자를 소리로 바꾸고, 어휘경로는 단어 의미가 저장되어 있는 심성어휘집을 검색한다.

● ● ●

글자는 독자가 그것을 읽을 때까지 침묵의 존재다. 숙달된 눈이 종이 위에 있는 글자와 접촉할 때 글자는 비로소 살아난다. 모든 글자는 독자의 아량을 요구한다.

– 알베르토 망구엘, 『읽기의 역사』

얼핏 보면 읽기는 마술 같다. 시선이 단어와 접촉하면 뇌는 금방 의미와 발음을 파악한다. 그러나 보이는 것과 달리 그 과정은 단순하지 않다. 망막에 상이 맺히면 단어는 무수한 조각들로 쪼개지고, 조각들은 서로 다른 광수용기에 의해 인식된다. 하지만 정말로 어려운 일은 조각들을 다시 조합하는 것이다. 그래야만 거기에 무슨 문자가 있었는지, 문자가 어떤 순서로 나열되어 있었는지, 그리고 결국 그것이 무슨 단어였는지 인식할 수 있다.

지난 30년 동안 인지심리학은 '읽기'의 메커니즘을 분석하였다. 목표는 시각적 단어 재인의 절차—능숙한 독자가 단어를 파악하는 데 사용하는 일련의 처리 단계—를 밝히는 것이었다. 심리학자들은 컴퓨터 과학의 문제를 푸는 것처럼 읽기를 다루었다. 모든 독자는 두 개의 카메라—두 개의 눈과 그 속의 망막—를 가진 로봇과 유사하다. 카메라에는 독자가 보는 단어의 상이 맺힌다. 처음에 그것은 흑백의 반점일 뿐이며 언어적 신호로 해석될 수 없다. 이런 시각적 정보는 이해 가능한 형식으로 재부호화되어야 하며, 그래야 비로소 적절한 소리, 단어 그리고 의미로 파악될 수 있다. 따라서 독자는 일종의 해독 절차, 즉 자동 문자 인식 소프트웨어와 유사한 처리 절차를 가지고 있어야 한다. 입력은 페이지 위의 픽셀들이고, 출력은 파악된 단어의 정체다. 이런 작업을 위해서 뇌는 세련된 해독 절차들을 가지고 있으며, 그 원리는 이제 막 이해되기 시작하였다.

눈: 조잡한 스캐너

읽기는 페이지에서 반사되는 '광자(photon)'를 망막이 수용하면서 시작된다. 그러나 망막은 균질한 감각기관이 아니다. 망막의 중심부를 '중심와'라 부르는데, 여기에는 빛에 민감한 고해상도 세포들이 밀집해 있는 반면에 망막의 나머지 부분은 해상도가 낮다. 중심와는 시야의 약 15도 정도를 커버하는데, 읽기를 위해서 아주 유용한 부분이다. 중심와에 주어지는 정보가 부족할 때—그것이 망막 병변에 기인하든, 시각 피질의 중심 부분을 파괴하는 뇌졸중에 기인하든, 또는 중심와로 가는 시각적 입력을 선택적으로 차단하는 실험적 기법에 의한 것이든—읽기는 불가능하다.[6]

단어가 중심와에 들어와야 하기 때문에, 책을 읽을 때 눈은 끊임없이 움직인다. 시선을 이동시킴으로써, 글자를 파악하는 데 충분한 해상도를 가지는, 시각의 가장 예민한 부분으로 텍스트를 '스캔' 할 수 있다. 그러나 눈은 페이지 위를 연속적으로 이동하지는 않는다.[7] 눈은 단속적으로 움직이는데, 그런 움직임을 '도약운동(saccade)'이라고 부른다. 이 책을 읽고 있는 지금 독자의 눈은 1초에 4~5회의 도약운동을 하는데, 그것은 새로운 정보를 중심와에 가져오기 위해서다.

중심와 내에서도 시각적 정보는 똑같은 정밀도로 표현되지 않는다. 망막뿐 아니라 그 이후의 시상과 피질에서도, 시각 장면의 어떤 부분에 할당되는 세포 수는 그 부분이 시선의 중심에서 멀어질수록 점점 감소한다. 시선의 중심으로부터 멀어지면 시각적 정밀도가 점차적으로 감소한다. 시각적 정밀도는 중심부에서 최고이고 주변부로 이동할수록 점차 떨어진다. 사람들은 눈앞에 보이는 장면의 정밀도가 모든 부분에서 일정한 것 같은 착각을 한다. 마치 화면의 어디에서나 픽셀의 분포가 동일한 디지털 카메라로 찍은 사진처럼 말이다. 그러나 인간의 눈은 디지털 카메라와 다르다. 눈에 있는 센서는 시선 중앙에 있는 부분만 정밀하게 지각할 수 있다. 중앙에서 멀어질수록 주변부는 점점 흐려지고 점점 상실된다([그림 1-1]).[8]

이런 조건하에서 읽기 용이성을 결정하는 것은 글자의 절대적 크기라고 생각하기 쉽다. 즉, 작은 글자는 큰 글자보다 읽기가 더 어려워야 한다. 하지만 사실은 전혀 그렇지

그림 1-1 망막은 우리가 읽는 것을 엄격하게 필터링한다. 위 그림은, 망막의 중심에서 주변으로 갈수록 해상도가 저하되는 원리를 이용하여, 사무엘 존슨(Samuel Johnson)의 『모험가(The Adventurer)』(1754)의 한 페이지를 필터링한 것이다. 크기와 상관없이 시선 중심에 가까운 문자는 파악이 가능하다. 책을 읽을 때 눈이 재빨리 도약하며 페이지 위를 이동하는 것은 그 때문이다. 눈이 머문 곳에서 우리는 하나 또는 두 개의 단어를 파악할 수 있다.

않다. 글자가 크면 클수록, 차지하는 망막이 더 넓어지기 때문이다. 어떤 단어가 커다랗게 인쇄되면 망막 주변부도 차지하게 되는데, 거기서는 아무리 큰 글자도 구별하기가 어렵다. 두 개의 요인이 서로를 상쇄하기 때문에, 거대한 단어와 미세한 단어는 망막 정밀도의 입장에서 보면 근본적으로 동등하다. 물론 글자 크기가 어느 정도 이상일 때의 이야기다. 글자 크기가 너무 작아서 중심와 영역의 최대 정밀도 이하의 크기가 된다면 파악이 불가능하다. 나이가 들어 시력이 저하된 사람들에게 큰 글자로 인쇄된 책을 추천해야 하는 이유다.

눈이 이런 식으로 구조화되어 있기 때문에, 우리의 지각 능력은 단어가 차지하는 망막 크기가 아니라 단어 속의 글자 수에 영향을 받는다.[9] 읽기를 할 때 안구의 도약운동 거리는 다양하지만, 글자 수를 가지고 말하면 거의 일정하다. 뇌가 눈을 이동시킬 때 눈이 이동하는 거리는 대략 7개에서 9개의 글자 간격이다. 이 숫자는 비록 작지만 한 번의 시선 고정에서 처리 가능한 정보의 양에 해당한다.

눈이 한번에 볼 수 있는 것은 페이지 위의 아주 작은 부분이라는 것을 증명하기 위해, 조지 맥콘키(George W. McConkie)와 키스 레이너(Keith Rayner)는, 내가 '데카르트의 악마(Cartesian devil)'라고 부르는 실험방법을 개발했다. 데카르트(René Descartes)는 『형이상학적 성찰(Metaphysical Meditations)』이라는 저술에서, 어떤 천재 악마가 인간의 감각을 가지고 장난치고 있다고 상상했다.

> 나는 지극히 선하고 진실한 신이 아니라, 기만적이고 강력한 어떤 천재 악마가 있어, 그의 모든 에너지를 나를 속이는 데 사용하고 있다고 생각한다. 나는 하늘, 땅, 색깔, 형상, 소리 그리고 모든 다른 외적인 것은 이 악마가 내가 쉽게 믿는 것을 이용하여 나를 속이기 위해 만들어 낸 착각이나 꿈이라고 생각한다. 나에게는 손도 없고, 눈도 없고, 피부도 없고, 피도 없고, 어떤 감각도 없으나, 마치 이런 것을 모두 소유하고 있는 것처럼 잘못 생각하고 있다.

영화 〈매트릭스〉에 나오는 슈퍼컴퓨터처럼, '데카르트의 악마'는 가상현실—진실은 영원히 가려져 있다—을 만들어 내기 위하여 면밀하게 조작된 신호를 감각 기관에 입력한다. 매트릭스보다는 소박하지만, 맥콘키와 레이너는 '움직이는 창(moving window)'을 고안하였으며, 이것은 컴퓨터 화면에 텍스트가 존재한다는 착각을 만들어 냈다. 그들은 안구의 움직임을 추적하고 실시간으로 시각적 디스플레이를 바꾸는 특별한 컴퓨터 장치를 고안하였다.[10] 그 장치는 시선 중심에서 좌우로 몇 개 문자만 보여 준다. 컴퓨터 화면의 다른 모든 문자는 x로 대체된다.

We the pexxxx xx xxx xxxxxx xxxxxx, xx xxxxx xx
↑

눈이 이동하는 동안 컴퓨터는 은밀하게 화면을 다시 그린다. 시선 중앙에만 적당히 몇 개의 문자를 보여 주고, 다른 모든 곳에는 x를 보여 준다.

Xx xxx people of txx xxxxxx xxxxxx, xx xxxxx xx
↑

Xx xxx xxxxxx xx xhe United xxxxxx, xx xxxxx xx
↑

Xx xxx xxxxxx xx xxx Xxxxed States, ix xxxxx xx
↑

Xx xxx xxxxxx xx xxx Xxxxxx Xxxxxx, in order to
↑

이 장치를 사용해서 맥콘키와 레이너는 놀랍고도 역설적인 발견을 했다. 그들은 실험참가자들이 속임수를 알아채지 못한다는 것을 발견하였다. 시선 중앙의 왼쪽과 오른쪽에 충분한 수의 문자가 제시되는 한, 실험참가자들은 속임수를 탐지하지 못했고 자신들이 완전히 정상적인 페이지를 보고 있다고 믿었다.

이런 놀라운 현상은 눈이 빠른 속도로 움직일 때 문자를 바꾸기 때문에 발생한다. 시선이 이동하는 짧은 동안에는 전체 망막의 이미지가 흐려지기 때문에 문자가 바뀌는 것을 알기 어렵다. 눈이 움직이지 않을 때는 모든 것이 정상으로 보인다. 중심와 내에는 정상적 문자들이 있고 나머지 망막 주변부에 있는 것은 읽을 수 없기 때문이다. 맥콘키와 레이너의 실험은 시야에 입력된 것 중 의식적으로 처리 가능한 것은 아주 적다는 것을 보여 준다. 만약 컴퓨터가 응시점 왼쪽에 4개의 문자를 남겨 놓고 오른쪽에 15개의 문자를 남겨 놓으면 읽는 속도는 정상을 유지한다.[11] 간단히 말해서, 페이지로부터 한번에 추출할 수 있는 정보는 아주 적다. '데카르트의 악마'는, 우리가 성경이나 미국 헌법을 읽고 있다는 것을 믿도록 하기 위해서, 한 번의 시선 고정에 단지 20개의 문자만 보여주면 된다.

20개의 문자는 과대평가된 것이다. 우리는 겨우 10~12개의 문자를 도약운동 전에 파악할 뿐이다. 즉, 응시점 왼쪽에 3~4개, 오른쪽에 7~8개다. 이 선을 넘어서면 문자 파악이 어려워지고, 단어 사이의 공백 정도만 겨우 파악할 수 있다. 공백은 단어 길이에 대한 단서를 제공함으로써 안구 이동을 준비하게 하고, 시선이 다음 단어의 중앙으로 점프하도록 해 준다. 다음 단어의 어느 부분에서 어떤 정보를 추출하는지에 대해 전문가들 사이에 논쟁이 계속되고 있다. 아마도 어두의 몇 문자일 것이다. 읽기 방향은 시각 폭의 모양을 비대칭적으로 만든다. 서양 사람의 시각 폭은 오른쪽이 훨씬 더 길다. 그러나 아랍어나 히브리어 독자는 시선을 오른쪽에서 왼쪽으로 이동시키며 읽기 때문에 시각 폭의 비대칭은 반대가 된다.[12] 중국어의 경우에는, 문자 밀집도가 높고 도약운동의 폭이 좁기 때문에 시각 폭도 줄어든다. 독서하는 사람은 자신의 언어와 문자에 맞추어 시각 탐색 방략을 조정한다.

같은 방법을 사용하여 단어 정체를 확인하는 데 얼마나 많은 시간이 요구되는지 평가할 수 있다. 컴퓨터를 프로그래밍하여 일정 시간 후에 모든 문자가 x로 바뀌도록 한다. 중심와에 있는 글자도 그렇게 한다. 이 실험은 단어를 50ms(=밀리세컨드, 1,000분의 1초)만 보여 주어도 읽기가 정상적으로 진행됨을 보여 준다. 그렇다고 해서 읽기에 필요한 심적 작업이 20분의 1초 이내에 모두 완료된다는 의미는 아니다. 앞으로 알게 되겠지만, 단어를 파악하는 일련의 심적 과정은 단어가 제시된 후 적어도 2분의 1초 동안은 계속된다. 다만, 초기의 시각적 정보 수용은 아주 짧은 동안에 이루어질 수 있다.

요약하면, 눈은 읽기 행동에 많은 제약을 가한다. 시각 센서의 구조는 10분의 2초 또는 10분의 3초마다 한 번씩 눈을 빠르게 이동시켜서 페이지를 스캔하도록 되어 있다. 읽기란 연속적인 스냅사진을 통해서, 텍스트를 한 단어 한 단어씩 마음속으로 복원하는 작업이다. 'the' 'it' 'is' 와 같은 몇몇 짧은 문법적 단어는 때때로 건너뛸 수도 있지만, 명사나 동사와 같은 '내용어(content word)'는 거의 모두 적어도 한 번 시선이 고정되어야 한다.

이런 제약은 시각 장치의 불가피한 부분이며 훈련에 의해서 제거될 수 없다. 물론 사람들에게 안구 운동 패턴을 최적화하는 것을 가르칠 수는 있다. 그러나 분당 400단어에서 500단어를 읽을 수 있는 대부분의 숙달된 독자는 이미 최적 상태에 근접해 있다. 망막 센서를 아무리 효율적으로 사용한다고 해도, 더 빨리 읽을 가능성은 없다. 안구 운동이 읽기 속도를 제한하는 요인이라는 것을 간단한 실험으로 보여 줄 수 있다.[13] 어떤 문장을 한 단어 한 단어씩 고정된 시선의 중앙에 정확하게 보여 준다면, 그래서 눈을 움직여야 할 필요성을 제거하면, 숙달된 독자들은 엄청나게 빠른 속도로 읽을 수 있다. 분당 평균 1,100개의 단어, 최고의 독자라면 분당 1,600개의 단어를 읽을 수 있는데, 이것은 한 단어당 40ms의 속도이며, 통상 속도의 3~4배에 해당한다. 이 방법을 '신속 순차 시각 제시' 또는 RSVP(rapid serial visual presentation)라고 부르는데, 단어의 식별과 이해가 충분히 가능하다. 정상적 독서를 느리게 하는 주범은 안구 운동이다. RSVP와 같은 방법은 컴퓨터가 종이를 대신하는 미래 세상에서 독서의 한 모습일 수 있다.

어쨌든, 텍스트가 페이지에 줄 단위로 주어지는 한, 시선 이동이 불가피하며 이것은 독서를 느리게 한다. 그러니 분당 1,000단어 또는 그 이상의 속도로 읽을 수 있다고 선전하는 '속독법'을 곧이곧대로 받아들여서는 안 된다.[14] 물론 시각 폭을 넓히는 것은 가능하며, 그래서 줄당 도약운동의 횟수를 줄일 수 있다. 또한 회귀(regression)—시선이 이미 읽은 부분으로 다시 돌아가는 경우—의 횟수를 줄이기 위한 학습도 가능하다. 그러나 눈이 가진 물리적 한계는 극복될 수 없다. 단어들을 기꺼이 건너뛰고, 그래서 오독의 위험성을 무릅쓸 각오가 되어 있지 않다면 말이다. 우디 알렌(Woody Allen)은 이런 상황을 "나는 속독과정을 수강하고 『전쟁과 평화』를 20분만에 읽을 수 있었다. 그것은 러시아에 대한 이야기였다."라고 완전히 잘 묘사하고 있다.

불변성의 추구

당신은 읽을 수 있나요, 루빈?
예, 인쇄된 글자는 읽을 수 있어요. 하지만 손글씨는 읽을 수 없어요.

– 몰리에르, 『조르쥬 당댕(Georges Dandin)』

읽기는 어려운 지각 문제를 하나 제기한다. 단어 모양에 관계없이, 즉 인쇄한 것이든 손으로 쓴 것이든, 대문자든 소문자든, 크든 작든 상관없이 단어를 파악할 수 있어야 한다는 것이다. 이것은 심리학자들이 **불변성 문제**(invariance problem)라고 부르는 것이다.

단어를 구성하는 문자는 실제 모양이 수천 가지로 변할 수 있지만, 단어에는 변하지 않는 측면들이 있다는 것을 알아야 한다.

지각적 불변성이 문제가 되는 것은, 단어가 항상 같은 위치에, 같은 글자꼴로, 같은 크기로 나타나는 것이 아니기 때문이다. 만약 단어가 나타나는 방식이 항상 일정하다면 망막의 어떤 세포들이 활성화되고 어떤 것들은 활성화되지 않는지를 목록으로 만들면 충분할 것이다. 마치 흑백의 컴퓨터 이미지를 픽셀(=화소)들의 목록으로 정의할 수 있는 것처럼 말이다. 그러나 실제로는, 수백 개의 서로 다른 망막 이미지들이 동일한 하나의 단어를 나타낼 수 있다([그림 1-2]). 따라서 읽기의 초기 단계에서는 외형의 엄청난 다양성을 고려할 필요가 있다.

뇌가 불변성 문제에 대한 효율적 해법을 가지고 있음을 보여 주는 단서들이 있다. 적당한 거리에 신문을 들고 있으면 헤드라인과 3행짜리 광고를 다 잘 읽을 수 있다. 헤드라인과 3행 광고는 크기에서 50배의 차이가 있음에도 읽기 속도는 별 영향을 받지 않는다. 이것은 마치 50센티미터와 30미터 떨어진 곳에 있는 얼굴이나 사물을 인식하는 것과 흡사하다. 시각 체계는 스케일의 엄청난 차이를 허용한다.

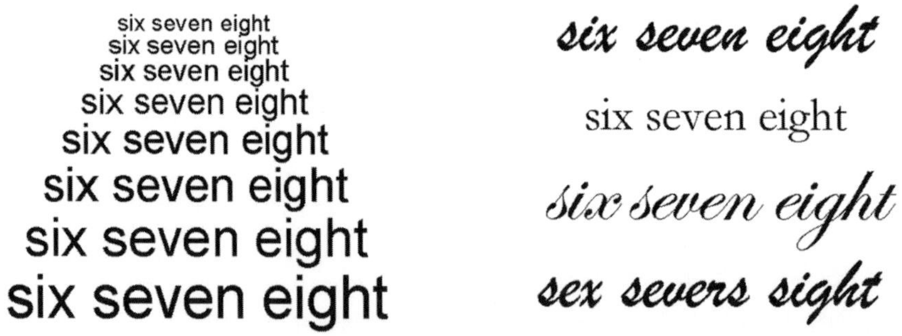

그림 1-2 시각적 불변성은 읽기 체계의 중요한 특징 중 하나다. 단어 재인 장치는 서로 모순되는 두 가지 요구 사항을 만족시킨다. 글자가 아무리 커도 중요하지 않은 특성은 무시하고, 글자가 아무리 작아도 중요한 차이는 탐지한다. 아직 잘 알려지지는 않았지만, 시각 체계는 크기 또는 서체에 있어서의 커다란 차이를 자동적으로 무효화시킨다. 한편으로는, 미세한 모양의 차이에도 주목한다. 작은 점 하나가 's'를 'e'로 바꾸고 그 결과 'sight'를 'eight'로 바꾼다. 작은 점 하나 때문에 일련의 처리 방향이 완전히 바뀔 수 있으며 그 결과 완전히 다른 발음과 의미가 나타난다.

불변성의 두 번째 형태는 페이지 내의 위치를 무시하는 것이다. 눈이 페이지를 스캔할 때 망막의 중심은 단어의 중심에서 약간 왼쪽에 놓인다. 그러나 조준이 항상 완벽한 것은 아니어서, 눈은 때때로 맨 처음 글자나 맨 마지막 글자에 놓이기도 하는데, 그것은 단어 재인을 방해하지 못한다. 우리는 심지어 시야의 주변부에 제시된 단어도 읽을 수 있다. 이 경우 주변부 해상도가 낮기 때문에 커다란 글자로 단어가 제시되어야 한다. 따라서 '크기 항등성(size constancy)'은 공간적 위치에 따른 정규화와 밀접한 관련이 있다.

마지막으로 단어 재인은 글자 모양에 대해서도 상당한 불변성을 나타낸다. 지금은 워드프로세서가 보급된 덕분에, 과거에 소수 엘리트 인쇄공의 전유물이었던 기술을 누구나 이용할 수 있게 되었다. 사람들은 '폰트(font: 인쇄소에서 납으로 활자를 만들어 사용하던 시대에서 유래한 용어)'라고 불리는 문자 집합을 선택한다. 각 폰트는 '케이스(case)'라 불리는 두 종류의 문자로 구성되었다. '대문자(upper case)'와 '소문자(lower case)'가 그것이다. (원래 활자들은 여러 칸으로 나누어진 상자에 보관되었다. 대문자 상자는 위에 두고, 소문자 상자는 아래에 두었던 데서 이름이 유래되었다.) 마지막으로 폰트의 '웨이트(보통 모양이냐 또는 **진한 볼드냐**)', 기울기(원래 이탈리아에서 고안된 *이탤릭체*), 밑줄(underline) 등의 옵션을 하나 또는 여러 개 선택할 수 있다. 그러나 폰트의 이런 체계적 변이성은 손글씨의 엄청난 다양성에 비하면 아무것도 아니다. 손글씨는 차원이 다른 변이성과 모호성을 확실하게 보여 준다.

이런 모든 변이성에도 불구하고, 어떻게 시각 체계가 글자 모양을 범주화하는 것을 학습하는지는 여전히 미스터리로 남아 있다. 불변성 문제 중 일부는 비교적 단순한 수단을 사용해서 해결될 수 있다. 예를 들면, 영어의 모음 'o'는 크기, 케이스 또는 폰트와 상관없이, 독특한 닫힌 모양 덕택으로 쉽게 인지될 수 있다. 따라서 'o'를 탐지하는 시각적 단위를 만드는 것은 그다지 어렵지 않다. 그러나 다른 문자들은 각기 나름의 문제들을 가지고 있다. 예를 들면, 영문자 'r'을 생각해 보라. r, R, *r* 과 *r* 등이 모두 같은 문자를 나타내는 것이 분명하지만, 면밀하게 검토해 보면 그런 관계는 완전히 임의적인 것이다. 예를 들면, e라는 모양을 문자 'R'의 소문자로 사용될 수 있다. 단지 역사상의 우연이 그런 가능성을 배제하였을 뿐이다. 그 결과로서, 읽기를 배울 때 문자와 발음의 연합을 배워야 할 뿐만 아니라, 하나의 문자가 여러 개의 서로 비슷하지 않은 모양을 취할 수 있다는 것도 배워야 한다. 뒤에서 설명하겠지만, 우리가 그런 능력을 갖게 된 것은, 아마도 추상적 '문자 탐지기(letter detector)'—어떤 글자가 다양한 외양으로 나타나더라도 그것을 재인할 수 있는 뉴런—의 존재 때문인 것 같다. 연구들은, 아주 적은 훈련으로도, 대문자와 소문자가 교체되는 문장을 정상적 속도로 읽을 수 있다는 것을 보여 준다. (대문자와 소문자가 한 글자씩 교체되는 문장의 예: DeCoDe, At An EsSeNtIaLly NoRmAl SpEeD, EnTiRe SeNtEnCes WhOsE LeTtErS HaVe BeEn PrInTeD AlTeRnAtElY iN uPpErCaSe aNd In LoWeRcAsE).[15] 맥콘키와 레이너의 '천재 악마' 컴퓨터 실험에서는, 눈이 도약운동을 하는 동안에 대소문자 교체 패턴을 변화시켜도, 참가자들은 그것을 전혀 알아채지 못하였다.[16] 일상 속에서 대문자-소문자 교체 문장을 보는 일은 결코 없겠지만, 우리의 문자 정규화 과정은 매우 효율적이어서 그러한 교체 패턴의 변화를 알아차리지 못한다.

덧붙여 지적하면, 이런 실험들은 단어의 전체 모양이 읽기에서 중요한 역할을 하지 못한다는 것을 보여 준다. 'words' 'WORDS' 'WoRdS' 가 모두 동일한 단어라고 인식하는 것은, 시각 체계가 단어 윤곽에 주의하거나 문자의 상하 길이에 주의하기 때문이 아니다. 시각 체계는 단지 거기에 포함되어 있는 문자에만 관심이 있다. 당연히 단어 재인 능력은 단어의 전체 모양에 대한 분석에 의존하지 않는다.

차이의 증폭

시각 체계는 'R' 'r' 사이의 차이와 같은, 읽기와 무관한 시각적 차이들을 효율적으로 필터링 하지만, 항상 정보를 제거하거나 모양을 간략화한다고 생각하면 오산이다. 오히려 많은 경우에 두 개의 유사한 단어를 구별해 주는 미세한 세부 사항을 보존하거나, 심지어는 과장해야 한다. 단어 'eight' 과 'sight' 를 생각해 보라. 금방 서로 다른 의미와 발음에 접근할 수 있다. 그러나 자세히 들여다보면, 차이점은 단지 몇 개의 픽셀이라는 것을 알 수 있다. 시각 체계는 'eight' 과 'sight' 사이의 미세한 차이에 민감하게 반응하며, 그 차이를 증폭하고, 그것들을 완전히 다른 의미 공간으로 보낸다. 동시에, 그것은 'eight' 과 'EIGHT' 사이의 훨씬 더 큰 차이에는 거의 주의를 기울이지 않는다.

대소문자 불변성의 경우, 관련 세부 특징에 주의하는 능력은 여러 해에 걸친 훈련의 결과다. 영어 독자는 'e' 와 'o' 사이의 차이를 금방 알아채지만, 'a' 와 '*a*' 의 차이는 잘 알아채지 못한다. 영어 독자는 히브리 문자 ח과 ה의 차이를 금방 알아채지 못한다. 그러나 히브리어 독자에게 두 개의 문자는 분명하게 다르다.

단어는 나무다

시각 체계는 불변적 단어 재인의 문제를 체계적으로 다룬다. 제2장에서 자세하게 보겠지만, 시각뇌로 들어가는 신경활동의 흐름은 점차 의미 범주로 수렴된다. 'eight' 과 'sight' 처럼 매우 유사한 모양들은 점점 더 정밀한 필터를 통과하면서 서로 구분되고, 결국 심성어휘집—마음 속의 어휘 사전—의 서로 다른 항목에 연결된다. 반대로, 'eight' 과 'EIGHT' 는 서로 다른 시각 특징들로 구성되어 있고, 일차 시각 영역에서는 서로 다른 뉴런들에 의해서 부호화되지만, 재부호화를 거치면서 사실상 구별되지 않게 된다. 세부 특징 탐지 뉴런들은 문자 'i' 와 'I' 의 유사성을 인식한다. 좀 더 추상적 수준의 탐지 뉴런들은 'e' 와 'E' 를 동일한 문자의 서로 다른 두 형태로 인식한다. 시각 체계는 'eight' 과 'EIGHT' 가 외형적으로는 달라 보이지만, 본질적으로 동일하다는 것을 파악하게 된다. 시각 체계는 이 두 개의 상이한 문자열에 동일한 심적 주소를 할당한다. 이 주소는 단어의 의미와 발음이 저장되어 있는 뇌 영역을 가리킨다.

이 주소는 어떻게 생겼을까? 어떤 모델에 따르면 뇌는 구조화되지 않은 목록을 가지고 있는데, 거기에는 단지 E-I-G-H-T와 같은 문자열이 등록되어 있다. 다른 모델에서는 추상적이고 관습적인 부호가 사용된다. 그것은 무작위 암호에 가까운데, 예를 들어 [1296]은 단어 'eight' 이고 'sight' 는 [3452]이다. 최근의 연구는 다른 가설을 지지한다. 여기서 모든 단어는 위계적 나무 구조에 의해 표현된다. 문자는 집단화되어 좀 더 큰 단위가 되고, 그것들은 다시 집단화되어 음절이나 단어가 된다. 마치 인간의 신체가 다리, 팔, 몸통 그리고 머리의 집합이고, 각각의 신체 부위는 좀 더 단순한 부분으로 쪼개지는 것처럼 말이다.

마음속에서 단어는 좀 더 작은 단위로 분해된다는 것을 보여 주기 위하여, 'unbuttoning' 이라는 단어를 예로 들어 보겠다. 먼저 접두사 'un' 과 접미사 'ing' 를 분리해야 한다. 이 두 성분은 가운데 있는 성분, 즉 단어 속의 단어인 어근 'button' 을 위한 프레임이다. 이 세 가지 구성 성분을 형태소(morpheme)라 하는데, 형태소는 의미를 전달하는 가장 작은 단위다. 각 단어의 특징은 형태소들이 어떻게 조합되느냐에 의해 결정된다. 단어를 형태소로 분해하는 것은 이전에 한 번도 본 적이 없는 'reunbutton' 또는 'deglochization' 과 같은 단어를 이해하는 데 도움이 된다(deglochization은 처음 보는 단어지만, 그것이 gloching이라는 행위를 원상 복구시키는 행위라고 이해된다. gloching이 무슨 뜻인지는 몰라도). 터키어나 핀란드어와 같은 언어에서는, 형태소들을 조합하여 하나의 매우 긴 단어를 만들 수 있는데, 그런 단어는 완전한 영어 문장 하나만큼이나 많은 정보를 전달할 수 있다. 그런 언어에서뿐만 아니라 영어에서도, 단어를 형태소로 분리하는 것은 시각에서 의미로 나아가는 경로에서 필수적 단계에 해당한다.

실험 데이터들은 매우 빨리 그리고 완전히 무의식적으로 시각 체계가 단어 속의 형태소들을 분리하는 것을 보여 준다. 예를 들어, 내가 영어 단어 'departure' 를 컴퓨터 화면에 제시하고, 이어서 영어 단어 'depart' 를 보여 준다면, 당신은 그 단어를 더 빨리 재인할 수 있게 된다. 'departure' 의 제시는 형태소 'depart' 를 미리 활성화시키고, 결과적으로 재인을 촉진시킨다. 심리학자들은 이것을 '점화효과(priming effect)' 라고 부른다. 어떤 단어를 읽으면 그와 관련된 단어들의 재인이 잘 되는 결과가 나타난다. 마치 펌프에 마중물을 붓는 것과 같다. 중요한 것은, 이런 점화효과는 시각적 유사성 때문에 생기는 것이 아니다. 생긴 모양은 꽤 다르지만 형태소를 공유하고 있는 'can' 과 'could' 는 서로를 점화할 수 있다. 반면에 꽤 닮아 보이지만 형태소적으로 관련이 없는 'aspire' 와 'aspirin' 은 서로 점화하지 않는다. 점화는 또한 의미 수준에서 유사성을 요구하지도 않는다. 'depart' 와 'department' 는 의미적 연관이 없지만 서로를 점화할 수 있다(유사한 예를 하나 더 들면, 'hard' 와 'hardly' 가 있다).[17] 형태소 수준은 읽기시스템에 매우 중요하기 때문에, 읽기시스템은 형태소 분리와 관련한 추측을 자발적으로 실시한다. 읽기 장치는 영어 단어 'department' 를 [depart]+[ment]로 분리한다. 그렇게 하는 것이 의미를 계산하는 다음 단계에 도움이 될 것이라는 기대를 가지고 하는 일이다.[18] 이것이 항상 도움이 되는 것은 아니라고 걱정할 필요는 없다. 'listless(무기력한)' 한 사람은 식료품 목록(list)을 필요로 하는 사람이 아니며, 당신과 당신의 배우자가 'apartment' 를 공유하는 것이, 당신들이 곧 apart하게(별거하게) 될 것을 암시하지 않는다. 그러한 분석 오류는 단어 재인의 다른 단계에서 포착되어 시정된다.

만약 우리가 단어 'unbuttoning' 을 계속 분리해 나간다면, 형태소 [button]도 더 나눌 수 있다. 그것은 두 개의 음절 [b∧]와 [ton]으로 구성되어 있고, 각 음절은 자음과 모음으로 분리될 수 있다. [b], [∧], [t], [o], [n]이 그 결과다. 읽기시스템에는 또 다른 중요한 단위인 자소(grapheme)가 있다. 어떤 언어에서 하나의 음소(phoneme)에 대응되는 문자 또는 문자열을 가리킨다. 예를 들어 보자. 영어에서 두 개의 문자 'tt' 는 단일한 소리 [t]와 대응된다.[19] 자소를 음소와 대응시키는 것이 항상 이렇게 직접적이지는 않다. 많은 언어에서 자소는 여러 개의 문자로 구성될 수 있다. 영어에는 'ough' 'oi' 'au' 의 경우처럼 복잡한 자소들이 많이 있다.

시각 체계는 이런 문자 집합을 하나의 단위로 취급하는 것을 학습하며, 그 결과 구성 문자에 더 이상 주의를 기울이지 않게 된다. 이것을 증명하기 위해서 단순한 실험을 해 보자. 다음의 단어 목록을 살펴보고 문자 'a' 를 포함한 단어에 표시를 하라.

garage
metal
people
coat
please
meat

당신은 마지막의 세 단어 'coat' 'please' 'meat' 에서 반응이 약간 늦어지는 것을 느꼈는가? 세 단어에는 모두 문자 'a' 가 포함되어 있지만, 그것들은 [a]로 발음되지 않는 복잡한 하나의 자소 속에 들어 있다. 만약 우리가 문자 'a' 를 탐지하기 위해서 문자 탐지기에만 의존한다면, 단어를 자소로 분석하는 것은 중요하지 않을지도 모른다. 그러나 반응시간을 실제로 측정해 본 결과는 뇌가 개개의 문자 수준에 머물고 있지 않다는 것을 분명히 보여 준다. 시각 체계는 자동적으로 문자들을 더 높은 수준의 자소로 재집단화하기 때문에, 자소 'ea' 에 문자 'a' 가 포함되어 있는지 판단하는 것은 어렵다.[20]

반면에, 자소들은 자동적으로 집단화되어 음절을 만든다. 이에 대한 간단한 증거가 있다. 아래에 다섯 개의 문자로 구성된 단어들이 있다. 어떤 문자들은 **진하게** 되어 있고, 다른 것들은 보통이다. 한 가운데 있는 문자에 시선을 집중하고, 그것이 진한 글씨체인지 또는 보통 글씨체인지 대답하라.

목록 1:	HO**RNY**	**RID**ER	**GR**AVY	FIL**ET**
목록 2:	**VOD**KA	ME**TRO**	HAN**DY**	**SU**PER

목록 1이 목록 2보다 더 어렵게 느껴지지 않는가? 목록 1에서 진한 글자는 음절 경계를 존중하지 않고 있다. 예를 들면, '**RID**ER' 는 'RI' 와 'DER' 의 두 개의 음절로 구성된다. 한 가운데 있는 '**D**' 는 두 번째 음절에 속하는데, 두 번째 음절의 다른 문자들과 달리 진하게 되어 있다. 우리의 마음은 음절을 구성하는 문자들을 함께 집단화하는 경향이 있다. 따라서 '**RID**ER' 에서는 음절에 의한 집단화와 글자 모양에 의한 집단화 사이에 갈등이 있게 되고, 그것이 결국 반응을 느리게 만든다.[21] 이런 효과는, 시각 체계가 단어를 기본 구성성분들로 분리한다는 것, 그렇게 하지 않아야 하는 경우에도 그렇게 한다는 것을 보여 준다.

이런 구성성분들의 본질이 무엇이냐 하는 것은 뜨거운 연구 문제다. 여러 수준의 분석이 공존할 수 있는 것 같다. 가장 낮은 수준에는 개개의 문자가 있고, 그다음에는 두 개의 글자로 구성된 바이그램(bigram: 이것은 중요한 단위다. 앞으로 보게 될 것이다)이 있고, 그다음에는 순서대로 자소, 음절, 형태소, 단어의 수준이 있다. 시각적 처리의 최종 목적지에 다다르면 단어를 위계적 구조로 분석한 것이 남는다. 그것은 거꾸로 선 나무 모양이며, 잎은 문자이고, 가지는 위로 올라갈수록 더 커진다.

폰트, 케이스(대/소문자) 그리고 크기와 같은 사소한 특징들을 모두 제거하면, 그래서 골격만 남도록 하면, 문자열은 결국 기본 구성 요소들로 분리된다. 이런 기본 요소들은

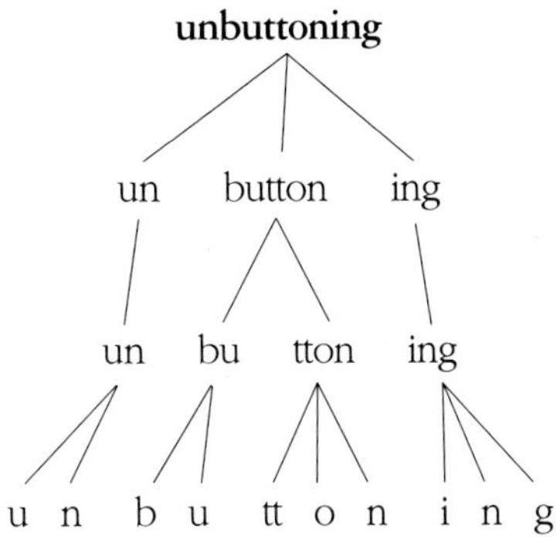

뇌의 다른 부분들이 발음과 의미를 계산할 때 사용된다.

묵 독

문자—그것은 눈을 위해 단어와 말소리를 그려 주는 독창적 미술이다.

–조르쥬 드 브레뵈프(프랑스의 시인, 1617~1661)

성 아우구스티누스는 밀라노의 주교인 암브로시우스를 방문했을 때, 어떤 현상을 목격했다. 그의 회고록에 기록해 둘 만한 가치가 있는 것이었다.

“

책을 읽을 때, 암브로시우스의 눈은 페이지를 훑어 나가고, 그의 마음은 의미를 좇아 나갔다. 그러나 그의 목소리는 들리지 않았고 그의 혀는 움직이지 않았다. 누구나 그에게 자유롭게 접근할 수가 있었고, 손님이 왔다고 굳이 알리지 않았다. 자주 우리는 그를 방문하였고, 그가 소리 내지 않고 책을 읽는 것을 보았다. 그는 결코 낭독하지 않았다.[22]

”

7세기 중반의 신학자, 세비야의 이시도로(Isidore)도 마찬가지로 "글자는 지금은 없는 사람들이 한 말을 우리에게 조용하게 전달하는 힘을 가지고 있다."고 경탄했다. 당시에는 라틴어를 큰 소리로 읽는 것이 관습이었다. 소리 내어 읽는 것은 사회적 관습이었을 뿐만 아니라, 실제로 필요한 것이기도 했다. 책은 잘 모르는 언어(라틴어)로 쓰여 있었고, 단어 사이에 공백도 없었다. 대다수의 사람은 어린아이처럼 더듬거리며 읽었다. 암브로시우스의 묵독이 놀라웠던 이유가 여기 있다. 지금의 우리에게는 묵독이 매우 친숙하다. 현대인은 소리를 내지 않고 책을 읽을 수 있다.

책을 읽을 때 발음을 경유하지 않고 글자에서 바로 의미로 향하는지, 아니면 무의식적으로 글자를 소리로 바꾸고 다시 그 소리를 의미로 바꾸는 것인지, 둘 중 어느 쪽이 맞는지에 대해 상당한 논쟁이 있어 왔다. 읽기의 심리적 경로가 어떻게 구성되어 있는지에 대한 논란은 30년 넘게 심리학계를 분단시켰다. 어떤 사람들은 글자를 소리로 바꾸는 것이 필수적이라고 생각했다. 그들은 글말은 입말의 부산물이라고 주장했다. 따라서 글자를 보고 의미를 복원하기를 희망한다면, 먼저 **음운경로**(phonological route)를 통해서 단어를 소리 내어 보아야 한다. 그러나 다른 사람들은, '음운 재부호화(phonological recoding)'는 그저 초보자적 특징이라고 주장하였다. 숙달된 독자의 경우, 읽기 효율성은 문자열에서 의미를 직접 파악하는 **어휘경로**(lexical route)에 의해서 결정된다.

요즘의 중론은, 성인에게는 두 가지 읽기 경로가 존재하고 둘 다 동시에 작동한다는 것이다. 우리는 단어 의미에 직접 접근할 수 있으며, 먼저 마음속에서 발음해 볼 필요는 없다. 하지만 유능한 독자들도 발음을 여전히 사용한다. 물론 자각할 수 있는 것은 아니다. 단어를 소리 내지 않고 발음한다는 것이 아니다. 입술을 움직이지도 않으며, 그렇게 할 의도도 가지고 있지 않다. 그러나 깊은 수준에서는 단어의 발음에 관한 정보가 자동적으로 인출된다. 어휘경로와 음운경로는 둘 다 병행적으로 작동하고 서로를 강화한다.

읽는 동안에 발음 정보에 자동적으로 접근한다는 많은 증거가 있다. 예를 들면, 문자열 목록을 제시받고 각 문자열이 진짜 영어 단어인지 아닌지를 결정해야 한다고 생각해 보라. 명심할 것은, 영어 단어가 되는지 아닌지는 철자를 가지고 판단해야 한다. 시작해 보라.

rabbit

bountery

culdolt

money

dimon

karpit

nee

아마도 당신은 문자열의 발음이 진짜 단어와 동일할 때 주저할 것이다. 'dimon' 'karpit' 'nee' 등이 그런 경우다. ('dimon'은 'demon'과 발음이 동일하고, 'karpit'은 'carpet'과, 'nee'는 'knee'와 발음이 동일하다.) 이런 간섭 효과는 반응시간을 이용하여 쉽게 측정될 수 있다. 간섭 효과는 각 문자열이 소리로 변환되고 그 소리가 실제 단어의 발음과 동일한 것으로 평가되었다는 것을 시사한다. 그런 과정이 요구되지 않았음에도 불구하고 사람들은 소리로 변환하는 방식을 사용하여 단어 의미를 파악한다.[23]

소리로의 변환은 어떤 단어를 처음으로 읽을 때 중요한 역할을 한다. 'Kalashnikov'라는 단어를 처음 보았을 때 우리는 의미에 직접적으로 접근할 수 없다. 이런 철자를 결코 본 적이 없기 때문이다. 우리가 할 수 있는 것은 소리로 바꾸어 보는 것이고, 그렇게 하면 이 소리 패턴이 이해 가능한 것임을 알게 된다(/칼라시니코프/라고 발음한다. 러시아에서 개발된 소총의 이름). 이런 간접 경로를 통하여 우리는 새로운 단어를 이해할 수 있게 된다. 그러므로 '소리 내어 읽기'는 새로운 단어를 만날 때 종종 유일한 해법이 된다. 그것은 잘못 표기된 단어를 읽을 때 또한 필수적이다. 에드거 앨런 포가 쓴, 잘 알려지지 않은 소설 'The Angel of the Odd'에 나오는 예를 보자. 독일어 악센트로 말하는 이상한 천사가 "Do you take me vor a shicken?"이라고 묻는 대목이 있다. 철자만 보고는 이해하기 어렵다. 그러나 철자를 하나씩 소리로 변환하면서 들어 보면 'vor'는 'for'이고 'shicken'은 'chicken'이라는 걸 알 수 있다. "Do you take me vor a shicken?"은 "Do you take me for a chicken?"(역자 주: 너는 내가 닭이라고 생각하는 거야?)이라는 걸 알 수 있다.

아마도 이런 이야기를 들으면 오랫동안 잊고 있었던 방식이 생각날 것이다. 그 방식은 아동기로 거슬러 올라간다. 음운경로, 즉 완전히 새로운 문자열을 소리로 천천히 변환하는 경로, 이 경로를 통해 산출된 발음은 마치 기적처럼 이해 가능한 것이 된다. 마치 누군가가 우리에게 그 소리를 속삭이고 있는 것 같다.

우리가 이미 천 번 이상 본 적이 있는 일상의 단어들은 어떨까? 마음속으로 발음을 하면서 천천히 해독하는 것 같지는 않다. 그러나 정교한 심리학 실험들은 우리가 여전히 무의식 수준에서 단어를 발음하고 있다는 것을 보여 준다. 예를 들면, 아래의 단어 중 어떤 것이 신체의 일부를 가리키는 것인지 판단해야 한다고 가정해 보자. 단어들은 모두 매우 친숙하다. 의미에 초점을 맞추고 발음은 무시하기 바란다. 한번 해 보라.

knee

leg

table

head

plane

bucket

hare

아마도 당신은 'hare'에 반응하려는 충동을 느꼈을 것이다. 그것은 신체의 일부를 가리키는 단어처럼 들린다. 여러 실험들은, 우리가 목표 범주에 속하는 단어와 동일한 발음을 가진 단어에서 반응이 느려지거나 실수를 한다는 것을 보여 준다.[24] 만약 단어의 발음을 마음속에서 인출하지 않았다면, 어떻게 동음어를 재인할 수 있었는지 설명하기 어렵다. 단어를 발음으로 변환하는 내적 과정을 인정해야만 이런 형태의 실수를 설명할 수 있다. 뇌는 'h-a-r-e'의 문자들을 소리로 변환하고, 소리를 의미와 연결하는 일을 하는 것 같다. 이 과정은 때로 잘못될 수도 있는데, 문자열의 발음이 다른 잘 알려진 단어와 같을 때 일어날 수 있다.

물론 이런 불완전한 설계 덕분에, 말장난(pun) 또는 유머작가 리차드 레더러(Richard

Lederer)가 '텍스트의 즐거움(joy of text)' 이라고 부른, 인생의 쾌락이 하나 늘어났다. 문자를 소리로 변환시키는 능력이 없다면, 메이 웨스트(Mae West)의 농담("She' s the kind of girl who climbed the ladder of success wrong by wrong" ; 역자 주-wrong은 사다리 디딤판을 뜻하는 rung과 발음이 유사하다)이나 코난 도일(Conan Doyle)의 처남이 했다는 재담("There' s no police like Holmes")을 즐길 수 없을 것이다. 아우구스티누스의 '조용한 목소리' 가 없다면, 위태로운 '더블 앙탕드르(double entendres: 이중적 의미)' 의 즐거움은 허용되지 않았을 것이다.

> 어떤 방문자가 링컨 대통령에게 말했다. "저의 가족을 소개하고 싶습니다. 제 아내인 미시즈 베이츠(Mrs. Bates), 제 딸인 미스 베이츠(Miss Bates), 그리고 제 아들 마스터 베이츠입니다(My son, Master Bates!)"
>
> "오우 노!" 대통령이 대답했다.[25]

뇌가 자동적으로 단어의 발음에 접근한다는 또 다른 증거는 '역하 점화(subliminal priming)' 로부터 나온다. 컴퓨터의 화면 중앙에 단어 'LATE' 가 순간적으로 보여지고, 이어서 단어 'mate' 가 보여졌다고 하자. 그리고 가능한 한 빨리 두 번째 단어를 소리 내어 읽어야 한다고 하자. 단어들 간에 시각적 유사성이 없도록 하기 위해, 앞의 단어는 대문자로, 뒤의 단어는 소문자로 제시된다. 첫 번째 단어와 두 번째 단어가 서로 같은 철자와 소리를 가지고 있을 때(위 예에서처럼)에는, 두 단어가 서로 관련성이 없을 때('BOWL' 이 먼저 나오고 'mate' 가 뒤따라 나오는 상황)에 비해서 읽기 시간이 상당히 빨라진다. 이런 촉진의 일부는 분명히 철자 수준에서의 유사성 때문에도 나올 수 있다. 'MATH' 를 먼저 보여 주고 이어서 'mate' 를 보여 주는 경우, 두 단어의 발음이 매우 다름에도 불구하고, 'mate' 의 재인은 촉진된다. 그러나 중요한 것은, 두 단어가 발음을 공유할 때('LATE' 의 뒤에 'mate' 가 주어지는 상황), 더 큰 촉진이 관찰된다는 것이다. 발음을 이용한 점화는 두 단어의 철자가 완전히 다른 경우('EIGHT' 의 뒤에 'mate' 가 주어지는 상황)에도 나타난다.

따라서 발음은 자동적으로 추출되는 것 같다. 그러나 기대하는 것처럼, 철자와 발음이 동시에 부호화되지는 않는다. 뇌가 철자를 자동적으로 활성화시키기 위해서는 단어를 20~30ms 정도의 시간 동안 볼 필요가 있고, 그것을 소리로 바꾸기 위해서는 추가적으로 40ms의 시간이 더 필요하다는 것이 음운 점화 연구에 의해서 밝혀졌다.[26]

간단한 실험들을 통해서, 뇌에서 일어나는 일련의 단계, 즉 망막 위의 반점들이 문자와 발음으로 변환되는 흐름 전체를 파악할 수 있다. 숙달된 독자는 누구나 별다른 노력 없이 그리고 무의식적으로 글자를 소리로 신속하게 변환한다.

소리의 한계

단어 발음에 대한 내밀한 접근은 자동적으로 일어나지만, 발음 변환이 필수적인 것은 아니다. 발음 변환은 느리고 비능률적이다. 뇌는 병행적이고 좀 더 직접적인 경로를 이용하여 단어 의미를 인출하려고 한다. 그 경로는 문자열로부터 심성어휘집의 해당 항목으로 직접 연결된다.

직접적 어휘경로에 대한 직관을 얻기 위해서, 마음속으로 단어를 발음하는 것만 가능한 가상적 독자를 생각해 보자. 그는 'maid'와 'made', 'raise'와 'raze', 'board'와 'bored', 그리고 'muscles'와 'mussels' 같은 동음어를 구별하는 것이 불가능하다. 순전히 소리만 고려하면, 시리얼 킬러(serial killer: 역자 주-[시리얼]은 '연쇄'라는 뜻 이외에 '아침 식사용 가공식품'을 가리킨다)는 옥수수 밭을 싫어할 것이고, 1캐럿(one-carat: 역자 주-[캐럿]은 '당근'을 가리킬 수 있다) 다이아몬드는 이상한 주황색일 것이다. 우리가 동음어의 여러 의미를 쉽게 구분할 수 있다는 사실은 단어를 반드시 발음하지 않아도 된다는 것을 보여 준다. 다른 경로를 이용하여 뇌는 모호성을 해결하고 곧바로 의미에 접근할 수 있다.

순전히 발음에 근거한 읽기 이론에는 또 다른 문제가 존재한다. 철자에서 발음에 이르는 경로는 장애물이 없는 고속도로가 아니다. 구성 문자로부터 단어 발음을 계산하기 위해서 종종 추가적 도움이 필요하다. 'blood'를 생각해 보라. 'blood'는 [blud]라고 발음해야 하며, 'bud' 나 'mud' 와 각운(rhyme)이 같다. 우리는 어떻게 그것을 알까? 'blood' 는 왜 'food' 나 'good' 과는 각운이 다른가? 그것은 왜 'bloom' 이나 'bloomer' 와는 다른 소리가 될까? 동일한 어근을 가진 단어들도 서로 다른 발음을 가질 수 있다. 'sign' 과 'signature' 의 경우처럼. 어떤 단어들('colonel' 'yacht' 'though' …)은 매우 예외적이어서, 단어 발음이 구성 문자와 어떤 관련이 있는지 알기 어렵다. 그런 경우에 발음은 단어에 대한 지식이 없이는 계산될 수 없다.

영어 철자는 불규칙성으로 가득 차 있다. 글말과 입말의 차이는 여러 세기 동안 지속되어 왔다. 윌리엄 셰익스피어의 작품 『사랑의 헛수고(Love's Labour's Lost)』에서 그런 예를 많이 볼 수 있다. 그 작품에서 잘난 척하는 홀로페르네스(Holofernes)는 말한다.

> 나는 그런 열광적 환상주의자, 그런 비사교적이고 계산적인 친구들을 싫어해. 그들은 철자법을 몰라. doubt라고 해야 할 때 dout라고 하고, debt라고 해야 할 때 det라고 해. d, e, t가 아니고 d, e, b, t라고 해야 해. 그들은 calf를 cauf로, half를 hauf로, neighbour를 nebor로, neigh는 축약된 ne로 발음해. 이것은 혐오스러워(abhominable). 그들 방식으로는 '혀모스럽다(abbominable)' 고 말해야 하겠지. 그들은 나를 미치게 만들어.

영어는 발음이 대단히 불규칙한 언어다. 조지 버나드 쇼(George Bernard Shaw)는 단어 'fish' 를 'ghoti' 로 표기할 수 있다고 주장했다. 'ghoti' 의 발음이 'fish' 와 동일한 이유는, 'ghoti' 의 'gh' 는 'enough' 의 [gh]처럼, 'o' 는 'women' 의 [o]처럼, 그리고 'ti' 는 'lotion' 의 [ti]처럼 발음할 수 있기 때문이다. 쇼는 영어 철자의 불규칙성을 혐오하여, 'shavian' 이라는 이름의, 새롭고 완전히 합리적인 알파벳을 고안하는 대회를 만들라는 유언장을 남겼다. 불행하게도 그것은 성공하지 못했다. 아마도 현존하는 모든 철자시스템과 너무나 다르기 때문일 것이다.[27]

물론 쇼의 예는 지나치다. 어떤 사람도 'ghoti' 를 'fish' 처럼 읽지 않을 것이다. 문자

'g' 는 단어의 처음에 올 때, [f] 발음이 아니라 항상 강한 [g] 또는 [j]로 발음되기 때문이다. 마찬가지로 셰익스피어의 주장에도 불구하고, 오늘날 영어 단어의 끝에 오는 문자열 'alf' 는, 'calf' 나 'half' 에서처럼 항상 [af]로 발음된다. 만약 문자들이 놓인 맥락도 고려한다면, 문자와 소리의 대응관계에서 어떤 고차적 규칙성을 발견할 수도 있다. 그러나 'has' 와 'was' , 'tough' 와 'dough' , 'flour' 과 'tour' , 'header' 와 'reader' , 'choir' 와 'chair' , 'friend' 와 'fiend' 같은 수많은 예외들이 있다. 대부분의 불규칙 단어의 경우, 발음의 복원은 단어 이해를 위한 수단이 아니라, 단어 이해에 따른 결과다. 단어 'dough' 의 정체를 먼저 파악하고 나서야 비로소 그것의 정확한 발음을 알 수 있다.

철자법의 숨은 논리

사람들은 왜 영어가 복잡한 철자법을 고수하는지 궁금해한다. 이탈리아어에는 그런 문제가 없다. 이탈리아어의 철자는 투명하다. 하나의 문자는 항상 하나의 음소에 대응되며 예외가 없다. 읽기를 배우는 데 두세 달밖에 안 걸린다. 엄청난 이득이다. 이탈리아 아동의 읽기 기술은 영어 아동의 읽기 기술을 몇 년이나 앞선다. 이탈리아 아동은 받아쓰기와 철자 말하기를 익히기 위해 학교에서 매주 몇 시간씩 공부할 필요가 없다. 더욱이 나중에 언급하겠지만, 이탈리아에는 난독증이 훨씬 적다. 아마도 영어화자들은 이탈리아어의 방식을 배워서, 영어 사전을 모두 불태우고, 세 살짜리도 쉽게 읽을 수 있는 새로운 철자법을 고안하는 게 좋을지도 모르겠다.

영어 철자도 단순화될 수 있었다. 영어 철자의 특이성은 역사적 산물이다. 오늘날의 학생들은 헤이스팅스(Hastings) 전투의 패배를 슬퍼해야 한다. 패전에 따른 프랑스어와 영어의 혼합이 영어 철자 문제에 많은 책임이 있기 때문이다. [s] 소리의 표기에 문자 'c' 를 사용하는 것(예를 들면, 'cinder')은 그때부터다. 수 세기 동안 학문적 보수주의는, 어떨 때는 지나치게 현학적이었는데, 영어 사전을 고착화하였다. 보수적인 교수들은 단어 'island' 에 's' 를 포함시키는 불합리한 철자법을 도입했다. 어원인 라틴어 'insula' 를 복원시키려는 잘못된 르네상스적 시도 때문이다. 무엇보다 나빴던 것은, 영어 철자법이 입말의 자연스러운 변화에 맞추어 진화하는 데 실패하였다는 것이다. 외래어 도입과 영어 발음의 자생적 변화는 쓰는 방식과 말하는 방식 사이에 커다란 괴리를 가져왔고, 그것 때문에 아이들은 여러 해 동안의 불필요한 고통을 감내해야 한다. 간단히 말해서, 우리의 이성은 영어 철자법의 근본적 단순화를 요구한다.

그렇지만 철자법 개혁에 앞서서, 현행 영어 철자법에 숨겨진 논리를 이해하는 것도 중요하다. 철자의 불규칙성은 단지 관습의 문제가 아니다. 그것들은 언어 구조와 뇌 구조에서 기원한다. 두 가지 읽기 경로—철자에서 소리로 가는 경로와 철자에서 의미로 가는 경로—는 어떤 표기법에 대해서나 복잡하고 때로는 절충 불가능한 제약을 가한다. 영어, 이탈리아어, 프랑스어, 그리고 중국어는 언어적으로 차이가 많기 때문에 그들 모두에 적합한 어떤 하나의 철자법은 없다. 영어 철자법의 엄청난 불규칙성을 피할 도리는 없다. 철자법의 개혁이 절실하게 요구되지만, 수많은 제약과 싸워야 할 것이다.

우선, 영어에서도 이탈리아어처럼 하나의 문자에 하나의 소리를 할당하고, 하나의 소리에 하나의 문자를 할당할 수 있었는지 분명하지 않다. 영어에는 이탈리아어보다 더 많은 소리가 있기 때문에 그것은 쉬운 일이 아니었을 것이다. 영어 음소의 수는, 말하는 사람에 따라서 그리고 계산하는 방법에 따라서, 40개에서 45개의 범위에 있다. 반면에 이탈리아어는 30개뿐이다. 모음과 이중모음은 영어에 특히 풍부하다. 6개의 단순 모음이 있지만(bat, bet, bit, but, good, pot) 5개의 장모음도 있다(beef, boot, bird, bard, boat). 그리고 적어도 7개의 이중모음(bay, boy, toe, buy, cow, beer, bear)이 있다. 만약 영어의 음소 각각에 대해 고유한 문자를 할당해야 한다면, 새로운 문자를 만들어야 할 것이고, 학생들에게 추가적 부담을 주게 될 것이다. 우리는 기존 문자에 악센트 표시를 추가하여 ã, õ, ü와 같은 문자를 만들 수 있다. 그러나 세상의 모든 언어를 기록할 수 있는 보편적 알파벳을 만드는 것은 완전히 유토피아적 상상이다. 그런 철자시스템이 있기는 있다. '국제 음성 알파벳(International Phonetic Alphabet)'이 그것인데, 음성학자나 언어학자의 저술에서 중요한 역할을 한다. 그러나 국제 음성 알파벳은 너무 복잡해서 일상생활에서는 비효율적이다. 국제 음성 알파벳에는 170개의 기호가 있다. 그중 어떤 것들은 매우 복잡하다(e, ɐ, ɓ, ɕ, ɮ, ɲ). 전문가들도 사전의 도움 없이는 유창하게 읽을 수 없다.

지나치게 많은 수의 기호를 사용하는 것을 피하기 위해, 음소가 많은 언어인 영어와 프랑스어는 절충을 시도하였다. 그들은 ü와 같은 특별한 문자나 oo와 oy 같은 문자 집합을 사용하여 특정 모음과 자음을 표시하였다. 이런 특이한 방식들은 언어에 따라 다른데, 단순히 장식을 위한 것이 아니다. 그것들은 읽기의 심적 경제성(mental economy)을 높이는 데 중요한 역할을 담당하며, 어떤 방식의 철자 개혁에도 유용하게 사용될 수 있다.

하나의 소리에 하나의 문자를 할당하는 일은 쉽지 않다. 반대로 하나의 문자에 하나의 소리만 할당하는 시도는 해 볼 수 있다. 하나의 소리를 하나의 고정된 문자로 표기한다면 많은 철자 오류를 피할 수 있다. 예를 들면, [f] 소리를 표기하는 데 'f' 와 'ph' 중 하나만 사용했다면 영어화자들의 삶은 훨씬 더 단순해졌을 것이다. 이런 쓸모없는 중복들을 습득하는 데 아동기의 수많은 시간이 소비되었다. 이런 중복들은 분명히 쉽게 제거될 수 있다. 실제로, 미국인들은 작은 개혁을 시도하였다. 불규칙한 영국식 철자를 단순화한 것이다. 'behaviour' 는 'behavior' 가 되고, 'analyse' 는 'analyze' 가 되었다. 이런 방식으로 좀 더 밀고 나갔다면 좋았을 것이다. 영어에 숙달된 독자들은 영어 철자의 불합리성을 자각하지 못한다. x와 같은 문자는 불필요하다. 왜냐하면, x는 두 개의 음소 [ks]를 나타내는데, 그 음소들은 이미 고유의 철자를 가지고 있기 때문이다. 터키에 가면 taxi가 아니고 taksi를 타게 된다. 터키는 1928년부터 1929년까지 단 1년만에, 로마자를 공식 문자로 채택하고, 철자법을 극적으로 단순화시켜 300만 명에게 읽는 방법을 가르쳤다. 철자 개혁이 성공할 수 있음을 보여 주는 훌륭한 예다.

그러나 여기서 주의가 요구된다. 영어 발음을 일대일 문자로 대응시키는 급진적 개혁은 실패할 가능성이 크다. 철자법의 역할이 말소리를 충실하게 기록하는 것은 아니기 때문이다. 볼테르(Voltaire)는 "문자는 소리의 그림이다. 닮으면 닮을수록 더 좋다."라고 했지만, 이는 착각이다. 문자는 고성능 녹음기가 아니다. 문자의 목적은 발음하는 대로 소리를 기록하는 것이 아니라, 추상적 수준에서 소리를 적절히 부호화하여 독자가 의미를 빨리 복원하도록 하는 것이다.

논의를 위해서, 볼테르가 이상적이라고 생각했던, 순수하게 음성적인 표기법은 어떤 것인지 상상하여 보자. 우리는 단어를 발음할 때, 단어를 둘러싸고 있는 소리들을 고려한다. 만약에 철자법이, 말하는 사람이 자각하지도 못하는 동시조음(coarticulation), 동화

(assimilation), 재음절화(resyllabification) 등 불투명한 언어 현상들을 반영해야 한다면, 그것은 재앙이 될 것이다. 동일한 단어가 맥락 때문에 다른 철자를 가지게 될 것이다.

예를 들면, 영어 복수형의 다양한 발음을 표기하기 위해서 서로 다른 문자를 사용해야 하는가? 또는 [b] 소리가 [d] 소리의 앞에서는 [p] 소리로 바뀐다는 이유로, 'cab driver' 라고 적지 않고 'cap driver' 로 적어야 할까? 철자법은 발음을 정확하게 기록해야 한다고 주장하는 사람들이 있다. 그것은 어불성설이다. 철자법의 첫 번째 목적은 가능한 한 효율적으로 의미를 전달하는 것이다. 발음 중심의 철자는 이런 목적과 어긋난다.

영어 철자법은 발음 규칙성을 희생하는 대가로 어근의 투명성을 확보하였다. 예를 들면, 'insane' 과 'insanity' 는 의미적으로 매우 깊은 관련이 있는데, 발음이 약간 다르다고 철자를 다르게 하는 것은 어리석어 보인다. 마찬가지로, 'column' 'autumn' 'condemn' 의 끝에 있는 묵음 'n' 을 유지하는 것이 논리적인데, 'columnist' 'autumnal' 'condemnation' 과 같은 단어들이 거기에서 파생되었기 때문이다.

또한 의미 중심의 표기는, 적어도 부분적으로, 왜 영어가 하나의 소리를 여러 방식으로 적는지를 설명한다. 영어 단어는 짧고 단음절인 경우가 많다. 결과적으로 동음어가 매우 빈번하다(예를 들면, 'eye' 와 'I', 'you' 와 'ewe'). 만약 이런 단어를 발음 중심으로 표기한다면 서로 구별이 되지 않을 것이다. 철자법은 이런 제약들 아래에서 진화해 왔다. 동일한 소리를 서로 다른 문자로 적는 것은 받아쓰기를 어렵게 하겠지만, 독자의 작업을 단순하게 만든다. 의도된 의미를 빨리 파악하는 작업 말이다. 'two' 'too' 'to' 'stew' 에서처럼 똑같은 [u] 소리를 표기하는 방법이 수없이 많은 것을 불평하는 학생들은 이런 다양성이 글 읽는 속도를 향상시킨다는 것을 이해해야 한다. 그렇지 않다면, 어떤 문서도 불투명한 암호가 되고 말 것이다. 영어 철자법 덕분에 영어 표기는 직접적으로 의미를 지시한다. 어떠한 철자법 개혁도 소리와 의미 사이의 미묘한 균형이 유지되도록 해야 한다. 왜냐하면 이런 균형은 훨씬 더 깊고 더 엄격한 어떤 현상—뇌에 있는 두 개의 읽기 경로—을 반영하기 때문이다.

투명한 철자법은 불가능하다

소리 중심 읽기와 의미 중심 읽기의 대립은 모든 언어에 존재한다. 모든 표기 시스템은 이 문제를 해결해야 한다. 어떤 절충안이 최선인지는 언어에 따라 다르다. 영어 철자법이 이탈리아어나 독일어만큼 배우기가 쉽다면 영어화자의 인생은 확실히 더 행복할 것이다. 그러나 이탈리아어와 독일어에는 쉬운 철자법을 가능하게 하는 수많은 특징이 있다. 독일어처럼 이탈리아어는 단어 길이가 길고, 여러 개의 음절로 구성되어 있다. 문법적 일치는 '공명 모음(resonant vowel)'에 의해 잘 표시된다. 결과적으로 동음동철어는 매우 드물다. 따라서 순전히 규칙적으로 발음을 표기하는 것이 가능하다. 이탈리아어와 독일어는 매우 투명한 철자법을 보유하며, 거의 모든 문자가 각기 고유한 하나의 소리와 대응한다.

반대쪽에는 중국의 한자가 있다. 대다수의 중국어 단어들은 일음절 또는 이음절이다. 음절의 수는 전부 1,239개(성조의 차이를 무시하면 410개)이며, 하나의 음절은 수십 개의 서로 다른 개념을 가리킬 수 있다([그림 1-3]). 따라서 순수하게 발음 위주의 철자법은 중국어에는 쓸모가 없다. 철자조합 한 개가 수백 가지의 다른 방법으로 이해될 수 있다. 그것이 수천 개의 한자가 존재하고, 각 한자가 단어를, 더 정확하게는 형태소—단어 의미의 기본 요소—를 표현하게 된 이유다. 한자에는 수백 개의 성부(=음성 표식)가 사용되며 이것은 단어 발음에 대한 정보를 제공하여 독자가 어떤 단어가 의도되었는지 파악하기 쉽게 만든다. 예를 들면, 문자 媽는 '어머니'를 의미하고 [ma]로 발음되는데, 여성을 의미하는 형태적 표시 女와 [ma] 발음을 나타내는 음성적 표시 馬로 구성되어 있다. 따라서 일반적 믿음과 달리, 한자는 순수하게 표의문자(ideograph: 개념을 나타내는 문자)도 아니고 표어문자(logograph: 단어를 나타내는 문자)도 아니다. 한자는, 한 부호는 형태소를 가리키고 다른 부호는 발음을 가리키는, 두 개의 부호가 혼합된 '형태음절적(morphosyllabic)' 문자다.[28]

물론 한자 읽기를 배우는 것은 이탈리아어 읽기를 배우는 것보다 어렵다. 이삼십 개가 아니라 몇 천 개의 글자를 배워야 한다. 그러므로 이탈리아어와 중국어는 철자투명성 척

石室詩士食獅史

石室詩士施氏，嗜獅，誓食十獅。氏時時適市視獅十時，適十獅適市，是時，適施氏適市。氏視是十獅，恃失勢，使是十獅逝世。氏拾是十獅屍，市石室。石室濕，氏使侍拭石室。石室試，氏始試食是十獅屍。食時始識是十獅屍實十石獅屍。試釋是事。

돌로 만든 방에서 사자를 먹는 시인의 이야기

'시' 라고 불리는 시인이 돌로 만든 방에서 살았다. 시는 사자를 먹는 습관이 있었다. 시는 적어도 열 마리를 먹기로 맹세했다. 그래서 때때로 사자 시장을 방문했다. 하루는 우연히 시가 있었던 시장에 열 마리 사자가 있었다. 시는 열 마리 사자를 사서는, 사자들을 놓치는 것이 두려워 사자들을 죽였다. 그러고 난 후 시는 사자 시체를 가져다가 그의 돌방에 보관했다. 방이 축축했기 때문에 시는 하인에게 방을 청소하도록 시켰다. 그러고 나서 시는 열 마리 사자의 시체를 먹기 시작했다. 사자를 먹으면서 시는 열 마리 사자가 사실은 열 마리 돌사자였다는 것을 깨달았다. 이것이 무슨 이야기인지 설명하여 보라.

발음[Shi], 1성
詩 시
獅 사자
施 성씨, 베풀다
失 잃다
屍 시체
濕 습하다
識 알다, 지식

발음[Shi], 2성
石 돌
食 먹다
十 십
時 시간
拾 줍다
實 사실, 진실

발음[Shi], 3성
史 이야기
使 지시하다, 보내다
始 시작하다

발음[Shi], 4성
室 방
士 선비
嗜 즐기다
(施)氏 씨, 대명사
誓 맹세하다
適 가다
是 네, 이것
視 보다
恃 의지하다
勢 상황, 힘
逝 떠나다, 가다
世 세계
市 시장
拭 청소하다
試 시도하다
釋 설명하다
事 일

그림 1-3 불규칙한 철자가 흔히 생각하는 것처럼 비합리적이지 않다. 예를 들면, 중국어 표기법은 하나의 음절에 대해 20개 또는 30개의 다른 한자를 사용하지만, 이런 중복성(redundancy)이 전혀 무의미한 것은 아니다. 중국어에는 동음이의어(같은 소리지만 다른 의미를 가진 단어. 영어의 'one'과 'won'처럼)가 많기 때문에, 중복성은 중국어 독자에게 매우 도움이 된다. 위에 있는 중국어 이야기는 [시]라는 발음을 가진 한자로만 쓰여졌다. 중국인 독자라면 누구나 이 이야기를 이해할 수 있다. 만약 한자가 아니고 표음문자로 쓰여졌다면([시시시시…]) 이해는 불가능할 것이다. 한자는 서로 다른 의미에 서로 다른 글자를 사용함으로써 발음 모호성의 문제를 해결한다. 마찬가지로, 영어에서 동음어의 존재는 영어가 동일한 발음의 단어들에 대해 서로 다른 철자를 고집하는 이유를 설명한다("I scream for ice cream").

도에서 양쪽 극단에 위치한다. 영어와 프랑스어는 철자투명성에 있어서 중간 위치를 차지한다.[29] 영어와 프랑스어는 단어 길이가 짧고, 그래서 동음이의어가 상당히 많다('right' 'write' 'rite'). 이런 제약들 때문에 영어와 프랑스어의 철자법은 발음 표기와 의미 표기를 혼합하고 있다. 글을 쓰는 사람에게는 어렵지만, 읽는 사람에게는 쉽다.

요약하면, 우리는 영어 철자법을 제약한 것들이 무엇이었는지 이제 알기 시작하였다. 영어 철자법을 개혁할 수 있을까? 나의 개인적 입장은 과감한 단순화가 불가피하다는 것이다. 우리는 후손에게 빚을 지고 있다. 아이들은 이 잔인한 게임에 수백 시간을 낭비하고 있다. 더욱이 어떤 아이들은 난독증 때문에 또는 저소득 가정이나 다언어 가정에서 양육되었기 때문에, 평생 읽기에 어려움을 겪으며 결코 회복하지 못할 수 있다. 이들은 구시대적 철자 시스템의 희생자들이다. 나의 희망은 이렇다. 다음 세대는 휴대전화와 인터넷 덕분에 '단축 철자법'에 익숙해질 것이고, 철자법에 대한 논의를 금기로 간주하지 않을 것이고, 철자법 문제를 합리적으로 해결하려는 충분한 의지를 가지게 될 것이다. 그러나 문제는 발음 위주의 철자법을 선포하는 것만으로 해결되지 않는다. 영어는 이탈리아어처럼 단순하지 않다. 완전히 규칙적인 철자법에 대한 꿈은 착각이다.

읽기의 두 가지 경로

더 나아가기 전에, 지금까지 다루었던 것을 요약하고 싶다. 모든 표기체계는 정확한 발음 표기와 빠른 의미 전달 사이에서 고민한다. 이런 딜레마는 직접적으로 독자의 뇌에 반영된다. 두 개의 정보처리 경로는 우리가 글을 읽는 동안 공존하며 서로 보완한다. 단어의 발음이 매우 규칙적이거나, 사용 빈도가 낮은 단어 또는 새로운 단어일 때는 우선적으로 '음운경로(phonological route)'를 사용해서 처리한다. '음운경로'는 먼저 문자를 판독하고, 이어서 문자를 발음으로 변환하며, 최종적으로 발음이 나타내는 의미에 접근을 시도한다. 반대로, 사용이 빈번하거나 또는 발음이 예외적인 단어를 만났을 때 '직접 경로(direct route)'를 사용한다. '직접 경로'는 먼저 단어의 정체와 의미를 확인하고, 이어서 발음을 인출한다([그림 1-4]).

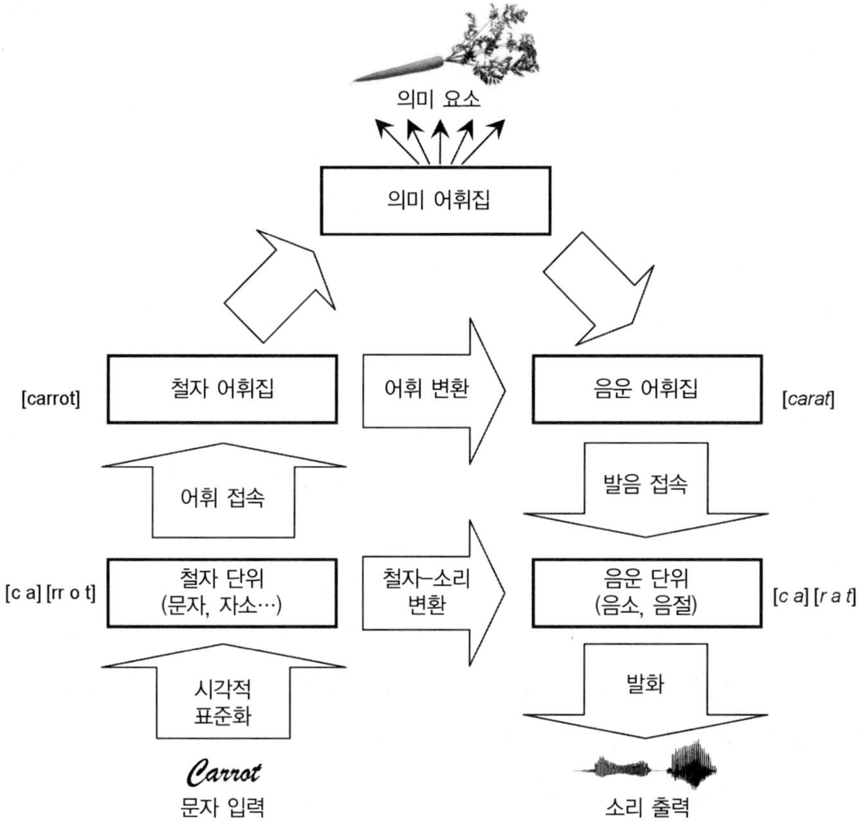

그림 1-4 발음은 여러 개의 병렬 처리 경로를 따라 계산된다. 시각적 단어(왼쪽 아래)에서 발음(오른쪽 아래)으로 가기 위해, 뇌는 위 그림에 있는 여러 개의 경로에 의지한다. 단어가 규칙적일 때 표층경로는 글자를 직접 소리로 바꾼다. 'carrot' 처럼 단어가 불규칙적일 때는 심층표상이 필요하다. 심층표상은 단어 형태와 의미를 연결해 주는 심성어휘집에 비유할 수 있다.

이중경로의 존재를 지지하는 증거는 뇌손상과 그에 따른 심리적 결과에 대한 연구로부터 나온다. 어떤 환자들은 뇌졸중 또는 뇌손상 후에 단어 발음을 신속하게 계산하는 능력을 잃는다.[30] 철자-발음 변환 경로가 심각하게 손상된 것이 분명하다. 뇌손상을 입기 전에는 정상적으로 읽을 수 있었으나, 손상 후에는 심층난독증(deep dyslexia) 또는 음운성난독증(phonological dyslexia)이라고 불리는 증상의 특징들을 나타낸다. 그들은 심지어 철자가 매우 규칙적일지라도 'sextant(주: '육분의' 라는 의미를 가진 영어 단어)' 처럼 사용 빈도가 매우 낮은 단어를 더 이상 소리 내어 읽을 수 없다. 또한 그들은 'departition(주: 칸막이)' 이나 'calbonter' 와 같은 신조어를 만나면 무기력하다. 그러나 놀랍게도 빈번히 사용되는 단어들은 여전히 이해할 수 있고, 'eyes' 'door' 'women' 과 같은 불규칙하지만 친숙한 단어도 소리 내어 읽을 수 있다. 때때로 그들은 단어를 혼동한다. 심층난독증 환자는 'ham' 을 'meat' 로, 또는 'painter' 를 'artist' 로 읽는다. 이런 실수의 존재는 단어 의미에 접근하는 경로가 아직 보존되어 있음을 시사한다. 만약 환자가, 적어도 부분적으로라도, 읽으려고 하는 단어를 이해하지 못했다면, 그는 유사한 의미의 다른 단어에 접근하지 못했을 것이다. 심층난독증 환자의 경우, 발음 계산은 불가능하지만 단어를 인식하는 것은 가능한 것 같다. 읽기 경로 중 하나(시각에서 발음으로 가는 경로)는 차단되었지만, 다른 경로(시각에서 의미로 가는 경로)를 따라 여전히 정보가 순환되고 있는 것 같다.

반대의 상황도 보고되어 있다. 표층난독증(surface dyslexia)이라 불리는 증상을 가진 환자들은 더 이상 단어 의미에 직접 접근하지 못한다. 그들은 천천히 단어를 소리 내어 읽으려고 애를 쓴다. 이런 상황에서는 '조용한 목소리' 의 한계가 분명히 드러난다. 표층난독증 환자는 여전히 'banana' 와 같은 규칙 단어를 읽을 수 있다. 또한 'chicopar' 와 같은 신조어도 읽을 수 있다. 그러나 불규칙 단어에 대해서는 무기력하다. 그들은 기계적으로 문자를 소리로 변환한다. 그래서 '정규화된' 발음을 하는 것이 종종 관찰된다. 예를 들면, 'enough' 를 [이노그]라고 읽고(주: [이너프]가 정확한 발음이다), 이런 이상한 단어는 전에 들어 본 적이 없다고 불평한다. 확실히 시각으로부터 심성어휘집으로 가는 직접 경로는 차단되었지만, 문자를 소리로 변환하는 경로는 제대로 작동한다.

이런 두 유형의 환자 비교는 음독을 위한 두 개의 서로 다른 경로가 있다는 것을 보여 주고, 둘 중의 어느 한 경로만으로는 모든 단어를 읽을 수 없다는 것을 보여 준다. 직접 경로는 문자에서 단어로 그리고 단어 의미로 가는 경로로서, 대부분의 친숙한 단어들을 읽는 데 사용될 수 있지만, 심성어휘집에 저장되어 있지 않은 매우 드물거나 새로운 단어에 대해서는 사용될 수 없다. 반대로 간접 경로(indirect route)는 문자에서 소리로 그리고 소리에서 의미로 가는 경로로서, 'women' 과 같은 불규칙한 단어와 'too' 와 같은 동음이의어에는 사용될 수 없다. 그러나 간접 경로는 우리가 새로운 단어를 배울 때에는 그 무엇으로도 대체할 수 없는 역할을 한다. 글을 읽을 때 두 경로는 끊임없이 협력하며, 정확한 발음을 산출하는 데 기여한다. 단어 속의 음소 대부분은 간단한 철자-발음 변환 규칙을 적용하여 산출될 수 있다. 반면에 종종 생길 수 있는 발음 계산의 오류는 어휘 수준과 의미 수준으로부터 도움을 받아 해결할 수 있다. 아이들의 경우 두 경로의 작동은 종종 대등하지 않다. 어떤 아이들은 주로 직접 경로에 의지한다. 그들은 단어를 추측하려고 하며 대충 비슷한 단어를 고른다(예를 들면, 'house'를 'home'으로 읽는다). 또 어떤 아이들은 문장을 더듬더듬 중얼거리면서, 문자를 하나씩 힘들게 발음으로 바꾸어 나간다. 그러나 단어 전체의 정확한 발음을 조립하지 못하기 때문에 단어 의미를 정확하게 파악할 수는 없다. 수년간의 연습이 있고서야 비로소 두 경로는 충분히 가까워지며, 숙달된 성인의 경우에 마치 하나의 통합된 읽기 체계가 작동하고 있는 것 같은 인상을 준다.

현재 대다수의 읽기 모델을 보면, 유창한 읽기는 두 가지 경로의 밀접한 협동에 근거하고, 각 경로는 과제(큰 소리로 읽기 과제, 문장 이해 과제)뿐만 아니라 단어(아는 단어와 모르는 단어, 빈번한 단어와 드문 단어, 규칙적 단어와 불규칙 단어)에 따라 역할이 서로 다르다. 1980년대와 1990년대에 연구자들은 단일 경로 체계를 가지고 읽기를 설명하려고 했다. 당시는 신경망(neural network) 모델이 출현하여 커다란 관심을 끌던 때였다. 연구자들은 신경망 모델을, '사전에 결정된 인지구조'에 의존하지 않고 어떤 기술도 습득할 수 있는 보편적 학습 기계로 보았다. 연구자들은 읽기 습득이란, 문자 입력을 음운적 출력으로 연결하는 것이고, 그 중간의 연결은 강력한 학습 규칙에 의해 조율될 수 있는 것으로 생각하였다. 연구자들은 정상적 읽기와 비정상적 읽기를 모두 시뮬레이션하는 단일한 신경망을 원했으며, 대뇌 피질의 다양한 처리 경로를 염두에 두지 않았다. 신경망은 당시에 철자-발음 변환을 모델링하는 데 있어서 커다란 발전으로 간주되었으나,[31] 오늘날 대부분의 연구자들은 이 접근이 적합하지 않다고 믿는다. 나의 견해는 뇌 구조의 철저한 분석 없이 읽기를 모델링하는 것은 불가능하다는 것이다. 뇌는 다수의 병행적 경로와 다수의 부분적인 잉여적 경로를 사용한다. 실제로 최근 모델들은 비록 신경망 시뮬레이션을 사용하는 경우라도, 읽기를 위한 경로가 여러 개라는 것을 기본적으로 인정한다.[32] 우리가 나중에 읽기의 대뇌 메커니즘에 대해 논의할 때 알게 되겠지만, 피질 구조의 중요한 특징은 다수의 병행적 경로들로 구성되어 있다는 것이다. 따라서 이중경로 모형도 아마 읽기를 위한 신경시스템의 복잡성을 과소평가하고 있을 수 있다. 철자-발음 변환 경로와 의미 경로의 두 가지 경로는 물론 유용한 생각이지만 하나의 근사치일 뿐임을 기억해야 한다.

내 마음속의 사전: 심성어휘집

자소를 음소로 변환하는 표층경로(surface route)만 들여다보면, 읽기라는 것이 마음속의 단순한 절차들을 따르는 것이라고 생각하기 쉽다. 수백 개의 영어 자소와 그것들의 발음을 목록화하여 저장하는 것으로 충분해 보인다. 그러나 수천 개의 친숙한 단어를 인식하는 심층경로(deep route)가 어떻게 작동하는지 생각해 보면, 훨씬 더 큰 저장소가 필요하다. 인지심리학자들은 그것을 사전에 비유하여, '심성어휘집(mental lexicon)' 이라고 부른다. 의심할 여지없이, 우리는 복수형을 사용하여 '심성어휘집들' 이라고 말해야 한다. 왜냐하면 뇌에는 단어에 대한 수많은 서로 다른 유형의 정보가 저장되어 있기 때문이다. 능숙한 독자로서 우리는 우리가 알고 있는 모든 단어의 철자가 수록된 '영어 철자 사전' 을 가지고 있다. 이런 철자 기억은 아마도 문자, 자소, 음절 그리고 형태소의 위계적 나무 형태로 구성되어 있을 것이다. 예를 들면, 단어 'carrot' 에 대한 표제항(entry)은 ca + rrot처럼 되어 있을 것이다. 아울러 단어 발음이 수록된 '발음 사전' 도 가지고 있을 것이다. 예를 들면, 'carrot' 은 [캐룻]으로 발음된다는 정보다. 또한 'carrot' 은 명사이고, 복수형은 규칙적이라는 등의 문법적 정보를 담고 있는 '문법 사전' 도 가지고 있다. 마지막으로, 각 단어는 그것의 의미를 기술하는 수십 개의 의미 특징과 연합되어 있다. 'carrot' 은 먹을 수 있는 채소이고, 모양이 길고, 특징적인 오렌지색을 띤다. 이런 마음속 사전들을 하나씩 펼치면서 뇌는 필요한 정보를 인출한다. 이런 은유에 따르면, 우리 마음속에는 철자사전, 발음사전, 백과사전에 이르기까지 수많은 참고 서적이 보관된 '도서관' 이 들어 있다.

마음속 사전에 들어 있는 단어 수는 엄청나게 많다. 어휘 지식의 크기는 매우 과소평가 되어 있다. 라신(Racine)과 코르네유(Corneille)가 단지 1,000개에서 2,000개의 단어를 사용하여 희곡을 썼다는 허황된 이야기가 사실이라고 믿는 사람들이 많다. 현명하고 박식하다고 알려진 사람들도 그렇게 믿고 있다. 또 다른 루머는 '기본영어(Basic English)'라고 하는, 매우 단순화된 영어에 대한 것인데, 단지 850개의 단어가 사용되며, 그것으로 우리 자신을 효과적으로 표현할 수 있다고 한다. 또 어떤 사람들은 도심지역 빈민가 청소년의 어휘가 500개에 불과하다고 주장한다. 이런 이야기들은 모두 거짓이다. 평균적인 사람의 어휘 수에 대한 훌륭한 조사들이 있다. 조사 결과는 개인의 어휘 수가 수만 개 수준이라는 것이다. 표준적 사전들은 대략 10만 개의 단어를 수록하고 있다. 표집 조사의 결과는 대부분의 영어 화자가 10만 개 중 4만 개 또는 5만 개 정도를 알고 있음을 보여 준다(합성어는 제외한 수치다). 거기에다가, 고유명사, 약어(CIA, FBI), 상표(Nike, Coca-Cola), 외래어 등을 추가하면, 아마도 우리의 심성어휘집들은 각각 5만에서 10만 정도의 단어를 수록하고 있을 것이다. 이런 수치는 뇌의 엄청난 저장 능력에 대한 또 하나의 증거다. 능숙한 독자라면 누구나, 겨우 몇십 분의 1초 동안 망막에 비추어진 몇 개의 획에 근거하여, 5만 개의 후보 단어 중에서 어떤 한 단어의 의미를 금방 인출할 수 있다.

악마들의 의사당

어휘 접근에 대한 몇몇 모델은, 신경 시스템에 의해 정해진 것과 유사한 조건하에서, 읽기 시스템의 수행을 모사하려고 한다. 모델들은 모두 1959년 올리버 셀프리지(Oliver Selfridge)에 의해 최초로 공개된 아이디어에서 시작되었다. 셀프리지는 심성어휘집을 '악마들(daemons)'의 의사당, 즉 '복마전(pandemonium)'과 같다고 했다.[33] 마음속 사전은 수많은 악마들이 서로 경쟁하는 거대한 돔에 비유할 수 있다. 각각의 악마는 단 하나의 단어에 반응하며, 그 단어가 호출될 때마다 고함을 질러서 자신을 드러낸다. 어떤 문자열이 망막에 나타나면 모든 악마가 동시에 그것을 탐사한다. 자신의 단어가 나타난 것 같다고 생각하는 악마는 큰 소리로 외친다. 만약 스크린에 단어 scream이 나타나면, 그것을 담당하는 악마는 소리를 지르기 시작할 것이다. 그러나 또한 cream에 반응하는 악마도 소리를 지르려 할 것이다. 그렇다면 문자열은 scream일까? cream일까? 두 악마는 서로 약간의 경쟁을 하겠지만 결국은 cream 악마가 물러설 것이다. 왜냐하면 경쟁자인 scream 악마는 자극 문자열 s-c-r-e-a-m으로부터 더 강한 지지를 받기 때문이다. 이 시점에서 단어가 재인되며, 단어의 정체가 시스템의 나머지 부분으로 전달된다. 이런 단순한 은유에는, 읽기를 하는 동안에 신경 시스템이 어떻게 작동하는지에 대한 몇 가지 중요한 아이디어들이 들어 있다.

- **집단적 병렬 처리**(massive parallel processing): 모든 악마는 동시에 일을 한다. 따라서 5만 개의 단어를 하나씩 순차적으로 조사할 필요는 없다. 만약 하나씩 조사한다면 처리 시간은 마음속 사전의 크기에 비례할 것이다. 복마전의 집단적 병렬 처리는 처리 시간의 상당한 절약을 가져온다.
- **단순성**(simplicity): 각각의 악마는 자극 글자가 목표 단어와 어느 정도 일치하는지 조사하는 초보적 과제를 수행한다. 따라서 복마전 모델은 호문쿨루스(homunculus)의 오류에 빠지지 않는다. 호문쿨루스란 뇌 속에 사는, 뇌를 제어하는 난쟁이다. (그렇다면 호문쿨루스의 뇌를 제어하는 것은 누구인가? 또 다른 더 작은 호문쿨루스인가?) 이런 점에서, '복마전 모델'은 철학자 댄 데넷(Dan Dennett)의 다음과 같은 주장과 상통한다. "똑똑한 호문쿨루스에 대한 환상을 버려라. 대신에 바보 호문쿨루스들의 군대를 조직하여 그 일을 하게 하라."[34]
- **경쟁**(competition)**과 강건성**(robustness): 악마들은 정확하게 단어를 표상하기 위해 경쟁한다. 경쟁 과정은 유연성(flexibility)과 강건성을 모두 드러낸다. 복마전은 현 과제의 복잡성에 자동적으로 적응한다. 주변에 다른 경쟁자가 없다면, 희귀 단어나 'astrqlabe'와 같이 오철된 단어도 쉽게 재인될 수 있다. 비록 그런 단어를 표상하는 악마가 처음에는 약하게 소리치겠지만, 결국은 다른 악마들을 넉넉하게 이길 수 있다. 그러나 만약 자극이 lead와 같은 단어라면 다른 악마들('bead' 'head' 'read' 'lean' 'leaf' 'lend' 등)도 많이 주장할 것이고, 'lead' 악마가 승리하기 위해서는 강렬한 논쟁이 필요할 것이다.

이런 모든 특징은 단순화해서 보면 신경 시스템의 주요 특징들과 일치한다. 인간의 뇌는 1,000억에 가까운 뉴런들로 구성되며, 모든 뉴런이 동시에 작업하는 집단적 병렬 처리 시스템이다. 시냅스라 불리는 뉴런 사이의 연결은 외부 감각 자극에 관한 정보를 전달한다. 이런 시냅스 중 어떤 것들은 억제적으로 기능을 하며, 한 뉴런의 발화는 다른 뉴런의 발화를 억제한다. 이런 상황을 캐나다의 신경생리학자 도날드 헵(Donald Hebb)은 '세포 의회(cell assembly)'라고 비유하였다. '세포 의회'는 항상적으로 경쟁하는 뉴런들의 연합이다. 셀프리지의 복마전이 신경 시스템에 관한 많은 이론적 모델에 영감을 준 것은 놀랄 일이 아니다. 읽기에 관한 최초의 신경망 모델도 그중 하나다. [그림 1-5]는 최초 모델 중 하나다. 조이 맥클레런드(Joy McClelland)와 데이비드 러멜하트(David

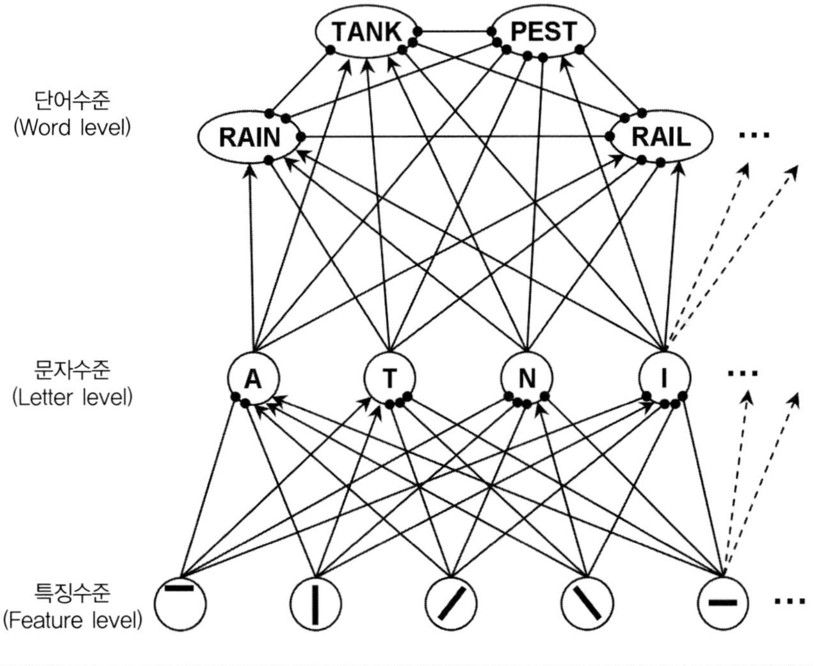

그림 1-5 단어 인식 과정은 거대한 의회와 같다. 수천 개의 글자와 단어가 협력하여, 입력과 가장 일치하는 해석을 제공한다. 맥클레런드와 러멜하트의 모델에서는, 여기에 일부분만 제시하였는데, 입력 문자열의 세부 특징은 문자 탐지 단위를 활성화시키고, 문자 탐지 단위는 다시 그 문자를 포함하는 단어 탐지 단위와 선택적으로 연결된다. 연결은 흥분적(화살표로 끝나는 선들)이거나 억제적(원으로 끝나는 선들)이다. 어휘 단위 간의 치열한 경쟁은 마침내 가장 유력한 단어를 찾아내며, 그 단어는 입력 문자열에 대해서 네트워크가 산출하는 가설에 해당한다.

Rumelhart)에 의해 1981년에 소개되었다.[35] 뉴런과 유사하게 생긴 단위들로 이루어진 세 개의 위계적 층위를 포함한다.

- 맨 아래층에는 입력 단위들이 있고, 망막에 제시된 선분에 민감하다.
- 가운데 층에는 문자 탐지 단위들이 있고, 각 단위는 특정 문자가 주어질 때 발화한다.
- 맨 위층에는 단어 단위들이 있다. 각 단위는 완전한 단어를 탐색한다.

이런 모든 단위들은 서로 밀접하게 연결되어 있다. 이런 거대한 연결망에서 일어나는 역동은 하나의 복잡한 정치적 게임에 비유할 수 있다. 문자와 단어는 서로 지지하거나 감시하거나 또는 배제한다. 그림을 자세히 들여다보면, 작은 화살표로 표시된 흥분성 연결뿐만 아니라 원으로 표시된 억제성 연결도 볼 수 있다. 연결이 하는 역할은 악마들 각각의 투표를 전달하는 것이다. 맨 아래층의 입력 단위는 수직 막대와 같은 구체적 특징을 탐지하고, 그런 특징을 포함하는 모든 문자에 신호를 보낸다. 간단하게 말하자면, 각각의 시각 뉴런은 문자의 존재에 대해 '투표한다'. 마찬가지로, 다음 수준에서 문자 탐지 단위들은 서로 협력하며 특정한 단어를 선택한다. 예를 들면, 문자 'A'와 'N'은 단어 'RAIN' 또는 'TANK'를 활성화시킨다. 단어 'RAIL'도 약하게 활성화시킨다. 'PEST'는 전혀 활성화시키지 않는다.

또한 억제도 가장 적합한 후보의 선택에 기여한다. 억제적 연결 덕분에, 문자 단위는 자신을 포함하지 않는 단어들을 제외시킨다. 예를 들면, 문자 'N'을 담당하는 단위는 단어 'RAIL'에 투표하지 않는다. 게다가, 서로 경쟁하는 단어들은 서로 억제한다. 따라서 'RAIN'을 보여 주었는데 'RAIL'로 재인하는 일은 없다. 반대도 마찬가지다.

마지막으로, 단어에서 구성 문자로 가는 하향식 연결을 도입하는 것이 유용하다. 이 과정은 상원(senate, 양원제에서 하원과 함께 의회를 구성하며, 하원이 국민을 대표한다면 상원은 귀족을 대표한다)에 비유할 수 있다. 문자는 단어에 수렴되고, 단어는 자신에게 투표한 문자를 지지한다. 상호 연결은 안정된 연합을 만들어 주고, 덕분에 가끔 문자가 한두 개 빠지더라도 크게 문제가 되지 않는다. 예를 들어, 글자 'o'가 'crocqdile'에 빠져 있더라도, 나머지 단위들이 협력하여 'crocodile'을 선출하고, 'crocodile'은 다시 중간에 빠진 글자 'o'의 존재에 대해서 투표한다. 마지막으로, 단어 수준, 문자 수준, 특징 수준 사이의 수많은 통계적 제약들을 구현하기 위해서 수백만 개의 연결이 필요하다.

전체 네트워크가 원활하게 작동하기 위해서는 다른 세부 사항들도 필요하다. 예를 들면, 단어가 발화하기 위한 역치(threshold)가 서로 다를 수 있다. 자주 보는 단어는 희귀한 단어보다 역치가 더 낮기 때문에, 동일한 크기의 상향적 지원만으로도 게임에 이길 수 있다. 가장 최근의 모델들은 또한 문자 위치를 아주 정밀하게 부호화한다. 그렇게 구성된 네트워크는 수리적으로 기술하는 것이 불가능할 정도로 매우 복합적인 역동성을 가진다. 그 시스템이 올바른 단어를 인식하기 위해 얼마나 오래 걸리는지, 또는 얼마나 자주 오인을 하는지 알기 위해서는 컴퓨터 시뮬레이션의 도움이 필요하다.

병렬적 읽기

인지과학자들이 읽기의 이런 복잡한 모델을 기꺼이 받아들이는 이유는, 모델의 예측이 경험적 수치와 아주 잘 들어맞기 때문이다. 셀프리지의 복마전에 의해 영감을 받은 모델들은 읽기 속도와 오류에 대한 고전적 실험의 결과를 재현할 뿐만 아니라, 읽기 행동의 본질적 속성을 보여 주는 미묘하고 새로운 현상을 발견해 내곤 한다.

문자 재인을 하는 소프트웨어를 개발하는 경우, 어떤 방법을 선택하든, 프로그램은 단어가 길어질수록 점점 더 느리게 움직일 것이다. 예를 들면, 소프트웨어는 문자를 순차적으로 왼쪽에서 오른쪽으로 처리할 것이다. 소프트웨어에 주어지는 명령은 순차적으로 이행될 것이기 때문에, 여섯 문자 단어는 세 문자 단어의 두 배만큼 시간이 걸릴 것으로 예상된다. 순차적 모델에서 단어 재인 시간은 문자 수에 비례하여 증가한다.

위의 예를 볼 때, 읽기 시간과 문자 수의 관계가 뇌에는 적용되지 않는다는 사실은 매우 주목할 만하다. 성인 독자가 단어를 읽는 시간은 기본적으로 단어 길이와는 상관이 없다. 단어가 6~7개 이상의 문자로 구성되지 않는 한, 단어 재인은 문자 수와 상관없이 거의 일정한 시간을 소모한다.[36] 이것은 분명하게, 뇌가 병렬적 문자 처리 메커니즘을 사용하며, 단어 속의 모든 문자는 동시에 처리된다는 것을 시사한다. 이런 경험적 결과는 컴퓨터 스캐너 가설이 아니라 '복마전 가설' 과 일치한다. 복마전 가설에 따르면, 수백만 개의 전문적 처리 단위가 각 수준(특징, 문자, 단어)에서 동시에 그리고 병렬적으로 작동한다.

능동적 글자 해독

다음과 같은 컴퓨터 은유에 대해서 생각해 보자. 고전적 컴퓨터 프로그램에서 정보처리는 여러 단계를 거쳐서 이루어지며, 가장 단순한 연산에서 시작하여 점점 더 추상적 연산으로 올라간다. 처음에는 문자를 인식하는 서브루틴에서 시작하고, 이어서 문자들을 묶어서 자소를 인식하고, 최종적으로 잠재적 단어 후보들을 검토한다. 이런 유형의 프로그램은 오류를 용납하지 못한다. 첫 번째 단계에서의 실수는 대개 전체 재인 과정의 완전한 실패를 초래한다. 최고 해상도의 스캐너와 함께 배달되는 최고의 문자 인식 소프트웨어라고 하는 것조차도 문자 이미지의 품질이 조금만 떨어지면 제대로 인식을 못한다. 스캐닝 창에 붙은 작은 먼지 하나 때문에, 인간이라면 누구나 완벽하게 읽을 수 있는 페이지를 전혀 이해할 수 없는 엉터리로 바꾸기도 한다.

시각 체계는 컴퓨터와 달리 모호성(ambiguity)에 강하다. 당신은 아래의 손글씨 문장을 읽음으로써 스스로를 실험해 볼 수 있다.

Honey bccs savour sweet ncctar

우리의 눈은 우리 자신도 모르는 사이에 고전적 컴퓨터 프로그램이라면 흔히 혼동하는 일련의 어려움을 별다른 노력 없이 해결한다. 당신은 손글씨 단어 'bee' 에서 반복된 문자가 실제로는 'c' 라는 것을 눈치챘는가? 똑같은 모양의 문자가 'nectar' 에도 포함되어 있다. 그러나 시각 체계는 첫 번째 단어에서는 'e' 로, 두 번째 단어에서는 'c' 로 인식한다. 단어 'savour' 의 경우는 더 심하다. 구성 문자 'a' 와 'o' 가 정확하게 같은 모양을 하고 있다. 'v'와 'u'도 마찬가지다. 이런 모호성은 맥락에 의해 해결된다. 문자열 'souour'는 영어에서는 틀린 철자다. 동사 'savour'로 해석하면 문장의 나머지 부분과 딱 들어맞는다.

요약하면, 현재의 컴퓨터 소프트웨어에서 문제를 일으키는 모호성은 성인 독자에게 의식되지 않는다. 자극의 품질 저하에 대한 복원력은 고전적 컴퓨터 프로그램에서는 거의 기대할 수 없는 반면에, 복마전 모델과는 잘 어울린다. 복마전 모델에서 문자, 자소, 단어는 수많은 중복적(redundant) 연결을 통해 서로를 지지한다. 문자, 단어 그리고 맥락 사이의 협동은 마음속의 읽기 장치에 강건성을 제공한다. 알베르토 망구엘이 옳았다. 글자에 의미를 부여하는 것은 바로 독자들이다. 독자의 유능한 눈은 죽은 문자에 생명을 불어넣는다. 문자와 단어의 파악은, 뇌가 시각적 신호에 정보를 추가하는 적극적 하향식 처리의 결과다.

심리학자들은 단어 우월 효과(word superiority effect)에서 이런 능동적 해독과정의 증거를 발견했다. 제럴드 레이처(Gerald Reicher)는 그의 고전적 실험에서,[37] 성인 독자에게 어떤 문자(또는 문자열)를 화면에 잠깐 보여 주었다. 이어서 두 개의 문자(예를 들면, D 또는 T)를 제시하고 그중 어떤 것이 나타났었는지 선택하라고 요구한다. 처음에 문자를 보여 주는 시간이 아주 짧았기 때문에 정확하게 답하기 어렵다. 어떤 경우에는 문자 한 개만 보여 주었다(D 또는 T). 어떤 경우에는 다른 문자들과 함께 보여 주었다. 이 경우, 문자들은 하나의 단어를 구성하였다(예를 들면, 'HEAD' 또는 'HEAT'). 처음 세 개의 문자 HEA_는 두 경우 동일하였기 때문에, 실험 참가자는 마지막 문자에 의지하여 결정을 해야 했다. 놀랍게도 참가자의 수행은, 문자 하나만 보여 주었을 때보다 다른 문자들이 앞에 있었을 때 더 좋게 나왔다. 문자 재인은 문자가 단어 맥락 속에서 제시되었을 때 향상되었다. 단어 수준에서 제공된 추가 정보가 입력 자극 처리의 어려움을 덜어 주는 것 같다. 단어 우월 효과는 어떤 문자가 신조어(예를 들면, GERD 또는 GERT) 속에 있거나, 실제 단어처럼 보이는 자음문자열(예를 들면, SPRD 또는 SPRT) 속에 있을 때에도 나타났다. 그러나 무작위 문자열(예를 들면, GQSD 또는 GQST) 속에 있을 때는 나타나지 않았다.[38]

이런 현상은, 엄격한 순차적 정보 처리 모델로 설명하기 어려워 보이는데, 순차적 모델에서는 개별 문자 파악이 단어 파악보다 먼저 이루어져야 한다. 반대로, 레이처의 단어 우월 효과는 시각적 단어 재인에 있어서 중복성과 병렬성을 강조한다. 단일 문자에 주의를 기울일 때조차, 우리는 자동적으로 문자가 놓인 맥락의 도움을 받는다. 이런 맥락이 단어 또는 단어의 일부인 경우에, 우리는 더 많은 수준(자소, 음절, 형태소 등)의 정보에 접근할 수 있고, 그것들은 문자 처리를 도와주고 문자 지각을 향상시킨다. 대부분의 읽기 모델은 레이처 효과를 설명하기 위해서, 문자와 단어가 양방향적으로 상호작용한다고 가정한다. 단어 단위는 입력 문자열에 대한 자신의 해석과 일치하는 문자의 탐지를 지원한다. 우리가 보는 것은 우리가 볼 것이라고 우리가 생각하는 것에 의해 결정된다.

읽기에서 협력과 경쟁

독자를 단순한 스캐너로 간주하는 컴퓨터 비유는 부적절한 것으로 판명되었다. 단어 해독은 엄격하게 순차적인 방식으로 이루어지는 것이 아니다. 단어를 읽는 데 필요한 시간은 단어 속의 문자 수와 상관이 없다. 복마전 모델로 돌아가 보자. 재인은 악마의 의사당에서 달성된다. 의사당에서 중요한 결정에 도달하는 데 걸리는 시간, '의견 수렴 시간' 은 의안 자체의 내용보다는 오히려 의안이 유발하는 논쟁에 달려 있다. 모든 의원이 동의하면, 복잡한 법안도 별 토론 없이 채택될 수 있다. 반대로, 매우 사소한 법안도 그것이 민감한 이슈를 건드리면 합의에 도달하기까지 논쟁이 오래 계속된다.

읽기 연구는 독자의 뇌가 상원 의회처럼 작동한다고 제안한다. 단어 재인은 시각적 입력을 명확히 해석하기 위해서 다수의 대뇌 시스템을 필요로 한다. 단어를 읽는 데 걸리는 시간은 피질 구조 내에서 발생하는 갈등과 협상에 따라 달라진다.

지난 몇 해 동안, 실험심리학자들은 단어 처리의 모든 수준에서 갈등이 발생할 수 있다는 것을 알아냈다. 예를 들면, 심성어휘집 내에서, 단어는 '이웃(neighbor)'—하나의 문자를 제외하고는 모두 같은 문자들로 구성된, 철자가 매우 유사한 단어—과 경쟁을 한다.[39] 예를 들면, 'hare' 는 많은 이웃('bare' 'care' 'dare' 'fare' 'mare' 'pare' 'rare' 'here' 'hire' 'hale' 'hate' 'have' 'hard' 'harm' 'hart')을 가지고 있다. 반면에, 'idea'

는 이웃이 없는 외로운 은자다. 실험들은 이웃의 수, 그리고 상대적으로 빈도가 높은 이웃의 존재가 단어를 재인하는 데 걸리는 시간과 밀접한 관계가 있다는 것을 보여 준다.[40]

많은 경우에, 이웃의 수가 많으면 도움이 된다. 이웃이 많은 단어일수록, 그것이 심성 어휘집에 들어 있다는 것을 더 빨리 알 수 있다. 이웃 단어의 존재는 'hare'를 'idea'보다 훨씬 더 전형적인 영어 단어로 만든다. 이웃 밀도가 높으면 학습 기회도 향상된다. 우리는 '-dea'로 끝나는 단어보다 '-are'로 끝나는 단어의 발음을 들을 기회가 더 많다. 따라서 고아인 '-dea'는 시각적 수준과 음운적 수준 모두에서 덜 최적화된 부호를 가지고 있다고 할 수 있다.

그러나 너무 많은 이웃은 오히려 간섭과 혼동을 불러일으킬 수 있다. 단어를 이해하거나 발음하기 위해서는 종종 명료한 파악이 요구되고, 모든 이웃으로부터의 분리가 요구된다. 이 작업은 느리고 어려울 수 있는데, 특히 이웃 단어가 빈도가 더 높고 그래서 경쟁에서 더 유리한 경우에 그렇다. 'hare'를 명명하는 것은 상대적으로 느린데, 'have'나 'hard'와 같은 매우 빈번하게 사용되는 단어와 경쟁을 해야 하기 때문이다.[41] 심성어휘집은 심한 경쟁이 일어나는 경기장이며, 빈발하는 단어들은 그들보다 낮은 순위의 이웃들에 대해서 유리한 지위를 가진다.

경쟁은 또한 철자-발음 변환 경로에서도 발생한다. 예를 들면, 'beach'는 'black'보다 소리내어 발음하는 데 시간이 더 걸린다. 'beach'는 철자 분석을 통하여 복잡한 자소 'ea'와 'ch'로 나누어져야 한다. 그것의 발음은 단일 문자인 'e' 'a' 'c' 'h'의 발음과 상당히 다르다. 반면에, 'black'은 각각의 문자가 정규 발음에 직접 대응되므로 더 단순하다. 실험심리학적 연구들은 문자 수준과 자소 수준 사이의 보이지 않는 갈등을 쉽게 증명한다. 복잡한 자소로 구성된 단어('beach')를 발음할 때 아주 짧은 순간이지만 무의식적 경쟁이 있다. 경쟁은 빠르게 해소되지만 측정 가능한 반응 지연을 가져온다. 'black'과 같은 보다 투명한 단어와 비교하여 'beach'의 발음이 늦어지는 것은 그 때문이다.[42]

이런 갈등의 대부분이 의식적 개입 없이 자동적으로 해결된다는 것은 주목할 만하다. 우리의 신경 시스템이 모호성과 직면했을 때의 기본 전략은 모든 가능성을 열어 두는 것이다. 이런 전략은, 복수의 해석을 동시에 허용하는 집단적 병렬체계에서만 가능한 것이다. 이런 개방적 조직화 덕분에, 다음 수준에서 제공되는 적당한 증거들의 기여를 통해서 결국에는 전체적으로 만족할 만한 해석에 도달하게 된다. 어떤 경우에는, 오직 문장 속 맥락만이 단어 의미를 이해할 수 있게 하거나 심지어 발음할 수 있게 해 준다. "the road winds through a valley battered by fierce wind"와 같은 문장을 생각해 보라. 이런 경우에, 단어에 대한 모든 가능한 해석이 무의식적으로 활성화되고, 문맥은 해석을 제한하여 하나의 의미로 이끈다는 것을 많은 연구들이 보여 준다.[43] 읽기 과정은 매우 효율적이어서 우리는 문장의 모호성을 거의 자각하지 못한다. 도로시 파커(Dorothy Parker)의 문장처럼 너무 이상하지만 않다면 말이다. 파커는 마감시한을 지키지 못하자 자신의 에이전트에게 다음과 같은 전보를 보냈다. "Tell the editor I' ve been too fucking busy—or vice versa."

행동에서 뇌 메커니즘으로

이 장을 통해서, 읽기가 어떻게 일련의 정보처리 단계로 분석될 수 있는지 검토하였다. 망막에서의 이미지 처리에서 시작하여 불변적 문자 재인, 발음 인출, 형태소 재인, 그리고 심성어휘집 내에서 갈등의 해소에 이르기까지, 읽기 메커니즘의 효율성은 아주 인상적이다. 눈 깜짝할 사이에 별다른 노력 없이, 뇌는 지금의 컴퓨터 소프트웨어로는 해결이 불가능한 시각적 재인 문제들을 해결한다. 한 단어 속 문자들의 병렬 처리, 모호성의 영리한 해결, 심성어휘집에 있는 5만 개 단어 중 하나에 즉각적 접근 등은 읽기에 대한 뇌의 탁월한 적응을 보여 준다.

읽기 과정의 놀라운 효율성은 읽기의 기원을 둘러싼 미스터리를 심화시킨다. 읽기를 위해 진화해 오지 않은 뇌가 어떻게 그렇게 읽기에 잘 적응할 수 있었는가? 수렵채집인으로 변신한, 이상하게 생긴 직립 보행 영장류의 뇌가 겨우 몇 천 년 만에 어떻게 그렇게 완벽하게 시각적 단어 재인이라는 문제에 적응할 수 있었는가? 이 문제에 대답하기 위해 이제 읽기의 대뇌 회로를 살펴볼 것이다. 놀랄 만한 최근의 발견은 문자를 위한 특별한 피질 영역이 있다는 것이다. 마치 모든 사람의 뇌에 일차 청각 영역이나 운동 피질 영역이 있는 것처럼 말이다. 더욱 놀라운 것은, 읽기 영역이 영어, 일본어 그리고 이탈리아어 등 언어에 관계없이 모두 동일하다는 것이다. 이것은 읽기를 위한 보편적 뇌 메커니즘이 존재한다는 것을 의미하는가?

제2장

뇌 속의 문자상자

●●●

1892년 프랑스의 신경심리학자 조셉 쥘 데저린(Joseph-Jules Déjerine)은 뇌졸중으로 인한 좌반구 시각 체계의 일부 손상이 읽기의 전부 또는 일부를 방해한다는 것을 발견했다. 최근의 뇌영상은 그 손상 영역이 읽기에 매우 중요한 역할을 한다는 것을 확인시켜 주었으며, 그것은 문자상자(letterbox)라고 불린다. 세상 모든 사람의 뇌에서 동일한 위치에 있으며, 문자에 자동적으로 반응한다. 의식적 자각이 가능하지 않은, 아주 짧은 1/5초 이하의 시간에 문자의 크기, 모양, 위치 등 외형상 차이에 관계없이 문자열의 정체를 파악한다. 그런 후 이 정보를 측두엽과 전두엽에 있는 두 개의 중요한 뇌 영역에 보낸다. 측두엽은 소리 패턴을 처리하고 전두엽은 의미 패턴을 처리한다.

●●●

우리는 문자 기호가 만들어 내는 기적에 이상하게 익숙해져 있다. 문자 기호는 불멸의 이미지와 복잡한 사고 그리고 말하고, 웃고, 우는 살아 있는 사람으로 가득한 신세계를 담을 수 있다. 만약 우리가 어느 날 깨어나서, 아무것도 읽을 수 없는 자신을 발견하게 되면 어떨까?

– 블라디미르 나보코프, 『창백한 불』

조셉 쥘 데저린의 발견

1887년 10월 파리의 화창한 어느 아침에 박식한 세일즈맨이며 음악애호가인 미스터 C는 안락의자에 편안하게 앉아 책을 읽다가 놀랍게도 자신이 더 이상 단어를 읽을 수 없다는 사실을 알게 되었다. 최근 며칠 계속해서 그는 때때로 오른쪽 팔과 다리에 힘이 없거나 감각이 없었고, 말을 하는 데 경미한 어려움을 느꼈다. 그러나 이런 단순한 불편은 금방 사라졌고 그는 크게 걱정하지 않았다. 하지만 이제 문제는 훨씬 더 심각해졌는데, 읽기가 불가능해진 것이다. 미스터 C는 여전히 말을 할 수 있었고, 주변에 있는 대상이나 사람을 재인할 수 있었고, 심지어 약간의 메모도 할 수 있었다. 무엇이 이런 좌절스러운 상황을 유발하였는지 알 수 없었다.

미스터 C는 새 안경이 문제를 해결해 줄 것이라고 확신하고, 유명한 안과의사인 에드문드 란돌트(Edmund Landolt)와 상담을 했다. 하지만 란돌트 박사는 미스터 C의 문제에는 안경 이상의 것이 필요하다는 것을 바로 알았다. 그는 신경학적 문제를 의심했고, 비세트르(Bicêtre) 병원의 저명한 신경학자 조셉 쥘 데저린의 도움을 받기로 했다. 미스터 C는 1887년 11월 15일에 병원으로 갔다. 데저린 박사는 매우 철저한 심리검사와 해부학적 검사를 한 후, 읽기의 대뇌 기반에 대한 최초의 과학적 결론을 내렸다.[44] 그는 미스터

C의 장애를, 문자열의 시각적 재인이 선택적으로 상실되었다는 의미로 '순수 단어맹(pure verbal blindness)' 이라고 명명하였다. 이런 질병의 존재가 시사하는 것은, 읽기를 전문으로 하는 '문자 중추' 가 대뇌 피질에 있다는 것이다. 읽기와 관련된 전문 영역의 존재는 그 후 과학적으로 증명되었다.

> 문자를 재인하지 못한다는 것을 알았을 때 그는 자신이 미쳤다고 생각했다. 그는 완벽하게 문자를 볼 수 있고 문자의 모양을 그릴 수도 있었지만, 문자를 읽을 수는 없었다. 본 것을 그리라는 요청을 받으면, 그는 힘들여 한 번에 한 획씩 문자를 천천히 그렸다. 그는 마치 전문적 원고를 작성하는 것처럼, 원고의 정확성을 위해서 최선을 다하는 것처럼, 모든 선분을 하나하나 체크하였다. 그런 노력에도 불구하고 그는 문자를 읽을 수 없었다.

이것이 '단어맹' 의 역설이다. 환자가 보지 못하는 것은 문자와 단어다. 시력은 좋다. 따라서 물체나 얼굴은 쉽게 재인한다. 환자는 모르는 곳에 가서 잘 돌아다닐 수 있고, 심지어 그림을 감상할 수도 있다.

> 물체가 제시되었을 때, 그는 금방 이름을 말한다. 그는 산업디자인 카탈로그에 있는 모든 도구의 이름을 댈 수 있다. 이런 검사의 어떤 단계에서도 그의 기억이 실패한 적이 없다. 그림은 즉시 적절한 단어를 떠오르게 하고, 도구를 어떻게 사용하는지 말할 수 있었다. 자주 읽는 『르마탱(Le Matin)』 신문을 받고서는, "그것은 르마탱입니다. 나는 그것의 생긴 모양을 보고 알았습니다" 고 말하였다. 하지만 그는 헤드라인의 문자를 단 하나도 읽지 못하였다.

임상검사에서 일부 시각장애가 드러났다. 미스터 C의 시각 세계는 오른쪽이 흐릿하였다. "시야 오른쪽에 물체가 놓이면, 왼쪽에 놓이는 것보다 더 어둡고 덜 선명하게 보이는 것 같다."[신경학적 용어로는 '부분적 우측 반맹(partial right hemianopsy)'] 게다가 그는 시야 오른쪽의 색채를 구별할 수 없었다[절반 시야 색맹(hemiachromatopsia)]. 그의 오른쪽 세상은 흑백 또는 회색으로만 보였다. 그러나 이런 장애만으로 읽기의 어려움을 설명할 수는 없다. 미스터 C는 자신의 시각장애를 자각했고, 단어가 시력이 정상인 왼쪽 시야에 오도록 스스로 시선을 조정하였다. 그러나 어떤 노력도 읽기를 개선시키지 못했다.

미스터 C가 단어 읽기의 선택적 장애로 고통 받는 가장 큰 증거는, 숫자는 여전히 재인할 수 있었다는 것이다. 그는 아라비아 숫자를 쉽게 읽었으며, 심지어 복잡한 계산도 막힘없이 해냈다. 이 중요한 관찰은 숫자를 읽는 데 사용되는 해부학적 경로가 문자나 단어를 읽는 데 사용되는 해부학적 경로와 다르다는 것을 의미한다. 그러나 시각적으로 숫자와 문자는 임의적이고 상호 교체할 수 있는 매우 유사한 모양을 가지고 있다. 사실상, 많은 문화에서는 문자 모양을 사용하여 숫자를 나타낸다. 예를 들면, 아랍어에서 그리스 문자처럼 보이는 V, Λ, ٦, O, ٤ 은 숫자 9, 8, 7, 6, 5를 나타낸다. 그러므로 숫자와 문자의 분리는 시력 상실에 의해 설명될 수 없다. 따라서 아무리 정교한 안경도 미스터 C의 읽기장애를 치료할 수 없었을 것이다. 읽기의 선택적 손상은 뇌에서 기인한 것이며, 문자열 처리를 위한 피질이 존재한다는 추론을 할 수 있게 한다.

또 다른 관찰은 미스터 C의 문제의 특이성을 강조한다. 데저린은 미스터 C의 지능과 언어는 잘 보존되어 있었다고 보고한다. 사실, 미스터 C는 자기 자신을 아주 분명하게 표현할 수 있었고, 뇌졸중 이전이나 다름없이 광범위한 어휘를 사용했다. 더욱 놀라운 것은 쓰기는 전혀 손상을 입지 않았다는 것이다.

> 환자는 말하는 것만큼 쓰기도 잘했다. 내가 그에게 요구했던 많은 글쓰기를 자세하게 조사했을 때, 어떤 실수도 없고 철자 오류도 없었다. 받아쓰기는 여전히 쉽고 능숙하게 할 수 있었지만, 환자는 방금 자신이 쓴 것을 읽을 수 없었다. 그는 이런 현상을

이해하지 못했으며, 몇 개의 문자를 하나씩 쓴 후 "나는 문자를 여전히 쓸 수 있는데, 왜 그것을 읽을 수 없나요?" 라고 말했다.

사실을 말하자면, 데저린은 환자의 글쓰기에 경미한 퇴보가 있음을 발견하였다. 그러나 그것은 전적으로 경미한 시각 손상 때문이었다.

받아쓰기를 하는 중에 중지를 시키면, 그는 혼란에 빠지게 되고 자신이 어디에서 멈추었는지를 모른다. 마찬가지로, 실수를 하더라도 그것을 발견할 수 없다. 과거에 그는 더 빠르게 더 잘 쓸 수 있었으나, 지금은 눈으로 더 이상 확인할 수 없기 때문에, 문자는 더 커지고, 선을 그리는 것은 힘들어졌다. 자신이 쓰는 것을 보는 것은 도움이 되기는커녕 오히려 방해가 되어, 그는 눈을 감은 채 쓰는 것을 더 좋아한다.

문자를 쓰는 능력의 보존은 근육 기억과 관련되어 있었다. 미스터 C에게 문자의 윤곽을 손가락으로 더듬는 것을 허용하면, 여전히 문자를 읽을 수 있었다. "문자를 읽도록 하는 것은 바로 근육감각이다. 이것에 대한 가장 확실한 증거는, 눈을 감은 채 손으로 허공에 문자의 윤곽을 그리게 함으로써, 단어를 말하게 할 수 있다는 것이다." 여러 해가 지난 후에, 다른 신경학자들은 미스터 C의 '촉독(tactile reading)' 이 손상되지 않았다는 것을 보여 주었다. 미스터 C는 보여 주었을 때보다 손바닥에 써 주었을 때 문자를 더 잘 해독하였다. 이것은 장애가 발생한 수준에 대해 귀중한 증거를 제공한다. 즉, 문자 모양에 대한 운동기억은 손상되지 않았다. 손상된 것은 문자의 시각적 재인뿐이었다.

순수실독증

미스터 C의 증상은 너무 이상해서 인정하고 싶은 생각이 들지 않는다. 쓸 수도 있고 심지어 아주 불규칙한 단어의 철자도 말할 수 있는데, 문자를 읽지 못한다는 것이 어떻게 가능할까? 꾀병이거나 히스테리일까? 데저린의 대답은 '아니다' 이다. "우리는 이러한 종류의 단어맹에 대해서 여러 임상적 관찰 사례를 가지고 있기" 때문이다. 사실, 현대 신경학은 데저린이 처음으로 관찰한 것들을 모두 확인시켜 주었다. 오늘날 수백 개의 유사한 사례가 보고되어 있다.[45] 단지 용어가 바뀌었을 뿐이다. 미스터 C의 증상은 지금은 '실서증 없는 실독증(alexia without agraphia: 쓰는 데는 문제가 없고 읽기에만 손상이 있는 증상)' 또는 '순수실독증(pure alexia)' 이라 불린다.

왜 '순수(pure)' 인가? 적어도 네 가지 이유 때문이다. 데저린은 1892년의 보고서에 그것들을 꼼꼼하게 기록했고, 그 후에도 여러 번 반복했다.

- 말하기는 손상되지 않았다.
- 글쓰기는 보존되어 있다.
- 물체, 얼굴, 그림, 그리고 숫자에 대한 시각적 재인은 거의 정상이다.[46]
- 문자 모양에 대한 촉각적 지식 또는 운동 지식은 보존되어 있다.

순수실독증은 데저린 이후로 많은 환자에게서 보고되었고, 두 개의 하위범주로 나누어진다.[47] 미스터 C와 같은 환자는 단 하나의 문자도 읽을 수 없다. 그들은 심지어 대문자와 소문자를 대응시키는 데에도 문제가 있다. 'A' 와 'a' 가 모양은 다르지만 동일한 문자라는 것을 알지 못한다.[48] 그러나 다른 환자들은 개개의 문자를 여전히 재인할 수 있다. 이러한 정도로도 일상생활에서는 중요한 차이가 나타난다. 하나의 단어 속에 있는 모든 문자들을 천천히 하나씩 파악할 수 있고 결국은 단어를 해독할 수 있다. 순수실독증의 주요 특징은 지나치게 느리게 읽는 것이다. 길이와 상관없이 한 단어를 단 한 번만 보고도 읽을 수 있는 정상 독자와 달리, 순수실독증 환자는 한 단어를 읽는 데 5초 또는

10초가 걸릴 수도 있고, 문자 수가 증가하면 읽는 시간이 급격하게 증가한다([그림 2-1] 참조. 색채로 된 그림을 보고 싶으면 readinginthebrain.com을 방문할 것). 이런 독특한 장애 유형은 '문자 단위 읽기(letter-by-letter reading)' 라는 이름을 가지고 있으며, 순수실독증의 본질을 여실히 보여 준다. 순수실독증 환자는 단어 속 문자들을 동시에 처리하지 못한다.[49]

밝혀진 병변

미스터 C의 사례가 시사하는 것은, 입력 문자열에 대한 정보를 언어 영역으로 전송하는 특별한 '읽기 영역' 이 뇌에 있다는 것이다. 데저린은 부검을 하면 '읽기 영역' 의 정확한 위치를 찾을 수 있고, 자신의 관찰이 생리학적 실험으로서 높은 가치를 가지게 될 것이라고 생각하였다. 1892년 1월 16일, 뇌졸중 발병 후 4년이 지난 후에, 미스터 C는 읽기 능력을 회복하지 못한 채 두 번째 뇌경색으로 사망하였다. 정기적으로 그를 관찰했던 데저린은 "끈기 있는 연습과 많은 노력에도 불구하고, 미스터 C는 문자와 단어의 의미를 되찾지 못하였다."라고 기록하였다. 이제 부검을 할 수 있게 되었다.

몇 주 후, 데저린은 프랑스 생물학회에서 자신의 발견을 발표하였다. 부검 결과, 환자의 우반구는 온전한 반면, 좌반구에서 오랜 병변들이 발견되었다. 병변들은 후두엽, 특히 후두극(occipital pole) 그리고 설상소엽(lingual lobule)과 방추소엽(fusiform lobule)에 걸쳐 있었다. (뇌 영역의 여러 위치에 대해서는 16쪽의 그림 참조). [그림 2-1]은 데저린의 원래 그림이다. 커다란 '황색 위축성 플라그(yellow atrophic plaques)' 의 윤곽이 나타난 대뇌 피질은, 4년 전에 미스터 C의 읽기 능력을 앗아 간 혈관 경색이 있었던 곳이다.

일부 시각 영역의 병변이 어떻게 선택적으로 읽기를 손상시킬 수 있는지 자세히 설명하기 위해서, 데저린은 '해리(disconnection)' 개념을 이용하였다. 생물학회 보고서에서 데저린은 미스터 C의 병변이 '백질(white matter)' —뇌의 원거리 영역을 연결하는 거대한 신경섬유—의 일부를 잠식했음을 강조했다. 게다가 병변은 후두극에 위치해 있는데, 후두극은 초기 시각 처리 영역이다. 마지막으로, 병변은 좌반구 시각 피질에 부분적으로

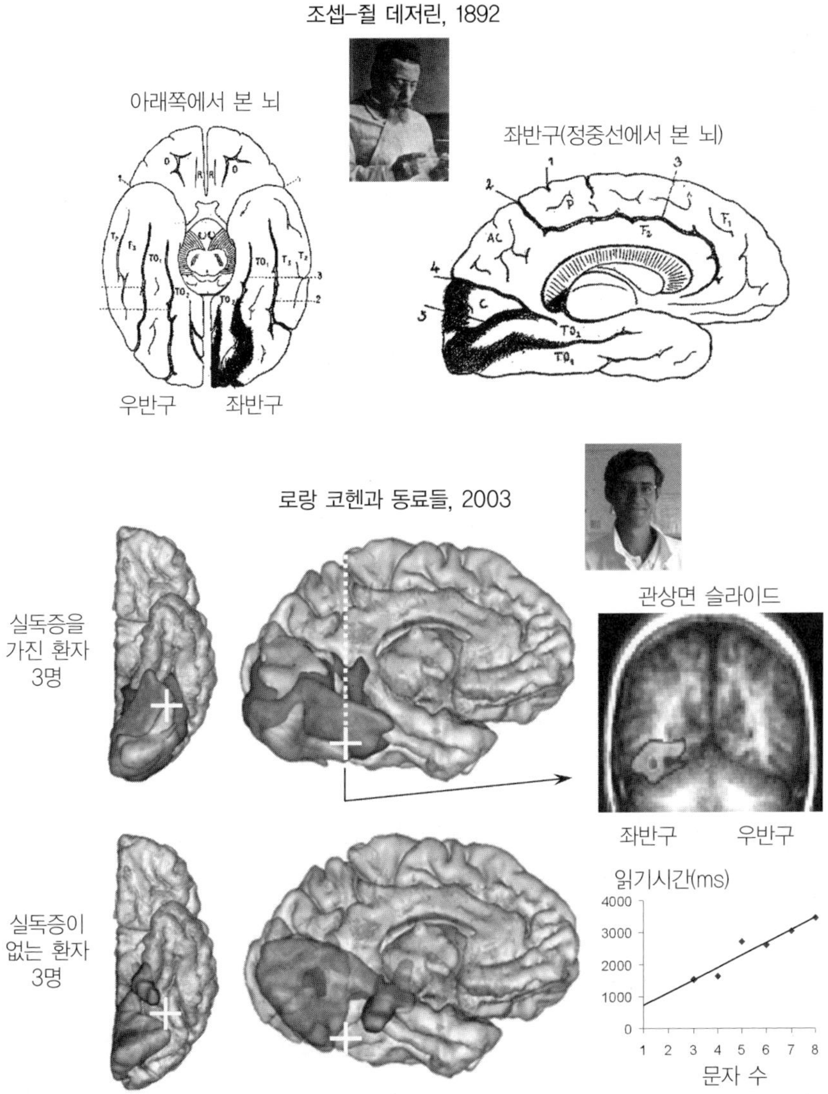

그림 2-1 뇌졸중 발병 후 환자는 읽기 능력을 상실하고 실독증이 될 수 있다. 1892년 데저린에 의해 처음으로 실시된 실독증 환자의 부검 결과 발견된 병변(위 그림)은, 자기공명영상(MRI)을 사용하여 찾아낸 지금의 환자들의 병변과 유사하다(아래 그림; Cohen et al., 2003에서 인용). 두 경우 모두 좌반구 아래쪽과 뒤쪽에 손상이 있다. 많은 환자에서 병변 부위의 교집합을 찾아보면 읽기에 영향을 주는 부위를 정확하게 알 수 있다. 이 영역은 문해 능력이 있는 모든 사람에게 존재하며, 항상 좌반구 복측 후두측두 영역(흰색 십자)에 있다. 실독증 환자 중 일부는 단어를 문자 하나씩 분석할 수 있다. 그들의 읽기는 느리며, 정상인과 달리 문자 수에 비례하여 읽기 시간이 길어진다. 그들은 문자열을 병렬적으로 처리하는 능력을 상실했다.

영향을 주었고, 또한 우반구 시각 영역으로부터 정보를 가져오는 뇌량(corpus callosum)을 일부분 파괴하였다.

이런 해부학적 단서들을 고려하여, 데저린은 미스터 C의 뇌 병변이 '문자 시각 중추'라고 부르는 영역에 시각 정보를 제공하는 신경섬유를 해리시켰다고 주장했다. 다른 관찰에 근거하여, 그는 이 가설적 '읽기 중추'의 위치를 좌반구 두정엽에 있는 각회(angular gyrus)로 추정했다. 데저린은 미스터 C의 '읽기 중추'는 손상되지 않았다고 생각했다. 때문에 문자를 손바닥 위에 써 주었을 때, 미스터 C는 읽고, 철자를 말하고, 문자 모양을 재인할 수 있었던 것이다. 그러나 시각 입력을 박탈당한 이 영역은 완전히 해리되었으며, 문자 지식을 시각적 자극에 적용할 수 없었다. 미스터 C는 맹인이 아니었다. 그는 여전히 문자 모양을 볼 수 있었다. 문자를 다른 시각적 물체처럼 처리할 수는 있었으나, 더 이상 문자 또는 단어로 재인하지는 못하였다. 이런 증후군을 가리켜 '단어맹'이라고 하는 것은 적절한 명칭인 것 같다.

현대적 병변 분석

데저린의 놀라운 연구가 있고 나서 100년이 지난 시점에, 신경학자 로랑 코헨(Laurent Cohen)과 나는[50] 몇 명의 다른 연구자들과 함께 새로운 환자들을 이용하여 미스터 C의 사례를 다시 연구했다.[51] 그 결과, 데저린이 기술한 병변은 매우 흔한 것으로 드러났다. 대부분의 순수실독증 환자는 미스터 C의 병변[그런 병변은 주로 이 영역에 혈액을 공급하는 좌측 후대뇌동맥(posterior cerebral artery)을 막는 혈전 때문에 발생한다]과 같은 위치인 좌반구 후두엽 영역에 병변을 가지고 있었다. [그림 2-1]은 최근 세 개의 사례에서 관찰된 병변의 모양을 보여 준다. 병변은 모두 좌반구 뒤쪽 아래 피질에 자리하였다.

오늘날 자기공명영상(MRI)은 데저린 시대의 장비들을 능가한다. 환자의 병변을 시각화하기 위해 부검을 기다릴 필요가 없을 뿐만 아니라, 여러 환자의 병변들을 컴퓨터 이미지로 바꾸고 뇌 크기와 모양 등 개인차를 보정한 후, 하나의 해부학적 공간에 하나의 이미지로 통합하는 것도 가능하다. 따라서 우리는 데저린보다 훨씬 정교한 연구를 할 수 있었고, 대뇌 피질의 어떤 영역이 읽기장애에 책임이 있는지 밝힐 수 있었다. 색각 상실과 같은 다른 관련된 장애로부터 이런 병변을 분리시킬 수 있었다. 논리는 간단하다. 첫째, 많은 실독증 환자를 대상으로 하여 3차원 공간에서 병변의 교차점을 계산한다. 많은 환자의 뇌를 평균하여 얻은 이러한 정보는, 뇌졸중 특유의 공간적 임의성을 제거하고, 읽기장애와 가장 연관성이 높은 대뇌 피질 영역을 분리시킨다. 둘째, 실독증이 없는 환자의 병변을 감산한다. 그렇게 얻어진 컴퓨터 이미지는, 선택적으로 읽기장애를 유발하는 병변의 위치를 정확하게 보여 준다.

[그림 2-1]에 제시된 이러한 분석은 좌반구 가장 뒤쪽 영역이 읽기에 선택적 역할을 담당하지 않는다는 것을 시사한다. 후두부 손상은 순수실독증뿐 아니라 읽기장애가 없는 환자에게서도 자주 나타난다. 사실 그 부분은 모양, 색채 또는 물체를 시각적으로 재인하기 위한 초기 분석 단계와 관련이 있는 것으로 알려져 있다. 후두부에만 영향을 주는 뇌졸중은 일반적 시각 손상만을 야기한다. 환자들은 전형적으로 시야 일부에 시력 손실을 경험하고, 응시점 오른쪽에 제시된 자극의 전체 또는 일부를 보지 못할 수 있다. 그들은 단어의 오른쪽을 보지 못하고, 오른쪽 안구운동을 조정하는 데 어려움을 나타낸다. 이런 시각장애에서는 읽기, 특히 여러 번의 안구운동을 요구하는 문장 읽기가 느려진다. 그러나 그것들은 고유한 의미에서의 순수실독증과 다르다.[52]

순수실독증에 있어서 중요한 영역은 좌반구 아래쪽 후두극 앞에서 몇 센티미터 떨어진 곳에 있다. 이 책에서 중요한 역할을 하게 될 이 영역은 몇 가지 이름으로 알려져 있다. 해부학자들은 '좌반구 후두측두 영역(left occipito-temporal area)' 이라고 부르는데, 왜냐하면 그 위치가 뇌의 후두엽과 측두엽의 경계, '외측 후두측두구(lateral occipito-temporal sulcus)'라 불리는 피질 외투막의 고랑 안에 있기 때문이다. (이런 영역들이 정확히 어디에 있는지를 알려면 [그림 2-2] 참조). 로랑 코헨과 나는 그것을 '시각 단어 형태 영역(visual word form area: VWFA)' 으로 부를 것을 제안하였고, 이제는 과학 문헌의 표준 용어가 되었다. 우리는 이 영역이 문자나 단어의 형태를 시각적으로 분석하는 데 중요한 역할을 한다는 것을 강조하였다.[53] 그러나 위의 두 용어는 모두 길고 발음하기 어렵다. 이 책에서는, 이해하기 쉽도록 '뇌 속의 문자상자(the brain' s letterbox)'라고 부를 것이다. '문자상자' 는 이 영역이 하는 일을 잘 표현한다. 문자상자는 입력되는 문자들을 처

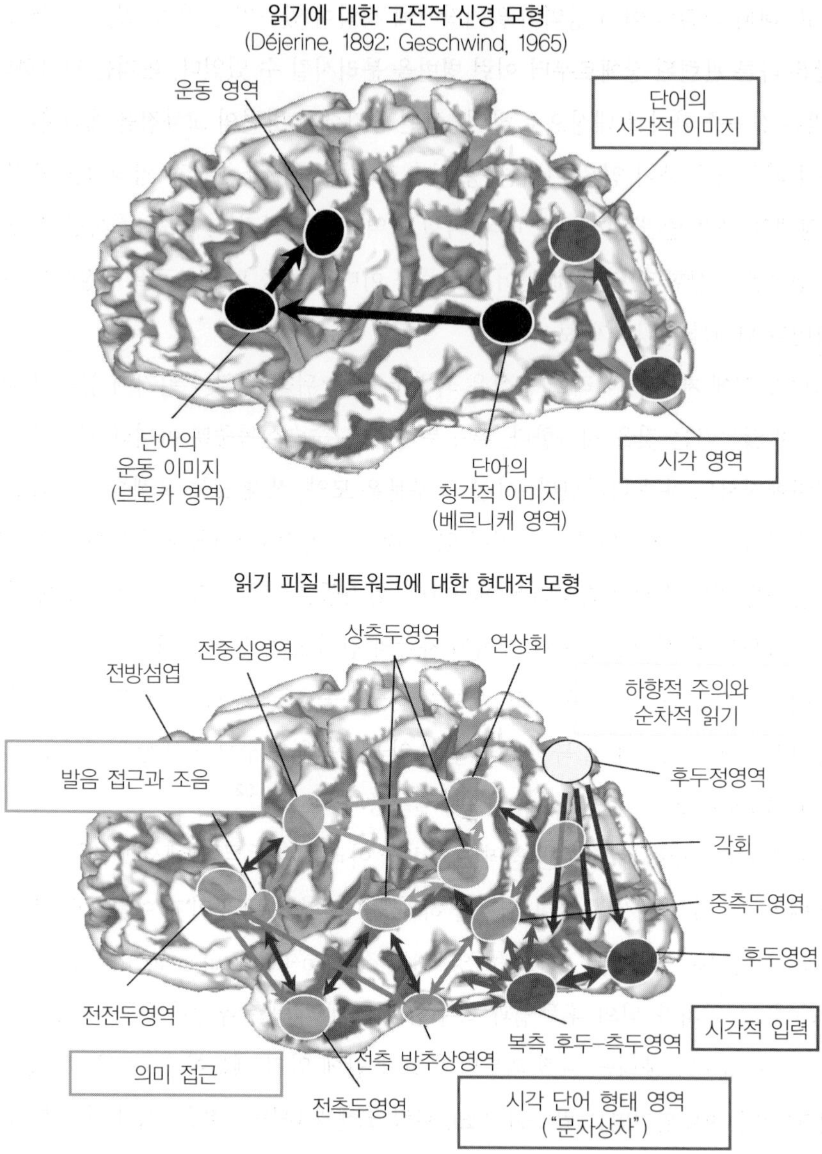

그림 2-2 고전적 읽기 모형(위)은 이제 병렬적이고 복잡한 모형(아래)으로 대체되었다. 좌반구 후두측두의 '문자상자'는 문자열의 시각적 형태를 식별한다. 그런 후 문자상자는 불변적 시각 정보를 여러 영역에 배포한다. 그런 영역들은 좌반구에 퍼져 있으며, 단어 의미, 음성 패턴, 조음 등을 처리한다. 초록색과 오렌지색 영역은 읽기에 특유한 것은 아니다. 그것은 주로 음성 언어 처리에 기여한다. 그러므로 읽기 학습은 시각 영역과 언어 영역 사이에 효율적 연결을 발달시키는 것이다. 모든 연결은 양방향적이다. 자세한 연결 구조는 완전히 밝혀지지 않았다. 실제로 피질 연결은 그림에 있는 것보다 훨씬 더 복잡할 것이다.

리한다. 앞으로 알게 되겠지만, 이 영역은 문자열을 빠르게 파악하고, 발음과 의미를 처리하는 상위 영역으로 전달하는 역할을 담당한다.

데저린과 달리, 우리는 문자의 시각적 재인이 뇌 위쪽에 있는 각회가 아니라, 뇌 아래쪽에 있는 특별한 '문자상자' 영역과 관계가 있다고 생각한다. 데저린의 실수는 미스터 C의 병변이 상당히 이상한 특징을 가지고 있었기 때문이라고 할 수 있다. 대부분의 순수 실독증 환자와 달리, 미스터 C의 문자상자 영역은 파괴된 것이 아니라 데저린이 시사했던 것처럼 해리되었던 것 같다. 그는 해리된 영역의 위치에 대해 잘못 생각하였을 뿐이다. 해리된 영역은 각회의 배측(dorsal)에 위치하지 않았다. 그것은 복측(ventral) 시각 체계에 있었다.

지금 알려진 바에 따르면, '시각 단어 형태 영역(VWFA)'의 정상적 기능을 방해하는 병변에는 적어도 세 가지 방식이 있다.[54] 가장 단순한 경우는 VWFA가 직접 파괴되는 것이다. 또는 VWFA는 정상이지만, 위쪽에서 해리되어 미스터 C의 경우처럼 시각적 입력이 박탈되는 경우도 있고, 또는 VWFA의 아래쪽이 해리되어 발신 메시지를 다른 뇌 영역에 보낼 수 없는 경우도 있다. 어떤 경우든 결과는 똑같이 문자 언어를 재인하는 데 심각한 불능을 가져온다는 것이다.

데저린의 실수에는 더 근본적인 문제가 하나 있다. 그는 읽기와 관련한 뇌 구조의 복잡성을 과소평가했다. 데저린뿐만 아니라 그 후의 많은 과학자들, 거기에는 하버드 대학교의 신경학자 노먼 게슈빈트(Norman Geschwind)도 포함되는데, 읽기를 단순 처리의 연쇄로 간주했다.[55] 그들은 문자가 시각 자극의 형태로 후두극으로 들어간 다음, 이어서 각회로 보내지며, 거기에서 단어의 '시각적 이미지'와 만난다고 보았다. 각회는 단어의 '시각적 이미지'가 저장되어 있는 곳이다. 각회에서의 처리 결과는 베르니케(Wernicke) 영역에 전해진다. 베르니케 영역은 단어의 '청각적 이미지'가 저장되어 있는 곳이다. 그런 후 조음 패턴이 인출되는 브로카(Broca) 영역으로 전달되고, 최종적으로는 근육을 통제하는 운동 피질(motor cortex)로 전달된다. 이러한 도식은 공장의 생산라인처럼 순차적이고, 단순하고, 선형적이다. 사실, 그것은 19세기의 '기계적 비유'를 연상시키는데, 대뇌 기능을 전기의 전달 또는 기관차에서의 증기 흐름에 비유한다. 뇌 기능에 대한 이러한 신경 도식은 르네 데카르트(René Descartes)가 사용한 '수력학 도해(hydraulic diagram)'와 깊은 유사성을 가진다. 데카르트는 반사(reflex)를 '동물정기(animal spirits)'가 몸속의 관을 통해서 순환하는 것으로 간주하였다. '반사호(reflex arc)'는 여러 세대 동안 지배적인 비유였다.

이후 심리학과 신경과학에서 한 세기 동안 이루어진 연구를 데저린이 예측하지 못한 것에 대해서 그가 비난받을 이유는 없다. 오늘날에는 뇌를 '수풀'과 같은 것으로 보고, 병렬적으로 작동하는 여러 기능을 인정하는 견해가 과거의 순차적 모형을 대신한다. 시각적 형태 재인이 가능한 컴퓨터를 만들려는 시도를 해 본 후, 우리는 시각이 매우 복합적이라는 것과 시각을 일련의 대뇌 '이미지'로 환원시킬 수 없다는 것을 알게 되었다. 단 하나의 문자를 재인하는 데도 수많은 섬세한 조작이 요구된다. 시각적 분석은 읽기에 있어서 첫 단계일 뿐이다. 이어서 어근(root), 의미(meaning), 발음(pronunciation), 조음 운동 도식(motor articulation scheme) 등과 같은 다양한 표상을 만나야 한다. 이러한 작업들 각각은 여러 개의 서로 다른 대뇌 피질 영역을 동시에 활성화할 것을 요구한다. 이들 대뇌 피질 영역은 결코 직선으로 연결되어 있지 않다. 모든 뇌 영역은 동시에 그리고 상호적으로 작동하며, 메시지는 종횡으로 서로 다른 뇌 영역을 오간다. 모든 연결은 또한 양방향적이다. A영역이 B영역과 연결되어 있을 때, B에서 A로의 '역투사(converse projection)' 또한 존재한다.

이러한 기초적인 해부학적 원리들은, 글 읽는 뇌가 어떠한 모습인지를 새로 스케치할 수 있도록 해 주었다. [그림 2-2]의 모든 영역은 단어 읽기에 관여하는 것으로 알려져 있다. 하지만 여전히 나의 스케치는 임시방편적이며 지나치게 단순하다. 많은 중요한 영역과의 연결이 빠져 있다. 나는 데저린과 달리, 뇌의 시스템을 순차적으로 그리지 않고 여러 뇌 영역이 동시에 활성화하는 것으로 그렸다. 읽기 과정에 대한 각 영역의 구체적 기여에 대해서는 논의가 계속되고 있다. 많은 뇌영상화 도구를 사용할 수 있게 되었음에도 불구하고, 우리는 영상 속의 각 영역이 어떤 기능을 하고 있는지 정확히 알지 못한다. 그들 모두가 동시에 작동하고 빠른 속도로 상호작용하기 때문이다. 데저린은 시각, 청각, 운동 이미지가 대뇌 피질의 어느 장소에 있는지 자신 있게 지적하였다. 그러나 우리는 그렇게 할 수 없다. 대뇌 피질의 기능에 대해서 더 정교한 지식을 가지고 있으나, 그것은 오히려 신경심리학자의 문제를 더 복잡하게 만들 뿐이고, 과연 복잡한 신경회로에 대한 직관을 가지게 될 날이 올 수 있을지조차 의심스럽다.

과학자들이 글 읽는 뇌를 완전히 이해할 수 있게 될지는 불분명하다. 그러나 읽기에 관여하는 뇌 회로의 이해, 특히 '문자상자'의 이해가 향상된 것은 분명하다. 우리는 이제 '문자상자'가 하나의 전략적 거점으로서, 문자에 대한 시각적 정보가 좌반구의 여러 영역에 배포되기 전에 통과하는 곳이라는 것을 알고 있다. 이 전략적 거점은 왜 이 영역의 병변이 미스터 C의 경우처럼 문자 처리의 완전한 파괴로 이어지는지를 설명한다. 미스터 C에게는 모든 문자가 마치 일련의 의미 없는 무늬처럼 보인다. 이 영역은 어떤 원리에 따라 작동하는 것일까?

글 읽는 뇌의 비밀

지난 20년 동안, '기능적 자기공명영상(fMRI)'을 이용하여 활동 중인 '뇌를 들여다볼' 수 있게 되었고, 뇌 연구에 문자 그대로 혁신이 이루어졌다. 이 연구 방법이 가진 엄청난 힘은, 실험참가자들이 읽기와 같은 정신적 작업을 수행하는 바로 그 순간의 뇌 활동을 직접적으로 시각화하는 능력에 있다. 뇌영상화 방법은 병변 데이터 연구보다 여러 면에서 훨씬 유리하다. 병변 데이터 연구는 문제점이 많다. 부상 후 뇌가 스스로를 얼마만큼 재조직화하였는지 누가 알 수 있겠는가? 병변의 효과는 병변이 일어난 영역과 멀리 떨어진 곳에서 나타날 수 있는데, 병변이 어떤 영역으로의 연결을 끊어서 그 영역으로 들어가는 입력을 차단할 수 있기 때문이다. 뇌 병변 이후 몇 주 동안 뇌 활동의 상당한 재조직화를 관찰할 수 있는데, 환자는 건강한 뇌가 사용하던 것과는 아주 다른 회로를 이용하여 잃었던 기능을 회복할 수 있다. 마지막으로, 병변들은 예측할 수가 없다. 병변은 광범위할 수 있고, 병변의 위치는 뇌동맥의 해부학적 배치 때문에 특정 장소에 집중될 수 있다. 그래서 병변은 건강한 뇌의 기능적 조직화에 대한 정확한 지표들로 간주하기 어렵다. 만약 우리가 정상적 뇌를 들여다보는 방법을 가지지 못했다면, 고장난 시계를 연구하여 시계 제작을 배우려고 하는 견습공과 같은 처지가 되었을 것이다.

프랑스의 화학자 앙투안 로랑 라부아지에(Antoine-Laurent Lavoisier)가 18세기에 이미 예측하였듯이, 뇌영상화(brain imaging)의 원리는 상당히 간단하다. 신체의 다른 기관처럼 뇌는 쉴 때보다 작업을 할 때 더 많은 에너지를 소비한다. '동물 호흡에 대한 첫 번째 메모(First memoir on animal breathing)'(1789)에서, 라부아지에는 이 아이디어가 어떻게 뇌 활동을 측정하는 데 이용될 수 있는지를 예측했다.

> 이런 유형의 관찰은 서로 관련이 없을 것 같은 작업을 비교할 수 있게 한다. 예를 들어, 연설문을 암송하는 사람의 노력 또는 악기를 연주하는 음악가의 노력이 몇 파운드의 무게에 상당한지를 측정할 수 있다. 깊은 사고에 잠겼을 때의 철학자, 글을 쓸 때의 작가, 작곡을 할 때의 음악가의 작업 내용을 기계적으로 평가할 수 있다. 이러한 효과는 순수하게 정신적인 것이지만, 물리적이고 물질적인 측면을 가지고 있으며, 그것은 노동자의 작업에 비유될 수 있다.

하지만 이 간단한 아이디어는 200년 후에야 실행되었다. 1988년 스티브 피터슨(Steve Petersen), 마이클 포스너(Michael Posner) 그리고 마커스 라이클(Marcus Raichle)은 우리가 글을 읽을 때 뇌의 어떤 영역이 에너지를 소비하는지를 처음으로 시각화하였다.[56] 그들은 대뇌 언어 영역의 기능적 조직화를 밝히기 위해 '양전자 방출 단층 촬영(positron emission tomography: PET)'을 사용하였다. 라부아지에는 PET가 요구하는 심리학과 핵물리학의 특별한 조합을 예측하지는 못했다. 실험참가자들은 소량의 방사능 수액 주사를 맞는데, 수액 속의 표준 산소 원자(^{16}O)는 산소 15에 의해 대체된다. 이 액체는 빠르게 혈류에 섞이고 온몸에 퍼진다. 특히 뇌에서 방사능은 혈류가 가장 빠른 영역에 축적되는데, 그 영역이 뇌 활동이 가장 강렬한 곳에 해당한다. 다시 말해 방사능이 집중된 영역이 곧 뇌 활동이 가장 활발한 영역이다.

20~30초 후에 실험참가자의 뇌 속에 있는 산소 15원자는 양전자—전자의 정확한 거울상인 반물질 입자—를 방출하고 안정 상태(산소 16)로 돌아간다. 하나의 양전자(positron)가 하나의 전자(electron)와 충돌할 때, 둘은 서로를 소멸시키고 두 개의 고에너

지 광자(photon)를 방출한다. 스캐너는 두 개의 광자가 서로 반대 방향으로 두피를 통해 방출될 때 그것을 탐지한다. 피실험자 머리 주변에 배치된 검출기들이 이 정보를 파악하여 컴퓨터에 제공하고, 컴퓨터는 처음 붕괴가 발생했던 영역을 재구성한다. 마지막으로, 입체사진이 만들어지고 그것은 뇌에 의해 소비된 에너지의 정확한 분포를 한 단면 한 단면씩 보여 준다. 그래서 '단층 촬영(tomography)'이라는 용어를 사용하는데, 그리스어 tomos(단면)와 graphein(그림)을 합성한 말이다.

심리학적 관점의 혁신적 연구로서, 피터슨과 동료들은 실험참가자에게 점점 더 복잡해지는 일련의 과제를 수행하도록 요청했다. 처음에는 자극을 주지 않고 특별히 어떤 생각도 하지 않는, 휴식 중의 뇌 이미지를 촬영했다. 그런 후, 참가자가 무엇인가를 볼 때의 뇌 활동을 측정하고, 이어서 문자를 보고 큰 소리로 읽거나 다른 사람의 말을 큰 소리로 따라 말할 때의 뇌 활동을 측정했다. 마지막으로, 언어적 연상을 산출할 때의 뇌 활동을 측정하였는데, 제시된 단어 각각에 그럴듯하게 연결될 수 있는 동사를 생각하여 말하도록 요구하였다(예를 들면, 자극이 'cake' 일 때 동사 'eat' 를 생각해 내어 말하기). 연구자들은 두 개의 서로 인접한 조건에서의 뇌 활동을 감산하여, 특정 작업에 관여하는 뇌 영역을 확인할 수 있기를 원했다. 그들은 시각적 단어 재인과 청각적 단어 재인, 조음, 단어 의미의 심적 조작과 관련된 뇌 영역을 찾고자 하였다.

피터슨의 실험에서 얻어진 이미지는 굉장한 주목을 받아 전 세계의 신문 1면에 실렸고, 이제는 뇌과학의 중요한 부분이 되었다. 역사상 처음으로 언어를 책임지는 영역이 살아 있는 사람의 뇌에서 촬영된 것이다([그림 2-3]). 물론 그 사진들은 나중에 더 완벽하게 만들어져야 했지만, 중요한 결과는 모두 반복 검증이 되었다. 참가자들이 문자를 볼 때마다 머리 뒤쪽에 위치한 시각 전문 영역이 활성화되었다. 후두엽과 측두엽의 경계선에 위치한 좌반구의 또 다른 작은 영역도 드러났는데, 그것은 앞에서 '문자상자' 라고 지칭한 영역과 일치한다. 말소리를 듣는 것은 이들 부위를 활성화시키지 않고, 측두엽 상부와 중간에 있는 여러 부위의 활동을 유발했는데, 이런 부위들은 청지각과 음성지각을 담당한다. 반면에, 말소리 산출은 좌반구와 우반구의 운동 영역 그리고 좌반구 앞쪽을 활성화시켰다. 좌반구의 전방 부위는 19세기 프랑스의 신경학자 폴 브로카(Paul Broca)에 의해 언어 산출과 관계가 있는 것으로 처음 보고되었다. 마지막으로, 의미 연상은 또

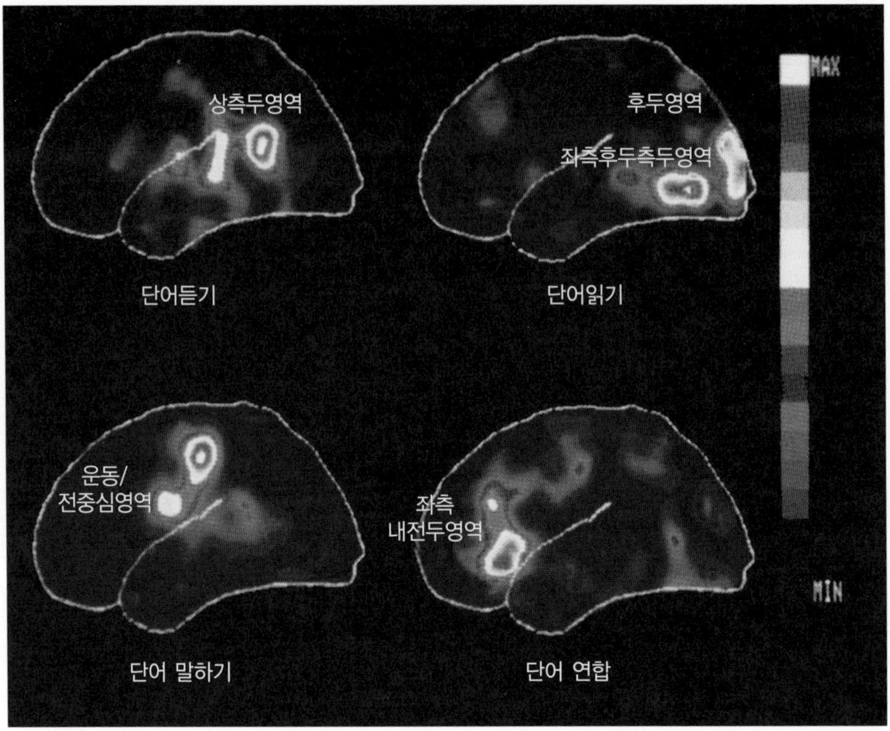

그림 2-3 역사적 사진. PET 스캔(Petersen et al., 1989에서 인용)에 의해 최초로 드러난 언어 영역. 하나의 작은 점을 응시할 때와 비교하여, 묵독(오른쪽 위)은 좌반구 뒤쪽의 시각적 단어 재인 영역을 활성화시킨다. 그런 뒤, 정보는 말소리를 부호화하는 영역(왼쪽 위), 언어 산출을 담당하는 영역(왼쪽 아래), 단어 의미 조작을 담당하는 영역(오른쪽 아래)으로 전송된다.

다른 영역을 활성화시켰는데, 창의적 사고와 관련이 있는 것으로 알려진 좌반구 내측 전전두피질(left interior prefrontal cortex)이었다.

이들 영역 중 오직 좌반구 후두측두 영역만이 읽기에서 핵심적이고 특별한 역할을 담당하는 것 같다. 놀랍게도 그 위치는 병변 분석에 의해서 순수실독증의 영역으로 확인된 곳과 일치한다. 피터슨과 동료들은 이 영역이 문자에 의해서만 활성화되며, 단순한 시각 패턴에 의해 활성화되는 하위 수준 시각 영역에 속하지 않는다고 보고했다. 그들은 이 영역이 초기 시각 분석과 언어 시스템을 연결한다고 제안했다. 그것은 시각 정보가 언어 시스템에 들어가기 위해서 거쳐야 하는 필터다. 그것은 입력되는 이미지를 분석하여 문자가 존재하는지 파악하고, 파악된 문자를 다른 뇌 영역으로 전달한다. 그곳에서 문자는 소리와 의미로 변환된다.

읽기의 보편성

읽기에 있어서 '시각 단어 형태 영역(VWFA)'이 하는 중요한 역할은, 이제 PET 스캔을 거의 대체한 또 다른 영상 기술에 의해 입증되었다. 그것은 '기능적 자기공명영상(functional magnetic resonance imaging)' 또는 줄여서 fMRI라고 한다. PET에 비해서 굉장히 다루기 쉬운 이 기술은 두 가지 중요한 장점을 가진다. 그것은 어떤 병원에서도 이용 가능하다는 것이고, 또한 방사능 물질을 주입할 필요가 없기 때문에 전적으로 안전하다는 것이다. fMRI에서는 혈중 산소 함량의 변동이 자기공명 신호를 조절하고, 그것을 fMRI 기계가 탐지한다. 혈액 세포는 산소를 운반하는 분자인 헤모글로빈을 고농도로 포함하고 있다. 대충 말하자면, 헤모글로빈 분자가 산소를 포함하고 있지 않으면 마치 하나의 작은 자석처럼 행동하고, 따라서 부분적으로 자기장을 방해하여, 결국 fMRI 기계가 검출할 신호가 줄어든다. 반면에, 헤모글로빈 분자가 산소를 포함하고 있을 때는 자기장 내에서 투명한 존재가 되며, 작지만 측정 가능한 공명 신호의 증가를 가져오고, 이러한 변화가 기계에 의해 검출된다.

혈중 산소 함량의 탐지 가능한 변동은 뇌 활동의 측정을 가능하게 해 준다. 혈관과 뉴런은 밀접하게 연결되어 있다. 어떤 뇌 영역이 활성화될 때마다 그곳의 혈관은 팽창하고 1초에서 5초 사이에 산화혈액(oxygenated blood)이 새로 유입된다. 혈액의 산소 함량을 측정함으로써 fMRI는 신경 활동이 앞선 몇 초 사이에 얼마나 증가하였는지를 보여 준다. 더욱이 fMRI는 어떤 뇌 영역에 대해서건 3차원 이미지를 제공한다. 세계적으로 저명한 자기공명 전문가 중 하나인 프랑스 과학자 데니스 르 비앙(Denis Le Bihan)은 이 방법을, 씨앗이 어디에서 발아하는지 알기 위해 정원사를 몰래 훔쳐보는 것에 비유했다. 씨앗이 어디에 심어졌는지 알 수 없다면, 정원사가 물뿌리개를 어디로 가져가는지를 봄으로써 그것을 찾을 수 있다. 혈액 흐름을 추적하는 것은 작동 중인 신경세포들을 찾는 간접적 방법이다. 우회적이지만 실제로는 대단히 민감한 방법이다.

다른 무엇보다도 fMRI의 장점은 상당히 빠르다는 것이다. 단 한 번의 fMRI 검사로, 몇 mm의 공간 해상도를 가진 수천 장의 뇌 사진을 연속으로 얻을 수 있다. fMRI는 2~3초마다 뇌 전체의 이미지를 한 장씩 생성할 수 있는데, 이와 동일한 작업을 위한 PET 촬영은 12분이나 걸린다. fMRI는 또한 매우 민감하다. 장시간에 걸쳐서 수십 명의 데이터를 수집할 필요가 없다. 단 한 개의 단어로도 문자상자 영역에서 활성화가 나타나게 할 수 있다. 2~3분 동안의 데이터만 있으면, 모든 사람의 좌반구 복측 시각 피질에서 단어를 읽을 때 나타나는 강렬한 뇌 활동을 찾아낼 수 있다.

이렇게 놀라운 영상화 도구 덕분에 이제 읽기의 대뇌 회로망이 개인에 따라 얼마나 다른지를 측정할 수 있다. fMRI로 스캔한 모든 참가자의 데이터를 바탕으로, '시각 단어 형태 영역(VWFA)'이 언제나 복측 시각 피질의 동일한 위치에 있음이 확인되었다. 물론 정확한 위치는 개인마다 조금씩 다른데, 그 이유는 개인의 대뇌 피질 굴곡이 서로 다르기 때문이다. 마치 두 장의 구겨진 종이가 정확히 같은 모양이 될 수 없는 것처럼 말이다. 그렇더라도, 우리 모두는 거의 같은 위치에 '문자상자' 영역을 가지고 있다.

과학자들은 대뇌 피질의 위치를 표현하기 위해 두 개의 시스템을 사용한다. 하나는 지난 두 세기 동안의 사후 부검 덕분에 발달되었는데, 달의 분화구처럼 뇌의 중요한 특징들이 확인되고 분류되었다. 이런 시스템에서 보면, 문자상자 영역은 좌반구 방추 영역에 연해 있는 고랑, 즉 외측 후두측두구 속에 있다([그림 2-4]).[57] 또 다른 시스템은 난해한 해부학적 명칭에 덜 의존하는데, 프랑스 외과의사 장 탈라이라크(Jean Talairach)에 의해 개발되었고, 나중에 몬트리올신경학연구소(Montreal Neurological Institute)의 연구자들에 의해 보완되었다. 그것은 기하학적 위치확인 시스템이며, 지표면의 GPS와 유사하고, 뇌 크기에 대해 표준화된 세 개의 직각으로 교차하는 축으로 구성된다. 이 시스템을 사용했을 때 문자상자 영역의 위치는 매우 유사한 것으로 드러났다. 개인에 따른 차이도 심지어 실험실에 따른 차이도 매우 작아서, 대략 5mm 이하였다.[58] 나중에 보게 되겠지만, 중국어와 일본어 독자의 뇌에도 읽기 영역이 있으며, 그 위치는 대략 영어나 프랑스어의 위치와 같았다.[59] 주목할 것은, 글을 읽는 방향(왼쪽에서 오른쪽으로 또는 오른쪽에서 왼쪽으로)은 좌반구에 있는 문자상자의 위치에 영향을 주지 않는다. 오른쪽에서 왼쪽으로 읽는 언어들에서도

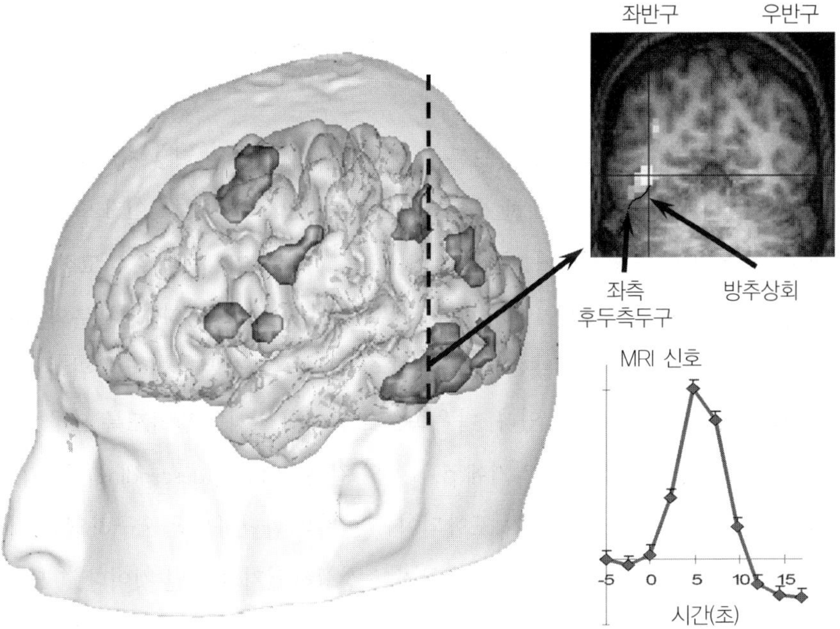

그림 2-4 기능적 자기공명영상(fMRI)은 읽기와 관련된 뇌 영역을 불과 몇 분 안에 찾아낸다. 참가자들은 무작위로 제시되는 단어를 읽는다. 각 단어 제시 후 읽기 영역에서 MRI 신호가 증가하며, 증가는 5초 후에 최고에 도달한다. 활성화되는 네트워크는, 과제 유형과 통제 상태의 성격에 따라 달라지기는 해도, 항상 시각적 단어 형태를 처리하는 영역인 '문자상자'를 포함한다. 이 영역은 좌반구 외측 후두측두구의 깊은 곳, 방추상회(fusiform gyrus) 옆에 위치한다.

문자상자의 위치는 동일하였으며, 좌반구 후두측두구의 가장자리[60]에 있었다.

뇌의 활성화 부위가 모든 인간에서 동일하다는 것은 이상하게 생각될지도 모르겠다. 읽기는 인지적, 사회적 그리고 문화적 활동이고, 5천 년 정도의 역사를 가질 뿐이며, 외형적으로는 문화 간에 서로 다르다. 게다가 개인의 읽기 능력은 읽기를 배우는 방식에 따라 서로 매우 다르다. 어떤 사람들은 파닉스 훈련을 통해서 배우고, 파닉스는 문자와 소리를 연결하도록 요구한다. 어떤 사람들은 몬테소리를 따르는데, 사포(sandpaper)로 만든 문자를 손가락으로 훑으면서 배운다. 반면에 또 다른 사람들은 '전체 단어 암기법' 이라는 어려움을 겪는다. 놀라운 것은, 학습방법의 커다란 차이에도 불구하고, 우리는 모두 동일한 뇌 영역을 사용하여 문자를 재인한다는 것이다.

시각적 선호의 피질 분포

문자상자 영역의 기능적 특성 또한 모든 사람에서 유사하다. [그림 2-5]의 7개의 뇌 사진은 시각적으로 제시된 단어에 대한 선택적 활성화를 보여 주는데, 동일한 단어를 음성으로 제시하였을 때에는 활성화가 나타나지 않는다.[61] 이런 결과는 매우 견고한 것인데, 스티브 피터슨과 동료들이 행한 1998년 연구에서도 이미 보고되었다. 대부분의 경우에 음성언어는 이 영역을 자극하지 못하며, 따라서 이 영역은 오직 문자언어를 위해 예비된 것으로 나타난다. 그러나 예외가 있다. 마음속으로 단어의 철자를 말하도록 요구했을 때다. 예를 들어, 음성 단어를 듣고 거기에 p, q, j와 같은 '디센더(descending)' 문자(역자주: 획이 아래로 길게 나와 있는 문자)가 포함되어 있는지를 판단하도록 요구하였을 때, 문자상자 영역이 활성화되었다. 참가자들이 문자를 상상하였기 때문일 것이다.[62] 또한 일본어 독자들에게 마음속으로 단어를 쓰는 것을 생각하라고 할 때에도 문자 영역이 활성화되었다.[63] 마지막으로, 사람들에게 [dip]과 [tip] 같은 두 개의 발음 사이의 미세한 차이에 집중하도록 요구하였을 때에도 문자상자 영역이 활성화되었는데, 이는 문자 d와 t에 대한 접근이 소리 변별을 돕기 때문일 것이다.[64] 위의 예들이 가진 공통점은 음성에서 문자로 하향적 처리가 요구되었다는 것이다. 그런 경우에 신호는 거꾸로 간다. 평상시에 하는 것과 반대 방향으로 읽기 경로를 통과하여야 한다. 그러나 이런 특별한 경우를 제외하고, 문자상자 영역은 문자에만 반응하고 음성에는 반응하지 않는다.

결국 이 모든 증거는 문자상자 영역이 시각적 분석에 전념한다는 사실을 가리킨다. 문제는 그것이 모든 시각적 대상을 처리하는 다목적인지 아니면 읽기에만 특화된 것인지 하는 것인데, 이에 대한 대답 역시 놀랍다. 뇌는 시각적 작업을 범주들로 나누고, 각 범주는 피질의 서로 다른 영역에서 처리된다. 어떤 영역은 다른 시각 자극보다 문자를 더 선호하며, 이러한 선호는 보편적이어서, 모든 사람에서 동일한 위치에 나타난다. 건물과 풍경의 재인은 뇌의 중앙부에 아주 가까운 영역을 선호한다. 뇌의 양쪽 측면으로 조금 더 나가면, 문자보다는 얼굴을 선호하는 영역이 있다. 더 바깥쪽으로 나가면, 물체나 도구에 반응하는 영역을 발견할 수 있다([그림 2-6]).[65]

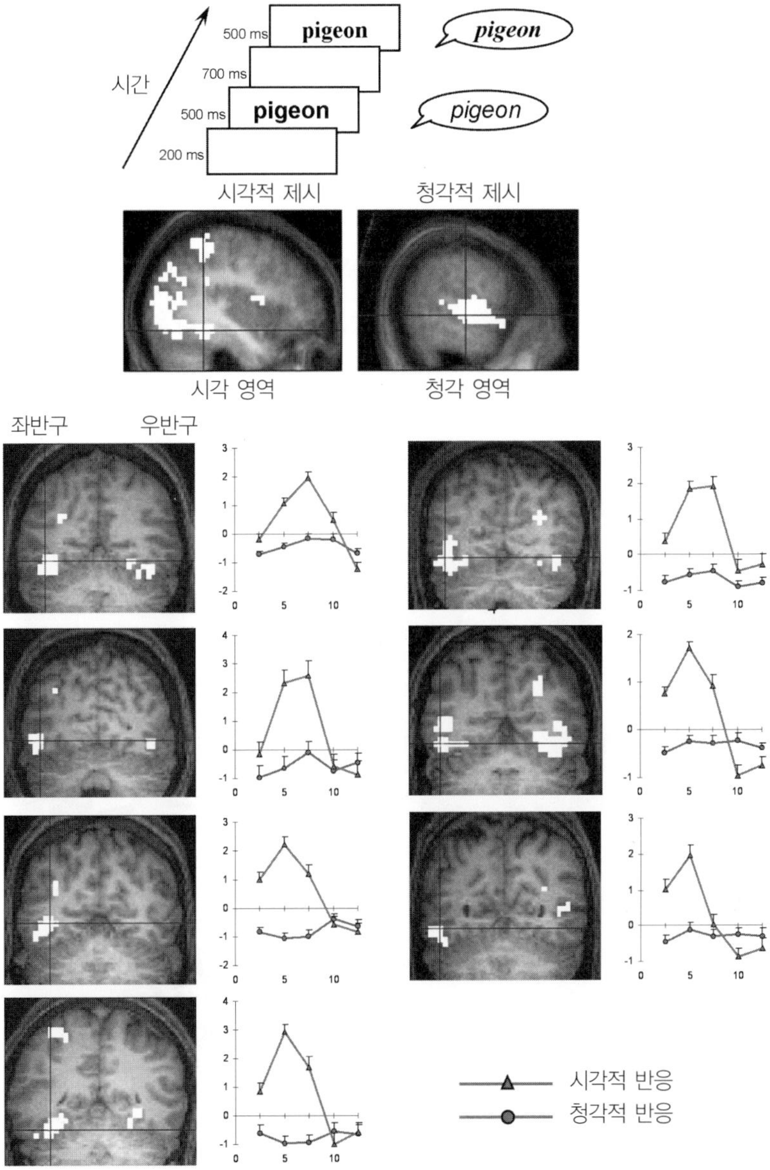

그림 2-5 시각 단어 형태 영역(VWFA)의 활성화는 읽고 쓸 줄 아는 사람에게서 쉽게 관찰될 수 있다. 이 실험에서 참가자들은 한 쌍의 단어를 보거나 듣고, 두 단어가 같은지 다른지 판단했다. 7명의 참가자에서, 문자 단어는 좌반구 후두측두 영역, 즉 '문자상자'를 활성화시켰다. 이 영역은 피질의 주름 패턴이 개인에 따라 차이가 많은데도 불구하고 놀랄 만큼 동일한 곳에 위치하였다. 음성 단어는 이 영역을 활성화시키지 못하였다(Dehaene et al., 2002에서 인용).

신경방사선과 의사인 아이나 푸스(Aina Puce)는, fMRI의 민감도와 높은 공간해상도를 이용하여, 많은 사람의 뇌에서 이러한 시각적 분업을 탐구한 최초의 과학자다. 그녀는 실험참가자들에게 얼굴 또는 'XGFST'와 같은 무의미한 문자열을 보여 주고, 그것을 주의깊게 검토하라고 지시하였다. 모든 경우에 상대적으로 동일한 위치에서 두 개의 작은 전문화된 영역들이 발견되었는데, 얼굴은 방추상회의 아래쪽 피질을 활성화시켰다. 반면에 단어들은 후두측두열에서 방추상회 아래쪽 피질에 바로 인접해 있는, 그렇지만 조금 더 측면에 있는 영역을 흥분시켰다([그림 2-7]).[66] 이것은 놀라운 결과다. 비록 뇌 영역

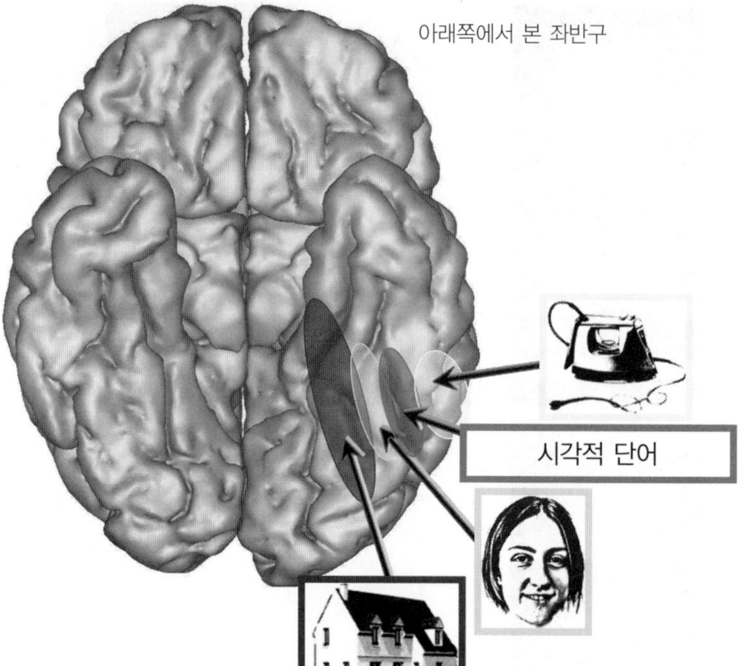

그림 2-6 전문화된 '시각 탐지기'의 배치 구조를 뇌의 아래쪽 면에서 보여 준다. 각각의 피질 영역은 특정 범주의 물체를 선호한다. 선호 패턴은 모든 사람에서 동일한 순서를 나타낸다. 우선 집에서 시작하며, 이어서 얼굴, 단어 그리고 물체 순이다. 읽기가 활성화시키는 영역은 얼굴 영역과 물체 영역 사이에 있다(Ishai et al., 2000; Puce et al., 1996에서 인용).

들이 시각 범주 중 어떤 하나에 전문화되어 있다 하더라도 그러한 분업은 임의적일 가능성이 있고, 따라서 개인에 따라 다르게 나타날 것으로 예상했는데 그렇지 않았던 것이

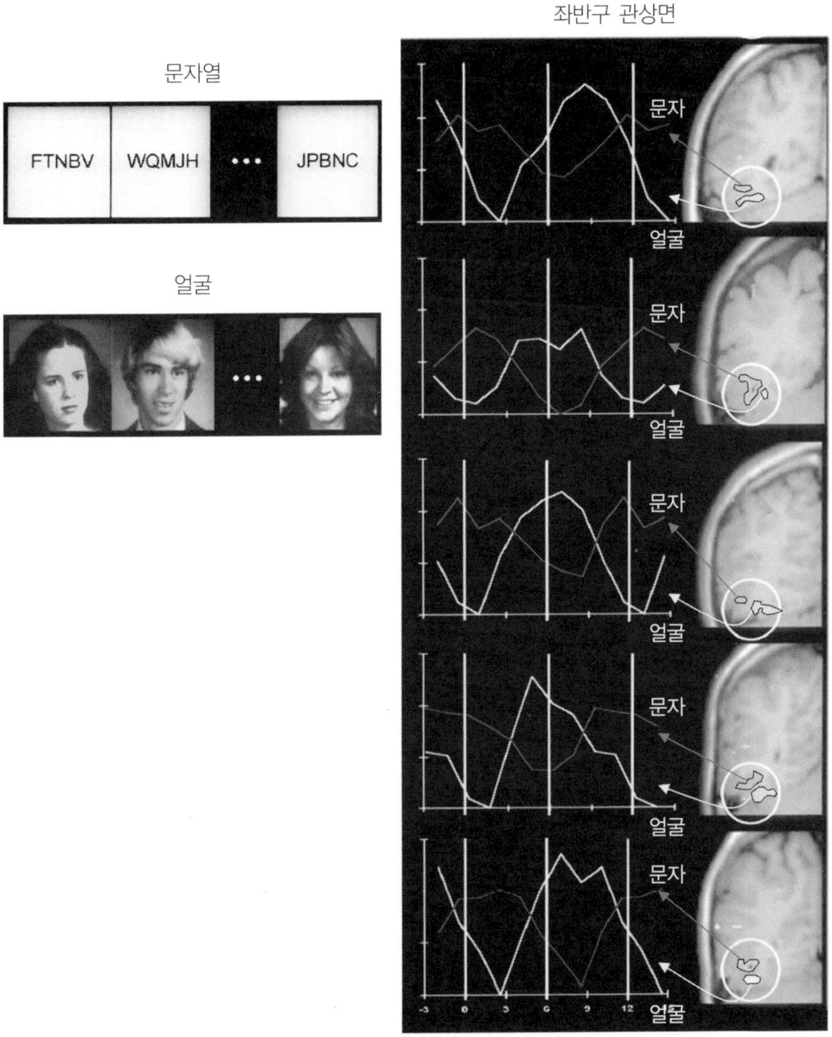

그림 2-7 얼굴과 문자열을 처리하는 시각 피질의 정밀한 구성을 보여 주는 뇌영상. 얼굴과 문자열을 교대로 제시했을 때 좌반구 복측 시각 피질의 서로 다른 영역이 활성화되었다. 영역의 구성은 5명의 실험참가자에서 비슷하게 나타났다. 문자 활성화는 항상 얼굴 활성화보다 더 편측화되어 있다(Puce et al., 1996에서 인용).

다. 읽기 습득은 문자 정보를 뇌의 특정 영역으로 유도하는, 대단히 제약적인 과정인 것 같다.

그러나 시각 피질의 전문화를 지나치게 강조하는 것에 대해서는 신중해야 한다. 현재 fMRI가 제공하는 공간 척도상에서 보면, 시각 피질의 영역들은 특정 범주의 자극을 선호하지만 어떤 하나의 범주에만 반응하지는 않는다. 미국립건강연구소(National Institute of Health)의 짐 핵스비(Jim Haxby)와 동료들이 처음으로 보여 주었던 것처럼, 피질은 분명한 경계선을 가진 별개의 영역들로 명확하게 구분되어 있지 않은 것 같다. 오히려 시각적 선호도는 중첩되어 있다.[67] 따라서 얼굴에 가장 잘 반응하는 대뇌 피질도 단어, 도구 또는 동물과 같은 다른 범주의 물체에 대해 상당한 반응을 보인다. 그러나 우리는 fMRI가 시각화한 기본 입방체, 즉 복셀(voxel)의 크기가 한 면당 2~3mm라는 것을 명심해야 한다. 복셀은 뉴런의 관점에서 보면 대단히 크고, 백만 개 이상의 뉴런을 포함할 수 있다. 당연한 말이지만, 복셀 속의 뉴런들이 모두 같은 선호를 보이지는 않을 것이다. fMRI의 공간해상도가 향상되어 1mm 단위로 피질을 구분할 수 있게 되면 오직 하나의 범주에만 반응하는, 예를 들면 얼굴에만 반응하고 다른 어떤 것에도 반응하지 않는 피질 영역을 발견할 수 있을지도 모른다.[68] 동물을 대상으로 단일 뉴런의 반응을 직접 측정한 연구는, 그런 피질 영역에서 거의 대다수 뉴런이 얼굴을 선호하는 것을 발견하였다.[69]

시각 피질에 대한 이런 연구로부터 부각되는 사실은 특정 범주에 전문화된 뉴런들의 배치도다. 유사한 선호를 가진 뉴런은 같은 곳에 위치하는 경향이 있으며, 어느 정도는 다른 선호를 가진 뉴런과 섞여 있고 부분적으로 선호 영역을 만들기도 한다. 서로 다른 영역이 얼굴, 물체, 숫자, 문자 등을 담당한다. 그런 영역들을 구분하기 위해 과학자들은 '얼굴 영역' 또는 '단어 형태 영역' 등의 명칭을 부여한다. 이런 명칭들은 유용하고 설명적이지만, 실제로 볼 수 있는 것은 얼굴 또는 단어에 대한 정점 반응(peak response)이지 기저에 있는 뉴런이 아니다. 특정 위치에 상당히 규칙적으로 나타나는 정점 반응은 무언가를 말해 준다. 그러나 그 배경에는 읽기 또는 얼굴 재인에 필수적이지만 덜 두드러진 다른 정점들이 있을 수 있다. 결국 각각의 시각적 범주는 양쪽 반구 아래쪽 표면의 복잡한 굴곡 사이 어딘가에 위치하며, 이는 시각적 조직화가 대단히 미묘함을 증거한다.

읽기 속도

피질 위치가 상이한 것 이외에, 단어와 얼굴은 또한 선호하는 반구가 다르다. 단어를 재인할 때는 좌반구가 지배적 역할을 한다. 반면, 얼굴에 대해서는 우반구가 중요하다. 양쪽 반구는 처음에는 동등하게 자극을 수용하지만, 겨우 수십 ms(=밀리세컨드) 후에 단어는 좌반구로 이동하고, 얼굴은 우반구로 이동한다. 이러한 좌우 반구 차이는 읽기의 또 다른 불변적이고 본질적인 특징을 구성한다.

만약 PET와 fMRI에만 의존했다면, 두 반구의 분류 과정 속도를 알아내지 못했을 것이다. 혈류와 산소를 측정하는 두 가지 방법은 뇌 활동의 실시간 영상을 얻기에는 너무 느리다. 대뇌 피질 영역이 활성화된 후 혈류가 증가하기까지는 몇 초가 지나간다. 멀리 떨어진 별이 수십 년 전에 방출한 빛을 바라보는 천문학자들처럼, fMRI는 이미 몇 초 전에 발생한 뇌 활동을 보여 줄 뿐이다. 그러한 지연과 은폐는 뇌 활동의 관찰을 심각하게 제한한다.

다행히 뇌전도(electroencephalography: EEG)와 뇌자도(magnetoencephalography: MEG)를 이용하여 실시간으로 뇌 활동을 관찰할 수 있다. 이 방법들은 뇌 속의 신경활동이 전기적 · 자기적 반응을 산출하고, 멀리 떨어진 곳에서도 즉시 탐지될 수 있다는 원리를 이용한다. 뉴런은 축삭(axon) 덕분에 수천 개의 다른 뉴런으로부터 전기 신호를 수집할 수 있다. 대뇌 피질의 표면과 수직을 이루는 대형 속에 배열된 많은 뉴런이 동시에 전기적 입력을 받으면, 거기서 발생하는 전류 총량은 두개골 외부에서 측정될 만큼 크다. 이것을 측정한 것을 뇌전도 또는 줄여서 EEG라고 한다.

뇌전도(EEG)의 기본 아이디어는 오래되었는데, 1924년 한스 버거(Hans Berger)에 의해 최초로 인간 뇌에 적용되었다. 그것은 신경 전류에 의해 두피 표면에 만들어진 전압차를 측정하기 위해 전압계를 사용하는 것이다. 이런 전압은 백만 분의 1볼트의 범위로 매우 미약하기 때문에, 민감한 증폭기가 필요하다. 1968년 MIT의 데이비드 코언(David Cohen)과 동료들은 뇌자도 또는 MEG로 불리는 또 다른 더 정교한 방식을 개발했다. 이 기술은 신경전류에 의해 만들어진 자기장(magnetic field)의 아주 미미한 변화도 탐지한다. 뇌의 '자기 신호(magnetic signal)'는 매우 약하다. 신호 크기는 불과 2~3펨토테슬러(femtotesla)이며, 지구 자기장의 10억 분의 1 정도이므로, 측정을 위해서는 특히 민감한 방법이 필요하다. MEG는 비싼 기술이지만, 공간 정밀도는 EEG를 능가하며, 실시간 뇌 활동의 영상화를 위해 엄청난 가치가 있다.

EEG와 MEG 둘 다 탁월한 시간 해상도를 허용하는데, 뇌의 전자기 신호를 측정 센서로 전달하는 속도가 거의 순식간이기 때문이다. 따라서 활동 중인 뇌의 일련의 스냅사진을 얻을 수 있다. 이런 방법으로 글 읽는 뇌를 촬영한 결과, 뇌가 시각적 이미지를 분류하는 속도가 놀랍도록 빠르다는 것이 드러났다. 헬싱키 대학의 안티 타르키아이넨(Antti Tarkiainen)과 동료들은 단어와 얼굴을 볼 때 뇌 자기 활동을 측정하기 위해 MEG를 사용했다([그림 2-8]).[70] 그 결과, 피질에서의 시각 처리에 두 단계가 있다는 것을 밝혀냈다. 첫 번째 단계는, 이미지가 망막에 처음 투사되고 약 100ms 뒤에 관찰되는데, 두 유형의 이미지는 분리되지 않는다. 단어와 얼굴은 머리 뒤쪽에 있는 후두극의 동일한 영역을 활성화시킨다. 이 영역들은 일차적 분석을 수행하며, 아마도 입력 이미지로부터 몇 가지 기본적인 직선, 곡선, 표면 등을 추출한다. 이 단계에서 뇌는 자극 유형을 재인하지 못한다. 그러나 다시 50ms 후에는 입력 이미지의 분류가 시작된다. 단어는 이제 좌반구에서 강한 반응을 일으킨다. 얼굴에 대해서는 정반대다. 얼굴에 대한 '자기포텐셜(magnetic potential)'은 우반구에서 더 우세하다.

EEG도 이런 초기 시각 사건들을 쉽게 기록한다. 그것들은 대략 170ms 이내에 후두부에 갑작스러운 부적 전압으로 나타난다. 단어에 대한 EEG의 진폭은 우반구보다 좌반구에서 훨씬 더 크다. 이런 전자파가 대뇌 피질의 어느 지점에서 비롯되었는지를 컴퓨터로 재구성해 보면, 후두측두열(occipito-temporal fissure)의 후방이 나타난다. 이곳은 바로 문자상자 영역이며, fMRI에 의해 발견된 곳이다. 이런 영상화 기술은 문자상자 영역이 시각적 단어 재인에서 아주 빠르고 독특한 역할을 담당한다는 믿음을 재확인시켜 준다. 일단 시각 처리에서 처음 두세 단계가 일어난 후에는 전문화된 시스템이 활동하기 시작한다. 아마도 읽기와 얼굴 재인은 시각 체계에 대해 서로 완전히 다른 요구를 하기 때문에, 일반적 이미지 처리 알고리즘을 가지고는 그 요구를 만족시킬 수 없을 것이다.

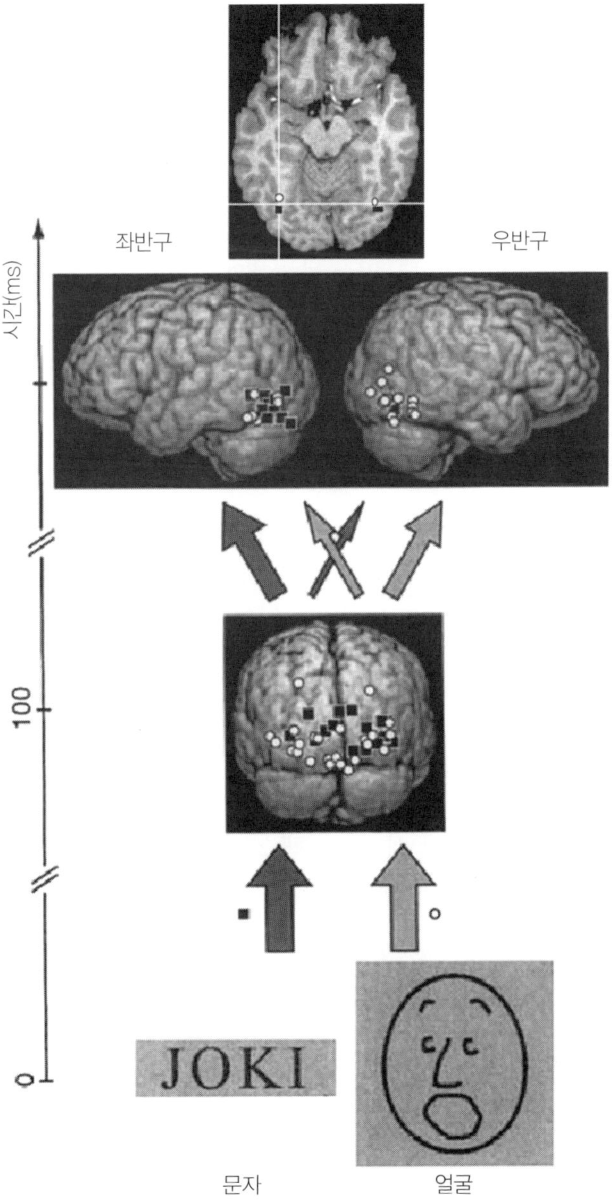

그림 2-8 뇌자도(MEG) 검사는 얼굴과 문자열을 재인하는 동안 뇌 활동의 시간적 변화를 1/1000초 단위로 추적할 수 있는 기술이다. 우선 자극 개시 후 약 100ms까지 얼굴과 문자열은 매우 비슷한 패턴의 후두부 활성화를 일으킨다. 그러나 150ms 경과 후에는, 문자열은 좌반구에 있는 '문자상자'로 보내지고 얼굴은 우반구의 동일 위치로 보내진다(Tarkiainen, Cornelissen, & Salmelin, 2002에서 인용).

뇌 속의 전극

두개골 외부에서 뇌 활동을 측정하는 것은 그리 나쁘지 않지만, 신경과학자의 꿈은 인간의 뇌 자체를 파고들어가 조사하는 것이다. 그런 조사가 윤리적으로 가능할까? 상당히 침습적(invasive) 기술이 존재하는데, 이는 뇌 표면에 전극을 직접 부착하여 읽기 영역을 조사하는 특별한 기회를 제공한다. 이런 방법은 전극(electrode)을 직접 피질에 접촉시키거나 심지어 뇌 조직 깊숙이 삽입한다. 물론 특별한 환자에게만 사용될 수 있다. 분명한 임상적 사유 없이는 시행될 수 없고, 환자의 사전 동의를 필요로 한다. 주목적은 간질(epilepsy)을 파악하는 것이다. 어떤 환자들은 잦은 발작을 일으키고, 간질 치료 약물에도 반응하지 않는다. 그들을 구원해 줄 유일한 희망은 발작의 원인이 되는 손상 부위를 제거하는 수술이고, 대부분의 경우 수술을 하고 나면 간질 발작에서 해방된다. 그러나 제거될 영역은 신중하게 선택되어야 한다. 수술의 어려움은, 손상 조직을 완전히 제거하되 인접해 있는 건강한 조직은 절대로 건드려서는 안 된다는 데 있다. 자칫 파국적 결과를 가져올 수 있기 때문이다.

간질 수술의 성공은 발작을 일으키는 뇌 영역을 정확히 찾는 데 달려 있다. 수술 전 1~2주 동안 간질 부위의 정확한 식별을 위해 20~30개의 전극을 의심 부위에 삽입한다. 전극이 피질과 직접 닿아 있기 때문에 전기 신호를 정확하게 모니터링 할 수 있다. 현대의 간질 병원에서는 환자 뇌를 밤낮으로 촬영하면서, 뇌의 전기 신호를 계속하여 디지털화한다. 따라서 발작 개시를 나타내는 미약한 전기 신호를 재구성할 수 있고, 신호가 시작된 부위를 역추적할 수도 있다. 발작과 발작 사이에 전극들은 정상 부위에서 발생하는 신호를 기록한다. 환자의 동의와 협조하에 이러한 신호를 분석하면, 뇌가 단어나 얼굴과 같은 외부적 입력에 어떻게 반응하는지 정밀하게 연구할 수 있다.

1990년대에 예일 대학교의 신경학자 트루엣 앨리슨(Truett Allison), 그레고리 맥카시(Gregory McCarthy)와 동료들은 100명이 넘는 환자로부터 뇌내 전기 신호를 기록하는 인상적인 연구를 시작하였다.[71] 그들의 외과적 기법은 많은 전극으로 측두엽과 후두엽을 뒤덮고, 전극을 뇌 보호막(뇌경막) 아래에 두어 대뇌 피질과 직접 접촉시켰다([그림 2-9]).

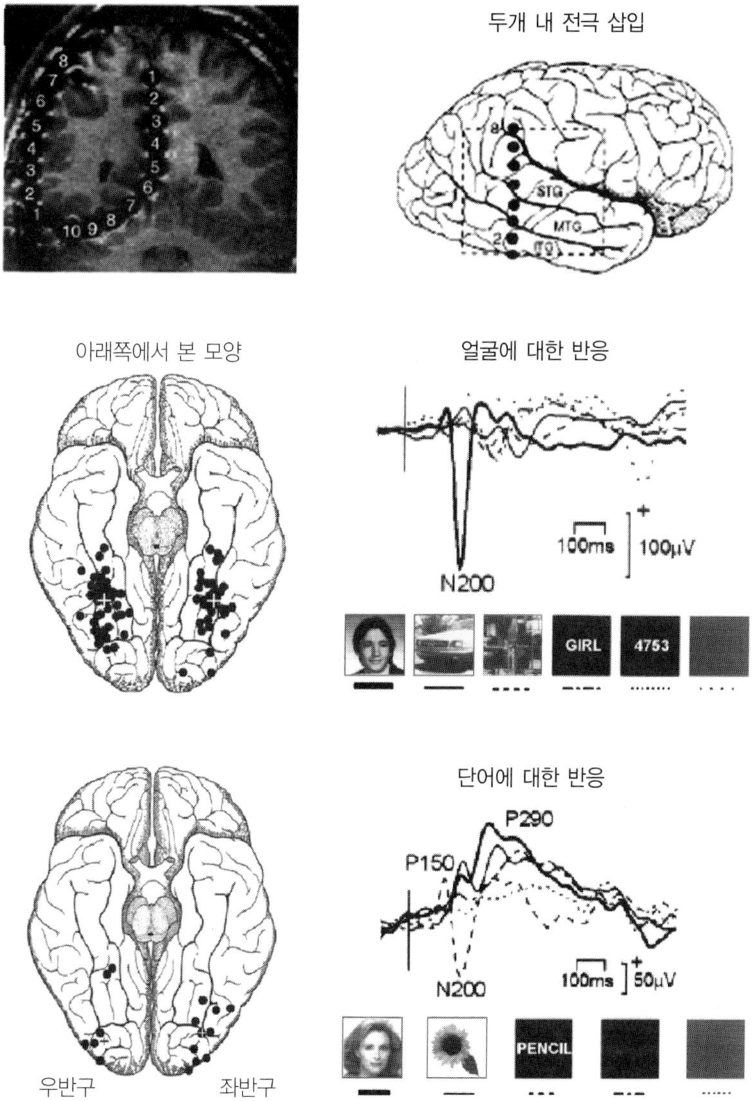

그림 2-9 간질 환자의 피질 표면에 전극이 직접 부착되었으며, 전극들은 시간적으로 또 공간적으로 아주 정밀하게 뇌의 전문화를 포착할 수 있었다. 어떤 전극 위치에서는 특정 범주 이미지가 나타났을 때 150~200ms 사이에서 전기 신호의 갑작스러운 변화가 나타났다. 어떤 영역은 얼굴을 선호했고, 다른 영역은 문자를 선호했다. 여러 명의 환자에서 얻은 데이터를 해부학적 표준 공간에 위치시켰을 때 얼굴은 우반구를 선호하는 것으로, 단어는 좌반구를 선호하는 것으로 나타났다(Allison et al., 1999에서 인용).

전극은 5~10mm 간격으로 배치되었다. 이런 기법은 읽기의 연속적 단계를 들여다볼 수 있는 창문을 제공하였고, 시각 체계의 속도가 믿을 수 없을 만큼 빠름을 재확인시켜 주었다. 망막에 상이 맺히고 약 180ms 뒤에, 커다란 진폭의 부적(-) 파형이 후두엽과 측두엽 복측에 심어진 전극들에 나타났다. 예상대로, 그런 신호는 단어의 경우에는 좌반구에서, 얼굴의 경우에는 우반구에서 발견되었다.

이 연구에서 불가사의했던 것은 극단적 공간 선택성이었다. 어떤 전극은 단어에 대해서 굉장히 큰 반응을 나타내는데, 거기에서 겨우 몇 mm 떨어진 다른 전극은 전혀 반응을 보이지 않는 경우가 흔하였다. 더 놀라운 것은, 어떤 전극이 단어에는 격렬하게 반응하였지만 얼굴, 사물, 무의미 형태 등 다른 범주에 대해서는 전혀 반응을 보이지 않았다는 것이다. 이러한 관찰은 '미시적 영역(microterritory)'의 존재를 지지하며, 단어에만 반응하는 영역도 그중 하나다.

요약하자면, 두개골 내부의 직접 기록으로부터 얻은 증거는 다른 데이터와 일치한다. 즉, 미스터 C와 같은 환자, PET, fMRI 또는 MEG 등 영상화 기법에서 얻은 데이터가 모두 그것과 일치한다. 모든 사람의 복측 피질에서 시각적 재인 장치들의 체계적 배치를 볼 수 있으며, 각 장치는 서로 다른 범주의 이미지에 전문화되어 있고, 누구에게나 항상 동일한 배치를 나타낸다. 특히 문자상자 영역은 얼굴과 사물에 반응하는 다른 영역들 사이에 끼여 있다. 시각적 뇌의 이러한 체계적 구획에는 설명이 필요하다.

얼굴의 경우에는 MIT의 인지신경과학 교수 낸시 캔위셔(Nancy Kanwisher)의 '단순 진화 가설'이 독보적이다. 사회생활이 매우 발달한 영장류의 경우, 얼굴 재인에 특화된 피질 영역이 오랜 기간에 걸쳐 진화해 왔다는 것이다.[72] 이런 다윈적 접근은 얼굴에 대해서는 그럴듯하지만 문자와 단어에 할당된 피질 영역의 존재를 설명하지는 못한다. 그렇다면 영장류의 뇌로 하여금 문자 발명을 예상하고 문자 언어에 반응하는 특정 영역을 준비하도록 한 것은 무엇일까?

이 역설에 대한 해답을 시도하기 전에 문자상자 영역이 실제로 하는 일이 무엇인지 좀 더 살펴볼 필요가 있다. 이 영역의 활동은 정말로 단어에 대한 전문화를 반영할까, 아니면 단순히 문자를 구성하는 직선과 곡선에 대한 일반적 반응일까? 단어와 얼굴의 단순 비교로는 이 문제를 풀 수 없다. 필요한 것은, 뇌가 어떻게 '불변적 단어 재인'의 문제를 푸는지에 대한 더 면밀한 조사다.

위치 불변성

앞에서 언급한 바와 같이, 시각 체계의 공간 불변성 능력은 인상적이다. 능숙한 독자는 단어가 어디에 위치하든 단어를 재인할 수 있다(물론 단어가 망막의 제한된 해상도를 벗어나지 않는다는 가정하에서의 이야기다). 그렇다면 문자상자 영역이 이러한 지각 불변성(perceptual invariance)을 책임지고 있는가? 나는 로랑 코헨과 함께 수행한 실험에서 그렇다는 결론을 얻었다.[73] 우리는 실험참가자에게 화면의 작은 십자 모양(=응시점)을 계속하여 바라보게 하고, 십자 지점의 왼쪽 또는 오른쪽에 나타나는 단어를 묵독하도록 요구했다. 잘 알려진 바와 같이, 망막은 뇌에 시각 정보를 교차 전송한다. 즉, 화면 왼쪽에 나타나는 단어는 망막 오른쪽에 투사되고 우반구 시각 중추로 전송된다. 마찬가지로, 화면 오른쪽에 제시된 단어는 좌반구로 전달된다. 뇌영상은 우리의 실험이 입력 정보를 한 쪽 또는 다른 쪽 반구로 분리하는 것을 확인시켜 주었다. fMRI는 후두 영역, 특히 V4로 알려진 영역에서 활성화가 나타나며, 단어가 제시된 쪽과 반대쪽의 뇌에 나타나는 것을 보여 주었다. 이 결과는 뇌전도(EEG)로도 확인되었다. 자극 제시 후 약 160ms 동안 뇌 전위는 단어 자극이 제시된 시야와 반대편의 두피에 국한되어 나타났다([그림 2-10]).

그리고 그 시점에서 뇌 활동의 방향은 급격하게 바뀌었다. 40ms 경과 후 모든 활성화는 좌반구에 국한되었으며, 가장 커다란 변화는 응시점 왼쪽에 제시된 단어들에 대해 나타났다. 이 단어들의 경우, 최초 처리는 우반구에서 이루어지지만 급격히 좌반구로 전송되고, 약 200ms 동안에 응시점 오른쪽에 제시된 단어들처럼 처리되었다.

fMRI는 시각 정보가 한쪽 반구에서 다른 쪽 반구로 전송되는 지점을 정확하게 찾아내는 것을 도와주었다. 우리는 망막의 왼쪽 절반과 오른쪽 절반에서 온 신호들이 후두측두 영역에 수렴한다는 것을 발견하였다. 이 영역은 문자상자이며 읽기에 장애가 있는 환자들은 이곳에 손상이 있다. 이 영역은, 단어가 중심와 왼쪽에 제시되든 오른쪽에 제시되든 관계없이, 동일한 공간 윤곽과 강도를 가지고 활성화된다. 달리 말하면, 공간 불변성

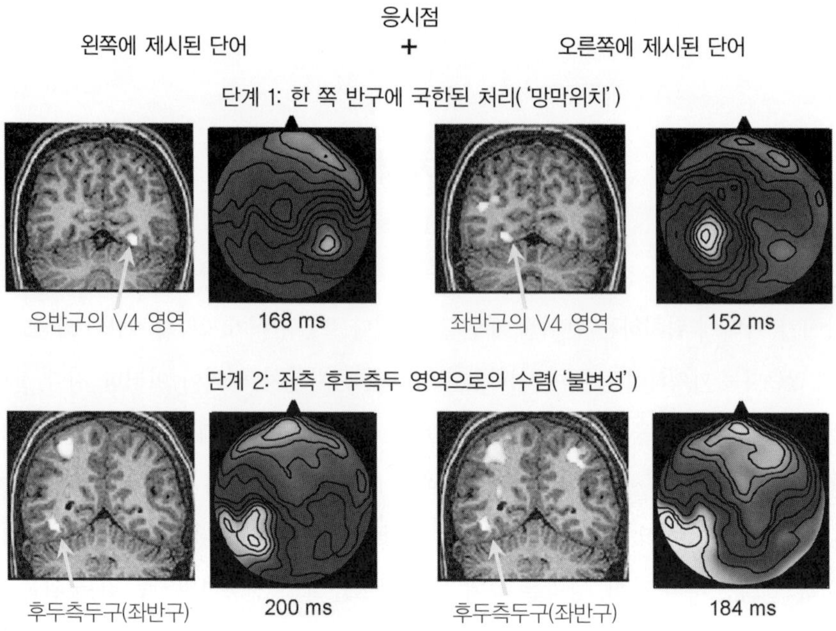

그림 2-10 단어는 망막 어느 곳에 나타나든 상관없이, 좌반구 후두측두 피질에 있는 '문자상자'로 보내진다. 이 실험에서 참가자들이 화면 중앙의 응시점을 바라보는 동안 단어가 응시점의 왼쪽 또는 오른쪽에 제시되었다. 단어가 제시되고 나서 150~170ms 경과 후에, 첫 번째 부적 파형이 단어 위치와 반대쪽 반구에 나타났다. 그것은 뇌 뒤쪽에 위치한 V4라고 불리는 시각 영역의 활성화를 반영한다. 이 단계에서 시각 정보는 한쪽 반구에 국한된다. 그러나 180~200ms가 경과하면 두 번째 부적 파형이 좌반구에 나타난다. 자극 단어가 어느 쪽에 제시되든 관계가 없다. MRI는 활성화가 좌반구 시각 체계로 수렴하는 것을 보여 준다(Cohen et al., 2000에서 인용).

은 문자상자 영역에서 비로소 나타난다. 다른 실험들도 '문자상자'가 문자 단어의 반복—동일 단어가 처음에는 화면의 한쪽에, 그다음에는 반대쪽에 나타나는 경우—을 알아채는 최초 영역임을 확인시켜 주었다. 이것은 공간 불변성을 보여 주는 좋은 예다.[74]

불변성을 성취하기 위해서는, 좌반구는 물론 우반구에 들어온 정보도 적당한 시점에 좌반구로 전송되어야 한다. 이것은 우반구 시각 영역에서 좌반구 문자상자 영역으로 향하는 신경 연결에 의해 이루어진다. 이 연결은 거의 대부분 뇌량을 통과한다. 뇌량은 두 반구를 이어 주는 신경 섬유들의 거대한 다발이다. 이런 구조는 상당히 이상한 예측을 하게 한다. 즉, 부상이나 뇌졸중으로 뇌량을 통한 전송이 손상되면 읽기장애가 나타나며, 장애는 시야의 왼쪽 절반에만 국한된다는 것이다. 시야 왼쪽에 제시된 단어는 우반구 시각 영역을 계속해서 활성화시키지만, 단어 정보는 좌반구 언어 영역으로 넘어갈 수가 없다. 그것은 우반구에 고립된 채로 남아 있다. 따라서 환자는 화면 양쪽의 단어를 보지만 왼쪽에 제시된 단어는 읽을 수 없다.

'반측 실독증(hemi-dyslexia)'이라고 부르는 이런 기이한 증상은 로랑 코헨과 내가 상상해 낸 것이 아니다. 우리는 이런 증상을 뇌량 뒤쪽이 손상된 두 명의 환자에서 관찰했다.[75] [그림 2-11]은 그중 한 명(환자 AC)의 뇌 활동을 fMRI를 이용하여 측정한 것이다. 단어가 화면 오른쪽에 나타났을 때, 환자는 그것을 쉽게 읽을 수 있었다. 그러나 단어가 왼쪽에 나타났을 때, 갑자기 읽는 것이 매우 힘들어졌다. 그는 단어가 아닌 어떤 불분명한 모양을 보았으며, 그렇게 하는 데도 2초 이상이 걸렸다. 실제로, MRI는 왼쪽 시야의 단어가 문자상자 영역을 활성화시키지 않는 것을 보여 주었다. 대신에 왼쪽 시야의 단어는 전두엽 피질과 같이 전혀 다른 영역에서 강화된 활동을 유도했으며, 짐작컨대 올바른 단어를 탐색하기 위한 AC의 노력을 반영한다.

요약하면, AC는 읽기에 핵심적인 해부학적 통로를 상실했다. 뇌량을 통과하는 이 경로는 우반구로 들어오는 문자가 좌반구 문자상자 영역으로 이동하는 것을 도와준다. 그러나 이 통로는 험하며 대가를 지불해야 한다. 시선의 오른쪽에 주어지는 문자는 분명한 이점이 있다. 그것들은 좌반구로 곧바로 들어가며 문자상자 영역에 도달하기 위해 뇌량을 이동할 필요가 전혀 없다. 그러나 시선 왼쪽에 주어지는 문자는 먼저 우반구에 도달하며, 몇 센티미터나 되는 뇌량 다발을 통과하여 반대편 반구로 건너가야 한다. 그 결과로 심지어 정상 독자에서도, 단어가 시선 오른쪽에 있을 때보다 왼쪽에 있을 때 읽기가 약간 더 느리고 오류가 더 많이 발생한다. 전달 경로의 길이 증가, 그리고 가장 결정적으로는 뇌량을 통해 전송되는 정보 흐름의 지연이 단어를 인지하는 데 큰 부담이 된다. 따라서 뇌에서 위치 불변성은 불완전하다. 망막의 모든 영역에서 읽기 효율이 동일하지 않고, AC의 경우처럼 시야 오른쪽의 단어들이 더 유리하다.[76]

'확산적 자기 공명(diffusion magnetic resonance)' 촬영법으로 불리는 또 다른 기법은 AC의 읽기 능력에 큰 혼란을 주었던 손상된 신경 섬유를 보여 준다. 우리는 이 방법과 유사한 '자기공명 단층 촬영법'을 사용했다. 그것은 살아 있는 사람의 뇌 내 신경 섬유

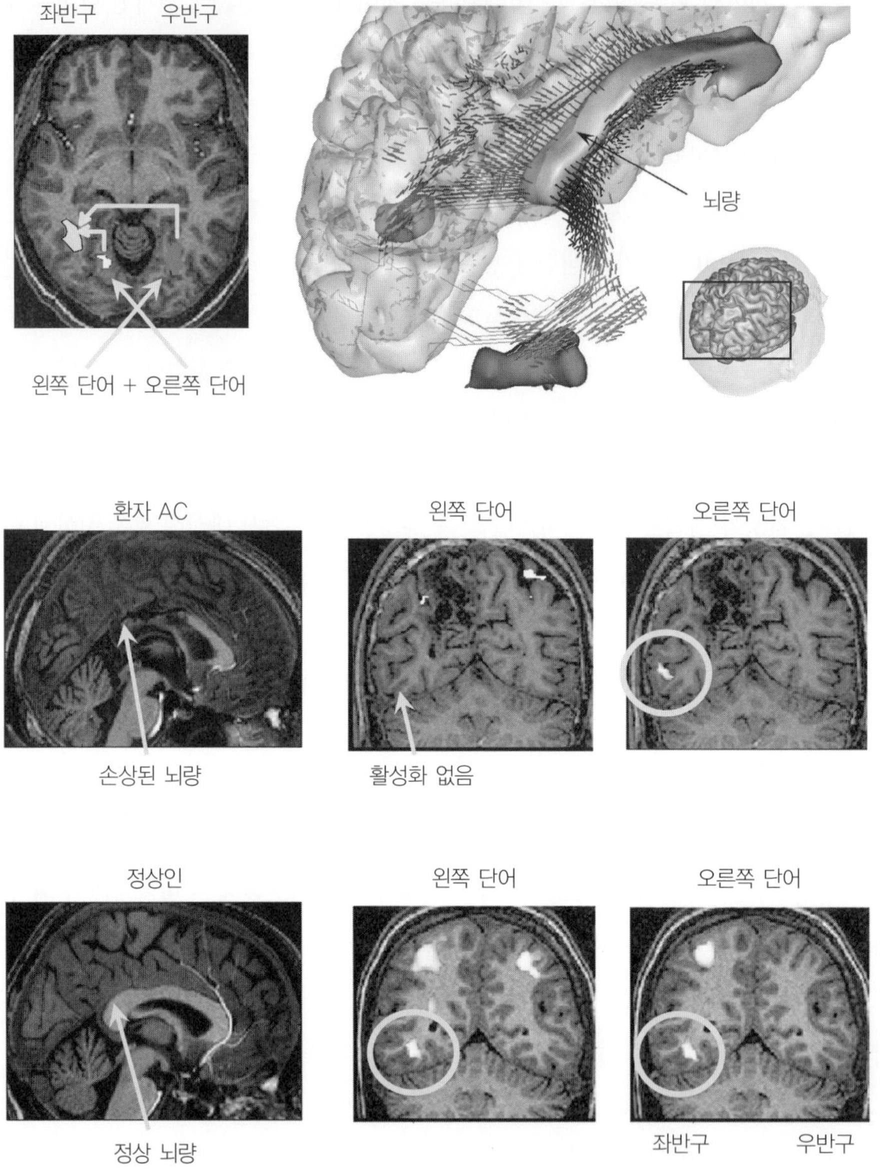

그림 2-11 시각 불변성(visual invariance)은 부분적으로 뇌량, 즉 두 대뇌 반구를 연결하는 거대한 섬유 다발에 의존한다. 예를 들어, 단어가 응시점의 왼쪽에 제시되면, 처음에는 우반구 시각 영역에서 처리되고, 이어서 좌반구로 전송된다. 일련의 섬유들이 뇌량을 통과하여 두 영역을 이어 주는 것을 확산적 MRI가 보여 준다(오른쪽 위). 환자들 중 한 명(AC)은 이 섬유 영역이 손상되었다. 그 결과로 반구 간의 전송은 방해를 받았고 응시점 왼쪽에 나타나는 단어를 읽을 수 없었다(Molko et al., 2002에서 인용).

의 연결 방향을 측정할 수 있다. 다음과 같은 방법으로 작동한다. 모두가 알고 있듯이, 물 분자는 무선적 '브라운 운동' 을 한다. 뜨거운 한 잔의 커피 안에서 브라운 운동은 한 방울의 우유가 녹아서 전체로 퍼지게 만들어 준다. 우리 몸에서 물 분자는 천천히 움직인다. 자기공명 기술은 이 확산을 측정하게 해 준다. 대략을 말하면, 그것은 뇌를 반대 방향으로 두 번 '자화(magnetize)'하는 것으로 구성된다. 움직임이 없는 분자는 자화가 상쇄되고 '순수 효과(net effect)'는 0이 된다. 그러나 움직이는 분자는 측정 가능한 신호를 만들어 내며, 신호는 측정된 방향으로의 운동량에 비례한다.

확산이 서로 다른 많은 방향에서 측정될 때 무슨 일이 일어날까? 액체에서는 그것이 중요하지 않다. 커피 안의 우유 한 방울은 모든 방향으로 똑같이 빨리 분산된다. 그러나 생물학적 조직에서는 세포막이 운동을 제한한다. 특히 뇌 백질은 대부분 튜브처럼 작동하는 신경 섬유의 큰 다발로 구성되어 있다. 물 분자는 신경 섬유의 주축을 따라 자유롭게 움직일 수 있지만 횡단 방향으로는 쉽게 움직일 수 없다. 뇌의 각 지점에서, 수분의 최대 확산 방향은 주요 신경 섬유의 축을 가리키는 화살표와 같다. 만약 모든 작은 화살표를 강력한 추적 소프트웨어를 이용하여 연결한다면, 신경 섬유의 3D 이미지를 얻을 수 있을 것이다. 이 기술은 매우 느린 셔터로 자동차의 미등을 촬영하여 고속도로의 방향을 알아내는 것에 비유할 수 있다. 미등은 항상 도로가 향하고 있는 방향을 가리킨다.

'확산적 MRI' 는 뇌 속의 연결회로에 대해 최상의 정보를 제공하며, 이를 통해 수집된 증거는 아주 새로운 것들이다. 확산적 MRI가 발명되기 전에는, 뇌를 해부하여도 연결회로를 추적하기가 어려웠다. 사실, 지금 우리의 뇌지도는 백 년 전 데저린까지 거슬러 올라간다. 그는 해부를 잘했으며, 부검을 통하여 필요한 정보를 얻어 낼 만큼 인내심이 강했다.

AC의 뇌를 촬영한 '확산적 영상' 에는 분명하게 이상 증후가 나타났다.[77] 뇌량의 뒤쪽, 그리고 주변의 커다란 백질은 수분 확산의 표준 방향성을 나타내지 않았다. 신호는 방향 선택성을 상실했다. 두 반구를 연결하는 섬유는 명백하게 손상되었고, 물 분자는 아주 자유롭게 확산되고 있었다. 이러한 비정상적 확산은, 표준 MRI에서 정상으로 나타난 영역에서도 손상된 신경 섬유를 찾아내게 해 주었다. 우리는 그 후 정상적 뇌에서의 경로를 지도로 그렸으며, AC의 손상된 섬유 다발을 보여 주는 영상을 얻을 수 있었다([그림 2-

11]). 예상했던 것처럼, 손상은 우반구 후두 피질의 시각 영역에서 좌반구 문자상자 주변까지 진행되었고, AC가 시선 왼쪽의 단어를 읽지 못하는 이유를 설명해 주었다.[78]

이상의 모든 예는 현대 뇌영상화 기술의 위력을 입증한다. 실험실에서 우리는 뇌의 해부학적 구조뿐만 아니라 특정 부위의 활동, 시간 경과에 따른 변화, 각 부위를 연결하는 신경 섬유의 방향 등을 일상적으로 시각화한다. 확산적 MRI는 임상신경학(clinical neurology)에서 필수적 도구가 되었다. 그것은 뇌졸중을 진단하거나 다발성 경화증 같은 수많은 백질 병리를 진단하는 데 쓰인다. 그러나 그것이 제공하는 정보는 엄밀히 말해서 해부학적이다. 우리는 연결을 볼 수 있게 되었지만, 뇌영상은 그것이 어떻게 그리고 언제 쓰이는지에 대해 아무것도 알려 주지 않는다. 그러나 이러한 상황이 오래 가지는 않을 것이다. 새롭고 유망한 연구들은, 뇌 활동에 관한 정보 역시 확산적 신호 속에 존재한다고 지적한다.[79] 이 분야의 연구는 꾸준히 커다란 진전을 이루어 왔으며, 매년 새로운 발견이 기대되고 있다. 우리는 뇌영상화 기술의 진보가 가까운 미래에 어떤 개인에 대해서건 뇌의 읽기 회로를 몇 분 내에 그려 줄 것으로 낙관한다.

역하 읽기

앞에서 보았듯이, 문자상자 영역은 단어 위치에 상관없이 단어를 재인한다. 읽기에서 문자상자는 단어 위치가 중요하지 않은 최초의 영역이다. 그러나 공간적 위치에 대한 이러한 불변성은 효율적 단어 재인의 기본 속성 중 하나일 뿐이다. 문자 모양은 광범위하게 변할 수 있다. 능숙한 독자는 'A'와 'a'가 활자체는 다르지만 동일한 문자라는 것을 재인할 수 있다. 또한 대문자와 소문자의 혼합(가령 MiXtUrE oF uPpEr-aNd LoWeRcAsE LeTtErS)이 단어 의미를 바꾸지 않는다는 것도 알고 있다. 우리 스스로에게 물어봐야 할 것은 '활자체 불변성(case invariance)'이 어떻게 뇌에 구현되어 있는가 하는 것이다. '공간 불변성(spatial invariance)'과 동일한 영역에 구현되어 있을까? 두 가지 불변성은 동시에 처리되는가? 아니면 일련의 순차적 조작이 필요하고 각각은 서로 다른 피질 메커니즘에 의존하는가?

이 문제를 다루기 위해서, 태드 폴크(Thad Polk)와 마사 파라(Martha Farah)는 간단한 실험을 했다.[80] 그들은 fMRI를 사용하여 실험참가자들이 'HoTeL' 처럼 활자체가 혼합된 단어를 읽는 동안 뇌 활동을 측정했다. 혼합 활자체 자극은 친숙하지 않음에도 불구하고, 대/소문자 중 한 가지로만 된 단어와 동일한 정도의 뇌 활동을 유도했다. 특히 문자상자 영역의 뇌 활동 패턴은, 'ElEpHaNt' 처럼 이상한 자극이 주어졌을 때도, 전혀 달라지지 않았다. 이를 바탕으로 폴크와 파라는 문자상자 영역이 문자나 단어의 추상적 표상을 저장하며, 뉴런들은 더 이상 활자체의 차이에 주목하지 않는다고 주장하였다.

그러나 이 결과가 최종적 결론은 분명히 아니다. 뇌영상의 공간 해상도가 상당히 떨어지기 때문에, 동일한 뉴런들이 'HoTeL' 'HOTEL' 'hotel' 에 대해서 반응한 것인지 알 수가 없다. 서로 다른 뉴런들이 처리하여도 전체 활동량은 똑같을 수 있다. 따라서 활성화의 단순한 중첩은 활자체 불변성이 문자상자 영역에서 이루어진다는 증거가 못된다.

이 문제를 풀기 위해서는, 연달아 주어지는 단어쌍에 대한 뇌 반응을 측정하는 세련된 기술이 필요하다.[81] 매 시행마다, 참가자들은 매우 짧은 간격으로 연달아 두 개의 단어를 본다. 두 단어는 대문자와 소문자의 차이만 있을 뿐 동일한 단어인 경우('HOTEL' 에 뒤이은 'hotel')와, 활자체와 단어가 모두 다른 경우('HOTEL' 에 뒤이은 'radio')가 있었다. 우리는 동물 실험으로부터 뉴런이 반복 자극에 매우 민감하다는 것을 알고 있다. 뉴런은 반복되는 자극에 빨리 적응하며, 두 번째 자극에 대해서는 반응이 약해진다. 반면에 새로운 자극이 제시될 때에는 높은 수준의 반응이 다시 나타난다. MRI 신호가 이런 방식으로 순응하거나 반등할 때, 그것은 간접적으로 특정 영역의 뉴런이 자극의 반복이나 새로운 변화를 발견한다는 것을 알려 준다. 자극 모양을 변화시켜서 우리는 문자상자 영역이 무엇을 반복으로 간주하는지 알아볼 수 있다. 예를 들어, 문자상자는 'hotel' 과 'HOTEL' 을 두 개의 서로 다른 모양으로 취급하는지, 아니면 동일한 단어로 취급하는지 조사할 수 있다.

마지막으로, 이 절차에 한 가지를 덧붙였다. 이상적으로, 참가자들은 단어가 다시 나타나는 것을 몰라야 한다. 만약 단어가 반복된다는 것을 알면 주의 수준이 떨어진다. 주의 저하는 MRI 신호의 약화를 유발하고, 그것은 주의와 관계된 뇌 영역에 확산될 것이다. 그렇게 되면 MRI 신호가 문자상자 특유의 국소적 · 지각적 불변성을 반영하는지, 아니면 단순히 전체적 주의 수준의 변화를 반영하는지 더 이상 구별할 수 없게 된다.

이 방법을 이용한 실험에서, 나는 반복되는 단어의 의식적 처리를 막기 위해 노력하였다. 각 단어쌍의 첫 번째 단어는 매우 짧게 겨우 29ms 동안만 제시되었다. 이것은 영화의 한 프레임보다 더 짧은 시간으로 '역하 지각(subliminal perception)' 연구의 표준 조건에 상응한다. 첫 번째 단어는 앞뒤로 두 개의 '차폐 자극(mask)' 사이에 끼어 있기 때문에 눈에 보이지 않았다. '차폐 자극'은 기하학적 무늬를 무작위로 배열한 것이었다. 처

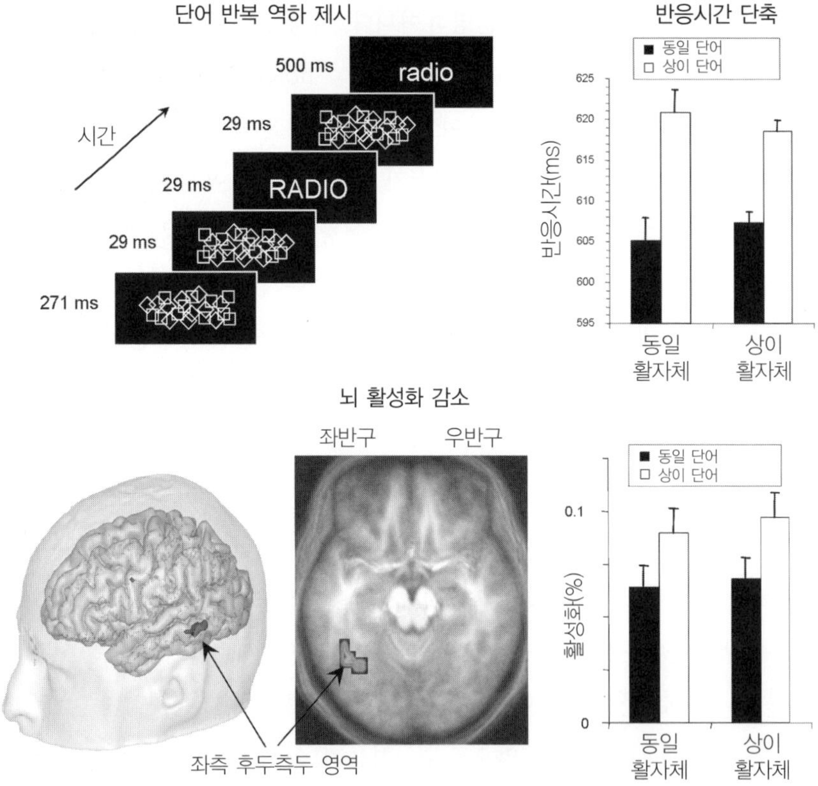

그림 2-12 문자는 역하 상황에서 아무런 자각 없이, 재인될 수 있다. 이 실험에서는 단어가 아주 짧은 동안(29ms) 제시된다. 단어의 직전과 직후에 나타나는 차폐 자극이 단어를 보이지 않도록 만든다. 이렇게 의식 불가능하게 제시된 단어가 의식 가능한 표적 자극으로 다시 나타나는 경우 참가자의 반응은 빨라진다(오른쪽 위). 뇌영상은 좌반구 후두측두 영역이 이런 역하 점화 효과에 관여함을 보여 준다. 이 영역의 활동은 단어가 반복될 때 저하되며, 활자체가 대문자에서 소문자로 바뀌는 경우에도 그렇다(Dehaene et al., 2001에서 인용).

음에 실험참가자들은 단어를 지각하는 대신에 짧은 깜빡임을 지각하였고, 이어서 두 번째 단어가 나왔다. 두 번째 단어는 인지가 가능할 만큼 오래 제시되었다. 참가자들은 매 시행에서 오직 한 개의 단어가 제시된다고 믿었다. 통제 실험으로 확인한 결과, 참가자들은 차폐된 단어에 대해서 아무것도 알지 못하였다.

이런 역하 제시 조건에서 놀라운 것은, 보이지는 않았지만 차폐된 단어가 여전히 뇌의 읽기 회로망을 활성화시킨다는 것이다. 특히 문자상자 영역은 단어 반복에 반응을 보였다. 문자상자는 같은 단어가 연속해서 두 번 나타날 때 활성화가 감소되었다([그림 2-12]). 더 중요한 결과로서, 문자상자는 동일한 단어가 같은 활자체('HOTEL' - 'HOTEL')로 나타나든지 다른 활자체('hotel' - 'HOTEL')로 나타나든지 상관없이 일정한 반응을 나타내었다. 이것은 뇌의 다른 영역에서는 나타나지 않는 특이한 효과다. 예를 들어, 낮은 단계의 시각 처리를 담당하는 후두엽 영역은 두 번째로 제시된 시각 자극이 정확히 같을 때('HOTEL' - 'HOTEL')에는 활동이 줄어들고, 활자체가 달라지면('hotel' - 'HOTEL') 활동이 증가하였다. 그 영역은 아마도 망막 이미지의 기초적 특징을 해독하고, 어떠한 시각적 변화도 새로운 자극으로 해석한다. 심지어 동일한 단어가 'hotel' 과 'HOTEL' 처럼 다른 모양으로 나타날 때도 그렇게 한다. 이와는 대조적으로, 문자상자 영역은 추상적 처리를 한다. 문자상자는 'a' 와 'A' 가 동일한 자극이라는 것을 안다. 따라서 뇌영상은 문자상자 영역이 공간 불변성과 활자 불변성을 둘 다 동시에 계산한다는 것을 보여 준다.[82]

더 최근의 실험에서, 연구자들은 문자와 단어 재인에 관련된 많은 단계를 찾아내기 시작했다. 'anger' 와 'range' 를 주의해 보라. 이 두 단어는 매우 특별한 형태의 아나그램(anagram)이다. 한 단어 내의 문자 위치를 바꾸면 다른 단어가 된다. 두 단어는 같은 문자로 구성되었으며, 한 단어의 맨 앞에 있는 문자를 맨 뒤로 보내면 다른 단어로 변환될 수 있다. 이제 이 두 단어가 연달아 짧은 간격으로 제시된다고 하자. 시각적 유사성의 문제를 피하기 위해 활자체를 다르게 하였고('ANGER' - 'range'), 또한 수평 방향으로 약간 어긋나게 하여, 공유되는 문자들인 'a' 'n' 'g' 'e' 가 화면의 정확히 같은 위치에 오게 하였다. 이런 방법으로, 두 단어 속의 모든 문자는 반복되지만, 전체 단어는 서로 다르게 나타나게 하였다. 이 방법은 문자상자 영역이 무엇을 반복으로 간주하는지를 한 번 더 질문하게 만든다. 문자 반복이 적응 효과를 유발하는가? 아니면 전체 단어가 반복되어야 하는가? 달리 말해서, 문자상자 영역은 개개의 문자에 흥미가 있는가, 아니면 좀 더 큰 단위, 예를 들어 바이그램(bigram) 또는 전체 단어를 부호화하는가?

답은 전부다! 문자상자 영역의 적응 과정은 문자 부호화가 여러 단계를 연속적으로 거친다는 것을 보여 준다. 그것은 위계적으로 구성되어 있으며, 후두측두 피질 뒤쪽에서 앞쪽 방향으로 나아가며, 점점 더 높은 추상화의 정도를 나타낸다.[83] 가장 낮은 부호화 단계는 개별 문자를 다룬다. 그것은 양쪽 반구의 후두측두 피질의 가장 뒤쪽 영역에서 발견되었다. 그것은 개별 문자의 반복에 대해서 반응한다. 문자가 다시 나타날 때마다, 그것이 다른 단어에 속해 있는지 없는지와 상관없이 fMRI 신호는 감소한다. 중요한 것은 문자가 화면의 같은 위치에서 반복되어야 한다는 것이다. 단어가 왼쪽이나 오른쪽으로 단 하나의 문자만큼 이동해도 문자상자 영역에서 순응 효과가 사라진다. 이것은 그 영역의 뉴런들이 동일한 문자가 여전히 화면에 있음에도 그것을 알지 못한다는 것이다. 달리 말하면, 소문자에서 대문자로의 변화는 무시하지만, 위치 불변성은 아직 이 단계에는 존재하지 않는다. 따라서 문자상자 영역은 추상적 문자 탐지기의 층을 포함하고 있고, 그것은 특정 위치에 나타난 문자에만 반응하며, 활자체의 종류는 무시하는 것 같다.

이제 좌반구 후두측두 피질에서 1cm만 앞으로 이동하면, 단어 부호화가 갑자기 더 많은 불변성을 나타낸다. 이곳의 피질은 'ANGER'와 'range' 같은 단어 간 유사성에 민감하며, 문자는 정확히 동일한 위치에 정렬하지 않아도 된다. 따라서 이 영역은 여전히 전체 단어 단계보다 낮은 단위(아마도 단일 문자 또는 짧은 문자 연속)를 부호화하지만, 공간적 위치 변화에 대해서 약간의 저항성을 가지고 있다. 그것은 두 단어의 철자가 유사하다는 것을 인지하며, 문자들은 정확하게 같은 위치에 오지 않아도 된다. 따라서 뇌가 단어 사이의 '형태소(morphological)' 관계, 예를 들어 'depart'와 'departure' 사이의 관계를 부호화하는 것은 아마 이 단계다.[84] 그러나 '어근(word root)'은 아직 의미적으로 부호화되지 않는다. 따라서 이 특정한 뇌 영역은 'depart'와 'department'가 어근을 공유한다고 잘못 판단할 수 있다. 사실, 이 단계에서 시각 체계가 하는 일은 입력된 단어를 재빨리 하나의 '위계 나무(hierarchical tree)'로 분석하는 것이다. 위계 나무는 입력 문자열 속에서 가능성이 가장 높은 문자, 자소, 음절, 형태소로 구성된다.

다시 1cm 더 앞으로 움직이면, 더욱더 선택적인 신경 부호와 마주친다. 문자상자 영역에서 가장 앞부분인 이곳은 전체 단어에 반응하기 시작한다. 이 위치에서 활성화는 같은 단어가 반복될 때('anger' 에 뒤이은 'ANGER') 감소하며, 동일한 문자들이 다른 단어를 구성할 때('range' 에 뒤이은 'ANGER')에는 그렇지 않다. 일련의 문자들은 통합된 전체로서 처리된다. 또는 적어도 뇌는 'rang' 과 같은 큰 덩어리의 문자들을 처리하며, 그런 방식으로 'range' 와 'anger' 의 차이를 구별한다.

이런 연구로부터 배울 수 있는 것은 명확하다. 첫째로, 읽기는 정교한 조립 게임이다. 피질로 구성된 복잡한 조립 라인이 있으며, 문자나 단어 각각에 대해서 고유의 신경 부호를 점차적으로 구성해 간다. 둘째로, 우리의 의식적 사고를 아무리 가동한다고 해도 단어 재인의 복잡성을 파악할 수 없다. 읽기는 직접적 과정도 아니고 노력이 필요없는 과정도 아니다. 그것은 일련의 무의식적 계산을 필요로 한다. 위에서 설명한 연구에서는 뇌 활동의 여러 단계가 모두 연속적으로 나타났지만, 참가자들은 차폐된 단어가 있었다는 사실을 자각하지 못하였다. 분명히 역하의 문자열은 무의식적으로 조립될 수 있다. 즉, 문자는 혼자 떠도는 것이 아니라 안정적 조합을 형성하며, 'recent'와 'center'의 아나그램적 차이를 무의식적으로 부호화한다. 시각적 단어 재인의 전체 과정은 망막 처리에서부터 추상화와 불변성의 가장 높은 수준까지 어떤 의식적 개입 없이도 0.2초 이내의 시간에 자동적으로 이루어진다.[85]

문화는 어떻게 뇌를 만드는가

방금 설명한 시각적 계산은 읽기에만 해당되는 것은 아니다. 뇌가 단어 'RADIO' 와 'radio' 간의 유사성을 인지하는 것은 단순히 문자크기를 조정하는 능력 때문이라고 볼 수 있다. '크기 불변성' 은 일반적 시각 과정이며, 문자 'O' 와 'o' 를 알아보는 것은 숟가락의 크기, 위치 또는 각도와 상관없이 숟가락을 알아보는 것과 동일하다. 문자상자 영역이 읽기에만 특유한 처리를 한다는 증거가 있는가?

사실, '활자체 불변성' 은 시각 체계가 읽기에 조율되어 있다는 확실한 증거다. 우리는 대문자와 소문자의 연합에 이미 매우 익숙해져서 그것이 얼마나 임의적인지 알지 못한다. 단지 몇 개의 문자만 대문자와 소문자('o' 와 'O' , 'u' 와 'U')의 모양이 비슷하다. 다른 많은 문자는 거의 무작위로 짝을 이루는 것 같다. 'a' 모양이 문자 'A' 의 소문자가 되어야 할 근거는 어디에도 없다. 우리는 'e' 가 'A' 의 소문자이고 'g' 가 'R' 의 소문자라고 상상할 수 있다. 소문자와 대문자 사이의 연합은 우리가 읽기를 배울 때 습득한 관습이다. 흥미롭게도 뇌영상은 문자상자 영역이 이러한 관습에 적응한 것을 증명하는 데 사용될 수 있다.[86] 나의 실험 중 하나에서, 참가자들에게 크기를 제외하고는 대문자와 소문자의 모양이 매우 비슷한 단어쌍을 보여 주었다. 'COUP' – 'coup' , 'PUCK' – 'puck' , 'ZOO' – 'zoo' 등이 그것이다. 그런 후 소문자와 대문자가 서로 닮지 않은 문자로 구성된 또 다른 단어쌍을 추가하였다. 'GET' – 'get' , 'EAGER' – 'eager' , 'READ' – 'read' 등이 그것이다. 당연히 서로 다른 모양에도 불구하고, 참가자들은 이런 단어들을 금방 재인할 수 있었다. 뇌 활동 촬영은 뇌의 어느 영역이 이러한 유형의 문화적 불변성을 부호화하는지 보여 주었다. 결과는 또다시 좌반구 후두측두의 문자상자 영역이 중심적 역할을 한다는 것을 보여 주었다. 문자상자 영역은 단어가 반복될 때마다 활성화가 약해지는 유일한 영역이었으며, 반복되는 두 단어의 관계가 문화적 관습에 의한 것이든 시각적 유사성에 의한 것이든 상관이 없었다([그림 2-13]). 따라서 문자상자 영역에서 'G' 와 'g' 는 'O' 와 'o' 만큼 비슷하다. 이 영역이 알파벳 관습에 적응하였다는 증거다. 뉴런이 'g' 와 'G' 에 대해서 똑같이 반응하는 이유를 선천적인 시각적 체제에서 찾을 수는 없다. 그것은 문화적 관습을 뇌 네트워크에 통합하는 학습 과정에서 유래한 필연적 결과다. 이런 관점에서 좌반구 문자상자 영역을 우반구의 대칭되는 지점에 있는 시각 영역과 대조하는 것은 흥미롭다. 이 두 번째 영역은, 예를 들어 비슷한 모양을 가진 'ZOO' 와 'zoo' 를 같은 단어로 인지한다. 그러나 그것은 'GET' 과 'get' 같은 관습적 연합에 대해서는 형편없는 수행을 나타낸다. 대부분의 오른손잡이에 있어서 우반구는 크기 불변성과 위치 불변성 등의 일반적 시각 메커니즘에만 의존하여 문자 단어를 처리하는 것 같다. 오직 좌반구의 문자상자 영역만이 읽기에 특유한 문화 관습을 내면화하고 있다.

많은 추가적 증거들은 문자상자 영역에서의 '문화적 전문화' 를 지지한다. 뇌영상을

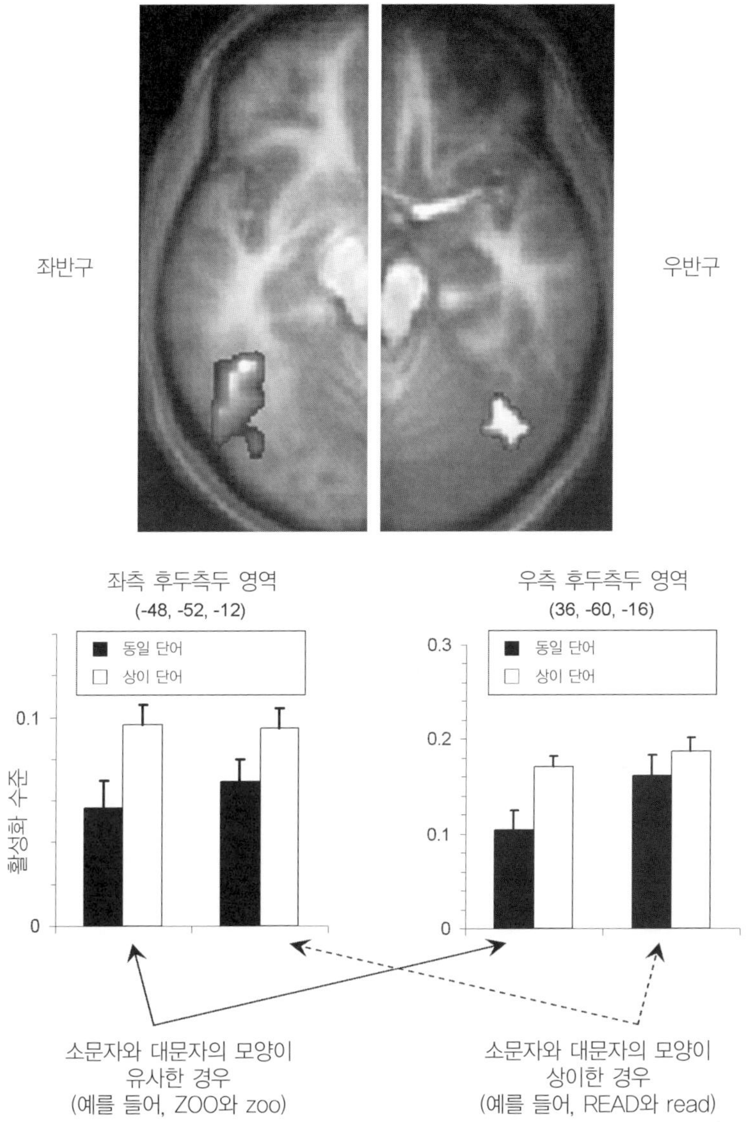

그림 2-13 좌반구 후두측두의 '문자상자' 영역은 영어 알파벳의 문화적 관습을 존중한다. 문자상자의 활동은 동일한 단어가 두 번 제시될 때 약해지며, 따라서 위 그림은 활자체가 바뀌어도 문자상자가 단어를 재인할 수 있음을 보여 준다. 중요한 것은, 소문자와 대문자가 근본적으로 다른 모양(예를 들면, 'E'와 'e')을 하고 있고 그것이 문화적 관습에 의한 관계임에도 문자상자는 단어를 재인할 수 있다는 것이다. 대조적으로, 우반구의 상응하는 영역은 문화적 관습이 아닌 시각적 유사성에만 반응한다(Dehaene et al., 2004에서 인용).

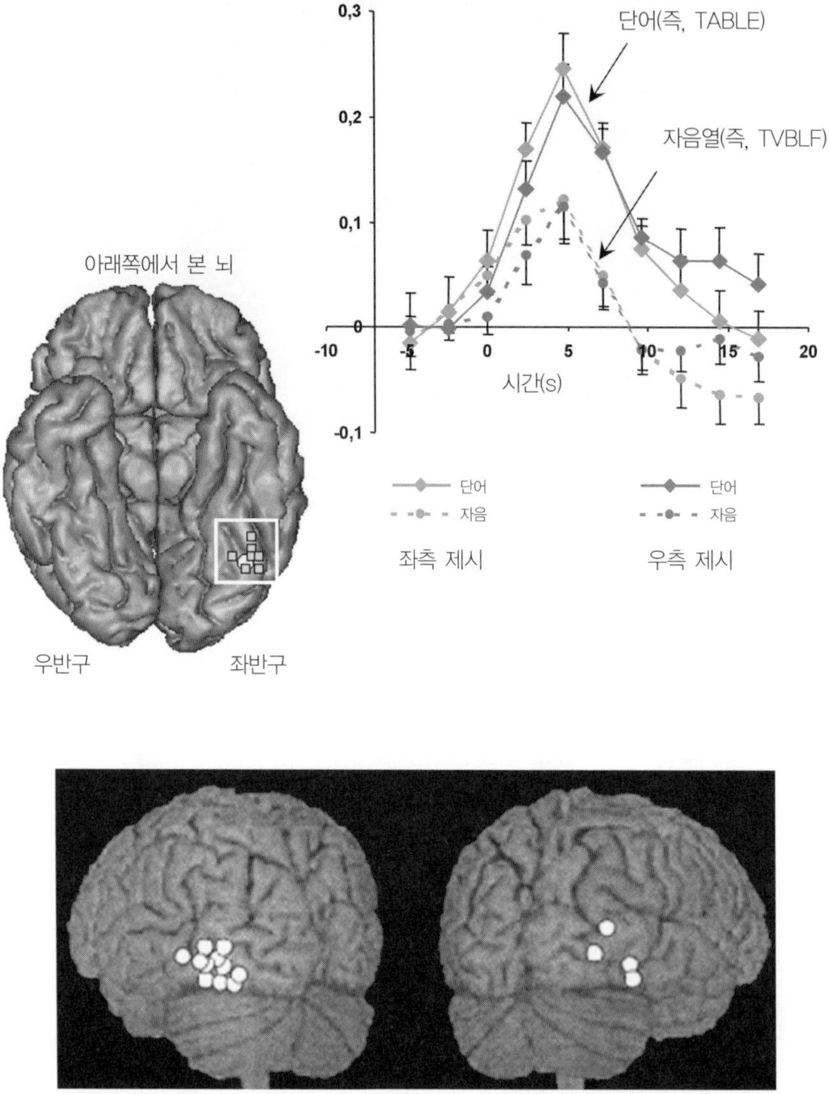

그림 2-14 좌반구 후두측두의 '문자상자' 영역은 철자 시스템의 규칙성에 반응한다. fMRI(윗줄)는 문자상자가 철자 규칙을 위반한 자음문자열보다 실제 단어에 더 잘 반응하는 것을 보여 준다. 즉, 규칙적 자극에 대한 선호를 나타내며 자극의 망막상 위치와 무관하다(Cohen et al., 2002에서 인용). 뇌자도(MEG)(아래 사진)는 또 다른 기술로서 더 높은 시간 해상도를 가지고 있는데, 규칙 단어에 대한 선호 반응이 단어가 처음 제시되고 약 150ms 후에 나타나는 것을 보여 준다(Tarkiainen et al., 1999에서 인용).

사용해서, 나는 동료들과 함께 문자상자가 문자나 단어에 대해 수동적으로 본능적으로 반응하는 것이 아니라는 것을 증명하였다. 문자상자는 같은 범주에 속하는 문자에 대한 통계를 수집하고 읽기 과제에 적극적으로 이용하였다. 결과적으로, 모든 문자열이 항상 똑같이 문자상자를 활성화시키지는 않는다. 독자에게 친숙한 언어의 철자는 존중된다. 예를 들어, 문자상자 영역은 CQBPRGT와 같이 자음으로만 이루어진, 철자 규칙을 위반하는 문자열보다, CABINET 또는 PILAVER와 같이 기존의 단어 또는 그럴듯해 보이는 문자열(=유사단어)에 훨씬 더 잘 반응한다([그림 2-14]).[87] 그것은 또한 'HW' 나 'QNF' 와 같은 희귀하거나 불가능한 문자조합보다는 'WH' 나 'ING' 와 같은 일반적 문자조합을 더 좋아한다.[88] 만약 어떤 사람이 읽는 법을 배우지 못했다면, 정당한 문자열도 그 사람의 문자상자 영역을 활성화시킬 수 없다. 따라서 히브리 문자는 히브리어를 읽을 수 있는 독자에게서 강한 후두측두 활성화를 일으키지만 영어 독자에 대해서는 그렇게 하지 못한다.[89]

데저린의 첫 번째 환자인 미스터 C는 문화적 훈련이 무엇을 할 수 있는지 보여 주는 좋은 예라고 할 수 있다. 문자열에 대해 심각한 어려움을 가졌음에도 불구하고, 그는 여전히 아라비아 숫자는 읽을 수 있었다. 시각적 관점에서 말하자면, 문자와 숫자는 매우 유사하다. 문자 모양은 임의적이며, 사람들은 대안 알파벳도 쉽게 생각해 낼 수 있다. 52341이나 CQBPRGT를 단어로 사용하고 CABINET은 무의미한 것으로 만들 수 있다. 그러나 우리의 문자상자 영역은 52341과 같은 숫자보다 문자를 선호한다.[90] 그러므로 문자상자 영역은, 단지 시각 자극에 의해서뿐만 아니라 그 사람이 속한 문화에 의해서도 결정된다. 읽기를 배울 때, 시각 뉴런의 일부는 우리가 배우는 문자와 언어에 적응한다. 숫자는 의심할 여지없이 다른 곳에서 처리되는데, 아마도 좌반구와 우반구의 더 뒤쪽 영역인 것 같다. 뇌 전위 기록은 이러한 문화적 분류 과정이 매우 빠름을 보여 준다. 좌반구 후두측두 영역이, 무작위 자음열이나 숫자열에 대해서보다 타당하게 구성된 문자열에 대해 선호를 나타내는 데 걸리는 시간은 겨우 150ms에서 190ms 사이이다.[91]

중국어 독자의 뇌

세상에는 매우 많은 표기 체계가 있는데, 혹자는 서로 다른 언어의 독자는 뇌 구조와 활성화 유형에 큰 차이가 있다고 생각한다. 특히 알파벳(=자모문자)을 사용하는 나라와 다른 문자를 사용하는 나라 사이에 많은 차이를 기대한다. 그러나 놀랍게도 실제는 그렇지 않다. 모든 문화에서, 문자 외형에는 큰 차이가 있음에도 불구하고, 문자 단어는 매우 유사한 두뇌 회로에 의해서 처리된다. 특히 좌반구 후두측두의 문자상자는 세상의 모든 독자들에게 똑같이 중요하며, 문자의 내부 구조나 모양과 관련해서는 아주 작은 차이를 나타낼 뿐이다.

중국어와 일본어를 생각해 보자. 한자의 재인을 위해서는 알파벳을 해독할 때보다 더 많은 전역적(global) 처리가 요구된다고 오랫동안 간주되어 왔다. 중국어 독자는 좀 더 전역적 처리에 능한 우반구 시각 체계에 많이 의존할 것으로 생각되었다. 그러나 현대의 뇌 영상 연구들은 이러한 가설을 지지하지 않는다. 중국어 독자를 촬영하였을 때, 좌반구 후두측두 영역이 활성화하였으며, 좌반구로의 편향이 의미 있게 나타났다. 활성화되는 영역은 문자상자와 본질적으로 동일하였다.[92] 지리적 환경, 영상화 방법, 대뇌 형태, 교육 방법, 표기 체계 등의 차이에도 불구하고, 중국어 독자의 단어 재인과 관련된 뇌 활성화는, 영어 독자의 문자상자에서 겨우 2~3mm밖에 떨어지지 않은 곳에서 나타났다.

로마자와 한자 둘 다에 능숙한 독자들은 '시각적 단어 재인'의 보편성을 연구할 독특한 기회를 제공한다. 1970년대 이후로 중국은, 중국어를 기록하기 위한 또 하나의 공식적 표기 체계를 도입하였다. 이 체계는 병음(Pinyin)이라 부르며, '소리를 조합한다'(assembling sounds)는 의미를 가지고 있다. 그것은 26개의 라틴 문자를 사용하며, 'zh' 'ch' 'ang' 등 많은 자소를 사용한다. 예를 들어, 'bank'를 의미하는 중국어 단어는 'yínháng'으로 표기된다. 중국 아동은 전통적 한자를 배우기 전에 병음을 먼저 배운다. 중국의 어린 세대는 흔히 '이중언어자(bilingual)'라고 불리지만, '이중문자자(bigraphal)'라는 용어가 더 적합하다. 중국 아동은 하나의 구어 단어에 대해서 두 개의 서로 다른 시각적 표제항을 가지고 있다. 그럼에도 불구하고, 뇌 영상은 두 가지 표기에 의해 활성화

되는 영역이 좌반구 복측 후두측두 피질이며, 거의 완전하게 중복되는 것을 보여 준다.[93]

또한 문자상자 영역은 한자를 읽는 독자와 로마 알파벳 독자에서 매우 유사한 기능적 특징을 나타낸다. 특히 문자상자는 시각적으로 유사하지만 무의미한 형태보다는 조합 규칙을 따르는 한자를 더 선호한다.[94] 이런 특성은, 알파벳 독자들에서 관찰된, 자음문자열보다는 모음을 포함하는 적법한 단어에 대한 반응이 더 컸던 결과와 대단히 유사하다. 그것은 이 영역이 한자 표기의 제약에 적응하였음을 보여 준다. 중국어 독자의 문자상자 영역은 한자의 내부 구성요소인 '의부(=의미 성분)'와 '성부(=발음 성분)'를 탐지하는 단위들의 위계 구조를 포함한다.

사실, 나는 한자의 전체적(holistic) 재인을 지지하는 자료를 거의 알지 못한다. 현재 발표된 실험 결과들은 한자도 알파벳 문자열과 비슷하게 하나의 위계적 피라미드로 처리되며, 작은 시각적 특징들이 점점 큰 단위로 통합되어 가는 방식으로 부호화된다는 것을 시사한다. 따라서 한자는 구성 성분 중 하나에 의해서 점화될 수 있는데, 영어의 복합어가 구성 형태소 중 하나에 의해서 점화될 수 있는 것과 똑같은 이치다(hunt의 뒤에 hunter를 제시하면 점화 효과를 얻을 수 있다).[95]

일본의 두 가지 문자

나는 동료 키미히로 나카무라(Kimihiro Nakamura)와 함께 일본어 읽기를 연구해 왔다.[96] 일본어 신문을 펼쳐 보면 이상한 문자 혼용을 발견할 것이다([그림 2-15]). 많은 것이 칸지(Kanji)로 표기되어 있는데, 이는 단어와 어근을 나타내며, 중국어로부터 차용한 3천 개 이상의 문자가 사용된다. 또 다른 것은 카나(Kana)로 표기되어 있는데, 이는 음절을 나타내는 46개의 기호 집합을 사용하며, 어떤 일본어 말소리도 적을 수 있다. 많은 명사들은 카나로도 적고 칸지로도 적는다. 그러나 문법 단어, 동사 어미, 형용사 그리고 부사 등은 카나로만 적는 일이 흔하다. 따라서 하나의 동사를 표기하기 위하여 칸지와 카나를 혼용하는 것은 별로 이상한 일이 아니다.

이런 복잡한 규칙들은 영어 규칙과 분명하게 다름에도 불구하고, 일본어 독자의 뇌를

칸지 문자			카나 문자		
神	/kami/	God(신)	か	/ka/	
神社	/jiN-ja/	Temple(신사)	かみ	/ka-mi/	Paper(종이)
神経	/shiN-kei/	Nerve(신경)	かさ	/ka-sa/	Umbrella(우산)
精神	/sei-shiN/	Mind(정신)	あか	/a-ka/	Red(붉은)
神主	/kaN-nushi/	Priest(신관)	たから	/ta-ka-ra/	Treasure(보물)

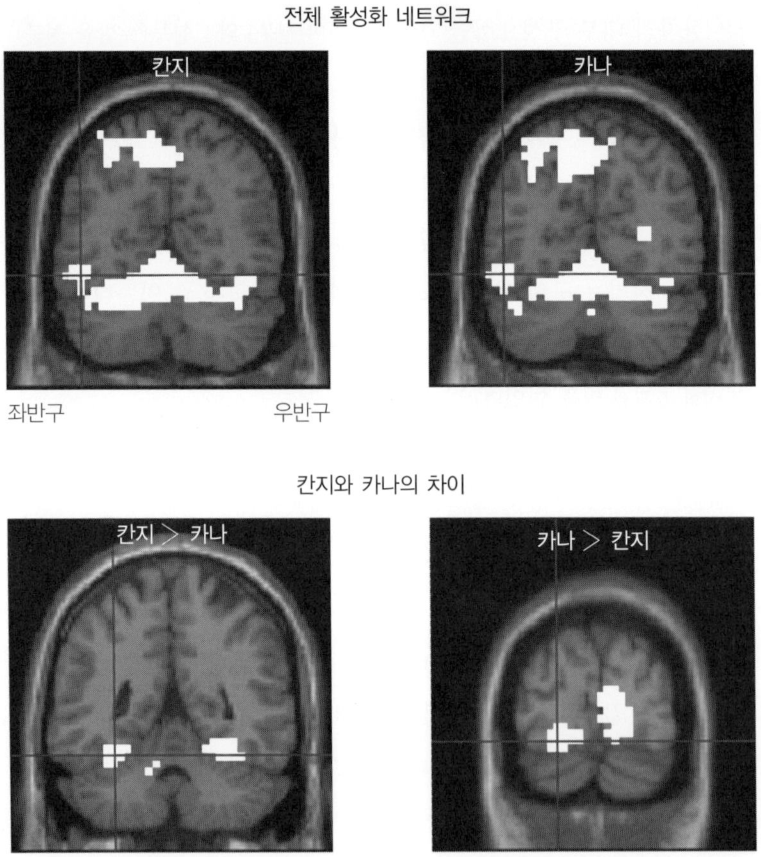

그림 2-15 일본 문자를 읽을 때에도 영어 독자에게서 발견된 것과 근본적으로 동일한 영역이 활성화된다. 일본어는 두 개의 서로 다른 문자 체계를 사용한다. 수천 개에 달하는 칸지 문자는 단어의 의미와 어근을 나타낸다(왼쪽 열). 반면에 46개의 카나 문자는 음절을 부호화한다(오른쪽 열). 이런 차이점에도 불구하고, 두 종류의 문자는 똑같이 좌반구 후두측두 영역을 활동하게 만드는데, 이 영역은 로마 알파벳 독자에서 발견된 것과 거의 동일한 위치에 있다. 약간의 차이라면, 칸지 문자는 양반구의 측두 영역의 중앙 부위를 더 많이 활성화하는 반면에, 카나 문자는 후두극을 더 많이 활성화한다는 것이다(Nakamura et al., 2005에서 인용).

스캔한 결과는, 칸지와 카나의 시각적 재인 또한 좌반구 후두측두 영역에 의지한다는 것을 보여 준다([그림 2-15]). 칸지와 카나에 의한 활성화는 좌반구에 집중되며, 영어 독자의 문자상자 영역과 거의 일치한다. 또한 이 영역의 손상은 칸지와 카나 둘 다에 대해 순수실독증을 가져오는 일이 흔하다.[97]

일본인의 뇌는 칸지와 카나 두 가지 문자에 대해서 동일한 방식으로 반응하지만, 자세하게 살펴보면 몇 가지 차이점이 있다. 후두극의 초기 시각 영역에서는, 카나로 제시된 단어가 칸지로 제시된 단어보다 약간 더 많은 활성화를 일으킨다. 이는 카나 단어 대부분이 여러 개의 문자로 구성되어 있으며, 망막을 더 많이 차지하기 때문인 것 같다. 반대로 칸지로 쓰인 단어는 좌우 반구의 복측 측두엽의 작은 영역을 더 활성화시킨다. 아마도 약간 더 전역적이거나 '전체적인' 지각 양식을 필요로 하기 때문인 것 같다. 병변 연구들은 또한 뇌 속의 읽기 네트워크가 칸지와 카나에 대해서 똑같지 않는다는 것을 확인시켜 준다. 예를 들면, 드물게 나타나기는 하지만, 어떤 뇌졸중 환자는 칸지는 읽을 수 있으나 카나는 읽지 못하고, 다른 환자는 반대의 증상을 나타낸다.[98] 따라서 두 표기는 동일한 일반 영역 내에 위치하기는 하지만, 서로 다른 미시 영역에 의해 처리될 가능성이 있다.

보다 더 일반적 척도를 가지고 말하면, 시각적 단어 재인은 분명히 보편적 대뇌 메커니즘에 근거한다. 모든 문화에서 좌반구 후두측두 영역은 문자 단어 재인을 담당하며, 각 표기 체계의 고유한 요구에 섬세하게 적응된 위계 구조를 포함하고 있다.

문자상자를 넘어서

우리가 읽는 단어는 모두 문자상자 영역을 통과하며, 이 영역은 문자 재인에서 우선적이고 보편적인 역할을 담당한다. 그러나 이러한 초기 단계를 넘어서면 무슨 일이 일어나는가? 단어 모양이 일단 문자, 자소 그리고 형태소로 분석되고 나면 그 이후에 이런 정보는 어디로 가는가? 어떤 피질 경로를 거쳐서 단어의 발음과 의미를 인출하게 되는가?

해부학적 방법을 사용하여, 시각 체계에서 뇌의 다른 영역으로 정보를 전달하는 중요한 신경 섬유를 추적할 수 있다. '확산 MRI'는 많은 연결 다발이 피질 영역을 이어 준다는 것을 밝히기 시작했다. 특히 주요 경로인 '하측 종단 다발(inferior longitudinal bundle)' 이 최근에 촬영되었는데, 측두엽 가장 뒤에서부터 가장 앞까지 통과한다.[99] 이 경로의 해부학적 구조는, 이 경로가 시각에 전문화된 모든 뇌 영역(문자상자를 포함)으로부터 정보를 수집하며, 측두엽을 따라 멀리 정보를 전달하는 것을 보여 준다. 이러한 피

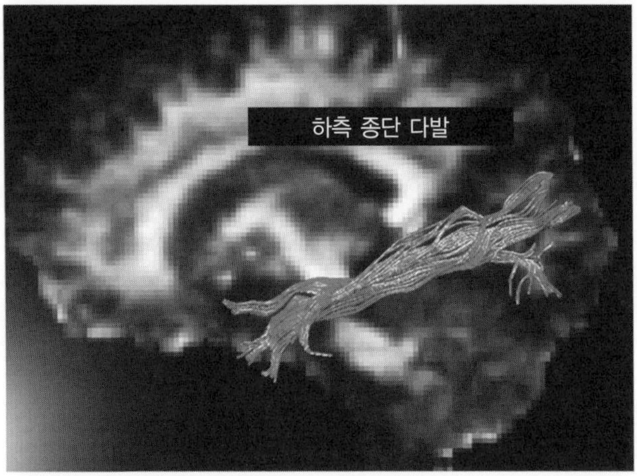

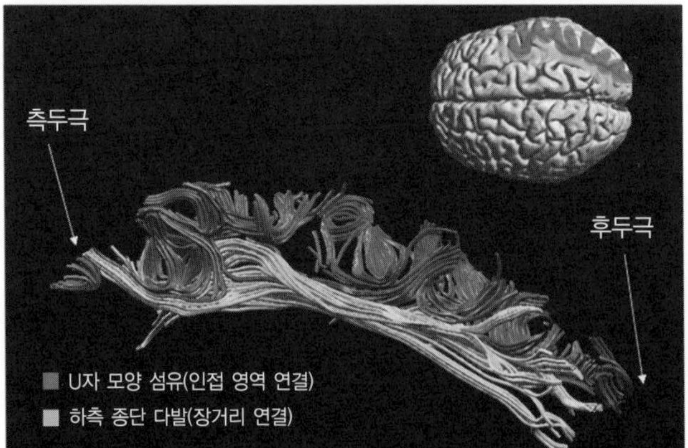

그림 2-16 좌반구 후두측두 영역은 대뇌 뒤쪽에 위치하며, 문자 단어를 분석하고 그 결과를 다른 먼 영역에 보내는데, 여기에 사용되는 섬유 다발을 확산 MRI를 통해 시각화할 수 있다. 위 사진은 주요 해부학적 경로를 재구성한 것이며, 하측 종단 다발이 측두엽 뒤에서 앞으로 뻗어 나가는 것을 보여 준다. 또한 대뇌 피질 표면을 따라서 각 단계마다 수많은 U자 모양 섬유가 서로 인접한 영역을 연결한다(Catani et al., 2003에서 인용).

질 고속도로에 추가하여, 국지적인 U자 모양 신경 섬유들이 서로 인접하는 측두 영역을 연결하여, 하나의 '피드포워드(feed-forward)' 연쇄를 만든다([그림 2-16]). 모든 신경 섬유는 수초(myelin)라 불리는 생물학적 절연체 속에 들어 있는데, 문자 단어를 측두엽 전체로 아주 빠르게 전달하는 것을 가능하게 한다.

그러나 뇌 영상은 주요 구조를 보여 줄 뿐 세부 사항은 보여 주지 않는다는 것을 염두에 두어야 한다. 어떤 작은 연결들은 기능적 관점에서는 커다란 연결과 똑같이 중요할 수 있지만 거대 다발 속에 들어가 있지 않고, 그래서 현재의 영상화 기술로는 찾아낼 수 없는 것이 있다. 오직 현미경만이 뇌 회로를 자세하게 보여 줄 수 있다. 스위스 로잔 대학병원에 있는 해부학자들의 부검 연구에 의하면, 인간 뇌의 복측 측두엽 뉴런들은 원숭이와 비교하여 정보를 훨씬 더 멀고 분산된 영역에 전파한다.[100] 이런 희소한 전달 경로는 '자기공명영상(MRI)' 으로 보이지 않기 때문에 과학자들은 매우 특별한 상황을 기다려야 한다. 순전히 우연의 일치로, 우반구 후두측두 영역에 뇌졸중을 겪고 있던 환자 중 한 명이, 발병 후 3주만에 다른 질환으로 사망하였다. 해부학자들은 환자의 뇌를 특별한 용액으로 처리하여 최근에 죽은 신경종말들을 찾아내었다. 이런 과정은 손상 영역과 직접 연결된 모든 것을 보여 주었으며 결과는 놀라웠다. 우반구의 이 작은 시각 영역은 아주 다양한 피질 영역과 연결되어 있었고, 특히 뇌의 정중선을 가로질러 좌반구로 들어갔다. 연결들은 거의 모든 영역에서 발견되었으나, 그 밀도는 언어 영역, 특히 브로카 영역(하전두 피질)과 베르니케 영역(상측두 피질의 뒤쪽)에서 최고에 달했다.

만약 뇌 구조가 대칭이라고 가정한다면, 좌반구 문자상자 영역 또한 양반구의 동일한 영역에 비슷한 방식의 투사를 한다고 결론 내릴 수 있다. 그러므로 뇌 연결에 대한 이런 간단한 조사는 후두측두 영역이 읽기 회로에서 중요한 교환대 역할을 한다는 것을 시사한다. 이 영역을 중심으로 해서 연결은 모든 방향으로 나아가고, 단어의 정체를 수많은 다른 대뇌 피질 영역에 동시적으로 '전파(broadcasting)' 한다.

'전파' 현상에 대한 직접적 증거는 MIT의 크세니야 마린코빅(Ksenija Marinkovic), 앤더스 데일(Anders Dale), 에릭 핼그렌(Eric Halgren)과 동료들에 의해 얻어졌다. 그들은 세계 최초로 뇌 안에서의 문자 언어 송출을 실시간으로 추적할 수 있었다.[101] 그들은 204개의 채널을 가진 최신식 뇌자도(MEG) 기계를 이용하여, 많은 뉴런들이 동시에 활동할

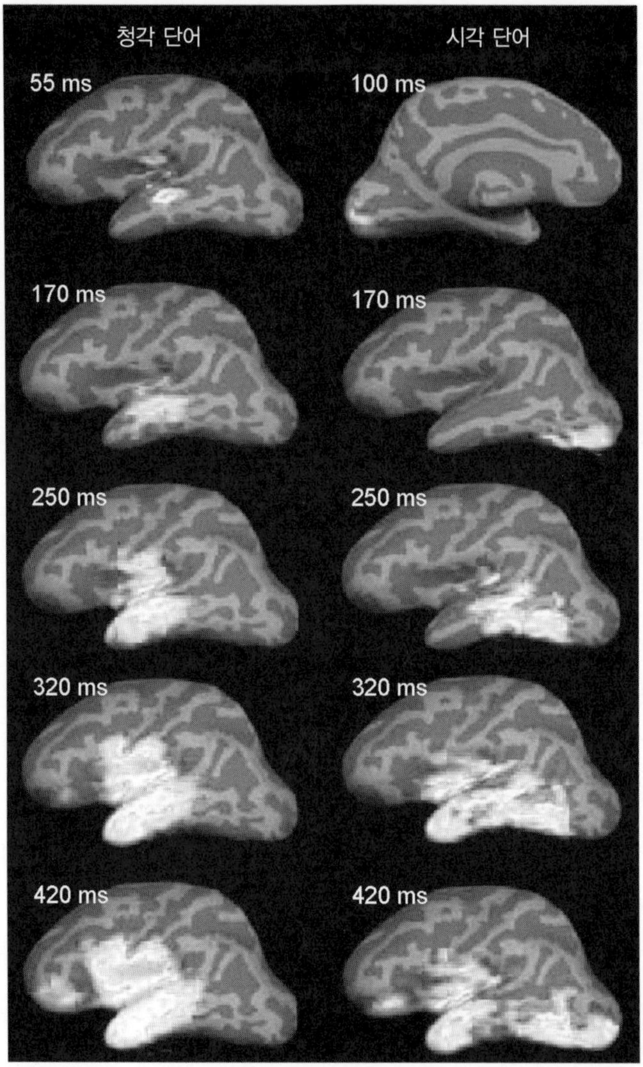

그림 2-17 초기 입력 경로는 단어를 들을 때와 읽을 때가 서로 다르지만, 그 이후의 피질 활동은 동일한 언어 영역으로 수렴된다. 그림의 각 이미지는 뇌자도 검사로 얻었으며, 단어가 주어진 후 서로 다른 시점에서 피질 표면의 활동을 찍은 것이다. 좀 더 보기 쉽게 하기 위해서, 피질의 주름을 컴퓨터 알고리즘을 이용하여 평활화하였다. 읽기의 경우(오른쪽 열), 활성화는 약 100ms 후에 후두극에서 시작한다. 170ms 경과 후, 활성화는 좌반구 후두측두 영역으로 확장된다. 거기가 바로 '시각적 단어 형태(visual word form)'를 추출하는 문자상자다. 문자상자 활성화 후 즉시, 폭발적 활동이 좌반구의 여러 측두 영역과 전두 영역에서 나타나는데, 그 영역들 대부분은 음성 단어 처리에도 관여한다(왼쪽 열)(Marinkovic et al., 2003에서 인용).

때 뇌에서 생성되는 미세한 자기장을 측정했다. 그들은 이러한 신호를 대뇌 피질 표면에서 펼쳐지는 뇌 활동의 동영상으로 바꾸어 주는 컴퓨터 소프트웨어를 개발하였다. 그들의 동영상은 읽기와 관련된 뇌 메커니즘의 시간적 전개를 보여 준다([그림 2-17]). 물론 그것은 재구성이며, 대뇌 피질을 직접 들여다보는 것은 아니지만, 하나의 단어가 뇌를 통과해 가는 방식을 아주 실감나는 그림으로 보여 준다. 이전에는 불가능했던 일이다.

예상대로, 동영상은 활성화가 후두극에서 시작하는 것을 보여 주는데, 후두극은 초기 시각 처리와 관련이 있는 영역이다. 대략 170ms 후에 활성화는 좌반구 쪽으로 강하게 편향되며, 정확하게는 문자상자 영역에 집중된다. 그리고 단어가 처음 나타나고 250ms 지난 후에는 갑자기 활동의 커다란 폭풍이 일어난다. 자극은 광범위하게 측두엽으로 확산되며, 양쪽 반구 측두엽의 위, 중간, 아래 부분을 활성화시킨다. 마지막으로, 300ms 경과 후에 활성화는 훨씬 더 거세게 좌반구를 전진하며, 측두극(temporal pole), 전방도(anterior insula), 브로카 영역(Broca' s area)까지 확산된다. 이러한 강력한 활성화 패턴은 수백 ms 동안 지속하며, 전두 영역에 계속 집중되고, 그러다가 후방의 시각 영역으로 갑작스럽게 회귀한다.

내가 이 영상에서 가장 흥미롭게 생각하는 것은 약 250ms 경과 후 활성화는 더 이상 시각 영역들에 국한되지 않는다는 것이다. 이 시점에서 활성화된 모든 영역은 음성 단어에 의해서도 똑같은 정도로 활성화될 수 있는 영역들이다. 따라서 읽기에 수반되는 피질 연쇄 반응 중에서, 문자상자 영역은 시각적 단어 처리를 위한 고리 중 마지막 고리다. 이 지점을 넘어서면, 뇌의 시각 영역은 음성 언어 네트워크와 긴밀한 연결하에 작업하기 시작한다.

발음과 의미

제1장에서 우리는 심리학자들이 읽기에 대해 '이중 경로 모델(dual-route model)' 을 가정한다는 것을 배웠다. 심리학자들은 뇌에는 동시에 사용 가능한 두 개의 병렬 경로가 있으며, 어떤 경로가 사용될지는 단어 속성에 달려 있다고 주장한다.

- '가끔 사용되는 단어' 와 '신조어' 는 음운경로(phonological route)를 따라 이동한다. 음운경로는 문자열을 말소리로 바꾼다.
- '자주 사용되는 단어' 와 '철자가 발음과 일치하지 않는 단어' 는 심성어휘집(mental lexicon)을 통하여 재인된다. 심성어휘집에는 단어의 정체와 의미에 관한 정보가 들어 있다.

지금까지의 뇌 영상 실험들은 모두 이 이론에 의지하여, 어떤 뇌 영역이 발음에 집중하고 어떤 영역이 단어의 정체와 의미를 계산하는지 결정하였다.

두 가지 방법이 뇌 수준에서 이중 경로 모델을 검증하는 데 사용될 수 있다. 가장 단순한 방법은 실험참가자들이 다양한 종류의 문자열을 (소리 내어) 읽을 때 뇌 활동을 측정하는 것이다. 과제는 동일하지만 자극은 다양하며, 두 개의 경로 중 어느 하나를 최대로 활성화시키는 단어들이 선택된다. 예를 들면, 어떤 실험은 '실제단어(예: 'house' 'pants')' 와 '유사단어(pseudo-words)' (예: 'houts' 'panse')의 음독을 비교한다.[102] 실제단어에 매우 큰 반응을 보인 영역은 어휘경로의 일부분으로 간주되며, 유사단어에 대해 더 많은 활성화를 보여 주는 영역은 음운경로와 관련이 있는 것으로 간주된다. 심성어휘집에는 'houts' 가 없기 때문에, 철자-소리 변환을 사용해야만 (소리 내어) 읽을 수 있다.

더 정교한 비교도 실시되었다. 예를 들면, 단어 빈도는 뇌 활성화에 영향을 주는가? 사용 빈도가 아주 낮은 단어들(예: 'sextant' 'chalice')은 유사단어처럼 취급되고 철자-발음 경로를 따르는가? 뇌 영역들은 발음과 철자가 일치하는 단어(예: 'bloom')와 그렇지 않은 단어(예: 'blood')를 구별하는가? '이중 경로 모델' 은 전자는 철자-발음 경로를 통할 것이며, 후자는 먼저 심성어휘집에 의해 재인되어야 정확하게 읽을 수 있다고 주장한다.

두 번째 방법은 앞의 것을 보완하며, 하나의 단어 목록을 서로 다른 과제들과 함께 제공한다.[103] 과제들은 대뇌 피질 경로 중 어느 한 경로가 담당하는 정보에 선택적으로 집중한다. 예를 들면, 어떤 실험에서는 참가자가 주어진 두 단어의 각운(rhyme)이 일치하는지 판단해야 한다. 이런 음운과제에서는 자소에서 음소로의 변환과 말소리의 심적 표상이 강조된다. 또 다른 실험에서는 두 단어가 유의어인지 아닌지 판단한다. 이런 의미과제는 심성어휘집의 검색을 요구하며 의미에 주의할 것을 요구한다. 마지막으로, 철자과제가

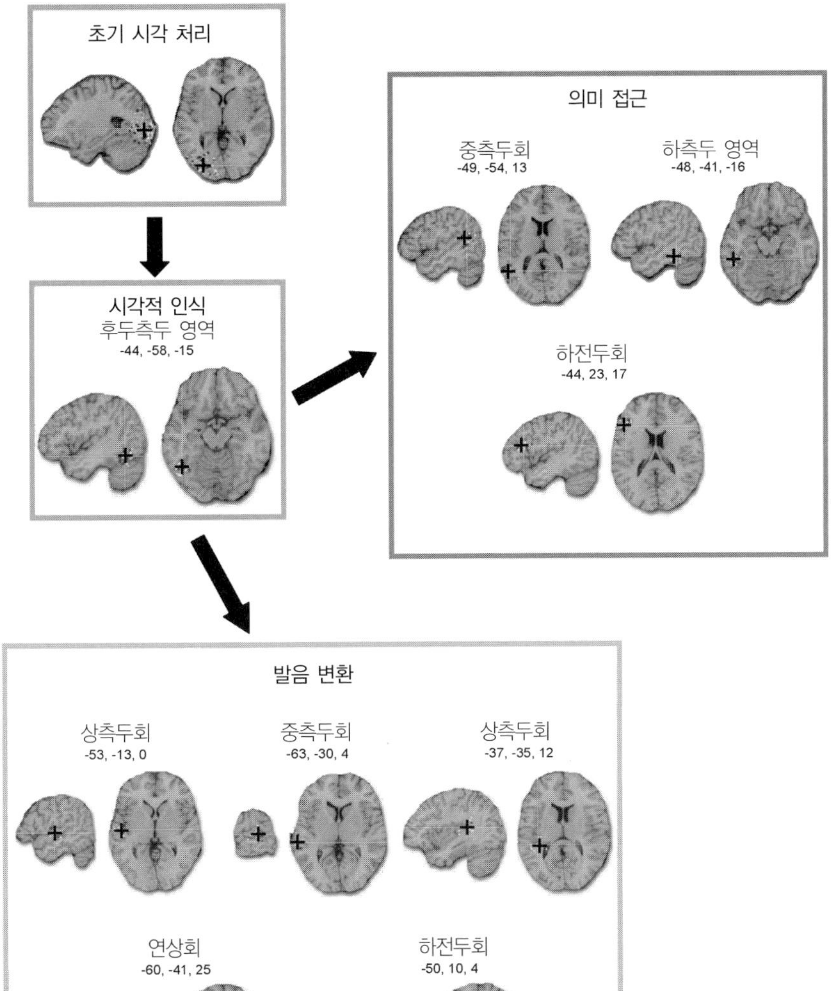

그림 2-18 두 개의 읽기 경로는 의미 또는 발음을 산출하며, 서로 다른 뇌 영역을 동원한다. 수십 개의 실험을 재분석한 결과, 먼저 공통적 시각 처리(위 왼쪽)를 위한 시간이 있고, 이후에 두 개의 피질 회로가 각각 단어 의미 인출(위 오른쪽)과 문자-발음 변환(아래)을 분담하는 것을 보여 준다. 두 회로는 동일한 해부학적 영역 내에 혼재해 있으며 때로는 인접해 있다. 예를 들면, 하전두피질 내에는 의미 영역과 조음 영역이 서로 다르지만 인접한 곳에 공존한다(Jobard, Crivello, & Tzourio-Mazoyer, 2003에서 인용).

있는데, 두 단어가 동일한 문자로 끝나는지를 판단해야 하며, 실제로 어떻게 발음되는지는 무시한다(예: napkin과 mountain). 이런 과제는 뇌 속에서 철자 정보 처리를 증폭시킬 수 있다. 각 과제에서 뇌 활동이 증가할 것으로 예상되는 영역은 서로 다르다. 과제를 수행하기 위해 필요한 포맷으로 단어를 처리하는 영역이 다를 것이기 때문이다.

크게 보면, 두 가지 방법은 같은 결론에 도달한다.[104] 두 개의 읽기 경로는 실제로는 뇌 속의 두 개의 서로 다른 네트워크에 대응한다([그림 2-18]). 그러므로 발음과 의미를 서로 다른 네트워크가 담당한다는 주장이 옳다. 심리학적 모델은 뇌 영상 결과에 의해 지지된다.

철자에서 발음으로

문자를 소리로 변환하는 뇌 경로는 좌반구 측두엽의 상위 영역을 포함하며, 이 영역은 말소리를 분석하는 역할로 잘 알려져 있다. 좌반구의 '하전전두피질(inferior prefrontal cortex)'과 '전중심피질(precentral cortex)'은 조음(=음성 산출)에 기여하는데, 또한 문자-발음 변환 경로에 포함된다. 그러나 문자와 소리가 처음 만나는 곳은 '상측두엽(superior temporal lobe)'이다. 이것은 [그림 2-19]에 제시된 간단한 실험에서 밝혀졌다.[105] fMRI 스캔을 하는 동안에, 참가자는 문자만을 보거나, 소리만을 듣거나, 또는 동시에 두 가지를 했다. 두 가지를 함께 해야 하는 경우에, 문자와 소리는 일치하거나(예를 들면, 문자 'o'와 소리 [o]) 불일치하였다(문자 'a'와 소리 [o]). 상측두엽의 넓은 부분은 문자를 볼 때 반응했다. 그러나 측두평면(planum temporale)으로 불리는 아주 작은 영역은 문자와 소리가 일치할 때 반응했다. 문자와 일치하는 소리는 이 피질 영역의 뇌 활동을 증가시켰고, 문자와 소리의 불일치는 활동을 감소시켰다. 뇌자도(MEG)를 이용하여, 이런 효과를 만들어 내는 사건들의 출현 시간이 정확하게 측정되었다. 문자를 소리로 바꾸는 일은 문자가 처음 망막에 나타나고 225ms 후에 시작되었다. 그리고 소리와의 일치성은 약 400ms 후에 재인되었다.[106]

몇 가지 단서들은 측두평면이 말소리 분석에서 가장 중요한 영역 중 하나임을 시사한다. 측두평면은 비대칭적이며, 우반구보다 좌반구에서 더 넓다. 많은 연구자가 이러한 비대칭을 언어 기능의 좌반구 편측화(lateralization)의 주요한 원인들 중 하나로 간주한다. 출생 당시에 좌반구 측두평면은 이미 우반구의 그것보다 크다. 유아의 뇌는 생애 처음의 두어 달 동안 말소리를 들을 때, 이미 아주 강력하게 비대칭적으로 활성화된다.[107] 아동기에 이 영역은 모어(native language)에 적합한 말소리를 처리하고 불필요한 다른

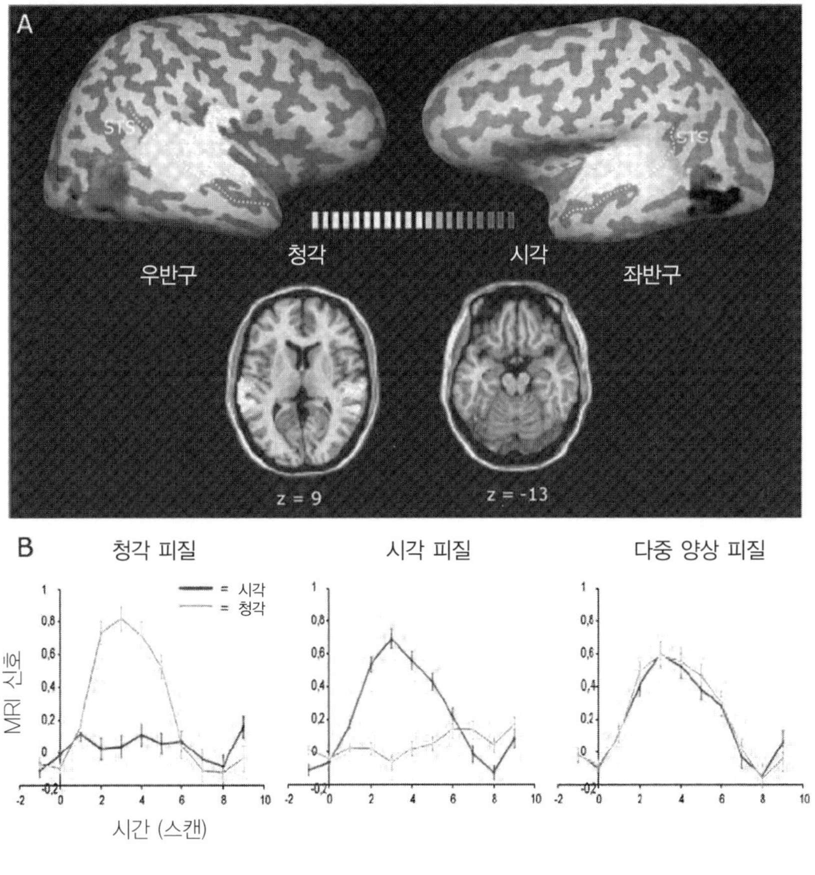

그림 2-19 측두 영역 위쪽은 문자를 소리로 바꾸는 데 기여한다. 뇌영상은 시각 영역과 청각 영역을 구분하여 보여 준다. 시각 영역은 문자 모양에 의해 활성화되며, 청각 영역은 말소리에 의해 활성화된다. 측두 영역 위쪽 부분은 그림에서 희게 나타나 있는데, '중다양상적(multimodal)'이다. 즉, 청각과 시각 둘 다에 의해 활성화된다. 이런 영역 내의 더 작은 영역은 문자와 소리가 일치하는지 또는 불일치하는지에 반응한다(van Atteveldt et al., 2004에서 인용).

소리를 무시하는 것을 신속하게 학습한다.[108] 예를 들어, 잘 알려진 바와 같이 일본어를 모어로 하는 사람은 [r]과 [l]의 차이를 구별하지 못한다. 이런 소리들은 일본어 단어를 구별하는 데 사용되지 않기 때문이다. 이런 특별한 형태의 '언어성 난청(linguistic deafness)'은 좌반구 측두평면과 그 인접 영역 때문이다. 일본인들은 생애 첫해 말 무렵 이런 영역들이 [r]과 [l]을 구별하는 능력을 잃는다.

측두평면은 시각 입력과 청각 입력이 만나는 영역이기 때문에, 아이들이 읽기를 배울 때 중요한 역할을 담당한다. 거기에는 문자와 소리 사이의 관련성을 배우기 위해 필요한 것이 모두 구비되어 있다. 초보자가 문자 b와 a를 소리 [ba]로 변환하는 것을 배울 때, 측두평면은 문자 입력과 소리 입력을 둘 다 수용하고 그들 사이의 관계를 수립한다. 나중에 자소와 음소 사이의 연결은 자동적이 된다. 문자-소리 변환은 매우 자동적이어서, 문자 A가 틀린 소리 [o]와 함께 주어지면 상측두 피질은 불일치 신호를 방출한다.

문자를 소리로 바꾸는 데 사용되는 정확한 경로는 아직 완전히 밝혀지지 않았다. 단일 문자의 경우에는, 상측두 영역이 '초기 시각 피질'로부터 직접 정보를 받을 것이다. 그러나 입력이 문자열인 경우에는 문자열을 자소와 음절로 분석하는 복잡한 처리가 요구된다. 이 과정은 순차적이며, 측두평면 바로 위에 있는 하두정(inferior parietal) 영역을 이용할 것이다.[109] '하두정 영역'은 '브로카 영역'과 함께 우리가 어떤 단어를 마음속으로 되뇌일 때 요구되는 음운회로를 생성한다. 음운회로는 '조음루프(articulatory loop)' 또는 '음운루프(phonological loop)'의 일부에 속하며, 예를 들면 우리가 전화번호를 언어 기억 속에 저장할 때 사용된다.[110] 이러한 버퍼(buffer), 즉 '임시 저장 공간'은 매우 긴 단어를 읽을 때 필수적이다. 예를 들어, acetylsalicylic acid(아세틸살리신산, 아스피린)과 같은 긴 약제 명칭을 발음하는 경우를 생각해 보라.

의미로 가는 길

단어 의미를 분석하는 뇌내 네트워크는 문자를 소리로 바꾸는 네트워크와 상당히 다르다. 의미는 광범위한 영역을 동원한다. 일부 영역은 [그림 2-18]에 제시되어 있다. 중요한 것은 그 영역 중 어떤 것도 문자에만 배타적으로 반응하지는 않는다는 것이다. 그 영역들은 우리가 개념에 대해서 생각하는 순간에 활성화되며, 개념이 음성을 통해서 주어지건[111] 이미지를 통해서 주어지건 상관없다.[112] 실제로, 그 영역들의 위치는 고전적 이미지 연합 실험을 이용하여 쉽게 찾을 수 있다. 실험은 참가자에게 세 개의 그림—피라미드, 야자나무, 망치—을 보여 주고, 그중에서 어떤 두 개가 같은 그룹에 속하는지 판단하게 한다.

특이한 것 중 하나는, 의미 영역 중 어떤 것은 참가자가 관련 과제의 수행을 요청받기 이전에도 활성화 상태에 있다는 것이다. 특히 측두두정 영역의 후방은 우리가 어두운 곳에서 쉬고 있을 때에도 활성화 상태에 있다. 이 영역은 실험참가자가 단어를 듣거나 볼 때 더 활성화되지 않는다. 그러나 무의미 유사단어가 제시될 때는 초기 기저선 수준 아래로 활성화가 떨어진다.[113] 왜 그럴까? 잠에서 깨어나는 순간 뇌는 바로 활동을 시작하며, 주변에서 일어나는 일에 반응한다. 이런 심적 과정은 단어와 이미지를 환기하고 조작하는 의미 네트워크를 가동시키며, 따라서 우리의 논의와 관련 있는 많은 영역들은 우리가 쉬고 있을 때에도 활동한다. 이런 끊임없는 뇌 활동 때문에, fMRI는 외부 자극에 의한 추가적 뇌 활성화를 확인하는 데 필요한 절대 영점을 갖고 있지 않다. 각회(angular gyrus)와 같은 영역은 의미 있는 단어를 읽을 때에도, 평상시와 같은 정도의 활동을 나타낼 뿐, 추가적 변화를 나타내지 않는다. 마치 그 영역은 읽기와 전혀 관련이 없는 것처럼 보인다. 그러나 의미가 없는 자극(예: 유사단어 larpic)이 주어지면, 자발적 활동이 주춤하고, 일시적인 '비활성화' 가 나타난다. 활성화 수준이 이렇게 감소하는 것은 이 영역이 단어를 읽는 데 실제로 관여한다는 것을 시사한다.

의미를 부호화하는 뇌 영역들은 활성화가 끊임없이 오르락내리락 하기 때문에 (심지어는 휴식을 취하는 상태에서도) 직접적으로 시각화하기가 쉽지 않다. 이 영역들을 연구하기 위해서는 정교한 실험 방법이 필요하다. 그런 방법 중 하나가 앞에서 소개한 점화기법(priming method)이다. 철자는 다르지만 의미는 동일한 sofa와 couch를 생각해 보자. 조 데블린(Joe Devlin)과 동료들은[114] 이런 동의어 쌍을 실험참가자들에게 보여 주었다. 참가자들은 첫 번째 단어를 역하 수준에서 보았으며 (따라서 실제로는 단어를 자각할 수 없었으며), 두 번째 단어만 실제로 볼 수 있었다(자각할 수 있었다). 데블린과 동료들은 뇌의 오직 한 영역, '좌반구 중앙 측두 영역' 이 두 단어 사이의 관련성을 재인한다는 것을 발견했다. 이 영역은 두 단어가 동의어일 때 적게 활성화되었다. 즉, honey와 couch 같이 관련이 없는 쌍에 의한 활성화보다도 더 낮은 활성화를 나타내었다. 이런 결과가 시사하는 것은, '좌반구 중앙 측두 영역' 은 서로 의미가 다른 두 개의 단어를 부호화할 때 더 오래 활성화되지만, 동의어인 경우에는 오직 한 번만 활성화된다는 것이다. 수많은 정교한 조작을 통하여, 데블린과 동료들은 좌반구 측두엽 중앙과 복측 영역이 단어를 부호화하는 방식에서 큰 차이가 있음을 확인했다. 이미 앞에서 길게 설명했던 것처럼, 복측 문자상자 영역만이 문자의 시각적 부호화를 담당한다. 데블린은 문자상자 영역의 활성화가 단어쌍이 시각적으로 비슷하게 보일 때(hunt와 hunter) 감소하며, 심지어 두 단어의 의미가 서로 관련이 없는 경우(horn과 honey)에도 감소하는 것을 발견하였다. 게다가, 문자상자 영역은 sofa와 couch가 의미하는 바가 비슷하다는 사실을 파악하지 못했다. 이것은 우리가 기대한 것과 정확하게 일치하는데, 문자상자 영역은 오직 단어의 철자에 집중하기 때문이다. 대조적으로 좌반구 중앙 측두 피질은 의미적으로 관련 있는 단어쌍에 분명한 민감성을 나타내었다. 즉, sofa-coach 또는 hunt-hunter와 같은 단어쌍에는 민감하게 반응하였지만, horn-honey와 같이 철자만 비슷한 쌍에는 반응하지 않았다.

다른 연구들은 이 두 번째 영역이 단어의 의미를 담당하고 있음을 확인했다. 일본어 독자에게 이 영역은 어떤 단어가 칸지로 적혔건 카나로 적혔건 동일하다는 것을 재인하는 유일한 영역이다.[115] 칸지와 카나는 문자의 형태가 매우 다르다는 것을 상기하기 바란다. 이 영역은 또한 문자 단어보다는 음성 단어 사이의 의미 관계에 민감하다.[116] 그러므로 이 영역은 단어 의미를 구성하는 요소들을 처리하며, 자극이 주어진 방식이 그림인지, 음성인지, 문자인지는 무시한다.

그러나 뇌의 의미 네트워크가 단일 단어들만 처리하는 것은 아니다. 측두엽 전방 영역들은 문장 속 각 단어가 가진 의미를 결합하는 데 집중하는 것 같다.[117] 전두엽 아래쪽에 있는 또 다른 영역은 여러 의미 중 하나를 선택하는 것 같다. 그 영역은, 우리가 "the shell was fired toward the tank"와 같은 다의어를 여러 개 포함하는 문장을 들을 때, 측두 영역과 함께 활성화된다.[118] 다음과 같은 애매모호한 뉴스 제목을 읽을 때, 이런 뇌 영역들이 이해를 위해 얼마나 노력할지 생각해 보라.

Some Pieces of Rock Hudson Sold at Auction

Deaf Mute Gets New Hearing in Killing

Two Convicts Evade Noose, Jury Hung

Milk Drinkers Are Turning to Powder

Dealers Will Hear Car Talk at Noon

Sex Education Delayed, Teachers Request Training

Include Your Children When Baking Cookies[119]

지금까지 연구자들은 일부 중요한 뇌 영역을 찾아냈지만, 의미가 실제로 피질에서 어떻게 처리되는가 하는 문제는 여전히 어렵다. 신경망이 의미를 파악하는 과정은 아직도 불가사의하다. 그러나 우리는 의미가 단지 몇 개의 뇌 영역에 국한되어 있지 않으며, 아마도 대뇌 피질 도처에 분포되어 있는 다수의 뉴런 배열들에 의존한다는 것을 알고 있다. [그림 2-18]에 있는 전두 영역과 측두 영역은 빙산의 일각에 지나지 않는다. 우리가 단어 의미를 검색할 때 이런 영역이 활성화되지만, 아마도 이 영역들은 의미 그 자체를 저장하고 있는 것이 아니고, 피질의 여러 영역에 펴져 있는 의미 정보에 접근하는 것을 도울 뿐이다. 신경학자 안토니오 다마시오(Antonio Damasio)에 따르면,[120] 그 영역들은 신호를 수집해서 많은 다른 영역으로 보내는 '수렴 지역(convergence zones)'으로서 기능한다. 이 영역들은 아마 여기저기 흩어져 있는 의미 조각을 모으고 묶어서 일정한 뉴런 집합을 구성하며, 이런 집합들이 단어 의미의 신경적 기초가 될 것이다.

동사 bite를 예로 들어 보자. 이 단어의 의미를 생각하는 동안, 우리의 마음은 관련된 신체 부위를 금방 떠올릴 것이다. 입과 치아, 그것들의 움직임, 그리고 아마도 깨물렸을 때의 고통도 떠오를 것이다. 이러한 모든 제스처, 운동, 느낌은 bite라는 항목과 연결되어 있다. 그리고 이러한 연결은 양방향으로 작용한다. 관련된 특정 사항들에 대해 말할 때 우리는 그 단어(bite)를 떠올릴 것이고, 반대로 그 단어를 듣거나 읽을 때 수많은 관련 의미들이 떠오를 것이다.

측두엽 외측 영역은 단어 모양과 의미 구성 요소 사이에서 중재 역할을 담당하는 것 같다. 이 영역은 서로 다른 범주의 단어에 전문화된 하위 영역으로 세분화될 수 있다. 예를 들면, 얼굴, 사람, 동물, 도구, 채소 등의 범주는 서로 다른 뇌 영역으로 들어간다. 각 뇌 영역은 서로 다른 소스로부터 의미 구성 요소를 수집한다. 두정엽은 숫자와 신체 부위를, 후두 영역 V4는 색채를, 후두 영역 V5는 운동을, 두정엽 중앙과 전방은 운동과 제스처를, 브로드만 10번 영역은 의도와 신념을, 측두극은 고유명사를 담당한다.

여기서 다시, 뇌병변은 고유하고 특별한 정보를 제공한다. 뇌졸중은 환자에게서 좁은 영역의 지식을 선택적으로 박탈하는 일이 흔하다. 예를 들어, 어떤 환자는 동물에 대한 음성 지식과 문자 지식을 모두 잃고 사진으로도 알아볼 수 없게 된다.[121] 그들은 "사자는 어디에 사는가?" 또는 "코끼리는 어떤 색인가?"와 같은 단순한 질문에도 대답을 못한다. 그러나 동사, 도구, 유명한 사람 등 다른 영역에 대한 지식에는 문제가 없다. 다른 환자의 경우에는 동물 범주는 보존되어 있지만 다른 범주는 상실된다. 좌반구 측두 영역과 전두 영역 내에 분포되어 있는 여러 부위가 범주 특정적 장애와 연합되어 있을 수 있다.[122] 기능적 영상화는 이런 국재화에 대한 지식을 향상시켰다. 명사 또는 동사, 동물 또는 도구를 생각할 때 서로 다른 피질 영역이 활동한다.[123]

더 정교한 의미 구별에 대해서는 탐구가 더 필요하다. 최근에 프리드만 풀버멀러(Friedemann Pulvermuller)와 동료들은 동사에 대한 뇌 반응을 비교하였다. 동사는 모두 신체 동작을 나타냈지만 세부적 내용은 서로 달랐다. bite 또는 kiss와 같은 동사는 입 동작을 떠올리게 했고, 다른 동사(write, throw)는 손동작을 떠올리게 했으며 또 다른 동사(kick, walk)는 다리와 발에 의해 수행되는 동작을 떠올리게 했다.[124] 의미의 주목할 만한 단편화(fragmentation)가 관찰되었다. 각각의 동사 형태는 전운동피질(premotor cortex)의 서로 다른 영역을, 즉 '신체 운동 호문쿨루스(motor homunculus)'의 서로 다른 위치를 활성화시켰다. 따라서 단어 의미는 뇌 네트워크에 문자 그대로 '체화되어(embodied)' 있는 것 같다. 문자열이 의미를 갖게 되는 것은, 그것이 200～300ms의 짧은 시간 동안에, 감각적 · 운동적 · 추상적 뇌 영역에 흩어져 있는, 위치, 숫자, 의도 등의 무수히 많은 특징을 활성화시킨 결과다.

측두엽의 위계적 연결은 단어 모양을 의미 특징과 결합시킴으로써, 기호 접지 문제(symbol grounding problem)라 불리는 것을 해결한다. 페르디낭 드 소쉬르(Ferdinand de Saussure)가 강조하였듯이 모양과 의미의 관계는 임의적이다. 임의의 문자열은 임의의 개념을 나타낼 수 있다. 그러나 우리가 언어를 배우면 임의성은 사라진다. 우리는 lion이라는 단어에서 한 마리의 동물을 본다. 그리고 giraffe는 동사가 아니라는 것을 안다. 이런 단어들 각각은 측두엽 연결을 통해서 각 단어에 의미를 제공하는 수많은 산재한 뉴런들과 단단하게 결합되어 있다.

대뇌 속의 만조

뇌의 이곳저곳에 분산되어 있는 수십 개의 의미 단편들에 어떻게 활성화가 전파되는지를 설명하는 가장 쉬운 방법은 만조(tidal bore) 현상에 비유하는 것이다. 일부 하천에서는 하루에 두 번, 높은 조수에 의해, 거대한 파도의 앞 가장자리가 하구의 깊은 곳까지 도달하는 특이한 현상이 발생할 수 있다. 만약 조건이 갖추어진다면, 파도는 수십 마일 상류까지 이동할 수 있다. 바닷물은 보통 먼 내륙까지 도달하지 못한다. 만조는 먼 바다에서 발생하여 동시에 전파되는 수면 상승을 하천 전체 시스템에 전달하는 것이다. 항공기나 인공위성만이 이 아름다운 자연현상을 제대로 포착할 수 있다. 불과 몇 분 동안에, 하천의 전체 네트워크는 강력한 바닷물의 폭등에 의해서 넘쳐흐르게 되는데, 그 이유는 모든 하천이 같은 바다로 유입되기 때문이다.

문자 단어 또는 음성 단어가 뇌 속의 의미 단편들을 활성화시키는 것은 만조가 강바닥 전체를 침범하는 것과 유사하다. cheese라는 단어를 croil이라는 비단어와 비교할 때 유일한 차이는 대뇌 속에 야기되는 파도의 크기다. 친숙한 단어는 측두엽 네트워크에서 공명을 일으키고, 수백만 개의 뉴런들 위에 엄청난 규모의 동시 진행 파도를 생성한다. 이 만조는 대뇌 피질의 아주 먼 영역까지 도달하며, 의미 단편을 부호화하는 많은 뉴런 집단과 차례로 충돌한다. 그러나 비단어의 경우에는 비록 그것이 시각 분석의 첫 단계를 거치더라도 측두 피질에 반향을 일으키지 못하며, 비단어가 발생시킨 파도는 금방 무의미한 거품으로 소실된다.

대뇌 속의 만조를 실시간으로 관측할 수 있을까? 나는 1995년에 독서 중 일어나는 어휘 접근의 놀라운 속도를 측정할 수 있었다.[125] 실험은 참가자들이 문자열을 보고 있는 동안에 64개의 전극으로부터 EEG를 측정하는 것이었다. 어떤 문자열은 'PGQLST' 처럼 자음으로만 구성되었으며, 영어의 철자 규칙을 무시하였다. 다른 문자열은 네 개의 범주 중 어느 하나에 속하는 단어들이었다. 네 개의 범주는 숫자, 고유명사, 동물 그리고 동작을 나타내는 동사였다. 두피 표면에서의 전압 변화를 1ms에 1회씩 추적하였으며, 읽기의 두 가지 주요 처리의 지속시간을 결정할 수 있었다. 철자 처리는 합법적 문자열만 통과시키며, 의미 처리는 단어를 의미에 따라 분류한다. 자음문자열이 진짜 단어와 구별되는 데 필요한 시간은 겨우 180ms였다. 활동 뇌 부위를 조사한 결과, 초기 처리는 좌반구 측두엽의 문자상자에서 일어남을 알 수 있었다. 중요한 것은, 네 가지 범주의 단어들이 대뇌 피질의 다른 영역을 활성화시키는 데 필요한 시간은 추가적으로 겨우 80ms였다. 그러므로 만조가 의미의 해변에 도달하기까지 경과한 시간은 겨우 4분의 1초였다.

최근에 더욱 진화된 MEG 기술은 대뇌 활성화의 파도를 두피에서뿐만 아니라 피질 표면에서도 관찰하도록 해 준다. 이 기술을 이용하면 하나의 단어가 차례로 접촉해 나가는 영역들을 마치 영화의 슬로우 모션처럼 보여 줄 수 있다. 텍사스 대학의 파나기오티스 시모스(Panagiotis Simos)와 동료들은 이런 방법을 이용하여 단어의 피질 궤적을 추적하였으며, 단어들이 지나가는 피질 경로가 서로 다른 것을 관찰하였다. 그들은 참가자들에게 세 가지 범주에 속하는 문자열을 소리 내어 읽도록 요구했다.

- 유사단어(pseudo-word), 즉 영어의 철자규칙을 따르는 무의미 문자열. 예를 들면 trid 또는 plosh와 같은 유사단어는 심성어휘집에 등재되어 있지 않기 때문에 철자-발음 변환 경로를 통해서만 음독할 수 있으며, 이 경로는 의미에 대한 참조 없이 발음규칙을 적용한다. 따라서 유사단어는 말소리를 처리하는 측두엽 위쪽은 활성화시키지만, 의미 처리와 관련된 측두엽 가운데 부위는 활성화시키지 않을 것으로 기대된다.
- 유사동음어(pseudo-homophone), 즉 발음은 실제단어와 같지만 철자가 다른 문자열. 예를 들면, hed(head와 동일 발음) 또는 wimen(women과 동일 발음). 유사동음어도 철자-발음 경로를 경유하여야만 음독이 가능하다. 그러나 일단 발음이 인출되면 의미를 불러일으킬 수 있다. 그러므로 뇌 활성화는 측두엽 위쪽에서 시작해서 가

운데 부분으로 전파될 것으로 기대된다.

- 실제단어(real word), 아주 흔하지만 발음은 불규칙한 단어. 예를 들면, have 또는 eye. 이런 경우에는 뇌 활성화가 반대 방향으로 흘러갈 것으로 기대된다. 단어의 발음을 인출하기 위해서는 먼저 심성어휘집을 검색하여야 한다. 따라서 만조는 먼저 어휘 영역과 의미 영역에 도달하고, 그 후에 말소리를 부호화하는 영역에 도달할 것이다.

실험 결과는 위에서 예측한 대로 나타났다. 150ms까지는 뇌 활동이 후두엽의 시각 영역에 국한되었다. 약 200ms 후에는 좌반구 문자상자 영역까지 전파되었다. 여기까지는 세 범주의 자극 사이에 탐지할 수 있는 차이가 나타나지 않았다. 그러나 그 후 즉시 서로 다른 뇌 활동이 일어나기 시작하였다. 유사단어와 유사동음어는 측두엽 위쪽, 특히 좌반구 측두평면을 활성화시켰다. 이 영역은 말소리에 대한 표상을 가지고 있다. 불규칙 단어는 좌반구 측두엽 가운데 부위를 활성화시켰다. 이 부위에는 의미 '수렴 지역' 이 포함되어 있다. 그리고 얼마 있다가 제2의 파도가 청각 영역을 자극하였다. 마지막으로, 의미 영역은 의미가 없는 유사단어에 의해서는 활성화되지 않았으나, hed와 같은 유사동음어에 의해서는 활성화되었다.

이런 뇌 영상 결과는 많은 읽기 연구의 결론과 잘 맞아떨어진다. 우리는 단어를 이해하기에 앞서서 마음속으로 단어를 발음해야 하는가? 아니면 발음 단계는 건너뛰고 문자열로부터 의미로 바로 이동할 수 있는가? 둘 다 가능하지만 단어 유형에 달려 있다. 철자가 불규칙한 단어뿐만 아니라 보통 단어도 측두엽 가운데 있는 의미 영역으로 바로 향할 수 있다. 시모스의 실험에서, 참가자들이 이런 단어를 음독하는 데 걸린 시간은 이 영역이 활성화되는 속도와 상관이 높았다. 다른 단어들은, 규칙적이든, 희귀하든, 모르든, 측두엽 위쪽의 청각 영역을 사용하여 마음속으로 먼저 발음을 해 보고서야 의미를 파악할 수 있다. 시모스의 실험에서 이런 단어를 음독하는 속도는 소리 영역이 활성화되는 시간과 높은 상관이 있었다.

뇌는 문화적 다양성을 제한한다

뇌 속에 있는 두 개의 읽기 경로를 파악하였으므로 이제는 뇌가 다양한 문자를 어떻게 다루고 있는지의 문제로 돌아갈 차례다. 세계의 많은 표기 체계는 '철자 투명도(spelling transparency)'가 매우 다르다([그림 2-20]).[126] 이탈리아어와 같은 몇몇 언어는 투명한 표기법을 가지고 있으며 철자-발음 규칙은 간단하고 거의 예외가 없다. 만약 문자를 발음할 수 있다면, 당신은 어떤 이탈리아어 단어 또는 유사단어도 읽을 수 있다. 다른 언어들은 불투명하다. 영어에서는 똑같은 ough가 tough와 though에서 다르게 읽힌다. 이런 유형의 언어에서는 변환 규칙만으로는 충분하지 않다. 문자 단어를 발음하기 위해서, 영어 독자는 커다란 심성어휘집을 가져야 하며, 그곳으로부터 단어 발음을 인출해 내야 한다. 철자-발음 규칙이 있기는 하지만, 수많은 예외들 때문에 어휘 기억을 항상 참조해야 한다.

중국어와 일본어는 철자 투명도 척도의 한쪽 극단에 위치한다. 이런 언어에서 독자는 수천 개의 문자를 기억해야 한다(약 7,000개의 한자가 일상생활에서 필요하며, 고전 문학을 읽기 위해서는 40,000개 정도가 필요하다). 각 한자는 해당되는 음성 단어와 연결되어 있다. 이런 대응은 완전히 임의적인 것은 아니다. 사실, 많은 한자는 성부(phonetic marker)를 가지고 있으며, 성부의 표시는 상당히 일관성이 있다. 예를 들면, 어떤 성부는 [ma]이고, 다른 것은 [ti]이고, 또 다른 성부는 또 다른 음절을 나타낸다. 그렇기는 하지만 성부의 수가 너무 많고 예외도 있다. 그래서 철자-발음 규칙의 개념은 적용하기 어렵다. 중국어 문자(=한자)는 글자와 발음의 확률적 연합에 주로 의존하며, 연합은 한 번에 하나씩 배워야 한다. 왜냐하면 연합 구조를 지배하는 어떤 추상적 규칙도 없기 때문이다.

문화적 차이가 뇌의 읽기 회로에 미치는 영향은 무엇인가? 여기서도 문화적 일반화가 지배적인 것 같다. 뇌 영상은 비록 이탈리아어, 영어, 중국어, 일본어 독자 간에 약간의 차이를 보여 주지만, 보편적 회로의 국소적 조정에 불과하다([그림 2-20]). 앞서 설명한 두 개의 읽기 경로는 모든 문화에 존재하고 뇌의 동일한 부위에 자리 잡고 있다. 유일한 차이는 각 언어가 경로를 이용하는 방식에 있다. 중국어의 한자나 일본어의 칸지는 단어

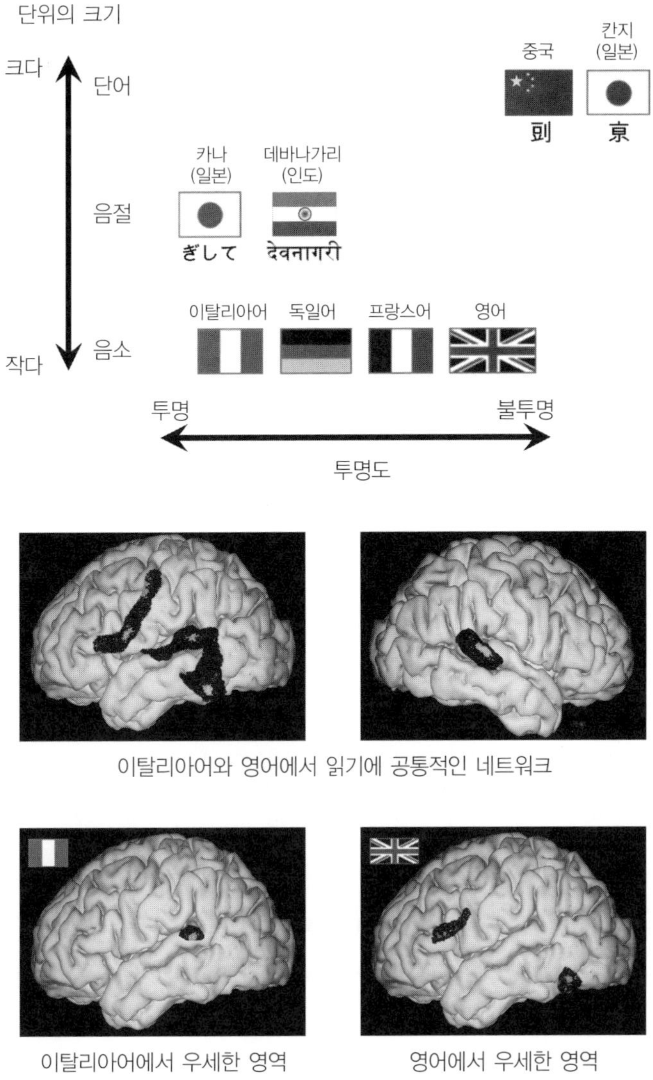

그림 2-20 표기 체계의 투명성은 뇌 구조에 영향을 준다. 표기 체계는 문자가 표상하는 단위(음소, 음절 또는 전체 단어)와 투명성(문자-발음 변환의 규칙성)에서 서로 다르다. 이탈리아어 철자는 매우 규칙적이지만 영어 철자는 불규칙적이며 예외적인 것으로 가득하다. 이탈리아어와 영어에서의 뇌 활성화를 비교해 보면, 읽기 네트워크의 여러 부분에서 작은 차이들이 발견된다. 이탈리아어에서는 측두엽 위쪽의 청각 영역이 더 강하게 활성화되고, 영어에서는 좌반구 하전두 영역과 후두측두 영역이 더 크게 활성화된다(Paulesu et al., 2000에서 인용).

를 나타내며, 심성어휘집과 관련된 영역(특히 좌반구 측두엽의 중앙 부위)에서 더 큰 활성화를 일으킨다. 간단한 규칙을 이용하여 말소리를 표기하는 체계, 예를 들면 알파벳 표기, 중국어 병음(pinyin) 또는 일본어 카나 문자 등은 철자-발음 변환 경로를 경유하여 직접 청각 영역(특히 좌반구 측두엽 위쪽과 각회)을 활성화시킨다.[127]

문화적 차이는 알파벳 표기 체계 간에도 발견될 수 있다.[128] 이탈리아어는 매우 투명한 언어이며, 측두엽의 청각 영역에서 영어보다 더 큰 활성화를 일으키는데, 철자-발음 규칙이 더 간단하기 때문이다. 영어는 불투명한 체계를 가지고 있으며, 좌반구 하전두 영역에서 더 큰 활성화를 일으킨다. 이 영역은 의미 선택과 어휘 선택에 관여한다. 또한 좌반구 후두측두 영역에서도 증가된 활동을 나타낸다. 이런 패턴이 나타나는 이유는, '시각적 단어 형태'의 처리가 영어에서 더 많은 작업을 요구하기 때문일 것이다. 이탈리아어 독자는 단어 속 문자를 하나씩 찾아서 그것을 소리로 바꾸면 되는 반면에, 영어 독자는 문자의 전후 맥락을 고려해야만 한다. 그렇게 해야 ou, gh, ing와 같은 복잡한 자소를 추출할 수 있으며, 자소 단위를 기반으로 할 때 영어의 철자-발음 규칙성은 어느 정도 향상될 수 있다.

어떤 의미에서 언어 간 차이는 한 언어 내에 존재하는 규칙 단어와 불규칙 단어의 차이와 유사하다. 영어 독자가 colonel과 같은 불규칙 단어를 읽을 때의 뇌 활동은 중국어 독자의 뇌 활동과 비슷하다. 영어 독자들이 불규칙 단어들을 읽을 때는 어휘-의미 경로에 의존한다. 이 경로는 불규칙 단어를 마치 고유의 발음을 가진 하나의 글자처럼 취급한다. 대조적으로, 영어 독자가 새로운 규칙 단어를 읽는 경우, 예를 들면 나보코프의 lo-lee-ta를 읽는 경우 이탈리아어 독자처럼 직접적인 철자-발음 경로에 의존하게 되며 측두엽 위쪽 부위가 활동하게 된다.

마지막으로, 이런 모든 발견은 읽기 회로의 근본적 보편성을 지지한다. 표기 체계와 철자 규칙의 다양성에도 불구하고, 전 세계 사람들은 글을 읽을 때 대체로 같은 뇌 영역을 사용한다. 한자, 알파벳 문자, 히브리 문자, 일본어 칸지 등은 모두 매우 유사한 피질 처리 경로를 이용한다. 또한 모든 문자는 시각 피질로 들어가고, 이어서 좌반구의 문자상자 영역으로 유도되며, 거기서 모양, 크기, 위치와는 상관없이 재인된다. 그다음에 문자상자에서 출력된 시각 정보 꾸러미는 두 개의 경로 중 하나로 보내진다. 한 경로는 그

꾸러미를 소리로 변환하며, 다른 경로는 의미로 변환한다. 두 경로는 동시에 그리고 나란히 작동한다. 그러나 단어의 규칙성 정도에 따라서 어느 한 경로가 우위에 설 수 있다.

읽기의 진화

읽기를 위한 뇌 영역의 놀라운 보편성은 우리로 하여금 다시 한 번 뇌의 진화를 둘러싼 수수께끼를 직면하게 한다. 뇌는 어떻게 읽기에 전문화된 회로를 가지게 되었을까? 왜 시각적 단어 재인에는 항상 뇌의 동일한 영역이 관여하는가? 무슨 우연의 일치로 이 영역은 효율적 읽기를 위해 요구되는 모든 특징, 즉 공간 불변성 능력, 문자의 추상적 형태를 학습하는 능력, 다른 언어 영역과의 적절한 연결 등을 갖게 되었는가? 이런 특성은 뇌가 읽기를 위한 본능을 가지고 있음을 시사하는 것은 아닌가? 결코 그렇지 않다. 그것이 불가능하다는 반박할 수 없는 논리가 있다. 읽기의 발명은 너무나 최근의 일이라서 인간 게놈은 거기에 적응할 시간적 여유가 없었다. 수십만 년에 걸쳐서 인간 종이 서서히 출현하는 동안, 언어 사용과 사회화를 위한 특별한 장치들은 인간의 뇌 속에서 진화하였다. 그러나 읽기는 여기에 해당되지 않는다. 읽기는 겨우 수천 년의 역사밖에 없기 때문이다.

인간이 읽기를 위해서 영장류의 시각 체계를 전용한 것이 사실이라면, 우리는 이제 다른 영장류의 뇌에 주목할 필요가 있다. 인간이 지금 읽기에 이용하는 뇌 영역을 가지고 침팬지는 무엇을 하는가? 어떻게 해서 이 영역이 문자 단어 재인이라는 새로운 문화 활동에 이용되게 되었을까?

제3장

글 읽는 원숭이

'읽기'는 진화 과정에서 형성된 영장류 시각의 신경 메커니즘을 이용한다. 동물 연구는 원숭이 뇌에 시각적 특징에 반응하는 뉴런 위계가 있음을 보여 준다. 시각 뉴런은 많은 기초적 형태에 반응하며, 그것들을 조합하여 모든 대상을 부호화할 수 있다. 짧은꼬리원숭이의 뉴런은 문자 모양과 유사한 선분 접합(예를 들면, T, Y 그리고 L)에 반응한다. 그런 형태는 대상을 인식하는 데 있어서 유용한 불변 정보를 제공한다. '신경 재활용' 가설에 따르면, 이런 뉴런 위계의 일부가 읽기 학습 과정에서 문자나 단어를 재인하는 데 전용된다.

오만하게도 인간은 스스로를 위대한 작품이라고 생각하며 신의 창조물이라고 믿는다. 하지만 좀 더 겸손하게 말해서, 인간은 동물로부터 만들어진 것이라고 나는 믿는다.

– 찰스 다윈, 『노트북』(1838)

나는 사람과 침팬지가 다른 것이 마치 말과 오리너구리가 다른 것과 같다는 주장을 그냥 받아들일 수가 없다. 이에 대해 침팬지는 뭐라고 말할까?

– 찰스 다윈, 『헉슬리에게 보낸 편지』(1863)

인간 인지능력의 진화적 기원을 찰스 다윈(Charles Darwin)보다 더 강하게 주장한 사람은 없다. 그는 저서 『종의 기원』(1871)과 『인간과 동물의 정서 표현』(1872)에서 인간 행동의 기원이 동물에 있음을 보여 주는 수많은 관찰 증거를 제시하였다. 심지어 언어도 이 규칙에서 벗어나지 않는다고 주장하였다. "인간은 말하는 본능을 가지고 태어난다. 어린아이의 옹알이를 보면 알 수 있다." 다윈은 인간의 언어 학습과 새의 노래 습득을 체계적으로 비교한 최초의 과학자다.

심지어 인간 종의 특징인 고도의 지적 능력, 사회적 정서, 윤리 의식, 문화적 발명 등을 이해하기 위한 시도에서도 다윈의 메시지는 분명하다. 침팬지를 비롯한 영장류가 인간 기원의 열쇠를 쥐고 있다는 것이다.

다윈 이론은 '읽기' 에도 적용 가능하다. 인류와 근본적으로 동일한 다른 영장류에서 인간과 유사한 신경회로를 찾아내야 비로소 읽기에 사용되는 신경회로를 이해할 수 있다. 지난 백 년 동안의 연구는 인간을 포함한 모든 영장류가 외부 세계를 지각할 때 사용하는 신경 메커니즘을 밝혀내기 시작하였다. 이런 메커니즘이 인간 고유의 읽기 능력에 대해서도 해답을 줄 수 있을까? 글 읽는 뇌는 문자, 음절, 단어 등에 특화된 뉴런을 가지고 있을까? 인간이 읽기를 학습할 때 어떤 종류의 신경 부호가 뇌에 각인될까?

원숭이와 인간에 대하여

1930년대에 행동과학자 하인리히 클뤼버(Heinlich Klüver)와 신경외과 의사인 폴 부시(Paul Bucy)는 짧은꼬리원숭이의 뇌 손상이 가져오는 기이한 현상을 함께 연구하였다.[129] 양쪽 반구 측두엽에 손상을 입은 짧은꼬리원숭이에서 놀라운 증상들이 나타났고, 이는 지금 클뤼버-부시 증후군(Klüver-Bucy syndrome)으로 알려져 있다. 원숭이의 시각적 · 미각적 · 사회적 · 성적 행동에서 심각한 변화가 일어났다. 손상을 입은 원숭이는 마치 동료나 대상 혹은 음식 등을 더 이상 알아보지 못하는 것처럼 행동했다. 입을 사용해서 닥치는 대로 주변 환경을 탐색하였고, 부적절한 대상과 교미하려 하거나 주변의 물건을 먹으려고 하였다. 클뤼버와 부시는 이런 시각 상실을, 독일 신경학자 하인리히 리사우어(Heinrich Lissauer, 1890)를 따라서, '정신맹(psychic blindness)' 이라고 불렀다. 원숭이는 빛을 보지 못하는 순수한 실명은 아니었지만, 더 이상 사물을 알아보지 못하고 형태를 재인하지 못하였다.

이십여 년 뒤에 신경생리학자 칼 프리브램(Karl Pribram)과 모티머 미시킨(Mortimer Mishkin)은 클뤼버-부시 원숭이의 시각장애의 원인이 되는 뇌 영역을 찾아냈다.[130] '정신맹' 은 복측 측두엽의 손상에서 비롯되었다([그림 3-1]). 이런 손상을 가진 원숭이는 더 이상 사물을 구별하지 못하였다. 또한 원숭이는 시각적 학습에 장애를 보였다. 원숭이는 줄무늬 녹색 공이 아니라 붉은 입방체 아래에 먹을 것이 숨겨져 있다는 것을 학습하지 못하였다. 수백 번의 훈련 시행 후에도, 원숭이는 여전히 두 개의 대상 중 아무거나 무작위로 집어 들었다. 원숭이가 보지 못하는 것은 아니었다. 원숭이는 정상적으로 활동하였고 주위의 대상을 찾거나 잡을 수 있었다.

이미 1890년에 하인리히 리사우어는 인간에서 유사한 현상을 보고했다. 좌반구 측두영역에 뇌졸중이 발생한 환자들은 대상을 여전히 잘 다루고, 시력이 정상이었음에도 불구하고, 대상을 더 이상 시각적으로 재인할 수 없었다. 즉, 대상이 무엇인지 알아보지 못

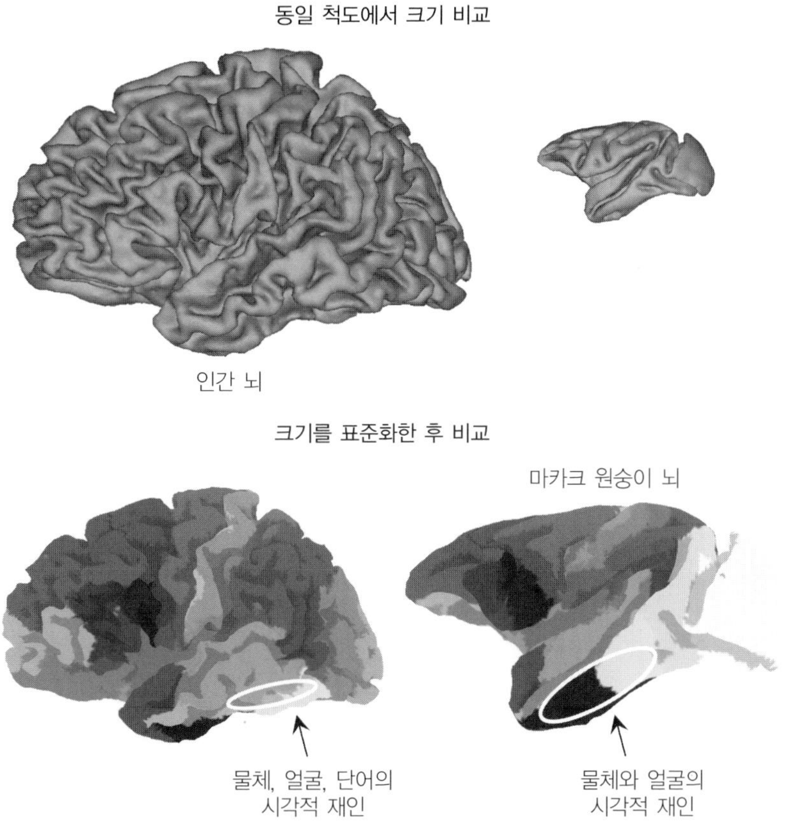

그림 3-1 읽기 능력과 관련된 후두측두 영역은 영장류의 경우에는 대상이나 얼굴의 재인을 담당하는 것으로 알려져 있다. 인간과 원숭이의 뇌는 피질 표면에서 커다란 차이가 있음에도 불구하고, 피질 세포층의 미세 구조에서 수많은 유사성을 나타내는데, 이는 인간과 원숭이의 뇌 영역들 사이에 어떤 체계적 대응을 시사한다.

하였다.[131] 리사우어가 '정신맹' 혹은 '시각 실인증(visual agnosia)' 이라고 부른 이런 장애는, 인간과 영장류의 '시각적 대상 재인(visual object recognition)' 이 특별한 뇌 경로에 의지한다는 것을 보여 준 최초의 사례다.

인간의 경우, 대상 재인을 담당하는 측두 영역은 뇌의 아래쪽에 위치한다. 짧은꼬리원숭이의 경우에는, 대상 재인 영역이 인간에 비해 조금 더 바깥쪽으로, 그리고 측두엽의 앞쪽까지 연장되어 있다([그림 3-1]). 이런 차이는 아마도 인간의 대뇌 피질 중 언어 처리와 의미 네트워크를 담당하는 연합 영역의 확장 때문인데, 인간은 측두엽의 전방과 외측이 확장되어 있다.

연합 영역의 확장으로 인해 인간의 시각적 재인 영역이 뇌 아래쪽으로 이동했지만, 공통 조상에서 연유한 동질성 또는 유사성은 여전히 인간 뇌와 다른 영장류 뇌 사이의 연관성을 시사한다. 해부학자 코르비니안 브로드만(Korbinian Brodmann)은 피질의 미시적 구성에 대해 세밀하게 조사했으며, 특히 피질 뉴런이 어떻게 집단화하여 세포층을 형성하는지에 대해서 조사했다. 이를 바탕으로 1910년에 피질 영역의 하위 분류를 발표하였다. 이는 오늘날까지 널리 받아들여지고 있다. 약간 차이가 있기는 하지만, 해부학적으로 보았을 때 짧은꼬리원숭이와 인간 모두에서 동일한 뇌 영역이 관찰된다. 특히 브로드만이 20번, 37번이라고 명명한 영역은 원숭이와 인간 모두에게 있고, 똑같이 시각적 재인을 담당한다. 우리가 읽기를 할 때 활성화되는 '문자상자' 영역은 정확하게 브로드만 37번 영역 안에 들어가 있다. 그러므로 읽기는 뇌 속의 완전히 새로운 영역 또는 인간에게만 고유한 어떤 영역에서 이루어지는 것이 아니다. 우리가 문자 단어를 재인할 때 이용하는 뇌 영역은 오랜 시간에 걸쳐 진화한 것이며, 과거 수천만 년 동안 대상의 시각적 재인을 담당해 온 영역이다. 뇌의 문자상자 영역은 리사우어, 클뤼버, 부시가 발견한 뇌 영역, 즉 손상이 되면 '정신맹' 이 유발되는 바로 그 영역과 정확히 일치한다.

대상을 인식하는 뉴런

어떤 물체이건 망막 위에 서로 다른 여러 이미지를 형성할 수 있다. 대상(object)을 서로 다른 각도에서 바라보거나, 동일한 대상이 시선의 왼쪽 또는 오른쪽에 제시되는 경우를 생각해 보라. 이런 가변성은 세상을 범주화하여 재인하는 신경회로에 중대한 문제가 된다. 인간의 대상 재인의 특징은 어떤 대상이 멀리 있든 가까이 있든, 왼쪽에 있든 오른쪽에 있든, 수직 방향이든 수평 방향이든, 또는 밝든 어둡든 동일한 대상으로 알아본다는 것이다. 조명, 경사, 거리, 위치 등에 관계없이 금방 대상을 알아볼 수 있다. 진화 과정에서 뇌는 세상을 불변적으로 지각하도록 강한 선택적 압력을 받아 왔다. 이것은 의심의 여지가 없다. 지금은 불변성이 하측두엽(inferior temporal lobe)의 특성이라는 것이 잘 알려져 있다. 복측 측두 영역에 손상을 입은 원숭이는 더 이상 대상을 불변적으로 재인하지 못한다. 손상 원숭이는 정상 원숭이와 달리, 조명, 크기, 위치 등의 조건이 달라지면 학습한 것을 적용하지 못했다.[132] 결국 뇌 손상 실험들이 보여 주는 것은 하측두 피질이 불변적 시각 정보를 수집하는 데 핵심적 역할을 한다는 것이다. 이런 불변성은 선천적 능력이며, RADIO, radio, RaDiO를 동일한 단어로 재인하는 인간의 능력과도 관계가 있다.

최근에 단일 뉴런 기록법을 이용하여 짧은꼬리원숭이의 뇌가 시각적 대상을 처리하는 방식이 상세하게 연구되고 있다. 1960년대 후반에 이미 데이비드 허블(David Hubel)과 토르스텐 비셀(Torsten Wiesel)은 고양이의 일차 시각 영역에서 뉴런 활동을 기록하였으며, 뉴런이 단순한 선분 모양의 빛에 반응해서 발화한다는 사실을 발견하였다. 이들은 1982년에 노벨상을 수상하였다. 1970년대와 1980년대에 들어서는, 몇몇 선구적 신경과학자들(Robert Desimone, Charles Gross, David Perrett, Keiji Tanaka)이 허블과 비셀의 뒤를 이었으며, 실험 전극의 위치를 원숭이 뇌 앞부분으로 옮겨 관찰하였다.[133] 그 결과, 하측두 뉴런을 발화시키기 위해서는 단순한 선분이 아니라 좀 더 복잡한 자극을 제시해야 한다는 것을 발견하였다. 연구자들은 아주 다양한 종류의 이미지, 모양, 얼굴 그리고 물건을 가져다가 원숭이에게 하나씩 보여 주면서 단일 전극을 이용해 뉴런 발화를 기록하였다.

뉴런 발화의 선택성은 연구자들을 놀라게 하였다. 어떤 뉴런은 얼굴에 대해서만, 또 어떤 뉴런은 수십 개의 대상 가운데 특정 대상에 대해서만 반응하였다([그림 3-2]). 그러나 주목할 것은 뉴런의 반응에는 이런 선택성과 함께 항상성이 있다는 것이다. 뉴런은 입력 이미지의 디테일이 많이 달라져도 여전히 동일한 반응을 나타내었다. 일차 시각 피질에서 뉴런 반응은 망막상의 매우 좁은 창(=수용장)에 조건화되어 있어서, 다른 위치에 나타나는 자극은 무시된다. 하지만 하측두 피질의 뉴런은 완전히 다르다. 하측두 피질의 뉴런은 수용장이 아주 커서, 선호하는 대상이 화면의 어디에 나타나든 반응한다. 이런 선호성은 이미지가 멀리 이동하거나 크기가 배로 늘거나 반으로 줄어도[134] 또는 조명의 방향과 그림자가 바뀌어도[135] 나타난다.

그렇다면 대상이 회전하는 경우에는 어떻게 될까? 시각 체계에서 '회전 불변성'은 매

그림 3-2 원숭이의 하측두 피질에 있는 뉴런들은 특정한 대상, 얼굴 또는 장면을 볼 때 놀랄 만큼 선택적으로 반응한다. 위 그림은 의자에만 선택적으로 반응하는 뉴런의 행동을 보여 준다. 100개의 그림 중 의자에 대해서만 발화율이 급증한다(Tamura & Tanaka, 2001에서 인용).

우 어려운 문제인 것 같다. 시각적 재인의 초기 단계에서 얼굴 각도를 조금씩 회전시킨 경우 서로 다른 각도의 얼굴은 동일한 뉴런에 의해 부호화되지 않는다. 얼굴의 오른쪽, 정면 그리고 왼쪽의 이미지는 서로 인접해 약간 중첩되어 있는 피질 영역들을 활성화시킨다([그림 3-3]).[136] 어떤 대상이 망막상에서 회전하고 있으면, 대부분의 하측두 뉴런은 특정 방향의 이미지에만 반응한다. 대상이 선호 방향을 벗어나는 경우, 뉴런은 40도 차이 이내에서는 반응하지만 더 이상의 차이에는 반응을 멈춘다. 하지만 어떤 뉴런들은 훨씬 더 추상적으로 반응하며, 공간 내 위치나 방향에 관계없이 선호 대상에 대해 반응한다([그림 3-4]).[137] 이런 불변적 뉴런은 특정 각도에 조율된 다수의 관점-특정 뉴런으로부터 입력 신호를 받는 것 같다. 불변적 뉴런은 본질적으로 물체가 보여질 수 있는 모든 가능한 관점을 통합함으로써 어떤 물체의 존재를 탐지한다.

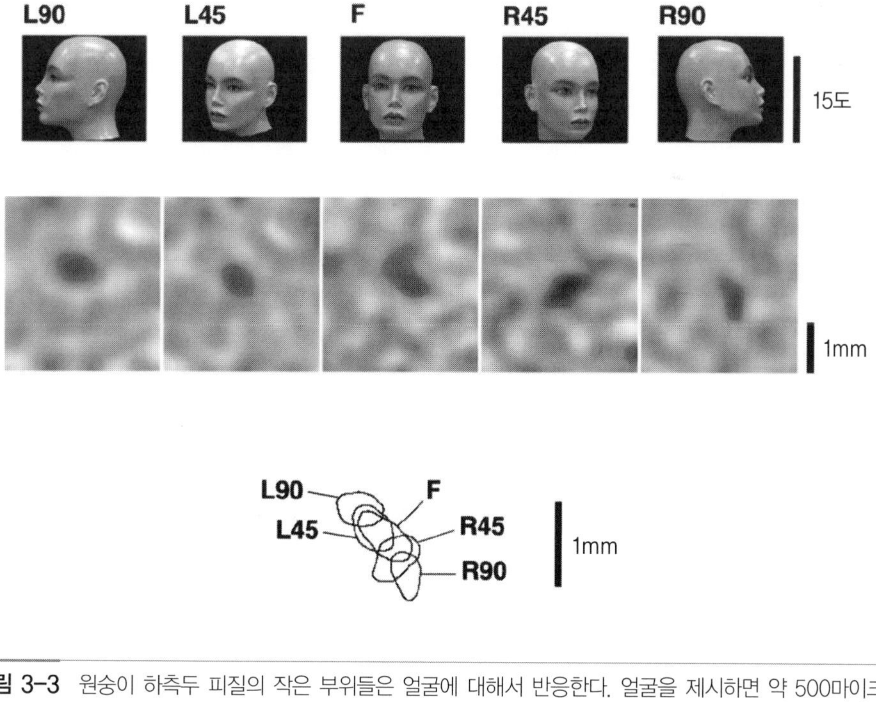

그림 3-3 원숭이 하측두 피질의 작은 부위들은 얼굴에 대해서 반응한다. 얼굴을 제시하면 약 500마이크론 너비의 피질 기둥 한 개가 활성화되며, 그것은 광학적 영상화 과정을 통해 하나의 검은 점으로 나타낼 수 있다. 회전하는 얼굴의 연속적 이미지들은 인접해 있고 부분적으로 중첩된 영역들을 활성화시키며, 그것은 회전 불변적 신경 부호의 형성에 기여한다(Tanaka, Tomonaga, & Matsuzawa, 2003에서 인용).

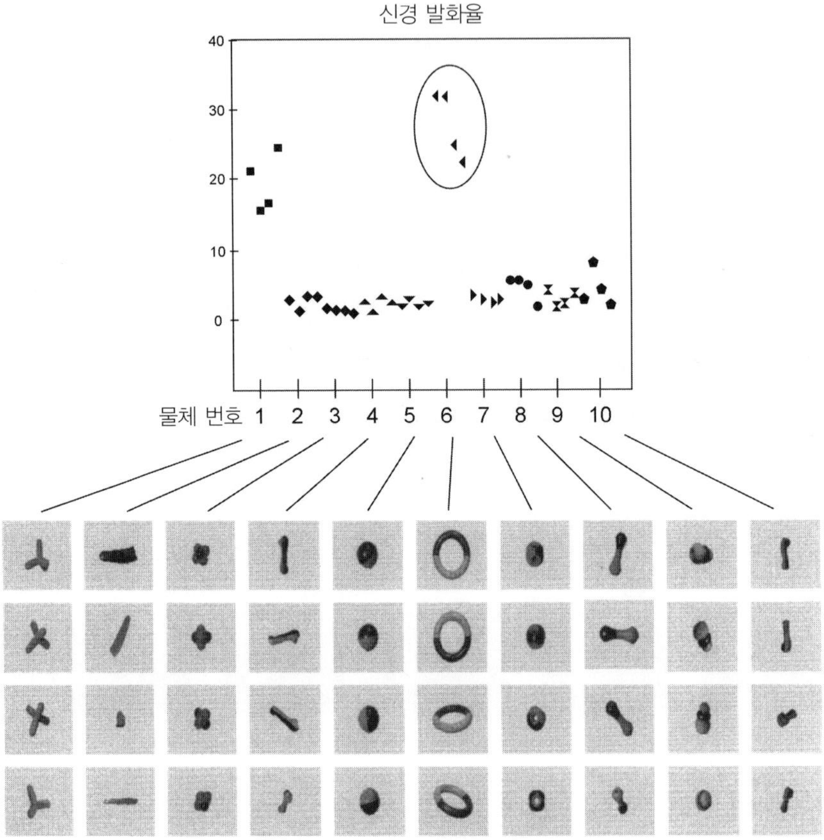

그림 3-4 하측두 피질의 뉴런은 모양에 대해 선택적이며 불변적 방식으로 반응한다. 이 뉴런은 반지 모양에 대해 격렬하게 발화하지만, '삼발이(왼쪽 아래)' 모양에 대해서는 그보다 적게 발화한다. 이런 반응은 공간 내의 대상 방향과는 독립적이다(Booth & Rolls, 1998에서 인용).

간단히 말해서, 시각 불변성 문제는 일련의 연속적 처리 단계를 통해 해결되며, 각 단계는 하측두 피질 내에서 실현된다. 이런 시각적 위계의 정상에 있는 뉴런들의 활성화는 대상이 움직이거나, 후퇴하거나, 회전하거나, 새로운 그림자를 만들 때에도 영향을 받지 않고 일정하게 유지된다. 이런 메커니즘은 문자 발명 이전 수백만 년 전에 이미 존재하던 것이며, 단어가 페이지의 어디에 어떤 글꼴과 어떤 크기로 나오더라도 재인할 수 있는 인간 능력의 핵심을 구성한다.

할머니 뉴런

한 개의 뉴런이 천 개의 이미지 중 오직 하나에만 반응한다는 생리학적 관찰은 바보같아 보인다. 뇌 피질은 정말 수백만 개의 극도로 전문화된 뉴런들로 이루어진 걸까? 생리학자 호레이스 발로우(Horace Barlow)는 뇌에 '할머니 세포(grandmother cell)', 즉 특정한 인물에만 반응하는 세포가 있다고 빈정댄 적이 있다. 발로우의 주장은 농담으로 간주되었지만, 사실 그의 말은 정답이거나 적어도 진실에 가깝다. 인간 뇌와 마찬가지로, 원숭이 뇌는 특정한 인물, 이미지 또는 개념을 담당하는 것으로 보이는 매우 전문화된 뉴런들을 포함하고 있다. 예를 들어, 할리우드 유명 스타인 제니퍼 애니스톤에 대해서만 선택적으로 반응하는 뉴런이 어떤 간질 환자의 전방 측두엽에서 보고된 바 있다.[138] 그 뉴런은 '제니퍼'가 컬러 사진이든, 얼굴의 클로즈업이든, 캐리커처이든, 심지어 종이 위에 쓴 이름이든 아무 상관없이 발화하였다.

하지만 '할머니 세포'라는 개념은 이후 여러 실험 결과에 의해 약화되어 갔다. 하나의 뉴런에서 나타난 이런 놀라운 선택성은 훨씬 더 큰 어떤 신경망의 계산에 의존할 것이다. 이런 실험들은 시각 뇌에 무작위로 전극 한 개를 삽입하는 식으로 실시되었다. 만약 누군가가 이렇게 무작위적 방법으로 전문화된 뉴런을 발견할 수 있다면, 이렇게 발견되기를 기다리는 다른 수백 개의 뉴런이 있다는 이야기가 된다. 게다가 그런 특유성은 많은 세포들의 집합적 연산에서 나온 결과임이 분명하다. 이 모든 것을 고려해 볼 때 결국 단일 세포의 선택적 반응은 빙산의 일각에 해당한다. 그것을 볼 수 있는 것은 겉으로 드러나지 않은 수많은 세포들이 공모하여 '탐지' 위계를 형성하기 때문이다. 이미 알려져 있듯이, 하나의 뉴런은 입력 신호에 대해 아주 기초적 계산만 가능하다. 게다가 출력의 측면에서 보면, 단일 뉴런만으로는 큰 영향력을 행사하지 못한다. 수백 개의 세포로 구성된 연합체가 되어야 다른 세포 집단에 영향을 줄 수 있게 된다. 따라서 우리가 재인하는 개별 시각적 사건이나 얼굴은 선택적 세포들로 구성된 여러 개의 클러스터에 의해서, 즉 '스파스 코딩 도식(sparse coding scheme)'이라고 알려져 있는 그런 방식에 의해 부호화되어야 한다.

아주 작은 광점에 반응하는 수백만 개의 광수용기(photoreceptor)가 모여 있는 망막에서 시작해서, 제니퍼 애니스톤을 탐지하는 뉴런에 이르기까지 전체 과정을 상상해 보면 놀랍기 그지없다. 시각적 재인의 세부 신경 조직에 대한 연구는 이제 시작 단계다. 해부학적으로 말해서, 우리는 짧은꼬리원숭이의 하측두 피질이 마치 하나의 피라미드처럼 이루어져 있다는 사실을 알고 있다. 그런 피라미드의 맨 아랫부분으로 시각 이미지가 들어가면, 무수히 많은 순차적 연결들이 정보를 머리 뒤쪽의 시각 피질에서 측두극(temporal pole)의 앞쪽 끝에까지 전달한다([그림 3-5]).[139] 해부학적 위치가 뒤에서 앞으

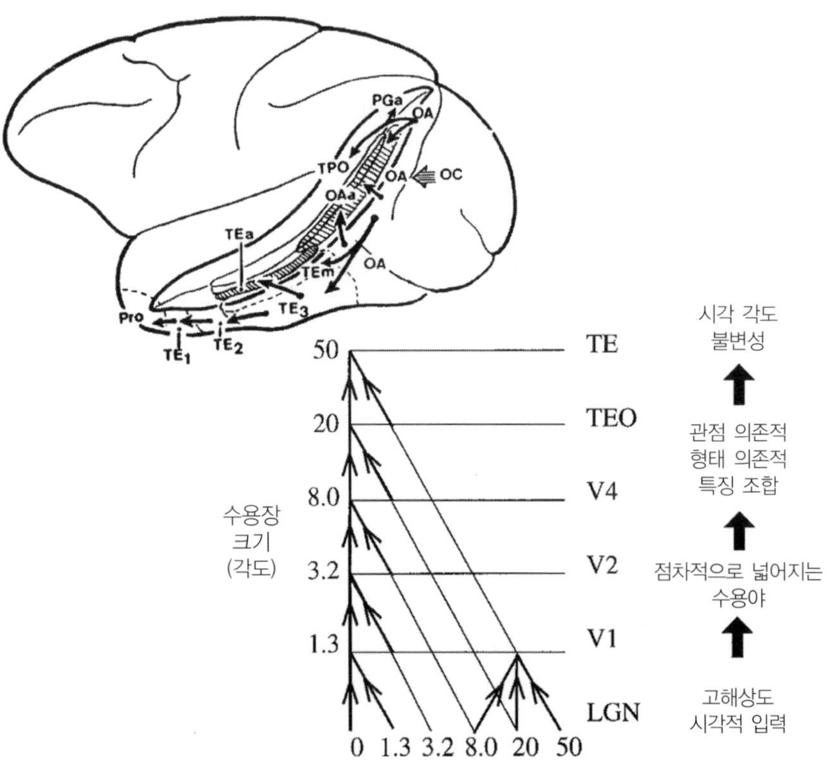

그림 3-5 후두 영역과 하측두 영역은 불변성이 점점 증가하는 방식으로 위계를 구성한다. 하위 영역은 서로 연결되어 상위 영역으로 수렴하며 결국 하나의 '시냅스 피라미드'를 구성한다. 단계마다 수용장 크기는 2배 또는 3배의 비율로 증가한다. 수용장은 한 세포가 반응하는 망막상의 영역이다. 이와 병행하여, 뉴런의 시각적 선호도도 점점 더 복합적이 되고 점점 더 불변적이 된다(Rolls, 2000에서 인용).

로 이동하면서 뉴런을 발화하게 하는 이미지의 복잡성도 증가한다. 각 단계는 이전 단계의 뉴런 반응을 조합하며, 새로운 뉴런은 점점 더 복합적 이미지에 반응하게 된다. 시각 체계는 매우 정밀하게 구성되어 있어서, 망막이 입력 이미지를 수백만 개의 화소로 분해하여 만들어 낸 거대한 직소(jigsaw) 퍼즐을 다시 조립한다.

만약 뉴런 피라미드를 한 단계씩 시냅스 단위로 올라가 볼 수 있다면, 그리고 일차 시각 피질에서 하측두엽까지 가는 동안 만나게 되는 단일 뉴런들의 활동을 모두 기록할 수 있다면, 아마 다음 세 가지 변화를 보게 될 것이다.

- 첫째, 뉴런이 선호하는 이미지는 점점 더 복합적이 될 것이다. 일차 시각 피질에서 유의미한 수준의 발화를 일으키기 위해서는 한 개의 짧은 선분이면 충분하다. 그러나 더 높은 수준의 뉴런이 발화하기 위해서는 더 복합적인 패턴, 모양, 사물의 일부, 심지어 사물 전체나 얼굴 등이 필요하다.
- 둘째, 뉴런은 망막의 점점 더 넓은 부분에 반응한다. 각 뉴런의 수용장은 단계마다 2배 또는 3배의 비율로 넓어진다. 이것이 의미하는 것은, 뉴런 발화를 위해 대상이 나타나야 하는 망막 부위의 지름이 단계마다 2배 또는 3배 증가된다는 것이다.
- 마지막으로, 불변성의 정도가 점점 증가한다. 처음에 뉴런은 입력되는 이미지의 위치, 크기, 조명 등의 변화에 민감하다. 그러나 위계의 더 높은 수준으로 갈수록, 뉴런은 입력 이미지의 변동이나 왜곡에 대해서 더 많은 관용성을 나타낸다.

fMRI 연구는 위계적 조직화(hierarchical organization)와 불변성 증가(increasing invariance)가 인간의 시각 피질에도 적용됨을 보여 준다.[140] 다른 영장류에서와 마찬가지로 인간에 있어서도 '신경 위계(neuronal hierarchy)' 개념은 시각 불변성 문제에 대해 간단한 그러나 아직은 가설적인 대답을 제공한다. 피질이 대상을 제대로 인식하기 위해서는 그 대상이 서로 다른 각도에서 어떻게 보이는지 학습해야 한다. 학습 메커니즘은 각각의 각도에서 보이는 사물의 모습에 대해서 뉴런 집합 하나씩을 할당한다. 그리고 나서 그 집합들을 하나로 연결하여 그것들이 집단적으로 피라미드 위쪽에 있는 다음 단계의 뉴런들을 활성화하게 한다. 이런 과정의 최종 결과로, 보는 위치에 따라 상당히 많은 변화가 있어도 이에 관용적인 하나의 불변적 신경회로가 만들어진다. 이런 단순한 아이디어는 각 단계에 대해서 반복 적용이 가능하다. 제니퍼 애니스톤의 옆얼굴 재인을 담당하는 뉴런은 보다 낮은 수준에서 그녀 얼굴의 한 부분을 알아보는 뉴런으로부터 입력을 받는다. 이 뉴런들은 눈 한쪽 또는 코 하나 정도를 재인할 수 있는데, 망막의 주어진 위치에서 코나 눈의 특징에 부합하는 명암 패턴을 탐지하는 그 앞 단계가 있기 때문이다.

요약하면, 영장류 시각 체계에서 핵심은 위계성과 병렬성이다. 처음에 망막 위에 투사된 대상의 상은 수많은 '픽셀(pixel)'로 쪼개지며, 동시에 작동하는 뉴런 피라미드 조직에 의해 조금씩 재구성된다. 이런 접근법은 얼핏 비효율적으로 여겨질 수 있다. 왜냐하면 수백 만 개의 뉴런이 시각 장면의 아주 작은 구성 요소를 담당하기 때문이다. 하지만 신경계에 주어지는 부담은 상당히 적은데, 시각 장면이 단순하지만 병렬적으로 작동하는 프로세서의 거대 집합에 분배되기 때문이다. 한 마리의 개미보다 개미 군단 전체가 훨씬 더 '지능적인' 것처럼, 뉴런 수백 만 개의 집단적 활동은 한 개의 뉴런이 할 수 있는 것보다 훨씬 더 복잡한 작업을 수행할 수 있다. 실제로, 계산 단위의 수가 많아지면 처리 시간이 상당히 절약된다. 단일 뉴런은 느린 컴퓨터라고 할 수 있다. 단일 뉴런이 정보를 받아들이고 전달하는 데 10ms 정도 걸리는데, 이는 컴퓨터 마이크로프로세서의 속도보다 백만 배나 느린 것이다. 하지만 수백 만 개의 뉴런 활동이 합해지면 시각 체계는 최고로 효율적인 컴퓨터가 된다. 누구 얼굴인지 또는 얼굴이 어디에 있는지 관계없이 어떤 얼굴을 알아보는 데 겨우 6분의 1초가 걸릴 뿐이다.[141]

뇌의 구조는 많은 컴퓨터 프로그래머에게 영감을 주었다. 내가 지금까지 설명한 '시각 위계' 에 대해서도 컴퓨터 모델이 여러 개 나와 있다.[142] 속도의 측면에서나 이미지 왜곡을 관용할 수 있는 정도에서, 컴퓨터 모델의 최선은 인간의 수행에 가장 근접하게 되는 것이다. 이런 인공 신경망 덕분에, 자동적 얼굴 재인은 더 이상 과학 소설에나 나오는 이야기가 아니게 되었다. 그것은 실제 생활의 일부가 되었다. 요즘에는 아주 단순한 디지털 카메라도 얼굴이나 미소를 재인하는 기능을 가지고 있다.

원숭이 뇌 속의 알파벳

피라미드 모델에서, 시각적으로 제시된 대상의 신경 부호는 뉴런 위계로 구성되며, 위계 속의 뉴런들은 대상의 아주 작은 부분을 입력 이미지에서 탐색한다. 특정 대상에 민감한 뉴런 대부분은 대상의 전부 또는 일부를 생략하거나 제한적으로 보여 주어도 반응할 것이다. 이런 가설을 출발점으로 하여, 일본의 신경과학자 케이지 타나카(Keiji Tanaka)는 주목할 만한 발견하였다. 원숭이 뇌에서 모양의 일부만 전담하는 뉴런들로 구성된 부위를 발견하였다. 집단적으로 이런 원시적 모양들이 일종의 '신경 알파벳'을 구성하며, 그것들의 조합으로 어떤 복잡한 모양도 부호화할 수 있다.

대상의 신경 부호화를 연구하기 위해서, 타나카와 동료들은 복잡한 장면에서 시작해 점차적으로 그것을 생략해 가는 실험 절차를 고안하였다([그림 3-6]). 연구자들은 어떤 뉴런을 격렬하게 발화시키는 그림을 찾아내고, 발화를 계속 유지시키기 위해 그림을 어느 정도까지 단순화해도 좋은지 조사하였다. 예를 들어, 고양이 이미지에 반응하는 뉴런을 생각해 보자. 타나카는 이 뉴런이 겹쳐 놓은 원반 두 개에 대해서도 여전히 격렬하게 반응하는 것을 발견하였다. 사과 모양에 대해 반응하는 뉴런은 작은 꼭지가 달린 검은 원반 모양에 대해 똑같이 발화하였다. 또 다른 뉴런은 정육면체 모양에 대해 반응하는데, 실제로는 중심부 모서리의 Y자형 접합을 탐지하는 것처럼 보였다. 하측두 피질에 있는 대부분의 뉴런은 이미지가 극적으로 단순화되어도 여전히 발화하였다.[143]

수백 번의 뉴런 반응 기록을 마친 후, 타나카는 원숭이 피질 표면 위에 '대상 뉴런'의 지도를 구성하였다. 타나카는 체계적 배치를 발견하였다. 뉴런의 선호도는 피질 표면을 따라 점차적으로 변화하며, 인접 뉴런들은 유사한 모양을 부호화하는 경향이 있었다([그림 3-6]). 예를 들면, Y와 T 모양을 전담하는 피질 부위가 있었다. 별 모양, 옆얼굴 모양 또는 숫자 8 모양 등을 담당하는 부위들이 따로 있었다. 피질 위에 기본 모양의 전체 목록이 나타났다. 특정 위치의 수직 기둥 내에 있는 뉴런들은 비슷한 모양에 대해 반응하였다. 하지만 각 뉴런은 기본 모양으로부터의 아주 작은 변화에도 민감하게 반응하였다.

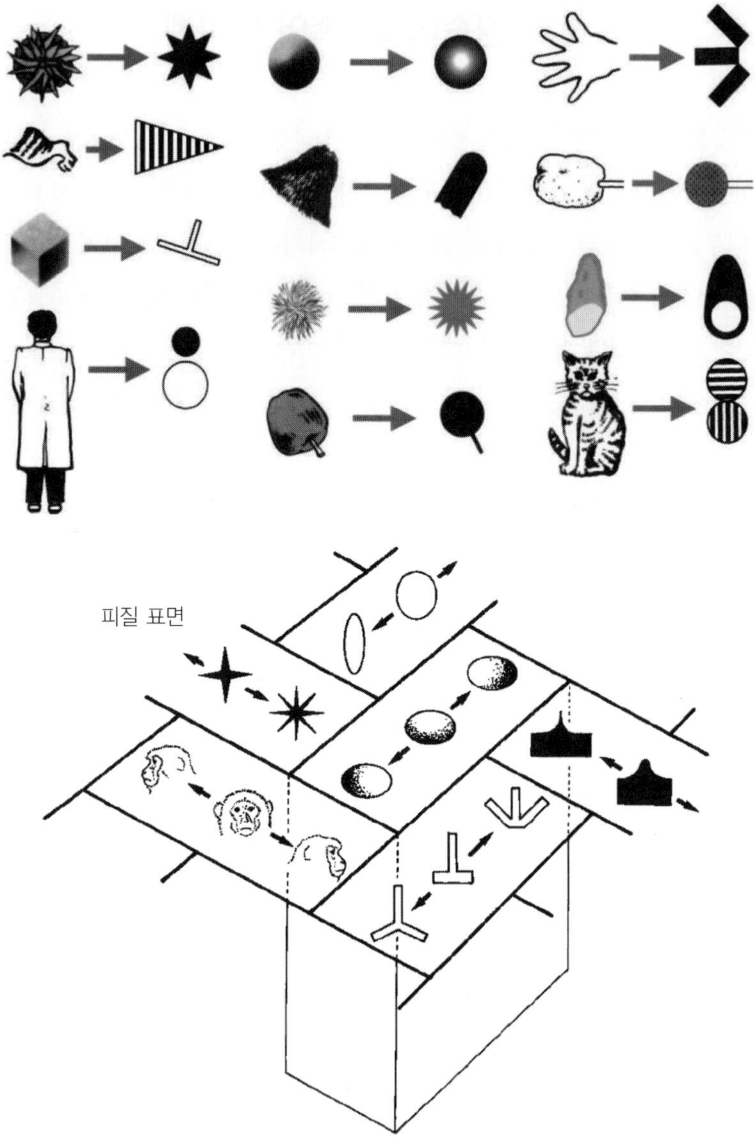

그림 3-6 이미지 단순화는 측두 피질의 미세 구조를 보여 준다. 처음에 뉴런을 강하게 활성화시키는 자극에서 시작하여 점차 자극을 단순하게 만든다. 최소 형태 자극은 뉴런을 여전히 강하게 반응시키는 가장 단순한 자극이다(위). 이런 최소 형태 중 어떤 것은 문자(O, T, Y, E 등)를 닮았다. 뉴런들은 피질 표면에 수직 방향의 기둥을 형성한다. 피질 표면에서 수직 방향으로 내려감에 따라 뉴런이 선호하는 모양은 연속적으로 변화한다. 이것은 피질 부위에 따라 모양 선호가 다름을 보여 준다(Tanaka, 2003에서 인용).

전체적으로 이런 뉴런들은 기본 모양 목록을 구성하는데, 그것을 이용하여 이미지를 대략적으로 범주화하고(그것이 얼굴인가 아닌가?), 세세한 부분을 파악할 수 있다(그것은 제니퍼 애니스톤의 얼굴인가? 나이는 얼마인가? 그녀는 행복해 보이는가?). 이런 탐지세포 수백만 개의 반응을 조합하여, 뇌는 우리가 자연에서 만날 수 있는 수십억 개의 이미지를 모두 부호화할 수 있다.

타나카의 제자인 마나부 타니후지(Manabu Tanifuji)는 다수의 뉴런 기둥이 임의의 대상을 어떻게 부호화하는지를 규명하였다. 그는 광학적 기록(optical recording) 방법을 이용하였으며, 이 방법은 시각적 대상과 결부된 피질 부호를 보여 주었다.[144] 뇌가 활성화하면 반사되는 빛이 감소하는데, 그 메커니즘은 아직 부분적으로만 알려져 있다. 타니후지는 이 방법을 이용하여 뇌 전체에서 일어나는 뉴런 활동을 측정하였다. 피질 표면에서 반사되는 빛의 작은 변화를 탐지해 내는 고성능 비디오카메라가 사용되었다. 카메라는 아주 강력한 줌렌즈 덕분에 불과 수십 분의 1mm 크기의 활성화 구조를 추적할 수 있었다. 이런 크기는 대략 타나카가 보고한, 기본 모양을 부호화하는 수직 기둥과 비슷하다.

한 실험에서 타니후지는 원숭이에게 빨간 소화기 그림을 보여 주었다. 그의 아이디어는 생물 진화와 아무런 관련이 없는 물체를 이용해서 피질을 자극하는 것이었다. 소화기를 부호화하는 피질 부위들이 나타났다. 즉, 신경 활동을 나타내는 검은 점들이 여기저기에 보였다. 소화기에 대한 이런 '피질 반응' 은 소화기가 제시될 때마다 나타났다. 다음으로, 타니후지는 소화기의 손잡이와 호스를 제거하였다. 소화기의 빨간색 몸통만 남아 있게 되자, 어떤 점들은 사라졌지만 다른 점들은 여전히 활성화되었다. 더욱 놀라운 것은 아무런 부착물이 없는, 즉 소화기의 몸통만 보여 주었을 때 다른 뉴런들이 활성화된 것이다. 다시 말해, 뉴런 집합은 재형성되었고, 모든 새로운 물체에 대해 하나의 고유한 신경 부호가 즉각적으로 부여되었다. 물체의 일부분이 친숙하더라도 그것은 관계가 없었다.

각 점 속의 뉴런 활동을 하나씩 기록함으로써, 타니후지는 기저의 조합 코드를 밝힐 수 있었다. 어떤 부위에서 뉴런들은 손잡이를 보고 발화하였다. 뾰족한 끝을 가진 V자 모양이 나타나면 그것이 손바닥 윤곽이든 고양이 귀든 뉴런들은 발화하였다. 다른 부위에서는 뉴런들이 손잡이에만 반응하였다. 하지만 직선은 소용이 없고, J자처럼 커브 모양이어야 했다. 세 번째 유형의 뉴런들은 반응이 좀 더 미묘하였다. 그것은 소화기의 몸통에 대해 반응하였는데, 뿐만 아니라 길쭉한 직사각형 모양에 대해서도 반응하였다. 하지만 손잡이나 호스가 추가되면 발화를 멈추었다.

타니후지의 실험은 측두 피질이 시각적 대상을 어떻게 부호화하는지, 심지어 처음 보는 대상을 어떻게 부호화하는지 설명하는 데 도움을 준다. 중요한 것은 기본 모양 목록을 이용하는 것이고, 기본 모양을 조합하면 수백 만 개의 대상을 부호화하는 것이 가능하다. 각각의 기본 모양은 특정한 뉴런 집단에 의해 부호화된다. 서로 다른 뉴런은 대상의 각기 다른 부분에 반응할 뿐만 아니라, 부분이 공간 내에 어떻게 배열되어 있는지에 대해서도 민감하다. 이와 비슷한 조합 부호가 시각 체계의 여러 위계 수준에 존재한다. 위계의 위로 올라갈수록 선호하는 모양의 복잡성이 증가한다. 일차 시각 영역(V1)은 가느다란 선분 그리고 대상의 윤곽선을 탐지한다. 이차 시각 영역(V2)에서 뉴런은 특정 기울기의 직선 또는 곡선의 조합에 민감하게 반응한다.[145] 좀 더 올라가서, 하측두 피질 뒤쪽의 뉴런은 곡선 조합에 반응한다.[146] 뉴런의 선택적 반응은, 예를 들면 문자 F에 대한 반응은, 일정한 위치에 있는 기본 선분의 접합을 탐지하는 것으로 환원시킬 수 있다. 맨 위 막대기, 왼쪽 위 직각, 중간 막대기 등의 조합이다. 동일한 방식이 위계의 각 수준에서 반복된다. 뉴런 선택성은 보다 하위 수준 뉴런이 부호화한 좀 더 기본적 특징들을 조합한 결과다.

문자 원형

하측두 피질 뉴런의 가장 두드러진 특징은 선호하는 모양이 문자, 기호 또는 기본 한자와 매우 닮았다는 것이다([그림 3-4]와 [그림 3-6]). 어떤 뉴런은 숫자 8처럼 두 개의 연결된 동그라미에 대해 반응하며, 또 어떤 뉴런은 T자처럼 선분 두 개가 결합한 모양에 반응하며, 그 밖에 별, 원, J, Y 등에 반응하는 뉴런도 있다. 이런 이유에서, 나는 이것들을 '문자 원형(proto-letter)' 이라고 부르고 싶다. 짧은꼬리원숭이의 뉴런도 이런 모양을 선호한다. 이런 피질적 유산이 히브리인, 그리스인 그리고 로마인으로부터 현대인이 물려받은 알파벳과 닮은 것은 우연의 일치일까? '읽기 패러독스' 는 서로 무관한 것 같은 두 세계가 신기하게 닮았다는 사실에서 이제 정점에 도달한다. 한쪽에는 원숭이 피질 표면이 있고 다른 한쪽에는 초기 필경사들이 문자를 그리던 점토판, 갈대, 양피지 등의 표면이 있다.

우리는 이런 원숭이 '문자 원형' 이 시각세계에 등장하는 이유를 검토하여 그 기원에 대해 어떤 통찰을 얻을 수 있다. 이런 모양이 선택된 이유에 대한 가장 그럴듯한 가설은, 진화 과정에서든 아니면 일생 동안의 시각적 학습을 통해서든 간에, 그것들이 시각 장면의 해석에 필수적인 모양이기 때문이라는 것이다. 예를 들어, T자 모양은 자연 장면에서 대단히 빈번하게 나타난다. 한 대상이 다른 대상을 가릴 때 그 둘의 윤곽선은 거의 항상 T-접합을 형성한다. 따라서 'T-탐지기' 역할을 하는 뉴런은 두 개의 겹쳐진 대상 중 어떤 것이 앞에 있는지 결정하는 것을 도와준다.

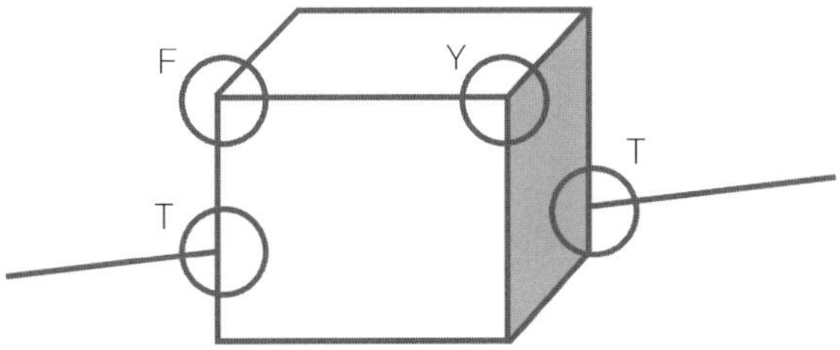

Y나 F 모양은 사물을 구성하는 모서리들이 만나는 곳에 나타난다. 이런 모양은 사물의 꼭지점과 그 방향을 의미한다. J와 8은 또 다른 윤곽선 집합인데, 사물이 곡선이나 구멍을 가지고 있을 때 나타난다. 이런 특징들을 시각 장면의 '비우연적 속성(non-accidental property)' 이라 부르는데, 어떤 사물이 존재하지 않으면 우연적으로 일어날 수 없기 때문이다. 만약 성냥개비 한 뭉치를 바닥에 던진다고 생각해 보자. 성냥개비 두 개가 만나서 T 접합을 만들기는 어려우며, 더욱이 세 개가 모여서 Y자 배열을 만들기는 더욱 어렵다. 따라서 이런 모양 가운데 하나가 망막에 나타나면, 뇌는 그것이 외부 세계에 존재하는 어떤 사물의 윤곽선일 것이라고 가정한다.

대뇌 피질이 비우연적 속성을 부호화하는 것이 유리한 이유는, 그런 속성의 조합이 크기, 앵글 그리고 조명 등의 변화에 대해서 대단히 불변적 성향을 가지기 때문이다. 한 손으로 커피 잔을 들어 올려서 회전시키면 앵글은 다양하게 변하지만, 컵 모서리는 항상 마주보는 두 개의 F 접합을 만들어 낸다. 심지어 한쪽 눈을 감아도, 컵 위 테두리와 옆면이 직각을 이루는, 그래서 F 패턴이 사라져 버리는 앵글을 찾기는 사실상 불가능하다. 보통 그런 경우에 또 다른 F쌍이 컵 아래쪽에 나타난다.

많은 경우, 사물의 모서리들이 만나는 방식은 불변적이며, 앵글에 관계없이 대상 파악을 가능하게 한다. 영장류의 신경계는 이런 불변적 속성을 일찌감치 발견해서, 모양을 부호화할 때 이용한 것처럼 보인다. 사실, 시각 장면에는 수많은 비우연적 속성들이 들어 있다. 그중 하나가 '평행(parallelism)'인데, 어떤 이미지에 두 개의 평행하는 선분이 있으면, 그것은 하나의 3차원 사물을 구성하는 모서리들이다. 또 다른 불변성으로는 공간 구성과 관련된 것이 있다. 만약 어떤 대상에 구멍이 한 개 있다면, 그것은 우리 망막에 O모양의 닫힌 곡선으로 투사된다. 이런 시각 불변성은 대단히 변별성이 강한 것이어서 신경계 내에 단단히 통합되어 있다. 심리학자인 어빙 비더만(Irving Biederman)에 따르면, 기억은 대상을 완전하게 상세한 이미지로 저장하지 않는다. 기억은 그저 대상의 비우연적 속성을 추출하고, 그런 속성들의 구성과 공간 관계 등으로 이루어진 하나의 스케치를 만들 뿐이다.[147] 기본적 속성의 추출은 3차원적 대상의 구성 성분(면, 원뿔, 막대기…)을 파악하게 하며, 그다음에 그것들을 조합하여 대상의 형태에 대한 완전한 표상을 형성하게 한다. 이런 부호(=표상)는 임의적 회전이나, 중첩 또는 다른 이유로 인한 이미지의 품질 저하 등이 있더라도 항상 일정하게 유지된다는 장점이 있다.

비더만은 자신의 가설을 지지하기 위해서, 대상 지각이 이미지의 다른 측면이 아닌 비우연적 속성에 의존한다는 증거를 수집하였다. 예를 들어, 어떤 대상의 '선화(line drawing)'를 그린 후, 선의 절반을 지운다면, 지각은 비우연적 속성이 보존되는지 아닌지에 따라 영향을 받는다.

- 만약 두 코너를 연결하는 선분은 지우지만 비우연적 접합은 그대로 남겨 두는 경우, 그 대상은 쉽게 재인될 수 있다.
- 만약 모든 비우연적 속성을 지우면 대상 재인은 사실상 불가능해진다([그림 3-7]).[148]

마찬가지로, 우리가 두 대상이 서로 같은지 다른지를 결정해야 할 때, 비우연적 속성이 서로 다르면 두 대상의 차이가 명확해진다(예를 들면, 문자 'O'와 숫자 8의 경우). 하지만 크기와 같이 미터법적 속성만 다르면 두 대상의 차이를 알기가 상당히 어려워진다(예를 들면, 대문자 'O'와 소문자 'o'의 경우).[149] 비더만은 신경생리학자 루핀 포겔스(Rufin Vogels)와 함께한 연구에서, 비우연적 속성은 그대로 두고 이미지 크기만 다르게 하여 보여 준 경우, 짧은꼬리원숭이의 하측두 피질 뉴런은 영향을 받지 않는다는 것을 밝혀냈다.[150]

요약하면, 하측두 뉴런은 T, F, Y 또는 O와 같은 로마자 모양을 이용한다. 그런 모양은 집단적으로 최적 부호를 형성하고, 이미지 변형에 대해 불변적이다. 또한 그런 모양의 조합을 통하여 무한히 많은 대상을 표상할 수 있다. 문자 모양 이외에, 생물학적 중요성 때문에, 다른 모양들이 추가될 수 있다. 예를 들어, 타나카는 흰 바탕에 검은 점 한 개를 부호화하는 뉴런을 발견하였는데, 이것은 '눈 탐지기(eye detector)'이며, 인간과 같은 사회적 동물에 있어서 필수적 장치다. 손이나 손가락 모양에 예민한 뉴런이 있는 것도 마찬가지 이유다. 하지만 기본적으로 하측두 피질은 일군의 기하학적 형태와 단순한 수학적 불변 특성을 이용한다. 인간은 대부분의 문자 모양을 발명한 것이 아니다. 그 모양들은 뇌에 수백만 년 동안 잠재해 있었으며, 현생 인류가 기록과 알파벳을 발명하면서 재발견된 것이다.

그림 3-7 복잡한 대상은 윤곽선 모양을 통해서 재인된다. 윤곽선이 교차하는 지점에서 T, L, Y나 F와 같은 모양이 만들어진다. 만약 이런 접합을 지우면 이미지 재인은 어려워진다(왼쪽 칼럼). 하지만 똑같은 양의 윤곽선을 지워도 접합 부분이 남아 있게 하면 대상을 파악하는 것이 덜 어려워진다(가운데 칼럼)(Biederman, 1987에서 인용). 접합 부분들이 보존되어 있으면, 심지어 이미지가 일관성 있는 전체를 나타내지 않더라도(불가능한 도형이라도), 시각 체계는 그것을 3차원 대상으로 지각한다(맨 아래).

모양 습득

이제 남은 의문점은 원시적 '문자 원형'의 피질 목록이 정말로 유전자에 수록되어 있는지, 아니면 학습 과정의 결과로서 새롭게 출현한 것인지 하는 문제다. 이 목록에 들어 있는 모양 중 어떤 것은 매우 중요해서 진화 과정에서 이미 시각 체계 내에 포함되었을 가능성이 있다. 태어난 지 두세 달 정도의 유아도 얼굴에 대해서 그리고 대상 중첩에 대해서 이미 상당히 민감하다. 얼굴, 눈 그리고 T-접합과 같은 것은 어쩌면 정말로 '생득적(innate)' 모양 목록의 일부일지 모른다. 진화론적 관점에서 볼 때, 이런 목록은 영장류가 자연이나 다른 구성원과 생애 초기에 상호작용할 때 커다란 이점을 제공하였을 것이다.

하지만 기껏해야 3만 개 정도의 유전자를 가진 인간 게놈 안에, 수많은 기본 모양 신경탐지기를 조립하는 데 필요한 구체적 명령을, 옆얼굴이나 심지어 화재용 소화기에 대해서까지 전부 집어넣을 수는 없다. 게다가 하측두 피질의 가소성을 생각해 보면, 그런 일은 사실이 아닐 것 같다. 우리가 생애 초기의 유전적 편향을 인정한다고 하더라도, 대상 재인에 관여하는 대부분의 뉴런이 선택적이 되는 것은 구조화된 시각 환경과의 상호작용 때문이다. 우리는 항상 수백만의 입력 이미지에 노출되어 있으며, 그것들은 뇌의 통계적 학습 알고리즘에 일차적 데이터를 제공한다. 발달 과정을 거치면서 아마도 평생 동안 시각 체계에 있는 시냅스 연결들은 계속하여 변화할 것이며, 그것들은 우리에게 가장 중요한 이미지의 단편들을 부호화한다. 피질 가소성이 최고조에 달한 이른 시기에 아동에게 읽기를 가르치는 것은 우연이 아니다. 문자와 단어로 이루어진 인공적 환경 속에 아동을 집어넣으면, 아동의 하측두 뉴런 중 많은 수가 문자 부호화에 최적의 능력을 갖게 할 수 있다.

많은 실험들이 어떤 사물을 원숭이에게 보여 주고 변별하는 훈련을 시킨 경우, 원숭이 뇌의 뉴런이 점차적으로 사물에 조율되어 가는 것을 보여 준다. 심지어 훈련에 사용된 대상이 무의미한 철사줄이거나 프랙탈이어서, 원숭이가 사는 자연 환경 속에서는 마주칠 가능성이 없는 경우에도 그렇다.[151] 뉴런들이 선호를 나타내게 되는 것은 주요 특징들의 접합을 탐지하는 것을 학습했기 때문인 것 같다. 최근 크리스 베이커(Chris Baker), 말린 버먼(Marlene Behrmann) 그리고 칼 올슨(Carl Olson)의 실험이 이 점을 잘 보여 준다.[152] 이들은 원숭이에게 양쪽 끝에 특정 모양, 예를 들어 한쪽 끝에는 사각형, 다른 쪽 끝에는 삼지창 모양을 붙인 막대기를 재인하도록 가르쳤다. 훈련이 끝난 후에 뉴런들은 이 둘의 정확한 조합에 민감하게 되었다. 막대기의 한쪽 끝만 보여 주었을 때에는 뉴런들의 반응은 미미하였다. 간단히 말해서, 전체 그림에 대한 뉴런 발화는 각 부분에 대한 개별 반응의 합보다 더 컸다. 이것은 뉴런들이 새로운 시각적 조합을 학습한다는 직접적 증거다. 뉴런은, 가능한 모양의 거대한 목록 중 자주 나타나는 조합에 대해서 배타적으로 발화하는 것을 학습한다. 다른 접합도 목록에 들어 있지만 모두 잠재적일 뿐이다. 원숭이가 그런 접합을 배우기 전에는 상위 뉴런은 그것을 명시적으로 부호화하지 않는다.

학습 본능

대뇌 가소성(plasticity)은 너무나 자주 언급되기 때문에 이제는 피질의 당연한 속성으로 간주되고 있다. 실제로, 학습 능력은 정교한 진화 과정의 결과다. 많은 경우, 학습은 비의도적으로 이루어진다. 만약 아기가 숨쉬기 또는 젖빨기를 학습해야 한다면 아기는 생존할 수 없을 것이다. 하지만 인간은 미래를 완벽하게 예측할 수 없는 복잡한 세상에 태어나며, 따라서 뇌 속의 배선을 사전에 완성시킬 수가 없다. 이런 상황에서 진화는 유용한 방법을 찾아냈는데 그것이 바로 학습이다. 대뇌 회로 중 어느 곳에서, 그리고 발달 중 어느 시점에서, 신경계의 일부는 외부 제약에 적응하게 된다. 당연히 학습 메커니즘 그 자체는 선천적이며 정교한 유전적 메커니즘에 의해 제어된다. 따라서 융통성이 없는 학습 메커니즘, 또는 피터 말러(Peter Marler)의 말을 빌려 '학습 본능(instinct to learn)' 이라고 해도 전혀 모순될 것이 없다.[153] 양육(nurture)과 본성(nature) 사이의 오래된 대립은 근거 없는 믿음이다. 모든 학습은 엄격한 선천적 메커니즘에 기초해서 이루어진다.

뇌 가소성의 한계를 보여 주는 가장 명백한 예는 양안시(binocular vision)다. 양안시는 양쪽 눈으로부터 오는 정보를 융합한다. 가소성을 위한 짧은 기회는, 고양이에게는 2~3주, 인간 이외의 영장류에게는 2~3개월, 그리고 인간에게는 2~3년 동안이며, 일차 시각 영역 내의 연결을 섬세하게 조정하게 한다. 이런 가소성은 두 개의 시각 지도를 정렬하는 데 이용된다. 즉, 뉴런들은 두 눈에서 오는 입력 정보가 서로 어떻게 연관되는지를 학습한다. 결정적 시기가 끝나면 회로는 고정된다. 이런 중요한 시기에 사시(斜視)가 있는 아동은 평생을 시각장애로 고통받게 된다. 이들은 두 이미지 사이의 작은 불일치를 이용하여 깊이를 지각하는 능력(=입체시)을 잃어버린다. 이런 예에서 보듯이, 본성은 양육에 대해 아주 짧은 기회를 허락할 뿐이다.

새로운 대상을 학습할 수 있게 하는 하측두 피질의 가소성도 근본적으로 다르지 않다. 시각 체계의 모든 수준에서 피질은 입력되는 감각 정보 사이의 상관관계를 탐색하고 결과를 저장하도록 프로그램 되어 있다. 따라서 대상의 정체성은 상관관계의 다중 조합으로 저장되며, 조합은 뉴런 집합 속에서 일어난다. 예를 들어, 소화기를 보게 되면 소화기의 몸체, 손잡이, 호스, 빨간색 그리고 다른 수많은 원시적 형태를 부호화하는 여러 뉴런 집단이 활성화한다. 이런 활성화 뉴런의 패턴은 저장되며 시냅스 강도의 증가를 통하여 안정화된다. 시냅스들은 활성화 뉴런들을 묶어서 견고한 집합체로 만든다. 이런 원시적 형태는 다시 더 낮은 수준에서 더 기본적인 자질들의 결합으로써 이미 학습된 것이다. 따라서 대상을 재인하는 능력은 뉴런 피라미드와 위계적 학습 도식에 근거한다.

피라미드 위계의 꼭대기에서는 새로운 문제가 발생한다. 이 수준에서 뉴런은 동일한 사물의 여러 모습에 대해서 반응한다. 예를 들어, 옆얼굴, 얼굴 정면, 심지어 이름(예: 제니퍼 애니스톤)에 대해서 반응한다. 어떻게 해서 이처럼 놀라운 불변성이 습득되는지는 명확하지 않다. 동시적 발생에 의한 학습은 결코 아니다. 우리는 한 시점에 활성화된 뉴런들을 함께 묶는 것이 아니다. 절대로 얼굴의 앞과 옆을 동시에 볼 수 없기 때문이다(피카소의 그림을 제외하고 말이다).

자연 환경에서 한 사물의 여러 모습은 순차적으로만 볼 수 있다. 뉴런은 이런 여러 모습이 모두 동일한 대상을 가리킨다는 것을 어떻게 학습할까? 도쿄대학의 야스시 미야시타(Yasushi Miyashita)는 이런 '시간적 학습(temporal learning)'을 설명해 줄 수 있는 신경 메커니즘을 발견하였다. 그는 하측두 피질 내의 어떤 뉴런들이 시간적 상관관계에 민감하다는 것을 보여 주었다.[154] 원숭이가 서로 무관한 프랙탈 모양들을 반복해서 볼 때, 이들 각각은 서로 다른 뉴런 그룹에 의해 부호화된다. 하지만 만약 프랙탈 모양들이 서로 시간적으로 연관되어 있으면, 즉 일정한 순서로 늘 함께 나타나거나, 또는 쌍으로 제시되거나 하면 피질은 그것들을 동일한 뉴런에 할당한다. 이는 뉴런 한 개가 결국 두 개의 전혀 다른 이미지에 반응한다는 것을 의미하는데, 두 이미지가 공유하는 유일한 속성은 시간적으로 가깝다는 것뿐이다([그림 3-8]). 사족이지만, '하측두(inferior temporal)' 피질이라는 이름은 아주 적절한 것 같다. 하측두 피질은 이미지 사이의 시간적(temporal) 관련성을 탐지하고 그것을 동일한 뉴런에 할당하기 때문이다. (역자 주: 하측두 피질은 영어로 'inferior temporal cortex' 라고 하는데, 영어의 'temporal' 은 '관자놀이' 라는 의미와 '시간적' 이라는 의미를 가진 다의어다.)

이런 학습 메커니즘은 매우 추상적이고 불변적인 시각적 표상을 생성할 수 있다. 우리가 제니퍼 애니스톤의 얼굴을 볼 때, 가까이에서든 멀리서든, 앞에서든 옆에서든, 눈에 보이는 모습이 계속 변함에도 불구하고, 측두 뉴런은 고정된 표상을 유지한다. 시간적 상관을 파악하는 메커니즘은 읽기에서도 핵심적 역할을 할 것이다. 예를 들어, 'a' 와 'A' 처럼 소문자와 대문자의 연관성을 발견하는 데 기여할 것이다. 더 높은 수준에서 문자와 발음 사이의 연관성 또한 탐지해 낼 것이며, 따라서 효율적 자소-음소 변환 경로를 구축하는 데 도움이 된다.

신경 재활용

호남자가 되는 것은 행운의 선물이지만, 읽고 쓰는 것은 저절로 되는 것이라네.

– 윌리엄 셰익스피어, 『헛소동(Much Ado about Nothing)』

앞에서 개관한 것처럼, 영장류의 시각은 태어날 때 미리 회로가 정해져 있는 것도 아니고, 그렇다고 아무런 구조도 없이 외부 환경에 의해 좌지우지되는 것도 아니다. 시각 체계의 전체적 구성은 대단히 제약되어 있으며 이는 인간 모두에게 동일하다. 하지만 각각의 뉴런이 반응하는 방식은 주어지는 시각적 자극에 따라 달라진다. 정교한 통계적 학습 기술은 외부 세계의 규칙성을 탐지한다. 뇌는 '비우연적 속성' 을 재빨리 추출해서 피질 연결 속에 저장한다. 비우연적 속성은, 예를 들어 선분 정렬, T-접합 또는 L-접합 또는 두 이미지의 연속 반복 등을 가리킨다.

'학습 본능' 은 읽기 학습에서 결정적 역할을 한다. 시냅스 연결의 가소성은 아동기에 아주 크며, 성인기에도 여전히 존재하는데, 바로 이 가소성으로 인해 영장류 시각 피질은 문자 재인과 단어 재인의 독특한 문제에 적응할 수 있다. 시각 체계는 글 읽는 뇌를 만들기 위해 충분한 가소성을 진화 과정에서 부여받았다.

학교에 처음 들어갈 때, 아이의 뇌는 이미 문자 재인과 단어 재인을 위한 준비가 되어 있다. 다른 영장류와 마찬가지로, 아동의 복측 측두 피질에는 알파벳의 전구체가 들어 있다. 대상 재인은 이미 조합 원리에 따라 작동하고 있으며, 조합 원리는 내가 '문자 원형' 이라고 명명한, 그리고 그중 어떤 것은 실제로 알파벳 문자들과 매우 유사한 기본 형태 목록을 기반으로 하고 있다.

내가 급진적 제안을 하나 하자면, 읽기 학습은 오로지 영장류 하측두 피질의 '전적응(preadaptation)' 때문에 가능하다. 만약 시각 체계가 단어 재인을 위해 필수적인 조작 능력을 이미 보유하지 못했다면, 그리고 새로운 학습을 가능하게 하는 가소성을 부여받지 못했다면, 우리는 읽을 수 없을 것이다. 학교 교육을 받는 동안, 이런 체계의 일부가 재배열되어서 불변적 문자 재인 및 단어 재인을 위한 훌륭한 장치가 된다.

이런 관점에서 볼 때 피질은 어떤 문화적 발명도 기록할 수 있는, 아무리 임의적인 것이라도 충실히 기록할 수 있는, 그런 빈 서판(blank slate) 또는 밀랍판(wax tablet)이 아니다. 그렇다고 해서 진화 과정에서 어떤 이유로 읽기 모듈(module)을 장착하게 된 고정된 기관도 아니다. 그보다 좋은 비유는 시각 피질을 레고(Lego) 조립 세트로 간주하는 것인데, 아동은 레고 박스에 그려져 있는 표준 모형을 만들 수 있지만, 또한 부품을 나름대로 조립하여 여러 다른 모형도 만들어 낼 수 있다.

나의 가설은 사회과학에서 대단히 일반적인 '무제약(no constraints)' 접근과 일치하지 않는다. 무제약 접근은 인간의 뇌가 어떤 문화 양식이라도 흡수할 수 있다고 본다. 그러나 본성(nature)과 문화(culture)는 훨씬 더 복잡한 관계다. 인간 게놈은 수백만 년에 걸친

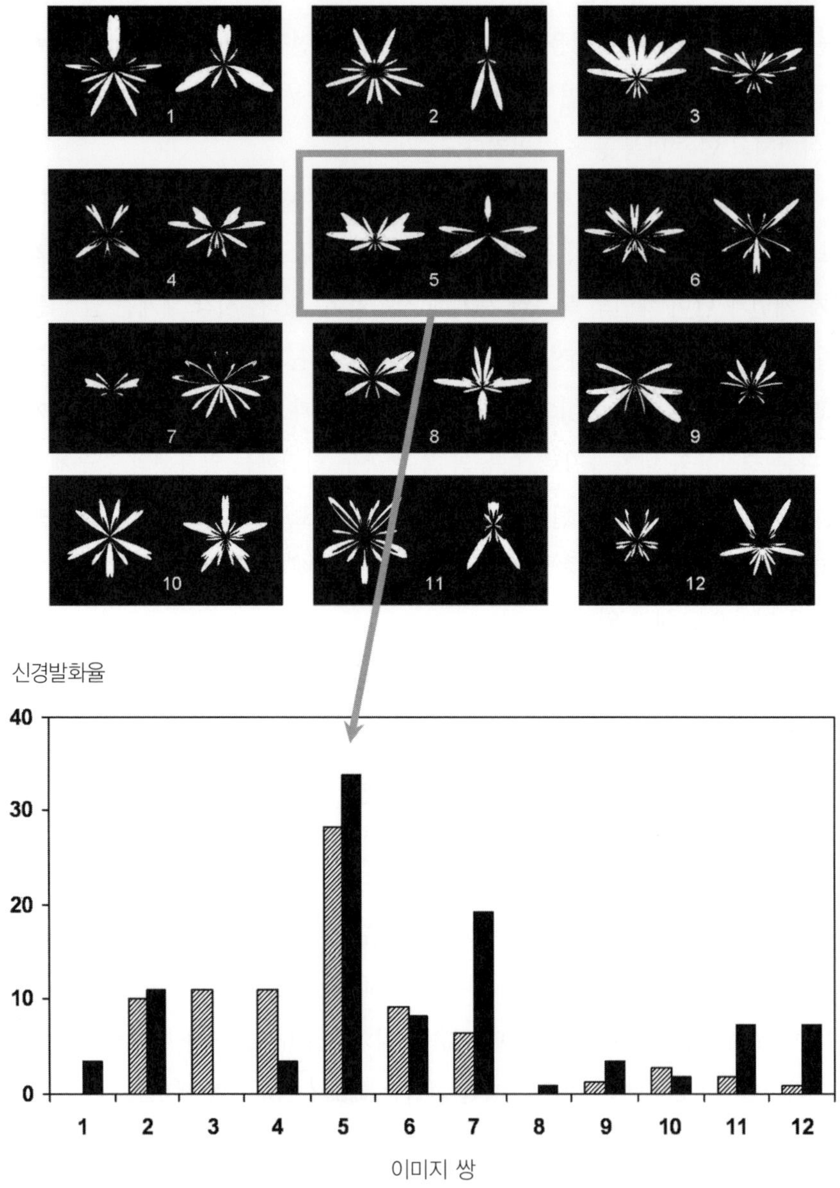

그림 3-8 하측두 피질 뉴런들은 프랙탈 이미지와 같은 임의의 모양에 반응하는 것을 학습할 수 있다. 사카이와 미야시타(Sakai & Miyashita, 1991)는 짧은꼬리원숭이들에게 프랙탈 이미지 쌍을 훈련시켰다. 학습 후, 뉴런들은 각 쌍의 두 이미지에 대해 똑같이 잘 반응하였다. 이것은 연합 학습의 한 예이며, 대문자와 소문자 사이의 임의적이고 문화적인 연결을 떠올리게 한다.

진화의 산물이고, 제한된 그러나 일부 변경 가능한 대뇌 구조를 규정하고 있고, 그로 인해 우리가 배울 수 있는 것에 상당한 제약을 가한다. 새로운 문화적 발명은 뇌 구조의 제약에 부합되는 경우에 한해서 습득 가능하다. 문화적 가공물은 우리가 진화해 온 자연 세계에서 상당히 벗어나 있을 수 있다—야생의 어떤 것도 책의 페이지처럼 생긴 것은 없다. 따라서 뇌에서 '생태적 틈새(ecological niche)' 를 찾아야 한다. 틈새는 신경회로를 가리키며, 그것의 기능은 새로운 역할과 비슷해야 하고, 새로운 역할로 전환될 수 있을 만큼 충분히 유연해야 한다.

스티븐 제이 굴드(Stephen Jay Gould)가 '굴절적응(exaptation)' 이라고 정의한 고전적 다윈주의 개념이 있다.[155] 굴절적응은 진화 과정에서 어떤 생물학적 메커니즘이 그것의 원래 역할과 다른 역할로 전환되는 것을 말한다. 귓속 깊은 곳에 있는 작은 뼈가 좋은 예다. 귀로 입력되는 소리를 증폭시키기 위한 완벽한 디자인처럼 보이지만, 진화 과정에서 고대 파충류의 턱뼈가 깎여 형성된 것이다. 프랑수아 자코브(François Jacob)는 진화에 대해 뒷마당에 엄청나게 많은 고물을 쌓아 두고, 가끔 그중 몇 개를 모아 새로운 기묘한 장치를 만들어 내는, 지칠 줄 모르는 수선공으로 묘사하였다.[156] 내 가설은, 문화적 발명이란 오래된 신경회로를 재조합하여 새로운 문화적 대상을 만드는 것이며, 그것이 인간에게 유용하고, 뇌에서 뇌로 금방 증식될 만큼 충분히 안정적이기 때문에 선택된다는 것이다.

문화적 학습에서 뇌의 수선은 생물학적 진화의 속도보다 훨씬 빠르게 일어난다. 새로운 문화적 도구의 발명에 필요한 시간은 겨우 몇 주 또는 몇 달이다(물론 광범위한 인구 집단에 확산되기 위해서는 여러 세대가 필요할 수 있다). 뿐만 아니라, 문화적 대상의 창조는 게놈 수준의 변경을 요구하지 않고 신경 학습 메커니즘에 기반한다. 생물학적 진화와 문화적 진화 사이의 이런 근본적 차이 때문에, 뇌에서 일어나는 문화적 변화를 제한적으로 기술하기 위하여 나는 '신경 재활용(neuronal recycling)' 이라는 용어를 도입하고자 한다.[157]

신경 재활용이라 함은, 어떤 문화적 발명에 의해 뉴런이 원래 기능과는 다른 기능에 쓰이게 되는, 즉 기존 피질 영역에 대한 부분적 또는 전면적 침입을 의미한다. '재활용(recycling)' 이라는 단어는 겨우 두서너 달에 걸쳐 일어나는 단기간의 변화를 가리키기 위한 것이다. 메리엄-웹스터(Merriam-Webster) 사전은 'recycling'을 '일련의 변화를 다시 거치는 것' 그리고 '새로운 용도에 맞추는 것'이라고 정의한다. 나의 모어인 프랑스어에서 사용되는 동사 'se recycler'는 직업 시장에서 더 쓸모가 있는 새로운 기술을 위해 재교육 과정을 이수하거나 훈련을 받는 학생 또는 피고용인을 가리킬 때 사용한다. '신경 재활용'도 재교육 또는 재훈련의 한 형태다. 그것은 과거의 기능을 새로운 기능으로 변환한다. 오랜 진화 역사에서 어떤 특별한 영역을 위해 진화되어 온 기능을 현재의 문화적 맥락 속에서 더 유용한 새로운 기능으로 변환하는 것이다.

'재활용'이라는 단어는 또한 문화적 학습을 지원하는 신경 조직이 빈 서판이 아니며, 응용 범위에 제한이 있음을 분명히 한다. 재활용된 유리나 종이가 무엇으로든 바뀔 수 있는 것은 아니다. 이런 물질은 고유의 물리적 속성을 가지고 있으며 일반적 용도가 아니라 어떤 특정 용도에 더 적합하다. 이와 유사하게, 각각의 피질 영역 또는 피질 네트워크도 연결 특성, 유전적 편향 그리고 학습 규칙 등에서 고유한 속성들을 가지고 있으며, 문화 습득 과정에서 부분적으로만 수정 가능하다. 만약 내가 말하는 신경 재활용 가설이 맞다면, 문화적 학습은 기존의 이런 모든 편향성을 취소하지 못하며, 그저 편향성과 함께 공존할 뿐이다. 결과적으로, 문화적 대상에 대해서 무제한의 융통성이나 적응성을 기대해서는 안 된다. 인간의 문화적 다양성의 범위는 신경 네트워크의 제약에 의해 규정된다.

문화의 탄생

추측하건대, 신경 재활용은 우리가 '문화'라고 부르는 것, 즉 하나의 인간 집단을 정의하는 공유된 심적 표상들의 집합을 정착시키는 데 핵심적 역할을 했을 것이다. 진화생물학자 리처드 도킨스(Richard Dawkins)에 따르면, 생식 행동이 유전자(gene)를 복제하듯이, 사회는 '밈(meme)'을 전파시킨다. 밈이란 문화의 기본 단위이며, 레몬 머랭 파이의 레시피에서 문자나 종교와 같은 더 기초적 요소까지 포함한다.[158] 수잔 블랙모어(Susan Blackmore)는 이런 생각을 옹호하는 학자로, 인간 뇌를 '밈머신(meme machine)'이라 부르며, 밈머신은 문화적 표상을 사람에서 사람으로 복사하는 이상적 장치라고 말한다.[159] 하지만 프랑스의 인류학자 댄 스퍼버(Dan Sperber)가 지적했듯이, 문화 전파에 대한 이론으로서 '밈' 모델은 지나치게 단순하며 본질적으로 라마르크적(Lamarckist)이다.[160] 아동을 친구나 가족을 모방하는 충성스러운 '카피캣(copycat)'으로 환원시킨다. 밈의 충실한 복제와 밈의 문화적 안정성을 수십 년 혹은 수백 년의 차원에서 보장하기 위해서는 정확한 모방이 필요하다. 하지만 이런 수동적 모방은 주의 깊게 들여다보면 금방 허점이 드러난다. 빈 서판 또는 제록스 복사기와 달리, 인간 뇌는 주변 환경을 단순히 복사하지는 않는다. 뇌 구조는 강한 제약 속에 있고, 아주 적은 가소성만 허용되며, 따라서 문화적 표상에 대한 적응도 제한된다.

본질적으로 학습하는 뇌는 일종의 필터와 같아서 전파할 문화적 표상을 선택하거나 제약한다. 아동의 뇌는 어떤 환경 속성에 대해서는 절묘하게 순응하지만, 다른 것에 대해서는 엄청나게 저항적일 수 있다. 예를 들어, 자폐 아동이 아니고 정상 아동이라면, 아무도 어떤 날짜가 무슨 요일인지 응답하는 '달력 계산기(calendrical calculator; 역자 주: 달력 계산기는 일부 자폐 아동을 가리키는 말로, 날짜를 말해 주면 요일을 대답할 수 있다. 1945년 3월 8일은 무슨 요일? 달력 계산기의 대답은 항상 정확하다)'가 되지는 않을 것이다. 아무리 서구 문화가 다른 문화와 달리 강박적 시간관념을 가졌다고 해도 말이다. 반면에, 모든 아이는 생후 두세 달이 지나면 얼굴, 목소리, 언어, 타인에 대한 공감능력 등을 빨리 학습해 나간다. 실제로, 극심한 감각 박탈 상황에서도 이런 능력들은 습득 가능하다. 신경 재활용 가설은 '문화적 유인 인자(cultural attractor)'의 존재를 가정한다. 이것은 모든 인간이 공유하는 보편적 능력으로 인간 문화의 주요 특징의 안정성을 설명하고, 아동이 동료를 모방할 때 불가피하게 발생할 수 있는 표류를 방지한다.

인류에게 있어서 문화적 선택은 그것의 의도성 때문에 더욱 증폭된다. 영장류학자인 데이비드 프리맥(David Premack)이 강조하였듯이, 호모사피엔스는 교육을 이해하는 유일한 동물이다. 오직 인간만이 가르치기 위해 타인의 지식과 심리 상태에 관심을 기울인다. 유용한 문화적 대상을 적극적으로 전달할 뿐만 아니라, 특히 문자에서 분명히 알 수 있듯이 완벽하게 만들려고 시도한다. 5천 년도 훨씬 이전, 최초의 필경사는 뇌 회로에 깊이 묻혀 있는 비상한 잠재성을 우연히 찾아냈다. 시각을 통해 언어를 전달하는 가능성이다. 이런 아이디어는 이후 세대의 필경사들을 거치면서 완벽해졌다. 오랜 교육 전통은 우리를 초기의 필경사들과 연결시켜 준다. 필경사들은 한 세대에서 다음 세대로 부지런히 노력하였으며 그들의 발명(문자)을 영장류의 시각 체계에 동화되기 쉽게 만들었다.

마지막으로, 댄 스퍼버(Dan Sperber)에 따르면, 문화적 발명품의 재생산은 모방보다는 유행성 질병과 더 유사하다. 마치 우리의 면역 체계에 끊임없이 도전하는 바이러스처럼, 어마어마한 범위의 문화적 표상이 끊임없이 우리의 주의를 끈다. 이런 문화적 대상 가운데 오직 몇몇만이 정착되는데, 그 이유는 그것들만이 우리 뇌에 반향을 일으키기 때문이다. 이는 인체의 방어 체계에 생긴 하나의 구멍을 찾은 바이러스와 다르지 않다. 이런 일이 생길 때마다 우리는 적극적으로 그리고 의도적으로 이런 문화적 발명품을 타인에게 전달하며, 그 속도는 효율적 교수법을 통해 더욱 빨라질 수 있다. 궁극적으로, 인간 집단의 핵심을 정의하는 안정적인 문화적 표상들은 뇌 구조 속에 신속하게 병합되는데, 그것들은 효율적 재활용이 가능한 기존의 신경회로 중 어떤 것에서 공명을 발견하였기 때문이다.

어떤 새로운 문화적 창조가 '신경 틈새'를 찾아내면, 그것은 훨씬 더 빨리 인간 집단 전체에 전파될 수 있다. 문화적 창조 이후에는 문화적 안정의 시대가 뒤따르며, 다른 문화적 창조가 나타나서 평형을 깰 때까지 계속된다. 간단히 말해서, 이것이 바로 문화가 출현하고 증식하고 소멸하는 방식이다.

우리가 앞으로 보게 될 것처럼, '문화적 전염'의 비유는 문자의 경우에 특히 잘 부합된다. 감염의 주된 장소는 초승달지대(고대 수메리아), 중국, 남미 등이며, 선택적 증식 시기 사이에 긴 정체기가 나타난다. 읽기가 인간의 마음을 사로잡고 현대 문자 문화의 기본적 특징을 만들게 된 이유는, 후두측두 피질과 그 연결들 속에서 틈새를 발견했기 때문이다. 이 피질 영역이 단어를 재인하고 단어의 정체를 다른 영역에 전달하는 능력은 두 단계 진화 과정의 결과다.

- 대상을 불변적으로 재인하는 효율적 메커니즘의 출현. 이것은 포유류의 진화 과정에서 서서히 출현하였다.
- 피질 틈새에 부합하는 표기 체계의 출현과 신속한 문화적 적응. 이것은 지난 5천 년에 걸친 문화적 진화 과정의 산물이다.

이런 관점은 뇌의 문자상자 영역이 처음에는 문자나 단어가 아닌 자연적 이미지를 재인하기 위해 진화했다고 주장한다. 그렇지만 진화는 이 영역에 학습할 수 있는 능력, 그래서 읽기 장치가 될 수 있는 능력을 부여하였다. 인간의 표기 체계는 이 영역이 표상할 수 있는 기본 모양을 발견하고 이용하였다.

요약하면, 대뇌 피질은 문자를 위해서 특별하게 진화한 것이 아니다. 문자를 위해 피질이 진화할 시간적 여유도 충분한 압력도 없었다. 오히려 문자가 피질에 맞추어서 진화했다. 인간의 표기 체계는 영장류의 뇌를 가지고도 쉽게 습득할 수 있어야 한다는 제약하에서 발전해 왔다.

글 읽는 뉴런

원래는 시각적 대상 재인을 담당하던 신경 네트워크가 읽기 습득을 위해 재활용되었다고 하면, 다음은 문자상자 영역의 뉴런들이 어떻게 0.2초 이하의 시간 안에 단어를 재인하는지에 대해 설득력 있는 설명이 필요하다. 읽기에 숙달된 사람의 피질에는 어떤 종류의 신경 부호가 들어 있을까? 문자, 음절, 그리고 단어는 각각에 필요한 뉴런들을 할당받을까? 이런 뉴런들은 피질 표면에 어떤 식으로 배치되어 있을까?

읽기 뉴런의 상세 지도는 아직 만들어지지 않았다. 인간을 대상으로 하는 뇌 영상화 기법은 현재로서는 개별 뉴런을 시각화할 수 없다. 하지만 다른 영장류의 뇌에 관한 방대한 지식은 읽기 신경 부호의 특성을 추측할 수 있게 해 준다. 이론적 모형은 종종 실제 신경계의 복잡성을 과소평가하기도 하지만, 실험 연구를 위한 새로운 관점을 제공할 수 있으며, 새로운 영상화 연구를 계획하는 데 도움이 될 수도 있다. 이런 점을 염두에 두고, 나는 동료들과 함께 읽기의 신경 구조에 관한 잠정적 모형을 제안하였다([그림 3-9]).[161]

모형은 복측 시각 체계가 위계 구조를 가진다는 이미 잘 알려진 사실에서 시작한다. 위계는 뇌 뒤쪽의 후두극에서 시작해서 측두엽 전방 영역까지 포함한다. 앞서 설명한 것처럼, 위계 구조에서 한 단계 위로 이동하면 뉴런 수용장의 크기가 두세 배 증가한다. 이는 망막의 더 넓은 부위에 반응한다는 것을 의미한다. 이와 동시에, 뉴런을 발화시키는 특징의 복잡성도 증가하며, 크기, 위치, 조명 등에 대한 뉴런의 불변성도 증가한다.

만약에 이런 신경 구조에 문자 단어들이 집중적으로 입력되고 신경 구조는 그것들로부터 가장 명료한 규칙성을 추출해야 한다면, 신경 구조는 어떻게 바뀌어야 할지 생각해 보라. 입력 단계에서, 즉 일차 시각 피질(V1)에서 뉴런들은 상대적으로 단순하다. 망막의 좁은 부분에 나타난 간단한 선분을 재인한다. 허블과 비셀이 처음 발견한 것과 같이, 각 뉴런은 매우 좁은 망막 부위의 작은 선분들을 선호한다. 문자와 단어는 이런 선분으로 구성되기 때문에, 읽기 학습은 신경 위계의 초기 부호화 방식을 근본적으로 변화시키지 않을 것이다. 대부분의 신경 재활용은 아마도 훨씬 다음 단계, 즉 시각 이미지의 복합적 속성을 부호화하는 영역에서 일어날 것이다. 그렇다고 해도, 능숙한 독자의 뇌에서는 시각 처리의 가장 기본적 단계도 변화할 가능성이 있다. T와 X 같은 모양은 아주 흔하게 나타나기 때문에 V1에서 처리될 수 있다. 실제로 원숭이와 성인을 사용한 실험들은, 집중 훈련이 일차 시각 피질의 초기 단계 시각 처리에 영향을 줄 수 있다는 것을 보여 주었다.[162] 뇌 가소성이 더 큰 아동의 경우, 읽기 습득은 초기 시각 영역에 유사한 변화를 일으킬 수 있다.

하지만 대부분의 문자 형태는 아마도 다음 단계로 올라가서 V2와 V4라는 명칭을 가진 영역에서 부호화될 것이다. 여러 개의 기본 선분을 조합하는 V2 영역의 뉴런들은 기본 윤곽선 탐지기의 역할을 한다. 다음 단계에서 이런 조합들을 다시 조합하는 것은 V4 영역의 뉴런들이며, 문자를 포함하여 단순 형태들에 선택적으로 반응한다. 심지어 읽기 습득 이전에도, 많은 신경세포들은 이미 T, L, X, O 등의 형태에 반응한다. 이런 기본 형태 목록을 출발점으로 하면 다른 문자들을 학습하는 것도 쉬울 것이다. 문자 습득은 아마도 복측 측두 피질의 전방 영역에서 시작하는데, 타나카는 짧은꼬리원숭이의 동일한 영역에서 학습된 형태들에 반응하는 피질 기둥을 찾아냈다. 나중에 읽기가 더 자동화되고 아주 작은 글자를 읽는 것을 학습할 때, 단어 재인 과정은 점차 단계를 역행하여 뇌의 뒤쪽 부분을 이용할 수도 있다.[163]

만약 V4 영역의 뉴런들이 곡선의 단순 결합을 재인할 수 있다면, 그 뉴런들은 문자 형태를 부호화할 수 있을 것이다. 그렇다면 우리는 어떻게 동일한 문자가 소문자와 대문자

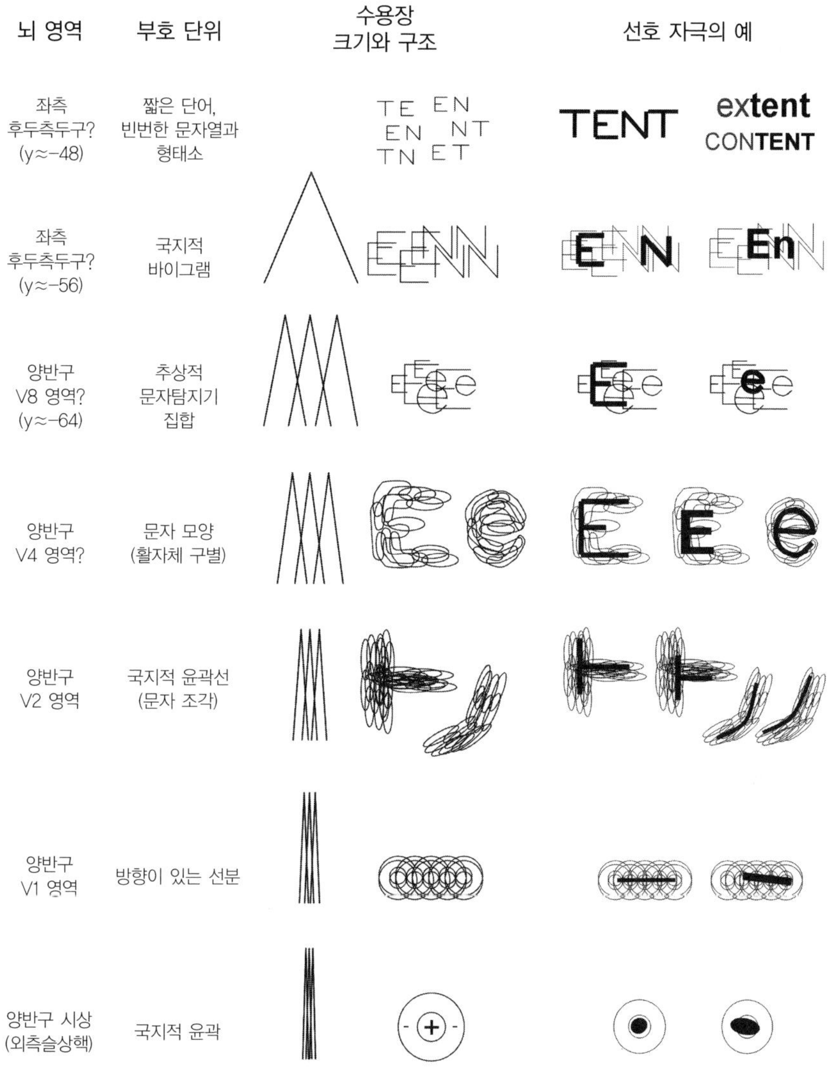

그림 3-9 시각적 단어 재인을 지원하는 뉴런 위계에 대한 가설적 모형. 각 단계에서 뉴런들은 바로 직전 단계의 반응 조합을 처리하는 것을 학습한다. 단어 재인과 이미지 재인이 공유하는 피라미드의 가장 아래에 있는 뉴런들은 국지적 대비와 선분 방향을 탐지한다. 상위 단계로 올라감에 따라, 뉴런들은 점점 더 읽기에 전문화된다. 문자, 바이그램(bigrams), 형태소, 짧은 단어를 탐지한다. 각 단계마다 수용장은 2배 또는 3배의 비율로 넓어지는 반면, 점점 더 단어 위치와 이미지 세부 사항에 독립적인 뉴런 반응이 일어난다(Dehaene, 2005에서 인용).

로 나타날 수 있다는 것을 학습할까? 나와 동료들은, 이런 추상적 지식은 V4 영역에서 나타나지 않고, 다음 단계에서 V4의 형태 탐지 뉴런들의 반응이 결합된 결과라고 생각한다. 우리의 모델은 대문자와 소문자가 겉모습만 다른 동일한 문자로 재인되는 것은 양반구의 V8 영역에서이며, 이는 문화적 학습을 필요로 하는 단계라고 가정한다. 여기가 바로 단어 반복을 탐지하는 능력을 가진 영역인데, fMRI 실험들은 동일한 단어를 대문자로 쓴 경우와 소문자로 쓴 경우에 반복에 따른 효과가 이 영역에서 나타남을 보여 주었다.

각 단계마다 뉴런의 공간적 관용성(spatial tolerance)이 다르다는 것을 기억하기 바란다. 뉴런은 서로 다른 수용장을 가진 많은 탐지 뉴런으로부터 반응을 수집하기 때문에, 상위 뉴런의 반응은 입력 위치나 크기 변화에 점차 둔감해진다([그림 3-9], 가장 오른쪽 칼럼). 하지만 V8 영역에서 불변성은 불완전하며 망막 전체로 확대되지 않는다. 문자 탐지 뉴런은 특정 위치에 나타나는 문자에 대해 반응한다. 뉴런마다 선호하는 위치(=수용야)가 다르다. 글자 'A'를 부호화하는 신경 기둥이 수십 개 있으며, 각 기둥은 'A'가 정확한 망막 위치에 나타날 때에만 반응한다.

바이그램 뉴런

다음 단계로, 문자를 담당하는 뉴런의 반응이 결합될 때, 우리는 문자 결합에 민감한 뉴런들을 만나게 된다. 예를 들어, 어떤 뉴런은 문자 A의 왼쪽으로 하나 또는 두 개 떨어진 문자가 N이라는 것을 신호해 줄 수 있다. 이는 AND와 DNA와 같은 서로 유사한 문자열을 구분하는 데 매우 유용한 특징이다.

대략적으로 수용장 크기는 각 단계에서 두세 배 증가한다. 따라서 결합 뉴런은 한 개의 문자, 두 개의 문자 또는 세 개의 문자를 부호화할 것이라고 기대할 수 있다. 그런데 문자쌍을 특별하게 취급해야 할 이유가 있을까? 이 질문에 답하기 위해서 신경계가 불변성, 선택성 그리고 각 뉴런의 정보 전달 최대화 등의 문제에 어떻게 대응하는지 생각해 보아야 한다. 세 개의 문자로 된 단어에 반응하는 뉴런은 한 위치에서만 그렇게 반응할 수 있다. 따라서 그 뉴런은 아주 한정된 양의 정보만을 전달하며, 적은 수의 단어들(주로 the, not, was와 같은 문법 단어들) 이외에는 거의 반응하지 않는다. 다른 한편으로, 세 가지 가능한 위치 중 어느 한 곳에서 한 개의 문자를 부호화하는 뉴런의 경우 빈번하게 활성화되지만, 그다지 많은 정보를 제공하지 못한다. 왜냐하면 문자의 위치에 대해 아무것도 알려 주지 못하기 때문이다.

이런 추론을 염두에 두고, 나와 동료들은 뉴런이 주목해야 하는 문자 결합 중 가장 유용한 것으로 '바이그램(bigram)' 을 제안하였다. 바이그램이란 'N의 왼쪽에 있는 E' 라는 식의 '순서 문자쌍' 을 말한다. 뉴런들이 이런 문자쌍에 선택적으로 반응하도록, 그러나 구성 문자들의 위치가 약간 바뀌는 것은 허용하도록 만드는 것은 쉽다. [그림 3-9]에 나와 있듯이, 문자 E와 N을 탐지하는 여러 개의 부분적으로 중복되는 뉴런으로부터 입력을 수집하도록 하되, E는 왼쪽에 나타나게 하고 N은 오른쪽에 나타나게 하는 것이 해야 할 일의 전부다. 그렇게 만든 EN 탐지기는 그 아래 있는 문자 탐지기 중 어떤 것보다 더 큰 위치 불변성을 가진다.

만약 바이그램 뉴런이 이런 방식으로 행동한다면, 선호 문자 사이에 두세 개의 문자가 삽입되는 경우를 허용할 것이다. 예를 들면, EN을 탐지하는 바이그램 뉴런은 **en**ter, r**en**t, h**en** 뿐만 아니라 e와 n 사이에 다른 문자들이 삽입된 m**e**a**n**과 f**e**r**n**에도 반응할 것이다. 이런 속성은 바이그램 뉴런의 수용장 구조로부터 나타난다. 단어 위치가 이동하는 경우에 대응하기 위해서, 바이그램 뉴런은 바로 아래 단계의 문자 탐지기로부터 입력을 수집한다. 문자 탐지기들의 수용장은 망막 전체에 걸쳐 있기 때문에 문자들 사이에 하나 혹은 두 개의 다른 문자들이 삽입되어 있는지 판단하기 힘들다. 바이그램 뉴런은 문자쌍이 공간적으로 떨어져 있더라도 반응한다. 그러한 반응은 '개방 바이그램(open bigram)' 에 대한 선호라고 말할 수 있는데, 개방 바이그램이란 특별한 문자쌍으로 중간에 한두 개의 문자가 삽입되는 것이 허용되는 경우다.

지금까지 어느 누구도 바이그램 뉴런을 본 사람은 없다. 그것의 존재는 우리가 기본 시각 체계에 대해 알고 있는 것에 근거한 유식한 추측일 뿐이다. 당분간, 그것은 순전히 이론적 구조물일 뿐이며, 현재의 뇌 영상화 기술로는 직접 조사할 수 없다. 따라서 바이그램 뉴런은 마치 1930년대의 중성미자(neutrino)만큼 가설적인 것이다. 당시에 물리학자 파울리(Pauli)는 중성미자의 존재를 가정하였지만 그것을 찾아내는 것은 원칙적으로 불가능하다고 말하였다(그것은 26년 뒤에 관찰되었다).

왜 진지한 과학자들이 이렇게 허무맹랑하고 의심스러워 보이는 이론을 제안하는 것일까? 그것들이 지금은 검증 가능하지 않더라도, 미래 연구를 이끌 수 있고, 과거 실험들을 일관하는 설명을 제공할 수 있기 때문이다. 과학적 노력에서 가장 황홀한 순간 중 하나는, 과학자가 자신의 이론적 구성물이 구체적 예언을 하고, 그것이 실험 데이터와 멋지게 들어맞는 것을 보게 되는 순간, 그래서 저절로 '아하' 하는 잊을 수 없는 감탄사가 터져 나오는 순간이다. 서로 다른 방향의 연구들이 기대하지도 않았는데, 동일한 모형으로 수렴하는 것보다 확신을 증진시켜 주는 것은 없다. 우리의 경우에는 두 명의 연구자, 조나단 그레인저(Jonathan Grainger)와 캐롤 휘트니(Carol Whitney)가 우리와는 전혀 다른 전제에서 시작하였지만, 문자 단어들이 바이그램 목록에 의해 부호화된다는 가설에 도달하였다.[164] 그들이 이런 가정에 도달한 것은 사람들이 단어 유사성을 어떻게 지각하는지를 설명할 수 있는 추상적 부호를 찾고 있을 때였다. 그들의 실험 결과는 우리의 바이그램 뉴런 가정과 너무나 잘 맞아떨어졌다. 중성미자와 같이, 바이그램 뉴런 가설은 수많은 수수께끼를 밝힐 것이고, 읽기에 대한 두 개의 과학, 즉 신경생리학과 심리학을 연결하는 다리가 될 것이다.

그레인저와 휘트니는 일련의 점화(priming) 실험을 보고하였다. 점화 실험에서 그들은 앞서 제시된 문자열이 두 번째 문자열의 읽기를 촉진하는지 조사하였다. 예를 들면, garden을 먼저 보는 것은 GARDEN의 재인을 더 쉽게 만든다. 이것은 두 개의 문자열이 서로 공통적 부호를 가지고 있다는 것을 암시한다. 그러나 점화를 위해서 단어의 모든 문자를 반복할 필요는 없다. 'grdn' 과 같이 일부분만 제시하여도, 'garden' 만큼 효과적으로 'GARDEN' 의 처리를 신속하게 한다. 하지만 'gtrdvn' 이나 'dngr' 과 같이 중간에 문자들이 삽입되거나 문자들이 뒤바뀐 조건에서는 점화 효과가 나타나지 않는다.[165] 이것은 'grdn' 은 'GARDEN' 과 어느 단계에서 동일한 부호를 공유하지만, 'dngr' 은 그렇지 않다는 것을 의미한다. 명백히 이런 부호는 두세 개 문자의 삭제에는 민감하지 않지만 순서에 대해서는 예민하다. 추가 실험들은 이런 부호가 두 개의 인접 문자의 위치 교환에 둔감한 것을 보여 준다. 따라서 문자열 'bagde' 는 뒤따르는 문자열 'BADGE' 의

처리를 가속화하는데, 마치 동일한 단어가 반복된 것 같은 점화 효과를 나타낸다.[166]

이런 관찰들은, 단어는 문자의 배열로 부호화된다고 주장하는 많은 읽기 모형을 위협한다.[167] 그러한 모형에서는 'bagde' 와 'badge' 의 차이는 barte와 badge의 차이만큼 크다. 왜냐하면, 두 경우 모두 전체 5개의 문자 중 2개가 다르기 때문이다. 그러나 이런 주장은 틀렸다. 문자열 bagde와 badge는 사실 매우 비슷하며, 혼동되는 일이 빈번하다. 이런 효과의 실생활 사례로서, 의류회사인 French Connection UK가 회사명 이니셜 FCUK를 스웨터와 T셔츠 등에 당당하게 인쇄한 것을 들 수 있다. 회사의 소유주들은 그 두문자어(acronym)가 매력적이라고 생각했을 것이다. 왜냐하면, 고객의 뇌가 스스로 그 두문자어를 '차마 인쇄할 수 없는 어떤 영어 단어' 와 즉각적으로 연결시킨다는 것을 알고 있었기 때문이다. 이런 유사성 효과는 매우 강력해서, 우리는 처음과 마지막 문자를 제외하고 나머지 문자를 전부 뒤섞은 단어들로 이루어진 문장을 별 어려움 없이 읽을 수 있다.[168]

물론 "이렇게 뒤섞인 알파벳" 에 충분히 적응할 수 있는 부호가 존재할 것이다. 이 문제에 대해 집중적으로 연구한 결과, 그레인저와 휘트니는 마침내 '개방 바이그램' 이라는 생각에 도달하였다. 그들은 단어는 문자 배열이 아니라 문자쌍 배열이라고 주장하였다. 그들이 제안한 방식에서 단어 'badge' 는 10개의 바이그램으로 구성된다. 즉, BA, BD, BG, BE, AD, AG, AE, DG, DE, GE이다. 만약 두 개의 인접한 문자가 바뀌어 'bagde' 가 되면, 바이그램 중 하나만 달라질 뿐(DG가 GD가 된다), 90%의 부호들은 변화하지 않는다. 이런 유사성은 두 개의 문자가 뒤바뀌었는데도, 왜 우리가 여전히 'bagde' 를 읽을 수 있는지를 설명해 준다. 다른 문자들이 삽입되거나 대체될 때, 예를 들어 'barte' 의 경우에 부호는 더욱 급격하게 변화한다. 문자열 'barte' 와 단어 'badge' 는 단지 30%의 바이그램만 공유하며, 따라서 둘 사이에 점화 효과의 부재를 설명해 준다. 부호는 두세 문자의 역전이나 삭제보다는 다른 문자의 삽입에 의해서 더욱 큰 영향을 받는다. 문자열 'grdn' 의 바이그램은 모두 'garden' 의 바이그램 목록에 들어 있는 반면, 문자열 'gtrdvn' 의 바이그램은 절반 이하만 'garden' 의 바이그램 목록에 들어 있다. 부분적 삭제와 국지적 역전에 대한 바이그램 부호의 강건성은 문자 위치가 뒤섞인 문장을 별 문제없이 읽는 우리의 능력을 설명한다.

바이그램 부호의 또 다른 이점은 위치나 크기의 변화에 민감하지 않다는 것이다. 'badge'가 움직이든, 커지든, 줄어들든 'b'는 'd'의 왼편에 있고, 'd'는 'e'의 왼편에 있다. 다시 말해서, 바이그램은 인쇄 단어의 정확한 위치나 크기에 의해 영향을 받지 않는다. 이런 부호화 방식은 불변성을 확실히 보장해 준다.

이런 모든 논의를 바탕으로 하여, 그레인저와 휘트니는 표기 단어가 바이그램 목록에 의해 부호화된다고 주장했다. 그러나 자세히 들여다보면 이런 제안에 몇 가지 문제점이 있다. 첫째, 그것은 문자 사이에 공백이 삽입되어 있는 경우에(예를 들면, l e t t e r s a r e s p a c e d), 심지어는 불규칙하게 공백이 삽입되어 있는 경우에도(예를 들면, in an i rr e g ul a r f as h io n), 단어를 쉽게 읽을 수 있다고 예언한다. 실제로 이런 종류의 변형은 모든 바이그램을 보존하며 심지어는 문자 순서를 더욱 분명하게 해 줄 수 있다. 하지만 이런 문자열은 읽기가 힘들다. 또 다른 문제점은 바이그램 목록이 중복될 수 있다는 것이며, 그 이유는 목록이 각각의 단어에 서로 다른 고유 부호를 할당하지 않기 때문이다. 예를 들면, 'nana'와 'anna'는 동일한 바이그램 집합을 가지고 있다. 즉, AA, NN, AN, NA이다. 만약 시각 체계가 바이그램에만 주목한다면 두 단어를 변별할 수 없을 것이다. 'naananan'과 같은 불가능한 철자도 금방 인식해야 한다. 그것은 'anna'와 동일한 바이그램을 가지고 있기 때문이다.

바이그램 뉴런의 생물학적 속성이 그레인저와 휘트니의 공식적 제안을 구제하는 것은 바로 이 지점이다. 바이그램 뉴런은 선호 문자쌍의 위치에 관계없이 반응하는 것이 아니다. 다른 뉴런들처럼 수용장이 제한되어 있다. 그래서 바이그램의 신경 부호는 공간적 선택성을 가지며, 바이그램이 시야의 다른 지점에 나타나면 부호화도 다르게 된다. 예를 들면, 어떤 바이그램 뉴런은 'nana'의 시작 부분의 문자쌍 NA에는 반응하지만, 뒤쪽에 위치하는 'na'에는 반응하지 않는다. 따라서 'anna'에도 반응하지 않는데, 문자쌍 'na'가 수용장을 벗어나 있기 때문이다. 집단적으로 바이그램 뉴런들은 각 단어에 고유 부호를 할당한다.

또한 '국지적 바이그램 탐지 가설'은 문자 띄어쓰기가 읽기를 느리게 하는 이유도 설명한다. 뉴런의 수용장은 시각 피라미드의 각 단계를 올라갈 때마다 두세 배의 비율로 증가한다. 결과적으로 바이그램 탐지기는 문자들이 약 두세 개 정도의 위치만 이동하는 것을 허용한다([그림 3-9] 참조). 수용장 크기의 제한 때문에, 바이그램 뉴런은 처음 문자가 나중 문자로부터 문자 두 개 이내로 떨어져 있을 때만 점화한다. 예를 들면, AM 쌍을 부호화하는 뉴런은 'ham' 'arm' 'atom' 에는 반응하지만 'alarm' 이나 'atrium' 에는 반응하지 않는다.

이와 같은 논리는 아주 간단한 예언으로 이어진다. 우리가 한 단어 내의 문자들 사이에 점차로 공백을 늘리면, 공백이 아직 적을 때는 읽기 수행이 무난하겠지만, 공백이 두 개 문자보다 더 클 때는 읽기에 실패할 것이다. 나는 파비안 빈키에(Fabien Vinckier), 로랑 코헨과 함께 이 예언을 검증하였다. 문자 사이의 공백이 두 개를 초과하자, 신속하고 병렬적인 단어 재인이 급격히 중지되는 것을 확인하였다.[169] 아마도 독자 여러분은 이 사실을, 글자 사이의 공백이 서서히 증가하는 다음의 문장들을 통해서 확인할 수 있을 것이다. Your bigram neurons easily tolerate a spacing of one letter, or even
a l e t t e r a n d a h a l f. H o w e v e r, a s s o o n a s t h e s p a c i n g e x c e
e d s t w o c h a r a c t e r s, y o u r p e r f o r m a n c e c o l l
a p s e s : r a p i d r e a d i n g b e c o m e s i m
p o s s i b l e. Y o u f i n d y o u r s e l f
i n t h e s h o e s o f a b e g i n n i
n g r e a d e r t h e b i g r a m
n e u r o n s i n y o u r l e
t t e r b o x a r e a h a
v e s t o p p e d r e
s p o n d i n g !
당신의 바이그램 뉴런은 한 글자나 한 글자 반 의 여 백 은 견 딜 수 있 다.
하 지 만 공 백 이 두 글 자 이 상 을 초 과 할 때 당 신 의 수 행
은 무 너 진 다. 빠 른 읽 기 는 불 가 능 해 진 다. 당 신 은 초
등 학 생 수 준 의 읽 기 에 머 물 게 된 다. 당 신 의
문 자 상 자 영 역 의 바 이 그 램 뉴 런
은 반 응 을 멈 춘 다 ! (역자 주: 바이그램의 정의는

한글 글자와 로마자에서 다르다. 바이그램이 한글 읽기에서 어떤 역할을 하는지에 대해 아직 연구가 별로 없다. 일반적으로 한글 글자 사이에 공백을 상당히 많이 넣어도 읽기에 큰 어려움이 없는 것을 보면, 한글 읽기에서 바이그램의 역할은 영어와 다른 것 같다. 한국어와 영어의 비교를 위해서 영어 원문과 한국어 번역을 게재하였다.)

신경 단어 나무

바이그램 뉴런이 존재한다면, 시각 피라미드의 다음 단계에는 어떤 종류의 신경 부호를 기대할 수 있을까? 여러 개의 바이그램을 한데 묶음으로써, 위계의 더 높은 곳에 있는 뉴런들은 더 복잡한 문자 조합에 반응할 것이다. 그 뉴런들의 수용장은 최대 5개의 문자로 이루어진 성분을 찾아내게 할 것이다. 어떤 문자열이 선별적으로 부호화되는지는 지금은 거의 추측의 영역이다. 제1장에서 나는 읽기가 어떻게 두 개의 병렬적 경로를 따라 이루어지는지 설명하였다. 두 개의 경로는 철자-발음 경로와 철자-의미 경로였다. 따라서 고차 단계의 시각 뉴런들은 둘 중 어느 한 경로에 기여할 수 있는 문자열을 추출해야 한다. 어떤 뉴런들은 자주 사용되는 자소(grapheme)에 주로 관심이 있을 것이다. 자소는 특정한 발음 패턴으로 변환될 수 있는 문자열이며, 예를 들어 'ough' 'ain' 'ing' 등이 그것이다. 다른 뉴런들은 짧은 문법 단어('but' 'then' 'have'), 어근('think-' 'giv-'), 접두사('anti-' 'pre-'), 접미사('-ing' '-tion' '-ese') 등에 반응할 것이다. 이 수준에서는 형태소(morpheme)의 부호화가 당연히 기대되는데, 형태소는 의미를 가지는 최소의 언어학적 단위를 말한다.

그러나 명심해야 할 것은, 이 단계에서 시각 체계는 오직 철자에만 관심이 있다는 것이다. 시각 체계는 이해 및 발음을 위해 필요한 문자열을 탐지할 뿐이다. 따라서 내가 설명하는 신경 모형은 '유사 형태소(pseudo-morpheme)'가 실제 형태소처럼 추출될 것이라 예언한다. 유사 형태소는 어근(word root)처럼 보이는 문자열이지만 실제로는 단어 의미와 아무런 상관이 없다. 시각 체계는 'department'를 접두사 'de-', 어근 'part', 그리고 접미사 '-ment'로 맹목적으로 분해(decomposition)한다. 그리고 departure를

'part' 'depart' 'departure' 등의 단어와 같은 부류로 처리할 것이다. 이 단어들이 모두 동일한 의미를 공유하지 않아도 상관이 없다. 매우 많은 실험들이 프랑스어와 영어에서 이런 맹목적 분해가 일어난다는 것을 확인하였다. 근사한 단어 나무 추출은 시각적 단어 재인에서 매우 중요한 자동적이며 무의식적인 단계이기 때문에, 단어 'hard'는 의미적으로 무관하지만 표면적으로는 유사한 단어 'hardly'의 재인을 촉진시킬 수 있다.[170]

제1장에서 나는 단어는 나무이며, 나뭇잎은 문자이고 가지는 문자의 다양한 결합이라고 비유했다. 이런 나무 그림은 이제 거의 문자 그대로의 의미를 가지는데, 나무 그림이 문자상자 영역의 수백만의 뉴런과 수십억의 상호 연결로 이루어진 해부학적 구조와 일치하기 때문이다. 뉴런은 하나하나가 단어 재인에 작은 기여를 하며, 최초의 선분 탐지기에서 시작하여 바이그램이나 형태소에 민감한 뉴런에 이르기까지 다양하다. 이런 피질 위계의 어떤 지점에서도 단어는 단일 뉴런에 의해 표상되지 않는다. 각 수준에서, 활성화 세포의 거대 집합은 엄청나게 많은 특징을 표상하며, 이런 특징들은 집단적으로 인쇄 단어를 점묘화적으로 그려 낸다. 마치 백 살이 넘은 참나무처럼, 이런 신경 나무는 체계적으로 구조화되어 있으나 유연하며, 자연 환경 변화에 저항할 수 있게 되어 있다. 망막에서 단어의 흔들림은 돌풍과 같다. 돌풍은 나뭇잎과 작은 가지들을 흔들지만, 줄기와 큰 가지들은 전혀 영향을 받지 않는다. 이렇게 단어를 표상하는 신경 나무는 크기, 위치, 형태, 심지어 구성 문자의 국지적 순서 등이 달라지더라도 불변성을 유지한다.

[그림 3-9]에 그린 신경 나무는 깔끔한 위계 구조를 가지고 있지만, 인간 신경계의 복잡성을 고려하면 지나치게 간단하다. 단순하게 보여 줄 목적으로 나는 오직 흥분성 연결들만 포함시켰는데, 때문에 뉴런은 서로를 흥분시킬 뿐이라는 암시를 주었을지 모르겠다. 사실, 어떤 뉴런들은 주변의 뉴런들을 억제하고 발화를 방해한다. 억제적 연결은 단어 재인에서 중요한 역할을 할 수 있다. 예를 들면, 입력 문자열에 어떤 문자가 없다는 것을 신호해 줄 수 있다. 나는 또한 각각의 뉴런이 바로 위 수준으로만 연결되어 있는 것으로, 계속 위로 올라가기만 하고 위로만 입력을 보내는 것으로 가정하였다. 그러나 실제의 신경계에서는, '외측(lateral)' 또는 '수평적(horizontal)'인 다른 연결들이 있으며, 주어진 시각 영역 내의 뉴런을 서로 연결하여 준다. 일차 시각 영역인 V1에서는 이런 연결들이 활성화 뉴런들이 서로를 지지하도록 돕는데, 그렇게 하여 모든 뉴런이 동일한 시

각적 해석에 투표할 수 있다. 예를 들면, 뉴런들이 동일한 윤곽선의 서로 다른 부분을 부호화하는 경우가 이에 속한다. 문자 수준과 바이그램 수준에서 이러한 외측 연결은 인접 문자와의 확률적 관계를 부호화한다. 예를 들면, 'q' 다음에는 거의 언제나 'u'가 따라 나오는 경우를 부호화할 때 사용될 수 있다.

마지막으로, 시각 피질에는 수많은 '하향 투사(descending projection)'가 있다는 것을 잊지 말아야 한다. 하향 투사는 시각 위계의 어떤 영역에서 이전의 영역으로 가는 것을 말한다. 그러한 피드백 연결은 문맥에 따라서 특정 문자 결합을 미리 선택할 수 있게 한다. 그것은 필기체를 해독할 때 모호한 부분을 제거하는 것을 도와준다. 손글씨 단어는 처음에 문자를 재인하고 그것들을 결합하여 단어를 재인하는 순차적 방식으로는 해독될 수 없는 경우가 많다. 예를 들면, 문장 ***honey bees' sweet nectar***에서 'bee'와 'nectar'에 포함된 'e'와 'c'가 똑같은 모양임에 주목하라. 이런 경우에 문자의 식별은 단어의 식별 후에 가능하다. 문장 맥락의 지원을 받아서, 단어 'nectar'는 문자 n, e, c에 대한 하향(top-down) 지지를 보낼 것이다.[171] 상향 연결과 하향 연결의 끊임없는 상호작용은 제1장에서 소개한 셀프리지(selfridge)의 '복마전(pandemonium)'을 신경적으로 구현한 것이다. 뉴런의 집합은 악마의 의사당처럼 작동한다. 악마들은 모든 방향으로 메시지를 전달하며, 전체 집단이 하나의 결론에 도달할 때까지 자기가 가진 부분적 정보를 서로 교환한다.

얼마나 많은 뉴런이 필요할까

나의 위계 모형은 읽기에 필요한 뉴런 수의 폭발적 증가를 예언하는 것 같다. 시각 체계의 각 단계가 이전 단계에서 발생 가능한 뉴런 조합을 모두 표상한다면, 필요한 뉴런 수는 계산을 초월할 것이다. 하지만 다행히도 이것은 사실이 아니다.

내 모형의 조합 문제에 대한 간단한 해결책이 존재한다. 우선 각 처리 단계의 뉴런들은 빈번히 등장하고 읽기에 중요한 문자 조합을 추출한다. 그것은 모든 가능한 문자 조합 중 일부로 구성된 작은 집합이다. 예를 들면, 바이그램 수준에서는 영어에 빈번한 EN

문자쌍을 탐지하는 뉴런은 있어야 하지만, QR이나 JB와 같이 절대 나타나지 않는 문자쌍에는 뉴런을 할당할 필요가 없다. 이런 생각을 지지하는 빈도 편향성이 최근에 MRI를 사용한 연구에 의해 관찰되었다. 즉, 빈도가 높은 바이그램일수록 문자상자 영역을 더 강하게 활성화시켰다.[172] 그것은 또한 이 영역이 임의의 자음문자열 zhgsieq에 대해서보다 실제단어나 유사단어(예를 들면, enchible)에 대해서 더 크게 반응하는 이유를 설명해 준다.[173]

다른 한편으로, 뉴런이 점점 더 복잡한 조합에 반응함에 따라 뉴런의 불변성은 더 커지고, 읽기와 무관한 다른 구분들은 무시된다. 예를 들면, 대문자와 소문자의 차이는 시각 입력의 초기 단계(아마도 V8 영역이나 그 위 단계)에서 더 이상 문제가 되지 않는다. 바이그램 뉴런에 대해서도 역시, 가능한 문자쌍의 수는 점점 더 많아지겠지만, 단계가 올라갈수록 수용장 크기는 커지고 부호화 위치 수는 감소하기 때문에 문제는 상쇄될 수 있다.

우리는 또한 읽기를 하는 동안 안구운동이 항상 관심 단어를 시야의 좁은 지역, 즉 중심와에 가까운, 대부분의 경우 중심와의 약간 오른쪽 위치로 가져온다는 것을 명심해야 한다. 읽기를 배우는 과정에서, 중심와 위치의 뉴런만이 문자 탐지기와 바이그램 탐지기로 승격될 기회를 부여받는다. 실제로, 시선의 중앙 혹은 조금 오른쪽에 제시되고, 그리고 수평에 가까운 앵글로 보게 되는 단어만 복측 후두측두 경로에 의해 효율적으로 처리된다.[174] 그러므로 관여하는 뉴런의 숫자는 매우 제한적이다.

시각적 단어 재인에 필요한 피질의 양을 대략적으로 추정할 수 있을까? 로마 알파벳에 26개의 문자가 있고, 문자들이 나타나는 망막 위치를 20개 정도로 잡으면, 약 500개의 뉴런 기둥이 초기 문자 탐지기 층을 위해 필요하다. 적게 잡아, 피질 1mm^2 당 10개의 뉴런 기둥을 가정하면, 문자 처리 단계를 위해서 0.5cm^{2}의 피질이 필요하다. 그다음 수준에서, 바이그램 뉴런이 오직 3개의 위치(처음, 중간, 끝)만 부호화하고, 대부분의 단어를 표상하는 데 200개의 바이그램이 필요하다고 가정하면, 바이그램 뉴런 기둥은 약 600개가 필요하다. 이것도 대략 0.5cm^{2}의 피질을 차지한다. 마지막으로 한 수준을 더 올라가면 바이그램이 결합되어 더 큰 문자열을 구성하는데, 약 500개의 접두사, 접미사, 어근, 복합 자소가 있으면 2~3만 개의 단어를 표상하는 데 충분할 것이다. 이것도 역시 0.5cm^{2}의 피질에 해당한다.

매우 대략적이지만 이런 추정치를 가지고 간단한 예측을 해 볼 수 있다. 단어의 부호화에 문자, 바이그램, 형태소 중 어떤 것이 이용되건, 각 표상이 차지하는 피질 표면의 크기는 0.5cm^2로 동일하다. 그것은 대략 8mm의 지름을 가진 디스크에 상응한다. 만약 그렇다면 어떤 단어가 유발한 피질 활성화는, 정보가 한 수준에서 다른 수준으로 이동하는 동안 뇌 속에서 약 8mm를 진행하여야 한다([그림 3-9]). 놀랍게도 뇌 영상은 공간적 이동의 실재를 확인시켜 준다. 읽기는 좁은 띠 모양을 한 몇 센티미터 길이의 피질을 활성화시키며, 뇌 뒤쪽에서 시작하여 좌반구 후두측두 피질의 앞까지 포함된다.[175] 신경부호는 뇌의 앞부분으로 다가갈수록 더욱 추상적이 된다.

읽기에 필요한 뉴런 수 추정은 물론 아주 대략적이다. 몇 가지 요인을 고려하지 않았다. 케이지 타나카(Keiji Tanaka)에 따르면, 피질 기둥 내의 인접 뉴런들은 동일한 기본 형태에 대해 반응하지만, 선호하는 형태는 서로 간에 약간 차이가 있다. 예를 들면, 원숭이의 경우 인접 뉴런들은 디스크, 타원, 감자 모양 등을 부호화한다. 만약 이런 아이디어를 읽기에 적용한다면, '조합 기둥(combinatorial column)'의 존재를 예측할 수 있다. 조합 기둥 내에 있는 뉴런들은 하나의 자음과 여러 모음의 결합(ta, te, ti, to, tu…) 혹은 하나의 모음과 여러 자음의 결합(sa, na, ta, ra, la, ca)을 부호화할 수 있다. 만약 이것이 맞는다면, 피질 부호는 아주 조밀해서 불과 이삼십 개의 피질 기둥을 가지고도 모든 문자 단어를 표상할 수 있을 것이다. 이런 해결책은 피질 공간을 덜 차지하기 때문에 단어, 사물, 얼굴 등을 위한 피질 기둥들이 혼재하는 것을 허용할 수 있다. 뇌 영상과 두개골 내 기록은 피질 영역의 선호성이 범주적이 아니라는 것을 시사한다.[176] 그러므로 문자상자 영역에는 여러 종류의 피질 기둥이 혼재하며, 어떤 기둥은 문자에 반응하고 다른 기둥들은 얼굴, 도구, 다양한 시각적 형태에 반응할 수 있다.[177]

요약하면, 내가 제안한 도식은 시각적 단어 재인에 이용 가능한 피질의 양과 일치한다. 읽기에 사용되는 뉴런 수를 폭발적으로 증가시켜야 하는 문제는 피할 수 있다. 필요한 것은 효율적 학습 메커니즘이며, 그것은 가장 빈번하고 가장 정보가가 높고 가장 불변적인 문자 조합에 절약적인 방식으로 뉴런들을 배정하는 것이다.

읽기 피질의 시뮬레이션

읽기를 위한 신경 구조의 정확한 그림은 피질 구조와 유사한 구조를 가진 컴퓨터를 가지고 읽기 습득을 시뮬레이션 해 볼 수 있다면, 얻을 수 있을 것이다. 그러나 현재로서는 불가능한 꿈이다. 문자상자 영역에 있는 수백만 개의 뉴런에 수천 시간의 읽기가 미치는 영향을 모사하기 위해서는 오늘날의 어떤 컴퓨터보다 훨씬 강력한 슈퍼컴퓨터가 필요할 것이다. 당분간 우리는 컴퓨터 파워가 계속 향상되기를, 그래서 신경망 시뮬레이션을 위한 고성능 컴퓨터가 출현하고 글 읽는 뇌를 제대로 구현할 수 있는 날이 빨리 오기를 기원할 뿐이다.

그때까지는 전 세계의 서로 다른 표기 체계를 통합하는 하나의 시뮬레이션을 어떻게 구성할 수 있을지 생각해 볼 필요가 있다. 원칙적으로 알파벳 문자를 위한 뇌 구조는 중국어 문자(=한자)에도 적용 가능하다. 한자에 계속 노출되면 뇌 구조는 빈번한 글자뿐 아니라 글자의 구성 성분에 민감한 뉴런도 발달시킬 것이다. 실제로 대부분의 한자는 의미 성분과 음성 성분을 포함하며, 각 성분은 다시 두세 개의 표준화된 획으로 구성된다. 이런 시각적 규칙성의 반복은 위계적 학습 알고리즘에 의해 쉽게 습득될 수 있다. 행동 실험들은 이미 중국어 읽기가 그러한 위계적이고 조합적인 도식에 의존한다는 것을 보여 주었다.[178] 그러나 바이그램 뉴런에 상응하는 중국어 단위는 아직 발견되지 않았다.

알파벳을 사용하는 언어라고 모두 동일한 것은 아니다. 언어에 따라서 뉴런은 서로 다른 크기의 단위에 민감하다. 이탈리아어와 같이 철자법이 투명한 언어는 소수의 문자 탐지기와 바이그램 탐지기만 있으면 된다. 그러나 영어와 프랑스어처럼 철자법이 불투명한 경우에는 'ough' 'tion' 'ould' 와 같이 더 길고 복잡한 철자 단위를 부호화할 필요가 있으며, 이를 위해서 더욱 확장된 뉴런 집단이 요구된다.[179] 이런 시각적 규칙성은 문자 수준 뉴런이 아니라, 시각적 위계의 더 높은 위치에 있는 뉴런에 의해서 추출될 수 있다. 따라서 우리 모형은 영어 읽기가 이탈리아어 읽기보다 더 넓고 더 전방에 있는 뇌 영역을 사용할 것으로 예측한다. 이것이 바로 에랄도 파울레수(Eraldo Paulesu)와 동료들이 관찰한 것이며, 우리가 [그림 2-20]에서 본 것이다.[180] 마찬가지로, 일본어에서도 칸지

체계(수천 개의 문자를 기억해야 한다)와 카나 체계(46개의 음절로 구성된다)에 대한 뇌 활동이 서로 다른데, 그것은 크기와 복잡성에서 매우 다른 시각적 형태를 학습해야 하기 때문이다.[181]

읽기와 피질 편향성

모든 사람이 읽기 습득을 위해 동일한 피질 위치를 이용한다는 것이 밝혀졌지만 왜 정확하게 그 위치인지는 여전히 수수께끼다. 왜 문자상자 영역은 항상 좌반구에 위치하고, 세상의 모든 독자와 모든 표기 체계에서 동일한가? 이 영역을 사물이나 얼굴을 재인하는 다른 영역과 구분하는 것은 무엇인가?

비록 상당한 가소성을 가지고 있지만, 시각 피질은 학습 내용을 그대로 복사하는 '빈 서판' 이 아니다.[182] 피질이 위계적 하위 영역들로 구성되고 그 구성이 모든 인간에서 동일하다는 사실은, 대뇌 피질의 잠재력이 어느 위치에서나 동등한 것이 아님을 시사한다. 생애 초기의 경향성이 독자의 시각 뇌를 형성하고 읽기 영역의 일관성을 설명한다. 문자 탐지기와 바이그램 탐지기로 재활용되기 이전에 뉴런들은 시각적 민감성과 언어 영역 투사라는 속성을 공유하는데, 이런 속성은 '읽기' 를 위해서 필요하다.

첫 번째 편향은 최근에 와이즈만 연구소(Weizmann Institute)의 우리 하손(Uri Hasson)과 라피 말라크(Rafi Malach)에 의해 밝혀졌다.[183] 그들은 뇌 영상을 이용하여 중심 이미지와 주변 이미지에 대한 선호(preference)가 영역마다 다르다는 것을 보여 주었다. 5~6cm 길이의 아름다운 선호 구배가 복측 시각 피질 전체를 가로지른다([그림 3-10]). 복측 시각 피질의 각 지점은, 일차 시각 영역에서 멀리 떨어진 경우에도 망막의 특정 위치에 대한 선호 특성을 나타낸다. 양 반구에서 뇌의 측면 영역은 중심와 가까이에 제시된 시각 자극을 선호한다. 반면에 뇌의 중심선에 가까운 영역들은 시야 주변에서 오는 입력을 선호한다.

이런 구배의 기원은 알려져 있지 않지만, 그 크기와 매끄러움은 배아 발생기에 형성되는 구배를 연상시킨다. 예를 들어, 동물의 등뼈 크기가 꼬리 쪽으로 감에 따라 얼마나 우

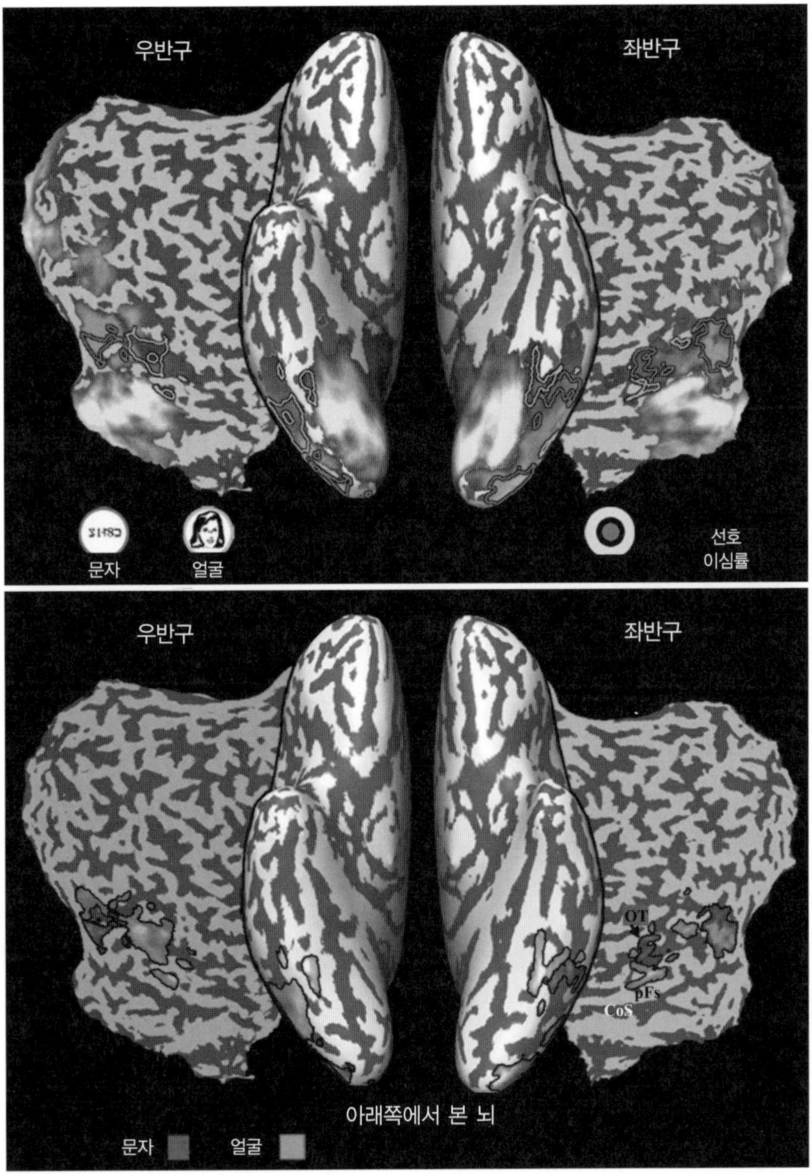

그림 3-10 시각적 전문화 구배는 후두측두의 '문자상자' 영역이 왜 항상 동일한 위치에 나타나는지 설명한다. 구배는 복측 시각 피질 전체에 걸쳐 있다(위쪽). 외측 영역은 망막 중심와에 나타난 이미지를 선호하는 반면(어두운 회색), 뇌 중심에 가까운 영역들은 망막 주변부에 나타난 이미지를 선호한다(밝은 회색). 읽기와 얼굴 재인은 정밀 분석을 필요로 하며, 따라서 중심와 편향 피질 부위에 위치한다(Hasson et al., 2002에서 인용)

아하게 줄어드는가를 생각해 보라. 이런 매끄러운 변화 유형은 고전적 생물학적 메커니즘의 결과라고 생각된다. 그것은 형태형성물질(morphogen)이라고 불리는 화학적 전달물질의 농도 변화다. 이 물질은 발달 중인 유기체의 전체로 확산되며 유기체의 기본 공간 계획을 구체화한다.[184] 이 개념은 수학자 앨런 튜링(Alan Turing)으로 거슬러 올라간다. 그는 자연에서 발견되는 아름다움에 매료되었다. 그는 물질들이 생물학적 조직을 통해 퍼져 나가며 화학적 반응을 일으킬 때 공간적으로 구조화된 패턴이 나타난다는 것을 수학적으로 증명하였다. 형태형성물질이 어떤 지점에서 확산되기 시작할 때 농도 감소 구배가 형성되며, 구배는 공간 표지의 대리 기능을 한다. 예를 들어, 형태형성물질 수준이 뇌의 주변부보다 중앙에서 높으면, 그리고 이 농도가 중심와로부터 오는 신경 섬유들을 유도한다면, 그 결과는 유전적으로 편향된 네트워크이다. 이런 체계는 피질 외측 영역을 사용하여 고해상도 자극을 처리하는 것을 선호하는데, 바로 그러한 공간적 배치가 하손과 동료들에 의해 발견되었다.

망막 선호도 구배는 읽기와 어떻게 관련되는 것일까? 하손은 문자상자 영역이 항상 이 구배의 특정한 위치에 온다는 것을 관찰하였다. 그 위치는 중심와 이미지에 대한 선호를 특징으로 한다. 또한 얼굴을 선호하는 영역도 중심와 편향을 나타낸다. 반면에, 건물이나 야외 장면을 처리하는 영역은 시야 주변부를 선호한다.

이런 관찰로부터 우리는 왜 읽기 습득이 문자상자 영역에서 이루어지는지를 설명하는 하나의 시나리오에 도달할 수 있다. 태어날 때부터 시각적 뉴런들은 편향되어 있다. 어떤 것은 중심와 선호적 연결 때문에 정밀한 세부 사항 학습에 적합하고, 다른 것들은 입자가 거친 자극을 선호한다. 입자가 가는 뉴런들은 문자열 재인에서 다른 뉴런들에 비해 이점이 있다. 문자열 재인에는 높은 수준의 시각적 정확성이 요구되기 때문이다. 이런 뉴런들은 시각피질의 측면 부위에 많이 포함되어 있으며, 그 결과 이 부분은 읽기에 관여하게 된다.

그러나 망막 선호도 구배는 문자상자 영역의 위치를 결정하는 좌표 체계의 세 가지 축 중 오직 하나만 제공한다. 다른 편향들도 이 영역을 결정하기 위해 필요하다. 우리가 이미 다룬 것처럼, 두 번째의 생득적 구배가 존재하며, 이것은 뒤쪽에서 앞쪽으로 진행하는데, 각 영역의 시각 위계 수준을 결정한다([그림 3-5]). 뒤쪽의 후두극 뉴런들은 입력 이미지의 단순 성분에 반응하고, 피질의 앞쪽 부분은 더 복잡하고 구조화된 대상을 선호한다.[185] 이런 점에서, '시각 단어 형태 영역(VWFA)' (=문자상자)이 피질 영역을 길게 차지한 것은 놀랍지 않다. 이 영역의 뒤쪽 끝은 단순한 문자에 반응하는 반면, 앞쪽은 복잡한 단어 성분에 반응한다.[186]

마지막으로, 편향의 또 다른 원천은 양 반구의 서로 다른 속성에서 나온다. 왜 얼굴은 우반구를 선호하고 읽기는 좌반구에 의존하는가? 이런 대칭성의 결여 혹은 물리학에서 이야기하는 '대칭성 파괴(symmetry-breaking)'는 시각적 특성에서 기원했을 수도 있다.[187] 잘 알려진 사실 중 하나는, 좌반구는 세밀한 국소적 형태를 구별하는 데 우월한 반면, 우반구는 전체적 형태를 다루는 것을 선호한다는 것이다. 또 다른 요인은 아마도 언어의 편재화(lateralization)다. 출생 시에 이미 좌반구의 측두 영역과 전두 영역은 음성 처리에 관여하고 있다. 읽기 습득은 아마도 언어 영역으로의 신경 투사가 더 직접적이고 더 풍부한 쪽을 선택할 것이다. 그런 점에서, 좌반구 복측 측두 영역은 우반구의 동일 영역보다 유리한데, 우반구 신경은 좌반구에 도달하기 위해서 뇌량을 경유하는 먼 우회로를 지나야 하기 때문이다.

[그림 3-9]의 위계 모형은 시각적 단어 재인의 좌반구 편재화가 점진적으로 이루어진다고 제안한다. 저수준 영역은 양쪽 반구에 모두 있다. 그 이유는 각 반구의 초기 시각 뉴런들이 시야의 반대쪽 절반에 나타난 문자에만 반응하기 때문이다. 고수준으로 올라갈수록 뉴런의 수용장은 넓어지고, 시야의 어느 쪽에 대해서도 반응하는 뉴런이 두 반구 모두에서 나타나기 시작한다. 읽기 습득 중 이런 중복성이 두 반구에서 강하게 나타날 때, 시각적 편향과 언어적 편향이 우반구에 대한 좌반구의 우월성을 촉진하는 것으로 생각된다. 결과적으로, 시각적 위계를 거슬러 올라갈수록 읽기에 특화된 뉴런의 수가 좌반구에서 증가한다.

만약 선천적 피질 편향에 대한 나의 시나리오가 정확하다면, 읽기를 위해 사전에 준비된 뇌 영역이 있는 것은 아니지만, 몇몇 유전적 편향들이 서로 다른 종류의 시각적 자극에 대한 신경적 선호를 만들어 낸다. 읽기 습득 중 시각적 단어 재인은 그 작업에 가장 효율적인 뉴런이 있는 피질 위치에 정착할 뿐이다. 모든 인간에게서 몇 가지 유전적 성향의 협력이 문자열 읽기를 위한 최적지를 선택하는데 그것이 바로 문자상자 영역이다.

만약 한 가지 혹은 다른 이유로 이 영역의 이용이 불가능해진다면 어떻게 될까? 학습은 다른 덜 효율적인 뉴런들로 하여금 단어 재인을 대신하도록 만들 것이다. 나와 로랑 코헨은 최근에 한 어린 환자에 대해 실험을 할 수 있었다. 네 살짜리 이 어린 소녀는 심한 간질로 인한 고통을 치료하기 위하여 좌반구의 시각 뇌 전체를 제거해야 했다. 외과 수술은 정상 위치의 문자상자 영역을 포함하였다([그림 3-11]). 이런 커다란 외과 수술에도 불구하고 소녀는 나중에 정상적으로 읽기를 학습하였는데, 정상 아동보다는 읽는 속도가 약간 느렸다. 소녀가 열한 살이 되었을 때 뇌를 스캔하였으며, 우리는 결국 소녀가 어떻게 읽기를 학습할 수 있었는지 이해하였다. 소녀의 음성 언어 영역들은 모두 좌반구에 손상되지 않은 채로 남아 있었지만 문자상자 영역은 상실되었기 때문에, 소녀는 손상되지 않은 우반구를 대신 사용하여 상실을 보상하고 있었다. 소녀의 읽기는 보통 독자들과 완전히 다른 영역을 선택적으로 활성화시켰다. 그 영역은 외측 후두측두 영역에, 정상적 문자상자와 동일한 위치에, 그러나 우반구에 있었다([그림 3-11]).[188] 소녀의 문자상자는 반구를 바꾸었을 뿐이다.

유사한 우반구 활성화는 '과독증(hyperlexia)' 아동에게서도 발견되었다.[189] 과독증은 읽기 학습이 비정상적으로 빠르다. 또한 뇌졸중으로 좌반구 시각 체계가 손상된 순수실독증 환자에게서도 '시각 단어 형태 영역' 의 우반구 이동이 보고되었다.[190] 따라서 읽기에 대한 우반구의 기여는 예외적인 것이 아니다. 시각 체계는 읽기 적응 영역의 '대기 목록(waiting list)' 을 가지고 있는 것 같다. 만약 최적 영역이 사용 불가능한 경우 목록의 다음 순위가 그 역할을 대신한다.

어떤 다른 실험 연구도, 읽기를 위해 진화된 미리 정해진 뇌 영역이 없다는 결론을 이보다 더 잘 보여 주지는 못한다. 읽기를 학습하는 것은 원시적 뇌를 수선하는 것이다. 뇌는 가능한 모든 수단을 동원하여, 단어를 재인하는 데 가장 적합한 시각 피질 영역을 찾아내고 이를 재활용한다.

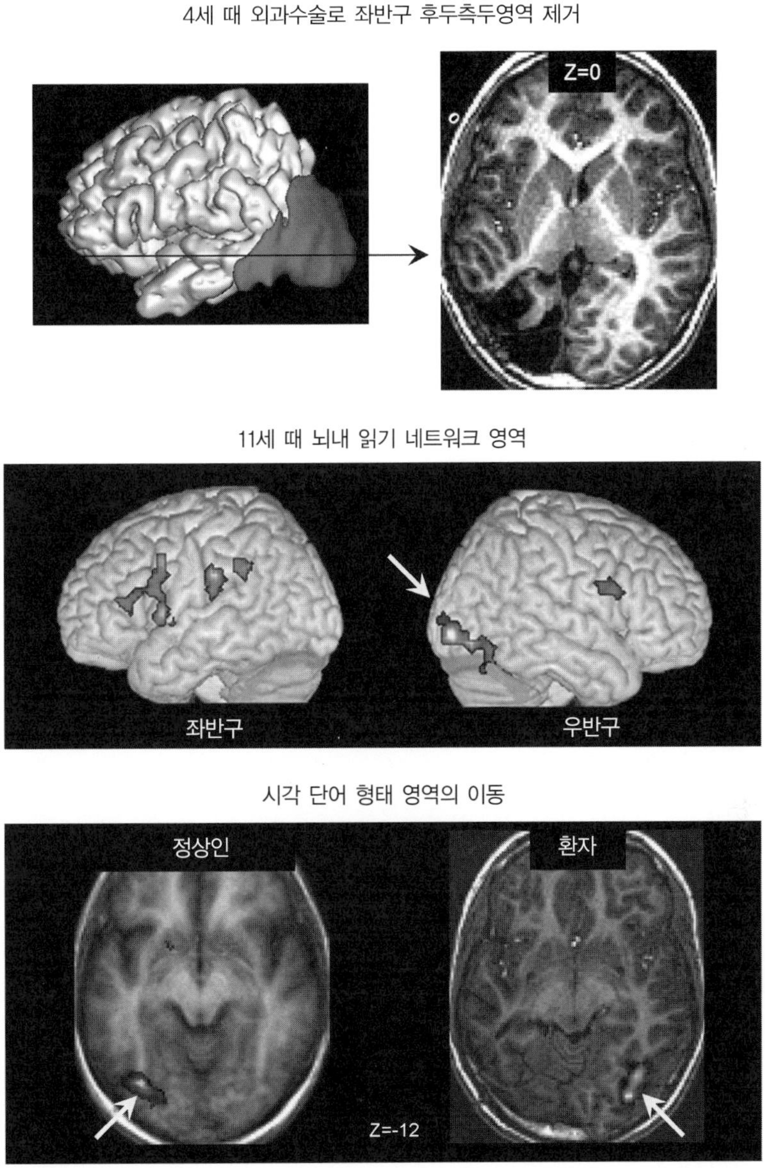

그림 3-11 발달 중 아동의 읽기 네트워크는 성인보다 훨씬 유연하다. 네 살짜리 어린 환자에게서, 좌반구 후두측두 영역에 있는, 시각적 단어 재인에 관여하는 영역이 수술을 통해 제거되었다(제거된 영역은 맨 위 그림에서 볼 수 있다). 성인의 경우, 이런 병변은 심각한 읽기장애를 유발한다. 그러나 이 소녀는 별 어려움 없이 읽는 것을 학습했다. 7년 후 소녀의 읽기 네트워크는 정상적이었으나, '시각 단어 형태 영역'은 반구를 바꾸었다. 그 영역은 이제 우반구의 후두측두에 위치하며, 원래 위치와 정확하게 대칭을 이루는 곳에 있다(아래 그림)(Cohen et al., 2004에서 인용).

제4장

문자의 발명

● ● ●

신경 재활용 가설은 뇌 구조가 읽기에 제약을 가한다고 주장한다. 실제로, 표기 체계의 역사 속에서 이런 생물학적 제약의 흔적을 발견할 수 있다. 표기 체계는 외형적 다양성에도 불구하고 공통적 특징들을 많이 가지고 있는데, 그것들은 시각적 정보가 대뇌 피질에 의해서 부호화되는 방식을 보여 준다. 읽기에 대한 신경과학적 연구는 지금의 알파벳이 생기기까지 굴곡진 역사적 경로를 밝혀 준다. 그 경로는 하나의 집단적 선택 과정으로 간주할 수 있다. 오랜 기간에 걸쳐서, 고대 필경사들은 뇌 구조에 더 적합하고 더 효율적인 기호들을 개발하였다. 한마디로, 대뇌 피질이 문자를 위해서 진화한 것이 아니고 문자가 피질에 맞추어 진화한 것이다.

● ● ●

이집트의 도시 나우크라티스(Naucratis)에는 테우트(Theuth)라는 이름의 유명한 신이 살고 있었지. 그는 산술, 계산, 기하학, 천문학, 체커 게임 그리고 주사위 놀이 같은 것을 발명했어. 하지만 그의 가장 위대한 발명은 문자의 사용이라네.

– 플라톤, 『파이드루스』

문자가 신이 내린 선물이라는 생각은 세상 모든 문화에서 반복적으로 나타난다. 바빌로니아 사람들은 문자를 포함해서 모든 종류의 마술이 지혜의 신 에아(Ea)에서 비롯된 것이라 여겼다. 아시리아인들은 마둑(Marduk)의 아들인 나부(Nabu)를 숭배하였는데, 나부가 건축에서 문자에 이르기까지 여러 가지 기술과 공예를 인간에게 가르쳤다고 한다. 힌두교에서는 코끼리 머리를 한 지혜의 신, 가네쉬(Ganesh)가 문자를 발명했다고 믿는다. 심지어 그는 자신의 상아 하나를 부러뜨려서 연필로 사용했다! 성경에는 야훼가 자신의 손으로 쓴 십계명을 모세에게 건네주었다는 이야기가 나온다.

문자는 마술적 속성을 가지고 있다. 그 기원이 신성하기 때문이 아니고, 인간의 뇌 용량을 엄청나게 증가시켰기 때문이다. 종이 위에 몇 개의 기호들을 적음으로써 기억이 극적으로 향상되는 것, 한낱 영장류에 불과한 호모사피엔스에게 그것은 기적에 가까운 것이었다. 물론 이런 변화가 예정된 것은 아니었다. 운 좋게도 인간의 뇌에는 시각 영역과 언어 영역을 연결하는 네트워크가 있었고, 그것은 높은 가소성이 있어서 문자를 인식하는 데 재활용될 수 있었다. 그러나 재활용 과정에도 커다란 제약이 있었다. 오직 하나의 뇌 회로가 문자를 위한 최적의 속성을 가지고 있었던 것 같다. 뿐만 아니라, 그 회로는 읽기에 전용된 이후에도 여전히 진화로부터 물려받은 대부분의 속성들을 유지하였다. 생물학적 보수성은 문화적 혁신보다 우위에 있다.

내가 제안한 '신경 재활용 가설(neuronal recycling hypothesis)'은 다소 과격한 결론으로 이어진다. 뇌의 제약들은 문자 역사에 결정적이었고, 읽기 습득에도 계속 영향을 주고 있다는 것이다. 읽기에 관여하는 피질 회로에 대해 아는 것은 문자 발명과 읽기 학습을 이해하는 데 도움이 된다. '신경 재활용 가설' 은 우리에게 두 가지 새로운 질문을 던지게 한다. 어떻게 해서 인간은 시각 피질이 읽기 장치로 전용될 수 있다는 것을 발견하였을까? 어떻게 해서 이런 재활용 과정이 아동이 읽기를 배울 때마다 뇌에서 반복되는 것일까?

이 책의 다음 세 장에서, 나는 이 이슈들에 대한 설명을 하고, 신경 재활용 가설의 간단하지만 중요한 주장 중 다음의 세 가지를 검토할 것이다.

- 문자의 진화: 만약 뇌 구조가 문화를 극적으로 제한하였다면 과거나 현재의 모든 표기 체계에서 뚜렷한 규칙성이 발견될 것이다. 이런 규칙성은 궁극적으로 대뇌의 제약에서 기인한다.
- 인간 능력의 진화: 읽기와 쓰기 학습은 인간의 기억 용량과 의사소통을 극적으로 증가시켰지만, 이를 위해서는 비용을 지불해야 했다. 새로운 문화적 습득과 오래된 진화적 습득 사이에 경쟁이 있다면, 읽기 학습은 우리의 능력 중 무엇을 희생하게 할까?
- 읽기의 습득: 신경 재활용 가설의 예언에 의하면, 아동의 읽기 학습 용이성은 재활용되는 피질의 양에 의존하며, 또한 교수 방법이 대뇌 네트워크 구조에 얼마나 적합한 것인지에 의존한다.

표기 체계의 보편적 특징

"뱀이 내는 쉬- 소리를 만들어 보자. 이렇게 하면 될까?" 라고 하면서 그녀는 오른쪽의 그림을 그렸다.

그리고 "그래!" 라고 말했다. "이건 또 다른 놀랄 만한 비밀이

야. 네가 창날을 수리하는 작은 동굴의 문 옆에 성난 뱀 한 마리를 그려 놓으면, 나는 네가 열심히 생각 중이라는 걸 알 거야. 그리고 나는 생쥐처럼 살며시 들어올 거야. 만약 네가 낚시를 할 때 강 옆의 나무에 이걸 그려 놓는다면, 나는 네가 바라는 게, 내가 생쥐처럼 정말로 조용하게, 강 언덕을 살금살금 걸어오는 것이라는 걸 알게 될 거야."

"완벽해!" 테구마이가 말했다. "그런데 이 게임에는 네가 생각하는 것보다 더 많은 것이 있어. 태피야! 나는 네가 세상에서 최고의 것을 찾아냈다고 생각해. 그것은 테구마이 족이 활석 대신 상어 이빨을 창날로 쓰기 시작한 이래, 지금까지 최고의 것이야. 나는 우리가 세상의 큰 비밀을 하나 발견했다고 생각해."

– 러디어드 키플링, '알파벳은 어떻게 만들어졌나'

우리는 일반적으로 문자가 어떻게 해서 그런 모양을 가지게 되었는지 궁금해하지 않는다. 키플링(Kipling)이 말한 것과 같은 '바로 그런 이유로' 이야기가 모든 표기 체계의 이면에 있을까? 각 표기 체계의 특징적 모양은 단순히 역사적 우연일까? 또는 문자들이 가진 보편적 특징은 대뇌 구조를 반영하는 것일까? 얼핏 보기에, 세상의 표기 체계들이 보여 주는 엄청난 다양성은 이런 질문에 간단한 답을 제공해 주는 것처럼 보인다([그림 4-1]). 인도 문자의 둥근 모양, 그리스 대문자의 기하학적 엄밀성, 아랍 문자의 곡선과 점들, 그리고 가상의 사각형 속에서 단순한 획들이 만들어 내는 다양한 중국 문자(=한자)들 사이에는 어떤 보편적 특징이 있을까?

신경 재활용 가설은 인간의 창의력이 대뇌 구조에 의해 제한된다고 주장한다. 문화적 다양성이 본질적으로 무한하다고 보는 문화상대주의(cultural relativism)와는 완전히 상반되는 생각이다. 만약 신경 재활용이 참이라면, 인간의 유전자 구성은 우리가 학습할 수 있는 표기 체계를 엄격하게 제약할 것이다. 이런 주장은 문화적 다양성의 무제한성을 의심하게 한다. 만약 우리가 겉으로 드러난 문화적 차이들을 걷어 낼 수 있다면, 보편적으로 공유되는 심층 구조를 지지하는 증거를 발견할 것이다.[191]

이런 새로운 관점에서 볼 때, 현존하는 표기 체계들의 다양성에 대해서 조사해 볼 필요가 있다. 얼핏 보기에도 표기 체계들은 서로 간에 공통적 속성들을 매우 많이 가지고 있다.

그림 4-1 외형적 다양성에도 불구하고, 모든 표기 체계는 많은 시각적 특징을 공유한다. 높은 대비의 선분, 평균 3획으로 구성된 문자, 반복 등장하는 기본 형태 등이 그것이다. 심지어는 서로 무관한 문화 간에도 이런 공통성이 있다.

- 모든 표기 체계는 망막 중심와에 흑백이 최적으로 대비된 표식을 고밀도로 집적화하여 제공한다. 이는 아마도 우리 망막과 시각 영역이 한 번의 시선 고정으로 전송할 수 있는 시각 정보의 양을 최적화하기 위한 것이다.
- 모든 표기 체계는 기본 모양들로 이루어진 어떤 목록에 근거하고 있다. 기본 모양들의 위계적 조합으로 소리, 음절 그리고 단어를 만들어 낸다. 한자도 예외가 아니다. 비록 그 수가 수천에 이르기는 하지만, 하나의 문자는 2~4개의 기본 모양들로 구성되고, 각각의 기본 모양은 다시 2~3개의 획들로 구성된다. 이런 위계적 조직화는 시각 영역의 피질 피라미드와 잘 들어맞는다. 시각 뉴런들은 조합 원리를 사용하여 점점 더 커지는 단위들과 불변성을 부호화한다.
- 모든 표기 체계에서 문자 위치나 크기는 별 의미가 없다. 어떤 문화에서도 이런 원칙을 아동에게 가르치지 않는다. 즉, 모든 아이들은 위치 불변성과 크기 불변성을 위한 피질 메커니즘을 가지고 태어난다. 하지만 회전에 대해서는 그렇지 않다. 모든 표기 체계에는 정해진 읽기 방향이 있다. 이런 보편적 특징은 아마도 고대 필경사들이 회전 불변성이 제한적이라는 것을 인식한 결과일 것이다. 시각 뉴런은 약 40도 정도의 회전만 수용할 수 있기 때문에, 우리는 모든 회전에 대해서 효과적인 읽기를 학습할 수는 없다. 만약 40도를 넘어서는 회전에 대해서도 읽기가 방해받지 않으려면, 40도 이상의 각도 각각에 대해서 엄청나게 많은 수의 추가적 뉴런들을 할당할 필요가 있다.
- 모든 표기 체계는 결국 소리와 의미를 함께 표상한다. '문자상자' 영역은 하나의 허브(hub)를 형성하는데, 그 허브는 다음 두 영역으로 모양 정보를 투사한다. 하나는 소리 정보를 부호화하는 상측두 영역(superior temporal region)이고, 또 하나는 의미 정보를 부호화하는 전측두 영역(anterior temporal regions)이다. 고대 필경사들도 아마 이런 것을 의식했을지 모른다. 소리에 더 중점을 둘지 아니면 의미에 더 중점을 둘지는 각 표기 체계를 구분하는 요인 중 하나다([그림 2-20]). 모든 표기 체계에서 문자와 발음의 관계는 언제나 통계적일 뿐이다. 하지만 문자가 나타내는 발음 단위의 크기는, 단어(중국어나 일본어의 한자), 음절(일본어의 카나), 음소(알파벳) 또는 음성 자질(한글)에 이르기까지 다양하다. 대뇌의 생리학적 특징이 여기에 관여하지는

않지만, 어떤 발음 단위를 선택하느냐 하는 것은 궁극적으로 문자 수를 결정하고, 따라서 읽기 습득의 복잡성을 결정한다.

표기 체계의 황금 분할

캘리포니아 공과대학의 마크 챈기지(Marc Changizi)와 그의 동료 신스케 시모조(Shinsuke Shimojo)는 세계의 표기 체계에 나타나는 교차문화적 규칙성을 분석하였다. 그들은 모든 양식과 모든 시대를 망라하는 115개의 표기 체계를 대상으로 각 문자의 시각적 구조를 자세하게 연구하였다. 그들은 과거를 거슬러 올라가 고대 크레타 섬의 '선문자 B(Linear B)'와 고대 북유럽의 '룬 문자(Scandinavian runes)'를 다루었을 뿐만 아니라, 에트루리아 알파벳과 국제음성기호(International Phonetic Alphabet)까지 분석하였다.[192] 분석 결과, 예상 외의 수많은 규칙성이 나타났다. 첫 번째로, [그림 4-1]에서 보듯이 거의 대부분의 문자는 3개의 획으로 구성된다. 획은 펜을 들어 올리거나 멈추지 않고 그릴 수 있는 선으로 정의하였다. 이 평균값의 변이성은 아주 낮아서 예를 들어, 영어의 대문자는 한 획(C, I, J, O, S, U), 두 획(D, G, L, P, Q, T, V, X), 세 획(A, B, F, H, K, N, R, Y, Z) 또는 네 획(E, M, W)으로 구성되며, 그 이상인 경우는 없다. 어떤 표기 체계가 더 많은 기호를 필요로 할 때는—에트루리아어에는 23개의 문자, 국제음성기호에는 170개의 기호가 있다—기본 획을 더 발명하며 새로운 문자를 만들어 낸다. 그래서 문자당 평균 획수는 3으로 유지된다. 예를 들어, 국제음성기호는 ɕ, ɝ, ɲ, ɷ, ʅ, 그리고 ʉ 같은 문자를 사용한다. 비록 그런 문자가 우리에게는 이상하게 보이지만 로마자 알파벳보다 더 복잡하지는 않다. 그것들은 서로 다른 기본 획의 집합을 사용하고 있을 뿐이다.

나는 인간의 선조들이 한 개의 문자에 3획이라는 마술 공식을 선택하였다고 주장하고 싶다. 그 이유는 뉴런의 수용장(receptive field)이 시각 영역의 위계를 따라 증가하는 방식과 관계가 있다. 제3장에서 보았듯이 수용장의 크기는 피질 피라미드 각각의 단계에서 두 배 또는 세 배의 비율로 증가한다. 뿐만 아니라, 부호화되는 시각 단위의 크기, 복잡성, 불변성도 역시 위계에 따라서 동일한 비율로 증가한다. 세계의 모든 표기 체계에서 문자는 하나의 뉴런에 의해 쉽게 파악될 수 있는 최적의 획 조합으로 진화한 것 같다. 이런 문자 탐지 뉴런은 피질 피라미드의 바로 전 단계에 있는 1~4개의 '획 탐지 뉴런' 들로부터 입력을 받는다.

이런 도식은 시각 체계의 모든 단계에서 반복되기 때문에, 챈기지와 시모조의 분석을 피질 위계의 다른 수준으로 확장해서 적용해 볼 수 있다. 시각 체계에서 한 단계 내려가면, 각각의 획은 다시 2~4개의 선분의 결합처럼 보인다. 반대로 한 단계 올라가면, 알파벳 언어에 있어서는 어근, 접두사, 접미사, 또는 문법적 어미와 같은 다문자 단위들이 있는데, 이것들은 거의 예외 없이 2~4개의 문자로 구성된다. 중국어에서도 비슷하여, 대부분의 한자들은 2~4개의 의미 성분(=의부)과 음운 성분(=성부)의 조합이다. 시각 심리학의 관점에서 볼 때, 모든 표기 체계는 형태 피라미드 위에 성립하며, 피라미드의 황금비는 3±1이다.

인공적 기호와 자연적 형태

마크 챈기지는 세계의 모든 표기 체계에 공통적인 두 번째 주요 특징을 발견하였다. 표기 체계들은 획의 배치와 구성에서 동일한 경향을 나타낸다. 그것들의 빈도는 자연적 장면의 특징과 아주 유사한 보편적 분포를 따른다.[193]

챈기지의 법칙을 이해하기 위해서는, 획들이 모여서 어떻게 서로 다른 문자들을 만들어 내는지를 살펴보아야 한다. 만약 우리가 방향을 고려하지 않는다면, 두 개의 획은 항상 T, L, X를 만들어 낸다. 세 개의 획이 모이면 F, K, Y, Δ … 등과 같은 꽤 많은 형태를 만들어 낼 수 있다. 챈기지는 이런 형태들을, 회전이나 왜곡을 배제하고 순전히 '토폴로지(topology)'의 관점에서 볼 것을 제안하였다. 그러고 나서 그는 각각의 형태들이 한 페이지에 몇 번이나 등장하는가를 계산하였다. Y가 더 많은가, 또는 Δ이 더 많은가? 그 결과, 명쾌한 규칙성을 발견하였다. 모든 표기 체계에 있어서 특정 형태가 관찰되는 빈도가 동일하였다([그림 4-2] 참조). 예를 들어, L과 T 모양이 항상 가장 빈번하게 관찰되었고, 그 뒤를 이어서 X와 F가 많았으며, 그것들은 Y 또는 Δ보다 훨씬 더 많았다.

기호 분포에서 나타나는 이런 보편성은 우연이 아니다. 막대기들을 무작위로 바닥에 던졌을 때 나타나는 교차 형태는 챈기지의 분포 법칙을 따르지 않는다. 예를 들면, X가 L이나 T보다 훨씬 빈번하게 나타난다. 이것은 문자의 경우와 다르다.

그러나 놀랍게도, 자연 세계에서 이런 형태들이 얼마나 자주 나타나는지를 계산하면 다시 챈기지의 분포가 나타난다. 사물들이 서로 맞닿거나, 중첩되거나, 가려질 때, 주로 T나 L과 같은 형태가 나타난다. X는 흔한 것이 아니며, 나뭇가지 같은 것이 다른 가지나 줄기와 교차해야 나타난다. 세 개의 선이 하나의 Δ을 만드는 경우는 더더욱 드물다. 수백 개의 이미지에 나타나는 각 형태의 수를 계산하였을 때, 그 결과는 문자 기호의 보편적 분포와 상당히 일치하였다([그림 4-2]).

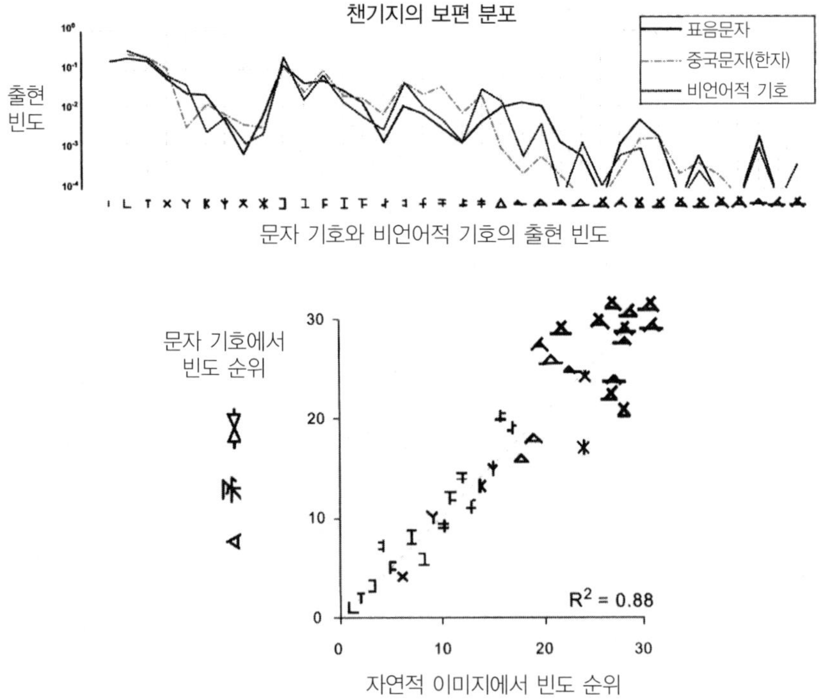

그림 4-2 모든 문자체계는 그것이 알파벳이든 음절문자든 표어문자든 관계없이 적은 수의 형태에 의존한다. 형태들의 빈도는 보편적 곡선을 그린다(위 그림). 가장 빈도가 높은 형태는 자연 장면 속에서도 자주 나타난다(아래 그림). 그것들 중 다수는 하측두 뉴런에 의해서 부호화된다(Changizi et al., 2006에서).

요약하자면, 최초의 필경사들은 그들이 의도한 것이든, 아니면 어떤 비상한 통찰에 의한 것이든, 그들이 선택한 형태들이 가장 읽기 쉽다는 것을 알고 있었던 것 같다. 지구상 어디에서나, 필경사들은 자연에서 발견되는 것과 유사한 형태의, 그래서 인간의 뇌가 쉽게 표상할 수 있는 형태의 문자들을 만들어 냈다. 이렇게 높은 규칙성은 신경 재활용 가설의 예언과 아주 잘 일치한다. 모든 문화는 최소한의 피질 변화에 의해 학습 가능한 기호를 선택했다. 생애 초기뿐만 아니라 진화 과정에서 뉴런들은 환경의 특징적 형태에 맞추어 세밀하게 조율되었다. 나중에, 문자도 동일한 경로를 밟았다. 문자 체계가 새로 만들어질 때마다 그것은 시행착오를 통해서 '문자 원형'에 해당하는 특징적 형태로 수렴하게 되는데, 이런 원형은 영장류의 시각 피질 깊숙한 곳에 이미 부호화되어 있다.[194]

요컨대, 표기 체계에 대한 분석은 문자 형태가 임의적 선택이 아니라는 사실을 보여 준다. 효율적 표기 체계를 설계하는 데 있어서 뇌는 아주 강한 제약이며, 문화적 상대주의가 끼어들 틈은 거의 없다. 영장류의 뇌는 제한된 수의 문자 형태만 수용할 수 있다.

선사시대의 문자 원형

말소리를 문자로 부호화하기 위해 시각 체계가 재활용될 수 있다는 사실을 인간은 어떻게 알게 되었을까? 이 책에서 우리는 문자 역사와 고인류학에 깊이 들어갈 수는 없지만, 도대체 어떻게 이런 놀라운 발명이 이루어졌는지 개관해 보는 것은 흥미로운 일이다. 실제로, 신경 재활용 가설은 문자 발명이 초래한 일련의 정신적 향상을 새롭게 조명한다.

아주 오래된 동굴 벽화, 예를 들면 프랑스 남부 쇼베(Chauvet) 동굴에서 발견된 동굴 벽화는 지금으로부터 33,000년 전의 것인데, 이미 그 당시에 정교한 문자 형태들이 존재했음을 보여 준다. 아주 오래전부터, 호모사피엔스는 뼈, 점토, 절벽 또는 동굴 벽에 2~3개의 획을 그려서 어떤 대상 또는 동물의 이미지를 표현할 수 있다는 것을 발견하였다. 윤곽선을 몇 개 그리는 것으로 충분하였다.

이런 발견은 별로 중요하지 않은 것처럼 보일 수도 있다. 하지만 이것이 문자 발명에 핵심적 역할을 했음에 틀림없다. 3차원 형상을 힘들게 복제할 필요도 없고, 사물의 겉모습을 이차원적으로 상세하게 재현할 필요도 없었다. (물론 우리 조상들은 우리가 요즘 조각과 회화라고 부르는 미술 형태도 아주 일찍 발견하였다.) 들소인지 양인지 즉시 알아볼 수 있는 윤곽선을 그리는 데는 그저 두세 개의 획이면 충분했다. 나는 이런 발명 속에서 처음으로 인간이 자신의 신경계를 의식적으로 조작한 것을 본다. 망막에 있는 대부분의 신경절 세포들은 단색의 넓은 표면에 대해서는 둔감하다. 신경절 세포들은 물체의 윤곽선에 반응한다. 그 윤곽선이 하나의 선이든(예: 드로잉) 두 표면의 중첩이든(예: 실제 장면) 상관없이 비슷한 방식으로 반응한다. 선화가 가능한 이유는 이런 특성을 부여받은 세포를 인간이 가지고 있기 때문이다. 암각화와 선화는 역사상 가장 먼저 등장한 신경 자기자극(self-stimulation)이다.

아주 오래된 생각 중 하나는, 문자는 자연의 형상들에 대한 그림에서 시작하였다는 것이다. 이런 생각은 이미 18세기에 일반적이 되었는데, 디드로(Diderot)와 달랑베르(d' Alember)의 백과사전에 수록된 '문자(writing)' 라는 표제항이 이를 증명한다.

> 기호와 도형을 가지고 생각을 전달하기 위해 처음에는 사물 이미지를 있는 그대로 그렸다. '사람' 이나 '개' 에 대한 생각을 표현하기 위해, 그것들의 모양을 재현한 것이다. 최초로 시도된 문자는 단순화한 그림이었다. 사람들은 문자를 알기 이전에 그림을 먼저 알았다.

하지만 고고학적 증거들은 이런 생각들을 부정한다. 많은 동굴 벽화에서, 동물 그림은 점, 평행선, 격자, 추상적 곡선 등의 다양한 추상적 형태와 공존하고 있다. 그러니 디드로와 달랑베르의 직관과는 반대로, 상징주의는 미술 그 자체만큼이나 오래되었다고 봐야 한다. 이렇게 오래된 상징은 모양이 문자와 닮은 경우도 있다. 그것들이 챈기지의 보편적 분포를 따르는지를 알아보는 것은 흥미로운 일이다.

동굴 벽화와 동시대의 구석기 골편에서도 일련의 선분들을 볼 수 있다. 이들 눈금 기호들은 아마도 대부분 기본적 계산 장치 또는 달력으로 사용되었을 것이다. 그런 기호들은, 설사 우리가 해독하지는 못한다 해도 그 기호를 새긴 사람들이 우리와 다르지 않다는 것을 보여 준다. 그들은 호모사피엔스였으며, 우리처럼 언어를 사용할 수 있는 두뇌를 가졌으며, 추상적 사고를 할 수 있었으며 그것을 문자로 표현하려고 하였다.

많은 선사시대 동굴에서는 손을 그린 그림도 발견되는데, 이것도 문자의 조상 중 하나다. 이상하게도 손가락이 한두 개가 없는 그림들이 있다. 이에 대한 해석은 자해설에서 질병설까지 여러 가지가 있지만, 내 생각에 가장 그럴듯한 것은 어떤 종류의 상징 부호를 나타내기 위해 손가락을 접은 것이라는 설명이다. 특정한 손가락 모양이 빈번하게 나타나는데 동굴 벽에 그려진 동물종의 분포와 상관이 있다.[195] 이런 손가락 그림은 사냥꾼이 사냥감의 수, 특징 그리고 움직임 등을 표시하는 데 사용한 초보적 수화의 하나일 수 있다. 오늘날에도 수렵-채집 종족들은 사냥감이 놀라지 않도록 비슷한 신호를 사용한다. 동굴 벽에 그려진 그 손들은, 고도의 이중적 상징체계가 선사시대 사회에 존재했다는 증명이 될 수도 있다. 처음에는 임의의 손 모양을 사물이나 동작에 연합하였고, 다음에는 그것을 그림으로 그려 영속적으로 고정하였다.

산수에서 문자로

앙드레 르루아-구랑(André Leroi-Gourhan)은 『제스처와 언어(Gesture and Speech)』라는 책에서, 언어와 구술전통이 동굴 벽화를 해독하는 데 얼마나 중요한지를 강조한다.

❝

원래부터 '표현미술'은 예술 작품이라기보다는 언어와 직접 연결되어 있었으며 또한 (넓은 의미의) 문자에 훨씬 더 가까웠다. 표현미술은 실물의 복제가 아니라 상징적 변형이었다. 기호와 단어에서 추상(abstraction)이란, 표현을 위한 운동 체계가, 더욱 더 세밀한 변별을 지시하는 뇌에 점차 적응한 결과다. 최초의 그림은 사냥, 죽어 가는 동물 또는 감동적인 가족 풍경 같은 것을 나타내지 않았다. 그것은 기본 그래픽 도형이었으며, 무엇인가를 묘사하려는 것은 아니었다. 그것들은 한번 입에서 나오면 사라지는 구술 맥락을 유지하기 위한 매개물이었다. 사실, 그것들은 신화문자(mythogram)이며, 그림문자(pictogram)보다는 표의문자(ideogram)에 가깝고, 표현미술(descriptive art)보다는 그림문자에 가깝다. 이런 형태의 표의문자는 그림문자에 앞서 나타났으며, 모든 고대 미술은 표의문자적이다.

”

르루아-구랑은 다음의 중요한 말을 덧붙였다.

“

세 개의 줄 다음에 황소 그림이 있거나, 또는 일곱 개의 줄 다음에 옥수수 한 포대 그림이 있는, 그런 방식의 체계를 금방 생각해 낼 수 있다. 이런 경우, 음성화가 자발적으로 이루어지고, 읽기는 거의 불가피할 것이다. 이런 형태의 그림문자는 문자가 탄생할 무렵에 이미 존재했을 것이며, 문자는 기존의 이런 '표의 체계'와 바로 융합되었을 것이다.[196]

”

르루아-구랑의 주장을 보강하는 것으로, 문자 탄생지인 메소포타미아(현재의 이라크)에는 숫자 기호가 문자 기호의 발생에 중대한 역할을 하였음을 보여 주는 증거가 있다.[197] 고고학자들은 BC 8,000년 무렵의 유적지에서 원뿔, 원기둥, 구, 반구 그리고 삼각뿔 등의 추상적 형태가 그려져 있는 작은 점토 조각들을 찾아냈다. 데니즈 슈망-베세라트(Denise Schmandt-Besserat)에 의하면, 이 점토 조각들은 '결석(calculi)'이다. 즉, 개수를 세거나 계산에 사용된 작은 표식들이었다. 어떤 것은 단위를 나타내고, 또 어떤 것은 10과 60의 산술 배수(10, 60, 600, 3600…)였다. 이처럼 정교한 회계 체계가 BC 8,000년에서 BC 3,000년까지 적어도 5천 년 동안 중동에 존재하였다. 고고학적 발견은, BC 3,300년경 수사(Susa)라는 도시에서 흥미 있는 변화가 나타났음을 보여 준다. '결석'은 점토 병 속에 들어 있었으며, 병에는 여러 모양의 홈이 새겨져 있었다. 홈의 모양과 개수는 병 속의 결석과 동일하였다. 홈은 숫자를 나타내는 기호였다. 점차적으로, 병 속의 내용물, 즉 회계의 정확성을 증거하는 용도로 쓰이던 결석은 사라지고, 오직 병 표면의 홈만 남았다. 숫자 표시, 이어서 사물 그림, 이 두 가지만으로 하나의 메시지('20마리의 염소')를 충분히 전달할 수 있었다. 문자는 이렇게 하여 탄생하였다.

콜럼버스 이전 남아메리카에서도, 계산은 표기의 탄생에 중요한 역할을 하였다. 거기서는 달력의 시간 주기를 계산하는 것이 주요한 과제였다. 올메크(Olmec)에서는 BC 2,000년 무렵에 이미 글리프(glyph)라 불리는 상징을 새겨서 날이나 해와 같은 시간 단위, 그리고 기타 다른 중요한 절기들을 표현하였다. 사포텍(Zapotec)에서는 BC 600년 무렵 역사상 중요한 날짜, 장소, 인물 등을 나타내는 기호를 사용하였다.

간단히 말해서, 르루아-구랑이 주장한 것처럼, 수나 시간과 같은 추상적 개념의 부호화가 문자 출현에 중요한 역할을 하였다. 또한 개념을 문자에 담을 수 있다는 생각에 기여하였다. 최초 상징들은 추상적이고 기하학적인 형태를 가지고 있으며, 어떤 구체적 대상의 모양을 하고 있지 않았다. 그것들은 오로지 소수의 시각적 어휘를 가리킬 뿐이었다. 고대의 수메리아와 이집트에서는 그림문자가 등장하여 일시적이기는 하지만, 문자 형태의 어휘를 증가시키는 단순한 방법으로 사용되었다. 그림문자의 중요한 특징은 읽기 쉽다는 것이다. 보리 이삭 그림이 수확의 상징이라는 것을 설명하기 위해서 필경사를 부를 필요는 없다.

흥미로운 것은, 최초 문자들이 영장류의 시각 피질에 있는 뉴런에 의해 부호화되는 기본 형태를 사용하였다는 것이다. 시각적 형태와 언어를 연결하는 데 최적의 피질 영역인 문자상자 영역을 탐색하기 전에, 문화적 진화는 시각 피질에서 부호화되는 다양한 모양들을 먼저 탐색하였던 것 같다. 이집트의 신성문자(hieroglyph)는 배측 피질의 여러 부위를 활성화시키는 자극 목록처럼 보인다. 그것은 동물( ), 사물과 도구(), 신체부위( 그리고  혹은 ), 신체 자세( ), 그리고 기하학적 단순 형태() 등등이다.[198] 그러나 주목할 필요가 있는 것은, 최초의 필경사들은 피질에서 많이 사용되는 두 종류의 시각적

표상은 기피하였다는 것이다. 한 종류는 장소, 주택, 풍경 등이다. 아주 적은 수의 상형 문자만이 장소를 나타내며, 그조차도 매우 양식화된 방식으로 사용되어 특정한 장소와 깊이의 감각을 불러일으키지 못한다().

다른 한 종류는 얼굴이다. 오직 마야 문자가 여러 종류의 '머그잔 얼굴'을 이용한다. 그것들은 음절을 나타낸다.

피질에서 장소와 얼굴을 담당하는 영역은 상당히 넓지만 서로 멀리 떨어져 있다. 그리고 좌반구 문자상자로부터도 아주 멀리 떨어져 있다. 장소 영역은 좌우 반구에 모두 있는데, 뇌의 중앙부에 위치한다. 얼굴 영역은 주로 우반구에 위치하는데, 좌반구 언어 영역으로부터 최대한 분리되어 있다. 최초의 필경사들은 이 두 범주가 언어 영역과 효율적 연결을 가지지 못한다는 것을 어떻게 발견하였을까? 문자 상징에 얼굴이 거의 나타나지 않는 것은 두뇌 구조가 문자 진화를 제한하였다는 것을 지지하는 또다른 간접적 증거다.

그림문자의 한계

철학자 플로티누스(Plotinus, AD 205~270)는 그의 책『다섯 번째 에네아드(Fifth Ennead)』에서 플라톤의『파이드루스』(이 장의 서두에서 인용하였음)를 언급하면서, 고대 이집트 문자에 대해 지극한 경외감을 나타내었다.

이집트 현자들은 어떤 것을 기호화할 때, 단어 순서나 명제 순서를 따르는 방식으로 문자를 사용하지 않았다. 그들은 소리를 모사하지도 철학적 주장의 언명을 모사하지도 않았다. 그들은 이미지를 그렸다. 그들의 사원에 특별한 사물을 나타내는 특별한 이미지를 새겼다. 각각의 이미지에는 특별한 지식과 지혜가 담겨 있었다.

”

유감스럽지만 플로티누스는 틀렸다. 만약에 이집트 신성문자가 만화처럼 의미를 직접 표현하는 것이었다면, 그것을 해석하기 위해서 장 프랑소와 샹폴리온(Jean-Francois Champollion)을 기다릴 필요는 없었을 것이다. 남녀노소를 막론하고 누구나 아무런 훈련을 받지 않아도 읽을 수 있는 보편적 그림문자가 있다는 생각은 너무나 순진하다. 문자 역사에서 그림문자의 시대는 너무나 짧아서 그것이 실제로 존재하였는지조차 의심될 정도다. 처음부터 문자는 추상적 사고를 표현하기 위한 것이었다. 이런 목적을 달성하기 위하여 수많은 임의적 합의가 있었으며 그것들을 이해하기 위해서는 많은 학습이 필요하였다. 그 결과, 읽기와 쓰기는 급속하게 소수 엘리트의 전유물이 되어 버렸다.

초기 필경사들은 수많은 구체적 문제에 봉착하였다. 첫째는 가능한 한 빨리 쓰기다. 부유한 이집트인들의 무덤에서 발견되는 신성문자는 놀랍도록 섬세하게 조각되어 있으며, 새나 꽃의 모양이 아주 정확하다. 그러나 이런 섬세한 예술적 작업은 일상생활에서 사용하기에는 너무 느리다. '민중문자(demotic)'—문자 그대로 민중이 사용하는 문자—라고 알려진 더 빠르고 더 간략화된 표기가 곧바로 도입되었다. 문자가 도입된 모든 나라에서 문자의 양식화(stylization)가 이루어졌으며, 그림문자는 보다 간략화된 상징문자로 바뀌었다.

문자 형태는 부분적으로 재료의 영향을 받았다. 수메르인은 부드러운 점토판에 날카로운 갈대 펜을 이용하였다. 손쉽게 만들어 낼 수 있는 모양은 쐐기(=부채꼴 모양)였다. 그들의 문자는 이 쐐기 모양을 다양하게 배열한 것으로, 이것이 설형문자(=쐐기 모양 문자)로 발전하였다. 쐐기 모양을 다양한 방식으로 배열함으로써 수십 개의 문자들을 만들었으며, 그것들은 매우 양식화되어 있어서 초기의 그림문자적 속성을 찾아보기 어렵다([그림 4-3]). 예를 들면, '많은 양의 물'을 나타내는 기호는 처음에는 나란히 배열된 두 개의 물결 무늬였다. 설형문자가 되면서 그것은 커다란 하나의 쐐기와 두 개의 작은 쐐기가 되었는데, 그렇게 된 것은 기억하기 쉽게 할 목적으로 필경사들이 약속한 것이다.

그림 4-3 문자 진화에서 관습화와 단순화는 두 개의 기본 요인이다. 수메르 문자는 최초의 관습화 문자다. 그림문자적 특성이 아주 강하다. 그것들은 곧 추상적 기호로 발전하였다. 부드러운 점토에 쐐기를 사용하여 적었기 때문이다. 마찬가지로, 원시 시나이 문자(중간)는 적은 수의 관습적 그림을 도입하여 셈어(Semitic language)의 자음을 나타내었다. 페니키아인과 그리스인이 그것들을 수입하는 과정에서 문자 모양은 더욱 간략화되었으며, 글쓰는 방향의 차이 때문에 90도 또는 180도 회전되기도 하였다. 그것들이 현재 영어에서 사용되는 알파벳 문자의 시초다. 각 문자는, 예를 들어 A(아래 그림)는 문화적 진화의 종착점이라고 할 수 있다. 문화적 진화는 하측두 뉴런에 의해서 쉽게 재인될 수 있는 핵심 형태만 남겨 두고 나머지는 생략하는 방식으로 진행되었다.

중국인들도 유사한 과정을 거쳤다. 지금까지 알려진 초기 기록은 상왕조 시대(BC 1,000)까지 거슬러 올라가는데, 당시에 문자는 소뼈나 거북이 등껍질에 새겼으며, 점을 치는 용도로 사용되었다. 동물인 말을 나타내는 문자는 우아한 네발 모양 짐승을 닮았다(). 그러나 곧 양식화가 일어났다. 현재 사용되고 있는 문자 모양(馬)은 서기 3세기경에 완성되었는데, 이 문자에서 실제의 말 모양을 연상할 수 있는 사람이 얼마나 있을까? 馬는 현대 중국에서는 훨씬 더 간략화되었다(马). 한자 중 아직도 그림문자 형태를 간직하고 있는 것은 겨우 2% 정도라고 한다.[199]

현존하는 모든 문자체계의 바탕을 이루는 양식화는 표기법의 뿌리다. 표기법은 영어로 orthography인데, 이것은 '올바로 그린다' 는 의미다. 문자가 재인 가능한 그림이었을 때는 실제 그림은 다양할 수 있었다. 그러나 문자가 하나의 약속이 되었을 때는 그것을 적합하게 나타내는 방법은 오직 하나였다. 그것이 표기법이다.

그림문자를 버리게 만든 두 번째 요인은 추상적 개념을 그림으로 나타내는 문제다. 어떤 그림도 '자유' '주인과 노예' '승리' '신' 을 표현하기 어렵다. 개념 연상을 이용하면 이 문제를 해결할 수 있다. 설형문자에서 '신' 은 '별' 이었다. 새 옆에 알을 그리면 '출산' 을 뜻하였다. 입술이 그릇에 닿아 있는 얼굴 그림은 '식량' 을 의미하였다. 매우 현명한 방식이었지만, 유감스럽게도 이런 방식은 오직 훈련된 눈을 가진 사람에게 의미가 있었다. 그림에서 의미로의 직접적 연결은 사라졌다.

또 다른 트릭은 소리 유사성을 이용하는 것인데, 원리적으로는 '비주얼 펀(visual pun)' , 즉 이미지를 이용한 유희와 유사하다. 역사가들은 이것을 '레부스 원리(rebus principle)' 라고 한다. 이것은 그림을 이용하여 음절을 나타내는 것이다. 즉, 그림이 소리가 된다. 수메르에서는 '삶' 이란 단어는 발음이 [til]이었기 때문에 '화살' 모양으로 나타내었다. '화살' 의 발음은 [ti]였다.[200] 이런 방식의 의미 표현은 점차 문자적 발음으로 변해갔다. 수메르에서, [mu]라고 발음되는 어떤 식물의 그림은 처음에는 '해(year: 발음이 [mu])' 를 나타내기 위해 사용되었고, 그러다가 동일한 발음의 어떤 명사를 나타내는 데 사용되고, 그다음에는 소유격을 나타내는 문법 단어(mine: 역시 발음이 [mu])가 되었다. 마지막으로, 그것은 [mu]로 소리 나는 모든 음절을 나타내는 기호가 되었으며, 심지어 다른 단어의 일부로서 나타나는 경우에도 [mu]로 읽히게 되었다.

레부스 원리에 따라서, 수메르인과 이집트인은 점차 그들 언어의 소리를 나타내는 상징들을 만들게 되었다. 실제로, 신성문자 중 일부는 신성 자모(alphabet)로 불리는데, 이것은 고대 이집트어 자음을 나타내는 20~30개의 문자를 가리킨다. 이 방식을 이용하면 '알렉산더' 나 '클레오파트라' 같은 고유명사도 나타낼 수 있다. 바로 이런 단순성이 샹폴리온으로 하여금 신성문자를 해독하게 하였다. 마찬가지로, 수메르인은 좀 더 많은 수의 문자를 사용하여 음절을 표기하였다. 그들은 설형 자모를 만들어서 모음(V)의 모든 가능한 조합 또는 모음과 자음의 조합(CV, VC, 또는 CVC)을 나타내었다.

이집트인과 수메르인은 자모원리(alphabetic principle)에 매우 가까이 갔지만, 당시의 방만한 표기 방식에서 그것만 추출하는 데는 실패하였다. 레부스 원리는 그들로 하여금 소수의 음성 기호를 이용하여 단어나 문장을 기록하는 것을 가능하게 하였지만, 그들은 여전히 수많은 그림문자를 병용하고 있었다. 한편에는 소리에 근거한 체계가 있고 다른 한편에는 의미에 근거한 체계가 있는 불행한 혼합은 상당히 많은 모호성을 만들어 내었다. 예를 들면, 별 모양 문자를 보고, 그것이 실제로 '별' 을 의미하는지, 아니면 '신' 을 의미하는지, 또는 발음이 동일한 다른 단어를 의미하는지를 분간하는 것은 불가능하다. 고대의 필경사들은 소리에 집중하는 방략을 사용하여 그들의 체계를 상당히 단순화시키는 길을 선택할 수도 있었다. 불행하게도 문화적 혁명은 관습과 타성에서 자유롭지 않으며, 항상 합리적인 결정을 내리는 것도 아니다. 결국 수메르인과 이집트인은 복잡성을 증가시키는 자연적 경향을 따라갔다. 수백 년 동안 그들은 표기 체계를 단순화시키는 것이 아니라, 점점 더 많은 문자를 추가시킴으로써 모호성을 제거하려 하였다. 설형문자 표기법은 문자들이 나타내는 개념을 명확하게 하기 위하여 '한정적(determinative)' 표의 문자들을 추가하였다. 그것들은 단어의 의미 범주를 표시하였는데 도시, 인간, 돌, 나무, 신 등이 그것이다. 예를 들면, '쟁기' 를 나타내는 문자에 한정사 '나무' 가 첨가되면 그것은 농사기구를 뜻하였다. 만약에 '사람' 이 첨가되면 그것은 '농부' 를 뜻하였다. 한정사는 음절 표기 방식으로 기록된 단어의 의미를 구체화하는 데도 사용되었다. 이것은 유용한 방략이었다. 왜냐하면, 하나의 음절이 여러 개의 동음이의어에 사용될 수 있기 때문이다(영어 단어 'one' 과 'won' 의 경우를 생각해 보라).

홍미롭게도 이집트인들도 거의 동일한 해법을 발견하였다. 이집트 신성문자도 정교한 한정사 체계를 도입하여, 인간, 물, 불, 식물, 운동, 심지어는 '추상개념'과 같은 의미 범주를 표시하였다. 결국 하나의 단어는 세 가지 정보, 즉 소리, 범주 그리고 외현적 의미의 혼합으로 표시되었다. 예를 들면, 동사 '외출하다(go out)'는 [pr]라는 발음을 가졌는데, 적어도 다음 세 개의 기호로 구성되었다.

- '집': 발음이 [pr]이고 발음 기호로서 사용된다.
- '입': 발음이 [r]이고 발음 보조기호로서 사용된다. 이것은 '집'이라는 기호가 발음으로 해석되어야 하며, 의미로 해석되어서는 안 된다는 표시다.
- '두 개의 다리': 동작을 나타내는 한정사다.[201]

매우 유사한 논리가 한자에도 적용되었다. 중국의 한자도 의미 기호와 발음 기호로 구성된다. 예를 들면, '맑음'을 의미하는 한자는 晴이고, 발음은 [칭]이다. '태양'을 의미하는 日과 '푸름'을 의미하는 靑이 결합되었다. 앞의 日은 의미 기호이고, 뒤의 靑은 발음이 [칭]임을 표시한다.

이런 기호 조합이 정교하기는 하지만, 영어의 'cellar'와 'seller', 'I'와 'eye', 'but'과 'butt'을 구별하는 논리보다 더 복잡한 것은 아니다. 영어도 형태소와 음소를 혼용하는 철자법을 가지고 있다. 영어 철자법이 복잡해 보이는 것은 음성 표기의 모호성을 제거하기 위한 것이다. 영어는 발음은 동일하지만 의미는 서로 다른 단어들을 다르게 표기한다. 예를 들면, 'lesson'과 'lessen', 'pea'와 'pee', 'horse'와 'hoarse'는 서로 발음은 같지만 의미는 다르다. 또한 'board'와 'bored'의 경우는, 어말에 있는 '-ed'가 과거형을 나타내는데, 이것은 신성문자나 설형문자에 사용되던 표시와 다르지 않다.

요약하면, 의미와 발음을 조합하는 혼합 표기 체계는 서로 다른 여러 문화에서 독립적으로 발명되었다. 그렇다면, 왜 이런 혼합체계들이 전 세계에 걸쳐서 선호되었을까? 그 이유는 아마도 여러 제약 요인—기억 구조, 언어 구조 그리고 대뇌 회로의 가용성 등—이 교차하는 곳에 있을 것이다. 인간의 기억은, 하나의 단어가 하나의 기호로 표현되는 순전한 '그림 문자' 체계 또는 '단어 문자' 체계에는 적합하지 않은 것 같다. 우리가 알고 있는 5만 개의 단어 각각에 대해서 서로 다른 기호를 암기하는 것은 불가능에 가깝다.

발음만을 표기하는 방식도 만족스럽지 못하다. 대부분의 언어에는 많은 수의 동음이의어가 있는데, 순전히 발음만 표기하는 방식으로는 이것들을 구분할 수 없다. 발음 표기와 의미 표기를 혼합하는 체계가 최선의 해결책인 것 같다.

혼합체계는 문자상자 영역의 연결 회로와 부합한다는 이점도 가지고 있다. 이 영역은 단어 의미를 담당하는 중앙 측두 영역과 전두 영역으로도 투사하고, 동시에 청각 분석에 관여하는 상측두 영역 및 하전두 영역으로도 투사한다. 이 영역은 문자 속에 들어 있는 음운 정보와 의미 정보를 분배하는 데 중추적 역할을 한다. 이런 연결 회로가 사전에 존재하지 않았다면, 수메르인과 이집트인은 매우 다른 문자 부호를 발명했을 것이다.

알파벳: 대약진

메소포타미아에 출현한 문자 '바이러스'는 인근 지역으로 급속히 전파되었다. 이 바이러스가 찾아낸 최적의 번식 장소는 인간의 뇌였으며 그것은 대단히 유용하였다. 그러나 이 전염병은 모든 사회에서 극소수의 전문가에게만 전파되었다. 문자의 복잡성은 그것의 전파 능력을 제한하였다. 어떤 연구자의 추정에 의하면, 수메르인은 한때 9백 개의 기호를 사용하였다. 점차 줄어들어 나중에는 5백 개 정도가 되었다가, 결국에는 음절 문자로 바뀌어 갔다. 이집트에서도 필경사들은 모두 7백 개 정도의 기호를 학습하여야 했다. 지금도 중국에서 학생들은 수천 개의 한자를 배워야 한다. 1950년대 중국 성인의 문맹률은 80%에 이르렀다. 문자를 극적으로 간소화하고 집중 교육을 실시하고 나서야 그 수치는 10%대로 떨어졌다.

문자 바이러스가 전파되기 위해서는 돌연변이가 일어나야 한다. 생물학적 진화의 경우처럼 이런 변이—알파벳 원리—는 주류 사회의 변방에 있던 작은 집단에서 등장하였다. 알파벳 체계의 첫 번째 흔적은 '원시 시나이 문자(Proto-Sinaitic)'라고 불리는 것인데, BC 1,700년까지 거슬러 올라가며, 이집트 중 왕국과 신왕국의 파라오들이 소유한 터키석 광산이 있는 시나이 반도에서 나타났다. 그들의 기호는 이집트 신성문자 중 일부를 모방하였으며 셈어(Semitic languages)를 기록하기 위해서 사용되었다. 기호는 더 이상

의미를 나타내지 않고, 오직 발음, 특히 자음을 나타내었다. 이렇게 하여 표기를 위한 기호의 수는 극적으로 감소하였다. 20여 개의 기호만 있으면 모든 발음을 완벽하게 규칙적으로 나타낼 수 있었다.

이렇게 된 것은 필경사들이 새로운 언어를 적고 있었기 때문이다. 그들은 낡은 규칙을 버리고 합리적 방식을 찾아냈다. 그들은 주변의 이집트 신성문자나 설형문자에서 영감을 얻었지만, 역사적 실수를 제거하고, 기본적 원리를 추출하고, 그것들을 가장 단순한 형태로 승화시키는 독특한 기회를 가졌다. 결국 그들은 표의문자를 포기하였으며, 오직 발음과 어근을 추상적으로 표시하는 일에만 집중하였다.[202]

이 필경사들의 언어는 셈어족(Semitic family)에 속하였다. 아랍어, 암하라어, 히브리어 등이 그것이다. 이들 언어의 형태론(morphology)은 자음을 강조한다는 점에서 특이하다. 이런 특징이 알파벳의 발명을 도왔다는 것은 거의 의심의 여지가 없다. 셈어에서 단어 어근은 고정된 자음 구조를 가지며 여기에 모음이 삽입될 수 있다. 히브리어의 경우를 예로 들면, 어근 gdl은 '크다' 는 의미를 가지는데, gadol로 변화하면 남성형이 되고, gdola가 되면 여성형이 되고, giddel은 '키우다' , gadal은 '자라다' , higdil은 '확대하다' 의 의미가 된다. '원시 시나이 문자' 의 발명자들은 이런 특이성을 이용하였다. 그들은 자신들이 해야 하는 일이 이런 자음 행렬을 표현하는 것임을 이해하고 있었다. 그들의 언어는 모든 가능한 음절을 나타내는 방대한 기호 목록을 요구하지 않았다. 읽는 사람은 자음 사전 속에서 20여 개의 모양을 검색하면 그걸 가지고 메시지 내용을 파악할 수 있었다.

자음 모양을 선택하는 것 또한 매우 단순하고 기억하기 쉬운 방식으로 이루어졌다. 자음 모양은 원래는 단어를 나타내는 것이었으나, 이제는 단어의 초성 자음을 나타내는 것으로 바뀌었다. 이런 방식을 두음 원리(acrophonic principle: 문자 그대로 '한쪽 끝에 있는 소리를 사용한다')라고 한다. 자음 b는 집 모양 그림으로 나타내었는데, 집은 셈어에서 beth이다. 이것이 그리스 문자 중 '베타' 의 이름이 되었다. 마찬가지로, 성문 파열음(glottal stop)은 원시 시나이 문자에서는 황소 머리 모양으로 나타냈다. 황소 머리는 황소(aleph)를 나타내는 기호지만, 이제는 aleph의 어두음을 나타낸다. 황소 머리는 양식화되고 방향이 회전되어서 그리스 알파벳의 '알파(α)' 라는 문자가 되고, 나중에 영어의 A

가 되었다. 대문자 A를 거꾸로 하면 황소 머리와 두 뿔을 쉽게 연상할 수 있다. 두음 원리 때문에 그리스 문자들은 독특한 이름—알파, 베타, 감마, 델타 등—을 갖게 되었다. 사실, 영어 표기에 사용되는 문자의 모양, 명칭 그리고 발음 등은 셈어의 20여 개 알파벳에서 기원한 것이다.

로마 알파벳에 사용되는 자모들에는 4천 년 역사의 그림들이 숨겨져 있다. m은 '물결(mem 또는 mayyūma)'을 상징하며, n은 '뱀(nahašu)'이고, I는 '막대기(lamd)'이고, k는 '손바닥을 편 손(kaf)'이고, R은 '머리(res)'다. 나는 문화적 진화가 신경생리학자 타나카 케이지와 동일한 방법을 사용했다고 생각한다. 두 경우 모두 그림으로부터 본질적 형태만 남기고 나머지는 삭제하였다([그림 3-6]과 [그림 4-3]을 비교하라). 문자는 처음에 사실적 그림—라스코 동굴의 황소 머리—에서 출발하였으나, 셈어에서는 몇 개의 획으로 그림이 단순화되었고, 그것들은 나중에 페니키아인과 그리스인에게 전해져서 현재 사용되는 문자 A로 변형되었다. 타나카가 단순화시킨 도형이 여전히 원숭이의 시각 뉴런을 흥분시킨 것처럼, 문자도 역시 하측두엽의 뉴런에 의해서 금방 재인될 수 있는 형태로 간략화되었다. 문화적 진화는 여러 세대에 걸친 시행착오와 점진적 선택을 통하여, 최소의 그리고 보편적인 문자 모양을 만들어 냈다. 문자는 나라마다 다르지만, 자연적 장면에 존재하며 시각 체계가 쉽게 찾아낼 수 있는 기본적 특징들에서 기원한다.

알파벳의 발명과 더불어 문자는 대중화되기 시작했다. 필경사가 되기 위해 여러 해 동안 학습할 필요가 더 이상 없었다. 누구나 적당한 동기만 있으면 20여 개의 문자로 된 알파벳을 배울 수 있다. 알파벳은 전 세계로 퍼져 나갔다. 시리아 해안에 있는 우가리트는 알파벳 탄생지에서 멀리 떨어져 있는데, 점토판 문자 기술에 알파벳 원리가 이용되었다. 고대 가나안 도시에서는 BC 13세기로 추정되는 설형문자 알파벳에 의한 기록이 발견되었다. 이 알파벳은 셈어를 위한 것이었다. 그것은 간접적으로 세상의 모든 알파벳을 탄생시켰다. 처음에는 페니키아 문자였고, 페니키아 문자는 그리스 문자, 키릴 문자, 라틴 문자, 그리고 인도의 모든 문자들을 탄생시켰다. 이어서 히브리 문자가 태어났고, 그것은 지금까지 거의 변하지 않고 있다. 마지막으로, 아람 문자(Aramaic)가 나타났다. 그것은 모든 아랍 문자의 기원이며, 아랍 문자를 사용하는 사람은 현재 2억 명에 달한다.

모음: 읽기의 어머니

페니키아인들은 또 다른 중대한 기여를 하였다. 모음을 명시적으로 표시한 것이다. 셈어에서는 자음만 기록하였다. 이것은 읽기를 복잡하게 만들고 모호성을 증가시켰다. 문자는 오직 어근을 표시하고 발음 전체를 표시하지 않았기 때문이다. 페니키아 문자는 히브리 문자와 우가리트 문자를 이었는데, '마트레스 렉티오니스(matres lectionis: '읽기의 어머니' 라는 뜻)'라는 기호를 추가하여 모음을 표시하는 방법을 도입하였다. 원래 '마트레스 렉티오니스' 는 자음이 모음으로 변환된 것이다. 이런 변환은 단어 발음이 달라지기 때문에 나타난다.[203] 예를 들면, 셈어의 단어 [panamuwa]는 원래 자음만 기록하여 PNMW였던 것이, 점차 발음이 [panamua]로 변형되고 나중에는 [panamu]가 되었다. 그러나 여전히 이 단어는 PNMW로 적혔기 때문에 마지막 위치의 자음 W는 모음 u를 나타내는 것이 되어 버렸다. 마찬가지 방식으로, 자음 j (jodh)는 모음 i의 공식 기호가 되어 버렸다. 마치 슬로베니아의 수도 Ljubljana를 Liubliana라고 발음하는 것과 동일한 발음 왜곡이다.

그러나 페니키아 체계는 완벽한 것은 아니었다. 그것은 모든 모음을 나타내지는 못하였으며, 동일한 기호가 자음과 모음을 모두 나타내고 있었기 때문에 혼란스러웠다. 결국 우리가 지금 알고 있는 것과 같은 알파벳을 만들어 낸 것은 그리스인들이었다. 그리스인들은 페니키아인의 문자 명칭—알레프('aleph), 베트(beth), 김멜(gimmel) 등—도 가져갔지만, 지금 그 단어들은 아무 의미가 없다. 불행하게도 몇 개의 페니키아 자음은 그리스에 들어가지 못했다. 예를 들어, 그리스인들은 아포스트로피(aphostophe)로 표시되는 성문 파열음을 발음하지 못하였다. 그것은 알레프('aleph: 문자 A로 나타낸다)라는 단어의 어두자음이었다. 그리스인들은 어두자음을 생략하고 이 문자를 알레프(aleph)라고 틀리게 발음하였다. 그래서 문자 A는 모음 a를 나타내는 것이 되었다. 이 문자가 처음에는 셈어의 자음을 나타내었지만 말이다. 똑같은 이야기가 요타, 오미크론, 입실론에도 해당된다. 이것들은 모두 셈어의 자음자였던 것이 그리스어의 모음자로 변환된 것이다. 이 체계는 여러 세기에 걸쳐서 진화를 거듭하였다. 그리스어에는 새로운 발음이 계속하여 나타났다. 그 결과로, 긴 o(오메가)와 긴 e(에타. 페니키아 자음 heth에서 빌려 온 것으로 그리스어에는 없는 자음이다)를 나타내는 새로운 문자가 등장하게 되었다. 복잡한 자소들도 만들어졌는데, o와 u의 접합은 u발음을 나타내기 위한 선택이었고, 입실론은 결국 프랑스어 sur나 독일어 über의 날카로운 ü소리를 나타내는 것이 되어 버렸다.

물론 이런 조정은 천천히 일어났지만 그중에 새로운 원리가 잉태되고 있었다. 인류 역사에서 처음으로, 그리스인들은 그들의 언어 발음을 완전하게 기록할 수 있는 하나의 알파벳을 가지게 되었다. 문자는 그림문자와 음절문자에서 벗어났다. 그리스인들은 발화의 가장 작은 단위인 음소를 발견하였으며, 모든 음소를 표시할 수 있는 하나의 방식을 발명하였다. 시행착오를 통하여 문화적 혁명은 최소한의 기호 집합으로 수렴하였다. 이런 기호는 뇌와 조화할 수 있었다. 그 이유는 두 가지인데, 하나는 문자 기호가 뇌의 문자상자에 의해서 쉽게 학습 가능하기 때문이고, 또 하나는 문자 기호가 뇌의 상측두 피질에서 부호화되는 언어음과 직접 연결 가능하기 때문이다.

제5장

읽기 학습

아동들이 읽기를 학습할 때 유아기부터 가지고 있는 두 개의 뇌 영역이 관여한다. 대상 재인 체계(object recognition system)와 언어 회로(language circuit)다. 읽기 습득은 세 단계를 거친다. 그림 단계(pictorial stage)는 단어를 '사진 찍는' 짧은 단계를 말하고, 음운 단계(phonological stage)에서는 문자를 발음으로 변환하는 것을 배우며, 마지막으로 철자 단계(orthographic stage)에서는 단어 재인이 고속화되고 자동화된다. 이런 과정에서 여러 뇌 회로가 변화하는 것을 뇌 영상 연구가 보여 주는데, 특히 좌반구 후두측두의 '문자상자' 영역이 주목할 만하다. 여러 해에 걸쳐서, 문자 단어가 유발하는 신경 활동은 증가하고, 선택적이 되고, 결국은 성인의 읽기 네트워크를 탄생시킨다.

아직 초보적이기는 하지만, 이런 연구 결과가 교육에 시사하는 바는 상당하다. 무엇보다, 도대체 왜 '전체 언어법(=단어법)'이 그렇게 많은 심리학자와 교사를 오도해 왔는지 이제 이해할 수 있게 되었다. 전체 언어법은 시각적 뇌의 구조와 전혀 맞지 않는다.

당신이 읽는 내용에 놀라지 말고, 그것을 읽을 수 있다는 기적에 정말로 '헉' 하고 놀라기를 바란다.

– 블라디미르 나보코프, 『창백한 불』

필경사들은 많은 세대를 거쳐 오늘날의 표기 체계에 도달하였지만, 아동들은 그것을 고작 몇 년 안에 숙달해야 한다. 프랑스어, 영어, 중국어, 히브리어 등 어떤 언어든 상관없이 2~3년 정도 가르치면 아동은 단어를 해독해 내기 시작한다. 종이에 뒤죽박죽 끄적여 놓은 흔적 같던 문자가 그 중요한 몇 년을 지나면서 갑자기 의미를 나타내게 된다. 읽기 학습 과정의 내적 메커니즘에 대한 연구는 심리학에서부터 뇌과학에 이르기까지, 지난 10년간 엄청난 진전을 이루었다. 독서 메커니즘에 대한 새로운 이해는 이 장에서 다룰 교육 방법 향상에 대해 중요한 함의를 가진다.

'신경 재활용 가설' 이 주장하는 바에 따르면, 문자는 아동의 뇌에 점차적으로 자리를 잡는다. 왜냐하면, 이미 가동하는 회로 중에서 문자 처리에 적합하고, 최소한의 재배열만 요구되는 장소를 찾아야 하기 때문이다. 문자 역사 중에 있었던 문화적 실험과 유사한 대뇌 과정, 시행착오가 가능한 대뇌 과정이, 아동 뇌의 시각 회로와 언어 회로에서 발생해야 한다. 골자는 읽기 능력이 좌반구 후두측두의 '문자상자' 영역으로 서서히 수렴된다는 것이다. 아동이 한 사람의 숙달된 독자가 되어 가는 동안, 이 영역은 점차로 문자에 전문화된다. 문자상자 영역과 측두엽, 두정엽, 전두엽의 언어 영역들 사이의 커뮤니케이션 역시 증가한다. 최근의 발달심리학, 그리고 더 최근에는 뇌 영상 연구가 이런 과정에 관여하는 단계들을 밝히기 시작했다.[204]

흥미롭게도, 신경 재활용 가설은 아동의 출생 첫해에 관심을 기울이게 한다. 출생 첫해는 읽기와 상관없어 보이는데 말이다. 만약 재활용 가설이 맞다면, 아동이 읽기를 배울 수 있는 것은 아동 뇌가 읽기에 적합한 구조—진화의 산물이든 아니면 초기 학습의 결과로 만들어진 것이든—를 이미 가지고 있기 때문이다. 아동이 처음으로 읽기 수업을 받기 이전에, 생애 초기의 언어 발달과 시각 발달은 새로운 문화적 활동을 위해 뇌를 준비시킨다.

미래 독자의 탄생

예전에는 유아가 세상을 보는 방식을 두고, '거대한 윙윙거리는 혼돈' 이라고 비유하였다. 유아의 뇌는 미성숙하고 거의 조직화되지 않은 것으로 여겨졌다. 뇌가 조직화되기 위해서는 대량의 정보 입력과 수년에 걸친 '통계적 학습(statistical learning)' 이 있어야 한다는 것이다. 하지만 최근 연구들은 이렇게 단순한 '구성주의적' 이론을 반박한다. 물론 뇌는 청소년기까지 배움과 교육을 위한 기회의 창을 열어 둔다. 뇌는 충분한 가소성을 가지고 있다. 하지만 생애 첫해에 이미 읽기를 위해 재활용될 중요한 능력 두 가지를 보유하고 있다. 하나는 '음성 이해(speech comprehension)' 이고, 또 하나는 '불변적 시각 재인(invariant visual recognition)' 이다.

생후 몇 개월 동안, 유아는 놀라운 언어 능력을 보여 준다. 태어난 지 며칠만에 [ba] 소리와 [ga] 소리의 차이 같은 언어적 대비(linguistic contrast)를 쉽게 지각한다.[205] 또한 유아는 임신 후기에 자궁 속에서 들었던 모어의 리듬에 특히 주의를 기울인다.[206] 유아의 언어 기술은 이미 성인이 말소리를 처리할 때 사용하는 좌반구 네트워크에 기반을 두고 있다. 좌반구 상측두 영역(left superior temporal region)은 말소리를 분석하고, 측두엽에는 음소, 단어 그리고 문장을 처리하는 일련의 영역들이 위계적으로 조직화되어 있다. 고차적 언어 산출과 문법 능력을 담당하는 브로카 영역, 즉 좌반구 하전두 영역(left inferior frontal region)도 3개월 된 유아가 문장을 들을 때 벌써 활성화된다.[207]

이런 뇌 영역들이 언어 습득을 가능하게 하는 네트워크를 만드는데, 그것이 유전적이라는 것은 의심의 여지가 없다. 물론 학습도 중요한 역할을 한다. 생후 1년 동안, 유아의 음성 지각 영역은 모어 환경에 특화되어 간다.[208] 6개월이 되면 모음 표상, 즉 각 언어에 독특한 '모음 공간(vocalic space)' 은 모어의 모음에 맞추어 점차 변형된다. 자음들은 대략 11개월에서 12개월 정도에 적절한 표적으로 수렴한다. 이 시기가 바로 일본어 유아들이 [r]과 [l] 발음을 구분하지 못하게 되는 시기다. 그리고 영어 아동 역시, 다른 언어의 자음, 예를 들어 인디언 언어에서는 굉장히 중요한, 그러나 영어 모어 화자에게는 별로 중요하지 않은 다양한 [t] 소리를 구분하지 못하게 된다.

유아의 뇌는, 자연과학자 또는 통계학자들처럼 체계적으로 추출하고, 나누고, 분류한다. 유아의 뇌는 말소리 입력으로부터 규칙성을 탐지해 내고, 어떤 음성 전이(sound transition)가 가능한지 결정하고, 다른 것들은 제거한다. 음소배열규칙(phonotactic rule)은 매우 빨리 습득되는데, 예를 들면 영어 화자의 귀에 매우 이상하게 들리는 [p-r-ch]의 자음 연속을 폴란드어 아기는 자연스럽게 받아들인다. 아기는 또한 어떤 소리가 가장 빈번히 나타나는지도 계산을 하는데, 그런 소리가 아기의 '입력 어휘집(input lexicon)' 에 최초로 등록되는 단어가 될 것이다.[209]

2세 말경이 되면 하루에 10개에서 20개에 이르는 새로운 단어를 습득할 만큼 아동의 어휘는 놀라운 속도로 증가하게 된다. 동시에 모어의 기본 문법 규칙도 확실하게 자리를 잡는다. 5세에서 6세가 되면 처음으로 읽기를 배우게 되는데, 아동은 이미 전문가 수준의 음운 지식을 가지고 있다. 아동은 또한 수천 개의 단어를 알고 있으며, 기본적 문법 구조에 이미 숙달하였다. 이런 '규칙과 표상(rules and representations)' [210]은 내현적이다. 아동은 자신의 전문성을 자각하지 못하며 말로 설명하지도 못한다.

시각 체계의 조직화 역시 같은 시기에 일어난다. 태어난 지 몇 개월이 안 된 시점에서도 유아의 시각 체계는 이미 정교화되어 있어서, 시각 장면을 물체들로 분석하고, 움직이는 물체를 추적할 수가 있다. 움직이는 물체가 중간에 잠시 보이지 않게 되어도 추적을 성공적으로 수행할 수 있다.[211] 생후 1년이 되면 유아는 물체의 윤곽선, 질감 그리고 내부 구성 등을 이용해서 물체들을 서로 구분할 수 있다. 더 나아가, 유아는 오목한 물체와 볼록한 물체도 구분할 수 있다.[212] 물체를 여러 다른 각도에서 보면서 물체의 3차원 형상에 대해 아주 정교한 추론을 할 수도 있다.[213] 이런 놀라운 능력은 어떻게 사물의 경계(edge)들이 만나서 T, Y, L 등의 접합을 만들어 내는지에 대한 이해를 바탕으로 하고 있다.[214] 하나의 기본적 체계가, 나중에 문자 재인 장치로 재활용되는 체계가 이미 생애 첫해에 만들어져 있는 것 같다. 생후 2년째에는 극도로 단순화시킨 사물 그림도 재인할 수 있는데, 이미지로부터 형태의 기본 구성 요소들을 추출하는 능력이 있음을 의미한다.[215]

얼굴 지각의 발달도 깊이 연구되었다. 태어난 직후, 유아는 얼굴에 대해 매우 특별한 주의를 기울인다. 생후 2개월이면, 얼굴 자극은 유아의 후두측두 피질(occipito-temporal cortex)을 활성화시키는데, 이 영역은 성인에서도 얼굴 자극에 의해 활성화된다.[216] 이런 초기 전문화는 아기가 주변 얼굴을 재인하는 것을 배워 가는 1년 남짓 동안에 점점 강화된다. 약 9개월이 될 무렵, 얼굴 지각 체계는 인간의 얼굴에 대해서만 전문화되고, 다른 영장류의 얼굴을 구별하는 능력은 잃게 된다.[217] 생후 2년이 되면, 맥락을 벗어나 있는 얼굴의 재인도 학습한다.[218] 이런 전문화 과정은 이후 10년 또는 그 이상 동안 지속된다.[219]

현재는 얼굴, 장소 그리고 물체의 재인을 위한 피질 전문화가 성인 수준에 도달하는 나이가 정확히 언제인지 알지 못한다. 어떤 연구는 피질 전문화가 출생 첫해에 시작된다고 주장한다.[220] 분명한 것은 5~6세에 이르면, 즉 아동이 읽기를 시작할 무렵이면, 물론 아직은 가소성이 매우 크지만, 중요한 '불변적 시각 재인' 과정들이 제자리를 잡는다. 따라서 이 시기는 문자나 단어처럼 새로운 모양을 습득하는 데 적합하다.

읽기의 세 단계

"

그는 책에서 자란 맛있는 음식을 먹어 본 적이 없어요. 늘 그렇듯이 종이를 먹은 적도 없고, 잉크를 마신 적도 없어요. 그의 지성은 비어 있어요. 그는 감수성이 없는 둔한 짐승에 불과해요.

– 셰익스피어, 『사랑의 헛수고』

"

'종이를 먹고' '잉크를 마시는' 사람, 다시 말해 읽기 전문가가 되기 위해 우리는 무엇을 해야 하는가? 1985년 영국 심리학자 우타 프리스(Uta Frith)는 지금은 고전이 된 읽기 습득 모델을 제안했는데, 세 개의 주요 학습 단계를 구분하였다.[221] 물론 모델은 이론적 단순화이며, 세 단계는 사실 엄격하게 구분되지는 않는다. 아동은 몇 달, 몇 년을 들여서 세 단계를 차례로 거친다. 아마도 미래의 독서 이론들은 하나의 통합된 신경망에 근거하여 이런 연속성을 포착할 것이다.[222] 그날이 올 때까지는, 프리스의 간단한 세 단계가 아동의 머릿속에서 일어나는 거대한 변화를 대략적으로 보여 줄 것이다. 현재 다른 대안은 없다. 교육학적 관점에서 보면, 프리스의 모델은 아동의 학습 곡선에 대해 매우 유용한 그림을 제공한다.

프리스에 따르면, 5~6세경 첫 번째 단계는 '표어문자(logograph)' 또는 '그림문자(pictograph)' 단계다. 이 시기의 아동은 아직 문자의 논리를 파악하지 못한다. 시각 체계는 단어를 마치 물체나 얼굴처럼 처리한다. 시각 체계는 가능한 모든 시각적 특징—모양, 색, 문자 방향, 곡률 등—에 의존한다. 아직 정규교육을 받기 이전인 이 단계에서, 아동은 주로 자기 이름을 알아보거나, 브랜드 이름처럼 눈을 끄는 몇몇 단어만 알아본다(예: *CocaCola*).

이런 시각적 어휘의 크기는 아동에 따라 매우 큰 차이를 보인다. 어떤 아동은 20~30개의 단어를 기억할 수 있다. 다른 아동, 특히 이탈리아어처럼 투명한 철자법을 가진 언어권의 아동은 매우 짧은 그림문자 단계를 보이기도 한다. 어떤 경우라 하더라도, 전체 단어를 그림처럼 인식하는 것은 억지스러운 읽기에 불과하다. 잦은 실수는 아동이 단어의 내부 구조를 이해하지 못하고 단지 몇몇 피상적 단서를 이용하고 있음을 보여 준다. 아동은 시각적 유사성에 쉽게 속아 넘어간다(*Chinchilla*를 보고 *CocaCola*라고 읽는다). 또 알고 있는 단어라도 다른 모양으로 쓰면 읽지 못한다(대문자로 쓴 COCA-COLA를 알아보지 못한다). 그리고 coco처럼 철자적 관련성이 있는 문자열에 일반화하지 못한다.[223] 이런 특징들은, 이 시기 아동의 뇌가 개별 문자나 문자 발음에는 주의를 하지 않고, 단어 전체 모양과 의미를 직접 대응시키는 시도를 하고 있음을 시사한다. 진정한 형태의 읽기라고 할 수 없다.

음소 인식

그림 문자 단계 이후로 가기 위해 아동은 단어를 구성문자로 분석하는 것을 배워야 한다. 그리고 문자를 말소리와 연결하는 것을 배워야만 한다. '자소-음소 변환(grapheme-to-phoneme conversion)'의 발달은 읽기 습득의 두 번째 단계, 즉 음운 단계(phonological stage)의 특징이다. 이 단계가 되면 전체 단어의 처리는 중지된다. 아동은 개별 문자 또는 중요한 문자쌍(예: ch, ou, ay) 등 좀 더 작은 구성 요소에 집중하는 것을 배운다. 아동은 자소를 대응하는 말소리에 연결시키고, 말소리들을 조합하여 단어를 만드는 것을 연습한다. 이제 아동은 새로운 단어도 소리 내어 읽을 수 있게 된다.

종종 아동들은 문자 이름을 배우기도 한다([에이], [비], [씨], [디], …). 하지만 안타깝게도 이런 지식은 도움이 되기는커녕 읽기 습득을 지연시킬 수 있다. s가 [에스]로, k가 [케이]로, i는 [아이]로 발음되는 것을 아는 것은, ski를 읽는 데 도움이 안 된다. 문자 이름은 발음에 조합되어서는 안 된다. 중요한 것은 음소다. 하지만 음소는 추상적이고 내현적인 말소리 단위다. 진정한 지적 혁명은, 아동이 말소리가 음소로 쪼개질 수 있다는 것을 알 때, [ba] 소리가 두 개의 구성 요소, 즉 음소 [b]와 음소 [a]로 구성된다는 것을 알 때 이루어진다.

읽기 교육의 첫해에는 말소리의 외현적(explicit) 표상이 출현한다. 핵심은 말소리가 음소로 구성되어 있다는 것, 음소는 결합되어 새로운 단어를 만들어 낼 수 있다는 것을 인식하는 것이다. 이런 능력을 '음소 인식(phonemic awareness)'이라고 부른다. 심리학자 호세 모라이스(Jose Morais)의 연구에 따르면, 음소는 저절로 알게 되는 것이 아니다. 음소를 알게 하려면 알파벳 기호를 명시적으로 가르쳐야 한다.[224] 만약 문맹자라면, 심지어 어른이라도 단어 속에 있는 음소를 찾아내지 못한다.

이런 놀라운 결론은 모라이스와 동료들이 포르투갈 성인들을 대상으로 실시한 연구에서 나왔다. 연구참가자 중 절반은 읽기를 막 터득한 사람들이고, 나머지 절반은 비슷한 사회경제적 배경을 가졌지만 문맹자였다. 이 연구참가자에게 여러 가지 말소리 게임을 하게 하였다. 다음과 같은 질문을 하였다. 만약에 [porto]에서 첫 번째 소리를 제거하면 무엇이 남을까요? (정답은 [orto]). [table]과 [tower]는 같은 소리로 시작하나요? (정답은 예). [tap]은 몇 개의 소리로 구성되어 있습니까? (정답은 3개).

실험 결과는 분명했다. 문맹자는 음소 수준에 주의를 요구하는 게임에서 전부 실패하였다. 추가적 실험을 실시하여 더 엄밀하게 조사했다. 문맹자는 말소리를 구별하는 데 문제가 없었다. [da]와 [ba]를 듣고 구분할 수도 있었다. 음절과 리듬을 조작할 수도 있었고, [table]과 [lable]이 같은 소리로 끝난다는 것도 인식하였다. 문맹자가 하지 못한 것은 말소리의 최소 구성 요소, 즉 음소를 탐지하는 것이었다. 그들은 동일한 음소가 여러 단어에 반복해서 나타나는 것을 알지 못하였다. 즉, [tuna], [stop], [foot]의 세 단어가 [t] 소리를 공유한다는 것을 알지 못했다. 또한 간단한 말소리 바꾸기 게임도 실패했다. 예를 들어, 단어를 듣고 첫 번째 소리를 [p]로 바꾸어 말해야 하는 게임에서, [달라스]라는 발음의 단어를 듣고 [팔라스]라는 정답을 말하지 못했다.

스푸너(Spooner) 목사는 옥스퍼드 대학교 뉴칼리지의 학장이었으며, 말실수로 영국에서 유명하였다. 스푸너는 어두의 말소리를 종종 바꾸어서 말하였다. 예를 들어, "he once reprimanded a student for missing his history lecture"라고 말해야 할 것을 "he once reprimanded a student for **h**issing his **m**ystery lecture"라고 말했다고 한다. (역자 주: **m**issing과 **h**istory의 어두 음소를 서로 바꾸면 **h**issing과 **m**ystery가 된다.) 호세 모라이스의 연구 덕분에 우리는 스푸너 목사의 말놀이가 알파벳 문해력에 근거하고 있음을 알게 되었다. "Our Lord is a **sh**oving **l**eopard"와 같은 스푸너리즘(Spoonerism; 역자 주: 어두의 음소를 교환하는 말놀이)을 이해하기 위해서는 상당한 음소 인식 능력이 필요하다. 음절문자를 사용하였던 수메르인은 음소 말놀이를 이해하지 못할 것이다.

음소 인식이 미치는 효과는 알파벳 기호 습득이 뇌를 얼마나 깊은 수준에서 바꾸어 놓는지를 증명한다. 알파벳 학습은 문맹자에게는 불가능한 언어적 유창성을 제공한다. 알파벳 학습은 또한 커다란 문화적 차이를 가져온다. 전통적 중국어 문자(=한자)만 읽을 수 있는 중국 성인들은 음소 인식 검사에 실패하는 반면, 알파벳 병음(Pinyin) 자모를 배운 학생들은 이 테스트를 쉽게 통과한다.[225]

이런 발견은 아동 뇌에 대해 시사하는 바가 크다. 아동이 알파벳 문서를 독해하는 것을 배울 때, 뇌의 시각 영역은 단어를 자모와 자소로 분석하는 법을 배운다. 이는 말소리 영역 중 일부가 음소 표상에 적응해야 하는 것을 의미한다. 이런 수정이 체계적으로 이루어져야 효율적 문자-발음 변환 경로가 출현할 수 있다.

자소와 음소: 닭이 먼저냐 달걀이 먼저냐

우리는 아직 시각 능력 습득과 언어 능력 습득의 인과 관계를 완전히 이해하지 못한다. 문자를 이해하기 위해서 아동은 먼저 말소리 입력을 음소로 분석하는 능력을 가져야 하는가? 아니면, 말소리가 음소로 구성된다는 것을 알기 위해서 아동은 먼저 문자 부호의 본질을 이해해야 하는가? 아마 이것은 저 흔한 '닭이 먼저냐 달걀이 먼저냐'의 문제라고 할 수 있다. 자소와 음소, 이 둘에 대한 학습은 매우 밀접하게 연결된 것이라서 어느 것이 먼저인지 말하는 것은 거의 불가능하다. 자소와 음소는 둘이 동시에 습득되면서 하나에 대한 능력이 향상되면 다른 것에 대한 능력도 향상된다.

수많은 자료가 '각운 맞추기(rhyming)'와 같은 음운 과제를 능숙하게 해내는 아동이 읽기를 더 빨리 배운다는 것을 보여 준다.[226] 뿐만 아니라, 아동이 말소리 조작 연습을 하게 하면, 음운 인식 능력과 읽기 점수가 둘 다 향상된다. 이런 연구 결과들은 많은 연구자로 하여금 음운 인식 능력이 읽기 습득을 위한 필요 조건이라고 결론 내리게 하였다. 다시 말해, 음소에 대해 아는 것이 자소에 대해 아는 것보다 먼저라는 것이다.

하지만 최근에 앤 캐슬(Anne Castles)과 맥스 콜트하트(Max Coltheart)[227]는 음소 인식 능력과 읽기 습득 사이의 인과 관계가 생각하는 것만큼 그렇게 견고하지 않다고 주장하였다. 지금까지 대부분의 실험은 이미 어느 정도 문자를 알고 있는 아동을 대상으로 실시한 것이고, 그 지식은 말소리를 분절해 내는 데 유리하게 작용하였을 것이다. 또한 캐슬과 콜트하트는 철자 지식이 음소 처리에 막대한 영향을 미칠 수 있음에 주목하였다. 만약 아동에게 어떤 단어를 들려주고 그 단어가 몇 개의 소리로 되어 있는지를 질문한다고 해 보자. 아동은 [rich]에 대해서는 세 개(r-i-ch)라고 답하고, [pitch]에 대해서는 네 개(p-i-t-ch)라고 대답한다. 사실, 두 단어 모두 세 개의 음소를 가지고 있다. 철자가 음소 개수의 지각에 영향을 미친 것이다.[228] 마찬가지로, 만약 아홉 살짜리 아동에게 [bind]를 들려주고 거기에서 [n] 소리를 빼 보라고 하면, 아마 정답인 [bide] 대신 [bid]라고 대답할 가능성이 높다. 이런 실수는 철자의 영향이다(역자 주: bind의 발음은 [바인드]이므로 [n]소리를 제거하면 [바이드]가 된다. 따라서 정답은 [bide]다. 아동은 아마 [bind]를 듣고 bind의 철자를 연상하고, 거기서 문자 n을 제거하는 조작을 했기 때문에 bid라는 답을 한 것으로 추론된다).[229] 확실히 철자 지식은 음소 인식 과제에 영향을 준다. 문맹자와 중국어 독자의 사례는 알파벳 기호에 대한 명시적 교육 없이는, 음소에 대한 의식적 조작 능력이 출현할 수 없음을 보여 준다.

마지막으로, 자소발달과 음소발달은 항상적 상호작용 관계 또는 '나선형 인과 관계(spiral causality)' 다. 문자 습득은 말소리에 주의를 기울이게 하고, 또 말소리 분석은 문자 이해를 정교하게 한다. 이런 끊임없는 나선형 관계는 자소부호와 음소부호가 동시에 출현하게 만든다.

두 가지 부호의 출현은 아동의 읽기 오류를 관찰해 보면 바로 알 수 있다. 모든 언어의 음운 단계에서 '정규화(regularization) 오류' 가 나타난다. 이 단계의 아동은 몇몇 문자를 소리로 바꿀 수 있지만, 단어가 약간만 불규칙해도 실패하기 십상이다. 예를 들어, key를 [kay]라고 틀리게 읽는다.[230] 또 다른 증상으로 '음절 복잡성 효과(syllable complexity effect)' 가 있다. 초등 1학년생은 하나의 자음 다음에 하나의 모음이 오는 단순 음절(CV)은 읽을 수 있지만, 자음의 수가 많아질수록(CVC, CCVC 등등) 점점 더 어려움을 겪는다. strict(CCCVCC)처럼 복잡한 단어는 초보 독자가 읽기에는 너무 어렵다.[231]

이러한 연구 결과는 읽기 습득이 단순한 규칙에서 복잡한 규칙으로 점차 진행됨을 보여 준다. 아동은 처음에 b나 k처럼 발음이 규칙적인 문자들을 배운다. 그런 후 점점 더 복잡하고 잘 쓰이지 않는 자소들을 해독하는 것을 배워 나간다. 아동은 bl이나 str 같은 중요한 자음군도 알게 된다. 또 특수한 문자집단도 기억하게 되는데, 예를 들면 [shun]으로 발음되는 접미사 -tion이나, [wok]로 발음되는 동사 walk 같은 것도 알게 된다. 읽기 전문가는 풍부한 읽기 경험을 바탕으로 수많은 접두사, 어근 그리고 접미사를 이해하고, 그것들을 발음과 의미에 쉽게 연결할 수 있는 사람이다.

철자 단계

아동이 어느 정도의 전문성을 습득하게 되면, 우타 프리스의 세 번째 단계인 철자 단계(orthographic stage)에 들어서게 된다. 점차적으로, 서로 다른 크기의 시각적 단위로 구성된 방대한 어휘집(lexicon)이 자리를 잡는다. 어휘집은 단어의 빈도나 이웃(neighbor; 역자 주: 철자가 서로 한 개만 다른 단어들을 이웃이라 한다. 예를 들면, save의 이웃은 sale, same, pave, cave, have, wave 등이다) 등에 대한 수많은 정보를 가지고 있다. 이 단계가 되면 단어 읽기 시간은 더 이상 길이나 자소 복잡성 등에 의해 좌우되지 않는다. 오히려 어떤 단어를 얼마나 자주 접하는가 하는 것이 점점 더 많은 영향을 주게 된다. 접촉 빈도가 낮은 단어는 접촉 빈도가 높은 단어에 비해 읽기 속도가 느리다. 이웃의 수도 또한 중요한 요인으로 작용하기 시작한다. rain이나 pain과 같은 고빈도 이웃을 가진 vain은 읽는 속도가 느리다. 이런 모든 효과들은 두 번째 읽기 경로인 어휘경로(lexical route)가 점차 확립되고 있음을 반영한다. 어휘경로는 문자를 발음으로 변환하는 음운경로와 상호 보완한다.

철자 단계의 가장 큰 특징은 단어 길이의 영향이 점점 사라진다는 것이다. 음운 단계에서 아동은 한 번에 문자 하나씩 순차적으로 단어를 해독한다. 결과적으로 읽기 시간은 그 단어를 구성하는 문자 수에 비례하여 증가한다.[232] 철자 단계가 되면 점점 더 읽기가 유창해지며 단어 길이 효과는 서서히 줄어든다. 읽기 전문가인 성인에서는 아예 그 효과가 사라진다. 성인들은 짧은 단어(8개 이하의 문자)인 경우, 모든 문자를 동시에 취급하는 병렬 처리(parallel processing)를 통해 단어를 읽는다.

요약하면, 병렬성과 효율성이 증가하는 것이 철자 단계의 특징이다. 전체 문자열을 표상하는 점점 더 치밀한 단어 부호가 나타난다. 이런 단어 부호에 상응하는 신경적 분석은 위계적 나무 모양으로 조직화되는데, 그것들은 이제 의미와 발음을 계산하는 뇌 영역들에 별다른 어려움 없이 그리고 병렬적으로 전달될 수 있다.

어린 독자의 뇌

읽기심리학은 읽기 습득에 있어서 세 가지 주요한 단계를 추정하지만, 각 단계에 뇌의 어떤 영역이 대응하는지는 아직 모른다. 각각의 읽기 습득 단계에 특징적인 뇌 활동이나 구조가 있을까? 독서 발달의 각 단계에 관여하는 고유한 뇌 영역은 무엇일까?

신경 재활용 가설은 아동의 시각 체계가 점차적으로 전문화된다고 가정한다. 따라서 이 가설은 뇌에 대한 분명한 예언을 한다. 첫 번째 그림 단계, 즉 아동이 단어를 그림처럼 취급하는 단계에서는 아무런 전문화가 일어나지 않고, 양쪽 대뇌반구 모두가 읽기에 사용된다. 전문화가 진행됨에 따라 뇌 활성화는 점점 더 특정 영역에 집중되는데, 읽기 전문가인 성인에서 시각 단어 재인을 담당하고 있는 좌반구 후두측두 영역의 '문자상자' 가 바로 그곳이다.

만약 단일 뉴런 또는 피질 기둥(cortical column) 수준까지 내려가면, 미세 신경부호에서 커다란 변화를 볼 것이다. 재활용 관점에 따르면, 읽기 수업을 통해서 '신경 재배치' 가 일어난다. 어떤 뉴런은 전에는 물체 또는 얼굴 인식을 담당했지만 이제는 문자에 배당된다. 다른 뉴런은 고빈도 바이그램(bigram)에 배당되며, 또 다른 뉴런은 접미사, 접두사 또는 단어에 배당된다. 동시에 말소리 신경부호도 유입된다. 음소 인식 능력이 어느 정도 생겨나기 시작하면서, 말소리 신경부호는 음소를 명시적으로 표현하는 더욱 정교한 구조를 가지게 된다. 마지막으로, 발달 중 신경섬유들을 추적하고 기능에 따라 신경섬유를 분류할 수 있다면, 시각 단위를 발음에 연결하는 촘촘하고 규칙적인 투사를 볼 수 있을 것이다.

이야기를 계속하기 전에, 지금의 영상화 도구들은 아동이 글을 읽는 동안 뇌를 직접 촬영할 수 없다는 것을 분명히 해야겠다. 이것이 가능해지려면 아마 여러 해를 더 기다려야 할 것이다. 아동의 뇌 영상을 최초로 찍은 것은 1990년대 후반이며 '기능적 자기공명영상(fMRI)' 이 사용되었다. 발달하는 뇌의 영상을 얻는 것은 숙제로 남아 있다.

윤리적 문제가 주요 쟁점은 아니다. MRI는 소아과 병원에서 신생아들에게 20년 이상 사용되었으며 어떤 부작용도 발견되지 않았다. 금속성 물체를 자석에 너무 가까이 대지 않는 한 임계치 이하의 자기장 노출은 안전하다. 안전성 테스트의 목적으로, 몇몇 종류의 동물들을 매우 강력한 자기장 속에서 평생 살게 하였으나, 생물학적 발육에 어떤 부작용도 나타나지 않았다.[233]

아동의 뇌 영상과 관련된 진짜 문제는 방법론적인 것이다. 30분 정도의 실험 동안 어린아이의 뇌에서 노이즈가 없는 깨끗한 데이터를 mm 단위로 얻는 것은 정말 어려운 일이다. 아주 소수의 실험실만이 이런 전문적 기술을 보유하고 있다. 그들은 아동이 처음 왔을 때 가짜 스캐너를 돌아보도록 하고, 스캐너의 소음에 익숙해지게 한다. 그리고 특이한 모양의 헤드폰과 고글들을 미리 착용해 보도록 한다. 뿐만 아니라, 몸을 움직이지 않는 훈련을 한다. 뉴욕의 새클러연구소(Sackler Institute)에서는 아동이 좋아하는 만화를 화면에 보여 주고, 머리를 움직이면 즉시 만화가 멈추는 기발한 장치를 만들었다. 아동에게는 우주선 여행을 한다고 설명하고, 어떤 임무(실험 과제)를 부여한다. 이런 상황에서 아동은 열심히 MRI 실험에 참여한다.

지금까지 얻어진 소수의 연구 결과는 이미 7세 때에 정상적 읽기 네트워크가 활성화되는 것을 보여 준다.[234] 문자상자 영역은 이미 성인과 동일한 좌반구 후두측두 피질에 나타난다. 외측 측두 영역도 활성화된다. 안타깝게도 이 연구는 한 장의 스냅사진만 제공하며, 읽기 습득의 전체 발달 과정을 추적한 것은 아니다. 이런 활성화가 시간에 따라 점차적으로 발전하는 것을 추적하기 위해서는, 동일한 아동을 읽기 발달의 여러 시점에서 촬영하는 종단적 연구(longitudinal study)가 필요하다. 이런 연구는 아직 실시되지 않았다. 가족들이 여러 해에 걸쳐 매달 실험실을 방문해야 하는 수고를 기꺼워하지 않기 때문이다.

현재로서는 믿을 만한 발달 데이터는 횡단적 연구(cross-sectional study)에서 나온다. 횡단적 연구는 아동의 연령과 수행이 뇌 활동과 어떤 상관을 보이는지를 알기 위해 다양한 연령대의 아동 집단을 검사한다. 지난 10년 동안, 예일 대학교의 베넷 세이위츠(Bennett Shaywitz)와 샐리 세이위츠(Sally Shaywitz)는 해스킨스연구소(Haskins Labs)의 켄 퓨(Ken Pugh)와 함께, 읽기 능력이 뛰어나거나 또는 그렇지 않은 아동 수백 명을 대상으로 실험하였다. 그들의 결과는 발달상의 차이를 분명하게 보여 주었다. 읽기 능력이 향상될수록 좌반구 후두측두 영역의 활동이 증가하며, 성인의 '문자상자' 영역과 일치하였다.[235] 이 영역의 활성화는 연령보다는 읽기 점수와 밀접한 상관이 있었다. 이것은 문자상자 영역이 뇌의 성숙에 따라 자연히 생기는 것이 아니며, 읽기 습득에 따른 대뇌 피질의 변화라는 것을 말해 준다.

조지타운 대학교의 기너비어 이든(Guinevere Eden)은 다른 연령대의 좀 더 작은 아동 집단을 대상으로 한 연구에서, 좌반구 후두측두 영역의 활성화가 증가하는 것을 발견하지 못했다. 하지만 그녀는 좌반구 '문자상자' 영역과 정확하게 대칭되는 우반구 후두측두 영역에서 활성화가 감소하는 것을 관찰하였다.[236] 이것은 학습이 '선택적 가지치기(selective pruning)' 과정을 포함한다는 생각과 일치하는 발견이다. 문자 단어들은 처음에는 다른 시각적 이미지와 똑같이 양쪽 대뇌를 활성화시킨다. 그러나 이후에는 점점 초점화가 일어나면서 하나의 매우 좁은 영역으로 활성화가 집중된다. 놀랍게도, 이런 발견은 독서심리학과 난독증심리학을 처음으로 시작한 새뮤얼 오턴(Samuel Orton)의 예언을 만족시킨다. 일찍이 1925년에 그는 "읽기 습득 과정은 비우세적 [오른쪽] 반구의 혼란스러운 기억 이미지를 주의 초점으로부터 제거하는" 것이라고 주장하였다.[237]

'점진적 초점화(progressive focalization)'는 아동 뇌에서 일어나는 전기적/자기적 활동을 관찰하여 분명하게 확인할 수 있다.[238] 읽기 학습 이전 아동이 문자 단어를 볼 때는 좌반구로의 빠른 수렴이 나타나지 않는다. 좌반구로의 활성화 수렴은 성인에서는 약 170~200ms에 나타나며, 이것은 문자열의 불변적 재인(invariant recognition)을 반영한다. 아동의 경우에는, 특히 가장 초기의 읽기 습득 단계에 있는 아동의 경우, 우반구 후두측두 영역이 자음 문자열과 단어를 변별하는 역할을 하는 것 같다. 이런 우반구 활성화는 읽기 습득의 시작에 해당하는 우타 프리스의 그림 단계를 지지하는 신경적 근거일 수도 있다. 이 시기에 아동은 몇 개의 친숙한 단어의 스냅사진을 기억하고, 전체 모양을 이용하여 단어를 재인한다. 마치 친숙한 사람의 얼굴을 재인하는 것과 같은 방식이다. 2~3년 후 두 번째 단계에 접어들면, 기하학적 형태의 무작위한 연결과 비교하여 문자 단어들에 대해서 폭발적 활성화를 나타낸다.[239] 이때의 활성화는 아주 광범위하고 양측적(bilateral)이어서 양쪽 반구의 시각 체계 상당 부분이 읽기에 할당된 것처럼 보인다. 분명한 편재화 반응이 좌반구 문자상자 영역에서 처음 나타나는 8세 무렵에도,[240] 전문화는 아직 완전하지 않다.[241] 심지어 10세 아동에서도, 단어 제시 후 약 170ms에 발생하는 부적 파형이, 빈도가 높고 아동이 잘 알고 있는 단어에 대해서만 나타난다. 성인의 경우와 마찬가지로, 부적 파형은 moulton이나 fost처럼 철자법 규칙을 따르는 유사단어(pseudo-word)에 대해서는 나타나지 않는다. 문자상자 영역은 사춘기가 시작하는 시점에 이르러 비로소 완전한 수준에 도달한다. 물론 읽기 숙달자가 되기에 충분할 만큼 규칙적으로 읽기 연습을 해야 가능한 일이다.

읽기 학습은 단순히 문자 단어에 대한 시각 피질의 반응만 바꾸는 것이 아니다. 뇌 영상 연구는 좌반구 언어 영역의 상당한 변화를 보여 준다. 커다란 변화가 상측두구와 좌측 하전두 피질(브로카 영역)에서 관찰되었다. 이 영역은 음소 지각과 조음에 관여한다. 이 영역의 활성화는 아동의 '음소 인식'[242] 능력에 정비례해서 증가한다. 음소 인식은 말소리의 기본 단위인 음소를 의식적으로 조작하는 심적 능력을 가리킨다. 음성언어 신경망에서 이 두 영역은 읽기와 관련된 중요한 부위다.

문맹자의 뇌

글을 읽고 쓰는 능력은 뇌를 극단적으로 바꾼다! 이런 사실을 증명하는 흥미로운 뇌 영상 실험이 하나 있다. 이 실험은 뇌의 활성화 정도에 있어서 문맹자의 뇌가 굉장히 다르다는 것을 보여 준다. 비록 이 실험이 발달 중인 뇌를 다룬 것은 아니지만, 문해 능력이 대뇌 회로에 미치는 장기적 영향을 보여 줌으로써, 간접적으로나마 읽기 습득을 이해하는 데 필요한 실마리를 던져 준다. 이런 경우 성인의 뇌는 아동의 뇌를 이해하는 데 도움을 준다.

읽기 습득이 뇌에 미치는 영향을 조사하기 위해서 알렉산드르 카스트로-칼다스(Alexandre Castro-Caldas)와 동료들은 문해 성인과 문맹 성인의 뇌를 비교했다.[243] 이런 연구에서는 적당한 실험참가자를 발견하는 일이 가장 어렵다. 문맹은 사회적 소외의 결과이거나 유전학적 또는 신경학적 장애의 소산일 수 있고, 이런 것들은 그 자체로 두뇌 활동을 변화시킬 수 있다. 연구자들의 관점에서 볼 때 가장 이상적 상황은 읽기 능력 외에는 모든 것이 동일한 두 집단의 정상인을 비교하는 것이다. 읽기를 배울 기회를 갖지 않았을 뿐 다른 사람들과 동일한 사회적 그리고 문화적 배경을 가진 실험참가자를 선택하기 위해서, 카스트로-칼다스는 과거 포르투갈 가족들의 공통적 경험에 주목하였다. 1930년대에 포르투갈 부모들은 너무 가난해서 자녀 모두를 학교에 보낼 수 없었다. 언니는 학교에 가지 못하고 집에서 어린 동생들을 돌봐야 했다. 한 가족 내에서 문해력이 다른 두 자매를 비교하는 것은 학교 교육과 문해력이 뇌 구조에 미치는 영향을 조사하는데 이상적이라고 할 수 있다.

12명의 포르투갈인 자매들(이들 중 절반은 문맹자였다)을 대상으로 국제적 공동 연구가 행해졌고, 이들은 스톡홀름 카롤린스카연구소(Karolinska Institute)에서 해부학적 MRI와 PET 촬영을 하였다. 뇌 영상을 찍는 동안, 실제단어와 유사단어를 들려주고 따라 말하도록 요구하였다. 두 집단은 비슷한 어휘량을 가지고 있었지만, 문맹자 쪽이 유사단어를 따라 말하는 것을 더 어려워하였다. 유사단어는 아무런 의미가 없는 말소리 자극이다. 문맹자들은 유사단어를 종종 실제단어와 혼동하였다. 예를 들어, [capeta]를 [cabeza]로 혼동하거나 또는 [travata]를 [gravata]로 말하였다. 이런 결과는 읽기 훈련이 음소 인식 능력을 향상시킨다는 주장에 잘 들어맞는다. 알파벳을 배울 때, 우리는 말소리를 구성요소로 분석하는 새로운 능력을 습득하게 된다. 처음에는 연속적 말소리 흐름이던 것에 여러 음소들이 포함되어 있음을 점차 인식하게 된다. 문해자는 보편적 음소 부호를 습득하며, 음소 부호는 무의미한 말소리 연속도 쉽게 기억에 저장할 수 있게 한다. 음소 부호를 가지지 못한 문맹자는 단어의 조잡한 표상에 의존하게 되며, 이런 방법은 유사단어에 대한 기억을 저하시킨다.

한편, 뇌 영상의 결과는, 문맹자의 경우 기억 인출에 관여하는 우반구 전전두엽에서 실제단어를 들을 때와 유사단어를 들을 때의 차이가 아주 작았다. 이것은 유사단어가 실제단어처럼 취급되고 있음을 확인시켜 준다. 하지만 문해자의 경우 유사단어에 대한 반응은 완전히 달랐다. 가장 중요한 변화는 브로카 영역에 매우 근접한 영역인 '전측뇌도(anterior insula)' 에서 나타났다. 여기는 읽기 습득 중의 아동에서 활성화가 나타났던 곳이다. 또 다른 차이가 좌반구의 여러 곳에서 보였다. 문해자의 뇌는 문맹자의 뇌에 비해 좌반구 자원을 훨씬 더 많이 이용하였다. 그냥 말소리를 듣기만 하는 경우에도 말이다.

가장 놀라운 점은 문해력이 말소리 듣기 과제에서 뇌 활성화를 변화시켰을 뿐 아니라 뇌의 해부학적 구조에도 영향을 미쳤다는 것이다. 양쪽 반구 두정엽을 연결하는 뇌량 후방 부위는 문해자들이 더 두꺼웠다.[244] 이런 발견은 두 대뇌반구의 정보 교환이 대폭 증가했음을 시사한다. 아마도 문해자에서 언어 기억 폭이 두드러지게 증가한 것을 설명해 준다.

플라톤은 『파이드루스』에서 인류에게 문자 능력을 선사한, 이비스(Ibis) 머리를 한 신 테우트(Theuth)와 이집트 왕 타무스(Thamus)의 가상적 논쟁을 다음과 같이 소개한다. 먼저 테우트가 말한다. "폐하, 이 발명품은 이집트인을 더욱 현명하게 만들고, 그들에게 더 좋은 기억력을 선물할 것입니다. 이것은 기억과 지능 두 가지를 위한 특별한 것입니다". 타무스 왕은 고개를 갸우뚱하며 대꾸한다.

> 그대의 발명은 학습자의 정신을 나태하게 만들 것이다. 왜냐하면 학습자는 더 이상 자신의 기억을 이용하지 않을 것이고, 스스로 기억하려 하기보다 문자로 쓰인 외부의 것을 신뢰할 것이기 때문이다. 그대가 발명한 그 특별한 것은 기억을 보조하는 것이 아니라 추억을 보조하는 것이다. 그러니 그대가 제자들에게 준 것은 진실이 아니라 진실처럼 보이는 것일 뿐이다. 그들은 많은 것을 듣는 청자가 되겠지만 아무것도 배우지 못할 것이다. 그들은 모든 것을 다 아는 것처럼 보이겠지만 거의 아무것도 모를 것이다. 그들은 지루한 인간이 될 것이며, 실재하지도 않는 지혜를 보여 주려고 할 것이다.[245]

이로부터 4천 년이 지난 지금, 문맹자에 대한 심리학적 연구는 테우트의 생각을 지지하고, 타무스와 플라톤의 주장을 반박한다. 읽기 학습은 언어 기억을 향상시킨다. 문맹자는 이야기나 시의 대략적 의미를 기억할 수 있지만, 문해자에 비해서 열등한 '언어적 작업 기억(verbal working memory)' 을 가진다. 언어적 작업 기억은 설명서, 요리 레시피, 이름, 전화번호 등을 짧은 동안 저장하는 데 사용되는 '일시적 기억 장치(buffer)' 다. 문맹과 뇌의 관계에 대한 카스트로-칼다스의 연구는 더 엄밀한 뇌 영상 기법을 이용하고,

더 큰 피험자 집단을 대상으로 하여 진일보하게 될 것이다. 그의 발견은 학교 교육과 문해 능력이 어떻게 타고난 뇌의 능력을 바꾸어 놓는지를 처음으로 보여 준 것이다. 교육은 읽기 바이러스를 우리에게 접종하는 것이다. 그 바이러스는 빠르게 우리의 언어체계로 전파되고 언어 기억을 향상시킨다. 학교에서 읽기 수업을 받은 아동은 '문자 그대로 문자 수준에서 변화' 된다. 아동의 뇌는 다시는 이전으로 돌아갈 수 없다.

읽기의 반대 급부

문해(읽고 쓰는 능력)의 결과가 긍정적임은 의심할 여지가 없다. 읽기 학습은 엄청난 인지적 이득을 가져다준다. 그런데 만약 '신경 재활용 가설' 이 옳다면, 뇌는 문해 능력 때문에 어떤 대가를 치러야 한다. 원래 용도가 '읽기' 가 아닌 신경회로를 전용했기 때문에, 진화가 제공한 인지 능력은 그만큼 어디선가 저하될 수밖에 없다.

읽기가 치러야 할 비용에 관한 이런 논쟁은 대뇌 피질의 재조직화를 일종의 '제로섬 게임(zero-sum game)' 으로 보는 의견에 기초한다. 아주 드물게 예외가 있지만, 피질 뉴런의 수는 유아기에 고정된다. 단어 재인을 위해 전용된 뉴런들은 이제 다른 용도로 사용될 수 없다. 따라서 읽기 습득은 다른 정신 활동에 이용될 수 있는 피질 공간을 축소할 것이다. 신경 재활용 가설은 문맹이었던 우리 조상에게 지금은 우리에게 없는 시각 능력이 있지 않았을까 하는 생각을 하게 만든다.

이 가설에 대해 더 이야기하기 전에, 이건 어디까지나 추측일 뿐이며 실험적 근거가 있는 것은 아니라는 점을 강조해야겠다. 읽기로 인해 뇌의 능력에 손실이 생긴다는 증거는 매우 희박하며 모호하다. 피질 용량이 고정되어 있고 확장되지 않는 것인지도 분명하지 않다. 비록 전체 뉴런 수가 유한하다고 해도, 시냅스 연결은 확실히 변화 가능하다. 성인 뇌에서도 학습은 신경세포 연결을 극적으로 바꾸어 놓는다. 어떤 뉴런이 얼마나 많은 다른 뉴런들과 신호를 교환할 수 있는지를 결정하는 수상 돌기와 축색의 나무 모양은 환경의 복잡성에 따라 변화한다. 이런 가변성은 가소성의 영역을 확장하며, 가소성의 한계가 어디까지인지는 아무도 모른다. 학습은 제로섬 게임이 아닐 수 있는데, 외부 자극이 신경 연결의 밀도를 유의미하게 증가시킬 수 있기 때문이다.

한 개의 뉴런이 동시에 두 개 이상의 기능을 수행할 수 있는지는 분명하지 않다. 사실, 전두 피질, 측두 피질, 두정 피질의 연합 뉴런(associative neuron) 중 어떤 것은 다른 신경 회로에도 참여한다는 분명한 증거가 적지만 있다. 예를 들어, 두정엽의 뉴런은 특정 대상에 대해 선호를 나타내는 동시에 또한 시각 운동의 방향에 관여하기도 한다. 얼핏 보기에 두 기능은 서로 무관하다.[246]

학습은 또한 신경부호를 정밀하게 만든다. 훈련되지 않은 유기체에는 상당한 중복(redundancy)이 있어서, 많은 뉴런이 동일한 거친 변별을 수행한다. 학습은 보다 더 정확한 표상을 이끌어 내며, 각각의 뉴런이 아주 제한된 범위의 자극에 대해서만 정확하게 반응하도록 한다. 예를 들어, 원숭이가 손으로 정밀한 변별 학습을 하는 상황을 생각해 보자. 이때 원숭이의 뉴런은 아주 좁은 피부 부위에 반응하게 되지만, 손가락의 촉각 입력을 표상하는 피질지도(cortical map)는 더 넓어지고 더 정밀해진다. 음악 훈련은 사람들에게 이와 비슷한 효과를 낸다. 피아노나 바이올린 연주자는 왼손 피질 지도가 더 넓고 더 정확하다. 어린 시절에 훈련을 시작한 경우 더욱 그렇다.

촉각 훈련을 하는 동안에 손가락 지도는 팔이나 얼굴을 담당하는 주변 영역을 침범한다. 이런 침범은 신체의 다른 부분에 대한 지각에 부정적 영향을 끼칠 수 있다. 하지만 그 반대도 사실이다. 학습은 긍정적 전이를 가져올 수 있다. 기능 A를 위해 뉴런이 학습한 것이 기능 B를 위해 유용한 것이 될 수 있다. 바이올린 연주자의 섬세한 손놀림은 타이핑이나 바느질을 학습하는 능력을 향상시킬 수 있다.

간단히 말해서, 학습 결과가 언제나 긍정적인지 아니면 부정적인지 분명하지 않다. 읽기의 경우 문자 재인에 사용한 많은 시간은 우리의 시력을 향상시켰을 것이다. 실제로 문해자는 문맹자보다 기하학적 형태를 더 잘 지각한다.[247] 지금은 이런 비교가 문해 능력의 긍정적 부분만 부각시키는 것 같다. 그러나 읽기가 어떤 인지 기능에 부정적 영향을 줄 수 있는지에 대해서는 연구가 아직 많지 않다. 읽기의 '피질 전구물(cortical precursor)'에 대한 근본적 의문이 많이 있지만 아직 해답은 없다. 읽기를 배우기 전에 문자상자 영역은 무엇을 하였을까? 문자상자 영역은 진화에서 어떤 의미 있는 역할을 하였을까? 문자상자 영역의 본래 기능 중 숙달된 독자에게서 사라진 것은 무엇일까?

아마존, 뉴기니, 아프리카 숲 속의 수렵-채집인들과 수년간 함께 지낸 인류학자들은 원주민이 가진 자연 세계를 읽어 내는 능력에 경이로움을 느낀다. 원주민들은 놀라울 정도로 쉽게 동물의 이동 경로를 파악한다. 부러진 나뭇가지 또는 땅 위의 희미한 자국을 꼼꼼하게 살펴보고 어떤 동물이 근처에 있는지, 크기는 어느 정도인지, 어느 방향으로 갔는지, 그리고 몇 마리나 있는지, 사냥에 필요한 세세한 정보를 재빨리 파악할 수 있다. 원주민과 달리 현대 도시인은 이런 모든 자연 신호들에 대해서 '문맹' 이다. 동물의 이동 경로를 읽어 내는 능력은 읽기 능력의 '피질 전구물' 일 가능성이 있다. 만약 진화가 독수리의 눈이나 표범의 도약처럼 정교한 신체 전문화를 이끌었다면, 틀림없이 인간의 시각 뇌에도 영향을 주었을 것이다. 포식자와 먹이 사이의 수백만 년의 상호작용이 가하는 강력한 자연 선택 압력이 동물의 이동 경로를 읽는 데 필요한 피질 전문화를 이끌었을 것이다.

중국의 역사적 전통에서 나의 추측에 대한 답을 찾을 수 있다. 동물 발자국이 한자 발명에 영감을 주었다는 전설이 있다. BC 2,600년경 황제(皇帝)의 신하 '창힐' 은 여러 종의 새가 흙 위에 남긴 발자국이 쉽게 알아볼 수 있는 어떤 모양을 남기는 것을 관찰하고, 그 모양들을 이용해서 최초의 한자를 만들어 냈다.

이 전설은 갈릴레오 자신을 포함한 많은 신학자와 과학자의 상상력을 사로잡았던 '자연의 책(Book of Nature)' 이라는 신비스러운 비유를 연상시킨다. 이 비유에 따르면, 자연은 마치 신이 써 놓은 한 권의 책과 같은 것으로, 인간은 그 책을 해독하는 법을 배운다. 16세기의 신학자이자 작가이며 전도사 루이(Luis of Granada)는 그의 책 『Introduction to the Symbol of the Faith』에 다음과 같이 썼다.

> 하느님, 당신이 쓰셔서 세상 모든 나라의 인간에게 보이신 이 거대하고 경이로운 책이 아니라면, 눈에 보이는 이 세계는 도대체 무엇이란 말입니까? … 쓰신 이의 은혜와 지혜를 나타내는 화려한 문자가 아니라면, 이렇게 아름답고 완벽한 이 세상의 모든 피조물들은 무엇이란 말입니까?

18세기의 영국 작가 토머스 브라운(Sir Thomas Browne)도 이런 믿음을 되풀이하여 강조했다.

> 하느님의 거룩한 손길이 그의 모든 작품들에 새겨져 있다. 그림이나 문자로 이루어진 것이 아니라 다양한 형식, 구성, 부분 그리고 조작들로 이루어져 있다. 그것들이 적절히 조합되어 하나의 단어를 만드니, 그것이 바로 사물의 본성을 나타낸다.

우리가 종교적 입장에서 벗어나 뇌 영상화 연구실로 돌아오면, 단어 읽기와 동물 이동 경로 재인 사이의 피질 경쟁 가설을 어떻게 검증할 것인지 생각해 보아야 한다. 이 연구는 먼저 얼굴, 인간 신체, 동물, 발자국, 나무, 식물, 광물, 강 그리고 구름과 같은 수많은 자연의 이미지를 수집하는 것에서 시작해야 한다. 그러고 나서 이런 이미지가 시각 피질의 표면에 야기하는 활성화 패턴을 살펴보아야 한다. 진짜 문제는, 비슷한 시각적 경험을 가진 비슷한 연령대의 두 집단을, 하나는 문맹자로 다른 하나는 문해자로 구성하여 실험을 실시하는 것이다.

실제로 수행하는 것은 어렵겠지만, 이 실험은 시도해 볼 만한 가치가 분명히 있다. 실험은 읽기 습득이 시각적으로 활성화되는 기존의 부위들을 방해하는지 그렇지 않은지를 직접 보여 줄 수 있을 것이다. 문자 단어에 반응하기 시작하면서 어떤 피질 영역은 이동하거나, 축소되거나, 심지어 사라질지도 모른다. 아마도 읽기 습득으로 인해 동물 발자국에 대한 반응은 약해지거나, 우반구로 옮겨 가거나, 아니면 그냥 없어져 버릴 수도 있다.

지금으로서는 이런 생각 중 어떤 것도 검토된 바가 없다. 우리 연구팀은 조만간 이런 방식의 실험을 실시할 수 있기를 기대하고 있다. 하지만 뇌 영상 촬영에 문제가 없고, 엄격한 윤리적 기준에도 문제가 없는 문맹자들을 피험자군으로 확보하는 것이 주된 걸림돌이다. 한편, 신경 재활용 가설에서 비롯된 '피질 경쟁(cortical competition)' 개념은 읽기가 아닌 다른 분야에도 적용될 수 있다. 자동차나 조류와 같은 특정 대상에 몰두해서 그것에만 시각적 능력이 전문화되어 있는 사람들이 있다. 이들은 보통 사람이 읽기에 사용하는 것 이상의 시간을 특정 대상에 투자한다. 스투더바커 그란 투리스모(Studebaker Gran Turismo)와 알파 로메오 줄리에타(Alfa Romeo Giulietta)의 차이를 즉각 구별해 내는 자동차광의 뇌는 어떻게 재조직화되어 있을까? 되부리장다리물떼새와 누른도요새 등 수십 종의 새를 손금처럼 들여다보는 조류 전문가의 뇌에는 어떤 새로운 영역이 자리 잡고 있을까? 무엇보다도, 이런 종류의 전문적 훈련은 어떤 인지적 대가를 지불하게 될까?

이런 문제 중 어떤 것은 현재 캐나다의 연구자 이자벨 고티에(Isabel Gauthier)와 동료들이 운영하는 '전문성의 전문가(experts of expertise)' 라는 인적 네트워크를 통해 연구되고 있다. 이들은 자동차 전문가나 조류 전문가도 연구하지만, 보통의 실험참가자를 설득하여 '그리블(greebles)' 이라고 하는 작고 재미있게 생긴 가상의 캐릭터를 많은 시간 학습하게 하였다. 그리블은 인간의 시각적 재인 능력을 시험하기 위해 특별히 고안된 것이다(사진 참조).

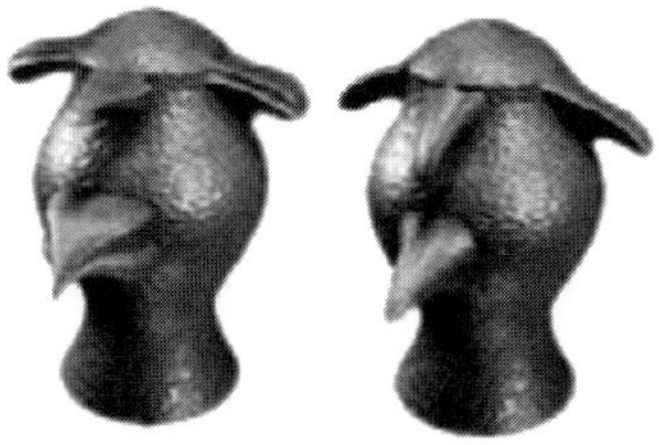

뇌 영상 결과는, 모든 종류의 시각적 전문성이 후두측두 영역의 반응을 증가시킨다는 것이다. 자동차광의 시각 뇌는 누른도요새를 볼 때보다 스투더바커를 볼 때 더 많이 활성화되었다. 조류 전문가의 뇌에서는 그 반대의 결과가 나왔다.[248]

고티에와 마이클 타(Michael Tarr)는 더 큰 논란의 소지가 있는 주장을 하였다. 이미 얼굴 처리 전용이던 피질 영역을 새로운 전문성이 조직적으로 침범하고 간섭한다는 것이다. 이들은 자동차나 새가 얼굴과 경쟁을 한다고 주장하는데, 그 이유는 이 모두가 피질의 동일한 '전문성' 영역에서 처리되기 때문이다.[249] 특정 영역의 사물—자동차든 그리블이든—이 얼굴과 경쟁할 때 얼굴에 의해 유발되는 대뇌 활동은 감소한다는 보고가 있다.[250] '얼굴 지각 검사' 는 얼굴 구성 부분을 하나의 전체 얼굴로 통합하는 능력('전역적' 지각 능력)을 평가하는데, 자동차 전문가나 조류 전문가는 얼굴 재인 점수가 떨어진다.

물론 논란의 여지가 있기는 하지만, 이런 연구는 신경 재활용 가설의 직접적 귀결로서 '피질 경쟁' 개념이 일리가 있음을 시사한다. 읽기를 하고 있을 때, 아니면 조류학 공부를 하고 있을 때, 우리는 피질 공간을 거래한다. 당연히 다른 기술을 위한 뇌 자원이 축소된다. 우리의 얼굴 지각 능력은 저하된다.

문자가 색깔을 가질 때

검은 A, 흰 E, 빨간 I, 초록 U, 푸른 O: 모음들이여
내 언젠가 반드시 너희들의 신비한 탄생에 대해 말하리라.

—아르튀르 랭보, '모음들(Vowels)'

의외의 곳에서 나온 자료가 읽기 습득이 기존의 피질 표상과 경쟁하는 것을 보여 준다. 프랑스 시인 랭보(Rimbaud)를 비롯하여 어떤 사람들은 문자 A, E, I가 마음의 눈으로 정확하게 볼 수 있는 색깔을 가진다고 믿는다. 공감각(synesthesia)이라고 불리는 이런 경험은 서로 다른 감각 양상이 혼합된 것으로 신경 재활용 가설에 추가적 증거를 제공한다.[251]

공감각에서는 다섯 가지 감각이 분리되지 않으며, 서로를 교차 활성화하는 것 같다. 공감각은 다양한 방식으로 나타난다. 어떤 사람은 목소리를 듣거나 음악을 들을 때마다 색깔이나 동작을 본다. 어떤 사람은 문자나 숫자를 둘러싼 색채를 본다. 또 어떤 사람은 숫자들이 2차원 또는 3차원의 뒤틀린 선 위에 고정적 위치를 차지한다고 생각한다.[252]

이런 이상한 보고들은 시인의 상상력이 꾸며 낸 것이 아니다. 공감각자는 기인이 아니고 보통 사람이다. 칸딘스키, 나보코프, 메시앙 같은 유명한 예술가들, 리처드 파인만이나 니콜라 테슬라 같은 과학자들, 그 외 많은 사람들이 자신을 공감각자라고 주장했다. 그들 모두는 단지 그들이 본 것을 말했다고 주장한다. 랭보는 친구 에르네스트 들라이예(Ernest Delahaye)에게 자신의 유명한 시 '모음들'에 대해서 이렇게 털어놓았다. "가끔 나는 그런 식으로 보고 느낀다네. 그리고 사람들에게 이야기를 하네. 다른 무엇보다 재

미있는 일이기 때문일세."

최근의 실험 연구는 공감각이 일종의 '지각적 착각(perceptual illusion)' 임을 보여 준다. 한 실험에서 공감각자는 몇 년의 간격에도 불구하고 글자에 대한 색채 감각이 동일한 것으로 나타났다. 같은 글자에 대해서 같은 색깔을 말하였다. 반대로 비공감각자들은 시간이 지나면 각 글자에 대해 처음에 말한 것과 다른 색을 말했다. 심지어 훈련을 받은 후에도 달라지지 않았다. 공감각자의 재능은 진짜이며 속임수가 아니다.[253] 보통 사람은 숫자 5 사이에 숨겨진 2를 찾는 데 어려움을 느낀다. 그 둘은 모양이 매우 비슷하기 때문이다. 그러나 숫자-색깔 공감각자들은 즉시 2를 찾아내는데 두 숫자가 서로 다른 색깔로 보이기 때문이다([그림 5-1]).

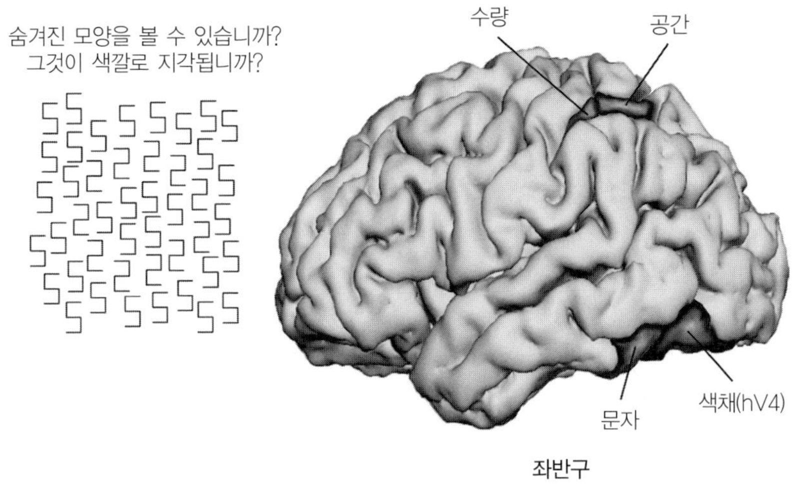

그림 5-1 공감각—감각 양상 사이의 혼선—은 신경 재활용의 부분적 실패와 관련이 있다. 어떤 공감각자는 숫자와 문자에서 여러 가지 생생한 색깔을 본다고 주장한다. 예를 들어, A는 빨간색, E는 파란색이다. 검사 결과에 따르면, 이는 모호한 주관적 보고가 아니라 실제 지각이다. 그림에 있는 숫자 2와 숫자 5 사이의 차이는 공감각자에게 매우 다르게 나타나는데, 두 숫자를 색깔로 구별하기 때문이다. 공감각자가 숫자나 문자를 볼 때 좌반구 후두측두의 '문자상자' 영역이 활성화된다. 그러나 자극은 인접한 V4 영역으로도 흘러 들어가고, V4는 색채 지각을 담당하기 때문에, 문자와 색깔이 혼합된 신경부호가 만들어지게 된다. 또 다른 공감각자는 공간을 숫자로 보는데, 이런 연합은 수량과 공간을 담당하는 두정 영역에서의 중첩 때문이다.

학습은 공감각에서 중요한 역할을 하는 것으로 생각된다. 공감각자에게 모든 물체와 형태가 색깔로 보이는 것은 아니다. 대부분의 경우 문자와 숫자에만 해당된다. 문자와 숫자는 아동기 후기에 습득되는 기호다. 또한 많은 문화적 영역, 즉 음성 단어, 말소리, 심포니, 악기, 심지어 요리의 맛에 대해서도 공감각 사례가 보고되고 있다.

이렇듯 공감각이 주로 문화적 학습과 연결되어 나타나는 것은 신경 재활용의 근본적 특성과의 깊은 관련성을 시사한다. 신경 재활용 가설은 새로운 문화적 대상이 피질 표면의 '신경 틈새(neuronal niche)'를 찾는 과정에서 생애 초기에 이미 만들어진 표상들과 경쟁한다고 예언한다. 이런 뉴런 경쟁은 피질 수준에서 일시적 혼란을 일으킨다.[254] 읽기 학습의 경우, 앞에서도 이야기하였듯이 문자 단어에 의해 유발되는 활성화는 초기에는 산만하게 분포한다. 최종적으로 좌반구 후두측두의 문자상자 영역으로 수렴되기 전까지 활성화는 시각 체계의 이곳저곳을 배회한다. 일단 문자상자로 수렴이 되면, 뇌의 나머지 영역들은 문자상자 영역에서 발생한 신경신호가 색깔이 아니라 단어에 대한 것이라는 것을 학습한다. 하지만 공감각자의 경우에는 이런 선택이 완전하게 이루어지지 않은 것으로 생각된다. 공감각자의 뉴런은 자신을 문자에 귀속시킬지 아니면 색깔에 귀속시킬지를 분명하게 결정하지 못한 것 같아 보인다.

뇌 영상화 기술 덕분에, 에드워드 허버드(Edward Hubbard)는 이 시나리오의 일부를 확인할 수 있었다. 그는 숫자-색깔 공감각자 몇 명의 뇌를 스캔하였고, 이를 통해 피질 활성화의 특이한 중복 현상을 관찰하였다.[255] 숫자를 볼 때는 정해진 어떤 영역이 보통 활성화되는데, 흥미롭게도 이 영역의 후방 일부가 V4라고 알려진 시각 영역에 매우 근접해 있다. V4 영역은 색채 지각에서 핵심적 역할을 한다. 사실, V4 영역만 독립시켜 관찰하는 전형적 방법은 참가자에게 두 장의 그림을 비교하게 하는 것이다. 한 장은 여러 개의 색채 사각형으로 구성되어 있다. 마치 네덜란드의 화가 몬드리안의 그림과 비슷하다. 또 한 장은 흑백인 것만 제외하고는 다른 한 장과 비슷하다. 허버드는, 공감각자의 경우 문자와 색채에 의해서 활성화되는 영역이 상당히 중복되어 있음을 발견했다. 공감각자들은 신경 재활용이 불완전하고, 시각 피질의 분업화가 중단된 것 같다. 공감각자의 피질 분배는 중간 정도의 전문화 수준에 머물러 있고, 문자는 피질의 좁은 지역에 수렴하지 못하는 것 같다. 왜일까? 공감각자의 피질은 상이한 피질 가소성 법칙을 따를지도 모르며, 그 법칙은 뇌가 피질 부호를 개정하는 것을 방해할 수 있다. 허버드와 빌라야누르 라마찬드란은 공감각이 뇌 발달 중 '시냅스 가지치기'에 관여하는 유전자 변이 때문이라고 생각한다.[256] 사실, 공감각은 가족의 내림이어서 유전적 전달의 가능성이 있으며, 아마도 X염색체와 관련이 있는 것 같다.

그러나 내 생각이 옳다면, 공감각은 유전적 이상일 뿐만 아니라 피질 재활용 중에 체계적으로 발생하는 문제이기도 하다. 문자와 색채가 피질 지도의 제 위치로 수렴하기 이전 과도기의 문제이며, 모든 아동에서 일시적으로 나타날 수 있다. 모든 아동이 공감각자라는 가설은 근거가 없는 것이 아니다. 예를 들어, 어린아이는 날카로운 소리와 뾰족한 작은 물체의 관계를 지각한다.[257] 내 아이 중 하나는 일곱 살 때 숫자 1, 2, 3, 4, 5와 9에 대해서 색깔을 보았다. 두서너 달이 지나자 색깔이 약간 달라졌고, 여덟 살이 되자 모든 것이 갑자기 사라졌다. "나는 숫자에서 색깔이 보이던 것을 기억하고 있어요. 그러나 지금은 안 돼요."라고 아이는 말하였다. 내가 아는 한, 지금까지 어떤 연구도 모든 아동이 유사한 경험을 하는지 조사하지 않았다. 아동에서 관찰되는 기호와 색채의 일시적 연합은 읽기 습득 중에 피질에서 일어나는 재조직화의 표시일 수 있다.

신경과학에서 교육으로

지금까지 읽기 습득이 아동의 뇌에 엄청난 기능적 변화를 가져온다는 것을 살펴보았다. 제일 먼저, 아동은 음소를 인식해야 하고, 문자를 소리에 대응시킬 수 있어야 하며, 이어서 어휘경로를 구축해야 한다. 읽기를 배우는 것은 얼굴, 물체 또는 색깔 지각을 담당하는 피질 영역 사이에서 문자 단어에 적합한 '신경 틈새'를 찾아내는 것이다.

현실적 관점에서 이런 과학적 지식이 교육의 질을 높이는 데 이용될 수 있는지 검토할 필요가 있다. 읽기에 대해 더 잘 이해하게 되면 최적의 교육 방법이 무엇인지 명쾌하게 답할 수 있을까? 다른 방법에 비해 더 쉽고 효율적인 교수법은 있을까?

많은 주의가 필요하다. 내 개인적 느낌으로는, 신경과학이 제대로 인정받으려면 아직 갈 길이 멀다. 연구실에서 나온 이론적 지식과 실제 교실에서의 적용 사이에는 커다란 간극이 있다. 이론을 실제에 응용할 때 여러 문제가 발생하는데, 가끔은 이론에 기반한 과학자들보다 교사들이 문제를 더 잘 다루기도 한다. 그렇다고 해서 뇌 영상 연구와 심리학 연구 결과가 중대한 교육적 논쟁과 무관할 수는 없다. 상대주의를 인정하더라도, 읽기 학습 방법이 수백 가지라고 하는 것은 전혀 사실이 아니다. 아동은 하나하나가 고유한 존재다. 하지만 읽기 문제와 관련해서는, 모든 아동이 동일한 뇌를 가지고 있고, 뇌는 동일한 제약과 동일한 학습 단계를 제공한다. 따라서 인지신경과학이 교육 분야에 제공하는 결론—처방이 아니다—에 대해서 세심하게 검토할 필요가 있다.[258]

읽기가 무엇이 아닌지부터 정의 내리는 것이 좋은 시작점이 될 것이다. 이미 과잉 학습 수준의 성인 독자는 읽기가 얼마나 어려운지 모른다. 흔히 우리는 한눈에 즉시 단어를 파악한다고 생각한다. 허나 이것은 전혀 사실이 아니다. 뇌는 단어 이미지에서 단어 의미를 직접 파악하지 않는다. 일련의 정신 활동과 대뇌 작용이 일어나야만 단어 한 개를 해독할 수 있다. 뇌는 문자열을 부분들로 쪼개고, 그것들을 문자, 바이그램, 음절 그리고 형태소에 이르는 위계로 다시 구성한다. 힘들이지 않고 쉽게 읽는 것처럼 느끼는 것은 이런 분해와 재결합이 전부 자동적으로 그리고 무의식적으로 이루어지기 때문이다.

이런 읽기의 정의를 염두에 두면, 읽기 교육의 목표는 분명해진다. 읽기 교육의 목표는 효율적 신경 위계 구조를 만들어 내는 것이고, 그렇게 되면 아동은 문자와 자소를 재인하고, 그것들을 말소리로 쉽게 변환할 수 있게 된다. 문해 능력의 다른 모든 중요한 측면들—철자의 숙달, 풍부한 어휘, 미묘한 의미, 그리고 문학의 즐거움—은 바로 이 결정적 단계에 달려 있다. 아동에게 읽기의 즐거움을 아무리 설명한들, 만약 아동이 그 즐거움을 얻을 수 있는 도구를 갖지 못한다면 아무 소용이 없다. 문자 단어의 음운 변환이 되지 않는다면 기회는 현격히 감소한다. 아동과 문맹자를 대상으로 한 연구는, 자소-음소 변환이 아동의 뇌에 근본적 변화를 일으키며, 말소리 처리 방식도 완전히 바꾼다는 것을 보여 준다. 문자 단어를 음소열로 변환시키는 과정은 명시적으로 가르쳐야 한다. 이런 능력은 저절로 발달하는 것이 아니며 학습되어야 한다. 음운 해독 경로를 오래 연습한 후에 비로소 문자열을 보고 바로 의미를 파악하는 직접 경로가 가능해진다.

읽기 전쟁

인지심리학은 '전체 언어(whole language)' 방법을 통한 교육을 정면으로 반박한다. 나는 인지심리학의 이런 입장을 강력하게 지지해야만 하겠는데, 그 이유는 '전체 언어'라는 교육 방략이 한때 굉장히 유행하였으며, 지금도 교사에 대한 영향력을 전부 잃어버린 것이 아니기 때문이다. 이 방법은 아동들에게, 문자 단어와 의미 사이의 직접 연합을 인식하도록 가르친다. 이 기법은 읽기의 몰입(immersion) 학습이며 아동이 읽기를 자연 언어처럼 습득하기를 희망한다. '전체 언어법' 혹은 '전체 단어법'의 극단적 옹호자들은 자소와 음소 사이의 체계적 대응을 가르칠 필요성을 공공연하게 부정한다. 그들은 자소-음소 지식이 단어와 의미의 대응에 노출된 결과로서 저절로 생긴다고 주장한다.

전체 언어법의 전제들이 이상하게 보이지만 전체 언어법은 하나의 '관용적 원리' 위에 서 있다. 그것은 연습을 배격한다. 연습은 아동을 "Pat the cat sat on the mat" 같은 우스운 문장만 취급하는 자동기계로 만드는 것으로 간주된다. 전체 언어법은 파닉스(=음소법)를 가열차게 반대하였다. 파닉스 훈련은 읽기 교육의 일차적 목표인 글 이해에서 아동을 멀어지게 한다고 생각하기 때문이다. 전체 언어 옹호자들은 글 이해를 강조하며, 아동이 빨리 의미 있는 이야기를 접하게 해야 한다고 주장한다. 그들의 주장에 의하면, 아동은 단어, 철자규칙, 지루한 문자-발음 변환보다는 의미있는 구절을 발견하는 데서 재미를 느낀다. 아동은 자기 자신의 학습 환경을 만들면서 자신감을 갖게 되고, 읽기가 무엇을 하는 것인지 스스로 발견하게 된다. 아동이 처음에 잘 몰라서 "the cat drank the milk(고양이가 우유를 마셨다)"를 "the kitty is thirsty(야옹이가 목이 마르다)"라고 읽더라도 걱정하지 말 일이다. 전체 언어법의 지지자들에게는 아동의 자율성과 이해의 즐거움이 개개의 단어를 얼마나 정확하게 해독하는가 하는 것보다 더 중요하다.

전체 언어법 옹호자와 파닉스 지지자 사이의 논쟁은 지난 50년 동안 전 세계의 학교와 교육 정책 입안자들을 들끓게 하였다. 미국에서의 읽기 전쟁은 1987년에 캘리포니아 주가 새로운 언어 교과의 일부로서 전체 언어법을 채택하는 법안을 통과시켰을 때 정점에 달하였다. 몇 년 지나지 않아 캘리포니아의 읽기 점수는 곤두박질쳤다. 1993년과

1994년 전국교육성취평가(National Assessment of Educational Progress)는 캘리포니아주 학생 4명 중 3명의 언어 기술이 같은 나이 또래의 평균 점수보다 아래임을 폭로하였다. 전체 언어 교육은 이런 처참한 점수의 원흉으로 맹비난을 받았으며, 전면적 역풍이 뒤따랐다. 근본적 개혁이 실시되고 대부분의 학교는 문자-발음 대응을 체계적으로 교육하는 방식으로 되돌아갔고, 결국은 전국독서위원회(National Reading Panel)의 결론을 수용하였다.[259]

전체 언어법은 오늘날 공식적으로 폐기되었다. 그럼에도 불구하고, 이 이슈는 많은 교사의 마음에 여전히 살아 있는데 전체 언어법 옹호자들이 아직 교육현장에 굳건히 자리잡고 있기 때문이다. 그들은 전체 언어법이 아동에게 최적화된 것이라고 확신하고 있다. 프랑스에서도 미국과 마찬가지로 양 진영을 중재하려는 노력이 있었고, 그 결과 '혼합지도' 또는 '균형읽기지도(balanced reading instruction)' 라는 이름의 불편한 절충을 수용하였다.

대단히 많은 교사가 양 극단을 끊임없이 오가는 교육정책 때문에 혼란에 빠졌다. 그 결과, 교사들은 현존하는 모든 방법을 무작위로 가져다 사용한다. 전체 언어법은 공식적으로 비난을 받고 있지만, 타성 때문인지 습관 때문인지 아직도 읽기 교재나 교사의 지도 프로그램 속에 천연덕스럽게 자리를 잡고 있다. 학교의 읽기 교육에서 자소-음소 대응이 핵심이기는 하지만, 전체 언어법에서 유래하는 많은 활동들이 아직도 남아 있다. 단어-그림 맞추기, 단어의 전체 윤곽 재인하기, 아동의 성과 이름을 시각적으로 재인하기 등이 그것이다([그림 5-2]).

읽기 지도법 논쟁 때문에 교육자들을 비난하는 것은 너무 쉽다. 사실은 교사와 심리학자가 모두 죄책감을 느껴야 한다. 그들도 한때는 전체 언어법을 확신한 지지자였기 때문이다.[260] 벌써 18세기에 니콜라스 애덤(Nicolas Adam)의 『교육학 사전(Pedagogical Dictionary)』은 라돈빌리에(Radonvilliers) 수도원장의 진보적 아이디어를 전파하였다. 그는 음절화(syllabification)가 아동을 고문한다고 불평하였다. 음절화는 '아동에게 무의미한 수많은 문자, 음절, 소리를 외우라' 고 요구하기 때문이다. 이렇게 고문하기보다는 카드 위에 단어를 적어서 그것으로 아동을 즐겁게 하는 방법을 옹호하였다. 19세기가 끝나갈 무렵에 펜실베이니아 대학교의 심리학자 제임스 매킨 캐텔(James McKeen Cattell)은

그림 5-2 비효율적임에도 불구하고, 전체 언어법은 여전히 전 세계의 교사들을 유혹하고 있다. 이 그림에 나타난 검사는 일부 학교에서 읽기 수업의 첫 2~3주 동안에 사용된다. 아동은 아직 문자를 소리로 바꿀 수 없지만, 단어와 그림을 연결하라는 요구를 받는다(위에 있는 그림). 아동은 물론 '고양이'를 '돼지'라고 답하는 터무니없는 오류를 범한다. 이것은 아동이 알파벳 원리를 이해하지 못하기 때문이다. 아동은 또한 어센더 문자와 디센더 문자의 전체적 윤곽에 주의하도록 교육을 받는다. 위 그림에서는 교사도 'boat'에 대해 실수를 하였다. 이런 수업은 뇌가 단어를 재인하는 방식과 아무런 관련이 없다.

단어가 개별 문자보다 빠르게 재인되는 것을 발견했다. 이 발견은 전체 언어법을 지지하는 것 같았다. 그의 연구는 스위스의 심리학자 에두아르 클라파레드(Edouard Claparède)에게 전해졌다. 클라파레드는 읽기 습득이 아동의 특징인 '종합적(syncretic)' 지각에 의존한다고 생각했다. 1930년대에 벨기에 의사이며 심리학자인 오비드 드크롤리(Ovide Decroly)는 이런 아이디어들을 통합하여 '관념-시각(ideo-visual)' 읽기 방법을 고안하였으며, 그것은 유럽의 여러 나라로 전파되었고, 장 피아제(Jean Piaget)와 앙리 왈롱(Henri Wallon) 같은 저명한 심리학자들로부터 인정을 받았다.

단어의 전체 모양에 대한 강조는 타이포그래피의 세계에도 흘러들어갔다. '보우마

[bouma: 이것은 네덜란드 심리학자인 헤르만 보우마(Herman Bouma)의 이름을 딴 것이다]'라는 용어가 단어 윤곽선을 가리키기 위해 만들어졌다. 타이포그래퍼들은 가독성을 높일 수 있다는 희망에서, 의도적으로 가장 두드러진 보우마를 형성하는 폰트를 디자인하였다.[261]

전체 단어 읽기의 신화

많은 과학자와 교육자가, 지금은 틀렸다는 것을 모두가 알고 있는 결론을 지지하기 위해 협력할 수 있었다는 것을 생각하면 놀랍기 그지없다. 전체 단어 읽기라는 그릇된 아이디어를 도출해 낸 과학적 논증과 최근 실험에 의해서 전체 단어법이 반박된 경위는 주의 깊게 살펴볼 가치가 있다. 최근의 한 논문은 전체 단어법의 허약한 기둥을 구성하는 적어도 네 개의 문제점을 지적한다.[262]

1. 읽기 시간은 단어 길이에 좌우되는 것이 아니다.

짧은 단어든 긴 단어든, 문자 수에 관계없이(3~8개라면) 읽는 데 거의 같은 시간이 걸린다. 이것은 입증된 사실이며, 겉으로 보기에는 단어가 구성 문자들로 분해되어 재인이 이루어지는 것이 아님을 시사한다. 사실, 단어 읽기는 문자열을 분리되지 않은 하나의 전체로서 처리하는 기본적이고 즉각적인 과정처럼 느껴진다. 하지만 읽기에 대한 과학적 연구는 이런 생각이 잘못된 것임을 보여 준다. 성인 독자에게 단어 길이가 아무런 영향을 주지 않는다 하더라도, 그것이 곧 뇌가 개별 문자에 주의를 기울이지 않음을 의미하는 것은 아니다. 이에 대한 설명은 아주 간단하다. 시각 체계는 모든 문자를 동시에 그리고 병렬적으로 처리한다. 한 개씩 순차적으로 처리하는 것이 아니다. 하지만 아동에서는 그 과정이 다르다. 읽기를 배우는 처음 몇 해 동안, 단어 읽기 시간은 순전히 문자 수에 비례한다. 이런 단어 길이 효과가 사라지기까지는 몇 년이 걸린다. 아동의 읽기 시간에 문자 수가 커다란 영향을 미친다는 사실은 읽기가 전역적 또는 전체적 처리가 아니라는 것을—특히 초기 몇 년 동안은—분명하게 보여 주는 증거다.

2. 전체 단어를 재인하는 것은 개별 문자를 재인하는 것보다 더 빠르고 효율적이다.

이것은 '단어 우월 효과(word superiority effect)' 이며, 캐텔에 의해 발견되었으며, 제랄드 레이처(Gerald Reicher)가 반복 검증하여 심리학에서 유명해졌다. 우리는 제1장에서 이 효과를 검토하였다. 이 발견은 의심의 여지가 없지만, 그것이 곧 전체 단어 재인이 개별 문자 추출보다 먼저 일어난다는 증거가 되지는 않는다. 오히려 정반대다. 최근의 분석에 따르면, 시각적 노이즈 속에 숨겨진 단어를 읽는 것은 그 단어를 구성하는 문자들을 재인하는 속도와 직접적인 관계가 있다.[263] 우리가 전체 단어에 더 빨리 반응하는 이유는 의식적 주의가 피질 위계의 더 높은 수준을 향하기 때문이다. 개별 문자들은 단어보다 먼저 시각적 과정에서 추출될 수 있지만, 개별 문자들을 의식하는 데는 더 많은 노력이 요구된다.[264] 중요한 요인은 처리에 관여하는 뉴런의 수다. 어휘, 의미 그리고 음운 수준에서는 많은 뉴런이 heat와 head를 변별하는 일에 관여하지만, d나 t와 같은 개별 문자를 구별하는 일에는 오직 제한된 수의 시각 탐지 뉴런만 관여한다. 당연히 이것은 단어 지각이 문자 파악보다 우선한다는 의미는 아니며, 단어 처리의 고수준에서 문자 간 차이가 증폭된다는 의미다.

3. 대문자 단어보다 소문자 단어를 읽는 속도가 약간 더 빠르다.

전체 언어법의 지지자들은, 대문자 단어보다 소문자 단어를 더 빨리 읽을 수 있다는 사실에 대해, 위아래의 높이가 서로 다른 소문자들이 만들어 내는 독특한 시각 패턴을 반영하는 것이라고 주장한다. 소문자는 크게 '어센더(ascender)' 와 '디센더(descender)' 가 있는데, 어센더는 x자보다 키가 더 큰 문자(b, d, f, h 등)이고, 디센더는 아래쪽이 긴 문자(g, p, y, q 등)다. 소문자 모양의 이런 특징이 각 단어의 고유한 윤곽을 생성하는데, 그것을 타이포그래퍼들은 '보우마' 라고 부른다고 이미 언급하였다. 대문자는 모두 같은 높이를 가지므로, 단어를 대문자로 쓰면 고유한 윤곽이 사라지고, 따라서 읽기 속도도 떨어진다는 것이다. 하지만 이 이론은 사실이 아니다. 만약 우리가 정말로 윤곽선을 이용해서 단어를 재인한다면, 단순히 읽는 속도가 느려지는 것이 아니라, 대문자 단어를 아예 재인할 수 없어야 한다. 또한 대문자와 소문자를 섞어서 친숙한 윤곽을 훼손한 경우, 예를 들어 WoRdS PrInTeD iN MiXeD cAsE에서 단어를 재인하는 것이 불가능해야 한다. 그러나 우리는 이런 조작에도 불구하고 여전히 놀라우리만큼 쉽게 단어를 읽어 낸다. 제2장에서 보았듯이, 좌반구 문자상자 영역은 대문자와 소문자에 대해 불변적 반응을 나타내며, 심지어 역하 조건에서도 그러하다. 따라서 대문자를 좀 느리게 읽는 것은 특별한 것이 아니다. 그냥 대문자가 소문자보다 덜 친숙하기 때문이다.

4. 오타 탐지는 단어의 전체 윤곽이 유지될 때 더 어렵다.

이것은 활자 디자이너를 단어 윤곽에 주의를 기울이게 만드는 주요 근거 중 하나다. 간단한 예가 있다. 만약 우리가 찾고 있는 목표 단어가 test인데, 마지막 문자 t에 오타가 있었다고 하자. 오타가 g이면 단어는 tesg가 되고, f 이면 tesf가 되어, 후자의 오류를 발견하기가 더 어렵다. 이것은 사실이며 논쟁거리가 아니지만, 그 설명은 전체 단어 모양과 상관이 없다. 그냥 개별 문자의 혼동이다. tesf의 f는 목표 단어 test의 t와 비슷하지만, tesg의 g는 그렇지 않다. 이에 대한 실험 연구는, 두 개의 문자열(test와 tesf)을 혼동하게 만드는 것이 단어 수준의 유사성이 아니라 문자 유사성이라는 것을 증명한다.[265]

요약하자면, 단어의 전체 윤곽은 읽기에서 어떤 실질적 역할도 하지 않는다. 우리는 단어를 전체 윤곽을 이용하여 재인하지 않는다. 단어 재인은 뇌가 단어를 문자와 자소로 분리하는 것에서 시작한다. 좌반구 후두측두 피질의 문자상자 영역은 단어 속의 모든 문자를 병렬적으로 처리한다. 신속하고 병렬적인 문자 처리는 왜 저 유명한 그리고 존경받는 심리학자들이 '전체 읽기' 또는 '융합적 읽기' 이론의 신봉자가 되었는지를 설명한다. '읽기의 즉시성'은 각 읽기 단계의 극도의 자동성이 만들어 낸 일종의 착각이다. 각 단계의 처리는 의식적 자각의 밖에서 일어난다.

전체 언어법의 비효율성

직접적 실험을 통하여 전체 언어법이 효율적이지 않음을 확인할 수 있다. 몇몇 연구자가 전체 언어 방법과 파닉스 방법을 사용하여 새로운 표기 체계의 학습에 어떤 차이를 가져오는지 비교하였다. 가장 놀라운 실험 중 하나로, 내 친구이자 뉴욕 새클러연구소 교수인 브루스 맥캔들리스(Bruce McCandliss)의 연구를 소개한다.[266] 브루스는 새로운 알파벳을 만들었다. 두 가지 점에서 특이한 알파벳이었는데, 아래에서 위로 쓰는 방식이면서, 또 문자들이 서로 맞닿아 있다. 그 결과, 각 단어는 선분 연결처럼 보였다. 아래에 새로운 알파벳으로 쓰인 네 개의 단어가 있다.

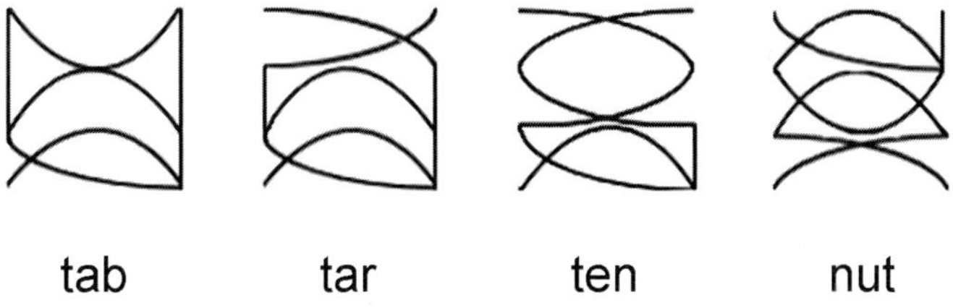

단어를 처음 보면, 그것이 문자로 구성되었는지조차 분명하지 않다. 그러나 단어들을 자세히 살펴보면, 네 번 반복된 t 모양을 파악할 수 있다. 맥캔들리스는 새로운 알파벳을 '전체 언어 집단'과 '분석 집단'의 학생들에게 가르쳤다. 전체 언어 집단 학생은 각 단어의 전체 모양을 외우도록 했고, 구성 문자에 대해서는 말해 주지 않았다. 반면, 분석 집단 학생에게는 문자가 아래에서 위 방향으로 배열되어 있다고 말해 주었다. 그 후 두 집단은 똑같은 훈련을 받았다. 새로운 알파벳 단어와 그에 대응하는 영어 단어를 반복적으로 보여 주었다.

두 집단에 준 지시가 아주 약간 달랐을 뿐인데 강렬한 효과가 나타났다. 30개의 단어 목록 훈련을 받고 하루가 지난 후에는, 전체 언어 집단이 분석 집단보다 성적이 조금 더 나았다. 분석 집단은 아직도 문자를 찾아내기 위해 고군분투하는 중이었다. 이런 흥미로운 결과는 수많은 전체 언어법 지지자의 보고와 딱 들어맞는다. 그들은 전체 언어법이 아동에게 '유리한 고지'를 제공한다고 항상 주장하였다. 하지만 이것은 30개 정도의 단어를 습득하는 초기에만 들어맞는다. 문자-발음 대응 습득을 위해서는 초기에 많은 노력이 요구된다. 하지만 길게 보면 결과는 다르다. 실제로, 둘째 날 또 다른 30개의 단어 목록을 학습하였을 때, 전체 단어 집단은 뒤처지기 시작했다. 그들은 새로운 단어를 학습하기 위하여 전날 배운 단어를 매우 빨리 잊어버렸다. 새로운 단어 목록이 주어질 때마다 같은 패턴이 반복되었다. 그들은 매번 처음부터 다시 시작했고, 전날 습득했던 약간의 기술마저 잃어버렸다. 이것은 전혀 놀랍지 않다. 전체 단어 집단은 각각의 단어를 별개의 것으로 학습하는, 거의 불가능에 가까운 과제를 수행하였던 것이다. 마치 중국어 한자를 학습하듯이 말이다.

반면, 구성 문자에 주의하는 '분석 집단' 학생은 느리지만 꾸준한 진전을 보였다. 매일매일 성적이 좋아졌다. 놀라운 것은, 새로운 단어 목록을 주었을 때에도 우연 확률 이상의 수행을 보였다는 것이다. 뿐만 아니라, 이전에 학습한 단어들—그 단어들을 반복 연습할 기회가 없었음에도 불구하고—에 대해서도 향상된 수행을 보였다! 이는 겉보기처럼 이상한 결과는 아니다. 문자-발음 대응에 친숙해진 학생들은 이제 어떤 단어라도, 심지어는 이전에 본 것을 기억하지도 못하는 단어들도 해독할 수 있게 된 것이다.

맥캔들리스의 실험은 전체 언어법에 내재된 두 가지 큰 문제를 드러내 준다. 첫째, 문자와 발음의 관계에 대한 어떤 명시적 훈련 없이, 단순히 단어에 노출시키는 것은 충분하지 않다. 학생들은 스스로 철자 규칙을 발견하지 못한다. 수천 개의 단어를 배운 후에도 단어가 알파벳 문자로 구성되어 있음을 이해하지 못할 수 있다.[267]

둘째, 일반화가 아동의 읽기 습득에서 매우 중요한 역할을 하는데도 불구하고, 전체 언어법은 새로운 단어에 대해 일반화를 하는 데 필요한 아무런 토대를 제공하지 않는다. 아무리 헌신적인 교사라고 해도 학생에게 영어의 모든 단어를 가르쳐 줄 수는 없다! 읽기의 완성은 새로운 단어를 해독하는 능력에 전적으로 달려 있다. '자기교육(self-teaching)'은 독립적 읽기로 가는 데 필수 요소다.[268] 누군가가 철자-발음 대응을 가르쳐 주면, 아동들은 스스로 새로운 문자열을 해독하고 그것을 익숙한 의미와 연합할 수 있다. 자기교육을 통해서 어떤 추가적인 정규 교육 없이도, 문자열에서 소리와 의미를 파악하는 데 필요한 신경 연결이 자동화될 수 있다.

나는 이제 마지막 요점을 말하고 싶다. 그것은 전체 언어법의 중심 주장 가운데 하나를 반박한다. 전체 언어법이 아동의 독립과 행복을 존중한다는 그 주장 말이다. 실제로, 문자-발음 변환을 가르치는 것이 아동을 꽃피울 수 있다. 왜냐하면, 오직 이 방법만이 아동으로 하여금 그가 선택한 영역의 새로운 단어를 읽을 수 있는 자유를 주기 때문이다. 그러므로 엄격한 훈련과 아동의 지적 자유를 대비시키는 것은 잘못된 생각이다. 만약 어떤 아동이 빨리 그리고 잘 읽기를 배우려고 한다면, 반드시 제대로 된 자소-음소 변환 교육을 받아야 한다. 노력은 정말로 필요하지만, 교실에서 배운 적이 없는 단어를 해독할 수 있음을 알게 될 때, 아동에게 독립이라는 이름의 보상은 이미 주어진 것이다.

나는 전체 언어법에 대한 거부나 반대가 단지 실험실 연구 또는 이론적 원칙에 근거한 것이라는 인상을 주는 것은 원치 않는다. 전체 언어법의 효율성은 교실 안에서도 이미 부정되었다. 독서심리학은 기존의 다양한 읽기 교육 방법이 아동에게 미치는 영향을 조사하였다. 이런 연구는 역학조사와 유사한데, 여러 표준화된 읽기 검사의 점수가 교육 방식, 연령, 사회경제적 배경, 그리고 여러 다른 변인에 의해서 어떻게 영향을 받는지 측정한다.

이런 연구의 결과는 미국 아동뿐만 아니라 다른 알파벳에 노출된 아동에 대해서 검증된 결론을 지지한다.[269] 전체 언어법에 근거한 교육 방식은 파닉스에 비해 덜 효과적이다. 처음부터 문자와 발음의 대응을 직접 가르쳤을 때 성적이 가장 좋았다. 사회적 배경에 상관없이, 자모와 자소를 배우지 않은 아동은 읽기에 지체가 있었다. '읽기 지체'는 무시할 수 있는 정도가 아니었으며, 몇 년이 지나도록 지속되었다. 성인이 되어 읽기 지체를 극복하게 되어도 부정적 영향은 계속 남았다.

결정적으로, 전체 언어법 지지자들의 주장과는 반대로, 전체 언어법으로 배운 아동은 새로운 단어를 읽을 때 같은 또래의 아동보다 수행이 나빴으며, 문장이나 텍스트의 이해도 느리고 수행이 떨어졌다. 이런 발견은 파닉스가 아동을 로봇으로 만들어서 의미에 집중하는 것을 방해한다는 주장을 반박한다. 사실, 문자 해독과 문장 이해는 함께 간다. 단일단어와 '유사단어'의 해독에서 최고 점수를 받은 아동은 문장 이해와 텍스트 이해에서도 최고 수행을 보였다.

전체 언어 지지자들은 수단과 목적을 혼동한 것 같다. 문자 해독은 수단이지 목적이 아니다. 그것이 정답이다. 그 점에 있어서, 우리는 'pa ta ka'와 같이 아무 뜻도 없는 음절들 대신에, 의미 있는 짧은 이야기를 일찍부터 도입하는 최근의 읽기 교과서들을 칭찬할 수 있다. 그렇지만 역시, 유창한 문자 해독 능력은 이해를 위해 필수적이다. 문자-발음 경로가 더 빨리 자동화될수록, 아동은 자신이 읽고 있는 글의 의미에 더 집중할 수 있게 될 것이다.

교사를 위한 제안

그렇다면 효과적으로 읽기를 지도하고 싶은 교사와 부모에게 심리학과 신경과학은 어떤 조언을 해 줄 수 있을까? 아직 성장하고 있는 '읽기 과학(reading science)'은 준비된 공식을 가지고 있지는 않지만 몇 가지 제안을 할 수는 있다. 요점은 단순하다. 철자를 소리로 변환하는 것이 읽기 습득에서 핵심 단계다. 교육의 모든 노력은 기본적으로 하나의 목표, 즉 개별 문자 또는 자소가 음소를 표상하는 원리, 즉 알파벳 원리를 교육하는 데 초점을 두어야 한다.

유치원에서는 단순한 게임이 읽기 습득을 준비하게 할 수 있다. 음운적 수준에서는 단어를 가지고 놀거나 단어를 구성하는 소리(음절, 각운, 그리고 결국에는 음소까지)를 가지고 노는 것이 도움이 된다. 시각적 수준에서는 문자 모양을 재인하거나, 문자를 따라 그린다. 몬테소리 방식은 '샌드페이퍼(sandpaper)'로 만들어진 문자를 손가락 끝으로 쓰다듬도록 하는데 아동에게 상당한 도움이 된다. 이것은 문자 방향을 이해할 수 있게 해 주어서, b, p, d, q가 서로 다른 문자임을 알게 하는 데 도움이 된다.

이런 준비 단계 이후에는 문자나 문자집단이 음소에 어떻게 대응되는지를 반복적으로 가르쳐야 한다. 단어를 많이 보는 것만으로는 뇌가 이런 대응을 스스로 추출해 내지 못한다. 각각의 말소리가 서로 다른 모양(문자 또는 문자집단)으로 표현될 수 있다는 것을, 그리고 각각의 문자는 여러 가지 방식으로 발음될 수 있다는 것을 명시적으로 가르쳐야 한다. 영어 철자법은 복잡하기 때문에 자소를 논리적 순서에 따라 가르쳐야 한다. t, k, a와 같이 항상 똑같이 발음되는 단순하면서 자주 쓰이는 것에서 시작해서, 덜 흔한 자소(b, m, f), 불규칙 자소(i, o), 또는 복합 자소(un, ch, ough)를 가르쳐야 한다. 아동에게 친숙한 단어에 이런 구성 요소가 있다는 것에 주의를 기울이게 해야 한다. 이는 각각의 자소에 서로 다른 색깔을 칠하거나 또는 자소를 이동시켜 새로운 단어를 만들어 내는 것을 보여 줌으로써 가능하다. 또한 왼쪽에서 오른쪽으로 일정한 방향으로 공백 없이 문자가 나열된다는 것도 설명해 주어야 한다. 단어의 다양한 하위 구성 요소를 다루는 능력은 매우 중요하므로 반드시 명시적으로 가르쳐야 한다. 예를 들면, 단어 위에 '움직이는 창문' 을 놓고 한 번에 한두 개의 글자만 보이도록 하는 것도 좋은 방식이다.

물론 읽기를 위한 읽기가 배움의 목적은 아니다. 결국에는 의미에 도달해야 하는 것이다. 아동은 단어를 발음하는 것이 읽기가 아님을 알아야 한다. 읽기는 글을 이해하는 것이다. 읽기 수업을 마칠 때는 아동이 이해할 수 있는 단어나 문장을 주고, 아동은 그것을 반복, 요약 또는 설명하도록 해야 한다.

많은 훌륭한 교사들은 나의 조언이 너무나 당연한 것이라고 생각하겠지만 설명할 필요가 있다. 프랑스에서 무슨 상인가를 받은 읽기 교육 소프트웨어를 시험해 본 적이 있는데, 이제 막 읽기를 배우는 아동에게 주어지는 첫 단어가 oignon이었다. 이 단어는 발음이 영어 단어 onion과 거의 같은데, 아마 프랑스어에서 가장 불규칙한 철자일 것이다. 이런 황당한 일은 읽기 교육의 가장 기본적 원칙조차 일반인에게 이해되어 있지 않다는 것을 보여 준다.

부모와 교사가 하지 말아야 할 일을 강조하는 것도 마찬가지로 중요하다. 단어 전체 윤곽을 따라 그리게 하는 것은 아무런 소용이 없다. 어센더와 디센더의 문자 모양에 주의하도록 하는 것도 별 도움이 되지 않는다. 이런 연습은 단어 전체 윤곽에 주의를 기울이게 하여 읽기 훈련을 오히려 방해한다. 또한 단어를 구성하는 글자에 주목하지 않아도 단어를 읽을 수 있다는 결론을 아동이 내리게 한다. eight과 sight는 동일한 단어 윤곽을 가지고 있다. 아동은 문자를 하나씩 분석해야만 그것이 무슨 단어인지를 파악할 수 있다.

문자에 대한 아동의 주의를 분산시킬 우려가 있기 때문에, 나는 글자보다 그림을 더 많이 포함하는 화려하게 꾸며진 교과서를 경계한다. 1년 내내 교실 벽에 붙어 있는 단어 카드도 역시 문제다. 똑같은 단어가 똑같은 장소에 항상 붙어 있다. 아동은 단어 위치와 페이지 레이아웃을 모조리 외우게 되고, 더 이상 단어 안의 문자에는 주의하지 않는다. 이는 교사나 부모에게, 특히 아동 자신에게 글을 읽을 줄 안다는 착각을 하게 한다. 삽화는 문자로 가야 할 주의를 다른 데로 향하게 한다. 요즘 아동은 끊임없는 과잉자극과 주의산만의 세계에 살고 있어서, 길게 주의를 지속하는 법을 배우지 않는다. 수업시간에 교사가 칠판에 직접 쓰는 소박한 텍스트, 그래서 교사의 글쓰는 동작도 관찰할 수 있는 그런 방식으로 돌아가는 것이 유익할 수 있다. 또한 읽기가 힘든 일이지만, 문자를 해독하고 이해하는 것에는 고유의 내적 보상이 따른다는 것을 아동에게 상기시켜 주는 것도 중요하다.

너무 빨리 나가는 수업도 곤란하다. 각 단계에서 배우는 단어와 문장은 앞서 명시적으로 배운 자소와 음소들로 구성된 것이어야 한다. 읽기 수업에는 즉흥성의 여지가 없다. 교사는 미리 준비하지 않은 단어나 문장을 갑자기 가르치려고 해서는 안 된다. 그런 무계획적 선택은 아동이 아직 배우지 않은 고급 지식을 요구하기 때문에 혼란을 준다.

읽기 전문가인 성인은 읽기가 얼마나 어려운 것인지 과소평가하는 경향이 있다. 교사는 아동에게 제공할 단어를 선택할 때 문자 하나하나의 수준에서 세심하게 분석해야 한다. 단어가 아동의 현재 지식을 넘어서는 철자 문제, 예를 들어 예외적 발음, 묵음 글자, 이중 자음, 또는 -tion 같은 어미 등을 가지고 있지 않은지 점검하기 위해서다. 특이한 단어들이 학습 교육과정에 너무 일찍 들어가 있으면, 아동은 읽기가 자의적이며 공부해도 소용없다고 생각할 수 있다. 한 사람의 과학자로서 또한 교수로서, 나는 내 아이를 맡아 줄 교사와 교육 전문가가, 마치 내가 심리학 실험을 준비할 때처럼 꼼꼼한 계획을 가지고 수업을 해 주기를 바란다.

마지막으로, 읽기장애 아동의 보호자는 낙담하거나 포기해서는 안 된다. 읽기 문제는 국가와 문화에 따라 다르며, 아마 모든 알파벳 표기 체계 중 가장 어려운 것은 영어일 것이다. 영어 표기 체계는 단언컨대 가장 불투명하다. 각 문자는 무수히 많은 다른 방식으로 발음될 수 있으며, 예외로 가득하다. 국제적 비교 연구는 이런 불규칙성이 학습에 심각한 영향을 미치는 것을 보여 주었다.[270] 이탈리아 아동은 몇 달 정도 교육 후 사실상 어떤 단어라도 읽을 수 있는데, 이탈리아어 표기 체계가 완전히 규칙적이기 때문이다. 이 행운아들은 받아쓰기도 어떤 철자 연습도 필요 없다. 일단 각각의 자소를 어떻게 읽는지만 알면 어떠한 단어도 읽고 쓸 수 있다. 반대로 프랑스, 덴마크 그리고 특히 영국과 미국 아동들은 능숙한 읽기 단계에 도달하기까지 여러 해 동안 공부를 해야 한다. 프랑스 아동은 9세가 되어도 독일의 7세 아동만큼 읽지 못한다. 영국 아동은 프랑스 아동보다 더 떨어진다. 영국 아동은 보충 학습을 2년이나 꽉 채운 후에야 프랑스 아동의 읽기 수준에 도달할 수 있다([그림 5-3]).

전면적 철자 개혁이 없이는 영어의 읽기 습득을 간소화할 수 있는 방법은 없다. 우리가 할 수 있는 일은 아동을 격려하여 매일 읽기 연습을 하게 하는 것이다. 아울러 영어의 상황이 더 나쁠 수도 있었다는 것을 상기해 보는 것도 좋다. 중국에서 읽기 학습은 십대가 되어도 끝나지 않는다. 신문을 읽기 위해 필요한 수천 개의 한자를 배워야 하기 때문이다. 중국 아동이 처한 역경은 그것이 회피 가능하다는 점에서 훨씬 더 놀랍다. 왜냐하면 대부분의 중국 아동은 간단한 알파벳 병음 부호를 학습하는 것으로 시작하는데, 그것을 습득하는 것은 몇 달이면 충분하다.[271]

교사는 읽기 학습에 소요되는 시간이 아동의 뇌에 굉장히 깊고 유용한 영향을 미친다는 사실을 위안으로 삼는 것도 좋다. 읽기 수업을 마친 후 아동의 뇌 속에 새롭게 형성된 연결들이 왕성하게 활동하는 그림을 상상해 보라. 어린 독자의 '문자상자' 영역에는 문자, 바이그램, 자소, 형태소 등을 처리하는 뉴런 위계가 구축된다. 이런 노력은 읽기 회로 전체에 걸쳐서 엄청난 뉴런 활동을 만들어 낸다. 수억 개의 신경 연결은 다른 영역에 있는, 말소리와 의미를 처리하는 뉴런들을 찾아가야 한다. 우리가 원하든 원하지 않든, 이런 뉴런 위계는 이탈리아어 같은 투명한 언어에서보다 영어나 프랑스어 같은 불투명한 언어에서 훨씬 더 복잡하다. 영어를 위한 신경 재활용의 정도는 너무나 커서 영어의 수없이 많은 철자 함정을 다루는 방법을 아동에게 끈질기게 가르쳐야 한다. 초등학교를 마친 후에도 오랫동안 그래야 한다.

나의 확고한 소신은 모든 교사가 아동의 뇌에 읽기가 어떻게 작용하는지 알아야 한다는 것이다. 고장난 세탁기를 직접 수리하거나 컴퓨터 프로그램의 오류를 바로 잡기 위해서 많은 시간을 보낸 적이 있는 사람은, 그런 작업에서 기계들이 어떻게 작동하는지를 이해하는 것이 가장 중요하다고 알고 있다. 성공의 희망을 갖기 위해서는 고장난 기계의 현재 상태를 머릿속에 그려 보아야 한다. 그러면 기계가 입력 신호를 어떻게 해석하는

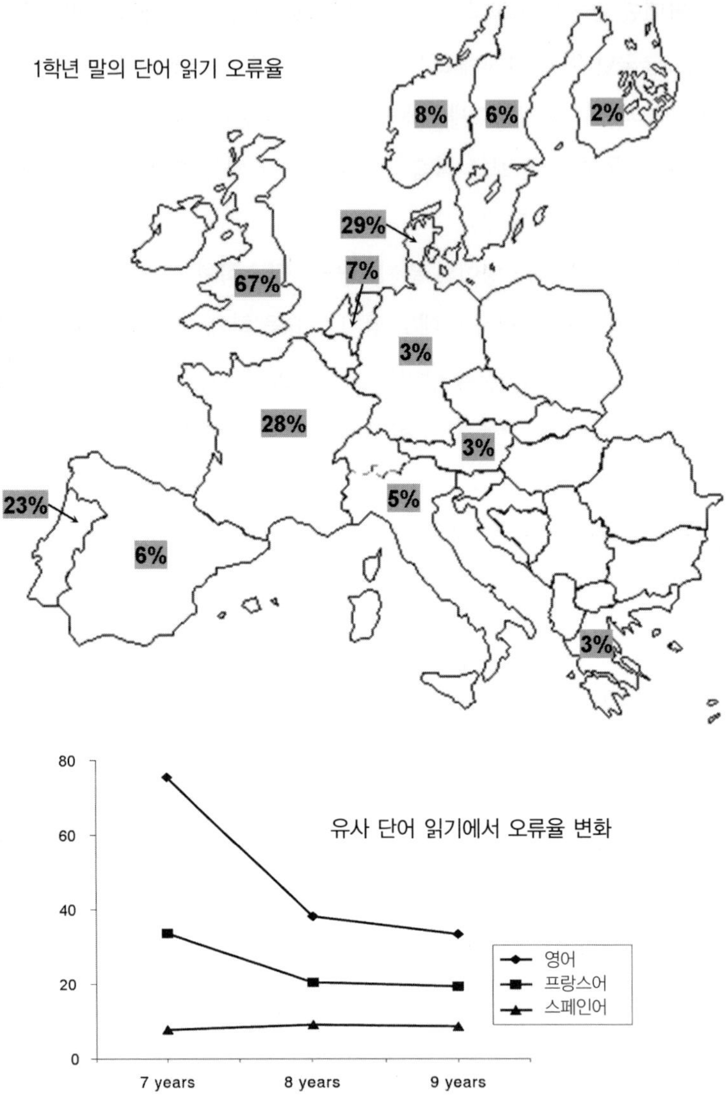

그림 5-3 유럽 언어들은 읽기 습득에서 동일하지 않다. 15개 유럽 국가에서 1년 동안의 초등 교육 후 친숙 단어를 읽을 때 오류율을 계산하였다(위 그림. 자료는 Seymour, Aro, & Erskine, 2003의 〈표 5〉). 핀란드, 독일, 그리스, 오스트리아, 이탈리아는 투명한 철자법을 가지고 있으며, 초등 1학년 말에 이미 정확한 읽기가 가능하다. 반면에, 영어는 매우 불투명한 철자법을 가진 언어이며, 영어 아동은 3개 중 1개의 단어만 제대로 읽을 수 있다. 이런 차이는 이후에도 계속되며, 특히 balist이나 chifling처럼 자소-음소 변환 규칙을 적용해야 해독 가능한 '유사단어'에 대해서도 그러하다(아래 그림. 자료는 Goswami et al., 1998). 영어 아동이 프랑스어 아동 수준의 읽기 수준에 도달하기 위해서는 추가로 1~2년 정도의 학교 교육이 필요하다.

지, 어떤 조치를 하면 원래 상태로 되돌리는지 이해할 수 있다.

아동의 뇌는 학습하는 것을 주요 기능으로 하는 놀라운 기계다. 학교에서의 하루하루는 뇌 속의 수없이 많은 시냅스를 수정한다. 뉴런의 선호가 바뀌고, 많은 방략이 등장하고, 새로운 경로가 생성되고, 새로운 신경망들은 서로 연결되기 시작한다. 만약 교사들이 수리공들처럼 이런 모든 내적 과정을 이해하게 되면, 새롭고 더욱 효율적인 교육 방법을 발견하는 일을 더 잘할 수 있을 것으로 나는 확신한다. 교육이 정확한 과학은 아니지만, 뇌에 읽기를 주입하는 방법 중 어떤 것은 다른 것보다 효과적이다. 모든 교사는 아동의 뇌에 최적의 성장을 가져오는 교육 방법을 찾아내기 위해 신중하고 엄밀한 실험을 실시할 책임이 있다.

제6장

난독증의 뇌

머리도 좋고 품행도 좋은 아동이 읽기 학습에 심각한 문제를 보이는 경우가 있다. 난독증이다. 난독증은 대부분 음소를 처리하지 못하는 것과 관련되어 있다. 유전자에서 난독증에 이르는 인과적 연쇄는 아직 전모가 파악되지 않았다. 난독 아동의 뇌는 수많은 특유의 비정상을 보인다. 난독증은 측두엽의 해부학적 구조 이상, 측두엽의 연결 변화, 독서 중 측두엽 영역의 불활성화 등 강력한 유전적 요인을 가진 것으로 간주된다. 난독증 관련 유전자가 4개 확인되었다. 이 유전자들은 대부분 뉴런 이동을 제어하며, 뉴런 이동은 임신 중 태아의 뇌에 일어나는 중요 사건이다. 뉴런 이동을 방해하는 요인은 피질 층위의 해체를 가져올 수 있다.

이런 생물학적 이상은 난독증의 개선 가능성을 부정하는가? 전혀 그렇지 않다. 치료를 위한 새로운 중재법이 시도되고 있으며 희망은 커지고 있다. 새로운 방법은 집중적 컴퓨터 훈련을 이용하며, 읽기 점수를 향상시키고, 난독 아동의 뇌 활동을 부분적으로 정상화시킨다.

에버렛 여사의 『눈물 없는 독서』라는 책이 있었다. 그 책은 내 경우에는 전혀 이름값을 못했다. 나의 학창시절은 우울했다. 다른 학생과 매우 다르다는 것, 경기 초반부터 뒤처져 있다는 것, 그것은 정말 속상한 일이었다.

– 윈스턴 처칠, 『나의 초기 인생: 순회 여행』

모든 교사는 재능이나 열정과는 무관하게 읽지 못하는 아동을 만나곤 한다. 지능은 정상이고, 수학과 공예는 심지어 평균 이상이다. 그러나 '읽기' 에는 무력하다. 모든 음절에서 더듬거리고, 말소리를 혼동하고, 의미를 함부로 추측하고, 금방 의기소침해진다. 주위 사람을 모두 실망시킨다. 언어치료사에게 데려가면 무서운 진단을 내린다. 난독증.

난독증의 배후에는 어떤 문제가 있을까? '읽기 과학' 은 난독증을 규명할 수 있을까? 난독증은 심리적 문제일까, 아니면 순전히 뇌의 고장 때문일까? 뇌의 어떤 부분, 어떤 뉴런, 어떤 유전자가 문제일까? 어떤 치료법을 추천할 수 있을까?

이 장은 지난 30년간의 난독증 연구를 요약한다. 난독증의 초기 심리학적 분류에서부터 뇌 영상화, 해부학 연구, 유전학 연구 그리고 마지막으로 중재 소프트웨어 디자인에 이르기까지 소개한다. 난독증의 부분적 치료가 가능하다는 새로운 희망은 점점 커져 가고 있다. 신경과학적 혁명은 진행 중이며 한 달이 멀다 하고 새로운 발견이 쏟아지고 있다. 새로운 발견 중에는 난독증 위험 인자, 난독증의 유전적 근거, 난독증 관련 염색체, 유전자 그리고 유전자 제어 생물학적 메커니즘 등이 포함된다. 이런 많은 연구는 난독증의 유전적 · 신경적 기반에 대한 지식을 증가시킨다.

난독증은 무엇인가

난독증의 특징은 많다. 정신지체, 감각 결함, 가정형편 이외의 이유로 발생하는, 읽기 학습에 국한된 어려움이다. 이런 정의는 읽기 문제가 있는 모든 사람이 난독증은 아님을 분명히 한다. 청각 결함, 낮은 지능, 열악한 환경 또는 복잡한 철자 규칙도 아동의 읽기 문제의 일부를 설명할 수 있다. 난독증은 이런 모든 이유가 배제되었음에도 불구하고 읽기 문제가 나타날 때 붙이는 이름이다.

최근 조사에 의하면, 미국 아동의 5~17%가 난독증이다.[272] 이 수치는 매우 높은 것 같은데, 난독 장애의 기준에 따라서 달라질 수 있으며, 그런 의미에서 임의적이라 할 수도 있다. 동일한 연령 집단에서 표준화된 읽기 검사 점수는 완벽한 종 모양 곡선을 만든다.[273] 만약 곡선에 두 개의 봉우리가 있고, 하나는 정상 점수의 봉우리이며 다른 하나는 문제 점수의 봉우리라면, 난독 아동을 상당히 객관적으로 정의할 수 있을 것이다. 그러나 곡선의 중앙에 단 하나의 봉우리만 있기 때문에 정상 아동과 난독 아동을 구분하는 단호한 경계는 없다. 난독증의 많고 적음은 '정상'의 기준을 어디에 두느냐에 달려 있다. 현재와 같은 문해 환경에서는 읽기 검사 점수의 하위 5~10% 순위에 있는 아동들은 심각한 장애라고 평가한다. 물론 이 정도 장애는 200년 전이라면 아무것도 아니었을 것이다. 그때는 아주 소수의 사람만 읽기를 배웠기 때문이다.

난독증을 진단하는 경계선이 어느 정도 임의적이라는 사실이, 난독증은 순전히 사회적 기준의 문제이며, 행동 문제와 건강 문제를 분리하지 않는 과잉의료와 관련이 있다는 잘못된 결론을 이끌었다. 그것은 사실이 아니다. 수많은 지표가 난독증이 뇌의 문제임을 가리킨다. 1950년대 이래로 난독증이 유전된다는 증거가 보고되고 있다. 이런 보고를 근거로 수많은 행동유전학 연구가 수백 개 가족에서 실시되었으며, 특히 콜로라도 대학교의 존 드프리스(John DeFries)의 연구가 주목할 만하다. 그의 연구 결과는 읽기 능력의 유전성을 확인시켜 준다. 완전 동일 유전자를 가진 일란성 쌍생아는 유전자를 절반만 공유하는 동성의 이란성 쌍생아보다 읽기 점수 상관이 더 높다. 한 가족 내에서 어떤 아동이 난독증이면 다른 형제가 난독증일 가능성은 50%다.

과학자들은 난독증이 유전이라고 믿지만 난독증은 단일 유전자 변이에 의한 장애는 아니다. 많은 위험인자와 많은 유전자가 집단적으로 작용하여 '읽기 습득'을 방해한다. 많은 유전자가 '읽기'와 같은 문화적 능력에 기여한다는 것은 전혀 놀랄 일이 아니다. 숙달된 독서는 원시적 뇌에 이미 존재하는 연결회로에 의존할 뿐 아니라 여러 해 동안 훈련을 필요로 한다. 뇌내 연결회로의 자그마한 문제가 뉴런 재활용 과정을 완전히 정지시킬 수도 있다.

음운적 문제

상당히 많은 연구에도 불구하고 난독증의 본질에 관한 합의는 이제 겨우 시작되고 있다. 많은 연구는 말소리의 음운 처리에서 비정상성을 지적한다.[274] 아울러 많은 논쟁이 있지만, 공간 주의력 결함으로 인한 난독 아동도 인정되고 있다.[275]

현대의 난독증 연구는 1970년대에 시작되었다. 초기 연구들은, 난독 아동의 문제에 대한 심리학적 연구들이었다. '읽기'의 목적은 문장이나 텍스트를 이해하는 것이지만, 난독 아동들의 문제는 이런 고차적 수준에 있지 않다는 것이 금방 드러났다. 단어 한 개를 읽을 때에도 실수를 하고 읽는 속도도 매우 느렸다. 말할 것도 없이, 단어 재인에 결함이 있는 사람은 문장이나 텍스트의 이해에도 심각한 어려움을 겪는다. 단어 처리 장애는 난독자에게 나타나는 결함의 상당 부분을 설명하는 것 같다. 결국 이런 설명은 난독증에 대한 보다 복잡한 설명들을 퇴출시키는 결과를 가져왔다. 이전의 복잡한 설명들은 난독증 문제를 안구운동이나 문장 맥락의 부적절한 사용에 귀인하였다. 점차적으로, 난독증 연구는 단일 단어 처리의 메커니즘에 주목하게 되었다.

20세기 초엽 난독증 연구의 개척자 모건(Morgan), 힌셜우드(Hinshelwood) 그리고 오턴(Orton)은 난독증을 본질적으로 시각적 병리, 즉 일종의 '선천적 단어맹'으로 간주하였다. 그들은 난독증 환자의 시각 체계가 문자를 혼동하는 것이라고 믿었다. 이것은 특히 거울 대칭 문자들, p와 q, 그리고 b와 d에 대해서 그렇다고 했다. 일반인들도 난독증은 시각적 문제라고 생각하였다. 다음 장에서 우리는 일부 아동에 대해서는 이런 생각이 약간의 진실을 말하고 있음을 알게 될 것이다. 그러나 현대의 연구자들은 더 이상 그런 생각을 믿지 않는다. 연구자들의 관심은 '음운적 해독(phonological decoding)' 의 역할로 옮겨 갔다. 대부분의 난독 아동들은 시각적 기호를 말소리로 변환하는 데 특별한 결함을 가지고 있다. 이런 이유 때문에, 난독자를 정상 독자와 구별하는 검사 중 어떤 것은 의미가 없는 '유사단어' 를 보여 주고 읽도록 한다. 예를 들면, cochar이나 litmagon 같은 것들이다(역자 주: 한국어로 예를 만들어 보면, '부엄' 이나 '학늘' 같은 것이 되겠다). 여러 해 동안 읽기 훈련을 했음에도 불구하고, 어떤 아동은 여전히 이런 단어를 읽는 데 어려움이 있다. 어찌어찌 하여 결국에는 읽는다 하더라도 시간이 아주 오래 걸린다. 어떤 아동은 문자 하나를 처리하는 데 300ms 이상 시간을 소모한다. 이런 속도는 좌반구 후두측두 '문자상자' 의 손상으로 인한 순수실독증(pure alexia) 환자와 비슷하다.[276]

그러므로 난독증은 단어 해독에 문제가 있는 '읽기장애' 로 환원할 수 있으며, 단어 읽기의 문제는 결국은 자소-음소 변환의 장애라고 할 수 있다. 이런 단계적 분석은 한 걸음 더 나아간다. 오늘날 과학자들은 이구동성으로 난독자의 문자-소리 변환 장애는 좀 더 깊은 근원을 가진다고 주장한다. 난독 아동 대부분은 음소 처리에 결함을 나타낸다. 음소는 말소리의 기본 구성 요소다. 어떤 의미에서 이것은 혁명적인 생각이다. 읽기에 국한된 것으로 보이는 문제가 사실은 말소리 처리의 미세한 결함 때문이라고 말하기 때문이다.

얼핏 보면 이런 결론을 믿기 어렵겠지만, 많은 수렴적 데이터가 지지하고 있다. 정상 아동과 비교하여 난독 아동은 음소 인식 검사에서 문제를 나타내곤 한다. 장애는 각운 판단(예: won은 one과 각운이 동일한가?), 음소 분석(예: cat의 발음을 [k], [a], [t]으로 나누기), 어두음 교환(=스푸너리즘) (예: crushing blow를 blushing crow로 바꿀 수 있다면, 'smart fellow' 는 무엇으로 바꿀 수 있을까?) 등에서 금방 관찰된다.[277]

이런 연구 중 어떤 것은 순환적이다. 왜냐하면, 음소 인식은 읽기 학습과 더불어 향상되는 것으로 알려져 있기 때문이다. '알파벳 원리' 의 습득, 즉 하나의 문자 또는 자소는 하나의 음소와 대응한다는 것을 이해하는 것은, 음소를 조작하는 능력에 커다란 영향을 준다. 제5장에서 이미 보았듯이, 이런 능력은 성인 문맹자에서 제대로 발달되어 있지 않다. 음소 인식은 원인과 결과를 분리하기가 쉽지 않은 영역이다.[278] 아동은 음소를 처리하는 데 어려움이 있기 때문에 읽기에 어려움을 겪는 것인가? 또는 아동의 음소 인식 장애는 읽기를 아직 습득하지 못했기 때문인가? 이런 악순환은 난독 아동에 대해서도 적용된다.

그러나 이런 논리적 순환은 아동의 수행을 장기간 관찰하여 해결할 수 있다. 종단적 연구는 학령기 이전에 측정된 음운 능력이 미래의 읽기 점수를 예언할 수 있음을 보여 준다. 이 주제와 관련된 흥미 있는 연구가 핀란드에서 실시되었다.[279] 헤이키 리티넨(Heikki Lyytinen)은 동료들과 함께, 난독 아동의 능력을 출생 시부터 계속 측정하였다. 이것은 놀라운 작업이다. 왜냐하면, 출생 시에는 아동이 난독자가 될지 어떨지 알 수 없기 때문이다. 리티넨은 수백 명의 임신모를 인터뷰하여 가족 내에 난독증 경향이 있는지 평가하였다. 이를 바탕으로 아동은 출생 이전에 위험 집단과 비교 집단의 두 집단으로 구분되었다. 각 집단은 약 100명의 아동으로 구성되었다.

출생 후 6개월 간격으로 모든 아동을 검사하고 인터뷰를 했다. 아동이 7세가 되었을 때(이때부터 핀란드에서는 읽기 교육이 시작된다), 위험 집단 아동 중 일부는 벌써 커다란 어려움에 직면하고 있음이 분명하게 드러났다. 이 시점에서 리티넨은 처음의 검사 결과로 돌아가서 난독증을 예언하는 단서를 탐색하였다. 여기에는 생애 첫해의 검사 결과도 포함되었다. 청각 변별 검사가 특히 많은 것을 밝혀 주었다. 핀란드어에서는 ata(짧은 자음)와 atta(긴 자음)는 서로 다른 범주에 속한다. 두 자음의 차이는 영어의 bog와 dog의 차이만큼이나 크다. 생후 6개월 시점에 위험 집단은 벌써 이런 차이를 탐지하는 것을 어려워하였다. 난독 부모에게 태어난 아이는 두 자음을 구별하기 위해서 훨씬 긴 자음을 필요로 하였다. 뇌파 기록 또한 좌반구 측두엽 언어 영역에서 비정상을 보여 주었으며, 이런 비정상은 읽기장애의 도래를 예언하였다.

이런 연구는 초기 음운 능력과 문해력 습득 사이의 강력한 연관성을 보여 준다. 난독 아동 대부분은 무엇보다도 말소리를 표상하는 데 오류를 범한다. 이러한 기능 저하는 말소리 단어의 정확한 처리를 방해하고, 결과적으로 시각적 상징과의 연합도 방해한다. 어떤 아동은 말소리 장애가 아주 심해서 다른 진단을 받을 수 있다. 소아과 의사는 난독증이라고 진단하지 않고, 언어장애(dysphasia) 또는 특수언어장애(specific language impairment)라고 진단할 수 있다. 이런 아동은 아주 이른 시기에 음소 처리 결함을 보이며, 아울러 심각한 독서 장애를 나타낸다.

난독 아동이 말소리 처리에만 결함이 있는지 아니면 청각에 더 심각한 장애가 있는지 구별하는 것은 중요하다. 많은 난독자가 두 가지 문제를 모두 가지고 있음을 시사하는 연구 결과가 있지만, 아직 논쟁이 뜨겁다. 우선 말소리 범주 지각에 장애가 있는 경우가 흔하다. 많은 난독 아동이 두 개의 음절 [ba]와 [pa] 사이의 미세한 차이를 탐지하는 데 어려움이 있다. 연구들은 결함이 언어 영역을 넘어섬을 보여 준다.[280] 순수음의 높이 변별, 짧은 노이즈의 탐지, 그리고 특히 빠르게 주어지는 소리들의 순서를 파악하는 능력 등에서 심각한 손상이 있는 경우가 있다. 이런 문제들이 읽기 점수와 밀접한 관계가 있음이 보고되었다. 심지어 시각 자극의 순서를 지각하는 것도 다를 수 있다. 마지막으로, 운동지각, 대비지각 등 시각 영역의 기본 능력 결함도 종종 보고되고 있다.[281]

한마디로, 난독증 진단은 종종 시각장애와 청각장애의 혼합이다. 그러나 사실, 두 장애는 어떤 인과적 역할을 하지 않을 수도 있다. 감각 결함은 난독증의 원인이 아니라 단지 난독증에 부수적인 것일 수도 있다. 왜냐하면 난독증과 관련된 병리는 뇌의 여러 영역에 퍼져 있기 때문이다. 난독증과 연합된 결함 중 어떤 것이 수반되는 것이고 어떤 것이 원인일까? 이에 대한 견해가 과학계를 양분하고 있다. 난독증의 인과 관계와 난독증의 수반 현상을 구분하는 것은 대단히 어렵다.

기본적 청각 처리의 손상은, 만약 청각 재활이 읽기 향상을 가져온다면 읽기에 본질적인 것이라 말할 수 있다. 핀란드 팀은 비언어적 치료 기법을 디자인하였다. 이 기법은 아동에게 컴퓨터 시청각 게임을 하게 한다.[282] 매 시행마다 아동은 일련의 소리를 듣는다. 소리들은 높이, 지속시간, 크기 등이 서로 다르다. 아동은 어떤 시각 형태가 각 소리를 가장 잘 나타내는지 결정한다. 예를 들어, 소리가 점점 더 높아지면 그것을 점점 더 키가 커지는 사각형과 짝지을 수 있다. 하루에 십 분, 일주일에 이틀, 전부 7주에 걸쳐서 훈련을 한 후, 난독 아동의 단어 재인 점수는 아무런 훈련도 받지 않은 비교 조건의 아동들에 비해서 극적으로 상승하였다.[283] 이 기법은 '음표 훈련(musical notation training)'을 연상시킨다. 음표 훈련에서 아동은 일련의 음표를 일련의 소리와 연결시키는 것을 학습한다. 흥미로운 것은, 이 주제에 대한 체계적 연구가 드물기는 하지만, 초기 음악 훈련이 읽기 점수에 긍정적 영향을 줄 수 있다는 것이다.[284]

이런 진전에도 불구하고, 난독 아동이 모두 동일한 음운 결함을 가진 것인지, 또는 음운 결함이 모두 저수준의 감각 결함으로 환원될 수 있는지에 대해서 여전히 열띤 토론이 벌어지고 있다.[285] 혼란의 일부는, '읽기'가 복잡하고 통합적인 작업이며 필연적으로 여러 가지 인과적 연쇄가 교차한다는 사실에서 비롯된다. 난독증에 대한 여러 가설이 제안되었다. 그것은 습득된 기술의 자동화(소뇌가 관여한다) 실패[286]에서부터 '거대세포' 신경 경로(magnocellular neural pathway: 시간적 · 시각적 · 청각적 정보의 신속한 전달을 담당한다)의 결함에 이르기까지 다양하다.[287] 이러한 설명은 난독증의 핵심적 장애가 음운 처리의 영역을 훨씬 넘어선다고 주장한다. 읽기 장애는 '운동 자동화(motor automation)' 장애나 '신속 지각(fast perception)' 장애에 포함된 작은 증상일지 모른다.

프랑스의 난독증 연구자 프랑크 라무스(Franck Ramus)의 최근 연구는 난독증에 대한 이런 광범위한 견해와 일치하지 않는다. 라무스에 의하면, 궁극의 생물학적 원인이 무엇이건 간에, 음운 처리 결함이 대부분의 난독증의 근원이다. 난독 아동은 운동, 시각, 청각 기능의 결함을 가질 수 있지만 모든 아동에게 해당되는 것은 아니며, 그것이 또한 난독증 증상에 대한 통일적 설명을 제공하지도 못한다. 라무스에 의하면, 오직 음운 결함이 독서 장애와 인과적 연결을 가지고 있다. 비록 부가적인 결함이 의학 증상으로서의 난독증에 기여할 수는 있겠으나, 그것이 독서 장애의 핵심적 원인은 아니다.[288] 그러나 라무스는 소수의 난독 아동(대략 4명 중 1명)은 두드러진 시각 결함을 가지며, 어떤 음운 장애도 나타나지 않는다는 사실을 부인하지 않는다.[289] 다음 장에서 우리는 시각적 원인에서 비롯된 난독증 사례들을 다룰 것이다.

결론적으로, 난독증은 단일 원인에 의한 것이 아니다. 난독증은 매우 복잡하며 단일 원인에 귀인할 수 없다. 자연과 문화의 인터페이스에 존재하는 읽기 능력은 환경적 행운에서 유래하였다. 읽기 습득은 시각 처리와 음운 처리 사이의 효율적 연결이 기왕에 존재한다는 사실을 이용한다. 그러므로 내 생각에, 난독증은 시각과 언어 사이의 연결 결함 때문이다. 취약 부위는 불변적 시각 재인과 음운 처리의 교차 지점 어딘가에 있다. 뇌 영상화 연구는 난독증의 핵심 문제가 시각과 말소리의 인터페이스, 즉 좌반구 측두엽의 연결망 속에 있다는 주장을 지지한다.

난독증의 생물학적 단일성

난독증은 순전히 신경학적 질병인가? 10년 전만 해도 대답은 상당히 부정적이었다. 학습장애를 다루는 소아과 의사들은 표준적 MRI 검사가 난독 아동에게 불필요하다는 것을 알았다. 왜냐하면 임상적 검사를 실시했을 때 뇌의 해부학적 구조에 근본적 차이가 나타나지 않았기 때문이다. 그래서 회의주의자들은 난독증이 교육 방법, 가족 태도 또는 교육체계 등의 문제 때문에 일어나는 것으로 간주하였다.

이런 입장은 곧 변화하였다. 왜냐하면 여러 수렴적 증거가 난독증이 가족 대대로 이어지며, 유전적 지표와 연결되어 있음을 보여 주었기 때문이다. 이런 관찰은 난독증의 대뇌 기구를 좀 더 진지하게 탐색하는 동기가 되었다. 지난 10년간 뇌 영상화 기술의 많은 발전에 힘입어, 난독증의 생물학적 근거가 마침내 드러났다. 내 친구 에랄도 파울레수(Eraldo Paulesu)는 밀라노 대학교에서 프랑스와 영국 동료들과 함께 현재까지 가장 결정적이라고 할 수 있는 뇌 영상 촬영 연구를 실시하였다. 이 연구는 난독증을 바라보는 방식에 큰 영향을 주었다.[290]

파울레수 팀은 밀라노에 자리를 잡았는데 출발점에 하나의 역설이 있었다. 난독증이 이탈리아에서는 거의 보고되지 않는다는 역설이다. 파울레수의 프랑스인 동료들도 난독증이 영국이나 미국에서보다 프랑스에서 더 드물다는 것에 주의하였다. 얼핏 보면, 이런 관찰은 난독증의 생물학적 기반에 의문을 제기하는 것이다. 이탈리아인들은 난독증이 영미의 의사들이 만들어 낸 문화적 명칭이 아닌지 의문을 제기하였다. 그들은 난독증이 영어나 프랑스어의 철자 불투명성과 교육 비효율성에 질식된 아동을 가리키는 이름이라고 의심하였다.

파울레수와 동료들은 이런 의문을 다른 각도에서 볼 수 있다는 것을 인식하고 대안적 이론을 제안하였는데, 모든 국가에서 유전적으로 난독증 성향이 있는 아동 비율은 동일하지만 실제로 난독증이 되는 것은 일부 국가에만 해당된다는 것이다. 그렇다면 난독증이 소아과 질병으로 간주되는 경우는, 오직 일부 국가, 즉 표기 체계가 너무 불투명해서 시각과 언어를 연결하는 회로에 과다한 스트레스가 가해지는 그런 국가에만 해당되는 이야기라고 바꾸어 말할 수 있을까?

이런 질문을 염두에 두고, 파울레수는 읽기 학습에 문제가 있는 이탈리아 성인을 적극적으로 찾기 시작하였다. 대략 1,200명의 이탈리아 성인이 검사를 받았고, 그중 최하위 점수를 받은 18명이 진정한 난독증으로 간주되었다. 표면적으로는 그 18명도 장애가 분명하지 않았다. 그들의 읽기 능력은 영어나 프랑스어의 난독자보다 훨씬 우수하였다. 그들은 실제단어와 유사단어를 소리 내어 읽을 수 있었다. 다만, 속도가 약간 느렸다. 그러나 이탈리아의 정상 성인들과 비교했을 때 점수 차이가 매우 크게 나왔는데, 프랑스어나 영어에서 난독자 집단과 정상인 집단 간에 나타나는 차이와 유사한 크기였다.

일단 이탈리아어, 프랑스어, 영어의 난독자 집단이 확보되자, 남은 질문은 그들의 뇌가 정상인과 다른 특징을 공유하는가 하는 것이었다. 이런 목표를 염두에 두고, 파울레수와 그 동료들은 PET를 사용하여 뇌 활동을 스캔하였다. 난독자에게 단어를 주고 읽도록 하였다. 단어는 난독자도 읽기 쉬운 것이었으며, 모든 집단에서 수행은 동일하였다. 비교 과제는 문자와 비슷하게 생긴 기하학적 패턴을 바라보는 것이었다.

난독 집단과 정상 집단의 비교에서 뚜렷한 차이가 발견되었다. 난독 집단의 좌반구 측두엽의 상당 부분이 충분히 활성화되지 않았다. 좌반구 측두엽의 뇌 활동 감소는 세 언어 집단 모두에서 동일한 뇌 영역에 동일한 정도로 나타났다([그림 6-1]). 파울레수의 결과는, 난독증이 적어도 알파벳 표기 체계에 있어서는 대뇌의 문제임을 지지한다. 난독자들의 좌반구 측두엽에 체계적 손상이 있는 것처럼 보인다.

그러나 최근 한 연구가 이런 결론에 도전장을 내밀었다. 그 연구는 중국어 난독자가 다른 유형의 장애를 가진다고 주장한다.[291] MRI 촬영 결과, 한자 읽기장애가 있는 아동 대부분이 파울레수의 뇌 영역과는 다른 곳에서 활동 저하를 보였다. 그곳은 좌반구 중앙 전두엽이었다. 중국어 연구자들은 이런 결과에 근거하여 읽기를 위한 뇌 영역과 그에 따른 병리는 문화에 따라 다르다고 주장했다. 그러나 이런 주장은 너무 성급하다. 왜냐하면 중국인 난독자도 좌반구 후두측두의 뇌 활동 저하를 나타냈기 때문이다. 활동 저하가 나타난 좌반구 후두측두 영역의 중심은 중국인 난독자와 유럽인 난독자 사이에 겨우 8mm 차이였다. 그러므로 보편적 읽기 메커니즘 가설은 중국어 연구에 의해서 약화된 것이 아니라 강화되었다고 할 수 있다. 중국어 연구자들이 수렴적 증거를 무시하고, 전

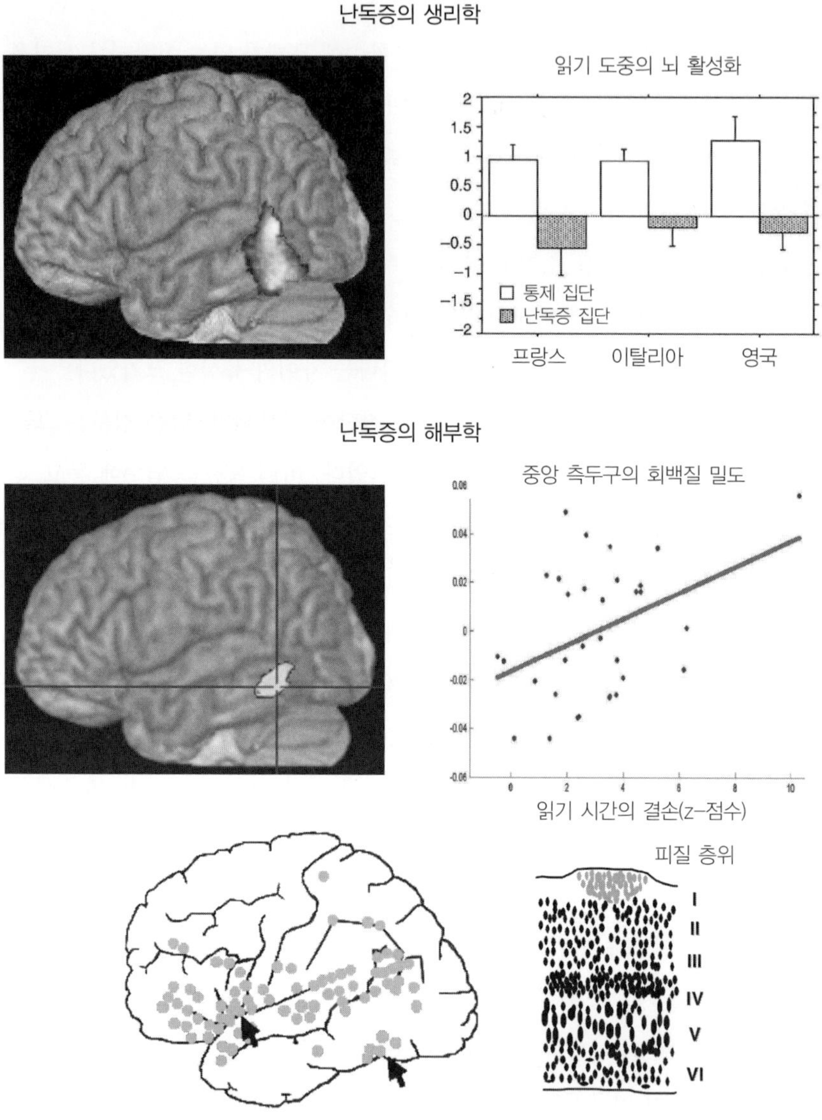

그림 6-1 해부학적 비정상과 기능적 비정상이 난독 아동의 뇌에서 관찰되곤 한다. 독서 중 뇌 활동의 감소는 좌반구 측두엽의 가운데와 아래 영역에서 나타난다(위 그림; Paulesu et al., 2001). 동일한 환자의 좌반구 측두 영역 중앙에 회백질 밀도의 비정상적 증가가 나타났다. 이것은 읽기 점수와 상관이 있었다(가운데 그림; Silani et al., 2005). 희귀한 부검 사례를 통해서 갈라부르다와 그 동료들(1985)은 수많은 전위—원래 위치를 넘어 이동한 뉴런들의 적체—를 발견하였다(아래 그림). 이러한 비정상은 독서에 필수적인 시각 영역과 언어 영역에 집중되었다.

두엽 활동의 차이만 강조한 이유는 알 수 없다. 어쨌거나, 전두엽 활동은 왜 중국인 난독자에서 다르게 나타났을까? 비정상이 나타난 곳은 엑스너 영역(Exner's area)에 가까운데, 이곳의 손상은 영어 사용자의 경우 난서증(dysgraphia), 즉 문자나 단어를 쓰는 능력의 장애를 가져온다. 중국어 읽기 학습자에게 가장 어려운 일은 3,000개에 달하는 한자를 기억하는 것이다. 이런 부담을 경감하기 위해서, 중국 아동은 한자를 쓰는 연습을 많이 한다. 따라서 한자 지식은 운동 기억에 상당히 의존한다. 나의 가설은 엑스너 영역의 초기 손상은 한자 필기 제스처의 기억을 간섭하고, 결과적으로 중국어 한자를 음독하는데 어려움을 초래한다는 것이다.

요약하면, 읽기는 모든 문화에서 매우 유사한 해부학적 경로에 의존하지만, 뇌손상이 미치는 영향은 서로 다르다. 알파벳 문자의 경우에는 음운장애가 지배적이지만, 아시아 문자의 경우에는 '문자-운동' 난독증이 더 우세할 수 있다. 물론 두 유형의 난독증은 어디서나 나타날 수 있다.[292]

유력한 용의자: 좌반구 측두엽

일반적으로 난독증의 생물학적 기초에 대한 탐구에서 가장 주목 받는 영역은 좌반구 측두엽이다. 모든 뇌 영상 연구가 난독자의 좌반구 측두엽에서 활동 감소를 발견하였다.[293] 파울레수의 연구에서는 측두엽 활동 감소가 독서 장애를 가진 성인에서 나타났다. 그러나 8세에서 12세에 이르는 난독 아동에서도 활동 감소가 나타났다. 이런 연령대에서도 뇌기능 저하 정도는 독서 장애의 정도와 상관이 있었다. 뇌 영상화 기법은 아주 강력한 것이어서, 문자상자에서 활성화 감소량을 측정하면 아동의 독서 장애 정도를 예언할 수 있다.[294]

또 다른 비정상이 난독자에서 자주 나타난다. 좌반구 하전두 피질은 문법과 발화를 담당하는 브로카 영역을 포함하는데, 난독자가 읽기를 시도하거나 다양한 음운 검사를 수행할 때 종종 과잉 활성화를 보인다.[295] 이런 현상은 보상적 전략으로 해석될 수 있다. 자동적 문자 처리를 위한 후두 영역 활성화가 불충분한 것을 보상하기 위해, 난독자는 전두엽의 외현적 말소리 산출 전략을 동원하는 것 같다. 이런 노력은 과감하기는 하지만 효과는 없다.

자세히 살펴보면, 파울레수의 난독증 뇌 사진은 두 개의 인접한 영역이 충분히 활성화되지 않는 것을 보여 준다([그림 6-1]). 그 두 영역은 좌반구 외측 측두 피질과 그 바로 아래 영역인데, 후자는 '문자상자'와 일치한다. 어떤 연구자는 전자가 난독증에서 인과적 역할을 하며, 후자의 활성화 저조는 전자의 결과이고, 그것은 난독 아동의 읽기가 전문화 단계로 발달하지 못했기 때문이라고 생각한다. 사실, 외측 측두 피질의 기능 중 하나는 입말의 음운 정보 처리다(예를 들면, [그림 2-19] 참조). 이 영역이 출생 시 손상되었다고 가정하면 난독증에 대해 간단한 시나리오가 하나 나온다. 말소리 처리 회로의 이른 손상은 음운장애가 난독자에서 왜 그렇게 빈번한지, 심지어 읽기 학습을 시작하기도 전에 음운장애가 나타나는지 설명한다. 음소 인식 장애는 알파벳 원리의 습득을 어렵게 한다. 이것은 다시 좌반구 '문자상자' 영역에 영향을 주고, 그것은 문자 단어의 인식을 위해 필요한 시각적 전문성을 획득하지 못하게 한다. 이런 모든 것이 문자상자 영역에서 2차적이고 파생적인 활성화 저하가 나타나는 이유를 설명한다.

이런 시나리오는 일리가 있어 보이지만 논쟁의 소지가 있다. 좌반구 후두측두 피질, 즉 장래의 '문자상자' 그 자체가 손상되어 있을 가능성이 있다. 기능적 뇌 영상화 연구는 난독자의 문자상자 영역이 제대로 기능하지 않음을 강력하게 시사한다.[296] 이먼 맥크로리(Emon McCrory) 팀은 단어와 선화(line drawing)를 정상 독자와 난독자에게 보여 주고 명명하도록 요구하였다. 그 결과, 난독자의 좌반구 후두측두 영역, 즉 '문자상자' 영역에서만 활성화 저하가 매우 크게 나타났다. 이 영역의 활동 감소는 단어에 대해서뿐만 아니라 놀랍게도 선화에 대해서도 나타났다. 한마디로, 이 영역의 기능은 극도로 손상되어 있었다.

그러나 우리는 역시, 이런 심각한 손상이 난독증의 결과인지 원인인지 알지 못한다. 정상 독자에게는 T, L, Y 접합을 탐지하는 뉴런이 발달되어 있으며, 이런 접합은 선화에도 자주 등장하기 때문에 정상 독자는 단어에 대해서뿐만 아니라 선화에 대해서도 피질 반응성이 증가할 수 있다. 맥크로리 팀은 좀 더 직접적 설명을 선호한다. 그들은 나중에 '문자상자'가 될 피질 영역이 난독자에서 너무 일찍 손상된다고 주장한다. 이 영역의 손상이 읽기 결함의 원인이 될 수 있다. 이 영역은 시각적 형태를 발음과 의미에 연결하는 데 관여하며, 어린 시기에 손상되면 읽기에 큰 영향을 줄 수 있다. 그러나 시각적 이미지 처리는 문자열 재인보다 더 넓은 피질 영역에 분포되어 있기 때문에, 이러한 국소적 비정상이 이미지 처리와 이미지 명명에 미치는 영향은 크지 않을 것이다.

결과적으로 이중 결함, 즉 시각 결함과 음운 결함의 가능성에 대한 시나리오가 떠오르는데, 난독자에서 뇌 활성화의 시간적 패턴을 관찰한 MEG 연구에 의해 지지된다. MEG는 피질 표면에서 뇌 활동의 시간적 변화를 측정하는 기법으로, 시각적 분석에서 단어 재인에 이르는 과정에 두 가지 비정상이 있음을 보여 준다.

- 초기(대략 100ms)의 시각적 처리는 정상이지만, 약간 뒤 커다란 비정상이 관찰된다. 난독자는 150～200ms 부근에 강력한 좌반구 후두측두 파형을 나타내지 않는다. 이 파형은 '문자상자' 영역 접근을 가리키고 문자열의 시각적 재인을 신호한다.[297] 난독자의 좌반구 후두측두 영역은 단어를 구성하는 문자를 동시에 재인하지 못하는 것 같다. 이런 비정상은 난독자의 느린 읽기를 설명하고, 문자 수가 읽기 시간에 왜 지속적으로 영향을 미치는지 설명한다. 길이 효과는 정상 독자에서는 사라지지만, 난독자에서는 오래 남는다.[298]
- 두 번째 단계는 대략 200ms 이후인데, 정상 독자는 좌반구 측두 피질이 빠르게 활성화되지만, 난독자는 좌반구 편향성이 약하다. 난독자의 뇌 활동은 정상 독자에 비해 우반구 측두두정 영역에서 훨씬 크게 나타난다.[299] 그 이유는 아마도, 단어의 발음 정보를 (좌반구에서) 신속하게 인출하지 못하고, 그 결과로 우반구에 보상적 의존을 하기 때문인 것 같다. 정상 독자는 우반구에 의존하지 않는다.

요약하면, 뇌 영상의 여러 지표들은 난독증 뇌를 잘 보여 준다. 여러 핵심 영역들이 시각적 분석 단계 그리고 음운적 처리 단계에서 충분히 활성화되지 않는다.

뉴런 이동

뇌의 활성화 저하가 곧 난독증의 원인이라고 생각하면 안 된다. 난독 아동의 측두 영역 활성화가 정상 수준에 미달하는 이유는 무엇인가? 뉴런들이 손상되었는가, 아니면 뉴런 간 연결에 이상이 있는가? 결함은 주요 신경섬유의 거시적 구조에 있는가? 또는 미시적 수준에서 세포막과 시냅스막에 포진한 분자에 이상이 있는가? 이런 것이 모두 참일 수 있다.[300]

거시적 수준에서 보았을 때, 난독자는 뇌 피질의 기본 배치와 연결에 이상이 있는 것 같다. 난독자의 해부학적 MRI 사진은 정상으로 보이지만, 정밀한 통계 기법을 사용하여 미세 장애를 탐지할 수 있다. 그중 하나인 복셀기반 형태계측법(voxel-based morphometry)은 피질의 어떤 지점에서나 회백질—뉴런의 세포체들로 구성되어 있다—의 양을 측정한다. MRI를 이용하여 어떤 지점에서나 피질 두께와 주름을 대략 측량할 수 있다. 에랄도 파울레수는 이 방법으로 이탈리아어, 프랑스어, 영어 난독자의 좌반구 측두 영역에서 심각한 이상을 찾아냈다. 이상이 발견된 위치는 뇌 활동 저하가 있었던 영역과 일치하였다([그림 6-1]). 놀랍게도 두 유형의 이상이 발견되었다. 회백질 밀도가 어떤 위치에서는 희박하고 다른 위치에서는 비정상적으로 높았다. 가장 유의미한 발견은 난독자가 정상 독자보다 좌반구 측두 영역에 더 많은 회백질을 가지고 있었다는 것이다. 이런 비정상의 크기는 읽기 속도의 결함을 아주 잘 예언하였다.[301]

회백질 과잉이 왜 문제가 될까? MRI는 난독증의 생물학적 바탕을 밝힐 만큼 충분히 정밀하지 않기 때문에, 난독증 성인의 뇌를 부검한 연구로부터 이 문제에 대한 실마리를 찾을 수 있다. 1979년 미국 하버드 의과대학의 신경과학자 앨버트 갈라부르다(Albert Galaburda)는 20세 난독자의 뇌를 조사하였으며, 이어서 2~3명의 뇌도 추가하였다.[302] 그가 발견한 것은 피질에 '전위(=위치 이동. ectopias)'가 많다는 것이었다. '전위'는 뉴런이 원래 있어야 할 자리에 있지 않음을 가리키는 전문용어다. 임신 중 태아의 뇌 속에서 뉴런은 상당한 거리를 이동해야 한다. 수많은 뉴런들이 세포분열에 의해 처음 형성된 뇌실 부근의 배종 영역으로부터 피질의 여러 층 중 어딘가에 있는 최종 위치를 향하여 이동을 시작한다. 뉴런의 분열과 이동은 정상적 뇌 발달에서 결정적으로 중요한 단계이며, 바로 이 시기에 태아의 뇌는 알코올 등의 병원체에 대단히 민감하다. 많은 난독자는 뉴런 이동에 오류가 있었던 것 같다. 부검을 통해서 갈라부르다는 피질 표면에서 뉴런들이 어지럽게 중첩되어 있는 것을 발견하였다. 마치 목표 위치를 지나쳐서 서로 충돌한 것처럼 보였다. 다른 곳에서는 여섯 층의 피질세포들이 변형된 모양을 하고 있거나 또는 작은 주름을 형성하고 있었다. 이것은 뉴런이 목표 위치에 도달하지 못했음을 시사한다. 마지막으로, 뇌의 이랑들 중 일부에서 정상적 비대칭이 나타나지 않았다. 비대칭성은 좌반구를 기능적으로 언어에 특화시키는 데 중요한 역할을 한다.

갈라부르다는 뉴런 이동 이상이 난독 뇌에서 자주 발생한다고 주장한다. '편중' 효과—어떤 곳은 너무 뉴런이 많고 다른 곳은 너무 적은 현상—는 파울레수와 동료들이 해부학적 MRI 연구에서 보고한 회백질 밀도의 증가 또는 감소 패턴을 설명할 수 있다. 무슨 이유인지는 알 수 없지만, 자기 위치를 벗어난 뉴런들은 말소리 처리를 담당하는 뇌 부위에 집중하는 것 같다. 전위된 뉴런은 또한 좌반구 후두측두 영역, 즉 '문자상자' 주변으로도 몰려드는 것 같다([그림 6-1]). 이런 요소들을 종합하면, 일관성 있는 하나의 시나리오가 탄생한다. 후두측두 영역이 번지 수를 착각한 뉴런들에 의해 점거되어 최적의 기능을 할 수 없게 되면, 전형적 난독자에서 관찰되는 음운 결함과 시각 결함이 나타난다.

당연히 우리는 피질 뉴런의 위치 이상이 또한 뉴런 간 연결에 영향을 줄 것이라고 기대할 수 있다. 정확하게 MRI 연구가 그것을 보여 주었다. 피질 연결에 대한 많은 보고는 서로 다른 실험실에서 나왔고, 다양한 방법이 사용되었지만, 한결같이 심각한 이상을 지적하고 있다. 좌반구의 두정-측두 영역 밑에 위치한 좁다란 '신경섬유속(fiber bundle)'은 난독자에서 항상 이상을 나타낸다([그림 6-2]).[303] 이 영역에서 피질 연결 해체의 양은 난독자의 읽기 점수를 예언할 뿐 아니라 정상인의 점수도 예언할 수 있다. 유감스럽게도, 현재의 뇌 영상화 기술의 공간 해상도 한계 때문에, 결함을 보이는 '신경섬유속'이 정확하게 어떤 피질 영역과 연결되는지는 알 수는 없다. 그럼에도 불구하고, 그것들이 활성화 저하가 나타난 측두 영역 바로 밑에 위치하고 있다는 사실은, 난독자의 좌반구 측두 영역이 뇌의 다른 영역과 부분적으로 단절되어 있다는 가설에 힘을 실어 준다. 언어 정보를 뇌의 다른 영역, 특히 좌반구 하전두 영역에 전달할 수 없기 때문에, 그러한

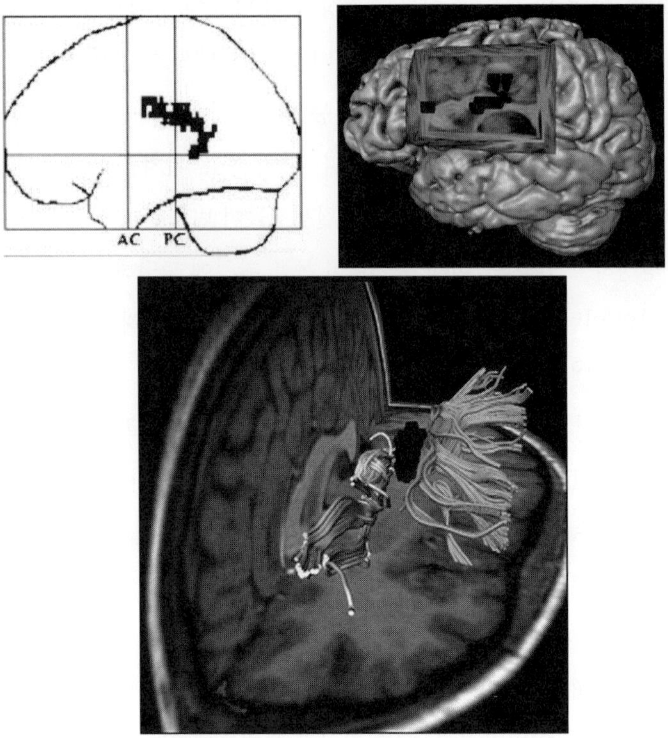

그림 6-2 난독증에서 장거리 피질 연결은 이상을 나타낸다. 독립적으로 실시된 몇 개의 연구들이 좌반구 두정-측두 영역 밑에 위치한 신경섬유속의 해체를 보여 주었다(왼쪽 그림; Klingberg et al., 2000; 오른쪽과 아래 그림; Beaulieu et al., 2005).

단절은 정보 흐름을 크게 교란하는 원인이 된다.[304]

난독증 생쥐

논리적으로 다음 단계는 좌반구 측두 영역 뉴런의 정밀 구조를 현미경으로 분석하거나, 또는 미세 전극을 삽입하여 전기 활동을 기록하는 것이다. 물론 미세 전극을 삽입하는 침습적 방법은 인간을 대상으로는 적용 불가능하다. 이런 한계 때문에 갈라부르다는 설치류의 뇌로 눈을 돌렸다.

난독증 원인을 쥐나 생쥐에서 찾겠다는 생각은 누가 보아도 말이 안 된다. 실제로, 갈라부르다의 연구에 대해 수없는 야유가 쏟아졌다. "뇌과학자, 생쥐의 독서 장애를 발견하다!!!" 그러나 갈라부르다의 창의적 아이디어는 난독증의 신경생물학 연구에서 가장 의미있는 발전을 이끌었다.

갈라부르다의 생각은 인간에게 나타나는 비정상적 뉴런 이동을 동물에서 재현하는 것이었다. 그는 이런 생각이 난독증의 메커니즘과 결과를 규명하는 데 기여할 것으로 예견하였고, 그가 옳았다. 난독증 뇌의 뉴런 이동 결함과 유사한 것을 유발하기 위하여, 갈라부르다는 독창적 방법을 개발하였다. 어린 쥐의 뇌 피질 일부를 냉동한 것이다. 이런 침습은 교세포라 불리는 지지세포의 역할을 차단하였다. 교세포는 뉴런들이 이동할 때 안내와 통제를 한다. 피질 냉동의 결과, 뉴런은 정상 위치를 지나서 이동하였으며 거기에서 뉴런 적체(=전위)가 발생하였다. 희망대로 갈라부르다는 동물 모델을 가지게 되었다. 그 모델은 난독증 자체에 대한 것은 아니지만, 난독증의 기저 원인 중 하나에 대한 것이라고는 말할 수 있다.

어린 쥐의 뇌에 일어난 장애는 일련의 기대하지 않았던 결과를 산출하였다. 국소적 피질 이상은 비정상적 뉴런 발화를 가져왔다. 이는 때때로 완전한 간질 발작으로 이어졌다. 더욱 놀라운 것은 효과가 원래의 손상 부위에서 아주 멀리 떨어진 곳에서 발견된 것이다. 오히려 원래의 손상 위치에서는 아무런 일도 일어나지 않았다. 피질 손상은 모두 뇌의 중심에, 특히 시상의 감각핵에, 이상을 초래하였다. 이 영역은 아주 많은 회로를 포함하고 있으며, 그중 하나는 시각 입력과 청각 입력을 연계하는 감각 뉴런들로 구성된다. 쥐에서는, '거대세포 경로(magno-cellular pathway)' 로 알려진 감각 회로에 속하는, 시상에서 가장 큰 뉴런들이 정상보다 빠른 속도로 사멸하였다. 요컨대, 난독증에서와 유사한 피질 손상이 시상에서의 세포 사망을 유도하였다.

동물 모델과 인간 뇌를 왕복하다가, 갈라부르다와 그의 동료들은 사망한 난독자의 뇌로 돌아갔다. 그들은 피질이 아니고 시상을 현미경으로 관찰하였으며, 쥐에서 찾아낸 것과 유사한 이상을 발견하였다. 난독자들은 정상인과 비교하여, 좌반구 시상의 청각핵에 지나치게 많은 소형 뉴런과 지나치게 적은 대형 뉴런을 보유하고 있었다.[305] 연구자들은 이런 이상이 난독자에서 자주 발견되는 감각 결함을 설명할 수 있는지 궁금하게 생각하였다. 그들은 다시 동물로 돌아가서, 인간과 쥐 사이의 또 다른 유사점을 찾아내기 위한 정교한 행동검사를 설계하였다. 정상 쥐에 비해, 냉각 처치를 받은 쥐들은 두 개의 짧은 소리의 순서를 구별하지 못하였다. 이 쥐들은 또한 일련의 소리들 속에서 짧은 휴지를 찾아내지 못하였다. 이것은 난독자에서 나타나는 것과 유사한 청각적 결함이다.

이보다 더 놀라운 일이 갈라부르다와 그의 동료들을 기다리고 있었다. 그들이 찾아낸 이상은 대부분 수놈 쥐의 것이었다. 암놈에서는 초기의 동일한 손상이 시상 세포의 사망을 일으키지도 않았고 감각 결함을 일으키지도 않았다. 호르몬 조작 실험은 하나의 가능한 설명을 제공한다. 남성 호르몬인 테스토스테론이, 피질 손상이 시상에 미치는 거리 효과를 증폭하였다는 설명이다. 여기에도 또한 쥐와 인간 사이의 유사점이 있다. 아직 논쟁이 있지만, 난독증은 여성보다 남성에서 더 많다. 갈라부르다의 테스토스테론 효과—시상 세포의 사멸은 테스토스테론 때문이다—가 결정적 요인일 가능성이 있다.

동물 모델을 참고로 하여 난독증에 대한 훨씬 더 정교한 예측을 할 수 있다. 음운 결함은, 피질 손상에 기인하는 경우, 남성과 여성에서 똑같이 나타난다. 그러나 오직 남성에서만 시상과 관련된 청각적·시각적 감각 결함이 음운 결함과 함께 나타난다.

동물 모델은 난독증에 대한 하나의 설득력 있는 설명을 제공한다. 그것은 가설적이기는 하지만, 난독증의 해부학적 특징과 인지적 특징을 단번에 설명해 버린다.[306] 이 새로운 시나리오는, 임신 6개월 즈음에 일어나는 피질 뉴런의 이동과 관련된 문제가 전위나 미세 피질 주름 같은 수많은 비정상을 발생시킨다고 주장한다. 피질 기형화는 대부분 언어 영역에 집중하며, 알파벳 원리의 습득에 필수불가결한 음운 표상을 손상시킨다. 이와 병행하여, 특히 남성에서는 2차적 비정상이 시상의 감각 회로에 나타나며, 그 결과 청각 및 시각 입력의 처리는 정밀성이 감소하게 된다.

난독증의 유전

난독증의 기저 메커니즘 이해에는 상당한 진전이 있었지만, 우리는 아직 무엇이 신경 이동의 초기 이상—이것이 난독증을 일으킨다—의 원인인지 알 필요가 있다. 지금으로부터 10년도 더 전에, 앨버트 갈라부르다는 쥐의 피질을 냉각 손상시켰다. 인간의 경우에는 유전적 이상이 똑같은 일을 한다.

1990년대 후반에 갈라부르다는 동료들과 함께 유전학적 쾌거를 이루었다. 선택적 교배를 이용하여, 피질 뉴런이 비정상적으로 적체(=전위)되는 생쥐 가계를 창조하였다. 이것은 신경이동을 제어하는 유전적 메커니즘의 이해를 향한 첫걸음이었다.

이와 병행하여 인간 게놈 연구는 난독증의 유전적 데이터베이스를 구축하였다. 유전적 정보와 인지 검사 결과를 대조한 결과 1, 2, 3, 6, 15, 18번 염색체상의 6개의 거대한 인간 게놈 영역이 난독증과 연관되어 있었다. 여기서 '연관' 이란 무엇인가? 대략적으로 말하면, DNA열 전달의 통계적 비정상을 가리킨다. 게놈 중 일부는 난독증 집단에서 더 많이 전달되는 것으로 나타났다. 이런 발견은 간접적으로 특정 DNA열이 난독증 인자를 포함하고 있을 가능성을 시사한다.

인간 게놈에는 30억 개의 염기쌍이 있으며, DNA는 아데닌(A), 시토신(C), 구아닌(G), 티민(T) 등 네 종류의 뉴클레오티드(nucleotide)가 조합된 것이다. 인간의 경우 대부분의 염기는 안정되어 있지만, 수백만 개의 염기는 자유롭게 움직여서 유전적 특성을 형성하고, 그 결과 인간 개개인의 독특성이 나타난다. 따라서 정확하게 어떤 유전적 변이가 난독증 성향을 만드는지 발견하는 것은 마치 건초더미에서 바늘 한 개를 찾는 것처럼 어렵다. 여러 대에 걸쳐서 난독증 아동이 태어난 가족의 DNA는 관련 유전자의 위치를 정확히 파악하는 데 기여한다. 2003년 핀란드의 한 연구팀이 난독증에 취약한 유전자 후보를 최초로 찾아냈다. 그것은 염색체 15번 위에 있고 DYX1C1로 불렸다. 2004년과 2005년에는 3개의 다른 유전자가 발견되었다. 2개는 6번 염색체에 있는 KIAA0319와 DCDC2이고, 나머지 1개는 3번 염색체에 있는 ROBO1이다.[307] 그 밖에도 발견되지 않은 유전자가 많이 있을 것이다.

그렇게 많은 유전자가 관여된 것은, 독서에 필수적인 피질 회로를 조립하는 복잡한 연산에 각 유전자가 조금씩 기여하고 있기 때문일 것이다. 복잡한 네트워크의 구축은 초고층 빌딩을 건축하는 일에 비유될 수 있다. 수십 명의 설계사와 노동자가 함께 작업하고, 한 사람의 실수는 빌딩 전체를 실패로 만들 수 있다. 어떤 설계사는 여러 개의 프로젝트를 동시에 수행할 수 있다. 똑같이, 유전자도 읽기만 담당하거나 또는 발음만 담당하거나 하지 않는다. (이런 유전자가 생쥐에도 존재한다는 것을 기억하라!) 그렇지만 어떤 유전자는 다른 유전자보다 핵심적 역할을 할 수 있다. 만약에 빌딩은 복잡한데 구조는 약하다면—영어나 프랑스어처럼 복잡한 알파벳 철자를 읽어야 하는 경우—어떤 하나의 실수도 전체 프로젝트를 붕괴시킬 수 있다.

읽기의 경우, 문해력을 위한 대뇌 네트워크의 초기 생성을 위해서는 피질 뉴런이 좌반구 측두 영역으로 순조롭게 이동할 필요가 있고, 또한 피질 뉴런들이 시각 영역 및 언어 영역과 적절한 상호 연결을 할 필요가 있다. 신경생물학은 이렇게 복잡한 구조물이 임신 중 어떻게 만들어지는지 밝혀냈다. 뇌실 쪽의 뉴런을 최종 목적지로 안내하기 위하여 우선 도움 케이블이 필요하다. 그것은 방사상교세포(radial glial cell)이며 케이블처럼 생겼고 피질을 향한다. 교세포는 준비가 되면 분열을 시작하고, 분열할 때마다 새로운 뉴런이 만들어지고, 새로운 뉴런은 어미 세포체를 타고 올라가 피질 정점에 도달한다. 다양한 신호 분자와 접착 분자가 새로운 뉴런이 피질로 유입되는 과정을 제어한다.

최근의 흥미 있는 발견 하나는 대부분의 난독증 민감 유전자들이 피질 형성 영역에서 기본적 역할을 하고 있다는 것이다. 이런 유전자를 연구하기 위해서, 코네티컷 대학교의 조 로 투르코(Joe Lo Turco)와 동료들은 쥐를 사용하였다. 그들은 RNA간섭이라고 부르는 유전자 기술을 사용하여 선택된 유전자의 활동을 방해하였고, 방해의 정확한 위치와 시간을 선택할 수 있었다.[308] 그들은 이 기술을 태내 쥐에게 적용하였으며, 이동 시기의 정점에 뉴런이 만들어지는 뇌실 지역 내에서, 4개의 유전자 중 3개(DYX1C1, DCDC2, KIAA0319)가 뉴런 이동에서 결정적 역할을 하는 것을 보여 주었다. 이런 유전자가 방해를 받으면, 뉴런은 충분히 멀리 이동하는 데 실패하고, 난독증의 특징인 전위(ectopia)와 미세 주름(minuscule fold)을 뇌 속에 만들어 낸다. 다른 유전자도 관여한다. 예를 들면, LIS유전자는 DYX1C1과 협동한다. 그것은 이동에 필수적이며, 방해를 받으면 반구 표면이 매끈해지고 피질이 완전히 파괴되는 뇌회결손(lissencephaly)이 나타나고, 그로 인하여 심각한 정신지체를 보이게 된다.

이 글을 쓰고 있는 지금은, 난독증과 관련이 있는 제4의 유전인자 ROBO1은 충분히 이해되어 있지 않다. ROBO1은 생쥐, 닭 그리고 심지어 초파리에서도 발견된다. 좌우의 신경계를 이어 주는 수상돌기(dendrite)와 축삭(axon)의 성장을 조절하는 역할을 한다. 인간의 경우, 이 유전인자의 이상은 뇌량의 기형을 가져온다. 다음 장에서 보겠지만, 뇌량의 병리는 난독증의 시각적 문제와 연관된다. 유전학적 연구는 현재 맹렬하게 진행 중이다. 머지않아 유전인자와 난독증의 연결 고리가 모두 밝혀질 것으로 나는 확신한다.

난독증의 극복

난독증의 생물학적 메커니즘이 점차 밝혀지다 보면 새로운 치료법도 나타날 수 있을까? 유감스럽지만 가까운 미래에는 그럴 가능성이 없다. 현재 우리가 이해하고 있는 바로는, 난독증은 임신 중 나타나는 '신경 이동'의 이상과 관련이 있다. 임신 중에는 통상적 약물치료도 불가능하고, 최신 유전자 치료도 사실상 적용 불가능하다.

내가 읽기와 읽기장애 치료의 강의를 할 때면, 늘 난독 아동을 둔 부모들을 만난다. 부모들은 새로운 과학적 발견이 그들의 등에 비수를 꽂는 것으로 간주한다. 자신의 아이에게 무엇이 부족한지 나쁜 이야기만 한다. 회백질의 이상, 활성화되지 않는 측두엽, 제대로 이동하지 않는 뉴런들, 유전자 변형 등등. 이런 생물학적 발견들은 하나하나가 종신형 선고처럼 들린다는 것이다.

반면에, 교사들은 실망과 안도가 교차된 모순된 반응을 나타낸다. 난독증이 뇌의 이상 때문이라는 말을 들으면, 교사들은 자신들이 어떤 것도 할 수 없다고 결론을 내리는 것 같다. 그것은 교사들의 능력 바깥의 일이다. 정상 아동에게 읽기를 가르치는 것도 힘든 마당에, 태어나기 전부터 시작된 뇌손상을 가진 아이를 어떻게 할 수 있다는 말인가? 뇌를 고치는 것은 교사들이 할 일이 아니다.

부모와 교사의 실망감을 이해할 수 없는 것은 아니지만 그들의 생각은 틀렸다. 그것은 뇌의 발달에 관한 두 가지 오해에서 비롯된다. 첫 번째, 생물학적인 것은 고정적이라는 오해다. 유전자는 변경 불가능하고 인간의 생은 그것의 지배를 벗어날 수 없다는 생각이다. 그러나 인간은 무소불위의 유전자 앞에서 정말로 약한 존재인가? 이런 생각은 큰 문제가 있다. 역시 유전적 장애인 근시에 대해서 생각해 보자. 근시는 수백만의 인간을 괴

롭히지만, 안경을 끼거나 레이저 수술을 이용하여 고칠 수 있다. 안경에 상응하는 인지적 장치가 난독증에 대해서는 존재하지 않는다고 말할 수 없다.

두 번째 오해는 조금 더 미묘하다. 그것은 일종의 이원론(dualism)—인간의 마음과 뇌는 서로 다른 두 영역에 속한다는 생각—이다. 이원론은 아주 일반적이지만 틀린 생각이다. 이원론은 교육과 관련된 곳에서도 창궐하고 있다. 배웠다고 하는 사람조차도, 언어치료, 재활, 컴퓨터 훈련, 집단지원, 토론 등이 심리적 차원에서 작용한다고, 뇌와는 별개의 차원에서 작용한다고 믿는 경우가 많다. 어떻게 이런 방식의 치료가 임신 중 일어나는 뇌 형성 과정의 이상을 치료할 수 있겠는가?

실제로는, 인간의 마음은 뇌 속의 뉴런들의 활동 패턴과 일대일 대응을 하고 있다. 마음의 상태는 다름 아닌 뇌의 상태다. 어느 한쪽에 자극을 가하면 다른 쪽도 영향을 받는다. 물론 강하게 원한다고 해서 뉴런이 증식하거나 이동하게 할 수는 없다. 내가 말하고 싶은 것은, 심리학과 뇌과학 사이의 전통적 대립은 근거가 없다는 것이다. 피질 내 구조의 여러 수준은 매우 섬세해서 사소한 심리적 간섭도 뇌 회로에 영향을 준다. 심리적 간섭은 세포 수준, 시냅스 수준, 신경전달물질 수준, 심지어는 유전자 표현 수준에 이르기까지 파급된다. 현미경 수준의 신경생물학적 이상 때문에 어떤 병리가 발생했다는 슬픈 소식이 곧 심리적 처치가 도움이 안 된다는 의미는 아니다. (그 반대도 마찬가지다.) 사실, 분자 수준과 심리 수준의 연결은 놀랄 정도로 강력하고 직접적이다. 좋은 예들이 많이 있다. 리튬 이온이 우울증 환자들을 도와준다든지, '염화수소 디아세틸모르핀', 즉 헤로인이 평범한 인간을 미치광이 약물 중독자로 만든다든지 하는 것이 그렇다.

이런 모든 것을 감안할 때, 나는 난독 아동을 가진 가정에 대해서 유전이 종신형이 아님을 강조하고 싶다. 뇌는 탄력적인 기관이다. 항상 변화하고 자신을 재구성한다. 유전자와 경험이 똑같이 중요하다. 신경 이동의 이상이 발생하더라도, 피질의 적은 부분에만 영향을 미친다. 아동의 뇌는 수백만의 여유 회로를 가지고 있고, 결손이 있으면 서로 보상을 할 수 있다. 새로운 학습 경험은 유전자의 표현 패턴을 수정하고 신경회로를 바꾸고, 그렇게 하여 난독증이나 기타 발달장애를 극복하는 기회를 제공할 수 있다.

읽기에 대한 심리학적 연구의 발전에 힘입어, 더욱 우수한 읽기 중재 방법이 고안되고 있다. 뇌 영상화를 이용하여 여러 중재 방법이 피질에 미치는 영향을 추적하고 그것들이 실제로 문해 네트워크를 복원하는 데까지 나아갔는지 확인할 수 있다. 지난 20년 동안 선구적 연구자들은 난독증에 대한 효과적 중재 방법을 디자인하였다.[309] 대부분의 프로그램 목표는 아동이 문자와 소리를 조작하는 것을 도와주어, 음소 인식력이 향상되도록 하는 것이다. 예를 들어, 어떤 방법에서는 아동에게 한 쌍의 비슷하게 생긴 단어, toy와 boy를 보여 주고, 어떻게 해서 한 개의 문자를 이동시키면 한 단어가 다른 단어로 바뀌는지를 설명한다. 그다음 단계는 boy를 toy로 바꾸는 데 사용된 문자 *t*가 train, ten, tug와 같은 단어를 쓸 때 어떻게 사용되는지 설명하고, 문자 *b*가 이 단어들을 어떻게 brain, Ben, bug로 바꾸는지 설명한다. 이런 놀이를 통해서 난독 아동은 점차 음소 [t]와 그에 대응하는 문자 *t*를 인식할 수 있게 된다. 만약에 아동이 음소 [t]와 [b]의 차이를 듣지 못한다면 언어치료사나 컴퓨터가 그 차이를 과장하여 그것들이 매우 다르다는 것을 들려준다. 처음에는 말소리 사이의 차이를 확대하였다가 점차 일상적인 발음을 사용하여, 음소 이해를 재훈련시킨다.

뇌 가소성에 대한 지식은 어떤 요인이 성공적 중재에 기여하는지 이해하는 것을 돕는다. 첫째, 강도 높고 지속적인 노력이 필요하다. 여러 주 동안 매일 거르지 않고 훈련하는 것이 이상적이다. 많은 연구는 강력한 훈련과 충분한 수면이 대뇌 가소성을 극대화한다는 것을 보여 준다. 둘째, 아동의 동기, 주의 그리고 쾌감 네트워크를 자극하는 것이 중요하다. 사실, 주의와 보상 시스템은 학습 속도에 커다란 영향을 준다. 여러 개의 신경조절시스템이 아세틸콜린과 같은 화학물질을 피질의 넓은 영역에 전파한다. 이런 화학물질은 무엇을 기억에 저장해야 하는지 다른 회로들에 가르쳐 준다(예를 들면, 단 한 번의 강한 정서에 의해서 순식간에 만들어지는 기억을 생각해 보라. 당신은 9/11 당시에 어디에 있었는가?). 동물 실험은 이런 조절 효과가 극적일 수 있음을 보여 준다. 어떤 소리가 아세틸콜린 네트워크 활성화와 규칙적으로 짝지어지면, 그 소리에 할당된 피질 표면이 크게 확장되어 결국에는 다른 입력에 할당된 주변 피질 영역을 '문자 그대로' 침범한다.[310] 아동의 경우에도, 주의와 긍정적 정서를 극대화하는 것은 학습에 매우 좋은 효과를 가져올 수 있다.

효과적 훈련 방법 중 하나는 문해 중재를 컴퓨터 게임으로 가장하는 것이다.[311] 아동들은 컴퓨터를 사랑한다. 더욱이 재활 소프트웨어는 최소의 비용으로, 언어치료사를 지치지 않게 하면서, 수천 가지의 훈련 상황을 생성할 수 있다. 결정적 장점은 소프트웨어를 각 아동에게 맞출 수 있는 것이다. 가장 인상적인 프로그램은 자동적으로 아동의 수준을 탐지하고 아동의 능력에 적합한 문제를 제시한다. 목표는 러시아의 심리학자 레프 비고츠키(Lev Vygotsky)가 말하는 '근접발달영역(zone of proximal development)' 이다. 근접발달영역이란, 새로운 개념의 학습이 대단히 쉽게 이루어지는 영역인데, 왜냐하면 개념들이 아동들이 포기하지 않을 정도로 어렵고, 높은 의욕을 유지할 정도로 쉽기 때문이다.[312]

문해 중재 프로그램들이 기적의 요법은 아니지만 매우 긍정적인 영향을 미칠 수 있다. 처음에는 정상 아동으로부터 한참 아래 수준에 있던 아동이, 20시간 이상의 훈련을 마친 후에는, 정상분포의 아래 끝에 도달할 수 있다. (전문용어를 사용하면, 아동의 점수는 표준편차 1 또는 2 정도 상승한다.) 대다수의 난독 아동은 결국 적당한 수준의 읽기를 할 수 있다. 물론 같은 연령대의 정상 아동에 비해서는 떨어진다. 중요한 것은 효과가 여러 해 동안 지속된다는 것이다. 일반적으로 단어 읽기는 상당히 좋아지지만, 읽기 유창성은 향상되기 어렵다. 중재는 아동이 읽기를 배우는 것을 도와주지만, 효과는 천천히 나타난다. 책과의 접촉이 적은 것도 이유 중의 하나다. 다른 아이들과 비교하여, 재활 아동들은 여러 해 동안 책과 접촉하지 못하였다. 보통의 아동들은 처음에 읽기를 시작하고 나면 그 다음에는 읽는 법을 혼자서 학습한다. 읽기를 통하여 읽기를 학습한다. 따라서 읽기를 계속하는 것이 중요하다. 그래야만 읽기 기술이 자동화되고, 자소, 형태소, 단어 등 시각적 정보의 저장소를 풍성하게 만들 수 있다.

뇌 활동의 사진을 보면, 강도 높은 인지적 중재가 긍정적 효과를 미침을 알 수 있다. 많은 연구들이 두 가지 중요한 변화를 관찰하였다. 정상화(normalization)와 보상(compensation)이다.[313] 좌반구 측두 영역의 활동 감소는 난독증의 특징이다. 중재 치료는 좌반구 측두 영역의 활동을 부분적으로 회복시킨다. 거의 모든 연구들이, MRI를 사용했건 MEG를 사용했건, 훈련이 끝난 후에 활동량의 순수한 증가가 있었음를 보고한다. 복측 후두측두 영역의 '문자상자' 에서도, 발음을 담당하는 좌반구 하전두 영역에서도, 재활성화가 일어난다([그림 6-3]). 두 경우 모두에서, fMRI는 회복이 일어난 영역이 정상 독자에서 전형적으로 사용되는 영역에 가깝다는 것을—아주 똑같지는 않지만—

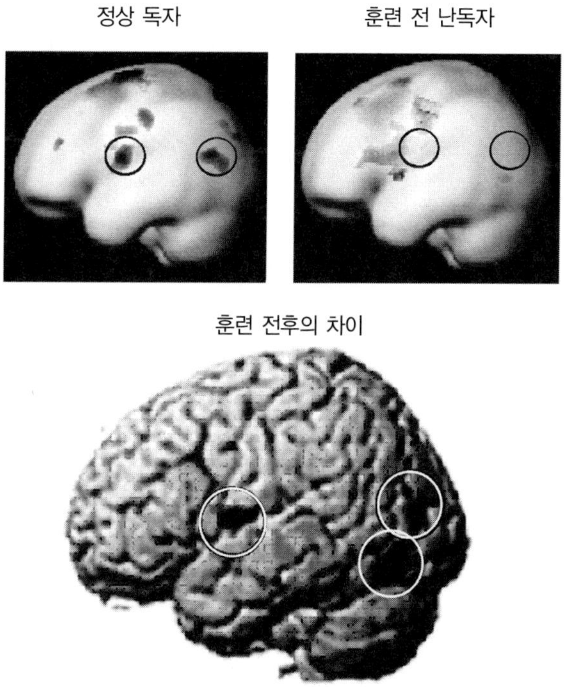

그림 6-3 집중적 컴퓨터 중재는 난독 아동의 뇌 활동을 일부분 정상으로 회복시킬 수 있다. 뇌 활동 영상은 아동이 두 개의 문자열의 각운이 동일한지 판단할 때 활성화됨을 보여 준다. 훈련 후 측두 영역과 두정 영역에서 뇌 활동이 증가하였다. 두 영역은 정상 아동에서 관찰되는 영역과 일치하지는 않지만 대단히 근접해 있다. 그림에는 보이지 않지만, 우반구의 다른 영역에서도 활동이 향상되었다(Temple et al., 2003에서 인용).

보여 준다.

뇌 영상은 또한 더 근본적인 보상 효과를 보여 준다. 난독증 재활 훈련을 한 후, 뇌 활동은 우반구의 여러 영역에서 증가한다. 이 영역들은 정상 읽기 회로의 대칭이 되는 곳들이다. 아마도 좌반구가 손상된 상태에서 우반구의 상응하는 영역들이 대신 일을 떠맡는 것 같다. 우반구 영역에 있는 회로들은 원래의 기능이 좌반구 회로들과 유사하기 때문에 읽기를 위해서 재활용될 수 있다.

난독증에 관한 모든 연구는 희망의 메시지를 전한다. 지난 20~30년 동안에 난독증의 핵심 결손—음운적 손상—의 특징, 난독증의 신경 메커니즘 그리고 난독증의 보상 방법 등을 밝혀 왔다. 그럼에도 불구하고, 몇 가지 문제들이 답을 기다리고 있다. 그것은 아동 간 차이에 관한 것이다. 모든 아동이 동일한 장애를 가지고 있는가? 아동마다 서로 다른 결손을 찾아내고 그에 맞는 치료를 할 수 있는가? 현재의 연구는 혹시 완전히 다른 접근법에 의해서만 도움을 받을 수 있는 소수의 아동 집단을 배제하고 있지는 않은가?

지난 30년 동안 수집된 과학적 데이터는 전반적으로는 '음운 가설(phonological hypothesis)' 을 지지하지만, 반대하는 목소리도 약간 들린다. 난독증을 찾아내는 가장 예민한 검사 중 하나는 아동이 숫자나 그림을 명명하는 속도를 측정하는 것인데, 이 검사는 특별히 음운 처리를 조사하는 것은 아니다. 많은 아동 집단에 대해서, 음운검사와 신속명명검사(Rapid Automatized Naming: RAN)는 읽기 검사 점수에서 나타나는 차이 중 서로 다른 부분을 설명한다. 많은 아동이 주로 음운장애 때문에 고생을 하지만, 다른 아동들에서는 어려움의 원인이 다른 곳에 있을 수 있다. 아마도 시각과 언어 간의 연결을 자동화하는 데 어려움이 있을 수 있다. 다음 장에서는 시각에 초점을 맞추고, 왜 많은 아동들이 p와 q처럼 반대 모양을 가진 '거울문자' 들을 혼동하는지 알아볼 것이다.

제7장

읽기와 대칭성

난독자는 글을 읽을 때 좌우를 혼동하고 '거울 오류(mirror error)'를 범하기도 한다. 대칭 지각(symmetry perception)은 독서에서 중요한 역할을 하지만, 좌우 혼동이 난독자에게만 나타나는 것은 아니다. 거의 모든 아동이 읽기와 쓰기에서 거울 오류를 범한다. 사실, 대칭적 이미지를 동일시하는 능력은 시각 체계의 기본 능력 중 하나이며, '관점 불변적(view-invariant)' 대상 재인을 촉진한다. 읽기를 배우는 아동은 '거울 일반화(mirror generalization)'를 중지해야 b와 d를 구별할 수 있다. 이런 '취소 학습(unlearning)'은 진화 중 습득된 능력과 충돌한다. 어떤 아동은 취소 학습에 문제가 있고 이것이 난독증의 원인이 될 수 있다.

자, 야옹아, 이제 내 말을 잘 듣고 말을 많이 하지 않으면, 거울의 집에 대해서 내가 알고 있는 것을 말해 줄게. 우선 거기에는 방이 하나 있는데 거울을 통해서 그걸 볼 수 있어. 그 방은 우리가 그림 그리는 방과 똑같아. 그냥 방향이 반대야. 그리고 책도 우리 책과 똑같아. 그렇지만 단어가 반대 방향을 향하고 있어. 내가 그걸 아는 건, 내가 거울을 향하여 책을 들어 올리면 다른 방에 있는 그들도 책을 들어 올리고 있기 때문이야.

– 루이스 캐럴, 『거울 나라의 앨리스』

내 아들 올리비에(Olivier)는 다섯 살이 되었을 때 몇 달 동안 마치 루이스 캐럴의 등장인물처럼 행동하였다. 유치원 교사가 이름 쓰는 법을 막 가르쳐 주었고, 올리비에는 자랑스럽게 자신의 미술 작품에 사인을 하였다. 대략 절반의 사인에서 아이는 아주 이상한 실수를 했다. 이름을 오른쪽에서 왼쪽 방향으로 쓴 것이다. 글자를 하나도 남김없이 썼고 순서도 맞았지만, 전부 반전되어 있었다. **ЯƎIVILO**. 나는 아이가 레오나르도 다빈치가 될 수 있을 것 같아서 자랑스러웠지만 그럼에도 불구하고 좀 불안하였다. 이런 이상한 행동이 혹시 난독증의 시작 신호는 아닐까?

나는 이 주제와 관련한 연구 문헌을 읽은 후에 한편으로 안심도 되고 한편으로는 궁금하였다. 분명한 것은 세상의 모든 어린이가 그렇다는 것이다. 아이들은 단어와 문자를 그것의 '거울상(mirror image)' 으로부터 구분하는 데 일시적 어려움을 겪는다. 또한 '거울 쓰기(mirror writing)' 를 하는 일도 드물지 않다([그림 7-1]).[314] '거울 쓰기' 는 모든 문화에서 나타난다. 중국도 일본도 예외가 아니다. 아이들이 쓰기를 배우기 시작할 때 아주 짧은 기간 나타났다 사라진다. 이런 일이 8세 이후에는 나타나지 않는다면 걱정할 필요가 없다. 난독 아동에서는 8세 넘어서도 '거울 오류(mirror error)' 가 흔하다. 물론 더 나이가 들면 사라지기도 한다.[315]

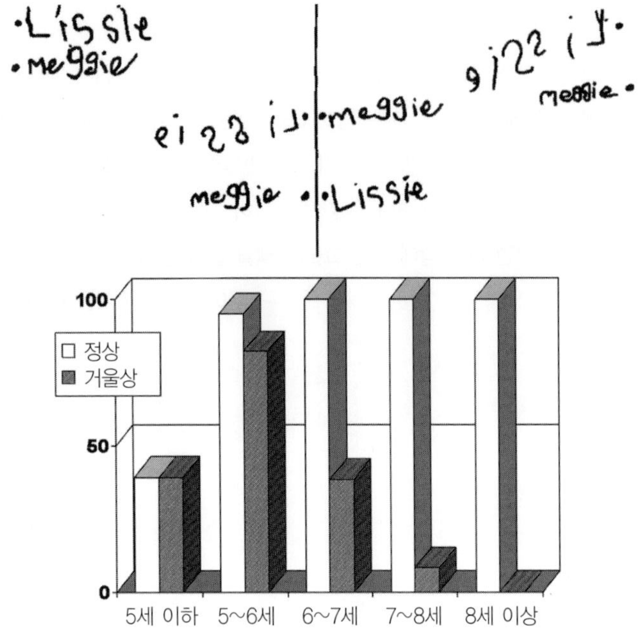

그림 7-1 모든 아동은 '거울 단계'를 거친다. 이 단계에서는 읽기와 쓰기에서 좌우를 혼동한다. 간단한 예시로서, James Cornell은 두 자매에게 자기 이름을 검은 점 옆에 쓰게 했다. 좌에서 우로 쓰기에 충분한 공간이 없는 경우, 리시(5세)는 자발적으로 자기 이름을 오른쪽에서 왼쪽 방향으로 거울상으로 적었다. 그러나 메기(6세)는 자기 이름을 항상 올바른 방향으로 적었다(Walsh & Butler, 1996에서 인용). 그림의 아래쪽 그래프가 보여 주듯이, 거의 모든 아동이 5세 무렵에는 쓰기를 할 때 두 방향 모두에 똑같은 소질을 나타낸다(자료는 Cornell, 1985).

내 아들의 '거울 쓰기'는 두세 달 지속되었다. 아이는 정상 속도로 읽기와 쓰기를 배웠지만, 나는 '거울 쓰기'가 너무 신기하였다. 도대체 어디에서 이런 불가사의한 능력이 오는 걸까? 성인은 자기 이름을 오른쪽에서 왼쪽 방향으로 쓰는 것이 오히려 어렵다. 어떻게 해서 이제 막 연필을 잡은 아이가 충분히 교육받은 성인을 능가하는 이런 능력을 가지는 걸까? 이 시기 아이는 누군가의 그림 속에 이상한 점이 있거나 누군가가 쓴 자신의 이름 속에 빠진 글자가 있으면 금방 찾아낸다. 그런데 왜 자기 이름은 거꾸로 쓸까?

재능과 맹목의 이런 이상한 칵테일은 내가 풀고자 하는 문제를 독특한 것으로 보이게 한다. '거울 쓰기'는 그 독특성 때문에 '신경 재활용'을 지지하는 또 하나의 확고한 증거가 된다. 찰스 다윈(Charles Darwin)과 스티븐 제이 굴드(Stephen Jay Gould)가 관찰한 것처럼, 진화의 실재를 지지하는 가장 좋은 증거는 자연의 불완전성이다. 아마도 신성불가침의 천재라면 완벽한 설계의 안구, 완전무결한 기능의 날개를 만들었을 것이다. 도대체 어떤 거룩한 창조자가 넙치의 한쪽 눈이 처음에는 바닥을 향하게 하고, 이후 성장 과정에서 머리를 한 바퀴 돌아 이동하게 하는 악행을 저지를까? 도대체 어떤 신성한 설계자가 기린의 청각 신경이 귀에서 목 아래로 갔다가 거기서 다시 뇌로 올라가게끔 하는 심술을 부릴까? 만약에 모든 생물체가 완벽하였다면 나는 지적 설계에 공감하였을 것이다. 그러나 생물체에 대한 연구는 너무나 많은 실수의 존재를 보여 주고 있어서, 결국은 다윈 이론이 맞는다는 것을 분명히 보여 준다. 맹목적 진화만이 이런 터무니없는 실수를 저지를 수 있다.

유사한 논의가 심리학에도 적용될 수 있다. 인간의 행동이 환경에 적응하는 방식에 대해서 항상 두 개의 대립된 설명이 존재한다. 적응은 진화가 유전적 구성에 미친 효과 때문이거나 학습의 결과다. 어떤 행동이 완벽하게 적응되어 있는 경우, 예를 들면 성인의 능숙한 읽기의 경우 선천성과 후천성을 구분하기 어렵다. 이런 경우에도 역시 완벽으로부터의 이탈이 특히 흥미를 끈다. 아동이 어떤 체계적 오류를 나타낼 때, 또는 반대로, 자신이 배운 것을 넘어서는 능력을 보여 줄 때, 우리는 아동이 진화를 통해 유전되어 온 심리 메커니즘에 의존하고 있다는 명백한 증거를 갖게 된다.

스티븐 제이 굴드의 획기적 저서 덕분에,[316] 판다의 엄지손가락은 서투른 진화의 상징이 되었다. 판다의 엄지는 실상은 손가락이 아니고 손목뼈가 길어진 것으로, 거기에 붙어 있는 근육 조직의 도움으로 판다는 대나무를 쥘 수 있다. 아마도 정상적 엔지니어라면 기존의 손가락을 복제하는 방식으로 이 문제를 해결하였을 텐데, 위대한 '어머니 자연(Mother Nature)' 은 다른 뼈— 종자골(sesamoid)— 를 골라서 이런 이상한 장치로 진화시키는 것이 더 쉽다고 생각했던 것 같다. 이런 이상한 장치의 존재는, 판다의 손가락을 만든 것이 지적 디자이너가 아니라 진화임을 증거한다.

내 주장은 '거울 읽기(mirror reading)' 또한 판다의 엄지와 똑같은 비정상이라는 것이다. 아동이 읽기와 쓰기를 할 때 좌우를 혼동하는 것은 아동의 시각 체계가 강력한 '대칭 제약(symmetry constraint)' 을 따르고 있기 때문이다. 인간의 시각 뇌(visual brain)는 자연에서 좌우 구분은 중요하지 않다고 가정하고, 아동에게 '거울 방향'으로 일반화할 것을 강제한다. 이런 '대칭 제약'은 진화에 의해서 현재에 전달된 것이며, 인간의 시각 피질 구조 속에 각인되어 있으며, 정상적 또는 비정상적 읽기에 강력한 영향을 행사한다.

전체적으로 인간의 시각 체계의 설계는 읽기에 유리하게 되어 있다. 그것은 문자와 단어를 크기나 대/소문자에 관계없이 효율적으로 재인하게 한다. 그러나 '대칭 일반화(symmetry generalization)'는 읽기를 방해하는 시각적 속성이다. 그것은 학습을 저해하고 p와 q를 혼동하게 만든다. 판다의 엄지와 마찬가지로, 이런 비정상은 인간 뇌가 결코 읽기를 의도한 적이 없으며, 가능한 수단을 동원하여 읽기에 적응하였을 뿐임을 명백히 보여 준다.

동물의 좌우 혼동

좌우 혼동의 체계적 연구는 파블로프가 시작하였다. 1920년대 그의 실험실은 동물 '조건형성(conditioning)'의 한계에 주목하였다. 개는 어떤 신호에는 침을 흘리지만 다른 신호에는 침을 흘리지 않는 것을 학습할 수 있는가? 일반적으로 동물은 시각 자극의 변별에 우수하다. 파블로프는 개에게 좌우 변별을 가르치는 실험에서 이상한 결과를 얻었다. 개는 오른쪽 옆구리를 가볍게 두드리면 침을 흘리도록 훈련되었지만, 왼쪽을 두드릴 때에도 똑같이 침을 흘렸다. 좌우를 변별하는 것은 개의 능력을 벗어나는 일 같았다. 그러나 뇌량을 외과적으로 제거하자 개는 대칭 자극들을 변별할 수 있었다. 뇌량은 좌우 반구를 연결하는 신경 조직이다. 파블로프의 결론에 따르면, '거울 오류'는 '능동적 일반화' 때문이다. 능동적 일반화는 한쪽 반구에서 습득된 지식이 뇌량을 넘어서 다른 반구로 전달되는 것이다.

파블로프 이후 많은 동물 연구들이 '거울 혼동(mirror confusion)'의 보편성을 보여 주었다.[317] 빗금이 표시되어 있는 키를 쪼도록 비둘기를 훈련시킨 연구를 소개하고 싶다. 비둘기는 특정 방향의 빗금으로 훈련을 받았지만, 나중에 다른 방향의 빗금에 일반화하는지 검사하였다. 비둘기의 쪼는 반응의 최빈치는 두 군데서 목격되었다. 비둘기는 원래 학습한 방향의 빗금에 반응하였다. 또한 정확하게 대칭적 형태의 빗금에 대해서도 반응하였다. 비둘기는 한 번도 대칭적 형태의 빗금을 본 적이 없지만, 새로운 대칭적 빗금이 이전의 빗금과 동일한 것처럼 행동하였다. 그리고 파블로프의 결과와 마찬가지로, 이런 자발적 능력은 반구 간 연결을 절단하자 사라졌다.[318]

심리학은 인간도 비둘기나 개처럼 행동한다는 것을 보여 준다. 우리도 어떤 시각적 형태를 학습하면 그것을 즉시 대칭적 형태에도 적용한다. 이것을 증명하기 위하여, 마이클 타(Michael Tarr)와 스티븐 핑커(Steven Pinker)는 임의적 명칭을 나무 모양의 형태에 붙인 후 학생들이 학습하도록 하였다.[319] 훈련 후 학생들은 다시 형태를 보았으며, 그중 어떤 것은 원래 자극의 거울상(mirror image)이었다. 학생들은 거울상을 이전에 본 적이 없음에도 불구하고, 원래 자극에 대해서와 동일한 방식으로 이름을 사용하였다. 이것은 좌우 대칭이 신경계에 부담을 주지 않음을 말해 준다. 어떤 형태를 배우건 바로 거울 일반화가 일어난다.

여기 좀 더 단순한 기억 검사가 있다. 모나리자의 어깨가 어떤 방향을 향하고 있는지 상기해 보라. 또는 모나리자의 어느 쪽 손이 위에 있는가? 미국의 25센트 동전 속 조지 워싱턴의 옆얼굴은 어느 방향을 향하고 있는가? 자유의 여신상은 어느 손에 책을 들고 있는가? [그림 7-2]에서 확인하기 전에 답을 결정하기 바란다. 이 검사로 인하여 여러분

그림 7-2 인간의 시각 기억은 방향에 둔감하다. 이 사진들은 친숙하게 보이는가? 여러분은 아마도 이런 사진들을 처음 보았을 것이다. 전부 다 거울 반전된 사진이다.

의 자신감은 흔들릴 수 있다.

서던캘리포니아 대학교의 어빙 비더만(Irving Biederman)과 동료들의 실험은 기억이 '거울 혼동' 에 의해서 잘못될 수 있음을 확인하여 준다. 그들의 연구는 '지각적 점화(perceptual priming)' 효과를 이용하였다. 우리는 이전에 본 적이 있는 이미지를 처음 보는 이미지보다 더 빨리 명명할 수 있다. 무려 7주 전에 본 이미지의 경우도 그렇다. 이런 점화 효과는 시각 기억 흔적이 여러 날 또는 여러 주에 걸쳐서 지속됨을 보여 준다. 그러나 이런 기억은 완벽한 이미지를 보관하는 것은 아니다. 기억은 사진과 다르다. 지각적 점화 효과는 나중 이미지가 처음 이미지와 다른 공간 위치에 있거나 '거울 반전' 되어 있는 경우에도 나타났다.[320] 그러므로 시각적 장면에 대한 인간의 기억은 추상적이며 위치 변동이나 대칭에 둔감하다.

요컨대, 어떤 이미지에 익숙해지면 인간의 기억은 종종 그것의 방향을 결정하는 데 실패한다. 다시 그것을 볼 때, 원래 이미지인지 거울상인지 구별하지 못한다. 이런 '거울 일반화(mirror generalization)' 는 지각적 한계와 아무런 관계가 없다. 망막에서는 왼쪽을 향한 모나리자와 오른쪽을 향한 모나리자의 두 개의 거울상은 서로 다르다. 인간의 시각 체계는 이보다 더 섬세한 변별도 할 수 있다. 동일한 각도에서 바라본 두 얼굴의 미세한 차이도 변별할 수 있다. 우리가 거울상을 혼동하는 것은 그것을 보지 못하기 때문이 아니다. 오류가 일어나는 것은 우리의 시각 체계가 서로 다른 방향에서 본 것들을 하나의 명칭으로 묶기 때문이다. 좌에서 본 이미지와 우에서 본 이미지는 완전히 똑같은 하나의 대상으로 취급된다.

진화와 대칭

인간의 신경계가 '좌우 반전(left-right inversion)' 에 둔감한 이유는 무엇일까? 아마도 인간이 살아온 환경에서 그 구별은 중요하지 않았기 때문일 것이다.[321] 세계는 세 개의 차원으로 구성되지만 그중 두 개가 인간 진화에 강한 영향을 행사하였다. 첫째는 수직 차원으로 중력의 힘이 그것이다. 둘째는 움직이는 종에 해당되는 것으로 전후 차원, 즉

앞뒤다. 앞뒤 차원에서 훨씬 더 중요한 쪽은 앞인데, 감각기관과 섭식기관이 바로 거기 있다. 이 두 개의 차원은 함께 신체의 좌표축을 결정한다. 궁극적으로 이것들이 우리의 공간 지각에 영향을 준다. 수직과 수평의 변별, 원근의 변별, 동물의 앞과 뒤 변별은 생존에 필수적인 능력이다. 수백만 년에 걸쳐서 이런 기하학적 제약을 수용하게끔 하는 강력한 압력이 있었다. 우리의 시각 체계는 다른 영장류와 마찬가지로, 닥쳐 올 위험이 위에 있는지(=독수리) 아래에 있는지(=뱀) 구별하여 거리를 계산하거나, 얼굴과 감정 표현을 변별하기 위한 복잡한 메커니즘들을 포함한다. 우리는 다른 인간이나 동물의 후면에 대해서는 덜 민감하다.

결정적으로, 진화는 제3의 공간 차원, 즉 좌우 축에 대해서 무심하였다. 호랑이의 좌측 면과 우측 면은 똑같이 위협적이다. 그렇지만 호랑이의 위아래가 뒤집혀 있다면 덜 위협적이다.[322] 좌우 반전은 그다지 중요하지 않다. 좌우 반전은 세상을 근본적으로 변화시키지 못하기 때문이다. 우리가 자연 풍경을 찍은 사진을 볼 때 좌우가 반전된 사진을 구별하기 어렵다. 그 사진에 단어, 자동차, 신호등, 또는 다른 인공물들이 없는 한은 말이다.

좌우를 구별해야 할 진화적 압력이 없었을 뿐 아니라, 오히려 진화는 좌우 혼동을 선호하였던 것 같다. 만약에 과거 경험을 신속하게 일반화하는 것이 목표라면, 거울상을 혼동하는 것이 도움이 된다. 한번 상상해 보기 바란다. 우리의 어떤 조상이 호랑이로부터 오른쪽을 공격당하였지만 겨우 살아남았다고 해 보자. 그다음 번에 똑같은 호랑이가 왼쪽에서 접근해 왔을 때, 호랑이를 즉시 재인할 수 있다면 분명히 살아남는 데 도움이 될 것이다.

많은 세대를 거치면서, 진화는 우리에게 좌측과 우측을 일반화하는 시각 체계를 선사하였다. 그것이 초래한 불행한 결과는, 거울상이 실제와 동일하지 않은 경우, 예를 들어 신발이나 장갑을 혼동할 위험이 있다는 정도다. 그러나 이런 위험은 심각하지 않다. 자연 환경에서 대부분의 동물이나 식물은 대칭축을 가지고 있거나 유사 대칭형이다. 적어도 겉으로는 그렇다. 내장기관은 반드시 대칭은 아니지만 신체 외형은 대칭적이다. 진화는 좌우를 혼동하는 것이 더 얻을 것이 많다고 생각한 것 같다. 위험 상황에서 더 빨리 반응할 수 있게 해 주기 때문이다.

대칭 지각과 뇌의 대칭성

어떤 생물학적 메커니즘이 '거울 지각(mirror perception)' 을 일으킬까? 과거 80여 년 동안 하나의 잠정적 가설, 즉 오턴(Orton) 이론이 심리학계에 많은 관심과 논란을 불러일으켰다.[323] 1920년대 미국의 의사로서 읽기장애 연구의 선구자였던 새뮤얼 오턴(Samuel Orton) 박사는 읽기와 대뇌 구조의 관련성을 지적하였다. 그의 이론은 난독 오류에 대한 최초의 설명이었다. 이런 이유 때문에 오턴 이론은 역사적으로 특별히 흥미롭다. 물론 현재 우리가 대뇌 구조에 대해 알고 있는 것들에 비추면, 오턴의 가설이 약간 억지스럽게 보이지만 말이다.

오턴이 제안한 것은 무엇인가? 그는 좌반구가 우반구의 거울상인 것에 주목했다. 이를 바탕으로, 그는 두 반구가 시각 정보를 거울 대칭형으로 부호화한다는 대담한 생각을 하였다. 좌반구가 b를 볼 때에 우반구는 그것의 대칭형 d를 본다([그림 7-3]). 오턴은 이런 반전이 어떻게 가능한지 신경학적으로 설명하지는 못했다. 그는 다만 "어떤 시각 자극에 의해서 활성화된 우반구의 세포집단은 좌반구에 그것의 정확한 '거울 세포집단' 을 가진다." 고 하였다.[324]

만약 두 개의 심상이 우리의 뇌에 존재하고, 하나는 대상을 표상하고 다른 하나는 그 거울상을 표상한다면, 우리가 좌우를 혼동하는 것은 전혀 놀랄 일이 아니라고 오턴은 말하였다. 그의 이론에 의하면, 우리가 사물의 방향을 지각하는 것은 한쪽 반구를 무시하고 다른 쪽 반구에 의존하기 때문이다. 사람들은 문자 또는 단어를 읽을 때 보통 좌반구에 의존한다. 좌반구에는 언어 중추가 있기 때문이다. 오턴에 의하면, 단어를 읽을 때 우리는 좌반구가 지배적이 되게 하고 우반구로부터 오는 정보를 무시하는 것을 학습한다. 오직 좌반구에만 의존함으로써, 우리는 b를 d로부터 구분할 수 있다. 그렇지 않다면 둘은 구별될 수 없다.

오턴 이론에는 마지막으로 하나 더 언급할 것이 있다. 좌우 오류를 범하는 사람은 반구 분화가 미숙하기 때문이라는 가설이다. 이런 장애는 한 번에 하나의 반구에 선택적으로 주의하는 것을 방해한다. 두 반구 중 어느 하나에 무작위로 의존하게 되고, 그 결과

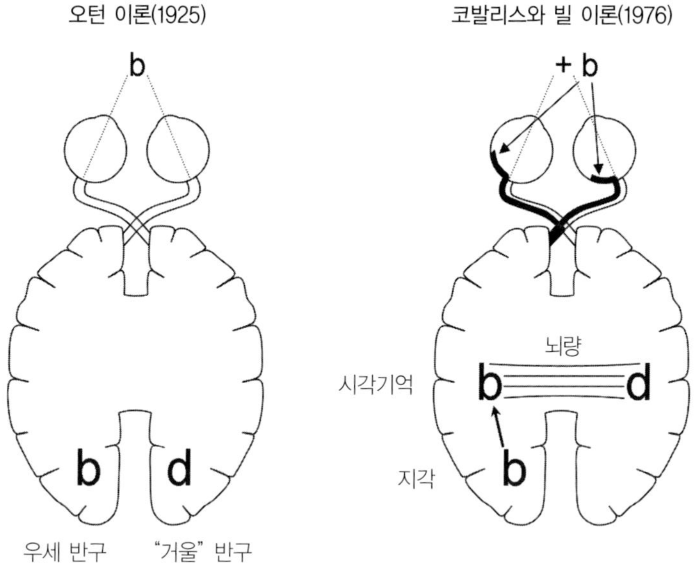

그림 7-3 두 개의 신경학 이론이 거울상 혼동을 설명하려고 했다. 오턴(1925)의 이론에서는, 대칭적 뇌가 시각 이미지를 두 번 부호화한다. 한 번은 지배적 반구에서 올바른 모양으로, 다른 한 번은 종속적 반구에서 반전된 모양으로 부호화한다. 거울 혼동은 종속적 반구의 시각 부호를 배제하지 못했을 때 나타난다. 코발리스와 빌(Corballis & Beale, 1976)의 대안 이론에서는, 좌측 또는 우측 시야의 문자 제시는 반대편 반구의 시각 영역을 활성화시킨다(이것은 시각 체계에 관한 현대 과학의 지식과 일치한다). 그러나 능동적 학습 메커니즘이 시각기억 속의 문자 모양을 뇌량을 경유하여 다른 반구로 전송한다. 이런 전송 과정 중 좌반구와 우반구의 대칭점을 연결하는 뇌량 연결의 기하학적 특성 때문에 좌우 반전이 일어난다. 코발리스와 빌에 의하면, 거울 혼동은 단순한 실수가 아니라 과잉 일반화에서 비롯된다. 인간의 시각 체계는 진화 과정에서, 원래상과 거울상은 동일한 물체를 가리킨다는 사실을 수용했다.

좌우를 혼동하고 거울상 변별에 실패한다. 오턴은 이런 가설적 병리에 '스트레포심볼리아(strephosymbolia)' 라는 이름을 붙였다. '상징 역전' 을 뜻하는 그리스어다.

80년이 지난 오늘에 돌이켜 보면 오턴의 이론은 매우 단순해 보인다. 그럼에도 불구하고 한 가지 중요한 점에서 그는 옳았다. 좌우 반구의 후두 영역에 그려지는 시각 지도(visual map)는 서로의 거울상이라는 것이다. 그러나 일차 시각 영역에서는, 오턴의 믿음과 달리, 입력되는 이미지가 두 반구에 복제되지 않는다. 시각적 투사는 훨씬 단순하다. 시야의 좌측 부분은 우반구로 투사되고, 시야의 우측 부분은 좌반구로 투사된다. 그러므로 시야의 오른쪽에 나타난 p는 좌반구의 일차 시각 영역에 들어가지만, 우반구의 동일 영역에는 아무것도 들어가지 않는다. 우반구는 좌측 시야로부터 아무런 정보를 받지 못하기 때문이다.

입력 정보가 시각 위계를 올라가는 동안, 오턴의 복제 문제는 더욱 어려운 것이 된다. 이차, 삼차 시각 영역—이것들은 망막에서 더 멀리 떨어져 있다—은 시야의 더 많은 부분에 대해 반응한다. 그 결과, 시각적 대상은 양쪽 반구의 뉴런을 활성화시키기 시작한다. 반면에 신경신호는 점점 더 추상적이 되어 간다. 뉴런의 공간적 분포는 더 이상 망막상 물체의 모양을 충실하게 반영하지 않는다. 제3장에서 보았듯이, 선분, 방위, 곡선, 색채, 모양 등이 통합된 부호가 나타나기 시작한다. 그러므로 시각 위계의 높은 곳에서 문자 p를 처리하는 두 반구의 뉴런 집합은 입력 자극과 동일한 모양이 아니다. 오턴의 믿음과 달리, 그것들은 서로 정확하게 대칭적일 수 없다.

오턴 이론의 또 다른 문제는, 문자 p를 부호화하는 양쪽 반구의 뉴런 회로가 서로의 거울상이라고 하더라도 왜 이런 신경적 대칭성이 반드시 거울 오류로 이어지는지 분명하지 않은 점이다. 이 점에 대해서 오턴 가설은 잘못된 것 같다. 그것은 시각 처리에 대한 소박한 믿음을 연상시킨다. 즉, 외부 세계는 눈에 있는 렌즈에 의해서 도치된 상을 망막에 투사하기 때문에, 시각 처리는 우선 이것을 똑바로 세우는 작업부터 해야 한다는 믿음을 연상시킨다. 호문쿨루스(homunculus) 이론이 생각난다. 호문쿨루스는 뇌 속에 있는 가상적 인간으로 뇌를 관리하고 시각 영역을 마치 컴퓨터 스크린처럼 바라보며, 이미지 중 하나가 좌우 반전이 되면 속아 넘어간다. 뇌에 대한 이런 단순 견해는 받아들일 수 없다. 뇌에는 작은 관찰자가 숨어 있지 않다. 시각 체계는 처리 결과를 누군가가 읽을 수 있도록 스크린에 보여 줄 필요가 없다. 뇌는 단지 필요한 정보를 추출하고 그것을 여러 형식으로 부호화하고, 그렇게 함으로써 우리의 행동을 도와준다.

오턴의 믿음과 달리, 문자 p가 좌반구에서 한 뉴런 집단에 의해, 또한 우반구에서 정확하게 대칭적 뉴런 집단에 의해서 표상된다는 것, 그리고 이 둘 중 어떤 하나만이 문자 p에 대한 정당한 부호라는 것은 중요하지 않다. 두 집단 중 어느 하나만이 정확한 방향을 나타내고 또한 실제 이미지를 표상하는 반면, 다른 집단은 '거울 반전' 이라고 주장하는 것은 근본적 오류다. 마치 '빨강' 이라는 단어는 빨간색 뉴런들에 의해서 부호화되고, 운동 정보는 운동하는 뉴런들에 의해서 부호화된다고 주장하는 것과 마찬가지의 오류다.

오턴의 '반구 편측화(hemispheric lateralization)' 에 대한 생각도 똑같이 너무 단순하다. 만약 좌반구가 항상 물체 방향을 정확하게 부호화한다면, 그리고 우반구는 항상 틀리게 부호화한다면, 우리는 우반구를 주로 사용해야 하는 모든 작업— 공간 기억이나 시각적 주의 등— 에서 오류를 범해야 한다.

간단히 말해서, 오턴의 가설은 부호와 그것이 표상하는 대상을 혼동하고 있다. 1920년대에는, 문자의 신경부호를 대뇌 표면에 그려진 '이미지' 같은 것으로 생각하였다. 1950년대에 등장한 정보이론과 컴퓨터 과학은 '부호(code)' 가 무엇인지에 대해서 더 잘 이해하게 해 주었다. 어떤 표시 체계도, 만약 그 체계가 다의적이지 않고 부호화(encoding)와 해호화(decoding)를 위한 루틴과 함께 주어진다면, 정보 전달을 위한 도구가 될 수 있다. 신경부호는 그것이 표상하고자 하는 대상과 닮은 모양이 되어야 할 필요는 없는 것이다.

이런 비판의 홍수에도 불구하고, 오턴 가설은 여전히 매력적인 것으로 남아 있다. 우선 그의 이론을 반박하는 것이 그 이론의 배경에 있는 사실을 제거하지는 못한다. 무수히 많은 아동이 좌우를 혼동하며, 읽고 쓰기에서 '거울 오류' 를 범한다. 또한 아동이 왼손잡이거나 말소리 장애가 있으며, 이것은 비정상적 '반구 편측화' 의 가능성을 암시한다. 과연 오턴 이론의 주요 내용은 구제되고 결점들은 제거될 수 있을까?

오턴 박사의 후계자들

1970년대에 오클랜드 대학교의 마이클 코발리스(Michael Corballis)와 아이번 빌(Ivan Beale)은 오턴 가설의 재조명을 주장하였다.[325] 그들은 현대 신경과학의 데이터에 근거하여, 두 반구의 시각 영역은 시야의 서로 다른 부분을 처리한다고 주장한다([그림 7-3] 참조). 시각 영역의 해부학적 대칭성은 한쪽 반구에서 다른 쪽 반구로 데이터가 전송될 때 중요한 역할을 한다. 코발리스와 빌의 가정은, 한쪽 반구가 새로운 정보를 습득할 때마다 그것의 기억 흔적이 즉시 다른 반구로 전송되며, 그 이유는 두 반구의 정합성을 유지하는 것이다. 당연히 이런 전송은 뇌량을 통하여 이루어진다. 뇌량은 양반구를 연결하는 신경 섬유의 거대한 집합이다. 이런 신경섬유들은 대칭적 시각 영역을 일대일로 연결하고 있기 때문에 전송은 좌우 반전의 방식이 된다. 이런 방식으로 우리의 시각 기억은 즉시 복제되는데, 그것은 반구 간 연결의 기하학적 특성에 기인하는 자연스러운 결과일 뿐이다.

코발리스와 빌 모델에서 흥미로운 점 중 하나는 지각이 오도될 수 있다고 주장하지 않는다는 것이다. 시각 처리의 첫 번째 단계에서, 우리는 정상적 방향의 시각 세계를 지각한다. 이러한 정보는 효율적으로 우리의 행동을 인도하기 위해 사용될 수 있다. 예를 들면, 우리는 b의 윤곽선을 좌우를 반전시키지 않고 추적할 수 있다. 이렇게 습득된 시각적 지식은 두 번째 단계에서 일반화되며, 이 단계에서 우리는 문자를 기억에 저장한다. 모나리자가 어떤 방향을 향하고 있는지 기억에서 인출해 내지 못하는 것은 그 때문이다.

코발리스와 빌 이론이 거울 반전을 어떻게 설명하는지 보여 주는 구체적 예를 하나 들어 보자. 읽기 수업 시간에 아동은 처음으로 b를 보게 되고 그 발음이 [비]라는 것을 배운다. 글자가 시야 왼쪽에 주어지면 그것은 우반구에 접수될 것이고, 거기 있는 뉴런들은 글자 모양과 이름을 연결시킬 것이다. 일단 기억이 된 후 그 정보는 다른 쪽 반구로 전송되고, 거기서는 b의 모양이 d가 된다. 그리고 d 모양은 [비] 소리와 연합된다. 다음날 아침에 아동은 오른쪽 시야에 나타난 d를 보고 자신만만하게 [비]라고 말한다. 그러고는 크게 놀란다. 선생님이 그 글자가 [디]라고 말하기 때문이다. 새로운 정보가 기억에 저장되고, 그러나 동시에 b에 대한 이전 지식은 무효화된다.

코발리스와 빌이 옳다면 아동은 읽기를 배우기 위해 자동 반전을 중지해야 한다. b와 d는 동일한 것이며 다만 다른 방향에서 보이는 것이라고 간주하는 일을 중지해야 한다. 이런 취소 학습은 아동에게 어려운 것이며 난독 아동에게는 극복하기 어려운 문제를 제기한다.

오턴의 초기 주장에 포함된 문제들은 코발리스와 빌의 모델에는 적용되지 않는다. 그들은 신경부호가 한쪽 반구에서는 정확한 방향성을 가지지만 반대쪽 반구에서는 잘못된 방향성을 가진다고 주장하지 않는다. 그들은 단지 반구 간 전송이 먼저 지각된 물체의 이미지를 반전시킨다고 말한다. 반구 간 정보 전송 때문에, 왼쪽 시야에 제시된 b는, 오른쪽 시야에 제시된 d에 의해 활성화되는 것과 똑같은 시각 뉴런들을 활성화시킬 수 있다. 그 결과, 더 높은 곳에 있는 뇌 영역들은 두 이미지를 구분할 수 없게 된다. 문자 방향에 대한 정보는 기억되지 않고 폐기되기 때문이다.

그렇다면 진화는 왜 정보를 저장하지 않고 폐기하는 대칭적 학습 메커니즘을 선택했을까? 그 이유는 자연 세계에 흔히 나타나는 대칭성을 이용하기 위해서다. 이런 메커니즘을 장착한 유기체는 호랑이의 왼쪽 모습과 오른쪽 모습을 모두 쉽게 재인할 수 있다.

코발리스와 빌 모델에서 시각 피질 대칭성의 적극적 유지는 좌우 반전의 근거가 된다. 그들의 모델에 의하면, 인간은 두 반구의 시각 피질 뉴런들이 일대일로 연결된 상태로 태어나며, 학습 메커니즘은 이런 초기 대칭성을 보존하려고 한다. 유전자와 공간적 요인의 도움으로, 뇌량이 어떻게 대칭적 뇌 영역 간의 일대일 대응을 실현하였는지 상상하는 것은 아주 쉽다. 마치 나비의 날개가 완벽한 대칭성을 나타내는 것처럼 말이다.[326] 출생 이전에 그리고 시각 세계와의 상호작용에 앞서서, 뇌는 좌우 대칭성을 주변 세계의 기본 속성으로 간주한다. 인간은 아마도 선천적으로 대칭 일반화 능력—환경과의 상호작용에서 인간을 유리하게 해주는 내장된 메커니즘—을 가지고 태어나는 것 같다. 이런 장점을 유지하기 위하여 인간 뇌는 초기 대칭성을 유지하려는 수고를 마다하지 않는다. 여기에 코발리스와 빌의 메커니즘의 열쇠가 있다. 학습이 어느 한쪽 뇌의 신경망을 수정할 때마다 뇌량 전송은 유사한 일이 반대쪽 뇌에서도 일어나도록 한다. 그렇게 해서 대칭성을 복원한다.

대칭적 뇌의 장단점

인간이 완벽한 '코발리스 기계'라고 상상해 보자. 즉, 완벽하게 대칭적 유기체로서 뉴런도, 뉴런 간 연결도 전부 양쪽 반구에 걸쳐 아주 미세한 부분까지 동일하다고 상상해 보자. 우리는 어떤 방식으로 행동할까? 우리는 여전히 공간 속을 이동하고, 좌우를 구별하고, 눈에 보이는 물체들을 명명할 수 있을까? 어떤 유형의 오류를 범하게 될까? 그것은 어린아이의 거울 오류와 관계가 있을까?

여기에서 우리는 잘못된 생각을 한 가지 바로잡아야 한다. 만약 유기체가 완벽하게 대칭적이라고 하더라도, 신경계의 아주 깊은 곳까지 그렇더라도, 모든 상황에서 좌우를 혼동하지는 않을 것이다. 실제로, 그런 유기체도 비대칭적 자극에 대해서 공간적 방향성을 가진 반응을 할 것이다. 만약 그런 유기체가 오른쪽에서 튀어나온 호랑이를 만나면 왼쪽으로 도망가도록 프로그램되어 있다고 하자. 그런 유기체는 신체 구조 대칭성 때문에, 대칭적 장면(왼쪽에서 나타난 호랑이)에 대한 반응으로 대칭적 행동(오른쪽으로 도망가기)을 취할 것이다. 누군가가 이런 장면을 보고 있다면, 그는 이 유기체가 비록 완벽하게 대칭형이지만 정확하게 좌우를 구분한다고 결론을 내릴 것이다.

우리의 가상적 대칭형 유기체는, 요구되는 반응이 관습적이고 비공간적일 때, 두 개의 거울상에 대해서 동일한 반응을 한다. 만약 어떤 대칭형 유기체가, 예를 들어 호랑이의 오른쪽을 보았을 때 '호랑이' 라고 말하는 것을 학습하면, 이런 유기체의 신체 디자인 대칭성은 호랑이의 왼쪽을 보았을 때도 동일한 반응을 강제할 것이다. 다시 말해, 그것은 방향이나 공간에 관계없이 호랑이를 재인하고 이름을 말할 수 있다. 이런 유용한 특징은 유기체가 새로운 방향에서 나타난 호랑이를 처음 보았을 때도 적용된다.

간단히 말하자면, 대칭적 뇌를 소유하고 학습 과정에서 뇌의 대칭성을 유지하는 것은 두 가지 이점이 있다.

- 신체 구조의 대칭성은 유기체가 시각적 대상을 좌우 방향에 관계없이 항상 동일하게 기억하는 것을 가능하게 한다.
- 그러나 그것이 적절한 그리고 공간적 방향을 가진 신체 반응을 금지하지는 않는다.

그러나 대칭형 유기체가 할 수 없는 두 가지 조작이 있다. 첫째는 비대칭적 물체에 대해서 어떤 반응을 하지만 그것의 거울상에 대해서는 같은 반응을 하지 않는 것이다. 이런 유형의 조작은 실제 생활에서 유용하다. 예를 들면, 우리는 b의 모양을 보고 [비]라고 이름을 말하지만, d에 대해서는 그렇게 하지 않는다. 우리는 왼손을 보고 '왼쪽' 이라고 말하지만 오른손을 보고는 그렇게 말하지 않는다. 완벽하게 대칭형 유기체는 이런 과제가 아무리 쉬워 보여도 그것을 수행할 수 없다.

대칭형 뇌가 할 수 없는 두 번째 조작은, 공간적 정보가 포함된 명령에 대해서 비대칭적 반응을 하는 것이다. 실제 생활의 예를 들어 보면, '오른쪽' 이라는 구두 명령에 대한 반응으로 오른손만 드는 것이다. 완벽하게 대칭적 유기체는 이렇게 할 수 없다. 청각 영역과 운동 명령의 연결이 왼손 운동도 산출하기 때문이다. 그러므로 대칭형 유기체는 두 손을 모두 드는 대칭적 제스처를 취할 것이다. 또는 어떤 노이즈의 영향을 받는 경우, 구두 명령에 대한 반응으로 무작위로 왼손 또는 오른손을 들 것이다.

놀랍게도, 대칭형 유기체의 이론적 한계는 동물과 아동에 대한 실험적 관찰과 일치한다. 친숙한 물체의 이름을 말하는 데 어려움이 있는 아동은 없다. 물체를 아주 새로운 각도에서 보는 경우에도 그렇다. 공을 오른손에 잡고 있을 때는 어떤 아동도 그것을 던지기 위해서 왼손을 움직이지 않는다. 그러나 모든 아동이 b와 d를 분간하거나, 왼손과 오른손을 지칭하는 데 처음에는 어려움을 경험한다.

요약하면, 비록 약간 인위적으로 보이지만, 학습 과정에서 대칭성을 적극적으로 유지한다는 '대칭적 뇌' 의 개념은 주목할 만하다. 그것은 인간이 좌우를 다룰 때 나타나는 인지적 제한점을 설명한다. 그러나 코발리스와 빌의 주장처럼, 반구 간 전송이 좌우 반전의 원인이라는 증거가 있는가? 지금까지의 논의는 겉보기처럼 순수하게 기하학적이지도 않고 생물학적이지도 않았다. 여러 실험 결과는 대칭 지각을 대칭적 뇌와 연결시킨다.

단일 뉴런 대칭성

신경생리학은 이제 겨우 대칭 지각의 신경적 근거를 연구하기 시작하였으나, 지금까지 수집된 데이터는 거울 대칭성이 일차적 불변 요소 중 하나이며 하측두 영역의 뉴런들에 의해서 추출된다는 것을 보여 준다. 하측두 영역은 '문자상자' 가 위치한 곳이다. 내가 앞에서 지적하였듯이 하측두 영역 뉴런은 관점 변화에 관계없이 특정한 시각적 대상을 선호한다. 예를 들면, 제니퍼 애니스턴을 선호하는 뉴런은 망막상의 크기와 위치에 관계없이 이런 선호성을 유지한다. 최근에 신경생리학자들은 이런 뉴런 중 일부가 거울 대칭을 구분하지 않는 거울 대칭 불변성을 보인다고 보고하였다.[327] 즉, 이런 뉴런의 반응은 이미지의 좌우가 반전되어도 동일하게 유지된다는 것이다.

결정적으로, 이런 뉴런은 수직 방향 반전보다는 수평 방향 반전에 대해서 더 큰 불변성을 나타낸다. 예를 들면, 어떤 뉴런이 p 모양에 반응하였다면, 그것은 또한 좌우 반전된 거울상, 즉 q에 대해서도 강하게 반응한다. 그러나 상하 방향으로 반전된 이미지에 대해서는 동일한 방식으로 반응하지 않는다. 다시 말해서, 이 뉴런은 p와 b는 구별하지만 p와 q는 구별하지 못한다.

집단적으로 하측두 영역 뉴런은 지각 불변성을 구현하고 있다. 하측두 영역 뉴런은 크기와 위치에 관계없이 사물을 재인하는 것을 허용한다. 새로운 전기생리학적 데이터는 좌우가 사물 재인과 무관한 요인 중 하나이며, 복측 시각 체계에 의해서 무시된다는 것을 보여 준다.

코발리스와 빌이 옳다면, '거울 불변성(mirror invariance)' 은 학습될 필요가 없다. 그것은 구조적 불변성 중 하나이며, 반구 간 연결의 기하학적 속성에 근거하는 것이다. 신경생리학자 니코스 로고테티스(Nikos Logothetis)의 연구[328]는 이런 가설을 강력하게 지지한다. 그는 짧은꼬리원숭이를 훈련하여 페이퍼 클립처럼 생긴 3차원 모양을 재인하게 하였다([그림 7-4]). 그가 확인하고 싶었던 것은, 원숭이가 나중에 다른 각도에서 클립 모양을 보더라도, 여전히 그것을 재인하는가 하는 것이었다. 훈련하는 동안, 그는 원숭이가 사실상 고정된 하나의 각도에서만 물체를 보게 하였다. 물론 최소한의 수직축 회전을 제공하였으며, 이는 깊이 정보를 제공하기 위한 것이었다. 이렇게 적은 노출로도 불변성 재인이 가능할까? 이 질문에 대한 답을 얻기 위하여, 그는 다양한 각도에서 바라본 물체 이미지를 원숭이에게 보여 주었다. 물론 처음 보는 물체 이미지도 방해 자극으로 제시되었다.

실험 결과, 새로운 각도가 원래 학습한 각도에서 40도 이상 회전한 경우 원숭이는 재인에 실패하였다. 그러나 회전이 180도에 가까워 오자 갑자기 재인율이 상승하였다. 하측두 영역 뉴런의 반응에서도 비슷한 경향이 나타났다. 대부분의 뉴런은 원래 학습한 방향에서 최대 반응을 하였고, 40도 내지 50도 이상 회전하면 반응을 멈추었으며, 180도에 가까워지면 다시 격렬하게 반응하였다. 왜 180도일까? 이 각도는 이분의 일 회전에 해당하며, 원래 이미지의 거울상과 완전하게 동일한 이미지를 보여 준다. 만약 자극 물체가 페이퍼클립 같은 모양이 아니라 b와 같은 모양이었다면, 수직축으로 180도 회전한

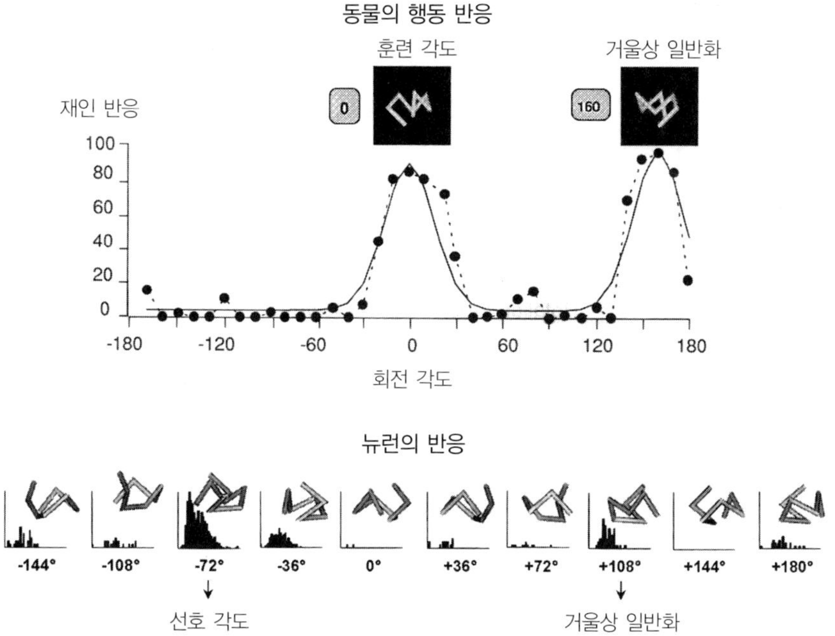

그림 7-4 특정 모양으로 훈련을 받은 후, 영장류의 시각 체계는 그 거울상에 일반화한다. 이 실험에서 원숭이는 특정 각도에서 바라본 와이어프레임을 재인하는 것을 학습하였다. 그런 후 동일한 대상을 여러 다른 각도에서 바라본 이미지로 검사를 받았다(위 그림). 원숭이는 훈련 받은 각도의 와이어프레임을 정확하게 재인하였다. 그러나 또한 와이어프레임이 180도 회전하여 거울상이 되는 각도에서도 동일한 재인 반응을 보였다. 학습 후 뉴런은 원래상과 거울상 모두에 반응한다(아래 그림; Logothetis, Pauls, & Poggio, 1995에서 인용).

결과는 d였을 것이다.

간단히 말해서, 추가적 학습 없이도 하측두 영역 뉴런은 이미 알고 있는 모양의 거울상을 재인할 수 있다. 거울상을 처음으로 보는 경우에도 그렇다. 얼굴 전문 뉴런에 대한 연구는, 이것 또한 굉장히 많은데, 이런 결론을 재확인한다. 많은 뉴런이 동일한 얼굴의 거울 대칭—예를 들면, 왼쪽 방향 옆얼굴과 오른쪽 방향 옆얼굴—에 대해서 똑같은 반응을 나타낸다.[329] 놀랍게도, 이런 거울 불변성은 출생 직후의 원숭이에서도 나타난다.[330] 인간의 경우도 마찬가지로, 생후 4개월의 유아는 친숙한 물체의 거울상을 재인할 수 있다.[331] 태어날 때부터 인간은 거울 대칭에 대한 특이한 감각을 가지고 있는 것 같다.

로고테티스의 연구는 회전과 대칭의 차이도 보여 준다. 회전 불변성은 시각 체계의 초기 능력에는 없는 것 같다. 우리는 어떤 물체가 회전할 때 어떻게 보이는지에 대해 학습해야 한다. 생애 초기 단계에 시각 체계는 3차원 모양에 대해 깊은 지식이 없는 것 같다. 시각 체계는 생애 초기에 2차원 이미지에만 의지한다. 대칭이 이런 규칙의 예외라는 것은 대단히 흥미롭다.

원숭이와 인간을 이용한 뇌 영상화 실험은 아주 초기의 시각 피질이 대칭에 대단히 민감함을 발견하였다. 무작위로 배치된 다수의 점들 속에 대칭적으로 구성된 소수의 점들을 넣으면, 후두측두 피질의 외측 영역에서 활동이 증가한다. 이런 활동은 대칭 탐지 능력과 직접적으로 관련된다.[332] 진화는 우리가 대칭적 점 패턴을 보도록 준비시키지는 않았지만, 대칭적 점 패턴은 우리의 시각 회로에서 공명을 일으킨다. 시각 회로는 대칭성을 발견하면 신속하게 발화한다.

대칭적 연결

대칭 지각의 근저에 있는 신경 연결의 구조에 대해서는 아직도 많은 연구가 필요하다. 어쩌면 코발리스와 빌이 옳을지도 모르고, 좌뇌와 우뇌를 연결하는 뇌량이 대칭 지각의 열쇠를 쥐고 있을지도 모른다. 그러나 아직은 강력한 증거가 없으므로, 단편적이고 애매한 증거들을 바탕으로 추론할 수밖에 없다. 나는 이미 개와 비둘기에 대한 파블로프와 빌의 개척자적 실험을 소개하였다. 두 동물 모두 한 쌍의 거울상을 변별하는 학습에 어려움이 있었다. 예를 들면, 비둘기는 수평선과 수직선(— 대 ㅣ)을 구별할 수 있지만, 동일한 선이 45도 회전하여 한 쌍의 거울상(／ 대 ＼)을 만들었을 때는 수행이 저조하였다. 그러나 뇌량을 절단했을 때는, 파블로프와 빌이 둘 다 보고하였던 것처럼 과제 수행이 우수하였다. 이것은 반구 간 연결이 대칭 지각에 관여함을 시사한다.

그렇다면 정확하게 어떤 역할을 하는가? 다른 실험들이 확인한 바에 의하면, 뇌량을 통한 반구 간 정보 전송은 마치 장갑처럼 시공간(visual space)을 뒤집으며, 그런 이유로 좌우가 반전된다. 1960년대 하버드 대학교의 낸시 멜로(Nancy Mello)는 일련의 논문을 발표했다. 지금은 거의 다 잊혀졌지만 비둘기의 대칭 감각에 대한 것이었다.[333] 비둘기는 매우 특이한 해부학적 구조를 가지고 있다. 포유류와 달리, 비둘기의 우안은 좌반구의 시각 영역으로만 투사하고, 좌안은 우반구로만 투사한다. 비둘기의 한쪽 눈을 가리면 시각 정보는 오직 한쪽 뇌로만 입력된다.

멜로는 비둘기를 훈련시켜서 한쪽 눈만을 사용하여 두 개의 시각적 이미지를 변별시켰다. 비둘기는 ∧와 ∨를 변별하거나 ◁와 ▷를 변별하였다. 비둘기들은 둘 중 어느 하나를 선택하면 보상을 받았고, 다른 하나를 선택하면 보상을 받지 못했다. 성공적으로 변별 학습이 이루어진 후에, 멜로는 그것이 다른 눈에 일반화되는지 조사하였다. 놀랍게도, 비둘기는 수직 대칭인 ∧와 ∨를 여전히 잘 변별하였으나, 좌우 대칭인 ◁와 ▷를 변별하는 데는 실패하였다. 실패한 정도가 아니라, 우연 수준보다도 더 나쁜 수행을 나타냈다! 오른쪽 눈으로 ◁를 쪼도록 훈련 받은 비둘기는, 왼쪽 눈에 ▷가 제시되었을 때 쪼는 반응을 나타냈다. 그러므로 학습된 시각 정보는 두 반구 간에 전송되며, 전송은 좌우를 체계적으로 반전시킨다는 것이 분명해졌다. 이것은 코발리스와 빌의 예언과 일치한다.

1년 후 유사한 연구가 인간과 더 가까운 종인 짧은꼬리원숭이에 대해서 실시되었다. 유니버시티 칼리지 런던의 존 노블(John Noble)은 우선 시교차(optical chiasma: 각 눈에서 나온 시신경이 두 반구로 들어가기 전에 반분되는 곳. [그림 7-3] 참조)를 절단하였다. 그래서 한쪽 눈은 한쪽 뇌에만 투사할 수 있었다. 멜로의 비둘기와 동일한 사례다. 그리고 한쪽 눈을 사용하여 두 개의 대칭적 대상을 변별하도록 훈련하였다. 마지막에는 다른 쪽 눈에 일반화되는지 테스트하였다. 노블도 역시 불가사의한 거울상 일반화를 관찰하였다. 잠깐 동안의 무작위 반응 후에 원숭이는 우연 수준보다 더 나쁜 수행을 나타냈다. 비둘기처럼 원숭이도 훈련받은 이미지의 거울상을 일관성 있게 선택하였다.

그 후의 실험에서 노블은 시각 지식의 전송이 '뇌량' 을 통하거나 '전교련(anterior commissure)' 이라고 불리는 신경섬유 다발(fiber bundle)을 통한다는 것을 보여 주었다. '거울 전송' 은 두 개의 신경섬유 다발이 절단되면 사라졌으나 어느 한쪽이라도 남아 있으면 유지되었다. 마지막 실험에서 노블은 반구 간 연결을 제거하였다. 제거는 학습이 끝나고 검사를 시작하기 전에 실시하였다. 거울 반전은 여전히 나타났다. 이것은 거울 반전이 학습 시기에 뇌량을 통해서 이루어짐을 보여 준다. 그것은 검사 시기에 일어나는 일이 아니었다.

노블의 결론은 매 시행마다 반대쪽 뇌에서 '거울 학습'이 일어난다는 것이다. 그는 이런 메커니즘이 동물과 인간의 좌우 변별에 나타나는 특이한 어려움을 설명한다고 지적하였다. 두 눈이 모두 건재한 경우, '거울 학습'은 각 반구가 외부 세계에 관한 일차적 시각 입력과 이차적 거울상을 받도록 한다. 관찰 대상이 대칭적이면 두 표상은 동일하며 서로를 강화한다. 그러나 대상이 비대칭적이라면(예를 들면, b나 d처럼), 두 표상은 서로 경쟁하고 이런 갈등은 학습을 방해한다. 물론 최후 승리자는 일차적 표상이다.

이런 추론이 옳다면, 대칭성 원리가 반구 간 연결의 해부학적 구조를 세세한 부분까지 지배해야 한다. 일대일 투사는 시각 영역의 대칭적 부위들을 직접 연결한다. 이것은 사실이며,[334] 코발리스와 빌의 모델을 지지하는 또 다른 증거다. 반구 간 연결의 그림은 나비 날개처럼 아름답다. 좌반구 시각 피질의 뉴런은 축삭을 피질 표면의 수직 방향으로 뻗는다. 이어서 뇌량 섬유 다발에 합류하고 마지막에 반대쪽 반구에 도착한다. 그런 후 급격하게, 출발점과 정확하게 대칭적 피질 위치를 향한다([그림 7-5]). 그런 뉴런이 쥐와 생쥐의 일차 시각 피질에서 또한 짧은꼬리원숭이의 이차 시각 영역에서 발견된다. 그 기능은 아직 모르지만, 그 배치는 시각 입력의 거울상 형성에 적합해 보이고, 대칭적 대상의 탐지를 용이하게 할 것 같다.

이런 대칭적 연결이 때로 무시되는 이유는 그것이 두 반구를 연결하는 다리의 아주 작은 일부이기 때문이다. 반구 간 연결 섬유의 주요 다발은 대칭적이 아니지만, 시각 세계의 피질 표상 두 개를 봉합하는 데 기여한다. 이것은 유명한 수수께끼에 답한다. 우리는 왜 단 하나의 통합된 시각 세계를 지각하는가? 객관적으로 보았을 때, 시각 세계는 절반으로 나누어지고 각각은 서로 다른 반구에 의해서 부호화되는데 말이다([그림 7-5] 참조). 두 반구가 해부학적으로 분리되어 있지만, 두 반구 간 연결은 세계의 기능적 연속성을 복구하는 데 필수적 역할을 한다. 이러한 '봉합적 연결(stitching connection)'은 불연속적 영역(중앙의 수직선; 중앙경선)에 집중하며, 유사한 위치를 부호화하는 두 반구 영역을 점대점 방식으로 연결한다.

시애틀의 제이미 올라바리아(Jaime Olavarria) 팀의 연구는 발달 중 일어나는 하나의 경

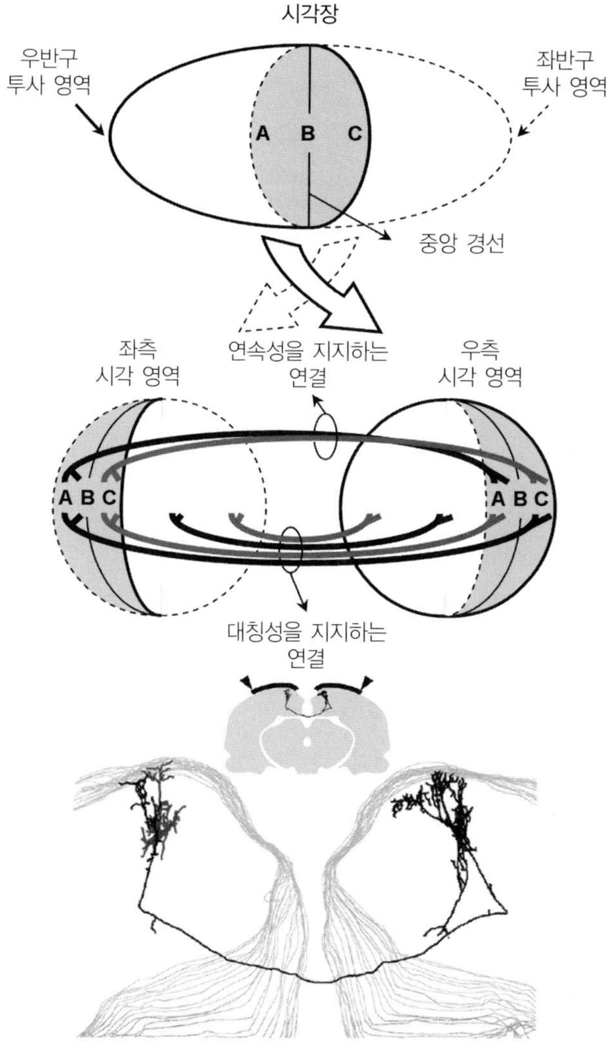

그림 7-5 연속성과 거울 대칭성은 두 반구의 시각적 연결을 지배하는 주요 원리다. 위 그림은 잘 알려진 사실을 하나 보여 주는데, 시야의 왼쪽 절반은 우반구로 투사하고, 시야의 오른쪽 절반은 좌반구로 투사하며, 시야 중앙의 좁은 부위는 중첩된다(Olavarria & Hiroi, 2003에서 인용). 우리가 시각 장면의 불연속성을 지각하지 못하는 것은, 동일한 지점을 처리하는 피질 영역을 연결하여, 시야의 기능적 연속성을 확보하려는 반구 간 연결 덕분이다. 이런 봉합적 연결은 망막의 중앙 부위에만 집중하며, 대칭적은 아니지만 위치 변경이 가능하다. 반구 간 연결에는 다른 것도 있는데, 시야의 대칭점들을 연결하며 망막 주변부에서도 작동한다. 이런 연결은 대칭 지각과 거울 일반화에서 중요한 역할을 한다. 아래쪽 그림은 쥐의 일차 시각 피질의 아름다운 기하학적 특성을 보여 준다. 시각 뉴런 하나가 좌반구와 우반구의 대칭 영역에 투사하는 모양을 보여 준다(Houzel, Carvalho, & Lent, 2002에서 인용).

쟁을 보여 준다. 그것은 '시각적 연속성'과 '대칭성 원리' 간의 경쟁이다. 시각적 연속성은 두 반구를 이어 주는 봉합적 연결에 의존하며, 대칭성 원리는 대규모의 대칭적 투사를 요청한다.[335] '대칭적 연결'은 출생 시에는 대단히 풍부하다. 아마도 어떤 화학적 인력의 작용인 것 같다. 그러나 대칭적 연결의 대부분은 생후 며칠 이내에 제거된다. 이런 가지치기 과정이 있기 때문에, 시각 세계의 연속성을 담보하는 봉합적 연결이 결국 상황을 지배하게 된다.

흥미롭게도, 환경은 이런 가지치기 과정에 영향을 주지 않는다. 자궁 속에서도, 망막의 자발적 신경활동은 좌반구와 우반구의 뉴런들에 그것들이 동일한 망막 위치를 부호화하고 있음을 알려 준다. 쥐에서는 봉합적 연결이 쥐가 눈을 뜨기 며칠 전에 형성된다. 그러나 이 연결은 망막의 자발적 활동이 방해를 받으면 엉망이 된다. 이렇게 되면 봉합적 연결은 경쟁에서 패배하고, 그 결과로 과다한 대칭적 연결이 나타나게 된다.

내가 생물학 연구의 아주 세세한 부분까지 언급하는 것은 그것이 발달성 난독증과 관련이 매우 많은 것으로 드러날 수도 있기 때문이다. 실제로, 생물학 연구들은 시냅스 가지치기의 초기 장애—출생 전후 몇 달 동안에 발생할 수 있다—가 지나치게 많은 대칭적 연결을 가져온다는 것을 보여 주었다. 과다한 대칭적 뉴런들은, 왜 어떤 아동들이 좌우를 혼동하는지, 왜 b와 d를 구별하는 데 어려움이 있는지 설명해 줄 수 있을까? 이 문제를 깊이 논의하기 전에, 나는 먼저 어떻게 뇌가 그런 구분을 해내는지 알아볼 것이다.

숨어 있는 대칭 표상

시각 체계가 우리가 학습하는 모든 것을 대칭화한다면, 인간은 항상 거울 오류를 범할 것이다. p와 b를 분간하지 못할 것이고 좌우를 구별하지 못할 것이다. 다행스럽게도, 시각 체계의 일부는 좌우를 분간할 수 있다.

많은 연구자들은 인간의 시각 피질이 두 부분으로 분리되어 있어 두 개의 기능적 흐름을 만들기 때문에, 마치 하나의 뇌에 두 개의 시각 체계를 보유하는 것 같다는 지적을 한다.[336] 복측경로(ventral pathway)는 지금까지 내가 주목해 왔던 곳으로, 불변적 대상 지각을 담당한다. 그 경로는 이미지의 정체, 모양, 색채에는 민감하지만, 크기와 방향은 무시한다. 물론 좌우도 무시한다. 그러나 두 번째 경로가 있다. 배측경로(dorsal pathway)는 두정엽으로 올라가며, 주로 공간과 운동을 책임진다. 이 경로에서는 사물의 색채나 정체는 중요하지 않고, 사물의 거리, 위치, 속도, 방향 등이 중요하다. 즉, 사물에 대해서 어떻게 행동할지 결정하는 데 필요한 정보다. 데이비드 밀너(David Milner)와 멜 구데일(Mel Goodale)은 두 단어를 사용하여 두 경로의 근본적 차이를 표현하였다. 복측경로는 '무엇(what)' 을 파악하고 배측경로는 '어떻게(how)' 를 파악한다.

"태초에 행동이 있었다." 괴테의 파우스트가 한 말이다. 우리가 좌우를 구분해야 한다면 그 일을 '어떻게' 경로에 맡겨야 한다. 어린아이였을 적에 우리는 오른손을 사용하여 먹고, 쓰고, 그리는 것을 배웠다. 여러분이 가톨릭 가정의 아이였다면 성호를 그을 때 오른손을 사용한다는 것을 배웠을 것이다. '어떻게' 경로는 좌우를 구별할 수 있어야 한다. 좌우 정보는 운동 자세를 위해서 필수적이기 때문이다. 프라이팬을 잡을 때 손잡이가 왼쪽을 향하는지 오른쪽을 향하는지에 따라서 다른 자세를 취한다. 배측경로가 자동적으로 자세를 물체의 방향에 맞춘다. 그러나 방향에 둔감한 복측경로는 손잡이가 어느 쪽을 향하든 똑같은 주방용품이라고 말한다. 또한 배측경로는 순전히 가상적인 자세나 운동을 상상하는 것을 가능하게 한다. 우리가 마음속으로 물체를 회전시키거나, 지도를 읽거나, 어떤 두 개의 이미지가 서로 다른 방향에서 본 동일한 물체인지 아닌지를 판단할 때, 우리는 배측경로에 의지한다.

요약하면, 인간의 뇌에는 두 명의 전문가가 동거하고 있다. 하나는, 내가 '수집가'(collector)라고 부르는 것으로, 사물을 재인하고 명칭을 부여하지만 공간 내 위치나 방향에 대해서는 관심이 없다. 다른 하나는 '노동자(manual worker)' 라고 부르고 싶은데, 행동하고, 비교하고, 조작하지만, 자신이 다루는 대상이 무엇인지는 모른다.

두 개의 시각 체계는 서로 긴밀하게 협조하기 때문에, 우리는 그들 사이의 분업에 대해서 의식하지 못한다. 그러나 뇌손상이 종종 이런 내적 분업을 폭로한다. 스코틀랜드의 연구자 올리버 턴불(Oliver Turnbull)은 뇌손상 환자 수십 명을 조사하였다. 그들은 두 시각 체계가 분리된 사람들이었으며, 어떤 경우에는 마치 면도날로 잘라 낸 것 같이 두 개가 분명하게 분리되어 있었다. 두 명의 환자에 대해 살펴보자. 한 명은 두부 외상을 입은 적이 있는 DM이고, 다른 한 명은 우반구 측두두정 영역에 다중 뇌졸중을 겪은 LG다.[337] 턴불은 그들에게 여러 방향에서 찍은 친숙한 물체의 사진을 보여 주었다. 예를 들어, 거꾸로 된 헬기 사진, 똑바로 선 캥거루 사진, 90도 회전된 전화기 사진 등이다. 이름을 말해 보라고 했을 때, DM은 형편없었지만, LG는 상당히 잘하였다. 그러나 사진 속 물체의 방향이 똑바로 되어 있는지 말해 보라고 했을 때는 반대 결과가 나타났다. DM은 실수가 없었지만, LG는 실수가 많았다. DM은 복측의 '무엇' 경로가 심각하게 손상되었고, LG는 배측의 '어떻게' 경로가 더 이상 기능을 하지 못하였다.

대상의 정체와 방향 분리는 원숭이에서도 나타난다. 짧은꼬리원숭이의 복측 측두엽을 손상시키면 동그라미와 십자가를 구별하지 못한다. 그러나 방향 변별은 가능하다. 예를 들면, 6과 9의 구별, b와 d의 구별은 가능하다. 배측경로를 손상시키면 반대의 결과가 나타난다. 원숭이는, 마치 인간의 어린아이들처럼, a와 b는 구별하지만 b와 d는 구별하지 못한다.[338]

배측의 '어떻게' 경로는 다시 여러 개의 회로로 갈리는데, 그 구성은 이제 막 이해되기 시작하였다. 어떤 영역은 손의 제스처를 담당하고, 다른 부분은 안구 운동을 제어하고, 또 다른 부분은 여러 종류의 공간 관계를 부호화한다. 거리, 크기, 수, 모양, 운동, 방향 등의 정보는 두정엽의 서로 다른 하위 영역을 필요로 하는 것 같다. 특히 우반구 두정엽 손상 후 좌우 구별 능력만 선택적으로 손상되는 일이 드물지 않다. 이런 손상은 복측 후두측두 영역의 '무엇' 체계에 의해 산출된 '숨어 있는 대칭 표상(dormant symmetry)'의 존재를 드러낸다.

올리버 턴불과 로잘린 매카시(Rosaleen McCarthy)는 처음으로 이런 '거울맹(mirror blindness)' 사례를 보고하였다. 환자는 RJ라고 불리는 61세의 남성으로 관상동맥혈전증 때문에 양쪽 두정엽을 절제하였다.[339] RJ는 자신이 사물의 원래상과 거울상을 구분하지 못한다는 사실을 인정하지 않았다. 두 개의 사진을 겹쳐서 보여 주면 그는 두 이미지가 똑같지 않다는 것을 인정했다. 그러나 두 장을 따로 떼어 놓으면 그것이 다르다는 것을 알지 못하였다. "당신은 두 장이 똑같지 않다는 것을 나에게 보여 주었고, 그래서 나는 두 장이 똑같지 않다는 것을 압니다. 그러나 내가 한 장을 먼저 보고 이어서 다른 한 장을 보면, 그것들은 나에게는 똑같은 것으로 보입니다."

이 이상한 병리를 조사하기 위하여, 턴불과 매카시는 RJ에게 거의 동일한 그림 세 개를 보여 주었다. 세 개의 그림 중 하나는 다른 두 개와 달랐으며, RJ는 그것을 찾아내야 했다. RJ는 정체성에 아주 미묘한 차이가 있는 그림도 쉽게 찾아냈다. 예를 들어, 귀가 네 개 달린 토끼를 쉽게 찾아냈다. 또한 상하 도치된 그림도 잘 찾아냈다. 그러나 놀랍게도, 오른쪽을 향한 토끼들 중에서 왼쪽을 향한 한 마리의 토끼는 찾아내지 못하였다([그림 7-6]). 또다른 거울맹 사례들이 그 후에 보고되었다.[340] 그림이 동물이건, 도구이건, 또는 난생 처음 보는 와이어프레임이건 관계없이, 환자들은 원래상과 거울상을 구별하

그림 7-6 뇌손상 후, 어떤 환자는 거울상을 구분하지 못한다. 그들의 공간 방향 지각을 조사하기 위해서 올리버 턴불과 로잘린 매카시(1966)는 '특이 항목 찾기' 검사를 설계하였다. 이 검사는 각 줄의 그림 중 다르게 생긴 것 하나를 찾아내는 것이다. 환자 RJ는 차이가 좌우 방향일 때는 항상 오류를 범하였다(맨 윗줄). 그러나 다른 검사, 특히 문자나 단어의 방향이 포함된 검사에서는 성공하였다(아래 두 줄).

는 데 실패하였다. 두정엽 배측경로의 손상이 환자들에게서 좌우 정보를 앗아간 것이다. 손상되지 않은 복측경로는 방향을 분간하지 못한다.

거울 깨기

그러나 거울맹에 하나의 예외가 있다. 그것은 우리의 원래 주제인 '읽기'의 핵심과 관계가 있다. 거울맹 환자는 읽기를 할 때 좌우와 관련하여 아무런 문제가 없다. 환자는 문자나 단어가 제대로인지 거울상인지 안다. 환자는 단어의 각 문자들이 반전되었을 때(REASON-ЯƎAƧOИ), 단어 전체가 반전되었을 때(SMILE-ELIMS), 그리고 두 가지가 혼합되었을 때(FEVER-ЯƎVƎꟻ), 그것들을 정상적 단어들 속에서 금방 찾아낼 수 있다. 이런 차이들은 거울맹 환자도 정상인처럼 쉽게 인지한다. 물론 그들은 뇌손상 때문에 비언어적 자극에 대해서는 거울상을 구별하지 못한다(☜ 그리고 ☞).

이런 단순한 사실로부터 '읽기'가 특별한 규칙에 근거하고 있음을 확인할 수 있다. 숙달된 독자의 복측경로에서는 거울상 일반화가 취소된다. 초보 단계의 읽기에서는 배측경로를 이용하여 b와 d를 구분한다. 오직 배측경로가 어떤 문자가 왼쪽을 향하고 있는지 오른쪽을 향하고 있는지 말해 줄 수 있다. 복측경로는 두 모양이 동일하다고 말한다. 그러나 점차적으로 복측경로는 대칭 표상과 이별하는 것을 학습한다. 복측경로는 더 이상 b와 d를 동일한 대상으로 간주하지 않는다. 궁극적으로 복측경로는 각각의 모양에 서로 다른 뉴런들을 할당하고, 그 뉴런들은 거울상 일반화를 중지한다. 이런 비대칭적 문자 탐지기들은 읽기 통계 추출을 위한 기준 단위가 되며, 정방향 단어에만 적용된다. 이렇게 하여, 후두측두 피질은 시각적 단어 재인에 필요한 비대칭적 뉴런 위계를 습득하게 된다. 이웃한 피질 영역의 뉴런들은 사물이나 얼굴의 재인을 담당하며, 여전히 좌우 반전을 일반화하지만, 읽기 장치는 이제 더 이상 거울상을 혼동하지 않는다.

이런 대칭 제거 과정은 문자에 대해서만 일어나는 것 같다. 그러나 그것이 유용한 것은 표기 체계 그 자체가 매우 비대칭적일 때뿐이다. 표기 체계가 항상 비대칭적인 것은 아니다. 이집트 신성문자는 양쪽 방향으로 쓸 수 있었다. 왼쪽에서 오른쪽으로 쓸 수도 있고 오른쪽에서 왼쪽으로 쓸 수도 있었다. 왼쪽에서 오른쪽으로 쓸 때는 모든 문자가 반전되었다. 인간이나 동물 기호가 어느 방향으로 읽을지 알려 주었다. 인간이나 동물의 머리는 항상 줄의 시작 부분을 향했다. 마찬가지로, 고대 그리스어는 '우경식(boustrophedon)' 으로 쓰였다. 우경식은 '소가 밭을 간다.' 는 말이다. 한 줄은 좌에서 우로, 그다음 줄은 우에서 좌로 거울상을 사용하여 썼다. 그러므로 이집트인이나 고대 그리스인은 복측경로의 대칭성을 버릴 필요가 없었다. 실제로, 그들의 이상한 양방향 표기법은, 만약에 인간의 시각 체계가 자발적으로 우향 기호 와 좌향 기호 를 동일한 것으로 취급하지 않는다면 존재하기 어려웠을 것이다. 오늘날까지도 어떤 표기 체계는 대칭성과 결별하지 못하고 있다. 중국어는 영어의 b와 d에 상당하는 거울상 한자를 약간 가지고 있다. 예를 들면, 信과 訃, 또는 亻과 卜이 그것이다. 다른 표기 체계, 예를 들면 타밀어는 우아한 초서체의 문자를 가지고 있으며, இ, ஷ, ஹ와 같은 것인데, 거울 혼동이 일어날 수 없다. 이런 문자의 사용은 지각 능력의 저하로 연결될 수 있다. 타밀어 독자는 거울상을 혼동하는 일이 흔하며, 왼쪽으로 뾰족한 삼각형(◢)이 이런 모양() 속에 들어 있다고 생각한다.[341]

깨어진 대칭성 … 또는 숨은 대칭성?

b와 d를 잘 구별하게 되었다고 해서 로마자 사용자의 대칭 지각 능력이 사라졌는지는 분명하지 않다. 그들의 시각 체계는 단어의 거울상을 동일시하는 것을 정말로 중지하였을까? 아니면, 스스로 의식하지는 못하지만 여전히 거울상 만들기를 계속하고 있을까? 새뮤얼 오턴은 능숙한 독자의 우뇌가 여전히 문자를 거꾸로 표상한다고 주장한다. 오턴의 관점에서, 읽기 학습은 단어의 정확한 방향에 주목하는 것이다. 단어의 거울상은 강하지는 않지만, 여전히 비지배적 반구에 나타난다. 거울은 깨진 것이 아니고 숨어 있을 뿐이다.

뇌가 무의식적으로 단어의 거울상을 표상한다는 생각은 그렇게 황당한 것은 아니다. 시각 처리의 초기 단계에서 문자는 무의미한 모양에 지나지 않는다. 뇌에 의해 재인되기 전에는, 문자는 다른 시각적 이미지처럼 처리된다. 이런 상황에서 반구 간 전송은 문자를 장갑처럼 뒤집는다. 실제로 거울상 단어를 마주했을 때 우리는 무력하지 않다. 약간의 노력을 하면, 우리는 한 번에 한 개씩 문자를 해독할 수 있다. 이것이 시사하는 바는 문자 한 개씩의 재인은 거울상에서도 가능하다는 것, 전체 단어 형태에 의존하지 않고도 가능하다는 것이다.

신체 운동 수준에서는 많은 사례들이 '은닉 프로그램'의 존재를 암시한다. 그중 하나가 '거울 쓰기'다. 이것은 문자와 단어를 정상적 방향이 아니고, 오른쪽에서 왼쪽으로 마치 거울에 비친 모양으로 쓰는 것이다. 거울 쓰기를 시도해 보면 처음에 대부분 실패한다. 그러나 종이를 테이블 아래에 놓고, 마치 테이블 면을 통과해 들여다보는 것처럼 생각하고 쓰기를 시도해 보라. 그러면 적절한 거울 쓰기 운동이 아주 자연스럽게 산출되는 것을 알 수 있을 것이다. 그것은 너무 쉬워서 순전한 거울 쓰기라고 생각되지 않는다. 그러나 손의 움직임을 카메라로 찍어서 재생하여 보면, 손은 오른쪽에서 왼쪽으로 자연스럽고 정확한 방식으로 움직인다. 거울 쓰기는 오른손잡이의 경우 왼손으로 하는 것이 보통 더 쉽다. 이것은 반구 간 전송이 큰 역할을 한다는 가설을 지지한다.

거울 읽기와 거울 쓰기에 이용되는 '은닉 표상(dormant representation)'의 존재에 대한 가장 확실한 증거는 뇌손상 환자에서 나온다. 대략 40명 중 하나꼴로 반신마비 환자들은 일시적으로 거울 쓰기를 한다. 이 신기한 증상은 오른손잡이 반신마비 환자가 왼손으로 써야 하는 경우에 거의 항상 나타난다. 대부분의 경우 장애는 쓰기에 있다. 읽기에는 문제가 없다. 환자들은 자기가 쓴 거울 문자를 읽지 못하는 것이 보통이다. 그러나 대뇌 손상 이후에 거울 읽기와 거울 쓰기가 둘 다 나타나는 드문 경우도 있다.

그런 사례에 해당하는 것이 HN인데, 51세의 미국 여성이며, 자동차 충돌 사고의 희생자다.[342] 사고 후 HN은 중간 정도의 무주의(inattention) 장애, 계획 장애, 기억 장애 등을 나타냈다. 전두엽 신진대사가 양반구에서 모두 저하되었기 때문이다. 그러나 심각한 문제는 더 이상 읽고 쓰기가 제대로 안 된다는 것이었다. 하루는 HN이 운전을 하고 있을 때, 정지신호가 POTS인 것을 발견했다. HN은 차라리 거꾸로 쓴 것을 읽는 것이 바로 쓴 것을 읽는 것보다 쉬울 것이라고 말한다. 이런 놀라운 주장은 실험실 관찰에 의해서도 지지되었다. 어느 쪽 손을 사용하든, HN은 왼쪽에서 오른쪽으로 쓸 때 더 많은 실수를

그림 7-7 뇌손상이 있는 어떤 환자들은 거울 읽기나 거울 쓰기를 시작한다. 위 그림은 환자 HN의 사고 전후의 쓰기를 보여 준다.

범하였다. 반대 방향으로 쓰기를 하면, 여전히 서툴기는 하지만, 더 잘 쓸 수 있었다([그림 7-7]).

더욱더 놀라운 것은, 단어가 거울 반전 되었을 때 HN은 더 빠르고 더 정확하게 읽었다. 오른쪽에서 왼쪽으로 쓴 단어를 재인하도록 했을 때 HN은 약 1초, 아주 정상적인 시간을 소비했다. 그러나 단어를 정상 방향으로 제시했을 때는 재인이 2.5초 이상을 요구했다. 무려 세 배 가까이 더 걸렸다. 단어를 컴퓨터 스크린에 짧은 동안 제시할 때에도 동일한 결과가 재현되었다. 스크린에 거울상 단어를 1/4초 동안 보여 주었을 때 HN은 그것이 영어 단어인 한은 아무런 어려움을 나타내지 않았다. 여러분이 실제로 해 보면 알겠지만 이것은 굉장히 빠른 것이다.

chiper
tolight
pastor

이상한 것은, 단어를 왼쪽에서 오른쪽으로 똑바로 제시했을 때 HN의 반응은 무작위적이었다는 것이다. 단어의 제시 시간이 1/2초를 넘기 전까지는 그랬다. HN의 뇌손상은 읽기와 쓰기를 심각하게 방해하였지만, 또한 HN이 알지 못했던, 거울상의 '은닉 표상'을 드러내 주었다. HN의 사례가 유일한 것은 아니다. 유사한 다른 사례가 많이 보고되었다. 하지만 아쉽게도 근저에 있는 대뇌 메커니즘에 대해서 강한 결론을 이끌어 내기에는 부족하다.[343] 이런 환자들의 뇌손상은 대개 광범위하며 정확한 위치를 지적하기 어렵다. 대부분 두부에 넓은 부상이 있다. 여러 부위가 동시에 손상되었을 가능성이 있고 그 결과 이렇게 예외적인 거울상 읽기 증상이 나타났을 것이다. 또한 이들의 거울상 수행이 정상 독자에 근접하였다고 말하는 것은 과장일 수 있다. 사실을 말하면, 이들의 거울상 쓰기는 서투르고, 거울상 읽기는 느리다. 어린아이에게 나타나는 문자 단위의 읽기와 흡사한 수행을 보여 준다.

HN의 행동은 제3의 흥미 있는 단서를 제공한다. HN은 거울 읽기를 할 때, 불규칙 단어에 대해서 자주 오류를 범하였다. HN은 매우 느린 자소-음소 변환 경로를 이용하여 읽기를 하는 것처럼 보였다.

women
colonel
choir

전체적으로 이런 관찰은 정상적 읽기 회로의 일부가 상실되었음을 시사한다. 내 생각에는 뇌손상이 시각적 단어 재인에 필요한 병렬적 메커니즘을 망가뜨린 것 같다. 그렇기 때문에 환자는 아직 건재한 문자 재인 단위에 의존하여 단어를 고통스럽게 해독하는 것이다. 이런 수준의 문자 재인은 능숙한 독서자가 단어의 거울상을 재인할 때 유일하게 의존 가능한 것이다. 이런 수준이 보존되었기 때문에 환자는 여전히 거울상 단어들을 읽을 수 있다. 비록 읽는 속도는 느리고, 규칙화 오류들이 문자 단위 해독 방략을 드러내 보여 주지만 말이다.

그러나 이런 설명은, 수많은 뇌손상자가 문자 단위 읽기는 가능하지만 거울 읽기는 가능하지 않은 이유를 말하지 못한다. 다른 이유가 있을 것이다. 내 생각에 그것은 두 번째 결함, 즉 자극의 공간 방향을 지각하지 못하는 것과 관계가 있다. 대부분의 거울 독서자는 공간 방향과 관련된 결함이 있다. 한 환자는 좌우를 혼동했으며, 오스트레일리아와 영국의 지도를 그릴 때 좌우를 반전하였다.[344] 또 다른 환자는 시계판을 그리지 못하였으며, 시간과 수 개념을 상실하였다. 이 환자는 금요일 다음에 목요일이 온다고 주장하고, 마흔 네 살이 지나면 마흔 세 살이 된다고 주장하였다.[345] 앞에서 언급한 HN은 뚜렷한 공간적 결함을 나타내지 않았지만, 계획을 세우고 그것을 유지하는 데 문제가 있었다.

그런 공간적 결함이나 계획 결함은 거울 읽기에서 일정한 역할을 한다. 우리가 글을 읽을 때, 두정 영역과 전두 영역은 아주 중요한 공간적 계산을 실시한다. 처음에는 시선 방향을 결정하고, 이어서는 하향식(top-down) 주의 신호를 시각 영역에 송출하여, 시각 영역이 표적 위치를 선택할 수 있게 한다. 내 생각은 이런 영역 중 어딘가에 손상이 있고 그 손상이 방향을 혼동하고 읽기를 방해한다는 것이다. 그 결과, 환자는 비정상적 방략을 취하게 되며, 단어의 우측에서 읽기를 시작하거나 거울 표상—대부분의 사람에게 존재하지만 은닉 상태인—에 주의하거나 둘 중 하나다. 이런 해석은 오턴의 주장과 유사하다. 오턴은, 숙달된 독자는 선택적 주의 능력을 이용하여 부적절한 방향의 단어 표상을 무시할 수 있다고 말하였다. 거울 읽기를 하는 환자들은 바로 이런 기본적 공간 주의 메커니즘을 상실한 것이다.

우리는 거울 읽기를 완전히 설명할 수는 없지만, 그것은 읽기의 숨겨진 측면에 대해서 새로운 정보를 제공한다. 거울 읽기 능력은 뇌 안에 숨어 있다. 이런 조용한 능력이 노출되는 것은 어떤, 다중적인, 그러나 아직 정의되지 않은 뇌손상이 일어났을 때뿐이다.

대칭성, 읽기, 뉴런 재활용

이 장을 요약하면, 아동의 시각 회로는 독서에 유용한 많은 속성을 가지고 있지만, 거울상 일반화라는 해로운 속성도 가진다. 이 오래된 속성은 원숭이나 비둘기에게도 있으며, 아동들이 읽고 쓰기를 시작할 때 거울 오류를 범하는 이유를 설명한다. 아동들은 b와 d를 동일한 대상의 다른 측면인 것처럼 간주한다.

숙달된 독자가 되기 위해서는 이런 거울 단계를 넘어서야 한다. 거울상을 동일시하는 능력을 '취소' 해야 한다. 어떻게? 좌와 우의 구별은 아마도 공간적 동작을 프로그램하는 배측 시각 경로에서 시작된다. 아동이 문자를 손으로 그릴 때의 독특한 동작은 각 문자와 연합된다. 점차적으로 이런 공간적 · 운동적 학습은 사물 재인을 위한 복측 시각 경로에 전송된다. 아동은 모양의 방향에 주의하는 것을 학습한다. 아동은 문자를 3차원 공간 속에서 회전하는 사물이 아니라 2차원의 곡선으로 보기 시작한다. 점차적으로 아동은 문자 집합을 찾아내는 데 능숙해진다. 바이그램, 자소, 형태소 등의 표상은 좌반구에서만 발달하며, 오직 좌에서 우로 쓰인 문자에 대해서만 발달한다.

이 시점에서 대칭 일반화는 사라진다. 숙달된 독자는 일상 텍스트의 문자 통계에 대해 풍부한 지식을 보유하지만, 거울 쓰기에 대해서는 의식하지 못한다. 그의 초기 능력의 유일한 흔적은 은닉된 거울상 문자 표상인데, 그것들은 더 이상 읽기 시스템에 의해 사용되지 않는다.

정상 아동들이 거울상 일반화를 취소하는 데 여러 달이 걸린다는 사실은, 신경 재활용 가설을 강력하게 지지한다. 만약에 뇌가 빈 서판이라면, 어떠한 구조도 없다면, 그러나 문화적 환경으로부터 무엇이든 흡수할 수 있다면, 거울 읽기를 할 이유가 없다. 뇌가 어떻게 해서 주변 환경에서 절대로 볼 수 없는 거울 표상을 습득한 것인지 이해하기 어렵다. 반면에, 재활용 가설은 피질 영역이 다른 용도로 전환되기 이전에, 진화에서 유래한 구조적 속성을 이미 갖고 있음을 시사한다. 각 피질 영역에는 애초에 자산과 부채의 명세표가 붙어 있으며, 그것들 중 일부만 학습에 의해서 재배열된다. 인간의 문화는 기존의 생물학적 편향 위에서 작동하며, 새로운 용도에 맞추어 그것들을 어떻게 조정해야 하는지 발견해 내야 한다.

거울 난독증의 놀라운 사례

'읽기' 에 대한 이런 관점은 아동의 학습장애를 이해할 수 있게 해 준다. 대다수의 난독증의 경우, 제6장에서 지적하였지만, 문제는 '말소리' 처리에 있어서의 핵심적 장애 때문에 생긴다. 또한 내가 지적하였지만, 소수 아동들의 경우 일차적으로 시각적 장애 때문에 읽기 결함이 생긴다. 이런 아동의 문제는, 적어도 부분적으로는, 대칭 일반화의 취소에 있다.

일반 대중들은 난독 아동은 읽기에 문제가 있을 뿐 아니라, 좌우 구별에도 문제가 있다고 생각한다. 사실, 문자 방향은 많은 난독 아동에게 특별한 문제를 일으킨다. 예를 들면, 아동들은 p를 q와 혼동하거나 d를 b와 혼동한다.[346] 그러나 이런 문제는 모든 아동에게 나타나는 것이지, 난독 아동에게만 나타나는 것은 아니다. 더군다나, 이런 것들은 일시적이다. 거울 오류는 7~10세에 정점에 달하는데, 이 시기는 아동이 문자를 재인하는 것을 배우는 시기이고, 이후에 오류는 없어진다. 집단적으로 난독 아동이 거울 읽기에 특별히 재능이 있는 것도 아니다. 시각적 문제는 난독 아동에서 지배적 역할을 하지 못하는 것 같다.[347] 일시적으로 나타나는 시각적 장애는 단순히 음운 결함의 결과일 수도 있다. 만약 음소 [b]와 [d]의 차이를 이해하지 못한다면, b와 d가 서로 다른 문자임을 이해하는 데 더 많은 시간이 걸릴 것이다. 게다가 운이 나쁘게도, 두 거울 문자는 유사한 음소를 가리키기 때문에, 발음이 혼동되기 쉽다(위의 예에서, [b]와 [d]는 둘다 파열 자음을 가리킨다. 파열 자음이란 성도를 따라 나오는 기류를 막았다가 터뜨릴 때 발생되는 소리다). 당연히, 이런 여러 문제의 연합은 음운 장애를 가진 아동들에게 특유한 문제를 일으킬 수 있다.

희귀하지만 좌우 혼동이 난독증의 유일한 이유인 경우도 있다. 인상적인 하나의 예는 AH라고 알려진 한 젊은 여성에 관한 것이다. AH는 미국의 심리학자인 마이클 맥클로스키(Michael McCloskey)에 의해 자세히 연구되었다.[348] AH의 장애는 매우 늦게 발견되었다. 당시 20세가 넘었다. AH는 존스홉킨스 대학교에서 심리학을 전공하는 우수한 학생이었다. 맥클로스키 교수의 발달성 난독증에 대한 강의 중 하나가 끝났을 때, AH는 어린 시절부터 읽기와 수학에 심각한 어려움이 있었다고 고백하였다. 맥클로스키는 여러 개의 인지 검사를 실시하였다. 그의 예감은 적중하였다. 똑똑한 이 학생은 희귀하고 흥미로운 유형의 난독증을 가진 것으로 판명되었다.

AH의 문제는 읽기 과정의 모든 수준에서 나타나는 공간적 혼동 때문인 것 같았다. 단일 문자를 읽는 경우, AH가 범하는 오류는 거의 전적으로 공간적 반전이었다. 예를 들면, p를 q로, m은 w로 인지하였다. 흥미롭게도, 공간적 방향에 따라 정체가 달라지지 않는 문자들의 경우에는 전혀 오류를 범하지 않았다. 예를 들면, g와 k 같은 것은 틀리지 않았다. 단어를 읽는 경우에도 AH는 개개의 문자를 반전시켰고, 또한 문자 위치를 혼동하였다([그림 7-8]). snail을 nails로 오인하였다. 문장 수준에서도, AH는 종종 단어의 순서를 뒤바꾸었다. 문맥이 강하지 않을 때에 특히 심하였다.

한마디로, AH는 공간적 관계가 끊임없이 변동하는, 불안정한 시각 세계 속에 살고 있었다. brain처럼 간단한 단어도, 문자 위치 이동과 재조합을 통해서, drain이나 brian으로 바뀌었다. AH의 혼동이 어느 정도인지 알기 위해 맥클로스키는 문자와 단어가 뒤죽박죽인 문장들을 보여 주었다. 예를 들면, "The stock market is storngly affected dy dercebtions the the of public" 같은 문장이다. (이것은 "The stock market is strongly affected by the perceptions of the public"의 일부 문자와 단어 위치를 바꾼 것이다). AH는 이런 문장들을 쉽게 읽었을 뿐 아니라 틀린 부분을 자발적으로 수정하였으며, 전체 중 60%의 문장이 완벽하게 정상이라고 자신 있게 말하였다. 그녀는 지금까지 이런 결함을 안고 살아왔지만, 자신의 공간 시각이 극도로 불안정함을 인식하지 못하였다.

AH의 결함은 읽기에만 국한되지 않았다. AH는 간단한 그림을 모사할 때에도 방향을 올바르게 그리지 못하였다. AH의 그림 중 절반 정도는 '거울 반전' 된 그림이었다. AH의 학교 기록에서도 그런 반전이 많이 발견되었다. 워싱턴의 필립스 미술관을 미술부 학생들과 단체 방문하였을 때 남긴 그림 중에 르누아르의 '선상 파티에서의 점심식사' 를 스케치한 것이 있었다. 이 그림은 명랑한 여름날에 매력적인 젊은 남녀들이 아름다운 강변의 노천 카페에서 즐거운 한때를 보내는 것을 담고 있다. AH의 스케치는 대부분 머리

자극 단어	읽기 반응
dog	bog
bone	done
pig	dig
star	tars
rib	rip
sun	nuns
skirt	skit
dust	dusk

자극 이미지 베끼기

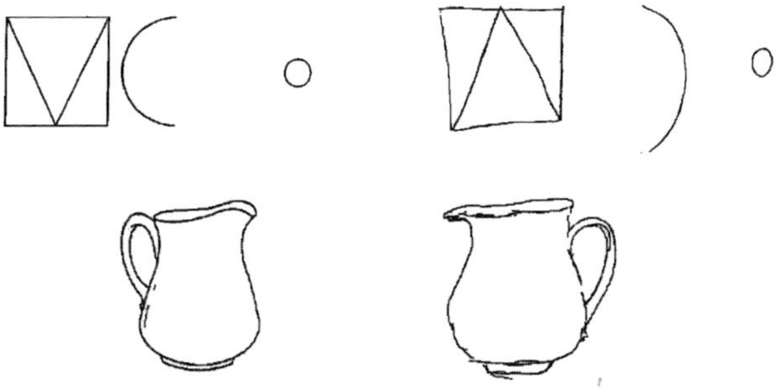

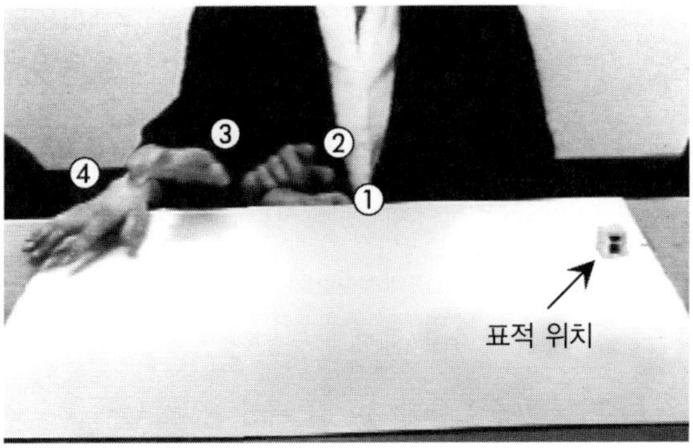

그림 7-8 드물지만 난독증은 시각 체계의 과다한 대칭 일반화 때문에 생길 수 있다. 난독증을 가진 젊은 여성 AH는 반전 가능 문자, b, d, p, q에 대해서만 읽기 오류를 범하였다. 그리고 문자 순서를 바꾸거나, 아주 드물게는 문자의 정체를 바꾸었다(위 그림). 또한 그림을 베끼는 과제에서 반전이 나타났는데, 특히 좌우 방향의 반전이 많았다(중간 그림). AH는 물체를 손으로 재빨리 잡는 과제에서(아래 그림), 다중노출 사진에서 보듯이, 표적 위치의 대칭 방향으로 손을 뻗었다(McCloskey et al., 1995; McCloskey & Rapp, 2000에서 인용).

에 쓰는 모자에 집중하였다. 그러나 모자의 위치를 뒤바꾸었다. 르누아르의 그림에서는 왼쪽에 있던 모자들이 AH의 스케치에서는 오른쪽으로 이동하였다. 왼쪽에 있던 모자들은 오른쪽으로 이동하였다.

더욱 놀라운 것은 AH가 일상생활의 아주 평범한 동작에 있어서도 거울 오류를 자주 범한 것이다. 간단한 '잡기 검사(grasping test)' 에서, AH가 눈을 감고 있는 동안 AH의 앞에 나무토막을 놓았다. 신호가 주어지면 AH는 눈을 뜨고 가능한 한 빨리 나무토막을 잡아야 했다. 비디오카메라로 AH의 동작을 찍었는데 재미있는 현상이 포착되었다([그림 7-8]). 시행 중 3분의 2에서 AH의 손은 먼저 반대쪽 방향을 향하였으며, 그런 후 올바른 방향으로 손을 뻗었다. AH는 잡기 검사에서 좌우를 너무 자주 혼동하였고, 성적은 무작위 반응하는 경우보다도 나빴다. 그렇기는 하지만 AH의 동작에서 틀린 것은 방향뿐이었다. 다른 특성들—각도, 거리, 속도—은 적절하였다. AH는 공간 반전이라는 극히 선택적인 장애를 갖고 있었음에 틀림없다. AH의 시각 체계는 끊임없이 좌우를 반전하였다. 마치 어떤 악령이 AH를 앨리스의 거울 나라로 데려간 것 같았다.

AH에 대한 연구를 진행하던 중 맥클로스키는 그녀를 도와줄 수 있는 방법을 우연히 발견하였다. 표적 물체가 이동하거나 깜박이거나 또는 1/10초 동안만 제시되거나 할 때, AH의 수행은 향상되었다. 실제로 문자나 단어나 구절을 1초에 10회의 속도로 깜박이면 AH의 읽기 점수는 정상 수준에 도달하였다. 이 현상은 매우 불가사의하다. 난독증을 '거대세포 경로(magnocellular pathway)' 의 손상에 기인한 것으로 보는 지배적 관점과 일치하지 않는다. 이 경로는 신속한 시각적 정보 처리를 담당하기 때문이다.[349] AH에게는 깜박임이 매우 효과적이어서 섬광등(strobe light) 아래서도 책을 읽을 수 있었다.

AH의 사례는 난독증의 과학적 연구에서 언급되는 모든 것들로부터 너무 예외적이어서, 대답을 제공하기보다는 질문을 유발한다고 해야 한다. 난독증으로 분류되는 아동 중 얼마나 많은 수가 실제로 AH처럼 공간 지각의 결함을 가지고 있는가? 다른 난독자들도 섬광등의 도움을 받을 수 있을까? 어떤 장애가 이 불가사의한 거울 반전의 원인인가? AH는 공간 속의 물체 위치를 파악하고 좌우를 구별하는 배측경로에 어린 시기에 손상을 입었는가? 또는 AH의 결함은 뇌량으로부터 지나치게 많은 거울상 연결이 주어진 복측경로 때문인가? 또는 이른바 '취소 학습 결함(unlearning deficit)' 의 문제일 수 있다.

AH는 읽기 습득 중 시냅스 제거 메커니즘의 결함으로 아동기의 시각 체계를 유지하게 되었고, 그 결과 단어의 실제상과 거울상의 차이를 지각하지 못하게 되었을 수 있다. 뇌 영상화 기술은 이런 질문들의 대답에 실마리를 제공할 것이다.

마지막으로, AH의 흥미로운 사례는 시공간적 주의가 정상적 읽기 발달에 극히 중요함을 상기시킨다.[350] 우수한 해독 기술은 문자와 말소리의 연합에서만 나오는 것이 아니다. 문자는 올바른 방향, 올바른 공간 위치 그리고 올바른 좌우 순서를 가질 때에만 지각될 수 있다. 아동 독자의 뇌에서는 복측 시각 경로와 배측 시각 경로가 협동해야 한다. 전자는 문자와 단어의 정체를 재인하며, 후자는 문자와 단어의 공간적 위치를 파악하고 안구 운동과 주의를 제어한다. 이들 중 하나라도 비틀거리면 읽기도 실패할 것이다.

능숙한 읽기를 위해서는 배측경로와 복측경로를 둘 다 훈련할 필요가 있다는 사실은 운동 제스처(motor gesture)를 강조하는 교수 방법이 왜 성공적인지를 설명한다. 운동 제스처 방법은 이탈리아의 심리사 마리아 몬테소리(Maria Montessori)에 의해 처음으로 도입된 것으로, 이 방법을 이용하는 초등학교의 학생 활동 중 하나는 샌드페이퍼에서 오려낸 커다란 문자의 윤곽선을 손가락으로 추적하는 것이다. 아동들은 이 활동을 왼쪽에서 오른쪽 방향으로 하며, 획이 그려진 순서에 주의해야 한다. 이 활동은 제스처와 촉각과 시각 그리고 공간 감각을 모두 포함한다. 항상 왼쪽에서 오른쪽 방향으로 가는 비대칭적 경로를 밟게 하며, 이를 통해 복측경로에서의 대칭 일반화를 방지한다. 실제로, 프랑스의 심리학자 에두아르 겐타즈(Edouard Gentaz)는 실험적 방법을 사용하여 이런 다중감각적 방법이 전통적인 음운적 · 시각적 훈련 방법보다 정상 아동에서 더 효과적임을 보여 주었다.[351]

다중감각적 연구는 완전히 새로운 미래의 연구를 개척할 것이다. 뇌 영상화 기술은 촉각적 방법이 배측과 복측의 경로를 이어 주는 기능적 연결을 향상시킨다는 것을 보여 줄 것이다. 공간적이고 촉각적인 문자 탐색은 시각적 원인 때문에 읽기장애가 있는 아동도 도와줄 것이다. 촉각 기반의 중재 방법은 AH의 읽기 능력을 향상시킬 수 있을 것이다. 읽기 과학의 발전과 더불어 인간의 뇌가 어떻게 읽기에 적응했는지 이해할 수 있을 것이다. 뿐만 아니라 읽기 과학의 새로운 지식은 아동의 뇌에 최적화된, 더 좋은 교수 방법과 재활 방법을 개발하는 데 활용될 것이다.

제8장

뉴런 문화를 향하여

읽기는 문화적 학습과 뇌 사이의 상호작용이 어떤 것인지를 완전히 새로운 방식으로 보여 준다. 신경 재활용 모델은 읽기를 넘어서서 다른 문화적 발명에도 적용될 수 있다. 수학, 예술, 종교는 신경적 제약 위에 성립된 장치라고 할 수 있으며, 수천 년 동안 문화적 진화에 의해 영장류 뇌에 자리를 잡았다. 그러나 해결되지 않은 질문이 하나 있다. 왜 인간은 문화를 만들고, 자신의 뇌 회로를 새로운 방식으로 사용하는 유일한 종이 되었는가? 내 생각에는, 거대한 피질 연결 시스템인 '의식적 신경 작업공간(conscious neuronal workspace)'의 확장이, 새로운 목적을 위해 심적 대상들을 재배열하는 것을 허용하였기 때문이다.

도서관에 모든 책이 있다고 선포되었을 때, 처음 느낌은 주체할 수 없는 희열이었다. 모든 사람이 스스로를 비밀스러운, 아무의 손도 닿지 않은, 보물의 주인이라고 느꼈다.

– 호르헤 루이스 보르헤스, '바벨의 도서관'

만일 신이 존재한다면, 그는 도서관일 것이다.

– 움베르트 에코

글 읽는 뇌 속으로의 여행이 막바지에 들어선 지금, 하나의 행운 덕분에 우리가 읽을 수 있게 되었다는 사실이 분명해졌다. 만약 책과 도서관이 인류의 문화적 진화에서 지배적 역할을 하였다면, 그 이유는 뇌 가소성이 영장류의 시각 체계를 언어 도구로 재활용하는 것을 허용했기 때문이다. 문자의 발명은 대뇌 회로를 읽기 장치로 변환시켰다. 우리는 새롭고도 거의 마법과 같은 능력, '죽은 자의 언어를 우리의 눈으로 듣는' 능력을 얻었다. 우리가 읽기를 할 수 있는 것은, '종이나 점토 위의 끄적거림' 을 말소리와 의미에 연결할 수 있는 피질 영역을 물려받았기 때문이다.

놀랄 것도 없이, 우리의 대뇌 회로는 읽기에 완벽하게 적응하기 어려운 것으로 드러났다. 낮은 시각 해상도, 가파른 학습 곡선, 혼란스러운 거울 대칭 등은 과거의 진화 과정을 증언한다. 불행하게도, 진화는 대뇌 회로가 언젠가 단어 재인을 위해 재활용될 것이라고 예상하지 못했다. 그러나 우리의 불완전한 하드웨어는, 고대 수메르인과 그 후 수많은 세대의 필경사들이 대뇌 회로를 활용하는 방법을 발견하는 것을 막지 못했다. 필경사들은 효율적 표기 체계를 디자인하였으며, 오랜 기간에 걸친 개량은 '종이 위의 검은 흔적' 이 우리 뇌에 말을 거는 것을 허용하였다.

읽기 패러독스의 해결

이 책의 첫 페이지에서, 나는 문자 발명이 원래 그런 기술을 위해 디자인되지 않았던 뇌에서 어떻게 일어날 수 있었는지 물었다. 어떻게 인간이란 원숭이가 게놈의 변화가 없었는데도 책벌레로 변했는가? 이 미스터리는 내가 '읽기 패러독스'라고 부르는 것이다. 읽기는 불과 몇 천 년 전에 발명되었음에도, 모든 성인 독자의 뇌에 정교한 읽기 메커니즘이 장착되어 있는 것을 생각하면, 읽기 미스터리는 더욱 증폭될 뿐이다.

우리는 이제 패러독스가 없다는 것을 알고 있다. 인간의 뇌는 읽기를 위해 진화한 것이 아니다. 생물학적 진화는 맹목적이다. 어떤 신성한 설계자가 있어 우리가 책을 읽을 수 있도록 뇌를 만든 것이 아니다. 유일하게 진화한 것은 문화였다. 읽기는 뇌에 적응하기 위하여 점차적으로 진화하였다. 수 세기 동안 시행착오를 거친 후, 표기 체계는 세계 곳곳에서 유사한 해법에 도달하였다. 표기 체계는 모두 단순한 모양의 기호 집합을 사용하는데, 이런 기호 집합은 복측 시각 체계에 저장되고 언어 영역으로도 연결된다. 문화적 진화가 표기 체계를 잘 조정한 덕분에, 이제는 표기 체계가 초보 독자의 뇌에 자리 잡는 데 불과 2~3년의 시간밖에 걸리지 않는다. 나는 원래 다른 기능을 가진 피질 영역을 부분적으로 또는 전체적으로 문자가 차지하는 것을 설명하기 위해 '신경 재활용'이란 개념을 도입했다.

나는 세부 사항이 중요하다고 믿기 때문에, 읽기 회로가 어떻게 작용하는지 길게 다루었다. 독자들이 나의 장황한 설명을 이해해 주기를 바란다. 나는 매우 구체적 용어들을 사용하여 뇌 기능의 두 가지 중요한 측면을 설명하고자 했다. 첫 번째 목적은 문화적 습득이 일반 학습 메커니즘에 의지하지 않는다는 것을 보여 주는 것이었다. 문화적 습득은, 이미 존재하는 그리고 기능이 정해진 신경회로를 이용한다. 읽기의 경우, 우리는 점점 더 정확하게 이런 회로를 이해해 가고 있다. 그런 회로가 모든 영장류에 존재하는 '불변적 대상 재인'을 위한 시각 경로에 속한다는 것을 우리는 이제 알고 있다. 시각 경로의 복잡한 내적 구조와 새로운 형태를 학습하는 능력은 가능한 표기 체계가 어떤 것인지에 제약을 가한다.

두 번째 목적은 첫 번째로부터 나온 것인데, 인간의 문화는 사회과학자들이 선호하는 것처럼 무한한 다양성과 임의적 독창성으로 가득 찬 무궁무진한 영역이 아니라는 것이다. 뇌 구조는 문화적 구성물에 엄격한 통제를 가한다. 발명을 위한 인간의 능력은 무궁한 것이 아니라 신경적 장치에 의해 제한되어 있다. 인간의 문화가 다양성으로 충만한 것처럼 보이는 것은, 엄청난 수의 문화적 형식이 제한된 수의 기본적 문화 특징을 다중적으로 조합하여 생성될 수 있기 때문이다.

읽기의 경우 문화적 불변성은 구체적이고 친숙하다. 한자에서 알파벳까지 모든 표기체계는 '형태-음운적(morpho-phonological)' 원칙에 근거한다. 어근(word root)과 음운 구조를 동시에 표상한다. 또한 세계 어디서나 소수의 시각적 모양을 사용한다. 이것은 마크 챈기지(Marc Changizi)에 의해 처음으로 발견되었다(4장 참조). 글자의 외형적 다양성의 바탕에는 보편적이고 신경학적으로 제약된, 광범위한 특징들이 있다.

문화적 형태의 보편성

이 마지막 장에서, '읽기'는 문화적 발명이 신경 구조에 의해 어떻게 제한되는지를 보여 주는 많은 사례 중 하나라는 생각을 옹호하고자 한다. 만약 다른 인간 활동에도 신경 재활용 모델이 적용된다면, 우리는 인간 활동과 그에 대응하는 뇌 메커니즘을 연결할 수 있어야 한다. 그런 연결은 문화적 발명의 범위를 규정하는 신경적 제약이 무엇인지 이해하도록 도와줄 것이다. 현재 이런 관점은 멀리 있는 것처럼 보이지만, 우리는 언젠가 모든 문화(가족, 사회, 종교, 음악, 미술, 기타 등등을 포함하는)의 기본 구성 요소들을 목록화할 수 있을 것이고, 그런 요소들이 뇌의 수많은 능력 중 어떤 것과 어떻게 관련되는지 이해할 것이다.

나는 그런 '뉴런 문화'가 만개하기를 기대한다. 첫 번째 초석은 프랑스 신경생물학자 장 피에르 샹주(Jean-Pierre Changeux)에 의해 지난 30년 동안 놓여졌다.[352] 인간 문화의 다양한 차원에 대한 정확한 설명이 가능하게 되었다. 이런 '신경인류학적(neuro-anthropological)' 관점에서는, 각각의 문화적 특징은 궁극적으로 잘 정의된 신경회로와 연결되어야 하며, 신경회로의 조합은 문화적 표상이 취할 수 있는 다양한 형식을 설명할 수 있다. 나는 문화 관습을 한 개의 유전자, 한 개의 분자, 한 개의 뉴런으로 직접 환원하는 것을 옹호하지는 않는다. 읽기에서와 마찬가지로, 일련의 '연결 법칙(bridging law)'들이 문화적 구성물이 적절한 신경회로에 자리잡도록 한다. 이런 연결 법칙은 심리적 법칙을 배제하는 것이 아니라 통합한다. 또한 인간 사회를 형성해 온 역사적 · 정치적 · 경제적 동력도 포함한다.

이런 관점은 어렵게 들릴지 모르지만, 그것이 가능하다고 생각하는 것은 나만이 아니다. 나의 많은 동료들은 인문학, 심리학, 그리고 뇌과학 사이에 지식의 통합 또는 '통섭(consilience)'[353]이 필요하다고 생각한다. 언어학자 노암 촘스키(Noam Chomsky)는 문화상대주의의 한계를 지적한 최초의 과학자 중 하나다.

> [일반적 견해에 따르면], 동물이 어떤 영역에서 탁월하고 다른 영역에서 무능한 것에 대한 설명은 본능의 풍부성과 고유성이다. 반면에, 인간은 뚜렷한 본능적 구조를 가지고 있지 않으며, 자유롭게 생각하고 말하고 발견하고 이해할 수 있다. 거기에는 아무런 제약이 없다. 그러나 논리적으로 보았을 때, 그리고 지금 우리의 이해가 당도한 곳에서 바라보았을 때, 그것은 동물 세계에서 인간의 위치를 올바르게 파악한 것이 아니다.[354]

촘스키보다 몇 년 앞선 1974년에 프랑스의 인류학자 댄 스퍼버(Dan Sperber)는 "수많은 민족지적 기록이 가리키는 결론은 문화가 무한한 가변성 중 하나가 아니라, 제한된 수의 변이 집합 중 극히 정교한 하나"라고 주장했다.[355] 문화적 다양성은 보편적 정신구조의 한계를 은폐한다는 가설은 구조인류학의 창시자인 클로드 레비스트로스(Claude Levi-Strauss)에 의해서도 제기되었다. 레비스트로스의 이론은 최근에 인지인류학자 도널드 브라운(Donald Brown)의 연구에 의해 전면적으로 지지되었다. 『인간의 보편(Human Universals)』[356]이라는 책에서, 브라운은 모든 문화에 의해 공유된 약 400개의 특징을 제시하고 있다. 이런 보편적 특징은 색깔과 숫자로부터 텃세, 얼굴 표정, 음악 창작, 게임, 법률 등에 이르기까지 다양하다.

이런 기본적 문화 특징은 어디에서 왔는가? 스퍼버는 기본적으로 모듈(module) 구조를 가진 인간의 마음에서 유래한다고 주장한다.[357] 모듈은 제리 포더(Jerry Fodor)의 가설[358]인데 스퍼버는 그것을 좀 더 구체화하였다. 스퍼버에 의하면, 마음은 특정 영역의 능력에 대한 필요성 때문에 진화한 전문적 '모듈들' 의 집합체다. 각 모듈은 처음에 좁은 영역에 적용되었으며, 모듈을 진화시킨 상황에 국한되었다. 그러나 모듈의 영역은 더 큰 범위의 입력을 수용하기 위해 확장될 수 있었으며, 그리하여 문화가 완전히 새롭고 매력적인 자극을 발명할 수 있는 여지를 남겨 두었다.

'얼굴 재인' 은 좋은 구체적 예다. 얼굴에 대한 시각 능력은 유아기 초기에 모든 사람에서 나타난다. 그것은 '얼굴 모듈(face module)' 이라고 불리는 전문적 시각 영역과 연관되어 있다.[359] 이 모듈의 '고유 영역(proper domain)' 또는 이 모듈의 생물학적 기능이 목표로 하는 정보는 사람의 얼굴이다. 이 모듈이 얼굴을 위해서 진화해 온 것은 얼굴에 숙달하는 것이 진화적 우위를 제공하기 때문이다. 그러나 얼굴 재인 장치는 진짜 인간 얼굴이 아닌 대상, 즉 조각, 사진, 혹은 녹고 있는 눈 위에 나타난 예수의 얼굴, 혹은 천문학자들이 화성 표면에서 발견했다는 거인 얼굴(실제로는, 산의 그림자) 등에 대해서도 반응한다. 심지어는 인터넷의 '스마일리' 나 '이모티콘' (☺)과 같은 최소 형태도 얼굴 모듈을 활성화할 수 있다. 스퍼버의 프레임에서는, 이런 모든 자극은, 자연적인 것이든 인공적인 것이든, 모듈의 '현실 영역(actual domain)' , 즉 얼굴 모듈의 입력 조건을 만족시키는 최소 자극에 속한다.

스퍼버에 따르면 '현실 영역' 과 '고유 영역' 사이의 불일치가 인간의 발명을 위한 여지를 제공하고, 인간의 문화에 의해 이용될 수 있다. 사람들은 동료의 주의를 끌기 위해 다양한 '문화 대상(cultural object)' 을 발명한다. 그것의 유일한 목적은 가장 예기치 않고 호소력 있는 방법으로 뇌의 모듈을 흥분시키는 것이다. 초상화, 조각, 캐리커처, 마스크, 얼굴 화장, 그리고 문신을 창조하는 문화의 보편적 성향은 얼굴 재인 모듈의 경계선상에서 연출된 문화게임의 산물이다. 이런 문화적 인공물은 항상 모방만 하지 않는다. 얼굴의 특징을 과장하여 심리학자들이 '초자극(super-stimulus)' 이라고 부르는 것을 만들기도 한다. 초자극은 실제 얼굴보다 더 강하게 얼굴 모듈을 활성화시킬 수 있다. 일단 초자극이 되는 수준까지 최적화될 수 있다면, 그 문화 장치의 재생 효율성은 향상되고, 마치 정신적 유행병처럼 인간 집단 전체에 전파될 수 있다.

신경 재활용과 대뇌 모듈

분명한 유사성 또는 어떤 상보성이 댄 스퍼버의 '고유 영역' 대 '현실 영역'의 개념과 나의 '신경 재활용 가설' 사이에 있다. 두 관점은 진화에 의해 예측되지 않은 '문화 대상'이 뇌 구조 속에 자리 잡는다는 것을 강조한다. 문화 대상이 자리 잡을 수 있는 것은, 그것이 학습 가능한 정신적 형태의 일종이고, 피질 회로의 정상적 조작 조건에 포함되어 있을 때에 한해서다.

스퍼버에 대한 나의 유일한 불만은 문화적 보편의 기원에서 학습과 뇌 가소성의 역할을 과소평가하는 것이다. 비록 스퍼버가 모든 모듈을 '학습 본능(instinct to learn)'을 가진 것으로, 융통성 없는 장치가 아니라 새로운 지식을 습득하는 기계로 묘사하지만, 상당히 제한된 범위 내에서만 학습이 가능하다는 것을 강조한다. 사실, 모듈의 비유연성은 고정된 수의 생득적 모듈이 인간 문화의 보편적 특징을 설명한다는 그의 주장에서 중요한 역할을 한다. 모든 남성과 여성은 진화에 의해 규정된 동일한 모듈 목록을 가지고 있다고 그는 생각한다.

스퍼버의 이론에서 엿보이는 문화관은 환원주의다. 그의 관점에서 보면, 인간의 문화는 이미 확립된 대뇌 모듈을 자극하는, 한 무더기의 영리한 도구들에 지나지 않는다. '읽기'는 문화적 발명이 그 이상이라는 것을 보여 주는 예다. 시각 체계를 자극하기 때문에 '읽기'가 출현한 것은 아니다. 문자는 우리의 인지 능력을 급진적으로 확장함으로써 적절한 '문화 혁명'을 위한 조건을 만들었다. 아동의 뇌가 가소성이 뛰어난 시기에 읽기에 노출되면 인지 능력에 거대한 전환이 일어난다. 읽기는 단순히 모듈 입력만 변환시키는 것이 아니다.

나는 '모듈' 개념을 별로 좋아하지 않는다. 그 용어는 인지 기능을 뇌 표면을 덮고 있는 '고정된 세포들' 에 국한시키는 것 같다. 실제로, 피질은 매우 유동적이고 중복적(redundant)이고 가소성(plastic)이 있다. 장 피에르 샹주는 출생 첫해에 발생하는, 아이의 피질에 다양성과 중복성을 부여하는 시냅스 폭발을 강조했다. 뇌 회로는 태어날 때 이미 구조화되어 있지만, 그것은 단 하나의 영역에 절대적으로 할당된 것이 아니며, 특정 영역에서의 습득을 용이하게 하는 방향으로 편향될 수 있다. 주어진 인지적 제약의 선택적 압력 아래에서 진화한 대뇌 회로는 풍부한 연결 덕택에 매우 다른 기능으로 전환될 수 있다.

이런 신경 재활용 메커니즘은 스퍼버의 모듈 가설의 범위를 확장시킨다. 피질에서의 처리는 고정적이 아니고 가소성의 요소를 포함한다. 집중 교육을 실시하고 아이들의 뇌를 아주 일찍 문화 대상에 노출시키는 사회에서 피질의 정보처리 기능은 바뀔 수 있다. 뇌 가소성은 고정된 모듈을 초월하는 문화적 다양성을 허용한다. 인터넷이나 컴퓨터 마우스와 같은 혁명적 발명은 우리가 피질의 모든 도구상자의 잠재력을 아직 발견하지 못했음을 보여 준다.

마지막으로, 문화적 발명이 출현하는 속도와 용이성은 그것을 습득하는 데 필요한 피질 재활용의 크기에 따라 달라질 수 있다는 것을 인정해야 한다. 정의상, 우리가 생각할 수 있는 모든 대상은 뇌 회로가 수용할 수 있는 '학습 가능한 표상' 과 부합되어야 한다. 그러나 어떤 것은 다른 것보다 더 복잡한 변화를 요구할 수도 있다. 얼굴, 문신, 가면은 세계 문화 어디에나 풍부하게 나타나는 반면에, 읽기, 수학, 음악은 최근의 발명이며, 문화에 따라 복잡성도 다르고 보편화된 정도도 다르다. 그것들을 배우는 데 필요한 집중적 조기 교육은 기존의 대뇌 회로에 가해지는 시냅스 재구조화의 정도를 드러낸다. 문화 대상들은 접근 가능성이 동일하지 않다. 특정 피질 틈새를 발견하기 위해서 뇌는 문화적 사다리의 수많은 중간 단계를 검증해야 할 수도 있다.

문화 보편적 특성들

최근의 연구 프로젝트들은 음악, 종교, 미술, 수학, 과학 등 인간 문화의 가장 중요한 특징을 조사했다. 인간의 창의적 능력과 연관된 뇌 회로들을 확인하고, '계통발생적 전구체(phylogenetic precursor)' 및 '후성적 전구체(epigenetic precursor)'를 조사했다. 중요한 진보가 있었던 몇 가지 영역은 다음과 같다.

자연과학

모든 문화는 식물과 동물의 분류에 관심을 가지고 있다.[360] 스콧 아트란(Scott Atran)과 댄 스퍼버는 이런 관심을 '민속생물학(folk biology)' 모듈과 관련시켰다. 이 가설적 모듈은 생명체에 대한 지식 습득에 전문화되어 있다. 이런 모듈을 소유하는 것은 섭식행동, 건강, 환경과의 조화 등에 영향을 주며, 종의 생존에 중요한 역할을 담당한다. 발달심리학, 뇌 영상화, 신경심리학 등은 식물과 동물의 지식에 전문화된 뇌 영역을 찾아내기 시작했다. 그것은 유아기에 이미 나타나며, 뇌손상에 의해 삭제될 수 있다.[361]

수 학

나의 실험실은, 많은 연구자들과 함께 초보적 수학 개념들이 어떻게 뇌에 들어가 있는지를 연구해 왔다.[362] 모든 문화는 산수나 기하학에 나타나는 최소한도의 추상적 수학 개념을 공유한다. 이런 개념은 아동기 초기에 출현하며 심지어 어떤 정규 교육 없이도 나타난다. 대표적 예는 수 개념이다. 교육을 받지 않은 아마존 지역의 아이들도, 그들의 언어에는 5를 넘는 숫자 단어가 없는데도, 20개의 점과 45개의 점의 차이를 이해하고, 그것들을 순서대로 배열하고, 그것들을 조합하여 덧셈이나 뺄셈을 할 수 있다.[363] 기본적 산수와 관련된 핵심 능력은 좌우 반구의 두정엽에 있는 것 같다. 사물의 수에 민감한 영역이 유아, 아동 그리고 성인의 두정엽에서 발견되었다.[364] 또한 짧은꼬리원숭이의 뇌에서도 특정 숫자의 물체에 민감한 뉴런이 발견되었다. 그런 뉴런이 있는 영역은 인간이 암산을 할 때 활성화되는 영역과 동일한 위치에 있었다.[365] 수론(number theory)은 종종 '순수' 수학의 정점으로 간주되는데, 실제 그 기원은 먹이나 다른 개체를 추적하는 동물의 능력—이 두 가지 기능은 동물의 생존에 도움이 된다—에 있을 가능성이 있다.

수와 뇌에 대한 연구는 수학이 얼마나 인간 마음의 기본적이고 일반적인 능력에 의지하는지 보여 준다. 수학의 궁극적 기초는 공간, 시간, 수에 대한 심적 표상에 있으며, 그런 표상들은 진화 과정에서 물려받은 것이다. 인간은 표기 부호와 언어 부호의 도움을 받아서 새로운 방식으로 그런 표상들을 조립하는 것을 학습할 수 있다.

예 술

모든 문화는 예술 작품, 또는 실용적 용도가 전혀 없는, 값비싼 장식물들을 생산한다. 장 피에르 샹주는, 그의 책과 '콜레주 드 프랑스' 에서 2003~2005년에 행한 '신경미학(neuroesthetics)' 수업에서, 그림이나 음악과 같은 예술 형식에 대한 신경생물학적 연구를 제안했다.[366] 뇌는 '다중적 진화의 종합(synthesis of multiple evolutions)' 이며, 광범위한 심적 표상을 가지고 있다. 그런 표상들은 예술 작품에 의해 유발된 복잡한 정서 반응을 설명할 수 있다. 신경과학적으로 말하면, 그림은 많은 부분으로 분해되어 수많은 뇌 영역으로 전달된다. 각각의 뇌 영역은 예술작품의 속성—색깔, 질감, 얼굴, 손, 정서 표현— 중 하나를 처리한다. 어떤 작품이 명작이 되는 것은, 참신하고 동시적이고 조화로운 방식으로 여러 곳에 분산된 뇌 회로를 자극할 때다.

이와 유사한 생각은 미국의 신경학자인 빌라야누르 라마찬드란(Vilayanur Ramachandran)에 의해서도 제안되었다. 그는 "예술의 목적은 …… 단지 현실을 그리거나 나타내는 것이 아니라 …… 강화하거나, 초월하거나 또는 심지어 [그것을] 왜곡한다 …… 원래 대상보다 더 강력하게 신경회로를 자극하기 위해 현실을 증폭시킨다."고 하였다.[367] 영국의 신경심리학자 세미르 제키(Semir Zeki)는, "예술가들은 어떤 면에서 자기들만의 독특한 기법을 사용하여 뇌를 연구하는 신경과학자"라고 하였다.[368] 제키는 서로 다른 예술 형식은 서로 다른 신경회로와 관련을 가진다고 생각한다. '야수파(fauvism)' 는 뇌의 색깔 영역을 자극하고, '키네틱 아트(kinetic art)' 는 뇌의 운동 영역을 자극한다. 또한 천재적 예술가의 작품에는 수많은 해석의 가능성이 숨어 있으며, 그것들은 관람자를 항상 새로운 즐거움으로 안내한다.

샹주는 한 단계 더 나아간다. 그는 몇몇 뇌 부위를 자극하는 것만으로는 진정한 예술이 될 수 없다고 생각한다. 가장 감동적 예술 작품은 최면성 운동과 충격적 색채를 사용하여 보는 사람들을 매혹시키는 '초자극' 이 아니다. (물론 이런 초자극적 설명은 현대의 어떤 트렌드에 적용 가능하다.) 무엇보다도 걸작은 하모니를 발산해야 한다. 샹주가 예술적 창조의 핵심이라고 말한 '콘센수스 파르티움(consensus partium)'—개별적 부분과 더 큰 전체 사이의 일관성에 대한 감정—의 신경적 기초는 음악에 대해 이제 막 연구되기 시작했다.[369] 음악에서 하모니의 개념은 엄격한 물리학적 정의를 가진다. 옥타브나 5도 음정에 대한 민감성은 이미 유아기에도 나타나는 문화적 보편이다. 이런 특징은 일차 청각 영역의 수준에서 일어난다. 협화음은 일관되고 동기화된 신경 활동을 불러일으키는 반면, 불협화음은 불규칙하고 혼란스런 신경 활동을 불러일으킨다. 회화나 조각에 있어서의 하모니도 똑같은 방식으로 설명될 수 있을까? 명작은 뇌의 분산된 여러 영역에서 동기화된 반응을 불러일으킬까? 현재 우리는 이 물음에 대해 명확한 답을 가지고 있지 않다. 신경미학은 아직 초보적이고 논란이 많은 분야다.

종교

훨씬 더 논란이 있는 질문은 신경과학이 종교에 대한 보편적 선호를 설명할 수 있느냐 하는 것이다. 종교적 사고의 진화적 근원과 신경생물학적 근원을 규명할 수 있는가? 최근에 나온 세 권의 책은[370] 종교의 보편성과 지속성에 대하여 인지적 그리고 심지어 '신경신학적' 설명을 제시한다.

대니얼 데넷(Daniel Dennett)은 리처드 도킨스(Richard Dawkins)의 '밈(meme)' 개념을 정교화하였다. 데넷에 따르면, 언어와 모방을 통한 문화 전파 능력은 필연적으로 '밈' 이라 불리는 기생적 '심적 표상(mental representation)' 을 출현시킨다. 밈은 숙주에게 반드시 이로운 것은 아니다. 숙주에 대한 유일한 요구는 숙주가 효율적인 '복제기' 로서 작동하는 것이다. 숙주는 인간의 마음에서 마음으로 '심적 표상' 을 전달하는 역할을 한다. 종교는 자기 복제하는 심적 표상의 집합체이며, 오직 하나의 특성을 가진다. 믿는 자들에게 다음과 같이 선포한다. 맹목적으로 추종하고, 충성스럽고 부지런하게 종교를 확산시켜라. 그렇게 하지 않는 것은 신성모독이다.

파스칼 보이어(Pascal Boyer)는 종교적 신념의 신속한 확산을 설명하는 인지적 근거를 조사했다. 보이어는 스퍼버처럼 이런 '심적 전염(mental epidemics)' 이 뇌에 이미 존재하는 모듈로부터 도움을 얻는다고 가정한다. 종교는 사회지능, 도덕감각, 인과추론 등을 위한 '인지 모듈(cognitive module)' 에 편승한 일종의 기생충이다. 인지 모듈은 어떤 대상이 목표 지향적으로 움직이고 있을 때 그것을 움직이게 하는 '원인 행위자(causal agent)' 를 추론한다. 본질적으로, 우리는 환경 속에서 전지전능한 디자인, 의도, 도덕성을 발견하도록 프로그램되어 있다.

마지막으로, 스콧 아트란(Scott Atran)은 초자연적인 것에 대한 인간의 선호를 설명하는 데 집중한다. 그의 설명에 의하면, 보이지 않는 조상, 생각하는 나무, 살아 있는 시체, 부정한 물건, 또는 마법에 걸린 나무와 같은 초자연적 존재는 그것을 매력적으로 만드는 독특한 조합을 가지고 있다. 그것들은 우리가 자연 세계를 분석할 때 사용하는 생득적 범주(장소, 물체, 동물, 인간)에 정확하게 소속된다. 그러나 다른 한편으로, 그것들은 범주의 기초 규칙 중 어떤 것을 위반한다. 이런 불일치의 영향력 때문에 우리는 이런 순전히 상상적인 개념을 아주 매력적이라고 판단한다. 그것은 아이와 어른의 뇌 모두에 대해서 매우 효율적인 초자극이다. 두 얼굴을 가진 로마의 신 야누스(Janus)처럼, 하나의 얼굴은 그것이 심적 모듈을 뚫고 들어가도록 하고, 다른 하나의 얼굴은 우리의 주의와 기억을 강화시킨다. 키네틱 아트가 뇌의 운동 영역을 자극하여 우리를 유혹하는 것처럼, 초자연적 사고는 장소, 대상, 동물, 인간을 부호화하는 뇌 영역에 대한 강력한 '미끼(decoy)' 다.

이런 진화적 설명은 모두 진실처럼 들린다. 그러나 그 설명은 그것이 설명하려고 하는 사회적 · 문화적 현상의 복잡성에는 미치지 못하는 것 같다. 다만, 나는 예술이나 종교의 미스터리를 표준적 인지 현상과 연결시키려는 시도를 칭찬하고 싶다. 그것은 궁극적으로 심리학적 도구와 뇌 영상화 도구를 사용하여 연구될 수 있을 것이다. 그럼에도 불구하고, 그것은 항상 나에게, 낙타는 어떻게 혹을 얻었고 표범은 어떻게 점을 갖게 되었는지에 대한 러디어드 키플링(Rudyard Kipling)의 '바로 이런 이유로(just-so story)' 라는 동화를 상기시킨다. 예술과 종교의 이론은, 키플링의 이야기처럼 객관적 실험이 매우 어려운 의심스러운 메커니즘에 의지한다. 반대로, '읽기' 의 가장 흥미진진한 측면은 기저의 신경 메커니즘을 엄밀하게 분석할 수 있다는 것이다. 비록 '읽기'가 인간 특유의 고차적인 발명품이지만, 그것은 정확하게 파악되어 있고 복제 가능한 대뇌 회로에 근거하고 있음이 밝혀졌다. 나는 궁극적으로 신경미학이나 신경신학(neurotheology)에 대해서도 '읽기'와 동일한 수준의 과학적 엄밀성을 제공해 줄 미래의 실험적 진보를 기대한다.

왜 인간은 문화를 가진 유일한 종인가

문화의 주요 특징이 모두 진화로부터 물려받은 뇌의 모듈, 즉 뇌내 프로세서와 연관이 있다는 가설은 한 가지 커다란 반대에 부딪힌다. 만약 모듈의 전부는 아니더라도 대부분을 다른 영장류와 공유하고 있다면, 어떻게 인간은 방대하고 잘 발달된 문화를 만들어 낸 유일한 종이 될 수 있었을까?

동물의 문화 수준에 대한 최근 논쟁에도 불구하고, 호모사피엔스는 문화 영역에서 가장 뛰어난 종이다. 수십 년간의 동물행동학 연구는 우리와 가장 가까운 사촌인 침팬지에서 39가지의 '문화적' 특징 목록을 찾아내었다. 문화는 같은 종의 동물에서도 집단에 따라 다르다. 세대에서 세대로 전승되는 행동으로 정의되며 단순히 환경 변화에 따른 결과가 아니다.[371] 침팬지 문화 옹호자들은, 침팬지들이 다른 침팬지의 주의를 끌기 위해 탄자니아 마할레(Mahale)에서는 자기 코를 막대로 찌르고, 아프리카 7개 지역 중 네 곳에서는 손뼉을 치는 것을 '문화적' 특성이라고 거창하게 주장한다. 나는 이런 관찰의 중요성을 부인하지 않는다. 그런 관찰은 인류의 독특성에 이의를 제기하며, 인간의 독특성을 무의식적 모방과 사회적 전달 등의 원시적 메커니즘과 연결시키려고 한다. 그러나 동물 문화는 매우 드물고 내용이 빈약하다. 그것은 아주 작은 인간 집단에서도 독자적으로 출현하는, 수많은 문화적 전통과 예리한 대조를 이룬다.

그래픽 아트의 경우는 특히 고무적이다. 어떤 형식의 그림 또는 조각을 만들지 않는 인간 사회는 거의 없다. 그것이 바위이건, 흙이건, 또는 인간의 몸이건 인간은 그리거나 새겨 왔다. 예를 들면, 프랑스의 쇼베 동굴(Chauvet cave, 32,000년 전)의 바위 벽화처럼, 구석기 시대의 조상들도 이런 예술 형식을 보유하였다. 이누이트(Inuits)와 인디언

(Indians) 문화를 포함하여 많은 문화에서 그림은 상징적 의미를 가지며 특히 숫자를 나타냈다. 완전히 발달한 문자는 적어도 네 개의 다른 지역(수메리아, 이집트, 중국, 메소포타미아)에서 지금으로부터 3,000년 전에 나타났다. 대조적으로, 원숭이나 유인원의 어떤 종도 진정한 상징체계를 하나도 만들지 못했다.

인간 이외의 영장류가 그림을 발명하지 못한 것은 어떤 시각적 또는 운동적 제한 때문이 아니다. 그림 그리기 도구를 주면, 한 살짜리 침팬지도 점, 선, 곡선을 그린다.[372] 일본의 영장류 연구자인 테츠로 마츠자와(Tetsuro Matsuzawa)에 따르면, 침팬지도 그리기에 대한 내적 동기를 가지고 있다. 그림판에 손을 대어도 흔적이 남지 않도록 하였을 때, 침팬지는 그림판을 더 이상 사용하지 않았다. 흔적이 침팬지 행동을 강화하는 힘이 있음

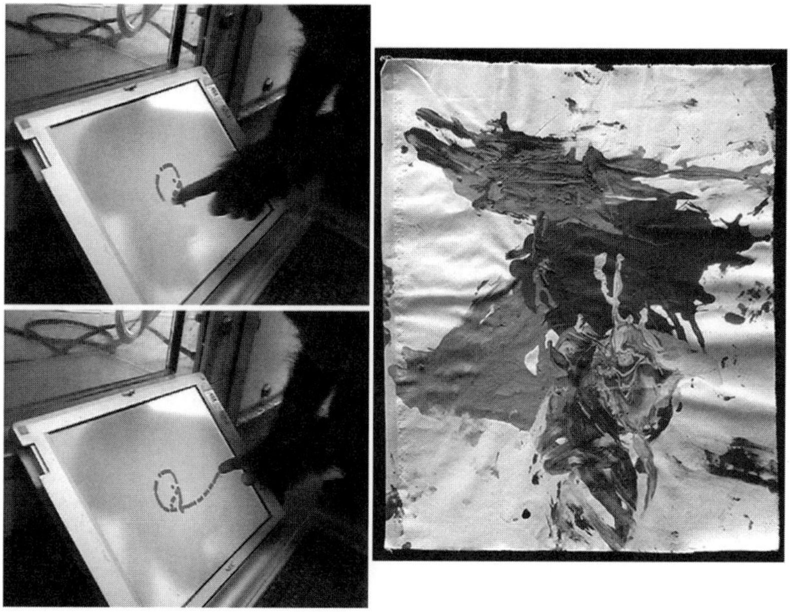

그림 8-1 비인간 영장류는 그림 그리기를 거의 하지 않는다. 13개월 된 침팬지가 그림판을 만지며 초보적 곡선을 그리는 방법을 학습하였다. 그러나 그림을 통해서 소통하는 능력은 전혀 발달시키지 못했다(왼쪽 그림: Tanaka, Tomonaga, & Matsuzawa, 2003에서 인용). 오른쪽에 있는 '콤퍼지션'은 카메룬 지역의 메포우 산림보호지역에서 반독립적으로 살고 있는 침팬지가 캔버스에 수채화 물감으로 그린 것이다.

을 시사한다. 그렇다면 그림을 그리고 색을 칠할 수 있는 도구가 주어졌을 때, 침팬지는 왜 우연한 색깔 조합 이상의 그림을 그리지 않는 것일까? 침팬지에게는 어떤 소통적 목표나 참조적 목표도 나타나지 않는다. 만약 문화 발명이 인간이 다른 영장류와 공유하는 뇌 메커니즘의 재활용에서 나온 것이라면, 인간과 침팬지의 문화 기술 사이에서 거대한 격차를 설명할 필요가 있다.

인간 고유의 가소성?

이 수수께끼에 대한 몇 가지 답이 제안되었다. 그중 하나는 인간 뇌가 우리의 사촌인 침팬지의 뇌보다 더 큰 가소성을 지니고 있다고 강조한다. 호모사피엔스의 가장 두드러진 특징 중 한 가지는 우리가 미성숙하고 가소성이 매우 큰 뇌를 가지고 태어난다는 것이다.[373] 그것은 인간을 다른 영장류와 구별해 주고 심지어 인간의 조상인 호모에렉투스(Homo Erectus)와도 구별시킨다. 다른 영장류와 비교했을 때, 인간의 신생아 출산은 뇌 발달이 미숙한 상태에서 이루어진다. 피질은 아직 신경학적으로 미성숙하고 시냅스 성숙은 여러 해 동안 계속된다.

장기적 가소성은 다양한 환경 조건에 적응하기 위한 종의 능력에 기여하겠지만, 나는 그것이 문화 발명에서 지배적 역할을 했다고 생각하지 않는다. 학습 능력은 침팬지가 문화적 조형물을 만드는 것을 방해하는 요인이 될 것 같지 않다. 사실, 많은 실험은 영장류의 뇌가 추상적 학습이 가능하고, 새로운 활동을 위한 근본적 변환도 가능하다는 것을 보여 준다. 심지어 짧은꼬리원숭이들도, 니코스 로고테티스(Nikos Logothetis)와 야스시 미야시타(Yasushi Miyashita)가 보여 준 것처럼, 자연환경에서 결코 볼 수 없는 곡선 형태와 프랙탈을 인식하는 것을 배운다. 제3장에서 보았던 것처럼, 그러한 훈련은 짧은꼬리원숭이의 시각 피질에 있는 뉴런들의 성향을 크게 바꾸며, 뉴런들이 새로운 모양에 선택적이 되게 한다.[374] 다른 연구자들은 침팬지와 짧은꼬리원숭이에게 아라비아 숫자 모양을 재인하고, 그것들을 신속하게 배열하고, 일치하는 양과 연합시키는 것을 가르칠 수 있었다.[375]

원숭이는 또한 도구를 조작하는 법을 배울 수 있다. 도쿄 대학의 아츠시 이리키(Atsushi Iriki)와 동료들은, 물체에 도달하기 위해 긴 갈퀴를 사용하는 법을 원숭이에게 가르쳤다. 원숭이는 이 과제를 매우 잘하는데 컴퓨터 화면에 나타난 비디오 피드백의 도움을 받아서 숨겨진 물체를 손에 넣을 수 있었다.[376] 도구 사용을 배우는 것은 전방 두정엽의 한 작은 영역에 커다란 변화를 가져온다. 뉴런의 수용장이 확장되고, '신경영양 인자(neurotrophic factor)' 가 발현되고, 멀리 떨어진 후방 피질 영역과의 연결이 증가한다. 인간 뇌와의 유사성을 감안하면, 이 영역은 쓰기를 포함하는 학습된 손동작을 위한 신경망의 전구물에 해당한다.

간단히 말해서, 인간에게 있는 것과 유사한 기호 학습을 위한 능력은, 다른 영장류에도 분명히 나타난다. 그러나 어떤 영장류도 지금까지 스스로 문화적 기호를 발명하지 못했다. 원숭이 뇌는 기호나 도구 사용을 배울 수 있기 때문에, 뇌 가소성의 차이가 영장류의 문화적 혁신을 방해하는 요인이라고 할 수 없다. 인간 이외의 영장류에 없는 것은 학습 능력이 아니라 문화 대상을 발명하고 전달하는 능력이다.

마음 읽기

인간의 뇌는 '문화 전파(cultural transmission)' 를 위해서 특별한 방식으로 '사전 적응' 되어 있다는 주장이 오래전부터 있었다. 마이클 토마셀로(Michael Tomasello)는 분명하게 그런 입장을 옹호한다.

> "
>
> 인간은 다른 영장류와 다른 생물학적 방식으로 문화에 적응해 왔다. 인간의 사회학습기술을 인간과 가까운 다른 영장류와 비교해 보면, 그 차이점은 명백하게 드러난다. 문화에 대한 적응은 생후 한 살쯤 되는 시기의 개체 발생에서 분명히 나타나기 시작한다. 유아는 타인을 자기처럼 '의도적 행위자(intentional agent)' 로 이해하고, 타인과 함께 주의(attention)의 상호작용에 몰입한다. 타인에 대한 이런 이해는 유아가

강력한 형태의 문화 학습에 참가하여 문화의 축적된 지혜를 습득할 수 있게 한다.[377]

토마셀로에 따르면, 인류의 특이성은 문화전파의 능력에 있고, 그것은 '마음이론(theory of mind)'을 위한 대뇌 모듈이 진화 과정에서 크게 확장된 데 힘입은 것이다. 마음이론은 타인의 의도와 신념에 관한 심적 표상이다. 이런 대뇌 모듈은 적어도 세 가지 방식으로 문화 전파에 영향을 준다. 첫째, 성인으로 하여금 아동이 가진 지식의 정도와 한계를 이해하게 하고, 따라서 아동을 가르치거나 아동을 위한 교육 전략을 설계하도록 동기를 제공한다. 둘째, 아동으로 하여금 성인의 의사소통 의도와 교육 의도를 이해하도록 돕는다. 아동은 수동적으로 어른을 모방하는 데 그치지 않고 성인의 목표를 완전히 이해하려고 한다.[378] 마지막으로, 마음이론은 각각의 구성원이 자신을 표상하고, 자신의 심적 상태에 주의하고, 새로운 문화적 발명을 이용하여 자신의 심적 상태를 마음대로 조작하는 능력을 부여한다.

수많은 실험들이, 아주 어린 아이도 타인의 의사소통 의도에 매우 민감하다는 것을 보여 준다. 의도의 공유는 언어 습득에서 중요한 역할을 담당한다.[379] 일반적 믿음과 달리, 아이는 단어를 반복적으로 대상과 연합시키는 방식으로 학습하지 않는다. 아이는 새로운 단어를 들을 때, 상대방이 무엇을 가리키는지 알기 위해 상대방의 시선을 추적한다. 아이는 상대방이 생각하는 것을 이해했을 때만, 그리고 상대방의 지식과 능력에 대한 다양한 단서를 고려했을 때만 자신이 들은 단어에 의미를 부여한다. 어떤 학습도 '아무런 생각이 없는(mindless)' 상황, 예를 들면 오디오 스피커가 아이를 향해 일방적으로 단어를 반복하는 상황에서는 일어나지 않는다. 문화 전파는 다른 사람의 마음에 마음을 쓰는 것을 요구한다.

토마셀로에 따르면, 타인의 심적 상태에 대한 인간 특유의 민감성은 돌연변이의 결과가 아니다. 의도, 신념, 목표의 원초적 표상은 이미 모든 유인원의 족보에 들어 있다. 그러나 그것은 인류에 의해 증폭되었고, 다른 인간들과 정서와 활동을 공유하려는 특이한 동기에 의해 지지되었다. 토마셀로에 따르면, 이런 인간 능력 중 어떤 것도 우리가 문화를 개발하도록 예비된 것은 아니다. 그러나 어떤 시점에서 문화 개발을 위한 장치들이 축적되었고 '문화 래칫 효과(cultural ratchet effect)(역자 주: 래칫은 바퀴의 역주행을 막는 기계장치를 가리킨다. '문화 래칫' 은 문화가 형성되면 확대되는 방향으로는 나아가지만 축소되거나 이전의 상태로 돌아가기 어려운 현상을 가리킨다)' 가 작용하였다. 그로 인해 하나의 발명은 다른 발명을 촉진하고 사회집단에 전파하는 것을 촉진시켰다. 지적 모방(intelligent imitation)과 적극적 교육(active pedagogy)이 여러 세대를 거쳐 문화적 표상을 안정시켰다.

비록 토마셀로의 가설이 흥미롭기는 하지만, 그것은 인간 문화 영역의 예외적 확장을 부분적으로만 설명한다. 그것은 문화가 하나의 전염병처럼 혁신이 발생한 지점에서 모든 인간 집단으로 전파되는 것을 설명하고, 대부분의 지배적 문화 특징(불, 농사, 동물 사육, 도시, 문자, 법률 체계 등)이 가진, 안정적이고 불가역적인 특성들을 설명한다. 그러나 그것은 문화 발명이 시작되는 이유에 대해서는 거의 말하지 않는다. 틀림없이 인간은 문화를 확산시키는 데 재주가 있다. 그러나 인간은 무엇보다도 문화를 만들어 낸 유일한 종이다. 호모 사피엔스는 동물 세계에서 타의 추종을 불허하는 상상력을 가지고 있다. 그것은 놀이를 하는 아이들을 관찰할 때 분명하다. 토마셀로의 '사회적 전파 가설(social transmission hypothesis)' 은 문화 창조력에 대해서는 아무것도 말하지 않고 있다.

전역적 신경 작업공간

인간 문화의 특유성에 대한 나의 관점은 '마음이론' 의 발달을 넘어서 또 다른 변화가 요구되었다는 것이다. 그것은 '아이디어들의 새로운 조합' 을 발견하는 능력과 '의식적 심적 종합(conscious mental synthesis)' 의 정교화다.

현생 인류의 뇌의 해부학적 구조를 다른 영장류, 초기 인류, 네안데르탈인과 비교할 때, 가장 중요한 특징은 전두엽의 불균형적 확장이다. 전전두피질은 대뇌 반구의 가장 앞부분에 있는데, 하측 두정엽과 전방 측두엽을 포함하는 거대한 연합 네크워크의 핵심적 부분이다. 이 영역은 짧은꼬리원숭이보다 인간에서 40배 이상 더 크다.[380]

아마도 인간 뇌에서 일어난 가장 두드러진 변형은 전두엽 아래에 있는 섬유 다발의 확장일 것이다. 그것은 어떤 다른 영장류보다 인간에서 더 크다. 뇌의 전체적 크기 또는 신체의 크기를 감안해도 인간에서 가장 크다.[381] 어떤 원거리 연결들, 예를 들어 '하측 전전두 피질(inferior prefrontal cortex)'과 '후두극(occipital pole)'의 연결은 오직 인간 뇌에만 존재한다([그림 8-2]). 인간의 전전두 뉴런들은 연결의 대폭 증가에 대해 분명한 적응을 보여 준다. 그것들의 수상돌기(dendrite)는 훨씬 더 무성하며, 시냅스 연결은 다른 영장류보다 훨씬 더 많다.[382] 뉴런의 한 범주인 '거대 방추세포(giant fusiform cell)'는 호모 사피엔스와 일부 유인원에만 존재한다.[383] 이런 뉴런들은 전두엽의 일부인 '전방 대상 피질(anterior cingulate cortex)'에 위치하며, 굉장히 긴 축삭(axon)을 멀리 떨어진 다른 피질 영역에 뻗고 있다.

연결의 대폭 증가는 새로운 기능을 위한 것임에 틀림없다. 장 피에르 샹주와 나는, 여러 뇌 영역으로부터 들어오는 입력을 중개하거나, 또는 그런 입력들을 공통적 피질 작업공간에서 조립하기 위한 것이라고 생각한다. 일단 '심적 종합'에 도달하면, 확산적 연결들이 그 정보를 뇌 전체로 전파한다.

영장류 피질의 대부분은 일반적으로 모듈적이다. 피질은 전문화된 영역들로 나누어진다. 각 모듈은 고유한 입력, 내부 구조, 출력을 가진다. 그러나 전전두 피질과 다른 연합 영역들은 그렇지 않다. 그것들은 훨씬 더 많은 다양한 피질 신호를 보내고 받는다. 즉, 덜 전문화되어 있다. 그것들의 횡적 연결은 뇌의 모듈성을 파괴하고 피질의 전달 대역을 대폭 확장시킨다. 이런 시스템이 인간 뇌에서 가장 크게 확장된 것은 전혀 놀랄 일이 아니다. 나의 주장은 이런 방향의 진화가 결과적으로 대규모 '신경 작업공간(neuronal workspace)'을 만들었다는 것이다. 이 공간의 주요 기능은 지식을 조립하고, 평가하고, 재조합하고, 종합하는 일이다. 그것은 데이터의 분할을 막는 데 기여하며, 과거 또는 현재의 경험으로부터 얻은 정보를 조합하여 현재의 행동을 인도한다. 우리의 전전두 피질은 모든 고차 수준 영역과의 연결에 힘입어, 모든 지각과 기억을 불러모아 깊은 사고를 할 수 있는 어떤 공간을 제공한다. 좀 더 과감하게 표현하면, 우리가 '의식적 사고(conscious thinking)'라고 칭하는 것은 이런 '전역적(global)' 신경 작업공간 내에서 이루어지는 정보 조작이다.

전두엽과 고차 정신 능력을 연결시키려는 나의 의도는 새로운 것이 아니다. 지난 30년간 많은 사람들에 의해서 이런 연결이 제안되었다. 패트리셔 골드만-라킥(Patricia

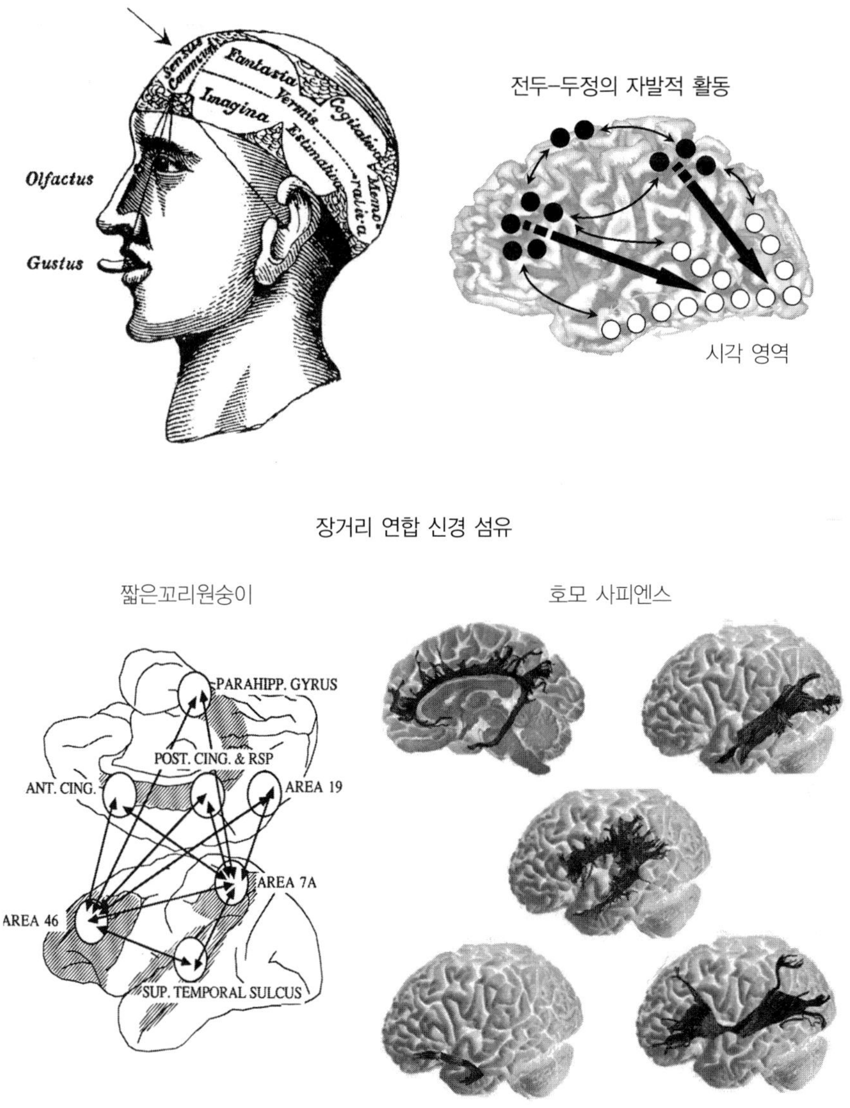

그림 8-2 '읽기'는 인류의 탁월한 발명품 중 하나에 불과하다. 왜 호모 사피엔스만이 새로운 문화적 용도를 위해서 자신의 피질 네트워크를 재활용할 수 있을까? 아리스토텔레스가 말하는 '공동 감각'(common sense), 즉 상상력과 창의력을 지원하는 대뇌 센터는 거대한 원거리 신경섬유들에 상응하는 것일 수 있다. 이런 신경섬유들은 최근에 발견되었으며, 인간에게서 특별히 발달되어 있고, 뇌의 여러 영역에서 오는 정보를 수합하고 조립한다. 이런 네트워크에서는 끊임없이 자발적 파동이 일어난다. 장 피에르 상주와 나의 생각은, 이런 하향적(top-down) 활동들이, 상향적(bottom-up) 감각 입력과 만나면서, 외부 세계에 대한 의식적 접근을 가능하게 하고, 심적 탐구와 발명을 위한 능력을 강화한다는 것이다.

Goldman-Rakic), 호아킴 푸스터(Joaquim Fuster) 등의 생리학자들, 알렉산더 루리야(Alexander Luria), 프랑수아 레미트(François Lhermitte), 그리고 팀 샬리스(Tim Shallice) 등의 신경심리학자들이 그들이다. 이들은 모두, 전두엽 손상이 초보적이고 자동화된 행동들은 그냥 놔두지만, 의식적 사고를 혼란시키거나 복잡한 목표 지향적 행동을 방해하는 것에 주목하였다. 20세기 초 이탈리아의 신경학자 레오나르도 비안치(Leonardo Bianchi)는 자신이 창안한 '손상 실험(lesion experiment)' 결과에 근거하여, 전두엽을 '심적 종합 기관(organ of mental synthesis)' 이라고 명명하였다. 비안치는 인간에게 풍부한 전두엽 연결성이 어떻게 청각 양상과 시각 양상의 양립을 지원하고, 언어 이해 및 산출 시스템과의 신속한 연결을 지원하는지를 강조했다.[384]

시간을 더 거슬러 올라가 보면, 아리스토텔레스와 갈레노스(Galen)는, 우리의 마음에 센수스 코뮤니스(sensus communis), 즉 '공동 감각(common sense)' 이 있다고 생각하였다. 공동 감각은 개인적 의식(consciousness)의 공간이며, 감각기관으로부터 오는 입력들을 한데 모아 일관성 있고 의미 있는 표상을 만든다. 10세기에 아비세나(Avicenna)는 그러한 능력을 뇌의 앞부분과 연결시켰으나, 뇌의 껍질 부분인 피질이 아니라 뇌 속의 빈 공간인 뇌실(ventricle)이라고 하였다.

> 동물의 내적 지각 능력 중 하나는 감각하는 능력, 즉 센수스 코뮤니스이며, 뇌의 전방 뇌실에 위치한다. 그것은 오감에 주어지는 모든 자극 형태를 전달받는다. 다음은 표상을 하는 능력인데, 그것은 전방 뇌실의 뒷부분에 위치하고, 센수스 코뮤니스가 오감으로부터 받은 것을 대상이 사라진 후에도 유지하게 한다. 그다음, 동물의 경우에는 '감각적 상상력(sensitive imagination)', 인간의 경우에는 '이성적 상상력(rational imagination)' 이라고 부르는 능력인데, 뇌의 중간 뇌실에 위치한다.[385]

아비세나는 전두엽에 있는 세 가지 능력을 인정한다. 그런 능력은 인간에서 크게 확장되어 있다. 첫째 능력은 오감의 종합(synthesis)이다. 둘째는 대상이 소멸한 후에도 종합을 '마음속에' 유지하는 기억(memory)이다. 셋째는 지각을 풍부하게 하고, 이성과 함께, 목표를 성취하는 새로운 방법을 생각할 줄 아는 상상력(imagination)이다. 놀라운 선견지명으로, 아비세나는 전두엽 기능에 대한 현대 신경과학의 세 가지 발견을 예언하고 있다.

- 전전두엽의 뉴런은 대부분 중다양상적(multimodal)이다. 실험 연구들은 전전두 뉴런이 현재 목표와 관련된 모든 정보를 수집할 수 있다는 것을 보여 준다. 정보는 시각, 청각, 촉각, 어디에서건 수집된다. 뇌로 가는 입력 중 전전두 피질로 들어가지 않는 것은 없다.
- 전전두 뉴런은 지각 대상이 사라진 후에도 계속 활동 상태를 유지하는 놀라운 능력을 보여 준다. 뉴런의 흥분은 수십 초 이상 강력하게 유지되며, 지나간 장면을 작업기억(working memory)에 필요한 만큼 오래 유지한다.
- 전전두 영역은 뇌 전체 규모의 네트워크에 참여한다. 이 네트워크는 감각 입력이 전혀 없더라도 항상 활성화 상태를 유지한다. 이런 자발적 활성화는 의식이나 상상의 자발적 흐름과 관련이 있을지도 모른다.[386] 뇌 영상 실험의 참여자가 편안한 상태에서 어떤 과제도 수행하지 않을 때에도, 뇌는 침묵하는 것이 아니라 예측할 수 없는 일련의 협응적 활성화 상태를 나타낸다.[387] 매 순간 전두엽의 서로 다른 부위들이 활동을 나타내고, 각 활동은 멀리 떨어진 두정엽, 측두엽, 후두엽의 특정 영역과 연결되어 있다. 네트워크의 이런 자발적 활성화는 의식적 휴식 상태의 표시다. 깊은 잠, 마취 또는 혼수 상태에서는 사라진다.[388]

요약하면, 인간 뇌에는 밀도 높은 원거리 연결을 가진 아주 잘 발달된 네트워크가 존재한다. 그것은 다른 뇌 영역에서 들어오는 정보의 대조, 종합, 그리고 분배를 가능하게 하는 '전역적 작업공간(global workplace)' 을 구성한다. 이 체계는 새로운 아이디어 테스트를 위한 '자발적 활동(spontaneous fluctuation)' 이 허용된다. 나는 이런 '전역적 작업공간' 네트워크의 확장이 '반성적 의식의 출현' 과 '문화를 발명하는 능력' 둘 다와 밀접하게 관련되어 있다고 본다.

사실, 전전두 피질과 다른 작업공간 영역에서 일어나는 '자발적 활동' 은, 이 책 여기저기에 나타나는 문화적 재활용 과정을 위한 잠재적 신경 메커니즘을 제공한다. 그런 임의적 활동은 뇌내 프로세서들의 출력을 조립하는 방식에 대한 지속적 탐구를 의미한다. 하향식 연결의 확장 네트워크 때문에, 인간은 다른 어떤 영장류보다 더 많이 임의적 아이디어를 선택하고 조작할 수 있다. 결국 아이디어들은 새롭고 예측 불가능한 방식으로 사용될 수 있다. 우리의 '전역적 작업공간' 내에서, 우리는 무수한 생각들을 의식으로 불러오고 그것들을 마음대로 조합할 수도 있다. 나는 새로운 문화 대상을 창출하는 인간 고유 능력의 비밀이 이런 뉴런의 용광로에 있다고 생각한다.

결정적으로, 의식적 뇌 활동은 불규칙한 모습을 나타내지만 무작위로 활동하는 것은 아니다. 한 개인의 뇌내에서, 뿐만 아니라 한 사회의 수준에서도, 선택 메커니즘은 가장 흥미롭거나, 가장 유용하거나 또는 때때로 가장 충격적이거나 전염성이 있는 생각의 조합을 선호한다. '배외측 전전두 피질(dorsolateral prefrontal cortex)' 은 이런 작업을 위한 준비가 잘 되어 있다. 그곳은 편도체나 기저핵과 같은 피질 하부의 핵뿐만 아니라 안와전두 피질과 대상 피질에 있는 평가 및 보상 회로로부터 오는 특별한 신경 투사를 수용한다.

전전두 피질이 피질 회로들을 탐색한다는 나의 가설은, 의심할 여지 없이, 문화가 뇌 모듈의 가변성에 의존한다는 댄 스퍼버의 생각을 연상시킨다. 전전두 피질의 지원하에 다수의 뇌내 프로세서의 출력이 종합된다는 이야기는 스퍼버의 모델을 지지한다. 피질 재활용은 어떤 하나의 모듈을 위한 새로운 입력을 찾는 것이 아니다. 무엇보다도, 호모 사피엔스에서 정점에 도달한 원거리 연결의 네트워크는, 다른 방식으로는 소통하기 어려운 다수의 뇌내 프로세서들을 연결해 준다. 나는 혁신이 종종 그러한 연결에서 또는 영역 간 은유에서 시작된다고 확신한다.[389] 읽기의 발명은 시각 피질을 효율적으로 자극하는 일련의 기호 제작 때문에 가능했던 것은 아니다. 그것은 무엇보다도 입말(=구어)(spoken language)의 청각적 · 음운적 · 어휘적 표상들을 문자 기호와 연합하는 능력 때문이었다. 다른 유인원이 그런 발명을 하지 못한 것은, 그들의 뇌 구조가 인간과는 달리, 이런 새로운 연합을 시도하는 것을 허용하지 않았기 때문이다.

많은 연구자는 서로 다른 방법을 이용하여 인간이 사고를 조합하는 능력을 가지고 있다는 결론에 도달하였다. 다른 종들은 인간과 동일한 정도로 유연하게 여러 유형의 정보를 통합하지 못한다. 아이들의 경우에도 통합은 전전두 피질이 완전히 발달하기 전에는 제한적이다. 아이들의 공간적 지식은, 나의 친구이며 동료인 하버드 대학교 심리학과의 엘리자베스 스펠키(Elizabath Spelke)에 의해 연구되었다. 그녀의 연구는 5~6세 이전에 아이의 탐색행동은 모듈화되어 있고, 아직 통합적으로 이루어지지 않는다고 말한다. 이런 아이들은 숨겨진 물체를 찾기 위해 벽의 색을 이용하거나, 방의 어느 쪽을 보아야 할지를 결정하기 위해 자기 위치 감각을 이용한다. 6세가 되어야 아이들은 '초록색 벽의 왼쪽'과 같은 조합 개념을 표상할 수 있다. 쥐와 같은 다른 종들은 성체가 되어서도 이런 통합 단계에 도달하지 못한다.[390] 두 개의 서로 다른 표상('어디에' + '무엇을')을 조합하는 능력은 언어와 연결되어 있으며, 따라서 인간에게만 고유한 능력일 가능성이 크다.[391]

런던아동건강연구소(London Institute of Child Health)의 아네트 카르밀로프-스미스(Annette Karmiloff-Smith)는 아동의 인지 발달은 '모듈성의 초월'을 향해 나아간다고 주장하였다.[392] 전전두 피질을 포함한 아동 뇌의 일부분은, 명시적이고 추상적인 방식으로 전문 모듈 속의 오래된 암묵적 지식을 '재설정'하는 것을 학습한다. 알파벳 원리의 습득은 '내적 재설정'의 좋은 예다. 출생 시의 유아는, 비록 암묵적이기는 하지만 음소에 대한 지식을 이미 가지고 있다. 이런 잠재적 지식이 완전한 '음소 인식(phonemic awareness)'—음소를 의식적으로 표상하고 조작하는 능력—으로 변환되는 것은 알파벳의 명시적 학습이 이루어진 후다. 읽기 영역에서는 심적 종합, 의식적 표상, 문화적 발명은 분명히 함께 작용한다.

다른 영역에서의 인간의 발명에 대해서도 유사한 분석을 할 수 있다. 수학의 경우에 있어서, 나의 이전 저서인 『수 감각(The Number Sense)』은 수학적 발명이 어떻게 수, 공간, 시간 등 서로 다른 영역 간에 새로운 연결 또는 은유를 이끌어 내는지를 강조했다.[392] 예술 창작의 분야에서 장 피에르 샹주는 뇌내 프로세서들 사이의 조화로운 통합을 추구하는 것이 예술의 본질이라고 했다. 마지막으로, 고고학자 스티븐 미슨(Steven Mithen)은 완전히 다른 관점으로부터 유사한 결론에 도달했다. 그는 지난 수백만 년의 진화 과정에서 우리 조상들이 남긴 초기 도구들의 흔적을 연구하였다. 미슨에 의하면,

인간의 성취는 수많은 전문화된 지능이 융합한 결과이며, 어떤 종류의 생각도 가능한 사고 능력을 갖게 되었기 때문이다. 그것은 다수의 작은 경당(chapel)을 가진 커다란 하나의 대성당(cathedral)에 비유할 수 있다.[394]

간단히 말하면, 어떤 하나의 생각에 합의가 이루어지고 있다. 인간 뇌는 '심적 재조합(mental recombination)' 을 위한 특별한 재능이 있다는 생각이다. '전역적 작업공간' 의 진화는 신경 재활용을 통해서 가능해진 '문화 인지적 틈새' 를 가장 적절하게 활용하는 것을 허용한다. 오직 인간만이 오래된 뇌내 프로세서들을 사용하기 위한 새로운 방법들을 발명하고, 그런 방법들을 연결하여 결국에는 혁신적 규칙들을 성취한다. 우리의 전전두 피질은 원시적 튜링기계(turing machine)처럼 기능한다. 전전두 피질은 느리게 작동하고 빈번한 실수를 하지만, 그것이 산출하는 새로운 종합은 정말로 창의적일 수 있다. 전전두 피질의 이런 발명은 수천 년에 걸친 문화 전파를 통해서 축적되며, 그것은 인간이 생물학적 진화를 통해서 물려받은 능력을 초월한다. 많은 문화유산 중에 읽기는 단연코 가장 훌륭한 유산이다. 그것은 우리가 다음 세대에게 전해 줄 의무가 있는 제2의 유전체계 중 하나다.

-결론-
읽기의 미래

문자—눈을 통해서 남에게 생각을 전달하는 기술— 는 인류의 위대한 발명이다. 위대하다! 놀라운 분석력과 종합력을 가지고 있다. 그것은 모든 문자의 본질이다. 위대하고 또 위대하다! 죽은 사람, 멀리 있는 사람, 아직 태어나지 않은 사람, 시간적으로 공간적으로 얼마나 떨어져 있건, 그들과 대화를 가능하게 한다. 위대하고 위대하다! 문자는 인간의 모든 다른 발명에 대해 최고의 도움을 주었다.

– 에이브러햄 링컨

읽기는 인간 진화의 산물이며 동시에 문화적 폭발의 주인공이다. 인간의 '마음의 대성당' 인 전전두엽 확장은, 인간이 문자를 발명하는 것을 가능하게 하였다. 이 발명은 다시 인간의 마음을 예리하게 하였다. 문자의 이용은 또 하나의 '외적 기억' 을 선사하였으며, 프란시스코 데 케베도(Francisco de Quevedo)가 일찍이 말했듯이 "눈을 통해서 죽은자의 목소리를 들을" 수 있다. 우리는 사라진 사상가들의 사고를 공유할 수 있다. 이런 점에서 읽기는 '마음을 위한 최초의 보철물',[395] 즉 고대의 필경사들이 오랜 기간에 걸쳐 원시적 마음에 적응시킨 보철물이다.

읽기의 신경과학적 연구들은, 모든 아이의 뇌에 읽기에 재활용 가능한 신경회로가 있음을 보여 준다. 과학의 이런 진보 덕분에 난독증 아동과 성인 문맹자에게 희망이 있다. 뇌 가소성은 대용적 뇌 경로를 이용하여 종종 난독증을 치료할 수 있게 한다. 아동의 읽기 능력이 어떻게 발달하는지에 대한 이해가 증가하고, 탄탄한 인지심리학적 근거를 가진 읽기 소프트웨어들이 출현하고, 그것이 개별 아동의 뇌에 맞추어 조정될 수 있게 되었다. 이것들은 읽기가 악몽인 모든 사람들에게 새로운 희망을 가져다줄 것이다.

분명한 것이 하나 있다. 신경과학이 언어 학습의 모든 문제를 해결하지는 못할 것이라는 것이다. 또한 인지과학자에 의해서 최적화된 컴퓨터가 학교 선생님을 곧 대체하게 되지도 않을 것이다. 내가 주장하는 것은 그것이 아니다. 나의 메시지는 훨씬 더 소박하다. 아무리 작은 과학도 도움이 된다는 것이다. 부모와 교사는 읽기가 학생의 뇌에 가져오는 변화에 대해서 잘 이해하여야 한다. 아동의 시각 영역과 언어 영역은 특별한 기계이며, 교육은 그것을 재활용하여 '읽기 전문 장치' 를 만든다. 나의 주장은 이런 회로에 대한 지식이 증가하면 교사의 과제를 많이 덜어 준다는 것이다.

내가 하고 싶은 또 하나의 주장은, 신경과학은 실험심리학을 대체하거나 교육학 연구를 대체할 수 없다는 것이다. 나의 뇌 영상 실험실에서는 심리학자가 읽기의 뇌 영상화 절차를 설계한다. 교실에서는 교사가 선장이다. 교사만이 현명한 예시와 연습, 창의적 활동을 이용하여, 읽기에 대한 아동의 흥미를 고취시킬 수 있다. 교실에서의 역동을 다루기 위해서는 교육 전문가가 필요하며, 나는 이분들을 깊이 존경한다. 그러나 나는 심리학자도 교육자도 최근의 과학적 연구 결과를 무시해서는 안 된다고 믿는다. 오늘날의 신경과학은 뇌가 어떻게 글을 읽는지, 여러 교육 방법에 대해 뇌가 다르게 반응하는 이유는 무엇인지에 대해서 결코 간과할 수 없는 발견을 하고 있다.

나의 희망은, 교육학, 심리학, 신경과학의 연구가 적당한 시기가 도래하였을 때 읽기에 관한 하나의 통일된 과학으로 융합되는 것이다. 읽기를 어떻게 가르칠 것인가? 이것이 새로운 과학이 대답해야 할 첫 번째 질문이 될 것이다. 아동이 눈물 없이 읽기를 배우는 데 필요한 원칙들이 발견되어야 할 것이다. 새로운 방식의 읽기 지도를, 실험 학급과 학교 내 실험실의 도입에 의해서 성취할 수 있다. 이런 조건들이 갖추어지면 적절한 교육학적 실험들이 가능하다. 교사와 연구자가 협동하여 미래의 교육 방법을 설계할 수 있다. 우리가 해야 할 새로운 질문들이 많이 있다. 읽기와 쓰기는 동시에 가르쳐야 하는가? 아주 어린 아동에게도 짧은 문장이나 이야기를 쓰게 하는 것이 도움이 되는가? 아동이 b와 d와 같은 대칭적 문자들에 의도적으로 주의하도록 하는 것이 시간을 절약하는가? 이런 질문들에 대해서 준비된 답은 아직 없다. 오직 집단적이고 철저한 탐구만이 우리로 하여금 건설적 해법과 의미 있는 교육적 진보에 도달할 수 있게 할 것이다.

읽기 지도에 대한 질문 중 어떤 것은 이미 대답이 주어져 있다. 우리는 이제 전체 언어 방식이 비효율적이라는 것을 알고 있다. 모든 어린이에게는 사회경제적 배경에 관계없이 문자와 발음의 대응 관계를 의도적으로 조속하게 가르치는 것이 도움이 된다. 이것은 대단히 많은 교실 실험에 의해 확인된 사실이다. 또한 이것은 읽기를 할 때 뇌가 작동하는 방식에 대한 현재의 이해와 일치한다. 실험 실시와 교육적 독립성을 구실로 하여, 이런 관점에 역행하는 것은 읽기 습득을 재앙으로 만들 것이다.

문해 능력에 대한 과학적 공감대가 넓어짐에 따라, 읽기 지도는 문자 그대로 '신경-심리-교육' 연결의 최고의 사례가 될 수 있다. 이것은 통합적 · 누적적 접근 방식이며, 교사의 자율성이 보장되지만, 교육 지도의 목적은 효율적 교육 방략을 실제적으로 탐색하는 것이다.

과학은 '실험' 이라는 흥미 있는 개념을 교사들에게 소개함으로써 교육에 기여할 수 있다. '실험' 은 즉흥적인 모호한 생각을 테스트하는 것이 아니다. 실험은 끈기 있고 꼼꼼한 설계를 요구한다. 창의적 교육 방략을 만들기 위해서는, 과거의 모든 지식원을 살펴보아야 한다. '실험' 은 또한 어떤 새로운 발명도 통제 상황(다른 날, 다른 연습, 다른 교실 등)과의 비교에 의하여 평가되어야 함을 요구한다. 나는 '실험' 이 읽기 지도를 의미 있게 향상시킬 수 있을 것으로 확신한다. 그러나 이런 훌륭한 이상을 달성하기 위해서는, 최근의 인지적 발견에 대해서뿐만 아니라 교사들—이들은 대부분 읽기 습득의 최고의 전문가다—이 축적해 온 방대한 경험에 대해서도 엄격성과 주의력을 가지고 접근할 필요가 있다.

유감스럽게도, 우리는 교육 개혁이 주로 정치가나 행정가의 선거 이슈에 이용되는 현실에 살고 있다. 교육 정책은 변덕스런 여러 위원회에 의해 이리저리 흔들리고 있다. 결정은 선의의 이데올로기에 근거하고 있기는 하지만 과학이 없이는 선한 의도도 대단히 오도된 교육 실천으로 타락하기 십상이다. 진보주의자는 아동을 해독과 철자 교육의 횡포로부터 보호하고, 아동은 자신에게 적합한 방식으로 학습해야 한다는 미명하에 '전체 언어 방식' 을 지지하였다. 어떤 교사는 유전자와 뇌 구조에 의해 학습에 가해지는 제약을 '우파적' 이라고 생각한다. 이런 것들은 읽기 학습에 관한 과학적 사실들과 아무런 관계가 없다.

나는 학교 행정가의 직관이 용의주도하게 축적된 과학적 지식을 대체하는 것을 용납할 수 없다. 우리 모두는 몇 가지 아주 단순한 진실을 받아들여야 한다. 학습 속도에 차이가 있음에도 불구하고 아동들의 뇌는 비슷하다. 아동들의 대뇌 회로는 자소-음소의 체계적 대응에 아주 잘 준비가 되어 있으며, 파닉스를 통해 배우는 데 필요한 모든 것을 가지고 있다. 파닉스만이 아동들에게 어떤 텍스트든 읽을 수 있는 자유를 줄 수 있다. 교실의 크기는 별 관계가 없다. 엄밀하게 계획된 지도 방법을 모든 아동에게 사용할 수 있다. 학생 수가 20명이건 그보다 많건 관계없다. 그러나 위험 아동을 빨리 발견하는 것은 매우 중요하고, 따라서 난독증을 선별하는 효율적이고 표준화된 검사를 개발하는 것도 대단히 중요하다. 조기 진단을 하면 취약 아동을 특별학급으로 보내고 강화된 음운 학습을 실시할 수 있다. 마지막으로 문자 해독이 초보 학습자에게 불가결하지만, 어휘력 증강도 또한 중요하다. 아동은 영어의 형태론(접두사, 접미사, 어근 등)에 대해서 배워야 한다. 아동이 취약 계층에 속하거나 영어가 제2언어인 경우에 특히 그러하다.

이런 생각은 간단하고 자명하고 적용하기 쉽다. 이런 생각은 읽기에 관한 새로운 과학의 첫 선물이다. 읽기는 우리가 다음 세대에 전달해야 할 가장 특별한 선물이다.

> 읽기는 즐겁고 유익하다. 함께 즐길 수 있고 함께 배울 수 있다. 읽기는 우리가 소망해야 하는 모든 것을 가지고 있다.
>
> – 자크 아미요(Jacques Amyot, 1512～1593)

미주

| 서론: 새로운 읽기 과학 |

1. Gould, 1992.
2. Dawkins, 1996.
3. Barkow, Cosmides, & Tooby, 1992; Pinker, 2002.
4. Quartz & Sejnowski, 1997.
5. Changeux, 1983.

| 제1장 우리는 어떻게 글을 읽는가 |

6. Rayner & Bertera, 1979.
7. Rayner, 1998.
8. Sere, Marendaz, & Herault, 2000.
9. Morrison & Rayner, 1981; O' Regan, 1990.
10. McConkie & Rayner, 1975.
11. Rayner, Well, & Pollatsek, 1980; Rayner, Inhoff, Morrison, Slowiaczek, & Bertera, 1981. 자세한 리뷰는 Rayner, 1998을 보라.
12. Pollatsek, Bolozky, Well, & Rayner, 1981.
13. Rubin & Turano, 1992.
14. Rayner & Pollatsek, 1989, pp. 440-449를 보라.
15. Paap, Newsome, & Noel, 1984; Besner, 1989; Mayall, Humphreys, & Olson, 1997; Mayall, Humphreys, Mechelli, Olson, & Price, 2001.
16. McConkie & Zola, 1979; Rayner, McConkiw, & Zola, 1980.
17. Rastke, Davis, Marslen-Wilson, & Tyler, 2000; Longtin, Segui, & Hallé, 2003.
18. 형태소 분해(morphological decomposition)는 체계적으로 이루어진다. 그러나 repair와 같은 단어에 적용되면 잘못된 결론으로 이끌 수 있다. 형태소 분해가 심성어휘집에 접근하기 전에 발생하는지 후에 발생하는지는 분명하지 않다. 형태소 처리는 경험적, 이론적 측면에

서 뜨거운 쟁점이다. 더 자세한 내용에 대해서는 Caramazza, Laudanna, & Romani, 1988; Taft, 1994; Ferrand, 2001의 제5장을 보라.

19. 원서에서는 시각적 형태의 문자와 단어를 표시하기 위해 인용부호를 사용하고, 발음을 나타내기 위해 이탤릭체를 사용하였다. 즉, 인쇄된 단어 "women"의 발음은 *wimen*으로 표시하였다. 그러나 본 한글 번역에서는 발음만 대괄호에 넣고 영어 단어는 인용부호 없이 적었다. 즉 [women], [wimen], [위민]은 모두 발음을 나타낸다.
20. Ray, Jacobs, Schmidt-Weigand, & Ziegler, 1998; Rey, Ziegler, & Jacobs, 2000.
21. Prinzmetal, Treiman, & Rho, 1986; 또한 Prinzmetal, 1990을 보라.
22. 아우구스티누스, 고백록, 제6권, 제3장. 성 아우구스티누스와 세비야의 이시도르의 단락은 Manguel, 1997에서 재인용하였다.
23. Rubenstein, Lewis, & Rubenstein, 1971; Coltheart et al., 1977; Seidenberg et al., 1996; Ferrand, 2001, 제4장.
24. Van Orden, Johnston, & Hale, 1988; Jared & Seidenberg, 1991.
25. 이런 말놀이와 말장난들은 Hammond & Hughes, 1978에서 가져왔다.
26. Perfetti & Bell, 1991; Rerrand & Grainger, 1992, 1993, 1994; Lukatela, Frost, & Turvey, 1998.
27. Coulmas, 1989, p. 251.
28. Coulmas, 1989.
29. Wydell & Butterworth, 1999.
30. Marshall & Newcombe, 1973; Shallice, 1988; McCarthy & Warrington, 1990; Coltheart & Coltheart, 1997.
31. Seidenberg & McClelland, 1989.
32. Seidenberg & McClelland, 1989; Grainger & Jacobs, 1996; Plaut, McClelland, Seidenberg, & Patterson, 1996; Ans, Carbonnel, & Valdois, 1998; Zorzi, Houghton, & Butterworth, 1998; Coltheart et al., 2001; Harm & Seidenberg, 2004. 이런 모델 중 가장 최근의 것은 CDP+(Perry, Ziegler, & Zorzi, 2007)이며 초기의 이론적 제안들에 대한 흥미있는 종합을 제시한다.
33. Selfridge, 1959.
34. Dennett, 1978.
35. McClelland & Rumelhart, 1981; Rumelhart & McClelland, 1982.
36. Weekes, 1997; Lavidor & Ellis, 2002. 이것은 매우 친숙한 단어가 수평 방향으로 정상적으로 제시될 때, 그리고 중심와의 중앙 또는 약간 오른쪽에 제시될 때에만 사실이다(Lavidor, Babkoff, & Faust, 2001; Lavidor & Ellis, 2002 Ellis, Young, & Anderson, 1988; Ellis, 2004).

37. Reicher, 1969; Ferrand, 2001, pp. 58-63.
38. Spoehr & Smith, 1975; Rumelhart & McClelland, 1982.
39. 제3장에서 알게 되겠지만, 단어의 신경학적 부호화에 대한 최근의 연구는 이웃단어를 문자 한 개가 상이한 단어들로 정의하는 것을 지지하지 않는다. 만약 몇몇 연구들(Grainher & van Heuven, 2003; Grainger & Whitney, 2004; Dehaene, Cohen, Sigman, & Vinckier, 2005)의 제안처럼, 단어들이 문자쌍 또는 바이그램으로 부호화된다면, 우리는 약간 다른 방법으로, 즉 공유된 바이그램의 수나 비율을 근거로 하여 표기 유사성을 계산해야 할 것이다. Grainger, Granier, Farioli, Van Assche, & van Heuven, 2006을 보라.
40. 이웃효과에 대한 과학적 연구는 방대하지만 때로 모순되는데, 많은 이웃의 존재가 반대 효과를 유발할 수 있기 때문이다. 최근 논의에 대해서는 Ferrand, 2001, pp. 96-115를 보라.
41. Segui & Grainger, 1990.
42. Rey et al., 1998; Rey, Ziegler, & Jacobs, 2000. 읽기 과정의 여러 수준에서 나타나는 경쟁효과에 대한 최근 리뷰는 Grainger & Ziegler, 2007을 보라.
43. Swinney et al., 1979; Seidenberg et al., 1982.

| 제2장 뇌 속의 문자상자 |

44. Déjerine, 1892. 이 논문은 읽기의 신경심리학에 대한 고전적 문헌으로, 본서의 인용은 모두 여기에서 가져왔다.
45. Warrington & Shallice, 1980; Patterson & Kay, 1982; Montant & Behrmann, 2000.
46. Cohen & Dehaene, 1995, 2000; Gaillard, Naccache et al., 2006.
47. Patterson & Kay, 1982; Hanley & Kay, 1996.
48. Miozzo & Caramazza, 1998.
49. Fiset와 동료들(2005)의 연구는 이런 설명과 상치된다. 그들은 알파벳 문자들 간 유사성이 단어 길이 효과의 원인이라고 설명한다. 문자 혼동 가능성이 적절히 통제되면, 환자들은 긴 단어를 읽는 데 더 많은 시간을 소요하지 않는다. 따라서 문제의 본질은 문자들 간의 미세한 차이를 증폭해 주는 학습된 신경 부호의 결여 때문일 수 있다. 이러한 결여는 문자 간 유사성을 증가시킨다(마치 한자를 모르는 사람들에게 모든 한자가 똑같이 보이는 것과 같다). 단어의 역치 수준 이상 제시에서, 이러한 과장된 유사성은 환자들로 하여금 각 문자를 천천히 신중하게 검토할 것을 요구한다. 이것은 초보 독자의 경우와 유사하다. 다시 말해, 순수 실독증에서 단어의 병렬적 재인은 파괴된 것이 아니라 저하된 것이다(Arguin, Fiset, & Bub, 2002). 병렬적 읽기 능력의 잔여 가설은 '암묵적 읽기(implicit reading)' 현상을 설명할 수

있다. 암묵적 읽기는 일부 환자들이 의미를 이용하여 단어를 분류하는 것은 가능하지만, 단어를 소리내어 읽지 못하는 경우를 가리킨다(Coslett & Saffran, 1989; Coslett, Saffranm Greenbaum & Schwartz, 1993). 그러나 이것은 손상되지 않은 우반구에 의한 독서능력의 부분적 회복을 반영하는 것일 수 있다(Coslett & Monsul, 1994; Cohen et al., 2003).

50. Cohen et al., 2003. 로랑 코헨의 저서 *L'homme thermométre* (온도계 남자)는 시각적 손상과 그 해석에 대한 훌륭한 입문서다.
51. Damasio & Damasio, 1983; Binder & Mohr, 1992; Leff et al., 2001.
52. Leff et al., 2001.
53. Cohen et al., 2000; Cohen et al., 2002; Dehaene et al., 2002; Gaillard, Naccache et al., 2006. '시각 단어 형태 영역' 이라는 용어와 그 의미에 대해서는 논쟁의 여지가 있다(Price & Devlin, 2003; Cohen & Dehaene, 2004를 보라).
54. 예를 들면, Cohen et al., 2003를 보라. 또한 그 참고문헌을 보라.
55. Geschwind, 1965.
56. Petersen et al., 1988; see also Posner et al., 1988; Petersen et al., 1989; Petersen et al., 1990.
57. Dehaene et al., 2002.
58. Cohen et al., 2000. 몬트리올 신경학연구소 좌표 시스템에서, 측정치는 횡축으로 -42mm, 후방 방향으로 -57mm 그리고 종축으로 -12mm이다.
59. [그림 2-4]에서 차이가 나타나는 위치를 식별할 수 있다. 모든 참가자에서 좌반구 후두측두 영역이 활성화되었지만, 일부 참가자에서는 우반구의 동일 영역의 활성화가 뚜렷하게 나타났다. 왜 이런 차이가 나타나는지는 아직 완전히 이해되지 않았지만, 그것은 좌반구 경색 후 읽기 능력의 부분적 회복을 시사한다(Cohen, Henry et al., 2004).
60. Hasson et al., 2002.
61. Dehaene et al., 2002; Cohen, Jobert et al., 2004.
62. Booth et al., 2002; Cohen, Jobert et al., 2004.
63. Tokunaga et al., 1999; Nakamura et al., 2000.
64. Burton, Small, & Blumstein, 2000.
65. Ishai et al., 1999; Haxby et al., 2000; Ishai et al., 2000; Haxby et., 2001; Levy et al., 2001; Hasson et al., 2002; Malach, Levy, & Hasson, 2002; Hasson et al., 2003.
66. Puce et al., 1996.
67. Haxby et al., 2001; Grill-Spector, Sayres, & Ress, 2006.
68. Grill-Spector, Sayres, & Ress, 2006.
69. Tsao et al., 2006.

70. Tarkiainen et al., 1999; Tarkiainen, Cornelissen, & Salmelin, 2002.
71. Allison et al., 1994; Nobre, Allison, & McCarthy, 1994; Allison et al., 1999. 또한 Gaillard, Naccache et al., 2006을 보라.
72. Kanwisher, McDermott, & Chun, 1997.
73. Cohen et al., 2000.
74. McCandliss, Curran, & Posner, 1993.
75. Cohen et al., 2000; Molko et al., 2002.
76. Ellis, Young, & Anderson, 1988; Cohen et al., 2000; Ellis, 2004. 반구를 교차하는 정보 전달은 읽기에서 우측 시야의 우월성에 기여하는 요인 중 하나다(Brysbaert, 1994를 보라). 읽기 방향도 중요한 역할을 한다. 왼쪽에서 오른쪽 방향으로 읽는 영어에서는 우측 시야의 문자 재인이 강화된다(Nazir et al., 2004).
77. Molko et al., 2002.
78. 이렇게 큰 신경섬유가 문자와 단어만 전달하는 것 같지는 않다. 그것은 아마도 색깔, 모양, 대상의 정체 등 많은 부가적 정보도 전달하는 것 같다. 실제로 후속 연구는 AC가 그런 정보를 반구를 교차하여 전송할 수 없음을 보여 주었다(Intriligator, Hénaff, & Michel, 2000).
79. Le Bihan et al., 2006.
80. Polk & Farah, 2002.
81. Grill-Spector & Malach, 2001; Naccache & Dehaene, 2001.
82. Dehaene et al., 2001.
83. Dehaene et al., 2004.
84. Devlin et al., 2004.
85. 역하 단어 처리에 대한 추가 증거는, Naccache et al., 2005; Gaillard, Del Cul et al., 2006; Del Cul, Baillet, & Dehaene, 2007 등을 보라.
86. Dehaene et al., 2001.
87. 예를 들면, Price, Wise, & Frackowiak, 1996; Büchel, Price, & Friston, 1998 등을 보라. 이 연구들은 모두 단어와 유사 단어에 비해서 자음문자열에 의해 복측 시각 영역이 적게 활성화되는 것을 발견했다. 참가자들은 실험문자열 속에서 g 또는 p와 같은 디센더 문자를 탐색하는, 간단하고 중립적인 과제를 수행하였다. 자극문자열을 기억하거나 반복을 탐지하는 등 어려운 과제를 요구하지 않는 것이 중요하다. 그런 경우 과제 수행은 단어보다는 자음문자열에 대해서 더 느리고 더 어렵게 된다. 실험 결과는 반대가 될 수 있다(예를 들면, Tagamets et al., 2000을 보라).
88. Binder et al., 2006; Vinckier et al., 2007.
89. Baker et al., 2007.

90. Polk et al., 2002.

91. Dehaene, 1995; Bentin et al., 1999; Tarkiainen et al., 1999; Pinel et al., 2001.

92. Tan et al., 2000; Kuo et al., 2001; Kuo et al., 2003; Lee et al., 2004 등을 보라. 그러나 우반구 두정 영역과 중앙 전두 영역 등 일부 영역들은 영어 단어보다 한자를 읽을 때 더 활성화된다(Tan et al., 2001; Siok et al., 2004). 이런 영역들은 시공간 주의와 운동 부호화에 중요한 역할을 담당하며, 중국어 독자들이 수천 개의 한자를 암기하는 것을 도와준다. 실제로, 기억 향상 방법으로서, 중국어 독자는 문자를 구성하는 획의 공간적 순서를 마음속으로 추적한다.

93. Chen et al., 2002; Fu et al., 2002. 일부 연구들에서는 한자가 병음보다 더 큰 활성화를 일으킨다. 그것은 한자가 병음에 비해서 과잉 학습되어 있고, 더 친숙하기 때문일 것이다.

94. Kuo et al., 2001.

95. Ding, Peng, & Taft, 2004.

96. Nakamura et al., 2005. 유사한 결과에 대해서는 Ha Duy Thuy et al., 2004를 보라. MEG를 사용한 연구는 Koyama et al., 1988을 보라. 한글 읽기에 대한 연구도 있으며 유사한 결과가 나타났다(Lee, 2004).

97. Sakurai, Takeuchi et al., 2000.

98. Sasanuma, 1975; Sakurai, Momose et al., 2000; Sakurai, Takeuchi et al., 2000; Sakurai, Ishikawa, & Mannen, 2001.

99. Catani et al., 2003.

100. Di Virgilio & Clarke, 1997.

101. Marinkovic et al., 2003. 또한 Pammer et al., 2004를 보라. 후자의 연구는, 전체적 유사성이 있는 이미지들에 대해서 좌반구 하전두 영역이 놀라울 정도로 빠르게 활성화하는 것을 보여 준다.

102. Fiez et al., 1999; Hagoort et al., 1999; Tagamets et al., 2000; Bokde et al., 2001; Xu et al., 2001; Cohen et al., 2002; Fiebach et al., 2002; Simos, Breier et al., 2002; Binder et al., 2003.

103. Pugh et al., 1996; Price et al., 1997; Friederici, Opitz, & von Cramon, 2000; Booth et al., 2002; Cohen, Jobert et al., 2004.

104. 이 분야 연구의 최근 개관은 Fiez & Petersen, 1998; Price, 1998; Jobard, Crivello, & Tzourio-Mazoyer, 2003; Mechelli, Gorno-Tempini, & Price, 2003; Price et al., 2003 등을 보라.

105. van Atteveldt, Formisano, Goebel, & Blomert, 2004.

106. Raji, Uutela, & Hari, 2000.

107. Dehaene-Lambertz & Dehaene, 1994; Dehaene-Lambertz & Baillet, 1998; Dehaene-

Lamberts, Dehaene, & Hertz-Pannier. 2002.
108. Dehaene-Lambertz, 1997; Naatanen et al., 1997; Cheour et al., 1998; Jacquemot et al., 2003.
109. Simon et al., 2002.
110. Paulesu, Frith, & Frackowiak, 1993.
111. Binder et al., 1999, 2000; Kotz et al., 2002.
112. Vandenberghe et al., 1996.
113. Binder et al., 1999; Cohen et al., 2003.
114. Devlin et al., 2004.
115. Nakamura et al., 2005.
116. Rissman, Eliassen, & Blumstein, 2003.
117. Mazoyer et al., 1993; Price et al., 1997; Vandenberghe, Nobre, & Price, 2002.
118. Thompsoln-Schill, D'Esposito, & Kan, 1999; Rodd, Davis, & Johnsrude, 2005.
119. http://monster-island.org/tinashumor/에 감사한다.
120. Damasio, 1989b, 1989a.
121. Warrington & Shallice, 1984; Caramazza & Hillis, 1991; Caramazza, 1996, 1998; Shelton, Fouch, & Caramazza, 1998.
122. Damasio et al., 1996; Grabowski, Damasio, & Damasio, 1998.
123. Martin et al., 1996; Chao, Haxby, & Martin, 1999; Beauchamp et al., 2004.
124. Pulvermuller, 2005.
125. Dehaene, 1995.
126. Wydell & Butterworth, 1999.
127. Chen et al., 2002; Fu et al., 2002.
128. Paulesu et al., 2000.

| 제3장 글 읽는 원숭이 |

129. Klüver & Bucy, 1937.
130. Mishkin & Pribram, 1954.
131. Lissauer, 1890; Goodale & Milner, 1992.
132. Humphrey & Weiskrantz, 1969; Weiskrantz & Saunders, 1984.
133. Desimone & Gross, 1979; Schwartz, Desimone, Albright, & Gross, 1983; Perrett, Mistlin,

& Chitty, 1989; Tanaka, 1996; Tamura & Tanaka, 2001; Tanaka, 2003.

134. Sary, Vogels, & Orban, 1993; Ito et al., 1995.

135. Vogels & Biederman, 2002.

136. Tanaka, 2003.

137. Logothetis, Pauls, & Poggio, 1995; Booth & Rolls, 1998.

138. Quiroga et al., 2005.

139. Rolls, 2000.

140. Grill-Spector et al., 1998; Lerner et al., 2001; Vuilleumier et al., 2002.

141. Thorpe, Fize, & Marlot, 1996.

142. Riesenhuber & Poggio, 1999; VanRullen & Thorpe, 2002.

143. Tanaka, 2003.

144. Tsunoda et al., 2001.

145. Ito & Komatsu, 2004.

146. Brincat & Connor, 2004.

147. Biederman, 1987.

148. Ibid.

149. Biederman & Bar, 1999.

150. Vogels et al., 2001.

151. Miyashita, 1988; Logothetis, Pauls, & Poggio, 1995.

152. Baker, Behrmann, & Olson, 2002.

153. Gould & Marler, 1987.

154. Miyashita, 1988; Sakai & Miyashita, 1991.

155. Gould & Vbra, 1982.

156. Jacob, 1977.

157. Dehaene, 2005; Dehaene & Cohen, 2007.

158. Dawkins, 1989.

159. Blackmore, 1999.

160. Sperber, 1996; Sperber & Hirschfeld, 2004.

161. Dehaene et al., 2005. 이런 주장을 LCD(local combination detector: 국지 조합 탐지기) 모형이라고 부른다. Mozer, 1987의 초기 주장을 확장한 것이다.

162. Sigman & Gilbert, 2000; Sigman et al., 2005.

163. V4에 가까운 영역, 특히 좌반구에 있는 영역은 격자무늬나 얼굴이나 집보다는 문자열에 의해 더 많이 활성화된다. Cohen et al., 2000, 2002; Hasson et al., 2002를 보라. 또한 [그림

3-10]을 참조할 것.

164. Whitney, 2001; Grainger & Whitney, 2004; Schoonbaert & Grainger, 2004.

165. Humphreys, Evett, & Quinlan, 1990; Peressotti & Grainger, 1999.

166. Perea & Lupker, 2003; Schoonbaert & Grainger, 2004; Grainger et al., 2006.

167. McClelland & Rumelhart, 1981; Grainger & Jacobs, 1996; Ans, Carbonnel, & Valdois, 1998; Zorzi, Houghton, & Butterworth, 1998; Harm & Seidenberg, 1999; Coltheart et al., 2001; Perry, Ziegler, & Zorzi, 2007.

168. 대/소문자 혼합 철자로 쓰인 단어의 재인을 다룬 과학적 논의는 케임브리지 대학교 심리학자 매트 데이비스(Matt Davis)의 웹사이트를 보라. http://www.mrc-cbu.cam.ac.uk/~mattd/Cmabrigde.

169. Vinckier et al., 2006.

170. Rastle et al., 2000; Longtin, Segui, & Hallé, 2003.

171. Reicher, 1969; Spoehr & Smith, 1975; Rumelhart & McClelland, 1982.

172. Binder et al., 2006.

173. Cohen et al., 2002.

174. Bouma, 1973; Lavidor, Babkoff, & Faust, 2001; Nazir et al., 2004; Vinckier et al., 2006.

175. Dehaene et al., 2004; Vinckier et al., 2007.

176. Allison et al., 1994, 1999; Haxby et al., 2001, Grill-Spector, Sayres, & Ress, 2006.

177. McCrory et al., 2005.

178. Ding, Peng, & Taft, 2004.

179. Ziegler & Goswami, 2005.

180. Paulesu et al., 2000.

181. Ha Duy Thuy et al., 2004; Nakamura et al., 2005.

182. Quartz & Sejnowski, 1997.

183. Levy et al., 2001; Hasson et al., 2002; Malach, Levy, & Hasson, 2002.

184. Turing, 1952.

185. Grill-Spector et al., 1998; Lerner et al., 2001.

186. Dehaene et al., 2004.

187. 예를 들면, Kitterle & Selig, 1991; Robertson & Lamb, 1991.

188. Cohen, Lehéricy et al., 2004.

189. Turkeltaub et al., 2004.

190. Cohen et al., 2003.

| 제4장 문자의 발명 |

191. Levi-Strauss, 1958; Sperber, 1974; Chomsky, 1988; Brown, 1991.
192. Changizi & Shimojo, 2005.
193. Changizi, Zhang, Ye, & Shimojo, 2006.
194. 의심할 나위 없이, 운동 제약도 문자 진화에 강력한 선택적 압력을 행사하였다. 그럼에도 불구하고 여러 학자들은, 마크 챈기지의 규칙성이 쓰기보다는 읽기와 더 강하게 연계되어 있음을 시사한다(Changizi & Shimojo, 2005; Changizi et al., 2006). 특히 그러한 규칙성은 컴퓨터 폰트와 대기업 로고에서도 발견된다. 이런 두 가지 범주의 상징에서는 쓰기의 쉽고 어려움은 전혀 문제가 되지 않는다. 반면, 손으로 쓴 글자 모양에서는 챈기지 규칙성이 발견되지 않는다. 손글씨의 곡선들은 질적으로 다른 통계치를 보여준다.
195. Leroi-Gourhan, 1983; Calvet, 1998.
196. Leroi-Gourhan, 1993, pp. 190-191, 202.
197. Schmandt-Besserat, 1996.
198. 최근의 뇌 영상 연구에 따르면, 신체 및 그 형태는 후두 피질의 특정 영역을 활성화한다 (Downing et al., 2001).
199. DeFrancis, 1989.
200. Coulmas, 1989, p. 78.
201. Zali & Berthier, 1997, p. 38.
202. 유사한 현상이 한국에서 일어났다. 세종대왕은 한자가 한국어에 적합하지 않다고 불만을 토로하였다. "우리말은 중국과 다르다." 고 그는 말하였다. "어린 백성들이 말하고 싶은 것이 있어도 한자로는 표현할 수 없다. 내가 그것을 불쌍하게 생각하여, 새로 28개 글자를 만들었다. 모든 사람이 쉽게 배워서 일상생활에 사용하기 위함이다." 이렇게 한글은 탄생하였다. 600여 년이 지난 오늘날 24개의 글자만 사용된다. 음성적, 자모적, 음운적 원리의 체계적 조합은 한글을 세상에서 가장 세련된 표기 체계로 만들었다(Coulmas, 1989, pp. 118-122).
203. Coulmas, 1989, p. 146.

| 제5장 읽기 학습 |

204. 읽기의 발달 및 교육에 주는 시사점에 대한 탁월한 리뷰는 Rayner & Pollatsek, 1989을 참고하라; Ehri, Nunes, Stahl, & Willows, 2001; Rayner et al., 2001.
205. Eimas et al., 1971; Werker & Tees, 1984; Kuhl, 2004.

206. Mehler et al., 1988.
207. Dehaene-Lambertz & Dehaene, 1994; Cheour et al., 1998; Dehaene-Lambertz, Dehaene, & Hertz-Pannier, 2002; Pena et al., 2003.
208. Kuhl, 2004.
209. Saffran, Aslin, & Newport, 1996; Marcus et al., 1999; Altmann, 2002; Marcus & Berent, 2003.
210. Chomsky, 1980.
211. Kellman & Spelke, 1983; 최근의 개관 연구 Wang & Baillargeon, 2008.
212. Bhatt et al., 2006.
213. Kraebel, West, & Gerhardstein, 2007.
214. Shuwairi, Albert, & Johnson, 2007.
215. Smith, 2003; Son, Smith, & Goldstone, 2008.
216. Pascalis & de Schonen, 1994; Tzourio-Mazoyer et al., 2002; de Haan, Johnson, & Halit, 2003.
217. Pascalis, de Haan, & Nelson, 2002; Pascalis et al., 2005.
218. Robinson & Pascalis, 2004.
219. Gathers et al., 2004.
220. Southgate et al., 2008.
221. Frith, 1985.
222. Seidenberg & McClelland, 1989; Hutzler et al., 2004.
223. Goswami(1986)은 5세 아동들이 단어 내부 구조의 유사성들을 스스로 발견할 수 있음을 보여 주었다. 예를 들어, beak라는 단어를 읽은 후 bean이나 peak와 같은 다른 단어들에 그 능력을 활용할 수 있다. 이러한 결과들의 중요성은 아직 논쟁거리로 남아 있다(Nation, Allen, & Hulme, 2001). 자소-음소 대응에 대한 명시적 교육만이 알파벳 표기 체계에 대한 진정한 숙달을 담보할 수 있다.
224. Morais et al., 1979; Morais et al., 1986.
225. Mann, 1986; Read et al., 1986; Cheung & Chen, 2004.
226. Rayner & Pollatsek, 1989; Rayner et al., 2001.
227. Castles & Coltheart, 2004.
228. Ehri & Wilce, 1980.
229. Stuart, 1990.
230. 또는 반대로, 초보 독자는 *key*라는 단어를 듣고 "kee"라고 적을 수도 있다. 비록 몇몇 언어, 특히 프랑스어와 같은 언어에서는 읽기(문자-발음 변환)보다 쓰기(발음-문자 변환)가

더 불규칙하지만, 쓰기의 발달과 읽기의 발달은 보통 일치한다. Pacton et al., 2001; Martinet, Valdois, & Fayol, 2004을 보라.

231. Sprenger-Charolles & Siegel, 1997; Sprenger-Charolles, Siegel, & Bonnet, 1998.
232. Aghababian & Nazir, 2000; Zoccolotti et al., 2005.
233. 예를 들면, 웹사이트 www.mrisafety.com를 참조.
234. Gaillard et al., 2003.
235. Shaywitz et al., 2002.
236. Turkeltaub et al., 2003.
237. Orton, 1925, p. 608.
238. Simas et al., 2001; U. Maurer et al., 2005.
239. U. Maurer et al., 2006.
240. Parviainen et al., 2006.
241. Posner & McCandliss, 1999; McCandliss, Cohen, & Dehaene, 2003.
242. Turkeltaub et al., 2003.
243. Castro-Caldas et al., 1998.
244. Castro-Caldas et al., 1999; Petersson et al., 2007도 보라.
245. Plato, Phaedrus (translated by B. Jowett). Available online at http://oll.libertyfund.org/.
246. Nieder, Diester, & Tudusciuc, 2006.
247. Kolinsky et al., 1987; Kolinsky, Morais, & Verhaeghe, 1994.
248. Gauthier et al., 1999; Gauthier et al., 2000; Wong et al., 2005.
249. Michael Tarr와 Isabel Gauthier(2000)는 심지어 얼굴에 반응하는 영역의 전통적 명칭, 즉 방추 얼굴 영역(fusiform face area: FFA. 후두측두 피질의 방추회에 위치함을 가리킴)을 '유동적 방추 영역(flexible fusiform area)' 으로 바꿀 것을 제안하였다.
250. Gauthier, Curran, Curby, & Collins, 2003; Rossion, Kung, & Tarr, 2004.
251. Marks, 1978; Cytowic, 1998; Ramachandran & Hubbard, 2001b.
252. Dehaene, 1997.
253. Ramachandran & Hubbard, 2001a; Hubbard et al., 2005.
254. Dehaene, 1997, 3장.
255. Hubbard et al., 2005; Sperling et al., 2006도 보라.
256. Ramachandran & Hubbard, 2001b.
257. Mondloch & Maurer, 2004; Maurer, Pathman & Mondloch, 2006.
258. National Institute of Child Health and Human Development, 2000; Rayner et al., 2001.
259. National Institute of Child Health and Human Development, 2000; Ehri, Nunes, Stahl et

al., 2001; Ehri, Nunes, Willows et al., 2001.
260. Bellenger, 1980.
261. Larson, 2004.
262. Ibid.
263. Pelli, Farell & Moore, 2003.
264. Ahissar & Hochstein, 2004.
265. Paap, Newsome & Noel, 1984.
266. Yoncheva, Blau, Maurer & McCandliss, 2006.
267. Rayner et al., 2001; Bitan & Karni, 2003.
268. Share, 1995, 1999.
269. Braibant & Gérard, 1996; Goigoux, 2000; Ehri, Nunes, Stahl et al., 2001; Ehri, Nunes, Willows et al., 2001.
270. Seymour, Aro & Erskine, 2003.
271. 제2장의 97쪽을 보라.

| 제6장 난독증의 뇌 |

272. Shaywitz, 2003.
273. Shaywitz et al., 1992.
274. Ramus, 2003; Vellutino, Fletcher, Snowling, & Scanlon, 2004.
275. 시각적 주의 결핍 가설에 대한 리뷰는 Valdois, Bosse, & Tainturier, 2004; Bosse, Tainturier, & Valdois, 2007을 보라.
276. Zoccolotti et al., 2005.
277. 이 발견은 1970년대 후반에 처음 보고된 이후로 (예를 들어, Liberman et al., 1971; Bradley & Bryant, 1978; Fischer, Liberman, & Shankweiler, 1978; Brandley & Bryant, 1983을 보라) 자주 검증되고 보고되어 왔다. 자세한 사항은 참고문헌을 보라.
278. Castles & Coltheart, 2004.
279. Leppanen et al., 2002; Richardson, Leppanen, Leiwo, & Lyytinen, 2003도 보라. Benasich & Tallal, 2002; Maurer, Bucher, Brem, & Brandeis, 2003.
280. Ahissar et al., 2000; Temple et al., 2000; Breier et al., 2001; Cestnick, 2001; Breier, Gray, Fletcher, Foorman, & Klaas, 2002.
281. Eden et al., 1996; Demb, Boynton, & Heeger, 1997; Demb, Boynton, Best, & Heeger,

1998; Demb, Boynton, & Heeger, 1998.

282. Kujala et al., 2001.

283. 유감스럽게도 통제 집단은 아무런 훈련도 받지 않은 것 같다. 따라서 훈련 집단 아동들이 얻은 효과는 단순히 그들에게 주어진 어떤 관심과 컴퓨터 훈련에서 비롯된 것일 수 있다. 비언어적 청각-시각 매칭이 난독 아동에게 정말로 유용한지 평가하기 위해서는 실험 설계를 개선하여 반복 실험을 할 필요가 있다.

284. 최근의 개관 논문은 Tallal & Gaab, 2006을 보라.

285. 이 논쟁에 대한 두 가지 최근 정보를 위해서는 Ramus, 2003; Tallal & Gaab, 2006을 보라.

286. Nicolson, Fawcett, & Dean, 2001. 소뇌의 해부학적 기형이 난독 아동에서 실제로 발견된다(Eckert et al., 2003; Brambati et al., 2004). 하지만 분명히 해야 할 것은, 이러한 소뇌 이론이 난독증 원인에 대한 음운적 설명과 반드시 충돌하는 것은 아니라는 점이다. 소뇌는 문자 그대로 뇌 안에 있는 '작은 뇌' 이며, 사실상 거의 대부분의 피질 영역들에 연결되어 있다. 따라서 소뇌는 발화, 음운, 철자 등의 처리를 포함한 사실상 모든 인지 기능들에 기여한다.

287. Galaburda & Livingstone, 1993; Demb et al., 1997; Demb, Boynton, Best, & Heeger, 1998; Demb, Boynton, & Heeger, 1998; Stein, 2001.

288. Ramus, Pidgeon, & Frith, 2003.

289. Ramus, Rosen et al., 2003; White et al., 2006. 난독증의 시각적 이론에 대한 보다 명확한 설명은 Valdois, Bosse, & Tainturier, 2004를 보라.

290. Paulesu et al., 2001.

291. Siok et al., 2004.

292. 이러한 가설을 지지하는 이중언어 아동 사례가 적어도 하나는 있다. 이 아동은 영어화자인 부모에게서 일본에서 태어났다. 그는 일본어 읽기(칸지와 카나 둘 다)를 배우는 데는 어떤 어려움도 겪지 않았으나, 영어에 대해서는 심각한 난독증을 나타내었다(Wydell & Butterworth, 1999).

300. 최근의 리뷰는 Habib, 2000; Ramus, 2004; Fisher & Francks, 2006을 보라.

301. Silani et al., 2005. 부분적으로 유사한 결과에 대해서는 Vinckenbosch, Robichon, & Eliez, 2005; Brown et al., 2001; Brambati et al., 2004를 보라. 일차적으로 나는 측두엽 기형에 초점을 맞추고 있지만, 연구들은 훨씬 더 복합적인 해부학적 기형을 보여 준다. 매우 다양한 손상들이 보고되었다. 즉, 측두엽과 소뇌의 비대칭, 좌반구 하측 전두 영역, 하측 두정엽, 오른쪽 소뇌 등에서의 회백질 감소 등등. 그러나 유감스럽게도 항상 동일한 보고가 나오지는 않았다(예를 들어, Brown et al., 2001; Eckert et al., 2003; Eckert, 2004를 보라). G. Silani와 나는 Eraldo Paulesu의 의견을 공유한다. Paulesu에 의하면 이런 관찰들은 "신경학적 증상으로서의 난독증 그리고 그 기저에 있는 병리의 분포와 관련하여 중요할 수 있다. 하지만

어떤 형태적 이상이 난독증의 핵심 신경심리학적 증상과 관련이 있는가에 대해 알려주는 것은 적다." Vinckenboschm Robichet & Eliez, 2005도 보라.

302. Galaburda et al., 1985.

303. Klingberg et al., 2000; Beaulieu et al., 2005; Deutsch et al., 2005; Silani et al., 2005; Niogi & McCandliss, 2006.

304. Paulesu et al., 1996. 또 다른 설명은, 침범된 섬유 다발이 피질에서 나온 수직 방향 투사라는 것인데(Beaulieu et al., 2005; Niogi & McCandliss, 2006), 아마도 조음 운동 장애 또는 정교한 글씨 쓰기 운동 능력 저하와 관련이 있는 것 같다.

305. Galaburda, Menard, & Rosen, 1994.

306. Ramus, 2004.

307. 이러한 매혹적인 유전자 사냥에 대한 이야기는 Grigorenko, 2003; Fisher & Francks, 2006; Galaburda, Lo Turco, Ramus, Fitch, & Rosen, 2006을 보라.

308. Meng et al., 2005; Paracchini et al., 2006.

309. 예를 들어, Torgesen, 2005을 보라.

310. Kligard & Merzenich, 1998.

311. Merzenich et al., 1996.

312. Wilson et al., 2006.

313. Kujala et al., 2001; Simos, Fletcher et al., 2002; Temple et al., 2003; Eden et al., 2004.

| 제7장 읽기와 대칭성 |

314. Cornell, 1985; McMonnies, 1992; Wolff & Melngailis, 1996; Terepocki, Kruk, & Willows, 2002; Lachmann & Geyer, 2003.

315. Corballis, Macadie, Crotty, & Beale, 1985; Wolf & Melngailis, 1996; Terepocki, Kruk, & Willows, 2002; Lachmann & Geyer, 2003.

316. Gould, 1992.

317. Corballis & Beale, 1976.

318. Beale, Williams, Webster, & Corballis, 1972.

319. Tarr & Pinker, 1989.

320. Biederman & Cooper, 1991; Fiser & Biederman, 2001.

321. Corballis & Beale, 1976.

322. Rollenhagen & Olson, 2000.

323. Orton, 1925, 1937.

324. Orton, 1925, p. 607.

325. Corballis & Beale, 1976, 1993.

326. 이것이 유전자 ROBO1의 역할일 것 같은 생각이 강하게 든다. ROBO1 유전자 변이는 난독증과 관련이 있는 것으로 간주되어 왔으며(Hannula-Jouppi et al., 2005), 동물 연구들은 이 유전자가 뇌의 중심선을 가로질러 성장하는 축삭의 여정을 조절하는 것을 보여 주었다.

327. Rollenhagen & Olson, 2000; Baylis & Driver, 2001.

328. Logothetis, Pauls, & Poggio, 1995.

329. Perrett, Mistlin, & Chitty, 1989.

330. Rodman, Scalaidhe, & Gross, 1993.

331. Bornstein, Gross, & Wolf, 1978.

332. Sasaki et al., 2005.

333. Mello, 1965, 1966, 1967.

334. Abel, O'Brien, & Olavarria, 2000; Houzel, Carvalho, & Lent, 2002; Olavarria & Hiroi, 2003.

335. Olavarria & Hiroi, 2003과 거기에 포함된 참고문헌을 보라.

336. Ungerleider & Mishkin, 1982; Goodale & Milner, 1992를 주의하여 보라.

337. Turnbull, 1997; Turnbull, Beschin, & Della Sala, 1997.

338. Walsh & Butler, 1996.

339. Turnbull & McCarthy, 1996.

340. Davidoff & Warrington, 2001; Priftis, Rusconi, Umilta, & Zorzi, 2003. 또한 Feinberg & Jones, 1985; Riddoch & Humphreys, 1988; Davidoff & Warrington, 1999; Warrington & Davidoff, 2000을 보라.

341. Danziger & Pederson, 1998.

342. Gottfried, Sancar, & Chatterjee, 2003.

343. Streifler & Hofman, 1976; Heilman, Howell, Valenstein, & Rothi, 1980; Wade & Hart, 1991; Lambon-Ralph, Jarvis, & Ellis, 1997; Pflugshaupt et al., 2007.

344. Lambon-Ralph, Jarvis, & Ellis, 1997.

345. Streifler & Hofman, 1976.

346. Wolff & Melngailis, 1996.

347. Liberman et al., 1971; Fischer, Liberman, & Shankweiler, 1978; Wolff & Melngailis, 1996.

348. McCloskey et al., 1995; McCloskey & Rapp, 2000.

349. Galaburda & Livingstone, 1993; Demb, Boynton, & Heeger, 1997; Demb, Boynton, Best,

& Heeger, 1998; Demb, Boynton, & Heeger, 1998; Stein, 2001.
350. Valdois, Bosse, & Tainturier, 2004; Bosse, Tainturier, & Valdois, 2007.
351. Gentaz, Colé, & Bara, 2003.

| 제8장 뉴런 문화를 향하여 |

352. Changeux & Danchin, 1976; Changeux, 1983; Changeux & Connes, 1989; Changeux, 2002.
353. Wilson, 1998.
354. Chomsky, 1986.
355. Sperber, 1974.
356. Brown, 1991.
357. Sperber & Hirschfeld, 2004; Atran, Medin & Ross, 2005도 보라.
358. Rodor, 1983.
359. Kanwisher, McDermott, & Chun, 1997.
360. Atran, 1990; Berlin, 1992.
361. Caramazza & Shelton, 1998; Chao, Haxby, & Martin, 1999; Pouratian et al., 2003.
362. Dehaene, 1997; Butterworth, 1999.
363. Pica, Lemer, Izard, & Dehaene, 2004; Dehaene, Izard, Pica & Spelke, 2006.
364. Dehaene, Piazza, Pinel, & Cohen, 2003; Cantlon, Brannon, Carter, & Pelphrey, 2006.
365. Nieder & Miller, 2004.
366. Changeux, 1994.
367. Ramachandran, 2005.
368. Zeki, 2000.
369. Wallin, Merker, & Brown, 2000.
370. Atran, 2002; Boyer, 2002; Dennett, 2006.
371. Whiten et al., 1999; Byrne et al., 2004.
372. Boysen, Berntson, & Prentice, 1987; Tanaka, Tomonaga & Matsuzawa, 2003.
373. Coqueugniot et al., 2004.
374. Logothetis, Pauls, & Poggio, 1995.
375. Matsuzawa, 1985; Washburn & Rumbaugh, 1991; Kawai & Matsuzawa, 2000.
376. Iriki, 2005.

377. Tomasello, 2000b, p. 37; Tomasello, 2000a; Tomasello et al., 2005도 보라.
378. Gergely, Bekkering, & Kiraly, 2002.
379. Tomasello, Strosberg, & Akhtar, 1996.
380. Van Essen et al., 2001.
381. Van Essen et al., 2001; Schoenemann, Sheehan, & Glotzer, 2005.
382. Elston, Benavides-Piccione, & DeFelipe, 2001.
383. Nimchinsky et al., 1999.
384. Bianchi, 1921.
385. From Finger, 1994, p. 19.
386. Dehaene & Changeux, 2005.
387. Raichle et al., 2001; Laufs et al., 2003; Fox et al., 2006.
388. Laureys, 2005.
389. 수학 영역의 유사한 가설에 대해서는 Nunez & Lakoff, 2000을 보라.
390. Cheng & Gallistel, 1986; Hermer & Spelke, 1996.
391. 그러나 Gouteux, Thinus-Blanc & Vauclair, 2001은 갈등적 데이터를 제시한다.
392. Karmiloff-Smith, 1992.
393. Dehaene, 1997.
394. Mithen, 1996.

| 결론: 읽기의 미래 |

395. Anne Fagot-Largeault, Conference at Collège de France, October 13, 2006.

참고문헌

일반 추천 도서

Cavallo, G., & Chartier, R. (1999). *A history of reading in the West.* Boston: University of Massachusetts Press.

Changeux, J. P. (2004). *The physiology of truth: Neuroscience and human knowledge.* Cambridge, MA: Belknap Press.

Coulmas, F. (1989). *The writing systems of the world.* Oxford: Blackwell.

Corballis, M. C., & Beale, I. L. (1976). *The psychology of left and right.* New York: Erlbaum.

DeFrancis, J. (1989). *Visible speech: The diverse oneness of writing systems.* Honolulu: University of Hawaii Press.

Ellis, A. W. (1984). *Reading, writing and dyslexia: A cognitive analysis.* Hillsdale, NJ: Lawrence Erlbaum Associates.

Jean, G. (1992). *Writing: The story of alphabets and scripts.* London: Thames & Hudson.

Manguel, A. (1997). *A history of reading.* New York: Penguin.

Miles, T. R., & Miles, E. (1999). *Dyslexia: A hundred years on* (2nd edition). Buckingham, UK: Open University Press.

Mithen, S. (1996). *The prehistory of the mind: The cognitive origins of art, religion and science.* London: Thames & Hudson.

Posner, M. I., & Raichle, M. E. (1994). *Images of mind.* New York: Scientific American Library.

Rayner, K., Foorman, B. R., Perfetti, C. A., Pesetsky, D., & Seidenberg, M. S. (2001). How psychological science informs the teaching of reading. *Psychological Science in the Public Interest* 2:31–74.

Rayner, K., & Pollatsek, A. (1989). *The psychology of reading.* Englewood Cliffs, NJ: Prentice Hall.

Robinson, A. (1995). *The story of writing: Alphabets, hieroglyphs and pictograms.* London: Thames & Hudson.

Shaywitz, S. (2003). *Overcoming dyslexia.* New York: Random House.

Snowling, M. (2000). *Dyslexia.* Oxford: Blackwell.

Snowling, M. J., & Hulme, C. (Eds.). (2005). *The science of reading: A handbook.* Oxford: Blackwell.

전문 도서 및 논문

Abel, P. L., O'Brien, B. J., & Olavarria, J. F. (2000). Organization of callosal linkages in visual area V2 of macaque monkey. *Journal of Comparative Neurology* 428:278-293.

Aghababian, V., & Nazir, T. A. (2000). Developing normal reading skills: Aspects of the visual processes underlying word recognition. *Journal of Experimental Child Psychology* 76(2):123-150.

Ahissar, M., & Hochstein, S. (2004). The reverse hierarchy theory of visual perceptual learning. *Trends in Cognitive Sciences* (10):457-464.

Ahissar, M., Protopapas, A., Reid, M., & Merzenich, M. M. (2000). Auditory processing parallels reading abilities in adults. *Proceedings of the National Academy of Sciences* 97(12): 6832-6837.

Allison, T., McCarthy, G., Nobre, A. C., Puce, A, & Belger, A. (1994). Human extrastriate visual cortex and the perception of faces, words, numbers and colors. *Cerebral Cortex* 5:544-554.

Allison, T., Puce, A., Spencer, D. D., & McCarthy, G. (1999). Electrophysiological studies of human face perception. I: Potentials generated in occipitotemporal cortex by face and non-face stimuli. *Cerebral Cortex* 9(5):415-430.

Altmann, G. T. (2002). Statistical learning in infants. *Proceedings of the National Academy of Sciences* 99(24):15250-15251.

Ans, B., Carbonnel, S., & Valdois, S. (1998). A connectionist multiple-trace memory model for polysyllabic word reading. *Psychological Review* 105(4):678-723.

Arguin, M., Fiset, S., & Bub, D. (2002). Sequential and parallel letter processing in letter-by-letter dyslexia. *Cognitive Neuropsychology* 19:535-555.

Atran, S. (1990). *Cognitive foundations of natural history*. New York and Cambridge, UK: Cambridge University Press.

______. (2002). *In gods we trust: The evolutionar landscape of religion*. New York: Oxford University Press.

Atran, S., Medin, D. L., & Ross, N. O. (2005). The cultural mind: Environmental decision making and cultural modeling within and across populations. *Psychological Review* 112(4):744-776.

Baker, C., Behrmann, M., & Olson, C. (2002). Impact of learning on representation of parts and wholes in monkey inferotemporal cortex. *Nature Neuroscience* 5(11):1210-1216.

Baker, C. I., Liu, J., Wald, L. L., Kwong, K. K., Benner, T., & Kanwisher, N. (2007). Visual word processing and experiential origins of functional selectivity in human extrastriate cortex. *Proceedings of the National Academy of Sciences* 104(21):9087-9092.

Barkow, J. H., Cosmides, L., & Tooby, J. (Eds.). (1992). *The adapted mind: Evolutionary psychology and the generation of culture*. New York: Oxford University press.

Baylis, G. C., & Driver, J. (2001). Shape-coding in IT cells generalizes over contrast and mirror reversal, but not figure-ground reversal. *Nature Neuroscience* 4(9):937-942.

Beale, I. L., Williams, R. J., Webster, D. M., & Corballis, M. C. (1972). Confusion of mirror images by pigeons and interhemispheric commissures. *Nature* 238(5363):348-349.

Beauchamp, M. S., Lee, K. E., Argall, B. D., & Martin, A. (2004). Integration of auditory and visual information about objects in superior temporal sulcus. *Neuron* 41(5):809-823.

Beaulieu, C., Plewes, C., Paulson, L. A., Roy, D., Snook, L., Concha, L., & Phillips, L. (2005). Imaging brain connectivity in children with diverse reading ability. *Neuroimage* 25(4):1266-1271.

Bellenger, L. (1980). *Les méthodes de lecture* (2nd edition). Paris: Presses Universitaires de France.

Benasich, A. A., & Tallal, P. (2002). Infant discrimination of rapid auditory cues predicts later language impairment. *Behavioral and Brain Research* 136:31-49.

Bentin, S., Mouchetant-Tostaing, Y., Giard, M. H., Echallier, J. F., & Pernier, J. (1999). ERP manifestations of processing printed words of different psycholinguistic levels: time course and scalp distribution. *Journal of Cognitive Neuroscience* 11:235-260.

Berlin, B. (1992). *Ethnobiological classification: Principles of categorization of plants and animals in traditional societies.* Princeton, NJ: Princeton University Press.

Besner, D. (1989). On the role of outline shape and word-specific visual pattern in the identification of function words: NONE. *Quarterly Journal of Experimental Psychology A* 41:91-105.

Bhatt, R. S., Hayden, A., Reed, A., Bertin, E., & Joseph, J. (2006). Infants' perception of information along object boundaries: Concavities versus convexities. *Journal of Experimental Child Psychology* 94(2):91-113.

Bianchi, L. (1921). *La mécanique du cerveau et la fonction des lobes frontaux.* Paris: Louis Arnette.

Biederman, I. (1987). Recognition-by-components: A theory of human image understanding. *Psychological Review* 94(2):115-147.

Biederman, I., & Bar, M. (1999). One-shot viewpoint invariance in matching novel objects. *Vision Research* 39(17):2885-2899.

Biederman, I., & Cooper, E. E. (1991). Evidence for complete translational and reflectional invariance in visual object priming. *Perception* 20(5):585-593.

Binder, J. R., Frost, J. A., Hammeke, T. A., Bellgowan, P. S., Rao, S. M., & Cox, R. W. (1999). Conceptual processing during the conscious resting state: A functional MRI study. *Journal of Cognitive Neuroscience* 11(1):80-95.

Binder, J. R., Frost, J. A., Hammeke, T. A., Bellgowan, P. S., Springer, J. A., Kaufman, J. N., & Possing, E. T. (2000). Human temporal lobe activation by speech and nonspeech sounds.

Cerebral Cortex 10(5):512–528.

Binder, J. R., McKiernan, K. A., Parsons, M. E., Westbury, C. F., Possing, E. T., Kaufman, J. N., & Buchanan, L. (2003). Neural correlates of lexical access during visual word recognition. *Journal of Cognitive Neuroscience* 15(3):372–393.

Binder, J. R., Medler, D. A., Westbury, C. F., Liebenthal, E., & Buchanan, L. (2006). Tuning of the human left fusiform gyrus to sublexical orthographic structure. *Neuroimage* 33(2):739–748.

Binder, J. R., & Mohr, J. P. (1992). The topography of callosal reading pathways. A case-control analysis. *Brain* 115:1807–1826.

Bitan, T., & Karni, A. (2003). Alphabetical knowledge from whole words training: Effects of explicit instruction and implicit experience on learning script segmentation. *Brain Research Cognitive Brain Research* 16(3):323–337.

Blackmore, S. J. (1999). *The meme machine*. Oxford: Oxford University Press.

Bokde, A. L., Tagamets, M. A., Friedman, R. B., & Horwitz, B. (2001). Functional interactions of the inferior frontal cortex during the processing of words and word-like stimuli. *Neuron* 30(2):609–617.

Booth, J. R., Burman, D. D., Meyer, J. R., Gitelman, D. R., Parrish, T. B., & Mesulam, M. M. (2002). Functional anatomy of intra- and cross-modal lexical tasks. *Neuroimage* 16(1):7–22.

Booth, M., & Rolls, E. (1998). View-invariant representations of familiar objects by neurons in the inferior temporal visual cortex. *Cerebral Cortex* 8(6):510–523.

Bornstein, M. H., Gross, C. G., & Wolf, J. Z. (1978). Perceptual similarity of mirror images in infancy. *Cognition* 6(2):89–116.

Bosse, M. L., Tainturier, M. J., & Valdois, S. (2007). Developmental dyslexia: the visual attention span deficit hypothesis. *Cognition* 104(2):198–230.

Bouma, H. (1973). Visual interference in the parafoveal recognition of initial and final letters of words. *Vision Research* 13(4):767–782.

Boyer, P. (2002). *Religion explained: The evolutionary origins of religious thought*. New York: Basic Books.

Boysen, S. T., Berntson, G. G., & Prentice, J. (1987). Simian scribbles: A reappraisal of drawing in the chimpanzee (*Pan troglodytes*). *Journal of Comparative Psychology* 101(1):82–89.

Bradley, L., & Bryant, P. (1983). Categorizing sounds and learning to read: A causal connection. *Nature* 30:419–421.

Bradley, L., & Bryant, P. E. (1978). Difficulties in auditory organization as a possible cause of reading backwardness. *Nature* 271:746–747.

Braibant, J.-M., & Gérard, F.-M. (1996). Savoir lire: Une question de méthodes? *Bulletin de psychologie scolaire et d'orientation* 1:7–45.

Brambati, S. M., Termine, C., Ruffino, M., Stella, G., Fazio, F., Cappa, S. F., & Perani, D. (2004). Regional reductions of gray matter volume in familial dyslexia. *Neurology* 63(4):742-745.

Breier, J. I., Gray, L., Fletcher, J. M., Diehl, R. L., Klaas, P., Foorman, B. R., & Molis, M. R. (2001). Perception of voice and tone onset time continua in children with dyslexia with and without attention deficit/hyperactivity disorder. *Journal of Experimental Child Psychology* 80(3):245-270.

Breier, J. I., Gray, L. C., Fletcher, J. M., Foorman, B., & Klaas, P. (2002). Perception of speech and nonspeech stimuli by children with and without reading disability and attention deficit hyperactivity disorder. *Journal of Experimental Child Psychology* 82(3):226-250.

Brincat, S. L., & Connor, C. E. (2004). Underlying principles of visual shape selectivity in posterior inferotemporal cortex. *Nature Neuroscience* 7(8):880-886.

Brown, D. (1991). *Human universals*. New York: McGraw-Hill.

Brwon, W. E., Eliez, S., Menon, V., Rumsey, J. M., White, C. D., & Reiss, A. L. (2001). Preliminary evidence of widespread morphological variations of the brain in dyslexia. *Neurology* 56(6):781-783.

Brunswick, N., McCrory, E., Prince, C. J., Frith, C. D., & Frith, U. (1999). Explicit and implicit processing of words and pseudowords by adult developmental dyslexics: A search for Wernicke' s Wortschatz? *Brain* 122:1901-1917.

Brysbaert, M. (1994). Interhemispheric transfer and the processing of foveally presented stimuli. *Behavioural Brain Research* 64(1-2):151-161.

Büchel, C., Price, C. J., & Friston, K. (1998). A multimodal language region in the ventral visual pathway. *Nature* 394(6690):274-277.

Burton, M. W., Small, S. L., & Blumstein, S. E. (2000). The role of segmentation in phonological processing: an fMRI investigation. *Journal of Cognitive Neuroscience* 12(4):679-690.

Butterworth, B. (1999). *The mathematical brain*. London: Macmillan.

Byrne, R. W., Barnard, P. J., Davidson, I., Janik, V. M., McGrew, W. C., Miklosi, A., & Wiessner, P. (2004). Understanding culture across species. *Trends in Cognitive Sciences* 8(8):341-346.

Calvet, L.-J. (1998). *Histoire de l'écriture*. Paris: Hachette.

Cantlon, J. F., Brannon, E. M., Carter, E. J., & Pelphrey, K. A. (2006). Functional imaging of numerical processing in adults and 4-y-old children. *PLoS Biology* 4(5):e125.

Caramazza, A. (1996). The brain' s dictionary. *Nature* 380:485-486.

______. (1998). The interpretation of semantic category-specific deficits: What do they reveal about the organization of conceptual knowledge in the brain? *Neurocase* 4:265-272.

Caramazza, A., & Hillis, A. E. (1991). Lexical representation of nouns and verbs in the brain. *Nature* 349:788-790.

Caramazza, A., Laudanna, A., & Romani, C. (1988). Lexical access and inflectional morphology. *Cognition* 28:297–332.

Caramazza, A., & Shelton, J. R. (1998). Domain-specific knowledge systems in the brain: The animate-inanimate distinction. *Journal of Cognitive Neuroscience* 10:1–34.

Castles, A., & Coltheart, M. (2004). Is there a causal link from phonological awareness to success in learning to read? *Cognition* 91(1):77–111.

Castro-Caldas, A., Miranda, P. C., Carmo, I., Reis, A., Leote, F., Ribeiro, C., & Ducla-Soares, E. (1999). Influence of learning to read and write on the morphology of the corpus callosum. *European Journal of Neurology* 6(1):23–28.

Castro-Caldas, A., Petersson, K. M., Reis, A., Stone-Elander, S., & Ingvar, M. (1998). The illiterate brain: Learning to read and write during childhood influences the functional organization of the adult brain. *Brain* 121(Pt 6):1053–1063.

Catani, M., Jones, D. K., Donato, R., & Ffytche, D. H. (2003). Occipito-temporal connections in the human brain. *Brain* 126(Pt 9):2093–2107.

Cestnick, L. (2001). Cross-modality temporal processing deficits in developmental phonological dyslexics. *Brain and Cognition* 46(3):319–325.

Changeux, J. P. (1983). *L'homme neuronal*. Paris: Fayard.

_______. (1994). *Raison et plaisir*. Paris: Odile Jacob.

_______. (2002). *L'homme de vérité*. Paris: Odile Jacob.

Changeux, J. P., & Connes, A. (1989). *Matière à pensé*. Paris: Odile Jacob.

Changeux, J. P., & Danchin, A. (1976). Selective stabilization of developing synapses as a mechanism for the specification of neuronal networks. *Nature* 264:705–712.

Changizi, M. A., & Shimojo, S. (2005). Character complexity and redundancy in writing systems over human history. *Proceedings of the Royal Society B: Biological Sciences* 272(1560):267–275.

Changizi, M. A., Zhang, Q., Ye, H., & Shimojo, S. (2006). The structures of letters and symbols throughtout human history are selected to match those found in objects in natural scenes. *American Naturalist* 167(5):E117–139.

Chao, L. L., Haxby, J. V., & Martin, A. (1999). Attribute-based neural substrates in temporal cortex for perceiving and knowing about objects. *Nature Neurostandard* 2(10):913–919.

Chen, Y., Fu, S., Iversen, S. D., Smith, S. M., & Matthews, P. M. (2002). Testing for dual brain processing routes in reading: a direct contrast of Chinese Character and Pinyin reading using fMRI. *Journal of Cognitive Neuroscience* 14(7):1088–1098.

Cheng, K., & Gallistel, C. R. (1986). A purely geometric module in the rat' s spatial representation. *Cognition* 23:149–178.

Cheour, M., Ceponiene, R., Lehtokoski, A., Luuk, A., Allik, J., Alho, K., & Naatanen, R. (1998).

Development of language-specific phoneme representations in the infant brain. *Nature Neuroscience* 1(5):351-353.

Cheung, H., & Chen, H. C. (2004). Early orthographic experience modifies both phonological awareness and on-line speech processing. *Language and Cognitive Processes* 19:1-28.

Chomsky, N. (1980). *Rules and representations.* Oxford: Basil Blackwell.

______. (1986). *Knowledge of language: Its nature, origins, and use.* Westport, CT: Praeger.

______. (1988). *Language and the problems of knowledge.* Cambridge: MIT Press.

Cohen, L., & Dehaene, S. (1995). Number processing in pure alexia: the effect of hemispheric asymmetries and task demands. *Neurocase* 1:121-137.

______. (2000). Calculating without reading: Unsuspected residual abilities in pure alexia. *Cognitive Neuropsychology* 17(6):563-583.

______. (2004). Specialization within the ventral stream: The case for the visual word form area. *Neuroimage* 22(1):466-476.

Cohen, L., Dehaene, S., Naccache, L., Lehéricy, S,. Dehaene-Lambertz, G., Hénaff, M. A., & Michel, F. (2000). The visual word form area: Spatial and temporal characterization of an initial stage of reading in normal subjects and posterior split-brain patients. *Brain* 123:291-307.

Cohen, L., Henry, C., Dehaene, S., Martinaud, O., Lehéricy, S,. Lemer, C., & Ferrieux, S. (2004). The pathophysiology of letter-by-letter reading. *Neuropsychologia* 42(13):1768-1780.

Cohen, L., Jobert, A., Le Bihan, D., & Dehaene, S. (2004). Distinct unimodal and multimodal regions for word processing in the left temporal cortex. *Neuroimage* 23(4):1256-1270.

Cohen, L., Lehéricy, S., Chochon, F., Lemer, C., Rivaud, S., & Dehaene, S. (2002). Language-specific tuning of visual cortex? Functional properties of the visual word form area. *Brain* 125(Pt 5):1054-1069.

Cohen, L., Lehéricy, S., Henry, C., Bourgeois, M., Larroque, C., Sainte-Rose, C., Dehaene, S., & Hertz-Pannier, L. (2004). Learning to read without a left occipital lobe: Right-hemispheric shift of visual word form area. *Annals of Neurology* 56(6):890-894.

Cohen, L., Martinaud, O., Lemer, C., Lehéricy, S., Samson, Y., Obadia, M., Slachevsky, A., & Dehaene, S. (2003). Visual word recognition in the left and right hemispheres: Anatomical and functional correlates of peripheral alexias. *Cerebral Cortex* 13:1313-1333.

Coltheart, M., & Coltheart, V. (1997). Reading comprehension is not exclusively reliant upon phonological representation. *Cognitive Neuropsychology* 14:167-175.

Coltheart, M., Davelaar, E., Jonasson, J. T., & Besner, D. (1977). Access to the internal lexicon. In Dornic, S. (Ed.), *Attention and performance* VI (pp. 535-555). London: Academic Press.

Coltheart, M., Rastle, K., Perry, C., Langdon, R., & Ziegler, J. (2001). DRC: A dual route cascaded model of visual word recognition and reading aloud. *Psychological Review* 108(1):204-256.

Coqueugniot, H., Hublin, J. J., Veillon, F., Houet, F., & Jacob, T. (2004). Early brain growth in *Homo erectus* and implications for cognitive ability. *Nature* 431(7006):299–302.

Corballis, M. C., & Beale, I. L. (1976). *The psychology of left and right*. New York: Elrbaum.

______. (1993). Orton revisited: Dyslexia, laterality, and left-right confusion. In Willows, D., Kruk, R. S. & Corsos, E. (Eds.), *Visual processes in reading and reading disabilities*. Hillsdale, NJ: Erlbaum.

Corballis, M. C., Macadie, L., Crotty, A., & Beale, I. L. (1985). The naming of disoriented letters by normal and reading-disabled children. *Journal of Child Psychology and Psychiatry* 26(6):929–938.

Cornell, J. (1985). Spontaneous mirror-writing in children. *Canadian Journal of Experimental Psychology* 39:174–179.

Coslett, H. B., & Monsul, N. (1994). Reading with the right hemisphere: Evidence from transcranial magnetic stimulation. *Brain and Language* 46:198–211.

Coslett, H. B., & Saffran, E. M. (1989). Evidence for preserved reading in "pure alexia." *Brain* 112:327–359.

Coslett, H. B., Saffran, E. M., Greenbaum, S., & Schwartz, H. (1993). Reading in pure alexia: The effect of strategy. *Brain* 116:21–37.

Coulmas, F. (1989). *The writing systems of the world*. Oxford: Blackwell.

Cytowic, R. E. (1998). *The man who tasted shapes*. Cambridge, MA: MIT Press.

Damasio, A. R. (1989a). The brain binds entities and events by multiregional activation from convergence zones. *Neural Computation* 1:123–132.

______. (1989b). Time-locked multiregional retroactivation: A systems-level proposal for the neural substrates of recall and recognition. *Cognition* 33:25–62.

Damasio, A. R., & Damasio, H. (1983). The anatomic basis of pure alexia. *Neurology* 33:1573–1583.

Damasio, H., Grabowski, T. J., Tranel, D., Hichwa, R. D., & Damasio, A. R. (1996). A neural basis for lexical retrieval. *Nature* 380(11 April 1996):499–505.

Danziger, E., & Pederson, E. (1998). Through the looking glass: Literacy, writing systems and mirror-image discrimination. *Written Language and Literacy* 1:153–167.

Davidoff, J., & Warrington, E. K. (1999). The bare bones of object recognition: Implications from a case of object recognition impairment. *Neuropsychologia* 37(3):279–292.

Davidoff, J., & Warrington, E. K. (2001). A particular difficulty in discriminating between mirror images. *Neuropsychologia* 39(10):1022–1036.

Dawkins, R. (1989). *The selfish gene*. Oxford: Oxford University Press.

Dawkins, R. (1996). *The blind watchmaker: Why the evidence of evolution reveals a universe without design*. New York: W. W. Norton.

de Haan, M., Johnson, M. H., & Halit, H. (2003). Development of face-sensitive event-related potentials during infancy: a review. *International Journal of Psychophysiology* 51(1):45-58.

DeFrancis, J. (1989). *Visible speech: The diverse oneness of writing systems*. Honolulu: University of Hawaii Press.

Dehaene, S. (1995). Electrophysiological evidence for category-specific word processing in the normal human brain. *NeuroReport* 6:2153-2157.

______. (1997). *The number sense*. New York: Oxford University Press.

______. (2005). Evolution of human cortical circuits for reading and arithmetic: The "neuronal recycling" hypothesis. In Dehaene, S, Duhamel, J. R., Hauser, M., & Rizzolatti, G. (Eds.), *From monkey brain to human brain* (pp. 133-157). Cambridge, MA: MIT Press.

Dehaene, S., & Changeux, J. P. (2005). Ongoing spontaneous activity controls access to consciousness: A neuronal model for inattentional blindness. *PLoS Biology* 3(5):e141.

Dehaene, S., & Cohen, L. (2007). Cultural recycling of cortical maps. *Neuron* 56(2):384-398.

Dehaene, S., Cohen, L., Sigman, M., & Vinckier, F. (2005). The neural code for written words: A proposal. *Trends in Cognitive Sciences* 9(7):335-341.

Dehaene, S., Izard, V., Pica, P., & Spelke, E. (2006). Core knowledge of geometry in an Amazonian indigene group. *Science* 311:381-384.

Dehaene, S., Jobert, A., Naccache, L., Ciuciu, P., Poline, J. B., Le Bihan, D., & Cohen, L. (2004). Letter binding and invariant recognition of masked words: Behavioral and neuroimaging evidence. *Psychological Science* 15(5):307-313.

Dehaene, S., Le Clec' H, G., Poline, J. B., Le Bihan, D., & Cohen, L. (2002). The visual word form area: A prelexical representation of visual words in the fusiform gyrus. *NeuroReport* 13(3):321-325.

Dehaene, S., Naccache, L., Cohen, L., Le Bihan, D., Mangin, J. F., Poline, J. B., & Riviere, D. (2001). Cerebral mechanisms of word masking and unconscious repetition priming. *Nature Neuroscience* 4(7):752-758.

Dehaene, S., Piazza, M., Pinel, P., & Cohen, L. (2003). Three parietal circuits for number processing. *Cognitive Neuropsychology* 20:487-506.

Dehaene-Lambertz, G. (1997). Electrophysiological correlates of categorical phoneme perception in adults. *NeuroReport* 8(4):919-924.

Dehaene-Lambertz, G., & Baillet, S. (1998). A phonological representation in the infant brain. *NeuroReport* 9(8):1885-1888.

Dehaene-Lambertz, G., & Dehaene, S. (1994). Speed and cerebral correlates of syllable discrimination in infants. *Nature* 370:292-295.

Dehaene-Lambertz, G., Dehaene, S., & Hertz-Pannier, L. (2002). Functional neuroimaging of speech perception in infants. *Science* 298(5600):2013–2015.

Déjerine, J. (1892). Contribution à l'étude anatomo-pathologique et clinique des différentes variétés de cécité verbale. *Mémories de la Société de Biologie* 4:61–90.

Del Cul, A., Baillet, S., & Dehaene, S. (2007). Brain dynamics underlying the nonlinear threshold for access to consciousness. *PLoS Biology* 5(10):e260.

Demb, J. B., Boynton, G. M., Best, M., & Heeger, D. J. (1998). Psychophysical evidence for a magnocellular pathway deficit in dyslexia. *Vision Research* 38(11):1555–1559.

Demb, J. B., Boynton, G. M., & Heeger, D. J. (1997). Brain activity in visual cortex predicts individual differences in reading performance. *Proceedings of the National Academy of Sciences* 94(24):13363–13366.

______. (1998). Functional magnetic resonance imaging of early visual pathways in dyslexia. *Journal of Neuroscience* 18(17):6939–6951.

Dennett, D. (1978). *Brainstorms*. Cambridge, MA: MIT Press.

______. (2006). *Breaking the spell: Religion as a natural phenomenon*. New York: Viking.

Desimone, R., & Gross, C. G. (1979). Visual areas in the temporal cortex of the macaque. *Brain Research* 178(2–3):363–380.

Deutsch, G. K., Dougherty, R. F., Bammer, R., Siok, W. T., Gabrieli, J. D., & Wandell, B. (2005). Children's reading performance is correlated with white matter structure measured by diffusion tensor imaging. *Cortex* 41(3):354–363.

Devlin, J. T., Jamison, H. L., Matthews, P. M., & Gonnerman, L. M. (2004). Morphology and the internal structure of words. *Proceedings of the National Academy of Sciences* 101(41):14984–14988.

Di Virgilio, G., & Clarke, S. (1997). Direct interhemispheric visual input to human speech areas. *Human Brain Mapping* 5:347–354.

Ding, G., Peng, D., & Taft, M. (2004). The nature of the mental representation of radicals in Chinese: A priming study. *Journal of Experimental Psychology: Learning, Memory, and Cognition* 30(2):530–539.

Downing, P. E., Jiang, Y., Shuman, M., & Kanwisher, N. (2001). A cortical area selective for visual processing of the human body. *Science* 293(5539):2470–2473.

Eckert, M. (2004). Neuroanatomical markers for dyslexia: a review of dyslexia structural imaging studies. *Neuroscientist* 10(4):362–371.

Eckert, M. A., Leonard, C. M., Richards, T. L., Aylward, E. H., Thomson, J., & Berningre, V. W. (2003). Anatomical correlates of dyslexia: Frontal and cerebellar findings. *Brain* 126(Pt 2):482–494.

Eden, G. F., Jones, K. M., Cappell, K., Gareau, L., Wood, F. B., Zeffiro, T. A., Dietz, N. A., Agnew,

J. A., & Flowers, D. L. (2004). Neural changes following remediation in adult developmental dyslexia. *Neuron* 44(3):411–422.

Eden, G. F., VanMeter, J. W., Rumsey, J. M., Maisog, J. M., Woods, R. P., & Zeffiro, T. A. (1996). Abnormal processing of visual motion in dyslexia revealed by functional brain imaging. *Nature* 382(6586):66–69.

Ehri, L. C., Nunes, S. R., Stahl, S. A., & Willows, D. M. M. (2001). Systematic phonics instruction helps students learn to read: Evidence from the National Reading Panel' s meta-analysis. *Review of Educational Research* 71:393–447.

Ehri, L. C., Nunes, S. R., Willows, D. M., Schuster, B. V., Yaghoub-Zadeh, Z., & Shanahan, T. (2001). Phonemic awareness instruction helps children learn to read: Evidence from the National Reading Panel' s meta-analysis. *Reading Research Quarterly* 36:250–287.

Ehri, L. C., & Wilce, L. S. (1980). The influence of orthography on readers' conceptualisation of the phonemic structure of words. *Applied Psycholinguistics* 1:371–385.

Eimas, P. D., Siqueland, E. R., Jusczyk, P. W., & Vigorito, J. (1971). Speech perception in infants. *Science* 171:303–306.

Ellis, A. W. (2004). Length, formats, neighbours, hemispheres, and the processing of words presented laterally or at fixation. *Brain and Language* 88(3):355–366.

Ellis, A. W., Young, A. W., & Anderson, C. (1988). Modes of word recognition in the left and right cerebral hemispheres. *Brain and Language* 35(2):254–273.

Elston, G. N., Benavides-Piccione, R., & DeFelipe, J. (2001). The pyramidal cell in cognition: A comparative study in human and monkey. *Journal of Neuroscience* 21(17):RC163.

Fagot-Largeault, A. (2006). *Vivre le handicap et ses prothèses*. Conference at Collège de France.

Feinberg, T., & Jones, G. (1985). Object reversals after parietal lobe infarction—a case report. *Cortex* 21:261–271.

Ferrand, L. (2001). *Cognition et Lecture: Processus de base de reconnaissance des mots écrits chez l'adulte*. Bruxelles: DeBoeck université.

Ferrand, L., & Grainger, J. (1992). Phonology and orthography in visual word recognition: Evidence from masked non-word priming. *Quarterly Journal of Experimental Psychology A* 45(3):353–372.

______. (1993). The time course of orthographic and phonological code activation in the early phases of visual word recognition. *Bulletin of the Psychonomic Society* 31:119–122.

______. (1994). Effects of orthography are independent of phonology in masked form priming. *Quarterly Journal of Experimental Psychology A* 47(2):365–382.

Fiebach, C. J., Friederici, A. D., Muller, K., & von Cramon, D. Y. (2002). fMRI evidence for dual routes to the mental lexicon in visual word recognition. *Journal of Cognitive Neuroscience*

14(1):11–23.

Fiez, J. A., Balota, D. A., Raichle, M. E., & Petersen, S. E. (1999). Effects of lexicality, frequency, and spelling-to-sound consistency on the functional anatomy of reading. *Neuron* 24(1):205–218.

Fiez, J. A., & Petersen, S. E. (1998). Neuroimaging studies of word reading. *Proceedings of the National Academy of Sciences* 95(3):914–921.

Finger, S. (1994). *Origins of neuroscience: A history of explorations into brain function*. New York: Oxford University Press.

Fischer, F. W., Liberman, I. Y., & Shankweiler, D. (1978). Reading reversals and developmental dyslexia: A further study. *Cortex* 14(4):496–510.

Fiser, J., & Biederman, I. (2001). Invariance of long-term visual priming to scale, reflection, translation, and hemisphere. *Vision Research* 41(2):221–234.

Fiset, D., Arguin, M., Bub, D., Humphreys, G. W., & Riddoch, M. J. (2005). How to make the word-length effect disappear in letter-by-letter dyslexia. *Psychological Science* 16(7):535–541.

Fisher, S. E., & Francks, C. (2006). Genes, cognition and dyslexia: Learning to read the genome. *Trends in Cognitive Sciences* 10(6):250–257.

Fodor, J. A. (1983). *The modularity of mind*. Cambridge, MA: MIT Press.

Fox, M. D., Corbetta, M., Snyder, A. Z., Vincent, J. L., & Raichle, M. E. (2006). Spontaneous neuronal activity distinguishes human dorsal and ventral attention systems. *Proceedings of the National Academy of Sciences* 103(26):10046–10051.

Friederici, A. D., Opitz, B., & von Cramon, D. Y. (2000). Segregating semantic and syntactic aspects of processing in the human brain: An fMRI investigation of different word types. *Cerebral Cortex* 10(7):698–705.

Frith, U. (1985). Beneath the surface of developmental dyslexia. In Patterson, K. E., Marshall, J. C., & Coltheart, M. (Eds.), *Surface dyslexia: Cognitive and neuropsychological studies of phonological reading* (pp. 301–330). Hillsdale, NJ: Erlbaum.

Fu, S., Chen, Y., Smith, S., Iversen, S., & Matthews, P. M. (2002). Effects of word form on brain processing of written Chinese. *Neuroimage* 17(3):1538–1548.

Gaillard, R., Del Cul, A., Naccache, L., Vinckier, F., Cohen, L., & Dehaene, S. (2006). Nonconscious semantic processing of emotional words modulates conscious access. *Proceedings of the National Academy of Sciences* 103(19):7524–7529.

Gaillard, R., Naccache, L., Pinel, P., Clemenceau, S., Volle, E., Hasboun, D., Dupont, S., Baulac, M., Dehaene, S., Adam, C., & Cohen, L. (2006). Direct intracranial, fMRI, and lesion evidence for the causal role of left inferotemporal cortex in reading. *Neuron* 50(2):191–204.

Gaillard, W. D., Balsamo, L. M., Ibrahim, Z., Sachs, B. C., & Xu, B. (2003). fMRI identifies regional specialization of neural networks for reading in young children. *Neurology* 60(1):94–100.

Galaburda, A. M., & Livingstone, M. (1993). Evidence for a magnocellular deficit in developmental dyslexia. In Tallal, P., Galaburda, A. M., Llinas, R., & Von Euler, C. (Eds.), *Temporal information processing in the nervous system: Special reference to dyslexia and dysphasia* (pp. 70–82). New York: New York Academy of Sciences.

Galaburda, A. M., LoTurco, J., Ramus, F., Fitch, R. H., & Rosen, G. D. (2006). From genes to behavior in developmental dyslexia. *Nature Neuroscience* 9(10):1213–1217.

Galaburda, A. M., Menard, M. T., & Rosen, G. D. (1994). Evidence for aberrant auditory anatomy in developmental dyslexia. *Proceedings of the National Academy of Sciences* 91(17):8010–8013.

Galaburda, A. M., Sherman, G. F., Rosen, G. D., Aboitiz, F., & Geschwind, N. (1985). Developmental dyslexia: Four consecutive patients with cortical anomalies. *Annals of Neurology* 18(2):222–233.

Gathers, A. D., Bhatt, R., Corbly, C. R., Farley, A. B., & Joseph, J. E. (2004). Developmental shifts in cortical loci for face and object recognition. *NeuroReport* 15(10):1549–1553.

Gauthier, I., Curran, T., Curby, K. M., & Collins, D. (2003). Perceptual interference supports a non-modular account of face processing. *Nature Neuroscience* 6(4):428–432.

Gauthier, I., Skudlarski, P., Gore, J. C., & Anderson, A. W. (2000). Expertise for cars and birds recruits brain areas involved in face recognition. *Nature Neuroscience* 3(2):191–197.

Gauthier, I., Tarr, M. J., Anderson, A. W., Skudlarski, P., & Gore, J. C. (1999). Activation of the middle fusiform "face area" increases with expertise in recognizing novel objects. *Nature Neuroscience* 2(6):568–573.

Gentaz, E., Colé, P., & Bara, F. (2003). Evaluation d' entrainements multisensoriels de préparation à la lecture pour les enfants en grande section de maternelle: Une étude sur la contribution du systéme haptique manuel. *L'Année Psychologique* 104:561–584.

Georgiewa, P., Rzanny, R., Gaser, C., Gerhard, U. J., Vieweg, U., Freesmeyer, D., Mentzel, H. J., Kaiser, W. A., & Blanz, B. (2002). Phonological processing in dyslexic children: a study combining functional imaging and event related potentials. *Neuroscience Letters* 318(1):5–8.

Georgiewa, P., Rzanny, R., Hopf, J. M., Knab, R., Glauche, V., Kaiser, W. A., & Blanz, B. (1999). fMRI during word processing in dyslexic and normal reading children. *Neuroreport* 10(16):3459–3465.

Gergely, G,. Bekkering, H., & Kiraly, I. (2002). Rational imitation in preverbal infants. *Nature* 415(6873):755.

Geschwind, N. (1965). Disconnection syndromes in animals and man. *Brain* 88:237–294.

Goigoux, R. (2000). Apprendre à lire à l'école: Les limites d'une approche idéovisuelle. *Psychologie*

Française 45(235-245).

Goodale, M. A., & Milner, A. D. (1992). Separate visual pathways for perception and action. *Trends in Neuroscience* 15:20-25.

Goswami, U. (1986). Children' s use of analogy in learning to read: A developmental study. *Journal of Experimental Child Psychology* 42:73-83.

Goswami, U., Gombert, J. E., & de Barrera, L. F. (1998). Children' s orthographic representations and linguistic transparency: Nonsense word reading in English, French, and Spanish. *Applied Psycholinguistics* 19:19-52.

Gottfried, J. A., Sancar, F., & Chatterjee, A. (2003). Acquired mirror writing and reading: Evidence for reflected graphemic representations. *Neuropsychologia* 41(1):96-107.

Gould, J. L., & Marler, P. (1987). Learning by instinct. *Scientific American* 256(January):74-85.

Gould, S. J. (1992). *The panda's thumb: More reflections in natural history.* New York: W. W. Norton.

Gould, S. J., & Vrba, E. S. (1982). Exaptation: A missing term in the science of form. *Paleobiology* 8(1):4-15.

Gouteux, S., Thinus-Blanc, C., & Vauclair, J. (2001). Rhesus monkeys use geometric and nongeometric information during a reorientation task. *Journal of Experimental Psychology: General* 130(3):505-519.

Grabowski, T. J., Damasio, H., & Damasio, A. R. (1998). Premotor and prefrontal correlates of category-related lexical retrieval. *Neuroimage* 7(3):232-243.

Grainger, J., Grainger, J. P., Farioli, f., Van Assche, E., & van Heuven, W. J. (2006). Letter position information and printed word perception: The relative-position priming constraint. *Journal of Experimental Psychology: Human Perception and Performance* 32(4):865-884.

Grainger, J., & Jacobs, A. M. (1996). Orthographic processing in visual word recognition: A multiple read-out model. *Psychological Review* 103(3):518-565.

Grainger, J., & van Heuven, W. (2003). Modeling letter position coding in printed word perception. In Bonin, P. (Ed.), *The mental lexicon* (pp. 1-24). New York: Nova Science Publishers.

Grainger, J., & Whitney, C. (2004). Does the huamn mnid raed wrods as a wlohe? *Trends in Cognitive Sciences* 8(2):58-59.

Grainger, J., & Ziegler, J. (2007). Cross-code consistency effects in visual word recognition. In Grigorenko, E. L., & Naples, A. J. (Eds.), *Single-word reading: Biological and behavioral perspectives* (129-158). New York: Erlbaum.

Grill-Spector, K., Kushnir, T., Hendler, T., Edelman, S., Itzchak, Y., & Malach, R. (1998). A sequence of object-processing stages revealed by fMRI in the human occipital lobe. *Human Brain Mapping* 6(4):316-328.

Grill-Spector, K., & Malach, R. (2001). fMR-adaptation: A tool for studying the functional properties of human cortical neurons. *Acta Psychologica (Amsterdam)* 107(1-3):293-321.

Grill-Spector, K., Sayres, R., & Ress, D. (2006). High-resolution imaging reveals highly selective nonface clusters in the fusiform face area. *Nature Neuroscience* 9(9):1177-1185.

Grigorenko, E. L. (2003). The first candidate gene for dyslexia: Turning the page of a new chapter of research. *Proceedings of the National Academy of Sciences* 100(20):11190-11192.

Ha Duy Thuy, D., Matsuo, K., Nakamura, K., Toma, K., Oga, T., Nakai, T., Shibasaki, H., & Fukuyama, H. (2004). Implicit and explicit processing of Kanji and Kana words and non-words studied with fMRI. *Neuroimage* 23(3):878-889.

Habib, M. (2000). The neurological basis of developmental dyslexia: An overview and working hypothesis. *Brain* 123(Pt 12):2373-2399.

Hagoort, P., Indefrey, P., Brown, C., Herzog, H., Steinmetz, H., & Seitz, R. J. (1999). The neural circuitry involved in the reading of German words and pseudowords: A PET study. *Journal of Cognitive Neuroscience* 11(4):383-398.

Hammond, P., & Hughes, P. (1978). *Upon the pun: Dual meaning in words and pictures.* London: W. H. Allen.

Hanley, J. R., & Kay, J. (1996). Reading speed in pure alexia. *Neuropsychologia* 34(12):1165-1174.

Hannula-Jouppi, K., Kaminen-Ahola, N., Taipale, M., Eklund, R., Nopola-Hemmi, J., Kaariainen, H., & Kere, J. (2005). The axon guidance receptor gene $ROBO_1$ is a candidate gene for developmental dyslexia. *PLoS Genetics* 1(4):e50.

Harm, M. W., & Seidenberg, M. S. (1999). Phonology, reading acquisition, and dyslexia: Insights from connectionist models. *Psychological Review* 106(3):491-528.

______. (2004). Computing the meanings of words in reading: cooperative division of labor between visual and phonological processes. *Psychological Review* 111(3):662-720.

Hasson, U., Harel, M., Levy, I., & Malach, R. (2003). Large-scale mirror-symmetry organization of human occipito-temporal object areas. *Neuron* 37(6):1027-1041.

Hasson, U., Levy, I., Behrmann, M., Hendler, T., & Malach, R. (2002). Eccentricity bias as an organizing principle for human high-order object areas. *Neuron* 34(3):479-490.

Haxby, J. V., Gobbini, M. I., Furey, M. L., Ishai, A., Schouten, J. L., & Pietrini, P. (2001). Distributed and overlapping representations of faces and objects in ventral temporal cortex. *Science* 293(5539):2425-2430.

Haxby, J. V., Ishai, I. I., Chao, L. L., Ungerleider, L. G., & Martin, I. I. (2000). Object-form topology in the ventral temporal lobe: Response to I. Gauthier (2000). *Trends in Cognitive Sciences* 4(1):3-4.

Heilman, K. M., Howell, G., Valenstein, E., & Rothi, L. (1980). Mirror-reading and writing in association with right-left spatial disorientation. *Journal of Neurology, Neurosrugery, and Psychiatry* 43(9):774–780.

Helenius, P., Tarkiainen, A., Cornelissen, P., Hansen, P. C., & Salmelin, R. (1999). Dissociation of normal feature analysis and deficient processing of letter-strings in dyslexic adults. *Cerebral Cortex* 9(5):476–483.

Hermer, L., & Spelke, E. (1996). Modularity and development: The case of spatial reorientation. *Cognition* 61(3):195–232.

Houzel, J. C., Carvalho, M. L., & Lent, R. (2002). Interhemispheric connections between primary visual areas: Beyond the midline rule. *Brazilian Journal of Medical and Biological Research* 35(12):1441–1453.

Hubbard, E. M., Arman, A. C., Ramachandran, V. S., & Boynton, G. M. (2005). Individual differences among grapheme-color synesthetes: Brain-behavior correlations. *Neuron* 45(6):975–985.

Humphrey, N. K., & Weiskrantz, L. (1969). Size constancy in monkeys with inferotemporal lesions. *Quarterly Journal of Experimental Psychology A* 21(3):225–238.

Humphreys, G. W., Evett, L. J., & Quinlan, P. T. (1990). Orthographic processing in visual word identification. *Cognitive Psychology* 22:517–560.

Hutzler, F., Ziegler, J. C., Perry, C., Wimmer, H., & Zorzi, M. (2004). Do current connectionist learning models account for reading development in different languages? *Cognition* 91(3):273–296.

Intriligator, J., Hénaff, M. A., & Michel, F. (2000). Able to name, unable to compare: The visual abilities of a posterior split-brain patient. *NeuroReport* 11(12):2639–2642.

Iriki, A. (2005). A prototype of Homo-Faber: A silent precursor of human intelligence in the tool-using monkey brain. In Deheane, S., Duhamel, J. R., Hauser, M., & Rizzolatti, G. (Eds.), *From monkey brain to human brain* (pp. 133–157). Cambridge, MA: MIT Press.

Ishai, A., Ungerleider, L. G., Martin, A., & Haxby, J. V. (2000). The representation of objects in the human occipital and temporal cortex. *Journal of Cognitive Neuroscience* 12(Suppl 2):35–51.

Ishai, A., Ungerleider, L. G., Martin, A., Schouten, J. L., & Haxby, J. V. (1999). Distributed representation of objects in the human ventral visual pathway. *Proceedings of the National Academy of Sciences* 96(16):9379–9384.

Ito, M., & Komatsu, H. (2004). Representation of angles embedded within contour stimuli in area V2 of macaque monkeys. *Journal of Neuroscience* 24(13):3313–3324.

Ito, M., Tamura, H., Fujita, I., & Tanaka, K. (1995). Size and position invariance of neuronal responses in monkey inferotemporal cortex. *Journal of Neurophysiology* 73:218–226.

Jacob, F. (1977). Evolution and tinkering. *Science* 196(4295):1161–1166.

Jacquemot, C., Pallier, C., Le Bihan, D., Dehaene, S., & Dupoux, E. (2003). Phonological grammar shapes the auditory cortex: A functional magnetic resonance imaging study. *Journal of Neuroscience* 23(29):9541-9546.

Jared, D., & Seidenberg, M. S. (1991). Does word identification proceed from spelling to sound to meaning? *Journal of Experimental Psychology: General* 120:358-394.

Jobard, G., Crivello, F., & Tzourio-Mazoyer, N. (2003). Evaluation of the dual route theory of reading: A metanalysis of 35 neuroimaging studies. *Neuroimage* 20(2):693-712.

Kanwisher, N., McDermott, J., & Chun, M. M. (1997). The fusiform face area: A module in human extrastriate cortex specialized for face perception. *Journal of Neuroscience* 17:4302-4311.

Karmiloff-Smith, A. (1992). *Beyond modularity*. Cambridge, MA: MIT Press.

Kawai, N., & Matsuzawa, T. (2000). Numerical memory span in a chimpanzee. *Nature* 403(6765):39-40.

Kellman, P. J., & Spelke, E. S. (1983). Perception of partly occluded objects in infancy. *Cognitive Psychology* 15:483-524.

Kilgard, M. P., & Merzenich, M. M. (1998). Cortical map reorganization enabled by nucleus basalis activity. *Science* 279(5357):1714-1718.

Kitterle, F. L., & Selig, L. M. (1991). Visual field effects in the discrimination of sine-wave gratings. *Perception and Psychophysics* 50(1):15-18.

Klingberg, T., Hedehus, M., Temple, E., Salz, T., Gabrieli, J. D., Moseley, M. E., & Poldrack, R. A. (2000). Microstructure of temporo-parietal white matter as a basis for reading ability: evidence from diffusion tensor magnetic resonance imaging [see comments]. *Neuron* 25(2):493-500.

Klüver, H., & bBucy, P. C. (1937). Psychic blindness and other symptoms following bilateral temporal lobectomy in rhesus monkey. *American Journal of Physiology* 119:352-353.

Kolinsky, R., Morais, J., Content, A., & Cary, L. (1987). Finding parts within figures: A developmental study. *Perception* 16(3):399-407.

Kolinsky, R., Morais, J., & Verhaeghe, A. (1994). Visual separability: A study on unschooled adults. *Perception* 23(4):471-486.

Kotz, S. A., Cappa, S. F., von Cramon, D. Y., & Friederici, A. D. (2002). Modulation of the lexical-semantic network by auditory semantic priming: an event-related functional MRI study. *Neuroimage* 17(4):1761-1772.

Koyama, S., Kakigi, R., Hoshiyama, M., & Kitamura, Y. (1998). Reading of Japanese Kanji (morphograms) and Kana (syllabograms): A magnetoencephalographic study. *Neuropsychologia* 36(1):83-98.

Kraebel, K. S., West, R. N., & Gerhardstein, P. (2007). The influence of training views on infants' long-term memory for simple 3D shapes. *Developmental Psychobiology* 49(4):406-420.

Kuhl, P. K. (2004). Early language acquisition; Cracking the speech code. *Nature Reviews Neuroscience* 5(11):831-843.

Kujala, T., Karma, K., Ceponiene, R., Belitz, S., Turkkila, P., Tervaniemi, M., & Naatanen, R. (2001). Plastic neural changes and reading improvement caused by audiovisual training in reading-impaired children. *Proceedings of the National Academy of Sciences* 98(18):10509-10514.

Kuo, W. J., Yeh, T. C., Duann, J. R., Wu, Y. T., Ho, L. T., Hung, D., Tzeng, O. J., & Hsieh, J. C. (2001). A left-lateralized network for reading Chinese words: A 3 T fMRI study. *NeuroReport* 12(18):3997-4001.

Kuo, W. J., Yeh, T. C., Lee, C. Y., Wu, Y. T., Chou, C. C., Ho, L. T., Hung, D. L., Tzeng, O. J., & Hsieh, J. C. (2003). Frequency effects of Chinese character processing in the brain: An event-related fMRI study. *Neuroimage* 18(3):720-730.

Lachmann, T., & Geyer, T. (2003). Letter reversals in dyslexia: Is the case really closed? A critical review and conclusions. *Psychology Science* 45:50-70.

Lambon-Ralph, M. A., Jarvis, C., & Ellis, A. W. (1997). Life in a mirrored world: Report of a case showing mirror reversal in reading and writing and for non-verbal materials. *Neurocase* 3:249-258.

Larson, K. (2004). *The science of word recognition*, http://www.microsoft.com/typography/ctfonts/WordRecognition.aspx.

Laufs, H., Krakow, K., Sterzer, P., Eger, E., Beyerle, A., Salek-Haddadi, A., & Kleinschmidt, A. (2003). Electroencephalographic signatures of attentional and cognitive default modes in spontaneous brain activity fluctuations at rest. *Proceedings of the National Academy of Sciences* 100(19):11053-11058.

Laureys, S. (2005). The neural correlate of (un)awareness: Lessons from the vegetative state. *Trends in Cognitive Sciences* 9:556-559.

Lavidor, M., Babkoff, H., & Faust, M. (2001). Analysis of standard and non-standard visual word format in the two hemispheres. *Neuropsychologia* 39(4):430-439.

Lavidor, M., & Ellis, A. W. (2002). Word length and orthographic neighborhood size effects in the left and right cerebral hemispheres. *Brain and Language* 80:45-62.

Le Bihan, D., Urayama, S., Aso, T., Hanakawa, T, & Fukuyama, H. (2006). Direct and fast detection of neuronal activation in the human brain with diffusion MRI. *Proceedings of the National Academy of Sciences* 103(21):8263-8268.

Lee, C. Y., Tsai, J. L., Kuo, W. J., Yeh, T. C., Wu, Y. T., Ho, L. T., Hung, D. L., Tzeng, O. J., & Hsieh, J. C. (2004). Neuronal correlates of consistency and frequency effects on Chinese character naming: An event-related fMRI study. *Neuroimage* 23(4):1235-1245.

Lee, K. M. (2004). Functional MRI comparison between reading ideographic and phonographic scripts of one language. *Brain and Language* 91(2):245–251.

Leff, A. P., Crewes, H., Plant, G. T., Scott, S. K., Kennard, C., & Wise, R. J. (2001). The functional anatomy of single-word reading in patients with hemianopic and pure alexia. *Brain* 124(Pt 3):510–521.

Leppanen, P. H., Richardson, U., Pihko, E., Eklund, K. M., Guttorm, T. K., Aro, M., & Lyytinen, H. (2002). Brain responses to changes in speech sound durations differ between infants with and without familial risk for dyslexia. *Developmental Neuropsychology* 22(1):407–422.

Lerner, Y., Hendler, T., Ben-Bashat, D., Harel, M., & Malach, R. (2001). A hierarchical axis of object processing stages in the human visual cortex. *Cerebral Cortex* 11(4):287–297.

Leroi-Gourhan, A. (1983). *Le fil du temps*. Paris: Fayard.

______. (1993). *Gesture and speech*. Cambridge, MA: MIT Press.

Levi-Strauss, C. (1958). *Anthropologie structurale*. Paris: Plon.

Levy, I., Hasson, U., Avidan, G., Hendler, T., & Malach, R. (2001). Center-periphery organization of human object areas. *Nature Neuroscience* 4(5):533–539.

Liberman, I. Y., Shankweiler, D., Orlando, C., Harris, K. S., & Berti, F. B. (1971). Letter confusions and reversals of sequence in the beginning reader: Implications for Orton' s theory of developmental dyslexia. *Cortex* 7(2):127–142.

Lissauer, H. (1890). Ein fall von seelenblindheit nebst einem beitrage zur theorie derselben. *Archiv für Psychiatrie und Nervenkrankheiten* 21:222–270.

Logothetis, N. K., Pauls, J., & Poggio, T. (1995). Shape representation in the inferior temporal cortex of monkeys. *Current Biology* 5(5):552–563.

Longtin, C.-M., Segui, J., & Hallé, P. A. (2003). Morphological priming without morphological relationship. *Language and Cognitive Processes* 18:313–334.

Lukatela, G,. Frost, S. J., & Turvey, M. T. (1998). Phonological priming by masked nonword primes in the lexical decision task. *Journal of Memory and Language* 39:666–683.

McCandliss, B. D., Cohen, L., & Dehaene, S. (2003). The visual word form area: Expertise for reading in the fusiform gyrus. *Trends in Cognitive Sciences* 7:293–299.

McCandliss, B. D., Curran, T., & Posner, M. I. (1993). Repetition effects in processing visual words: A high density ERP study of lateralized stimuli. *Neuroscience Abstracts* 19:1807.

McCarthy, R. A., & Warrington, E. K. (1990). *Cognitive neuropsychology: A clinical introduction*. San Diego: Academic Press.

McClelland, J. L., & Rumelhart, D. E. (1981). An interactive activation model of context effects in letter perception: I. An account of basic findings. *Psychological Review* 88:375–407.

McCloskey, M., & Rapp, B. (2000). A visually based developmental reading deficit. *Journal of*

Memory and Language 43:157-181.

McCloskey, M., Rapp, B., Yantis, S., Rubin, G., Bacon, W., Dagnelie, G., Gordon, B., Aliminosa, D., Boatman, D. F., Badecker, W., Johnson, D. N., Tusa, R. J., & Palmer, E. (1995). A developmental deficit in localizing objects from vision. *Psychological Science* 6:112-117.

McConkie, G. W., & Rayner, K. (1975). The span of the effective stimulus during a fixation in reading. *Perception and Psychophysics* 17:578-586.

McConkie, G. W., & Zola, D. (1979). Is visual information integrated across successive fixations in reading? *Perception and Psychophysics* 25(3):221-224.

McCrory, E. J., Mechelli, A., Frith, U., & Price, C. J. (2005). More than words: A common neural basis for reading and naming deficits in developmental dyslexia? *Brain* 128(Pt 2):261-267.

McMonnies, C. W. (1992). Visuo-spatial discrimination and mirror image letter reversals in reading. *Journal of the American Optometric Association* 63(10):698-704.

Malach, R., Levy, I., & Hasson, U. (2002). The topography of high-order human object areas. *Trends in Cognitive Sciences* 6(4):176-184.

Manguel, A. (1997). *A history of reading*. New York: Penguin.

Mann, V. A. (1986). Phonological awareness: The role of reading experience. *Cognition* 24(1-2):65-92.

Marcus, G. F., & Berent, I. (2003). Are there limits to statistical learning? *Science* 300(5616):53-55; author reply 53-55.

Marcus, G. F., Vijayan, S., Bandi Rao, S., & Vishton, P. M. (1999). Rule learning by seven-month-old infants. *Science* 283(5398):77-80.

Marinkovic, K., Dhond, R. P., Dale, A. M., Glessner, M., Carr, V., & Halgren, E. (2003). Spatiotemporal dynamics of modality-specific and supramodal word processing. *Neuron* 38(3):487-497.

Marks, L. E. (1978). *The unity of the senses*. New York: Academic Press.

Marshall, J. C., & Newcombe, F. (1973). Patterns of paralexia: A psycholinguistic approach. *Journal of Psycholinguistic Research* 2:175-199.

Martin, A., Wiggs, C. L., Ungerleider, L. G., & Haxby, J. V. (1996). Neural correlates of category-specific knowledge. *Nature* 379:649-652.

Martinet, C., Valdois, S., & Fayol, M. (2004). Lexical orthographic knowledge develops from the beginning of literacy acquisition. *Cognition* 91(2):B11-22.

Matsuzawa, T. (1985). Use of numbers by a chimpanzee. *Nature* 315(6014):57-59.

Maurer, D., Pathman, T., & Mondloch, C. J. (2006). The shape of boubas: Sound-shape correspondences in toddlers and adults. *Developmental Science* 9(3):316-322.

Maurer, U., Brem, S., Bucher, K., & Brandeis, D. (2005). Emerging neurophysiological specialization for letter strings. *Journal of Cognitive Neuroscience* 17(10):1532–1552.

Maurer, U., Brem, S., Kranz, F., Bucher, K., Benz, R., Halder, P., Steinhausen, H. C., & Brandeis, D. (2006). Coarse neural tuning for print peaks when children learn to read. *Neuroimage* 33(2):749–758.

Maurer, U., Bucher, K., Brem, S., & Brandeis, D. (2003). Altered responses to tone and phoneme mismatch in kindergartners at familial dyslexia risk. *NeuroReport* 14(17):2245–2250.

Mayall, K., Humphreys, G. W., Mechelli, A., Olson, A., & Price, C. J. (2001). The effects of case mixing on word recognition: evidence from a PET study. *Journal of Cognitive Neuroscience* 13(6):844–853.

Mayall, K., Humphreys, G. W., & Olson, A. (1997). Disruption to word or letter processing? The origins of case-mixing effects. *Journal of Experimental Psychology: Learning, Memory, and Cognition* 23(5):1275–1286.

Mazoyer, B. M., Dehaene, S., Tzourio, N., Frak, V., Syrota, A., Murayama, N., Levrier, O., Salamon, G., Cohen, L., & Mehler, J. (1993). The cortical representation of speech. *Journal of Cognitive Neuroscience* 5:467–479.

Mechelli, A., Gorno-Tempini, M. L., & Price, C. J. (2003). Neuroimaging studies of word and pseudoword reading: consistencies, inconsistencies, and limitations. *Journal of Cognitive Neuroscience* 15(2):260–271.

Mehler, J., Jusczyk, P., Lambertz, G., Halsted, N., Bertoncini, J., & Amiel-Tison, C. (1988). A precusor of language acquisition in young infants. *Cognition* 29:143–178.

Mello, N. K. (1965). Interhemispheric reversal of mirror-image oblique lines following monocular training in pigeons. *Science* 148:252–254.

Mello, N. K. (1966). Interocular generalization: A study of mirror-image reversal following monocular discrimination training in the pigeon. *Journal of the Experimental Analysis of Behavior* 9(1):11–16.

______. (1967). Inter-hemispheric comparison of visual stimuli in the pigeon. *Nature* 214(84):144–145.

Meng, H., Smith, S. D., Hager, K., Held, M., Liu, J., Olson, R. K., Pennington, B. F. DeFries, J. C., Gelernter, J., O'Reilly-Pol, T., Somlo, S., Skudlarski, P., Shaywitz, S. E., Shaywitz, B. A., Marchione, K., Wang, Y., Paramasivam, M., LoTurco, J. J., Page, G. P., & Gruen, J. R. (2005). DCDC2 is associated with reading disability and modulates neuronal development in the brain. *Proceedings of the National Academy of Sciences* 102(47):17053–17058.

Merzenich, M. M., Jenkins, W. M., Johnston, P., Schreiner, C., Miller, S. L., & Tallal, P. (1996). Temporal processing deficits of language-learning impaired children ameliorated by training. *Science* 271(5245):77–81.

Miozzo, M., & Caramazza, A. (1998). Varieties of pure alexia: The case of failure to access graphemic representations. *Cognitive Neuropsychology* 15:203–238.

Miozzo, M., & Pribram, K. H. (1954). Visual discrimination performance following partial ablations of the temporal lobe. I. Ventral vs. lateral. *Journal of Comparative and Physiological Psychology* 47(1):14–20.

Mithen, S. (1996). *The prehistory of the mind: The cognitive origins of art, religion and science.* London: Thames & Hudson.

Miyashita, Y. (1988). Neuronal correlated of visual associative long-term memory in the primate temporal cortex. *Nature* 335(6193):817–820.

Molko, N., Cohen, L., Mangin, J. F., Chochon, F., Lehéricy, S., Le Bihan, D., & Dehaene, S. (2002). Visualizing the neural bases of a disconnection syndrome with diffusion tensor imaging. *Journal of Cognitive Neuroscience* 14:629–636.

Mondloch, C. J., & Maurer, D. (2004). Do small white balls squeak? Pitch-object correspondences in young children. *Cognitive, Affective, and Behavioral Neuroscience* 4(2):133–136.

Montant, M., & Behrmann, M. (2000). Pure alexia. *Neurocase* 6:265–294.

Morais, J., Bertelson, P., Cary, L., & Alegria, J. (1986). Literacy training and speech segmentation. *Cognition* 24:45–64.

Morais, J., Cary, L., Alegria, J., & Bertelson, P. (1979). Does awareness of speech as a sequence of phones arise spontaneously? *Cognition* 7:323–331.

Morrison, R. E., & Rayner, K. (1981). Saccade size in reading depends upon character spaces and not visual angle. *Perception and Psychophysics* 30(4):395–396.

Mozer, M. C. (1987). Early parallel processing in reading: A connectionist approach. In Coltheart, M. (Ed.), *Attention and performance XII: The psychology of reading* (pp. 83–104). Hillsdale, NJ: Erlbaum.

Naatanen, R., Lehtokoski, A., Lennes, M., Cheour, M., Huotilainen, M., Iivonen, A., Vainio, M., Alku, P., Ilmoniemi, R. J., Luuk, A., Allik, J., Sinkkonen, J., & Alho, K. (1997). Language-specific phoneme representations revealed by electric and magnetic brain responses. *Nature* 385(6615):432–434.

Naccache, L., & Dehaene, S. (2001). The priming method: Imaging unconscious repetition priming reveals an abstract representation of number in the parietal lobes. *Cerebral Cortex* 11(10):966–974.

Naccache, L., Gaillard, R., Adam, C., Hasboun, D., Clémenceau, S,. Baulac, M., S., D., & L., C. (2005). A direct intracranial record of emotions evoked by subliminal words. *Proceedings of the National Academy of Sciences* 102:7713–7717.

Nakamura, K., Dehaene, S., Jobert, A., Le Bihan, D., & Kouider, S. (2005). Subliminal convergence of Kanji and Kana words: Further evidence for functional parcellation of the posterior temporal cortex in visual word perception. *Journal of Cognitive Neuroscience* 17(6):954-968.

Nakamura, K., Honda, M., Okada, T., Hanakawa, T., Toma, K., Fukuyama, H., Konishi, J., & Shibasaki, H. (2000). Participation of the left posterior inferior temporal cortex in writing and mental recall of Kanji orthography: A functional MRI study. *Brain* 123(Pt 5):954-967.

Nation, K., Allen, R., & Hulme, C. (2001). The limitations of orthographic analogy in early reading development: Performance on the clue-word task depends on phonological priming and elementary decoding skill, not the use of orthographic analogy. *Journal of Experimental Child Psychology* 80(1):75-94.

National Institute of Child Health and Human Development. (2000). *Report of the National Research Panel. Teaching children to read: An evidence-based assessment of the scientific research literature on reading and its implications for reading instruction (NIH Publication No. 00-4769).* Washington, D.C.:U.S. Government Printing Office.

Nazir, T. A., Ben-Boutayab, N., Decoppet, N., Deutsch, A., & Frost, R. (2004). Reading habits, perceptual learning, and recognition of printed words. *Brain and Language* 88(3):294-311.

Nicolson, R. I., Fawcett, A. J., & Dean, P. (2001). Developmental dyslexia: The cerebellar deficit hypothesis. *Trends in Neuroscience* 24(9):508-511.

Nieder, A., Diester, I., & Tudusciuc, O. (2006). Temporal and spatial enumeration processes in the primate parietal cortex. *Science* 313(5792):1431-1435.

Nieder, A., & Miller, E. K. (2004). A parieto-frontal network for visual numerical information in the monkey. *Proceedings of the National Academy of Sciences* 101(19):7457-7462.

Nimchinsky, E. A., Gilissen, E., Allman, J. M., Perl, D. P., Erwin, J. M., & Hof, P. R. (1999). A neuronal morphologic type unique to humans and great apes. *Proceedings of the National Academy of Sciences* 96(9):5268-5273.

Niogi, S. N., & McCandliss, B. D. (2006). Left lateralized white matter microstructure accounts for individual differences in reading ability and disability. *Neuropsychologia* 44(11):2178-2188.

Nobre, A. C,. Allison, T., & McCarthy, G. (1994). Word recognition in the human inferior temporal lobe. *Nature* 372(6503):260-263.

Nunez, R. E,. & Lakoff, G. (2000). *Where mathematics comes from: How the embodied mind brings mathematics into being.* New York: Basic Books.

Olavarria, J. F., & Hiroi, R. (2003). Retinal influences specify cortico-cortical maps by postnatal day six in rats and mice. *Journal of Comparative Neurology* 459(2):156-172.

O'Regan, J. K. (1990). Eye movements and reading. *Reviews of Oculomotor Research* 4:395-453.

Orton, S. T. (1925). "Word-blindness" in school children. *Archives of Neurology and Psychiatry*

14:581–615.

Orton, S. T. (1937). *Reading, writing, and speech problems in children.* New York: Norton.

Paap, K. R., Newsome, S. L., & Noel, R. W. (1984). Word shape's in poor shape for the race to the lexicon. *Journal of Experimental Psychology: Human Perception and Performance* 10(3):413–428.

Pacton, S., Perruchet, P., Fayol, M., & Cleeremans, A. (2001). Implicit learning out of the lab: The case of orthographic regularities. *Journal of Experimental Psychology: General* 130(3):401–426.

Pammer, K., Hansen, P. C., Kringelbach, M. L., Holliday, I., Barnes, G., Hillebrand, A., Singh, K. D., & Cornelissen, P. L. (2004). Visual word recognition: The first half second. *Neuroimage* 22(4):1819–1825.

Paracchini, S., Thomas, A., Castro, S., Lai, C., Paramasivam, M., Wang, Y., Keating, B. J., Taylor, J. M., Hacking, D. F., Scerri, T., Francks, C., Richardson, A. J., Wade-martins, R., Stein, J. F., Knight, J. C., Copp, A. J., Loturco, J., & Monaco, A. P. (2006). The chromosome 6p22 haplotype associated with dyslexia reduces the expression of KIAA0319, a novel gene involved in neuronal migration. *Human Molecular Genetics* 15(10):1659–1666.

Parviainen, T., Helenius, P., Poskiparta, E, Niemi, P., & Salmelin, R. (2006). Cortical sequence of word perception in beginning readers. *Journal of Neuroscience* 26(22):6052–6061.

Pascalis, O., de Haan, M., & Nelson, C. A. (2002). Is face processing species-specific during the first year of life? *Science* 296(5571):1321–1323.

Pascalis, O., & de Schonen, S. (1994). Recognition memory in 3- to 4-day-old human neonates. *NeuroReport* 5(14):1721–1724.

Pascalis, O., Scott, L. S., Kelly, D. J., Shannon, R. W., Nicholson, E., Coleman, M., & Nelson, C. A. (2005). Plasticity of face processing in infancy. *Proceedings of the National Academy of Sciences* 102(14):5297–5300.

Patterson, K., & Kay, J. (1982). Letter-by-letter reading: Psychological descriptions of a neurological syndrome. *Quarterly Journal of Experimental Psychology A* 34:411–441.

Paulesu, E., Demonet, J. F., Fazio, F., McCrory, E., Chanoine, V., Brunswick, N., Cappa, S. F., Cossu, G., Habib, M., Frith, C. D., & Frith, U. (2001). Dyslexia: Cultural diversity and biological unity. *Science* 291(5511):2165–2167.

Paulesu, E., Frith, C. D., & Frackowiak, R. S. J. (1993). The neural correlates of the verbal component of working memory. *Nature* 362:342–345.

Paulesu, E., Frith, U., Snowling, M., Gallagher, A., Morton, J., Frackowiak, R., & Frith, C. D. (1995). Is developmental dyslexia a disconnection syndrome? Evidence from PET scanning. *Brain* 119:143–157.

Paulesu, E., McCrory, E., Fazio, F., Menoncello, L., Brunswick, N., Cappa, S. F., Cotelli, M., Cossu, G., Corte, F., Lorusso, M., Pesenti, S., Gallagher, A., Perani, D., Price, C., Frith, C. D., & Frith, U. (2000). A cultural effect on brain function. *Nature Neuroscience* 3(1):91-96.

Pelli, D. G., Farell, B., & Moore, D. C. (2003). The remarkable inefficiency of word recognition. *Nature* 423(6941):752-756.

Pena, M., Maki, A., Kovacic, D., Dehaene-Lambertz, G., Koizumi, H., Bouquet, F., & Mehler, J. (2003). Sounds and silence: An optical topography study of language recognition at birth. *Proceedings of the National Academy of Sciences* 100(20):11702-11705.

Perea, M., & Lupker, S. J. (2003). Does judge activate COURT? Transposed-letter similarity effects in masked associative priming. *Memory and Cognition* 31(6):829-841.

Peressotti, F., & Grainger, J. (1999). The role of letter identity and letter position in orthographic priming. *Perception and Psychophysics* 61(4):691-706.

Perfetti, C., & Bell, L. (1991). Phonemic activation during the first 40 ms of word identification: Evidence from backward masking and masked priming. *Journal of Memory and Language* 30:473-485.

Perrett, D. I., Mistlin, A. J., & Chitty, A. J. (1989). Visual neurones responsive to faces. *Trends in Neuroscience* 10:358-364.

Perry, C., Ziegler, J., & Zorzi, M. (2007). Nested incremental modeling in the development of computational theories: The CDP+ model of reading aloud. *Psychological Review* 114(2):273-315.

Petersen, S. E., Fox, P. T., Posner, M. I., Mintun, M., & Raichle, M. E. (1988). Positron emission tomographic studies of the cortical anatomy of single-word processing. *Nature* 331(6157):585-589.

______. (1989). Positron emission tomographic studies of the processing of single words. *Journal of Cognitive Neuroscience* 1:153-170.

Petersen, S. E., Fox, P. T., Snyder, A. Z., & Raichle, M. E. (1990). Activation of extrastriate and frontal cortical areas by visual words and word-like stimuli. *Science* 249:1041-1044.

Petersson, K. M., Silva, C., Castro-Caldas, A., Ingvar, M., & Reis, A. (2007). Literacy: A cultural influence on functional left-right differences in the inferior parietal cortex. *European Journal of Neuroscience* 26(3):791-799.

Pflugshaupt, T, Nyffeler, T., von Wartburg, R., Wurtz, P., Luthi, M., Hubl, D., Gutbrod, K., Juengling, F. D., Hess, C. W., & Muri, R. M. (2007). When left becomes right and vice versa: Mirrored vision after cerebral hypoxia. *Neuropsychologia* 45(9):2078-2091.

Pica, P., Lemer, C., Izard, V., & Dehaene, S. (2004). Exact and approximate arithmetic in an Amazonian indigene group. *Science* 306(5695):499-503.

Pinel, P., Dehaene, S., Riviere, D., & Le Bihan, D. (2001). Modulation of parietal activation by semantic distance in a number comparison task. *Neuroimage* 14(5):1013-1026.

Pinker, S. (2002). *The blank slate: The modern denial of human nature*. London: Penguin.

Plaut, D. C., McClelland, J. L., Seidenberg, M. S., & Patterson, K. (1996). Understanding normal and impaired word reading: computational principles in quasi-regular domains. *Psychological Review* 103(1):56-115.

Polk, T. A., & Farah, M. J. (2002). Functional MRI evidence for an abstract, not perceptual, word-form area. *Journal of Experimental Psychology: General* 131(1):65-72.

Polk, T. A., Stallcup, M., Aguirre, G. K., Alsop, D. C., D'Esposito, M., Detre, J. A., & Farah, M. J. (2002). Neural specialization for letter recognition. *Journal of Cognitive Neuroscience* 14(2):145-159.

Pollatsek, A., Bolozky, S., Well, A. D., & Rayner, K. (1981). Asymmetries in the perceptual span for Israeli readers. *Brain and Language* 14(1):174-180.

Posner, M. I., & McCandliss, B. D. (1999). Brain circuitry during reading. In Klein, R. M., & McMullen, P. A. (Eds.), *Converging methods for understanding reading and dyslexia* (pp. 305-337). Cambridge, MA: MIT Press.

Posner, M. I., Petersen, S. E., Fox, P. T, & Raichle, M. E. (1988). Localization of cognitive operations in the human brain. *Science* 240:1627-1631.

Pouratian, N., Bookheimer, S. Y., Rubino, G., Martin, N. A., & Toga, A. W. (2003). Category-specific naming deficit identified by intraoperative stimulation mapping and postoperative neuropsychological testing: Case report. *Journal of Neurosurgery* 99(1):170-176.

Price, C. (1998). The functional anatomy of word comprehension and production. *Trends in Cognitive Sciences* 2:281-288.

Price, C. J., & Devlin, J. T. (2003). The myth of the visual word form area. *Neuroimage* 19:473-481.

Price, C. J., Gorno-Tempini, M. L., Graham, K. S., Biggio, N., Mechelli, A., Patterson, K., & Noppeney, U. (2003). Normal and pathological reading: Converging data from lesion and imaging studies. *Neuroimage* 20(Suppl 1):S30-41.

Price, C. J., Moore, C. J., Humphreys, G. W., & Wise, R. J. S. (1997). Segregating semantic from phonological processes during reading. *Journal of Cognitive Neuroscience* 9:727-733.

Price, C. J., Wise, R. J. S., & Frackowiak, R. S. J. (1996). Demonstrating the implicit processing of visually presented words and pseudowords. *Cerebral Cortex* 6:62-70.

Priftis, K., Rusconi, E., Umilta, C., & Zorzi, M. (2003). Pure agnosia for mirror stimuli after right inferior parietal lesion. *Brain* 126(Pt 4):908-919.

Prinzmetal, W. (1990). Neon colors illuminate reading units. *Journal of Experimental Psychology: Human Perception and Performance* 16(3):584-597.

Prinzmetal, W., Treiman, R., & Rho, S. H. (1986). How to see a reading unit. *Journal of Memory and Language* 25:461–475.

Puce, A., Allison, T., Asgari, M., Gore, J. C., & McCarthy, G. (1996). Differential sensitivity of human visual cortex to faces, letterstrings, and textures: A functional magnetic resonance imaging study. *Journal of Neuroscience* 16:5205–5215.

Pugh, K. R., Shaywitz, B. A., Shaywitz, S. E., Constable, R. T., Skudlarski, P., Fulbright, R. K., Bronen, R. A., Shankweiler, D. P., Katz, L., Fletcher, J. M., & Gore, J. C. (1996). Cerebral organization of component processes in reading. *Brain* 119(Pt 4): 1221–1238.

Pulvermuller, F. (2005). Brain mechanisms linking language and action. *Nature Reviews Neuroscience* 6(7):576–582.

Quartz, S. R., & Sejnowski, T. J. (1997). The neural basis of cognitive development: A constructivist manifesto. *Behavioral and Brain Sciences* 20(4):537–566; discussion 556–596.

Quiroga, R. Q., Reddy, L., Kreiman, G., Koch, C., & Fried, I. (2005). Invariant visual representation by single neurons in the human brain. *Nature* 435(7045):1102–1107.

Raichle, M. E., MacLeod, A. M., Snyder, A. Z., Powers, W. J., Gusnard, D. A., & Shulman, G. L. (2001). A default mode of brain function. *Proceedings of the National Academy of Sciences* 98(2):676–682.

Raij, T., Uutela, K., & Hari, R. (2000). Audiovisual integration of letters in the human brain. *Neuron* 28(2):617–625.

Ramachandran, V. S. (2005). *The artful brain*. New York: Fourth Estate.

Ramachandran, V. S., & Hubbard, E. M. (2001a). Psychophysical investigations into the neural basis of synaesthesia. *Proceedings of the Royal society B: Biological Sciences* 268(1470):979–983.

Ramachandran, V. S., & Hubbard, E. M. (2001b). Synaesthesia?a window into perception, thought and language. *Journal of Consciousness Studies* 8:3–34.

Ramus, F. (2003). Developmental dyslexia: specific phonological deficit or general sensorimotor dysfunction? *Current Opinion in Neurobiology* 13(2):212–218.

Ramus, F. (2004). Neurobiology of dyslexia: A reinterpretation of the data. *Trends in Neurosciences* 27(12):720–726.

Ramus, F., Pidgeon, E., & Frith, U. (2003). The relationship between motor control and phonology in dyslexic children. *Journal of Child Psychology and Psychiatry* 44(5):712–722.

Ramus, F., Rosen, S., Dakin, S. C., Day, B. L., Castellote, J. M., White, S., & Frith, U. (2003). Theories of developmental dyslexia: Insights from a multiple case study of dyslexic adults. *Brain* 126(Pt 4):841–865.

Rastle, K., Davis, M. H., Marslen-Wilson, W. D., & Tyler, L. K. (2000). Morphological and semantic effects in visual word recognition: A time-course study. *Language and Cognitive Processes*

15:507-537.

Rayner, K. (1998). Eye movements in reading and information processing: 20 years of research. *Psychological Bulletin* 124(3):372-422.

Rayner, K., & Bertera, J. H. (1979). Reading without a fovea. *Science* 206(4417):468-469.

Rayner, K., Foorman, B. R., Perfetti, C. A., Pesetsky, D., & Seidenberg, M. S. (2001). How psychological science informs the teaching of reading. *Psychological Science* 2:31-74.

Rayner, K., Inhoff, A. W., Morrison, R. E., Slowiaczek, M. L., & Bertera, J. H. (1981). Masking of foveal and parafoveal vision during eye fixations in reading. *Journal of Experimental Psychology: Human Perception and Performance* 7(1):167-179.

Rayner, K., McConkie, G. W., & Zola, D. (1980). Integrating information across eye movements. *Cognitive Psychology* 12(2):206-226.

Rayner, K., & Pollatsek, A. (1989). *The psychology of reading.* Englewood Cliffs, NJ: Prentice Hall.

Rayner, K., Well, A. D., & Pollatsek, A. (1980). Asymmetry of the effective visual field in reading. *Perception and Psychophysics* 27(6):537-544.

Read, C., Zhang, Y. F., Nie, H. Y., & Ding, B. Q. (1986). The ability to manipulate speech sounds depends on knowing alphabetic writing. *Cognition* 24(1-2):31-44.

Reicher, G. M. (1969). Perceptual recognition as a function of meaningfulness of stimulus material. *Journal of Experimental Psychology* 81:274-280.

Rey, A., Jacobs, A. M., Schmidt-Weigand, F., & Ziegler, J. C. (1998). A phoneme effect in visual word recognition. *Cognition* 68(3):B71-80.

Rey, A., Ziegler, J. C., & Jacobs, A. M. (2000). Graphemes are perceptual reading units. *Cognition* 75(1):B1-12.

Richardson, U., Leppanen, P. H., Leiwo, M., & Lyytinen, H. (2003). Speech perception of infants with high familial risk for dyslexia differ at the age of 6 months. *Developmental Neuropsychology* 23(3):385-397.

Riddoch, M. J., & Humphreys, G. W. (1988). Description of a left-right coding deficit in a case of constructional apraxia. *Cognitive Neuropsychology* 5:289-315.

Riesenhuber, M., & Poggio, T. (1999). Hierarchical models of object recognition in cortex. *Nature Neuroscience* 2:1019-1025.

Rissman, J., Eliassen, J. C., & Blumstein, S. E. (2003). An event-related fMRI investigation of implicit semantic priming. *Journal of Cognitive Neuroscience* 15(8):1160-1175.

Robertson, L. C., & Lamb, M. R. (1991). Neuropsychological contributions to theories of part/whole organization. *Cognitive Psychology* 23(2):299-330.

Robinson, A. J., & Pascalis, O. (2004). Development of flexible visual recognition memory in human infants. *Developmental Science* 7(5):527-533.

Rodd, J. M., Davis, M. H., & Johnsrude, I. S. (2005). The neural mechanisms of speech comprehension: fMRI studies of semantic ambiguity. *Cerebral Cortex* 15(8):1261–1269.

Rodman, H. R. Scalaidhe, S. P. O., & Gross, C. G. (1993). Response properties of neurons in temporal cortical visual areas of infant monkeys. *Journal of Neurophysiology* 70:1115–1136.

Rollenhagen, J. E., & Olson, C. R. (2000). Mirror-image confusion in single neurons of the macaque inferotemporal cortex. *Science* 287(5457):1506–1508.

Rolls, E. T. (2000). Functions of the primate temporal lobe cortical visual areas in invariant visual object and face recognition. *Neuron* 27(2):205–218.

Rossion, B., Kung, C. C., & Tarr, M. J. (2004). Visual expertise with nonface objects leads to competition with the early perceptual processing of faces in the human occipitotemporal cortex. *Proceedings of the National Academy of Sciences* 101(40):14521–14526.

Rubenstein, H., Lewis, S. S., & Rubenstein, M. (1971). Evidence for phonemic coding in visual word recogntion. *Journal of Verbal Learning and Verbal Behavior* 10:645–657.

Rubin, G. S., & Turano, K. (1992). Reading without saccadic eye movements. *Vision Research* 32(5):895–902.

Rumelhart, D. E., & McClelland, J. L. (1982). An interactive activation model of context effects in letter perception: Part 2. The contextual enhancement effect and some tests and extensions of the model. *Psychological Review* 89(1):60–94.

Saffran, J. R., Aslin, R. N., & Newport, E. L. (1996). Statistical learning by 8-month-old infants. *Science* 274(5294):1926–1928.

Sakai, K., & Miyashita, Y. (1991). Neural organization for the long-term memory of paired associates. *Nature* 354(6349):152–155.

Sakurai, Y., Ichikawa, Y., & Mannen, T. (2001). Pure alexia from a posterior occipital lesion. *Neurology* 56(6):778–781.

Sakurai, Y., Momose, T., Iwata, M., Sudo, Y., Ohtomo, K., & Kanazawa, I. (2000). Different cortical activity in reading of Kanji words, Kana words and Kana nonwords. *Brain Research Cognitive Brain Research* 9(1):111–115.

Sakurai, Y., Takeuchi, S., Takada, T., Horiuchi, E., Nakase, H., & Sakuta, M. (2000). Alexia caused by a fusiform or posterior inferior temporal lesion. *Journal of the Neurological Sciences* 178(1):42–51.

Salmelin, R., Service, E., Kiesila, P., Uutela, K., & Salonen, O. (1996). Impaired visual word processing in dyslexia revealed with magnetoencephalography. *Annals of Neurology* 40(2):157–162.

Sary, G., Vogels, R., & Orban, G. A. (1993). Cue-invariant shape selectivity of macaque inferior temporal neurons. *Science* 260(5110):995–997.

Sasaki, Y., Vanduffel, W., Knutsen, T., Tyler, C., & Tootell, R. (2005). Symmetry activates extrastriate visual cortex in human and nonhuman primates. *Proceedings of the National Academy of Science* 102(8):3159–3163.

Sasanuma, S. (1975). Kana and Kanji processing in Japanese aphasics. *Brain and Language* 2(3):369–383.

Schmandt-Besserat, D. (1996). *How writing came about*. Austin: University of Texas Press.

Schoenemann, P. T., Sheehan, M. J., & Glotzer, L. D. (2005). Prefrontal white matter volume is disproportionately larger in humans than in other primates. *Nature Neuroscience* 8(2):242–252.

Schoonbaert, S., & Grainger, J. (2004). Letter position coding in printed word perception: Effects of repeated and transposed letters. *Language and Cognitive Processes* 19:333–367.

Schwartz, E. L., Desimone, R., Albright, T. D., & Gross, C. G. (1983). Shape recognition and inferior temporal neurons. *Proceedings of the National Academy of Sciences* 80(18):5776–5778.

Segui, J., & Grainger, J. (1990). Priming word recognition with orthographic neighbors: Effects of relative prime-target frequency. *Journal of Experimental Psychology: Human Perception and Performance* 16(1):65–76.

Seidenberg, M. S,. & McClelland, J. L. (1989). A distributed, developmental model of word recognition and naming. *Psychological Review* 96(4):523–568.

Seidenberg, M. S,. Petersen, A., MacDonald, M. C., & Plaut, D. C. (1996). Pseudohomophone effects and models of word recognition. *Journal of Experimental Psychology: Learning, Memory, and Cognition* 22:48–62.

Seidenberg, M. S., Tanenhaus, M. K., Leiman, J. M., & Bienkowski, M. (1982). Automatic access of the meanings of ambiguous words in context: Some limitations of knowledge-based processing. *Cognitive Psychology* 14:489–537.

Selfridge, O. G. (1959). Pandemonium: A paradigm for learning. In Blake, D. V., & Uttley, A. M. (Eds.), *Proceedings of the Symposium on Mechanisation of Thought Processes* (pp. 511–529). London: H. M. Stationery Office.

Sere, B., Marendaz, C., & Herault, J. (2000). Nonhomogeneous resolution of images of natural scenes. *Perception* 29(12):1403–1412.

Seymour, P. H., Aro, M., & Erskine, J. M. (2003). Foundation literacy acquisition in european orthographies. *British Journal of Psychology* 94(Pt 2):143–174.

Shallice, T. (1988). *From neuropsychology to mental structure*. Cambridge, UK: Cambridge University Press.

Share, D. L. (1995). Phonological recoding and self-teaching: Sine qua non of reading acquisition. *Cognition* 55(2):151–218; discussion 219–226.

Share, D. L. (1999). Phonological recoding and orthographic learning: A direct test of the self-teaching hypothesis. *Journal of Experimental Child Psychology* 72(2):95-129.

Shaywitz, B. A., Shaywitz, S. E., Pugh, K. R., Mencl, W. E., Fulbright, R. K., Skudlarski, P., Constable, R. T., Marchione, K. E., Fletcher, J. M., Lyon, G. R., & Gore, J. C. (2002). Disruption of posterior brain systems for reading in children with developmental dyslexia. *Biological Psychiatry* 52(2):101-110.

Shaywitz, S. (2003). *Overcoming dyslexia*. New York: Random House.

Shaywitz, S. E., Escobar, M. D., Shaywitz, B. A., Fletcher, J. M., & Makuch, R. (1992). Evidence that dyslexia may represent the lower tail of a normal distribution of reading ability. *New England Journal of Medicine* 326(3):145-150.

Shaywitz, S. E., Shaywitz, B. A., Pugh, K. R., Fulbright, R. K., Constable, R. T., Mencl, W. E., Shankweiler, D. P., Liberman, A. M., Skudlarski, P., Fletcher, J. M., Katz, L., Marchione, K. E., Lacadie, C., Gatenby, C., & Gore, J. C. (1998). Functional disruption in the organization of the brain for reading in dyslexia. *Proceedings of the National Academy of Sciences* 95(5):2636-2641.

Shelton, J. R., Fouch, E., & Caramazza, A. (1998). The selective sparing of body part knowledge: A case study. *Neurocase* 4:339-351.

Shuwairi, S. M., Albert, M. K., & Johnson, S. P. (2007). Discrimination of possible and impossible objects in infancy. *Psychological Science* 18(4):303-307.

Sigman, M., & Gilbert, C. D. (2000). Learning to find a shape. *Nature Neuroscience* 3(3):264-269.

Sigman, M., Pan, H., Yang, Y., Stern, E., Silbersweig, D., & Gilbert, C. D. (2005). Top-down reorganization of activity in the visual pathway after learning a shape identification task. *Neuron* 46(5):823-835.

Silani, G., Frith, U., Demonet, J. F., Fazio, F., Perani, D., Price, C., Frith, C. D., & Paulesu, E. (2005). Brain abnormalities underlying altered activation in dyslexia: A voxel based morphometry study. *Brain* 128(Pt 10):2453-2461.

Simon, O., Mangin, J. F., Cohen, L., Le Bihan, D., & Dehaene, S. (2002). Topographical layout of hand, eye, calculation, and language-related areas in the human parietal lobe. *Neuron* 33(3):475-487.

Simos, P. G., Breier, J. I., Fletcher, J. M., Bergman, E., & Papanicolaou, A. C. (2000). Cerebral mechanisms involved in word reading in dyslexic children: A magnetic source imaging approach. *Cerebral Cortex* 10(8):809-816.

Simos, P. G., Breier, J. I., Fletcher, J. M., Foorman, B. R., Castillo, E. M., & Papanicolaou, A. C. (2000). Brain mechanisms for reading words and pseudowords: An integrated approach. *Cerebral Cortex* 12(3):297-305.

Simos, P. G., Breier, J. I., Fletcher, J. M., Foorman, B. R., Mouzaki, A., & Papanicolaou, A. C. (2001). Age-related changes in regional brain activation during phonological decoding and printed word recognition. *Developmental Neuropsychology* 19(2):191–210.

Simos, P. G., Fletcher, J. M., Bergman, E., Breier, J. I., Foorman, B. R., Castillo, E. M., Davis, R. N., Fitzgerald, M., & Papanicolaou, A. C. (2002). Dyslexia-specific brain activation profile becomes normal following successful remedial training. *Neurology* 58(8):1203–1213.

Siok, W. T., Perfetti, C. A., Jin, Z., & Tan, L. H. (2004). Biological abnormality of impaired reading is constrained by culture. *Nature* 431(7004):71–76.

Smith, L. B. (2003). Learning to recognize objects. *Psychological Science* 14(3):244–250.

Son, J. Y., Smith, L. B., & Goldstone, R. L. (2008). Simplicity and generalization: Short-cutting abstraction in children' s object categorizations. *Cognition* 108(3):626–638.

Southgate, V., Csibra, G., Kaufman, J., & Johnson, M. H. (2008). Distinct processing of objects and faces in the infant brain. *Journal of Cognitive Neuroscience* 20(4):741–749.

Sperber, D. (1974). Contre certains a priori anthropologiques. In Morin, E. & Piatelli-Palmarini, M. (Eds.), *L'unité de l'homme: Invariants biologiques et universaux culturels* (pp. 491–512). Paris: Le Seuil.

______. (1996). *Explaining culture: A naturalistic approach*. London: Blackwell.

Sperber, D., Hirschfeld, L. A. (2004). The cognitive foundations of cultural stability and diversity. *Trends in Cognitive Sciences* 8:40–46.

Sperling, J. M., Prvulovic, D., Linden, D. E., Singer, W., & Stirn, A. (2006). Neuronal correlates of colour-graphemic synaesthesia: an fMRI study. *Cortex* 42(2):295–303.

Spoehr, K. T., & Smith, E. E. (1975). The role of orthographic and phonotactic rules in perceiving letter patterns. *Journal of Experimental Psychology: Human Perception and Performance* 104(1):21–34.

Sprenger-Charolles, L., & Siegel, L. (1997). A longitudinal study of the effects of syllabic structure on the development of reading and spelling skills in French. *Applied Psycholinguistics* 18:485–505.

Sprenger-Charolles, L., Siegel, L. S., & Bonnet, P. (1998). Reading and spelling acquisition in French: The role of phonological mediation and orthographic factors. *Journal of Experimental Child Psychology* 68(2):134–165.

Stein, J. (2001). The magnocellular theory of developmental dyslexia. *Dyslexia* 7(1):12–36.

Streifler, M., & Hofman, S. (1976). Sinistrad mirror writing and reading after brain concussion in a bi-systemic (oriento-occidental) polyglot. *Cortex* 12:356–364.

Stuart, M. (1990). Processing strategies in a phoneme deletion task. *Quarterly Journal of Experimental Psychology A* 42:305–327.

Swinney, D. A., Onifer, W., Prather, P., & Hirshkowitz, M. (1979). Semantic facilitation across sensory modalities in the processing of individual words and sentences. *Mem Cognit* 7(3):159–165.

Taft, M. (1994). Interactive activation as a framework for understanding morphological processing. *Language and Cognitive Processes* 9:271–294.

Tagamets, M. A., Novick, J. M., Chalmers, M. L., & Friedman, R. B. (2000). A parametric approach to orthographic processing in the brain: An fMRI study. *Journal of Cognitive Neuroscience* 12(2):281–297.

Tallal, P., & Gaab, N. (2006). Dynamic auditory processing, musical experience and language development. *Trends in Neurosciences* 29(7):382–390.

Tamura, H., & Tanaka, K. (2001). Visual response properties of cells in the ventral and dorsal parts of the macaque inferotemporal cortex. *Cerebral Cortex* 11(5):384–399.

Tan, L. H., Liu, H. L., Perfetti, C. A., Spinks, J. A., Fox, P. T., & Gao, J. H. (2001). The neural system underlying Chinese logograph reading. *Neuroimage* 13(5):836–846.

Tan, L. H., Spinks, J. A., Gao, J. H., Liu, H. L., Perfetti, C. A., Xiong, J., Stofer, K. A., Pu, Y., Liu, Y., & Fox, P. T. (2000). Brain activation in the processing of Chinese characters and words: A functional MRI study. *Human Brain Mapping* 10(1):16–27.

Tanaka, K. (1996). Inferotemporal cortex and object vision. *Annual Review of Neuroscience* 19:109–139.

_______. (2003). Columns for complex visual object features in the inferotemporal cortex: Clustering of cells with similar but slightly different stimulus selectivities. *Cerebral Cortex* 13(1):90–99.

Tanaka, M., Tomonaga, M., & Matsuzawa, T. (2003). Finger drawing by infant chimpanzees (Pan troglodytes). *Animal Cognition* 6(4):245–251.

Tarkiainen, A., Cornelissen, P. L., & Salmelin, R. (2002). Dynamics of visual feature analysis and object-level processing in face versus letter-string perception. *Brain* 125(Pt 5):1125–1136.

Tarkiainen, A., Helenius, P., Hansen, P. C., Cornelissen, P. L., & Salmelin, R. (1999). Dynamics of letter string perception in the human occipitotemporal cortex. *Brain* 122(Pt 11):2119–2132.

Tarr, M. J., & Gauthier, I. (2000). FFA: A flexible fusiform area for subordinate-level visual processing automatized by expertise. *Nature Neuroscience* 3(8):764–769.

Tarr, M. J., & Pinker, S. (1989). Mental rotation and orientation-dependence in shape recognition. *Cognitive Psychology* 21(2):233–282.

Temple, E., Deutsch, G. K., Poldrack, R. A., Miller, S. L., Tallal, P., Merzenich, M. M., & Gabrieli, J. D. (2003). Neural deficits in children with dyslexia ameliorated by behavioral remediation: evidence from functional MRI. *Proceedings of the National Academy of Sciences* 100(5):2860–2865.

Temple, E., Poldrack, R. A., Protopapas, A,. Nagarajan, S., Salz, T., Tallal, P., Merzenich, M. M., & Gabrieli, J. D. (2000). Disruption of the neural response to rapid acoustic stimuli in dyslexia: Evidence from functional MRI. *Proceedings of the National Academy of Sciences* 97(25):13907–13912.

Temple, E., Poldrack, R. A., Salidis, J., Deutsch, G. K., Tallal, P., Merzenich, M. M., & Gabrieli, J. D. (2001). Disrupted neural responses to phonological and orthographic processing in dyslexcic children: an fMRI study. *NeuroReport* 12(2):299–307.

Terepocki, M., Kruk, R. S., & Willows, D. M. (2002). The incidence and nature of letter orientation errors in reading disability. *Journal of Learning Disabilities* 35(3):214–233.

Thompson-Schill, S. L., D'Esposito, M., & Kan, I. P. (1999). Effects of repetition and competition on activity in left prefrontal cortex during word generation. *Neuron* 23(3):513–522.

Thorpe, S., Fize, D., & Marlot, C. (1996). Speed of processing in the human visual system. *Nature* 381(6582):520–522.

Tokunaga, H., Nishikawa, T., Ikejiri, Y., Nakagawa, Y., Yasuno, F., Hashikawa, K., Nishimura, T., Sugita, Y., & Takeda, M. (1999). Different neural substrates for Kanji and Kana writing: a PET study. *NeuroReport* 10(16):3315–3319.

Tomasello, M. (2000a). *The cultural origins of human cognition*. Cambridge, MA: Harvard University Press.

______. (2000b). Culture and cognitive development. *Current Directions in Psychological Science* 9:37–40.

Tomasello, M., Carpenter, M., Call, J., Behne, T., & Moll, H. (2005). Understanding and sharing intentions: The origins of cultural cognition. *Behavioral and Brain Sciences* 28(5):675–691; discussion 691–735.

Tomasello, M., Strosberg, R., & Akhtar, N. (1996). Eighteen-month-old children learn words in non-ostensive contexts. *Journal of Child Language* 23(1):157–176.

Torgesen, J. K. (2005). Recent discoveries on remedial interventions for children with dyslexia. In Snowling, M. J. & Hulme, C. (Eds.), *The science of reading: A handbook* (pp. 521–537). Oxford: Blackwell.

Tsao, D. Y., Freiwald, W. A., Tootell, R. B., & Livingstone, M. S. (2006). A cortical region consisting entirely of face-selective cells. *Science* 311(5761):670–674.

Tsunoda, K., Yamane, Y., Nishizaki, M., & Tanifuji, M. (2001). Complex objects are represented in macaque inferotemporal cortex by the combination of feature columns. *Nature Neuroscience* 4(8):832–838.

Turing, A. M. (1952). The chemical basis of morphogenesis. *Philosophical Transactions of the Royal Society of London B: Biological Sciences* 237:37–72.

Turkeltaub, P. E., Flowers, D. L., Verbalis, A., Miranda, M., Gareau, L., & Eden, G. F. (2004). The neural basis of hyperlexic reading: an fMRI case study. *Neuron* 41(1):11-25.

Turkeltaub, P. E., Gareau, L., Flowers, D. L., Zeffiro, T. A., & Eden, G. F. (2003). Development of neural mechanisms for reading. *Nature Neuroscience* 6(7):767-773.

Turnbull, O. H. (1997). A double dissociation between knowledge of object identity and object orientation. *Neuropsychologia* 35:567-570.

Turnbull, O. H., Beschin, N., & Della Sala, S. (1997). Agnosia for object orientation: Implications for theories of object recognition. *Neuropsychologia* 35(2):153-163.

Turnbull, O. H., & McCarthy, R. A. (1996). Failure to discriminate between mirror-image objects: A case of viewpoint-independent object recognition? *Neurocase* 2:63-72.

Tzourio-Mazoyer, N., De Schonen, S., Crivello, F., Reutter, B., Aujard, Y., & Mazoyer, B. (2002). Neural correlates of woman face processing by 2-month-old infants. *Neuroimage* 15(2):454-461.

Ungerleider, L. G., & Mishkin, M. (1982). Two cortical visual systems. In Ingle, D. J., Goodalem, M. A., & Mansfield, R. J. (Eds.), *Analysis of visual behavior* (pp. 549-586). Cambridge, MA: MIT Press.

Valdois, S., Bosse, M. L., & Tainturier, M. J. (2004). The cognitive deficits responsible for developmental dyslexia: Review of evidence for a selective visual attentional disorder. *Dyslexia* 10(4):339-363.

van Atteveldt, N., Formisano, E., Goebel, R., & Blomert, L. (2004). Integration of letters and speech sounds in the human brain. *Neuron* 43(2):271-282.

Van Essen, D. C., Lewis, J. W., Drury, H. A., Hadjikhani, N., Tootell, R. B., Bakircioglu, M., & Miller, M. I. (2001). Mapping visual cortex in monkeys and humans using surface-based atlases. *Vision Research* 41(10-11):1359-1378.

Van Orden, G. C., Johnston, J. C., & Hale, B. L. (1988). World identification in reading proceeds from spelling to sound to meaning. *Journal of Experimental Psychology: Learning, Memory, and Cognition* 14(3):371-386.

Vandenberghe, R., Nobre, A. C., & Price, C. J. (2002). The response of left temporal cortex to sentences. *Journal of Cognitive Neuroscience* 14(4):550-560.

Vandenberghe, R., Price, C., Wise, R., Josephs, O., & Frackowiak, R. S. (1996). Functional anatomy of a common semantic system for words and pictures. *Nature* 383(6597):254-256.

VanRullen, R., & Thorpe, S. J. (2002). Surfing a spike wave down the ventral stream. *Vision Research* 42(23):2593-2615.

Vellutino, F. R., Fletcher, J. M., Snowling, M. J., & Scanlon, D. M. (2004). Specific reading disability (dyslexia): what have we learned in the past four decades? *Journal of Child Psychology and*

Psychiatry 45(1):2–40.

Vinckenbosch, E., Robichon, F., & Eliez, S. (2005). Gray matter alteration in dyslexia: Converging evidence from volumetric and voxel-by-voxel MRI analyses. *Neuropsychologia* 43(3):324–331.

Vinckier, F., Dehaene, S., Jobert, A., Dubus, J. P., Sigman, M., & Cohen, L. (2007). Hierarchical coding of letter strings in the ventral stream: Dissecting the inner organization of the visual word-form system. *Neuron* 55(1):143–156.

Vinckier, F., Naccache, L., Papeix, C., Forget, J., Hahn-Barma, V., Dehaene, S., & Cohen, L. (2006). "What" and "where" in word reading: Ventral coding of written words revealed by parietal atrophy. *Journal of Cognitive Neuroscience* 18(12):1998–2012.

Vogels, R., & Biederman, I. (2002). Effects of illumination intensity and direction on object coding in macaque inferior temporal cortex. *Cerebral Cortex* 12(7):756–766.

Vogels, R., Biederman, I., Bar, M., & Lorincz, A. (2001). Inferior temporal neurons show greater sensitivity to nonaccidental than to metric shape differences. *Journal of Cognitive Neuroscience* 13(4):444–453.

Vuilleumier, P., Henson, R. N., Driver, J., & Dolan, R. J. (2002). Multiple levels of visual object constancy revealed by event-related fMRI of repetition priming. *Nature Neuroscience* 5(5):491–499.

Wade, J. B., & Hart, R. P. (1991). Mirror phenomena in language and nonverbal activities?a case report. *Journal of Clinical and Experimental Neuropsychology* 13(2):299–308.

Wallin, N. L., Merker, B., & Brwon, S. (2000). *The origins of music*. Cambridge, MA: MIT Press.

Walsh, V., & Butler, S. R. (1996). The effects of visual cortex lesions on the perception of rotated shapes. *Behavioural Brain Research* 76(1–2):127–142.

Wang, S. H., & Baillargeon, R. (2008). Detecting impossible changes in infancy: a three-system account. *Trends in Cognitive Sciences* 12(1):17–23.

Warrington, E. K., & Davidoff, J. (2000). Failure at object identification improves mirror image matching. *Neuropsychologia* 38(9):1229–1234.

Warrington, E. K., & Shallice, T. (1980). Word-form dyslexia. *Brain* 103:99–112.

______. (1984). Category-specific semantic impairments. *Brain* 107:829–854.

Washburn, D. A., & Rumbaugh, D. M. (1991). Ordinal judgments of numerical symbols by macaques (*Macaca mulatta*). *Psychological Science* 2:190–193.

Weekes, B. S. (1997). Differential effects of number of letters on word and nonword naming latency. *Quarterly Journal of Experimental Psychology A* 50:439–456.

Weiskrantz, L., & Saunders, R. C. (1984). Impairments of visual object transforms in monkeys. *Brain* 107(Pt 4):1033–1072.

Werker, J. F., & Tees, R. C. (1984). Cross-language speech perception: Evidence for perceptual reorganization during the first year of life. *Infant Behavior and Development* 7:49-63.

White, S., Milne, E., Rosen, S., Hansen, P., Swettenham, J., Frith, U., & Ramus, F. (2006). The role of sensorimotor impairments in dyslexia: A multiple case study of dyslexic children. *Developmental Science* 9(3):237-255; discussion 265-239.

Whiten, A., Goodall, J., McGrew, W. C., Nishida, T., Reynolds, V., Sugiyama, Y,. Tutin, C. E., Wrangham, R. W., & Boesch, C. (1999). Cultures in chimpanzees. *Nature* 399(6737):682-685.

Whitney, C. (2001). How the brain encodes the order of letters in a printed word: The SERIOL model and selective literature review. *Psychonomic Bulletin and Review* 8(2):221-243.

Wilson, A. J., Dehaene, S., Pinel, P., Revkin, S. K., Cohen, L., & Cohen, D. (2006). Principles underlying the design of "The Number Race," an adaptive computer game for remediation of dyscalculia. *Behavioral and Brain Functions* 2(1):19.

Wilson, E. O. (1998). *Consilience: The unity of knowledge*. New York: Knopf.

Wolff, P. H., & Melngailis, I. (1996). Reversing letters and reading transformed text in dyslexia: A reassessment. *Reading and Writing* 8:341-355.

Wong, A. C., Gauthier, I., Woroch, B., DeBuse, C., & Curran, T. (2005). An early electrophysiological response associated with expertise in letter perception. *Cognitive, Affective, and Behavioral Neuroscience* 5(3):306-318.

Wydell, T. N., & Butterworth, B. (1999). A case study of an English-Japanese bilingual with monolingual dyslexia. *Cognition* 70(3):273-305.

Xu, B., Grafman, J., Gaillard, W. D., Ishii, K., Vega-Bermudez, F,. Pietrini, P., Reeves-Tyer, P., Di Camillo, P., & Theodore, W. (2001). Conjoint and extended neural networks for the computation of speech codes: The neural basis of selective impairment in reading words and pseudowords. *Cerebral Cortex* 11(3):267-277.

Yoncheva, Y. N., Blau, V. C., Maurer, U., & McCandliss, B. D. (2006). *Strategic focus during learning impacts the neural basis of expertise in reading*. Poster presented at the Association for Psychological Science Convention, New York, May 25-28.

Zali, A., & Berthier, A. (Eds.). (1997). *L'aventure des écritures: Naissances*. Paris: Bibliothèque nationale de France.

Zeki, S. (2000). *Inner vision: An exploration of art and the brain*. New York: Oxford University Press.

Ziegler, J. C., & Goswami, U. (2005). Reading acquisition, developmental dyslexia, and skilled reading across languages: a psycholinguistic grain size theory. *Psychological Bulletin* 131(1):3-29.

Zoccolotti, P., De Luca, M., Di Pace, E., Gasperini, F., Judica, A., & Spinelli, D. (2005). Word length effect in early reading and in developmental dyslexia. *Brain and Language* 93(3):369-373.

Zorzi, M., Houghton, G., & Butterworth, B. (1998). Two routes or one in reading aloud? A connectionist dual-process model. *Journal of Experimental Psychology: Human Perception and Performance* 24:1131-1161.

찾아보기

● 인명 ●

Allen, W. 35
Allison, T. 102
Aristoteles 358
Atran, S. 346
Atran, S. 349

Baker, C. 168
Barlow, H. 155
Beale, I. 309
Behrmann, M. 168
Bianchi, L. 358
Biederman, I. 164, 304
Blackmore, S. 174
Boyer, P. 349
Broca, P. 89
Brodmann, K. 150
Brown, D. 342
Bucy, P. 148

Castles, A. 234
Castro-Caldas, A. 240
Cattell, J. M. 254
Changeux, J. P. 341, 347
Changizi, M. 206, 341
Chomsky, N. 342
Claparede, E. 255
Cohen, D. 99
Cohen, L. 81, 82
Coltheart, M. 234
Corballis, M. 309
Corneille 61

Dale, A. 125
Damasio, A. 135
Darwin, C. 147, 301
Dawkins, R. 174, 348
Decroly, O. 255
DeFries, J. 272
Dejerine, J. 73, 75, 81, 84
Dennett, D. 348
Descartes, R. 32, 85

Eden, G. 239

Farah, M. 111
Fodor, J. 343
Frith, U. 231
Fuster, J. 358

Gauthier, I. 247
Gentaz, E. 335
Geschwind, N. 84, 85
Goldman-Rakic, P. 356
Goodale, M. 321
Gould, S. J. 173, 301
Grainger, J. 182

Halgren, E. 125
Hasson, U. 192
Haxby, J. 98

Hebb, D. 63
Hinshelwood 273
Hubbard, E. 250
Hubel, D. 151

Iriki, A. 353
Isidore 44

Johnson, S. 31

Kanwisher, N. 104
Karmiloff-Smith, A. 361
Kluver, H. 148

Lavoisier, A. 87
Lederer, R. 46
Leroi-Gourhan, A. 211
Levi-Strauss, C. 342
Lhermitte, F. 358
Lissauer, H. 148
Logothetis, N. 314, 352
Luria, A. 358
Lyytinen, H. 275

Malach, R. 192
Marinkovic, K. 125
Marler, P. 168
Matsuzawa, T. 351
McCandliss, B. 259
McCarthy, G. 102
McCarthy, R. 322
McClelland, J. 63
McCloskey, M. 331
McConkie, G. W. 32, 33, 38
McCrory, E. 282
Milner, D. 321
Mishkin, M. 148
Mithen, S. 361
Miyashita, Y. 169, 352
Montessori, M. 335
Morais, J. 232
Morgan 273

Nakamura, K. 121
Noble, J. 317

Olavarria, J. 318
Olson, C. 168
Orton, S. 239, 273, 306

Paulesu, E. 191, 278
Pavlov, I. P. 302
Petersen, S. 88
Piaget, J. 255
Pinker, S. 303
Plotinus 214
Polk, T. 111
Posner, M. 88
Premack, D. 175
Pribram, K. 148
Puce, A. 96
Pulvermuller, F. 136

Racine 61
Raichle, M. 88
Ramachandran, V. 251, 347
Ramus, F. 277
Rayner, K. 32, 33, 38
Reicher, G. 67, 257
Rumelhart, D. 63

Saussure, F. 136
Schmandt-Besserat, D. 212
Selfridge, O. 61
Shallice, T. 358
Shaw, G. B. 49
Shaywitz, B. 238
Shaywitz, S. 238
Shimojo, S. 206
Simos, P. 138
Spelke, E. 361
Sperber, D. 175, 342

Talairach, J. 92
Tanaka, K. 159, 190
Tanifuji, M. 161
Tarkiainen, A. 100
Tarr, M. 247, 303
Tomasello, M. 353
Turco, J. L. 290
Turing, A. 194
Turnbull, O. H. 321, 322

Vinckier, F. 185
Vogels, R. 165
Voltaire 52
Vygotsky, L. 294

Wallon, H. 255
Whitney, C. 182
Wiesel, T. 151

Zeki, S. 347

● 내용 ●

DCDC2 289, 290
DYX1C1 289, 290
EEG 99, 100
fMRI 98, 99
KIAA0319 289, 290
LIS유전자 290
MEG 100
MRI 279
PET 99, 279
PET 촬영 241
ROBO1 289
RSVP 35
T-탐지기 163
V1 162, 187
V2 162, 178
V4 106, 136, 178, 180, 250
V8 180

가소성 192, 345
각운 128
각운 맞추기 234
각운 판단 274
각회 82, 133
간접 경로 58
간질 102
개방 바이그램 181
개별 문자 232
거대세포 경로 287, 334
거울 대칭 불변성 313
거울 반전 304, 308
거울 불변성 314, 315
거울 세포집단 306
거울 쓰기 299, 300, 326
거울 오류 299, 302, 309
거울 일반화 304
거울 읽기 301, 326
거울 전송 317
거울 지각 306
거울 학습 318
거울 혼동 302, 304
거울맹 322
거울상 299, 303
계통발생적 전구체 346
고대 이집트 문자 214
고유 영역 343, 344
공간 기억 309
공간 불변성 110
공감각 248, 249, 250
공명 모음 54
과독증 196
관념-시각 읽기 방법 255
광학적 기록 161
구성 형태소 121
국제 음성 알파벳 51
국제음성기호 206
국지적 바이그램 탐지 가설 184
굴절적응 173
규칙과 표상 229
균형읽기지도 254
그리블 247
그리스 문자 216, 222
그림문자 212, 231
근접발달영역 294
기능적 자기공명영상 87, 91, 237
기본영어 61
기호 접지 문제 136

난독증 50, 271, 273, 278, 334
난독증 재활 훈련 295
난서증 281
내용어 34
내측 전전두피질 90
뇌 가소성 178
뇌 속의 문자상자 83
뇌량 82, 106, 302, 309, 316, 317
뇌영상화 88
뇌의 대칭성 312
뇌의 의미 네트워크 134
뇌자도 99, 101, 118, 125, 130
뇌전도 99, 105
뇌회결손 290
눈 탐지기 165
뉴런 문화 341
뉴런 위계 265
뉴런 적체(=전위) 287
뉴런 피라미드 169
뉴런의 공간적 관용성 180
능동적 일반화 302

다윈적 접근 104
단순 모음 51
단순 진화 가설 104
단어 205
단어 우월 효과 67, 257
단어 해독 274
단어맹 76
단어의 빈도 236
단일 뉴런 237, 315

대뇌 가소성 168
대뇌 모듈 354
대뇌 피질 76
대뇌 피질의 재조직화 243
대문자 37
대칭 일반화 302
대칭 제약 301
대칭성 원리 320
더블 앙탕드르 47
데카르트의 악마 32, 33
도약운동 30
동시조음 52
동음이의어 55
동의어 134
동화 52
두문자어 183
두음 원리 221
두정 피질 244
두정엽 136
디센더 257
디센더 문자 94

라틴 문자 222
레부스 원리 217
로마 알파벳 222
룬 문자 206

마음이론 354, 355
말소리 분석 235
말소리 신경부호 237
말소리 처리 331
망막 30, 31
망막 선호도 구배 194
모듈 343, 344
모어 131
모음 51
모음 공간 229
모호성 66
'무엇' 경로 322
무작위 문자열 67
무주의 장애 326
문맹 240
문맹자 232, 241
문법적 단어 34
문자 190, 265
문자 단위 읽기 80
문자 습득 235
문자 시각 중추 82
문자 원형 162, 167, 209
문자 중추 76
문자 탐지기 38, 192
문자 해독 261
문자상자 73, 94, 106, 116, 117, 118, 150, 227, 237, 238, 239, 265, 274, 281, 282, 283, 285, 294, 313
문자상자 영역 92, 105, 194
문자-소리 변환 132
문자쌍 232
문자-운동 난독증 281
문해 243
문해 능력 240
문화 래칫 효과 355
문화 전파 353
문화 혁명 344
문화적 전문화 116
미세 주름 290
미시적 영역 104
민속생물학 346
민중문자 215
밈 174, 348
밈머신 174

바이그램 42, 114, 181, 183, 190, 237, 265, 330
바이그램 뉴런 186
바이그램 탐지기 192
반구 편측화 309
반측 실독증 107
발음 86
발음 규칙성 53
방사상교세포 290
방추상회 93, 96
배외측 전전두 피질 360
배측 85
배측 시각 경로 335
배측경로 321, 324
백질 80
버퍼 132
베르니케 영역 84, 85, 125
병렬 처리 236
병렬성 158
병렬적 메커니즘 328
병음 120, 233, 265
보상 294
복마전 61
복마전 가설 66
복셀 98
복셀기반 형태계측법 284
복측 85
복측 시각 경로 335
복측 시각 체계 177
복측 시각 피질 92
복측 측두 영역 151
복측 후두측두 경로 189

복측 후두측두 영역 81, 294
복측경로 320, 324
본성 168
부분적 우측 반맹 77
부호화 309
분해 186
불변성 151, 205
불변성 문제 35
불변성 증가 157
불변적 대상 재인 340
불변적 시각 재인 228, 230
불변적 재인 239
불투명한 철자법 266
브로드만 10번 영역 136
브로카 영역 84, 85, 125, 127, 132, 240, 241, 281
비언어적 치료 기법 276
비우연적 속성 163
비주얼 펀 217

사회적 전파 가설 355
상징 역전 307
상측두 영역 205
상측두구 240
상측두엽 130
생태적 틈새 173
선문자 B 206
선천적 단어맹 273
선택적 가지치기 239
섬광등 334
성문 파열음 221
성부(=발음 성분) 121, 140
세부 특징 탐지 뉴런 39
세포 의회 63
셈어 216, 220
셈어족 221
소리 내어 읽기 45
소리 중심 읽기 54
소문자 37
속독법 35
손상 실험 358
수렴 지역 135
수메르 문자 216
수상돌기 291
수용장 206
수초 125
순수 단어맹 76
순수실독증 79, 274
스트레포심볼리아 307
스파스 코딩 도식 155
스푸너리즘 233
시각 뇌 301
시각 뉴런 205
시각 단어 형태 영역 83, 85, 91, 92, 95, 195
시각 불변성 108
시각 실인증 149
시각 지도 307
시각 체계 39, 231, 237
시각 탐지기 96
시각 폭 34
시각 피질 320
시각적 단어 재인 189, 324, 328
시각적 단어 형태 142
시각적 대상 재인 149, 177
시각적 어휘 231
시각적 연속성 320
시각적 재인 79
시각적 재인 능력 247
시각적주의 309
시간적 학습 169
시교차 317
시냅스 가지치기 251
신경 알파벳 159
신경 위계 157
신경 이동 291
신경 자기자극 210
신경 작업공간 356
신경 재배치 237
신경 재활용 173, 178, 300
신경 재활용 가설 145, 201, 202, 227, 237, 243, 246, 344
신경 재활용 메커니즘 345
신경 틈새 176, 250, 251
신경망 모델 59
신경부호 309
신경섬유속 285
신경영양 인자 353
신경인류학적 관점 341
신성 자모 218
신성문자 213
신속 순차 시각 제시 35
신속 지각 277
신속명명검사 296
신조어 67
신체 운동 호문쿨루스 136
신화문자 212
심성어휘집 39, 58, 60, 68, 128, 142
심적 경제성 52
심적 재조합 362
심적 전염 349
심적 표상 348
심층경로 60
심층난독증 57

아나그램 113
아람 문자 222
악마들(daemons)의 의사당 61
안구운동 189
알파벳 문자 281
알파벳 원리 262, 274
알파벳 학습 233
알파벳(=자모문자) 120
양안시 168
양육 168
양전자 방출 단층 촬영 88
어근 53, 86, 114, 186, 341
'어떻게' 경로 322
어센더 257
어휘경로 44, 236
어휘적 표상 360
어휘집 236
언어 습득 228
언어성 난청 132
언어장애 275
언어적 대비 228
언어적 유창성 233
언어적 작업 기억 242
얼굴 모듈 343
얼굴 재인 343
얼굴 지각 검사 247
에트루리아 알파벳 206
엑스너 영역 281
역치 65
역투사 86
역하 점화 47
역하 지각 112
연결 법칙 342
연합 뉴런 244
염색체 15번 289
오턴 이론 306, 308
외측 후두측두구 83, 92, 93
우반구 측두두정 영역 283
우반구 후두측두 영역 239
운동 자동화 277
운동 제스처 335
운동 피질 71, 85
움직이는 창 32
원시 시나이 문자 216, 220
위계 나무 114
위계성 158
위계적 조직화 157
위계적 학습 도식 169
유사 형태소 186
유사단어 119, 128, 138, 240, 241, 261, 266, 274
유사동음어 138
은닉 표상 326
음성 언어 네트워크 127
음성 이해 228
음성 자질 205
음성 전이 229
음소 41, 50, 205
음소 인식 232, 233, 361
음소 인식 과제 235
음소 인식 능력 234, 240
음소 인식력 293
음소배열규칙 229
음소부호 235
음운 341
음운 가설 296
음운 능력 275
음운 단계 232, 236
음운 장애 331
음운 재부호화 44
음운 점화 48
음운검사 296
음운경로 44, 56, 128
음운루프 132
음운성난독증 57
음운적 표상 360
음운적 해독 274
음절 205
음절 복잡성 효과 235
음절화 254
음표 훈련 276
의도적 행위자 353
의미 86
의미 경로 60
의미 네트워크 150
의미 수렴 지역 139
의미 중심 읽기 54
의미 중심 표기 53
의부(=의미 성분) 121
의식적 사고 356
의식적 심적 종합 355
이웃 68, 236
이웃 밀도 69
이원론 292
이중 경로 모델 127, 128
이중경로 57
이중경로 모형 60
이중모음 51
이중문자자 120
이중언어자 120
인지 모듈 349
일시적 기억 장치 242
일차 시각 영역 39, 151
일차 시각 피질 178
일차 청각 영역 71

읽기 344
읽기 결함 331
읽기 경로 51, 140
읽기 과학 262
읽기 모듈 171
읽기 습득 177, 234, 239, 240, 273
읽기 습득 모델 231
읽기 영역 71, 80
읽기 중재 방법 292
읽기 학습 171, 243
읽기를 위한 신경시스템 60
읽기의 대뇌 기반 75
읽기의 대뇌 메커니즘 59
읽기의 대뇌 회로 70
읽기의 즉시성 258
읽기장애 274, 275
임상신경학 110
입력 어휘집 229
입체시 169

자기공명 단층 촬영법 107
자기공명영상 82
자기교육 260
자기포텐셜 100
자모원리 218
자발적 활동 359
자소 41, 186, 265, 330
자소부호 235
자소에서 음소로의 변환 128
자소-음소 변환 232
자소-음소 변환 경로 170, 328
자소-음소 지식 253
자음문자열 67
장모음 51
재음절화 53
재조직화 251
적극적 교육 355
적체(=전위) 289
전교련 317
전극 102
전두 피질 244
전두엽 73
전문성 영역 247
전문성의 전문가 247
전방 대상피질 356
전방도 127
전역적 247, 356
전역적 작업공간 359
전역적 처리 120
전운동피질 136
전위 284, 290
전전두엽 359
전중심피질 130
전체 단어법 253, 256
전체 언어 방법 253, 259
전측뇌도 241
전측두 영역 205
절반 시야 색맹 77
점진적 초점화 239
점화 실험 182
점화기법 133
점화효과 40
정규화 오류 235
정상화 294
정신맹 148, 149, 150
정점 반응 98
조건형성 302
조음 130
조음 운동 도식 86
조음루프 132
종단적 연구 238, 275
종합적 지각 255
좌반구 네트워크 228
좌반구 상측두 영역 228
좌반구 중앙 측두 영역 134
좌반구 편측화 131
좌반구 편향성 283
좌반구 하전두 영역 228
좌반구 하전두 피질 281
좌반구 후두측두 116, 227, 274
좌반구 후두측두 영역 83, 90, 237, 238, 283, 285
좌우 반전 304
좌측 하전두 피질 240
주의 353
중국어 문자(=한자) 54, 191, 281
중국어 병음 142
중복적 345
중심와 30, 31, 205
지각 불변성 105, 314
지각적 점화 304
지각적 착각 249
지적 모방 355
직접 경로 56

차폐 자극 112
철자 개혁 265
철자 단계 236, 236
철자 지식 234
철자 투명도 140
철자규칙 253
철자-발음 경로 186
철자-발음 대응 260

철자-발음 변환 59
철자-발음 변환 경로 57, 60, 142
철자법 50, 51
철자시스템 51
철자-의미 경로 186
청각 영역 142
청각적 표상 360
체화 136
초기 문자 탐지기 층 189
초기 시각 피질 132
초자극 343, 348
촉독 78
축삭 99, 291
취소 학습 결함 334
측두 피질 244
측두극 127, 136, 156
측두엽 73
측두평면 130, 132
침습적 기술 102
침습적 방법 286

카나 121, 123
칸지 121, 123
케이스 37
콘센수스 파르티움 348
크기 불변성 115
크기 항등성 37
클뤼버-부시 증후군 148
키네틱 아트 347
키릴 문자 222

타이포그래피 255
토폴로지의 관점 207
통계적 학습 228
통섭 342
투명한 철자법 266
튜링기계 362
특수언어장애 275

파닉스 방법 259
파닉스(=음소법) 253, 261
페니키아 문자 216, 222
편재화 195
편중 효과 285
폰트 37
표기 시스템 54
표기 체계 203, 204, 278, 324
표기법 51, 217
표상 164
표어문자 54, 231
표의문자 54, 212
표제항 60
표층경로 60
표층난독증 58
피드포워드 연쇄 125
피질 경쟁 246, 248
피질 기둥 237
피질 네트워크 174
피질 영역 174
피질 전구물 244, 245
피질 피라미드 207
피질지도 244

하두정 영역 132
하전전두피질 130
하측 종단 다발 124
하측두 영역 156, 313, 314, 315
하측두 피질 169, 170
하측두엽 151
하향 투사 188
하향식 329
학습 메커니즘 168
학습 본능 168, 344
한자 140
한자 읽기장애 279
한자의 전체적 재인 121
할머니 세포 155
해부학적 MRI 241, 284
해호화 309
현실 영역 343, 344
형태론 221
형태소 40, 114, 186, 190, 265, 330
형태-음운적 341
형태음절적 54
호문쿨루스 62, 308
확산적 MRI 109, 110, 123
확산적 자기 공명 107
환원주의 344
활자체 불변성 110, 115
회귀 35
회백질 과잉 284
회백질 밀도 284
회전 불변성 205
획 탐지 뉴런 207
횡단적 연구 238
후두 영역 156, 307
후두극 356
후두측두 영역 322
후두측두 피질 230, 316, 324
후두측두열 100
후성적 전구체 346

저자 소개

스타니슬라스 드앤(Stanislas Dehaene)
수학과 심리학을 전공하였으며 언어의 인지신경과학, 수학의 신경과학적 연구 등에서 세계 최고의 연구자 중 하나이다. 프랑스의 사클레(Saclay)에 위치한 인지신경영상화 연구소장이며, 콜레주 드 프랑스(collège de france)의 실험인지심리학 교수이고, 프랑스 과학원 회원, 프랑스 과학 아카데미 회원, 교황청 과학 아카데미 회원이다. 과학 학술지에 수많은 논문을 발표하였으며, 『수감각(The Number Sense)』을 비롯하여 여러 권의 책을 저술하였다.

역자 소개

이광오(Kwangoh Yi)
행동과학박사(언어심리학 전공)
영남대학교 심리학과 교수

배성봉(Sungbong Bae)
문학박사(인지심리학 전공)
영남대학교 심리학과 강사

이용주(Yongju Lee)
심리학박사(생물심리학 전공)
영남대학교 심리학과 강사

글 읽는 뇌

Reading in the Brain: The Science and Evolution of a Human Invention

2017년 6월 15일 1판 1쇄 발행
2022년 8월 20일 1판 6쇄 발행

지은이 • 스타니슬랏 드앤
옮긴이 • 이광오 · 배성봉 · 이용주
펴낸이 • 김 진 환
펴낸곳 • (주) 학지사
04031 서울특별시 마포구 양화로 15길 20 마인드월드빌딩 5층
대표전화 • 02) 330-5114 팩스 • 02) 324-2345
등록번호 • 제313-2006-000265호
홈페이지 • http://www.hakjisa.co.kr
페이스북 • https://www.facebook.com/hakjisabook

ISBN 978-89-997-1280-7 93180

정가 19,000원

이 도서의 국립중앙도서관 출판시도서목록(CIP)은 서지정보유통지원시스템 홈페이지(http://seoji.nl.go.kr)와 국가자료공동목록시스템(http://www.nl.go.kr/kolisnet)에서 이용하실 수 있습니다.
(CIP제어번호: CIP2017012020)